스마트 팩토리

SMART FACTORY

한관희 | 지음

한 경 사

저자 한관희(韓寬熙) • hankh@gnu.ac.kr

경상대학교 산업시스템공학부 교수

아주대학교 산업공학과를 졸업하고, 한국과학기술원 산업공학과에서 공학석사, 한국과학기술원 자동화 및 설계공학과에서 공학박사 학위를 취득하였다. 1984년부터 1989년까지 대우전자㈜ MIS실에서 생산관리 정보화를 담당하였고, 1989년부터 2000년까지 대우정보시스템㈜에서 CIM사업부장 및 기술연구부장을 역임하였다. 2000년에 경상대학교 산업시스템공학부로 옮겨 현재까지 재직 중이다. 2004년 대한산업공학회 백암기술상을 수상하였고, 저서로 '비즈니스프로세스관리(한경사, 2013)'와 '스마트팩토리 구현을 위한 공장자동화(한경사, 2019)'가 있다. 관심분야는 비즈니스 프로세스 관리, 자동화 제조시스템, 시뮬레이션 모델링 등이다.

스마트팩토리

저　자	한관희
발행일	2023년 7월 7일 2쇄
발행처	**한경사**
발행인	이계남
등록사항	제10-1951호 2000년 4월 14일
주　소	서울시 마포구 신수로 59-1 3층
전화번호	02_717_7264~5
팩스번호	02_717_7226
홈페이지	hankyungsa.co.kr
전자우편	hankyungsa@hanmail.net
ISBN	978-89-6844-421-0　(93320)
가　격	35,000원

머리말

최근 들어 4차산업혁명의 물결이 전 세계를 강타하면서 주요 국가들은 치열한 경쟁 환경에서 우위를 점하기 위해 각국 사정에 적합한 경제 성장전략을 수립하여 이를 추진하고 있다. 이 중에서 제조업에 강세를 보이고 있는 독일, 미국, 일본에서의 제조중심 성장전략의 적극적인 추진 움직임은 우리에게 많은 시사점을 던져주고 있다. 우리나라의 경우 전체 경제에서의 제조업 의존율은 다른 나라에 비교해 상당히 높으나, 최근 여러 가지 요인으로 인하여 제조업 경쟁력이 저하하고 있는 상황으로 제조업 경쟁력을 강화하고 4차산업혁명을 주도하기 위해서는 스마트팩토리의 성공이 필수적이다.

다양한 소비자의 요구사항과 제품수명주기의 급속한 단축 등으로 앞으로는 대량 맞춤 생산을 넘어 개인화 제품 생산을 가능케 하는 지능형 생산 체제의 확립이 요구되고 있고, 이를 구현한 것이 스마트팩토리라 할 것이다. 스마트팩토리를 가능케 하기 위해서는 시스템 전체의 구조와 개념을 정의하는 시스템 통합 기술과 자동 제어 기술, 정보화 기술과 더불어 IOT, AI, 빅데이터 기술 등 여러 가지 요소 기술들이 필요하겠지만, 이 모든 것을 아우르는 키워드는 '자동화', '정보화' 및 '지능화'일 것이다.

본서에서는 이러한 세 가지 개념을 포괄하는 '스마트팩토리 트라이앵글'이라는 스마트팩토리 프레임워크와 '스마트팩토리 트라이앵글 플랫폼 아키텍처'를 제시하고, 이를 기반으로 성공적인 스마트팩토리의 구축과 운영을 위한 기본 요소들을 설명하고자 한다.

본서는 저자의 십수 년 간에 걸친 기업의 자동화/정보화 부문에서의 기업체 실무 경험과 20여 년 간의 기업정보시스템, 공장자동화/스마트팩토리 강의 경험 및 최근 제조 현장에서의 스마트화 추세를 반영하여, 스마트팩토리의 성공적인 구축과 운영을 위한 필요 지식을 정리하고 체계화하기 위하여 작성하였다. 즉, 본서는 스마트공장을 구축하거나 운영하려고 하는 기업체 실무자나 관리자, 스마트팩토리의 구조와 내용을 이해하려고 하는 연구자 및 학생들을 위한 책이다.

본서는 크게 네 부분으로 나뉘어, 모두 14장으로 이루어져 있다.

첫째, '스마트팩토리 개요' 파트에서는 최근의 4차산업혁명과 스마트팩토리 등 제조 현장을 둘러싼 변화의 추세와 방향에 대해 살펴보고, 스마트팩토리의 정의와 특성 등 일반적인 개념에 관해 설명한다. 1장에서는 스마트팩토리에 관한 전반적인 이해를 돕기 위해 스마트팩토리에 대한 몇 가지 정의와 인더스트리4.0의 내용을 통해 스마트팩토리의 특성을 이해한다. 그리고 스마트팩토리의 3대 구성요소인 자동화, 정보화, 지능화의 특성에 관해서도 개괄적으로 살펴본다.

2장에서는 우선 제품과 공장의 라이프사이클 측면에서 생산시스템이 차지하는 위치와 의미를 살펴보고, 1760년대에 영국에서부터 시작된 산업혁명 이후에 제조 분야에서 이루어진 커다란 다섯 번의 혁신 단계를 살펴본다. 250여 년에 걸친 제조혁신 5단계의 마지막 단계가 본서가 다루고자 하는 주제인 '스마트제조' 단계인 것이다. 3장에서는 세계 각국의 4차산업혁명 추진전략과 현황을 살펴보고, 4차산업혁명 하에서의 스마트제조의 특성과 스마트팩토리 구축에 필요한 요소기술들을 학습한다. 이후에 스마트팩토리의 구축 수준과 진행방향을 정리한 스마트팩토리 참조모델과 스마트화 수준을 진단하는 방법, 그리고 스마트팩토리 도입시 고려해야 하는 사항들에 관해서도 학습한다.

둘째, '스마트팩토리와 자동화' 파트에서는 자동화 시스템의 기반 구조인 자동제어 시스템과 산업용 제어로직의 표현 및 PLC에 관해 학습한다.

4장에서는 제조 공정관리에서의 제어 시스템의 역할에 관해 알아보고, 자동화 시스템을 구성하는 기본 요소인 동력, 명령 프로그램과 제어 시스템에 관해 학습한다. 5장에서는 산업용 제어에서 요구되는 제어 논리의 정의와 논리 표현 방법인 진리표와 부울 대수에 관해 학습한 후에 제어 논리를 쉽게 표현할 수 있는 논리도에 관해 알아본다.

6장에서는 자동화 제어 시스템의 핵심 구성 요소 중의 하나인 PLC의 정의와 특징을 설명한다. 그리고 PLC의 구조에 대해 살펴보고 PLC가 프로그램을 실행할 때 수행되는 동작 사이클에 대해 설명한다. 7장에서는 일반적인 자동화 제조시스템의 구조와 자동화 제조시스템에서 사용되는 표준 설비들을 살펴본 후에, 유연생산시스템과 자동창고시스템의 구조와 구성 요소 및 특성에 관해 학습한다.

셋째, '스마트팩토리와 정보화' 파트에서는 제조기업의 5대 기간 정보시스템인 ERP, APS, PLM, MES 및 FEMS에 관해 살펴본다.

8장에서는 스마트팩토리의 목표라 할 수 있는 생산성 향상을 3계층으로 구분하여 학습한다. 또한 스마트제조혁신의 기반 구조라고 할 수 있는 디지털 전환의 5단계에 관해 살펴본 후에, 기업의 기간 정보시스템을 5개로 구분하여 그 내용을 간략하게 살펴본다. 9장에서는 ERP의 등장배경과 정의 및 진화 단계에 관해 우선적으로 살펴본 후에, 기업의 업무처리 프로세스에서의 ERP의 기능을 8개의 서브시스템으로 나누어 학습한다.

10장에서는 우선 SCM 관점에서의 APS의 개념과 위치를 살펴본 후에 APS 시스템 아키텍처를 학습한다. 그 다음에 APS 계획 기능 중의 하나인 생산 계획 및 스케줄링에 대해서는 기능과 역할 및 솔루션 기법 등에 관해 보다 상세하게 살펴본다. 11장에서는 제조기업 5대 기간 정보시스템의 일부인 MES와 FEMS에 관해 학습한다. MES 부문에서는 MES의 정의와 등장 배경을 살펴보고, MESA-11 기능 모델을 기반으로 MES 기능을 크게 네 가지로 구분하여 학습하고, FEMS 부문에서는 FEMS의 제공 기능을 크게 여섯 가지로 구분하여 상세히 살펴본다. 12장에서는 먼저 PLM의 정의와 등장 배경에 관해 학습하고 PLM의 기능을 지원하기 위한 4개의 PDM 정보객체 관계 모델과 이를 바탕으로 한 PDM 시스템의 기능을 8개로 구분하여 살펴본다. 마지막으로 PLM의 확장된 기능과 이를 위한 2개의 PLM 정보객체 관계 모델을 학습한다.

넷째, '스마트팩토리와 지능화' 파트에서는 지능형 스마트팩토리 구현을 위해 필요한 스마트팩토리 디지털 플랫폼 아키텍처과 빅데이터 기반 최적 의사결정에 관해 학습한다.

13장에서는 지능화된 스마트팩토리를 가능하게 하는 스마트팩토리 디지털 플랫폼 아키텍처의 구성과 내용에 관해 학습하고, 지능적 의사결정을 뒷받침하는 기계학습 방법의 개요에 관해 학습한다. 14장에서는 지능형 스마트팩토리에서 데이터 기반의 최적 의사결정 체계를 지원하기 위한 빅데이터 기반 제조 의사결정 지원 아키텍처를 살펴본다. 그리고 최적의사결정의 예로서 지능형 설비관리에 관하여 학습한다. 마지막으로 스마트공장의 미래 방향인 휴먼팩토리의 특성에 관하여 학습한다.

끝으로, 경제사회적으로 글로벌 경영 환경이 급변하고, 기술적으로는 4차산업혁명의 물결이 거세어지고 있는 최근의 세계 경쟁 환경에서, 본서가 스마트팩토리의 성공적인 구축과 운영에 조금이나마 기여하여 우리나라의 지속가능한 경제 발전이 이루어졌으면 하는 것이 저자의 간절한 바람이다.

2022년 6월

진주에서 저자 씀

차례

2부 스마트팩토리와 자동화

3부 스마트팩토리와 정보화

4부 스마트팩토리와 지능화

1부
스마트팩토리 개요

CHAPTER 01

스마트팩토리 개요

1장에서는 스마트팩토리에 관한 전반적인 이해를 돕기 위해 일반적인 공장의 기능과 스마트팩토리의 등장배경을 살펴보고, 스마트팩토리에 대한 몇 가지 정의와 인더스트리4.0를 통해 스마트팩토리의 특성을 이해한다. 또한 복잡한 스마트팩토리의 구조를 체계적으로 이해하기 위해 제품생산을 위해 필요한 기업의 물리적인 구성과 업무 레벨 및 의사결정 구조를 표현하는 기업 아키텍처를 학습한다. 그리고 스마트팩토리의 3대 구성요소인 자동화, 정보화, 지능화의 특성에 관해서도 개괄적으로 살펴본다.

2008년 세계 금융 위기 이후에 전 세계적으로 제조업 기반 경제가 위기 극복에 중요한 역할을 수행하게 되면서 제조업의 중요성이 재부각되고 있으며, 이미 독일, 미국 등 제조 강국들은 경제성장 및 양질의 일자리 창출을 위해 첨단 제조혁신 정책을 적극적으로 추진하고 있는 실정이다[구본진, 2018].

지난 세기에 생산 현장에 컴퓨터와 로봇의 도입으로 생산시스템의 변혁을 추구해 왔던 공장자동화가 최근 4차산업혁명의 대두와 함께 정보통신기술과 접목되어 새로운 생산시스템 및 정보시스템으로 기업경영을 혁신하고 있다. 이러한 흐름에서, 유럽은 독일을 중심으로 제조업 경쟁력 강화를 위해 스마트공장(Smart Factory), 가상 공장(Virtual Factory), 디지털 공장(Digital Factory) 및 미래의 공장(Factory of Future) 개념과 프레임워크를 제시하고 이를 적극적으로 추진하고 있다. 이와 같이 4차산업혁명 하에서의 스마트공장은 제조업의 부가가치 및 인구 구조적 변화와 생산성 및 에너지 효율 저하 등으로 인한 사회, 경제, 산업 환경 전반에 걸친 성장의 한계를 돌파하기 위한 제조업 진화 전략의 하나로 진행되어 왔다[산업표준심의회, 2016a].

우리나라의 경우 전체 경제에서의 제조업 의존율은 다른 나라에 비교해 상당히 높으나, 최근 여러 가지 요인으로 인하여 제조업 경쟁력이 저하하고 있는 상황으로 제조업 경쟁력을 강화하고 4차산업혁명을 주도하기 위해서는 스마트공장의 성공이 필수적이다.

이 장에서는 스마트팩토리의 등장배경이나 정의와 같은 스마트팩토리의 일반적인 개념과 스마트팩토리의 구조를 분석하기 위한 참조 모델로서 기업 아키텍처를 학습한다. 그리고 스마트팩토리의 구성요소와 구축 단계를 표현하는 스마트팩토리 트라이앵글에 관해 살펴본다.

1-1. 스마트팩토리 등장배경과 개념

4차산업혁명은 사이버 세계와 물리적 세계를 결합시켜 새로운 자율시스템을 창출함으로써 초자동화, 초연결성, 초지능화를 통한 제조업의 혁신을 견인하고 있으며 이러한 4차산업혁명의 개념을 제조현장에 도입한 것이 스마트팩토리라 할 수 있다.

아래에서는 일반적인 공장의 기능에 비추어 본 스마트팩토리의 등장배경과 의미는 무엇인지에 관해 살펴본다.

1-1-1. 공장의 기능과 스마트팩토리 도입배경

최근 들어 우리나라를 포함한 세계 주요 국가에서는 인적자원의 고령화, 숙련공 부족, 비용 절감의 압박, 고객수요의 다양한 변화에 따른 제품수명주기 단축 등의 원인으로 기업 환경이 악화되어 이를 타개하기 위해 많은 제조기업에서 스마트팩토리의 구축과 운영을 추진하고 있는데, 일반적인 공장과 최근의 스마트팩토리의 차이는 무엇일까?

〈그림 1-1〉에 나타난 바와 같이 일반적인 공장이건 스마트한 공장이건 간에 고객으로부터 제품의 주문을 받아서 그것을 공장 내부에서 제품을 제조하여 그 제품을 고객에게 인도한다는 것은 다를 바가 없을 것이다. 즉, 제조 기업들은 제품 생산과정에서 발휘되는 효율성의 차이가 있을 뿐이지 그 목표와 처리 프로세스는 같은 것이라 할 수 있다.

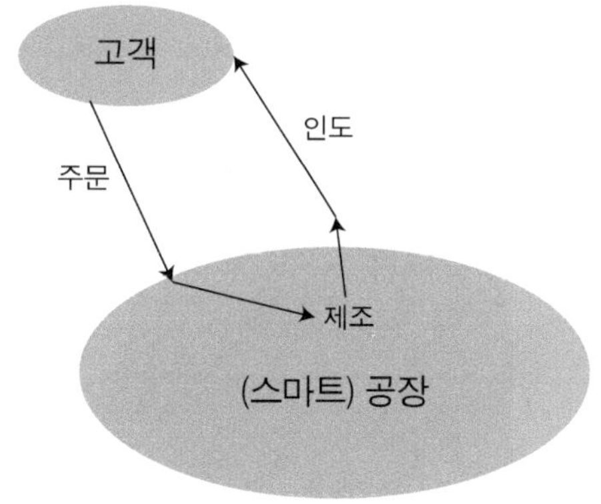

<그림 1-1> (스마트) 공장의 기능(1)

기업은 고객의 주문을 받아서 궁극적으로 제품을 고객에게 인도하기까지의 전체 업무처리 과정에서 크게 QCD(Quality-Cost-Delivery)라는 성과지표를 가지고 있다. Q는 고객이 요구하는 품질을 균일하게 생산하고자 함이고, C는 저비용 고효율 구조로 생산하고자 함이며, D는 고객이 요구하는 인도 기간에 맞게 생산하고자 하는 것이다. 이러한 성과지표를 달성하기 위해 생산 현장에는 다수의 설비들과 그 설비들을 다루는 작업자들이 있게 된다. 즉, 일반적인 제조시스템에서는 자재와 부품군에 대해서 가공과 조립을 수행하기 위한 장비들과 인적자원들이 결합되어 생산 작업을 수행하게 된다.

여기서 일반적인 기업 혹은 범위를 좁혀서 제품 생산을 위해 공장이 갖추어야 할 기능들이 무엇인지 좀 더 자세히 살펴보기로 하자.

위에서 언급했듯이, 제조 기업의 역할은 고객으로부터 제품을 주문받고 적합한 생산 과정을 거쳐서 제품을 고객에게 인도를 하는 것이다. 이를 위해서는 〈그림 1-2〉에서 나타난 바와 같이 우선 고객의 주문을 받는 과정이 진행되는데, 고객의 주문을 받기 위해서는 '영업 부문'에서 고객과의 상담을 통해서 견적과 협상을 거쳐 계약을 통해 주문 확정을 한다. 수주형 제품인 경우에는 주문확정 후에 고객의 요구사항에 부합하는 제품 설계가 우선 수행되어야 한다. 즉, '제품개발 부문'에서 고객으로부터 제품에 관한 기능적인 요구사항을 받아서 그 요구사항을 만족하는 제품을 설계하고 개발하는 과정이 선행되어야 한다. 제품설계에 따라 '생산 부문'에서는 제품 생산이 이루어진다. 그후에 영업 부문에서 제품 인도가 이루어지고 난 후에는 고객이 제품을 잘 사용하기 위해서

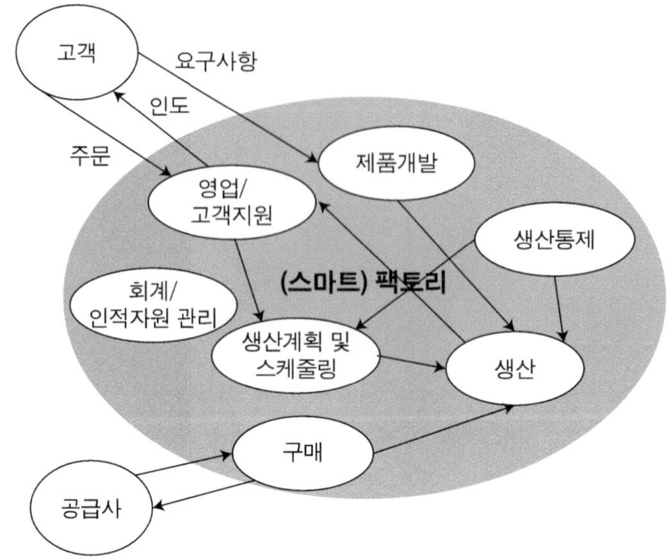

<그림 1-2> (스마트) 공장의 기능(2)

필요로 하는 여러 가지 고객 지원 활동을 수행한다. 이러한 기능은 '영업 및 고객 지원 부문'에서 수행한다.

이와 같이 영업 부문에서 고객의 주문이 확정되면, 생산 부문에서는 이를 생산하기 위해서 언제 어디서 어떤 제품을 몇개 생산할지를 계획하는 생산 계획 및 스케줄링이 이루어진다. 이 생산 계획에 근거해서 완제품 생산에 자재들은 언제 몇 개가 필요한지를 계산해서 그 자재를 외부로부터 구입하는 구매 기능이 수행된다.

대부분의 최종 완제품을 생산하는 제조 기업에서는 그 완제품에 소요되는 모든 원자재 및 중간 반제품을 그 기업이 모두 자체 생산하지는 않는다. 즉, 완제품에 소요되는 부품들의 대부분을 외부에 있는 또 다른 제조 기업에서 공급받게 된다. 예를 들면, 현대자동차에서 '산타페'라는 자동차를 생산할 때 산타페 완성차에 들어가는 모든 부품 및 반제품을 현대자동차가 생산하지는 않는다. 만약에 타이어의 경우라면, 한국타이어나 금호타이어와 같은 기업에서 공급받게 되는데, 이와 같이 최종 완제품에 소요되는 부품의 수량과 필요 시기를 계산해서 이를 외부로부터 구입하는 구매 기능이 필요하다.

생산계획이 수립되고 자재가 준비되고 생산 현장에 설비와 인적자원이 준비되었을 때 우리는 생산 기능을 수행할 수 있게 된다. 이 생산 과정에서 정해진 생산일정대로 생산되고 있는지, 원하는 품질 수준으로 생산되고 있는지 또는 낭비없이 낮은 비용으로 생산되고 있는지를 파악해서 목표에 미치지 못하면 조정과 통제 행위를 통해 목표를 달성할 수 있도록 하는 기능이 생산통제 기능이다.

이와 같이 고객의 주문을 받아서 주문에 적합한 제품을 생산하여 제품을 인도하는 과정을 좀 더 자세히 살펴보았는데, 이러한 주된 주문 이행 기능 이외에도 기업에서 필요로 하는 자금의 조달과 운용에 관련된 회계 및 재무 관리 기능과 종업원의 급여, 채용, 승진 및 퇴직 등 인적자원과 관련된 모든 활동을 관리하는 인적자원 관리 기능이 있다.

마이클 포터는 기업이 수행하는 모든 활동들은 궁극적으로 가치를 더하는 과정이라는 의미에서 업무 활동들의 연쇄를 가치사슬이라 명명하였다. 〈그림 1-3〉에서 나타난 바와 같이 가치사슬 하에서는 가치를 직접적으로 창출하는 활동을 주요 활동(Primary Activities)이라 하고, 이 범주에는 조달 물류, 생산 운영, 판매 물류, 마케팅 및 판매, 고객 서비스가 속하게 된다. 또한, 간접적으로 가치를 창출하는 활동은 지원 활동(Support Activities)이라 하고, 이 범주에는 기업 인프라, 인적자원 관리, 기술개발 및 조달이 이에 속

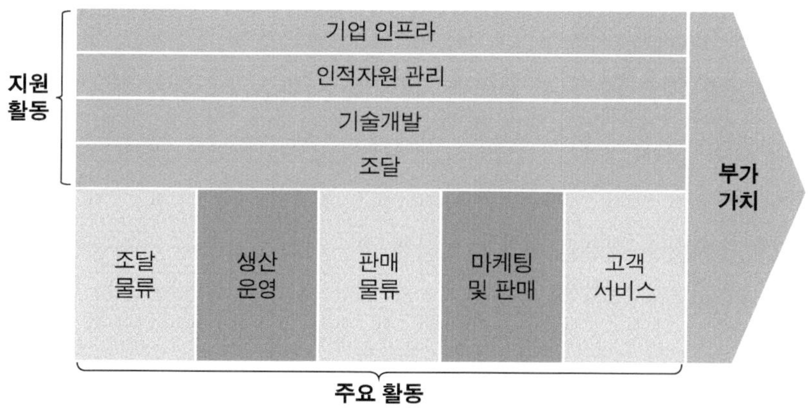

<그림 1-3> 가치사슬

출처: Porter, Michael, Competitive Advantage: Creating and Sustaining Superior Performance, Free Press,1985.

하게 된다. 기업들은 경쟁력을 확보하기 위해 가치사슬의 각 단계에서 가치를 높이는 활동을 어떻게 수행할 것인지, 비즈니스 과정이 어떻게 개선될 수 있는지를 조사하여 이를 적극적으로 실행에 옮겨야 한다.

그렇다면 가치사슬에서 가치를 창출하는 활동들을 스마트하게 수행하는 것이 스마트팩토리가 되는데, 공장이 '스마트'하다는 것은 무엇인가? 여러 가지 의미를 생각할 수 있으나, (1) 우선 고객 주문을 충족시키기 위한 신뢰성 있는 생산 작업을 가능하게 하고, (2) 외부 환경 변화에 능동적으로 대처할 수 있게 생산 운영 체제의 민첩성을 제공하고, (3) 변화된 여건에 따라 스스로 판단하는 자율적 지능성을 갖는 것을 들 수 있다. 즉, 스마트팩토리의 '스마트'는 신뢰성, 민첩성 및 지능성을 의미한다.

그러면 우리나라에서 스마트팩토리가 등장하게 된 배경은 무엇일까?

우선, 대내적으로는 우리나라의 경우 제조업의 비중이 높은 산업 구조를 갖고 있으나 최근 들어 노동력 부족으로 인한 원가 상승, 생산 시설의 해외 이전 등으로 성장동력이 약화되고 있다. 즉, 국내 제조업의 영업이익률은 1990년대 6.8%에서 2010~2013년 평균 5.7%로 하락했으며, 국내 15~65세 생산가능 인구의 비중은 2010년 73%에서 2030년 63%로의 하락이 예측되고 있다. 특히, 중소기업의 부족 인원 3.4만 명 중에서 생산직이 75%를 차지하여 생산 현장의 인력 효율성 제고가 필요함을 시사하고 있다.

대외적으로는 선진국과의 경쟁력 격차가 좁혀지지 않고 있으며, 동시에 중국 등 후발국의 추격을 받고 있는 상황이다. 즉, 최고 기술국 대비 주요 5개국의 기술 수준은 미국(100%) > EU(98.9%) > 일본 (97.1%) > 한국(83.4%) > 중국(72.3%)의 순으로 선진국은 기보유한 월등한 생산기술에 지식재산권 및 기술 서비스를 더하여 제조업의 서비스화를 통해 경쟁력을 한층 강화하고 있다. 이와 함께 중국 등 주요 후발국은 저렴한 인건비 기반의 가격경쟁력을 바탕으로 제조업의 국제 경쟁력 수준이 갈수록 향상되고 있다. 따라서 현재 우리나라 제조업 성장 방식의 한계를 극복하고 신규 성장동력을 만들어내기 위한 제조업의 패러다임 전환의 일환으로 스마트팩토리 구축과 운영이 필요한 실정이다. 이와 같이 우리나라가 경제성장을 지속하기 위해서는 제조업에 ICT를 접목한 스마트팩토리를 통해 능동적인 수요 대응 및 부가가치 증대를 달성해야 할 필요가 있다[산업통상자원부, 2017a].

1-1-2. 스마트팩토리 정의

지속적인 부가가치 창출과 제조 경쟁력 확보를 위해 스마트팩토리는 어떻게 과업을 수행해야 하는지를 알아내기 위해 먼저 스마트팩토리의 정의에 관해서 살펴보도록 한다.

(1) 미국 SMLC(Smart Manufacturing Leadership Coalition)에서는 스마트제조(Smart Manufacturing)를 "신속한 신제품 생산과 시장의 요구에 대한 기민한 대응, 공급망 전체에 걸친 실시간 최적화를 목적으로 하며, 제조의 전 과정을 연결하는 지능적인 시스템과 기술"이라 정의하였다.

(2) 한국 민관합동 스마트공장 추진단에서는 스마트공장(Smart Factory)을 "설계·개발, 제조, 유통·물류 등 생산 과정 전체 과정에 디지털 자동화 솔루션이 결합된 선진적 ICT를 적용하여 생산성, 품질, 고객만족도를 향상시키는 지능형 유연 생산공장"이라고 정의하였다.

위의 예를 포함하여 몇 가지 스마트공장의 개념을 요약하면 〈표 1-1〉과 같다.

미국 SMLC의 정의에서 보듯이 스마트제조는 부품 공급사와 완제품 제조사 및 고

<표 1-1> 스마트공장 개념 정리

기관	정의
민관합동 스마트 공장 추진단	설계·개발, 제조, 유통·물류 등 생산 전체 과정에 디지털 자동화 솔루션이 결합된 선진적 ICT를 적용하여 생산성, 품질, 고객만족도를 향상시키는 지능형 유연생산공장
산업통상 자원부	제품의 기획·설계, 생산, 유통·판매 등 전 과정을 IT 기술로 통합, 최소비용·시간으로 고객맞춤형 제품을 생산하는 공장
미래창조 과학부	외부환경변화(고객주문, 설비고장 등)에 공장 내 기기들이 즉각 반응하여 자율적으로 최적 솔루션을 제안하는 사이버물리시스템(CPS) 기반 지능형 생산공장
딜로이트 안진	제조공장의 자원을 최적화해 사람에 의한 변동 요소를 최소화하고, 데이터에 기반한 의사결정이 실시간으로 이행되는 제조 운영 환경의 공장
LG CNS	산업/고객 특성에 맞는 최적화된 공장 운영 설계와 이에 따른 생산 운영 시스템 및 지능형 설비 공급을 통해 세계 최고 수준의 제조 경쟁력을 갖춘 공장
시스코 코리아	자산 활용, 공급망 및 물류 혁신을 위해 만물인터넷(IoE)을 통해 보다 지능적인 생산설비 설계, 생산환경 및 설비에 대한 제어력이 향상되는 공장

출처: 김성민·안재경, 스마트팩토리 구현을 위한 ERP와 MES간의 효율적인 연계방안 연구, 대한산업공학회 춘계공동학술대회, 2019.

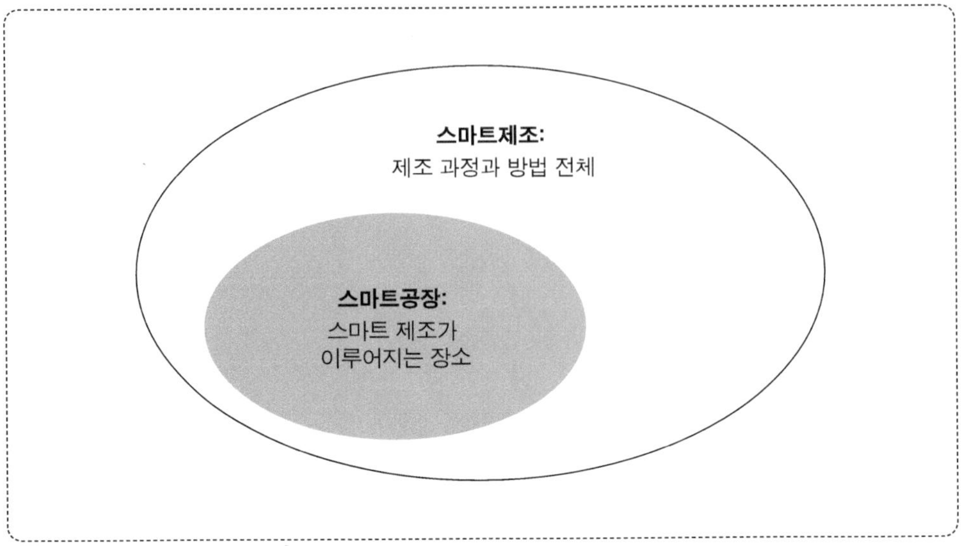

<그림 1-4> 스마트제조와 스마트공장 범위

객사를 포괄하는 공급망 전체에 걸친 최적화를 꾀한다는 측면에서 하나의 제조 기업 업무에 초점을 맞추는 스마트공장의 개념보다는 조금 더 넓은 범위를 포함한다고 하겠다. 즉, 〈그림 1-4〉에서 나타나듯이 스마트제조라 함은 스마트한 제조 과정과 그 방법 전체를 가리키는 용어이고, 그 반면에 스마트공장이라 하면 스마트한 제조가 이루어지는 장소라는 개념이 더 강하기 때문에 스마트제조라는 개념이 좀 더 광범위한 범위를 포함한다고 하겠다.

〈표 1-1〉의 개념 정리에서 스마트공장에 관하여 공통적으로 추출할 수 있는 개념들을 살펴보면 최적화, 지능화, 자동화, 정보화, 고객맞춤형 제품의 생산 그리고 ICT 등을 들 수 있다. 이러한 신개념에 근거하여, 민관합동 스마트공장 추진단에서는 스마트공장을 구축하고 발전시키기 위해 필요한 다섯 가지 조건을 제시하였다[민관합동 스마트공장 추진단, 2017a].

(1) **4M+1E의 디지털화:** 4M+1E의 각 요소(Man, Machine, Material, Method, Environment)들에 대해 실시간으로 디지털 값을 인지하고, 측정가능한 정보를 제공해야 하며 통신을 통해 대화가 가능해야 한다.

(2) **지능화:** 알고리즘 또는 인공지능 등의 솔루션을 이용하여 최적해 또는 예측가능한 해를 제공해야 한다.

(3) **통합**: 사회망과 가치사슬을 통해 종단 간(End-to-End)에 정보교류가 이루어지도록 하는 수평적 통합과 최하위 수준인 기계장치부터 기업경영전략까지의 수직적 통합을 이루어야 한다.

(4) **엔지니어링 지식의 창출**: 지속적으로 정보를 확보하고 저장한 후에 이를 바탕으로 제조지식을 점진적으로 창출할 수 있어야 한다.

(5) **스마트 시스템과의 연결**: 향후에 발전할 스마트제품 및 스마트시스템들과 통신 표준에 의거하여 연결이 가능해야 한다.

이와 같이 제조업의 미래는 기존 제조업의 기반 기술과 시장력을 바탕으로 ICT와의 혁신적 접목을 통해 스마트제조로 이행함으로써 기술 및 시장에서 새로운 기회를 창출할 수 있다. 전통적 제조 방식과 스마트제조 방식을 요약하여 비교하면 〈표 1-2〉와 같다.

<표 1-2> 전통적 제조 방식과 스마트제조 방식 비교

구분	전통적 제조	스마트제조
경제환경	고성장	저성장
기업환경	경쟁적	협업적
지리적특성	공단형 군집	도심형 분산
자원소유	소유	공유
의사결정주기	주기적	실시간
의사결정 속성	계획기반	상황기반
의사결정해법	규칙기반	데이터기반
제조경쟁력	비용/품질	가치창출
작업자 역할	실행자	의사결정자
작업자요구기술	규칙적	창의적
데이터 수집	샘플링	빅데이터 & 실시간
데이터 소스	설비	사물
데이터활용	상황파악 & 유지보수	예측 & 실시간제어

출처: 신동민 · 정봉주 · 조현보, 스마트제조, 이프레스, p.315, 2017.03.

1-1-3. 인더스트리4.0과 스마트팩토리

최근 들어 기업경영과 관련해서 많이 사용되는 용어가 4차산업혁명과 스마트팩토리인데, 4차산업혁명이라는 것은 1700년대 후반에 영국에서 발발한 산업혁명을 첫 번째 산업혁명이라고 한다면 현재 네 번째 산업혁명이 일어나고 있다는 의미이다. 즉, 제조 분야에 국한하여 초점을 맞춘다면, ICT의 급격한 발달에 따라 기업경영과 제조 방식에서 혁명적인 변화가 일어나고 있는 현상을 4차산업혁명이라 부르고 있으며, 이러한 급격한 변화의 중심에 있는 것이 스마트팩토리인 것이다. 스마트팩토리의 범위는 매우 넓어서 생산시스템 전체를 포괄하고 있는데, 기업의 생산시스템을 크게 두 가지로 나눈다면, 첫째는 생산 현장인데, 이는 제품이 만들어지는 실제 장소를 의미하며 제조시스템이라고도 한다. 생산 현장에서는 원자재가 입력되어서 최종적으로 완제품을 만들어진다. 즉, 원자재나 부품에 대해서 가공과 조립을 수행하기 위해서 필요로 하는 설비와 설비를 운영하는 인적자원의 결합체이다.

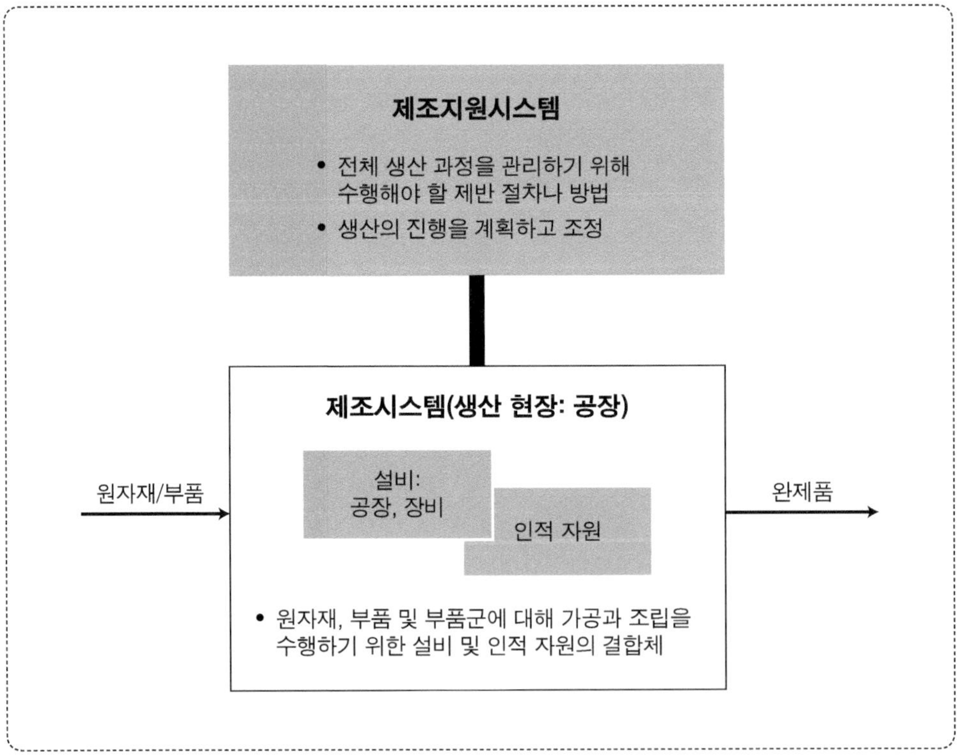

<그림 1-5> 생산시스템의 구성

둘째는 생산 현장이 효율적으로 운영되도록 전체적인 생산 활동을 관리하기 위해서 수행해야 할 제반 절차나 방법을 제시하는 제조지원시스템이다. 제조지원시스템은 생산의 진행을 계획하고 계획대로 실제 운영이 되도록 조정하는 역할을 수행한다. 〈그림 1-5〉에서 생산시스템의 구성을 나타내고 있다. 스마트팩토리의 업무 범위는 이러한 제조지원시스템과 제조시스템 두 가지를 다 포함하고 있다.

4차산업혁명이라는 용어가 나오기 전에 인더스트리4.0이라는 용어가 먼저 나왔는데, 이는 2011년에 독일이 발표한 자국의 경제 전략 혹은 산업 전략을 의미한다. 인더스트리4.0은 독일이 비교 우위에 있는 첨단 제조 기술에 ICT를 융합해서 산업구조의 변화를 적극적으로 유도함으로써 계속 제조 강국으로 남고자 하는 독일의 제조혁신 전략이다. 독일이 추구하고 있는 인더스트리4.0 제조 전략에서 미래 제조의 방향을 제시한 바 있는데, 〈그림 1-6〉에서 나타난 바와 같이 크게 세 가지의 구성 요소를 가지고 있다.

(1) 스마트제조(Smart Production)

(2) 그린제조(Green Production)

(3) 도시제조(Urban Production)

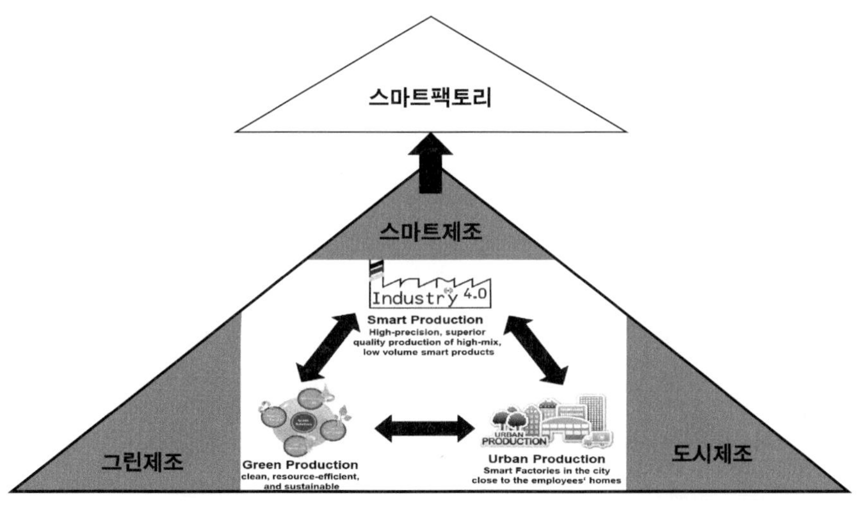

<그림 1-6> 인더스트리4.0에서의 스마트팩토리 방향

출처: Mult. H. C. Wolfgang Wahlster, Industry 4.0: From the Internet of Things to Smart Factories, 3rd European summit on future internet, Espoo, Finland, 2012.05.

이 세 가지의 추진방향이 모두 어우러져서 스마트팩토리를 구현하게 되는 것이다. (1) 스마트제조는 초정밀과 월등한 품질을 가진 제품을 다품종 소량 생산을 통해 개인 맞춤형 생산 체계를 갖추는 것이다. (2) 그린제조는 청정생산과 에너지를 비롯한 필요 자원을 효율적으로 사용하여 지속가능한 생산을 하는 것이다. 또한, (3) 현재의 공장은 일반적으로 주거지와 격리된 곳에 밀집되어 있는 형태인데, 스마트제조와 그린제조가 가능해지면 굳이 공장이 종업원의 주거지하고 멀리 떨어져 있을 필요없이 인접해서 위치할 수도 있다는 것이다. 이를 통해서 통근 시간 단축 및 육아의 여유 등 종업원들은 삶의 질을 높일 수 있다. 이것이 도시제조의 개념이며, 이 요소는 〈표 1-2〉에서 스마트제조 특성의 하나인 '도심형 분산제조방식'으로 나타난 바 있다.

모든 기업은 고객으로부터 제품을 주문받아서 고객의 품질 요구사항에 부합하는 제품을 생산하여 고객이 원하는 시간에 제품을 인도하여 고객을 만족시켜야 하는 것을 목표로 한다는 점에서 동일하다. 다만, 이러한 과정을 저비용 고효율적으로 수행하느냐 아니면 고비용 저효율적으로 수행하느냐에 차이가 있는 것이다.

여기서 다시 한번 스마트팩토리의 정의를 살펴보면, 〈표 1-1〉에서 나타난 바와 같이 2014년 우리나라 산업통상자원부에서 발표한 한국 제조업 혁신 3.0에서는 스마트팩토리를 "제품의 기획, 설계, 생산, 유통, 판매 등 전 과정을 IT 기술로 통합하여 최소 비용과 시간으로 고객맞춤형 제품을 생산하는 미래형 공장으로, IIoT(Industrial Internet of Things), CPS(Cyber Physical System)를 기반으로 제조의 모든 단계가 자동화, 정보화(디지털화)되어 가치사슬 전체가 하나로 실시간 연동되는 공장"이라고 정의하였다[산업통상자원부, 2014].

즉, 스마트팩토리는 아직은 구현하기가 어려운 미래형 공장으로 볼 수 있는데, 미래형 공장에서는 비용과 소요시간을 최소화하고, 대량생산형 제품이 아닌 고객의 개별적 요구에 대응할 수 있는 고객맞춤형 제품을 생산하는 공장이다. 그리고 제품의 기획, 신제품의 설계, 제품의 생산, 제품의 유통 및 판매의 전 과정에서 IT 기술을 이용한다는 것이다. 정보기술을 이용해서 제품 설계부터 생산, 판매 및 유통 과정을 다 통합하고, 이를 위해서 IIOT, CPS 등을 기반으로 해서 제조의 모든 단계가 자동화, 정보화 되어서 기업의 가치사슬 전체가 하나로 실시간 연동되는 공장을 의미한다.

이와 같은 내용을 바탕으로 2016년 6월 제정된 스마트공장 KS표준(KS X 9001-1)에서는 스마트공장을 '전통 제조산업에 ICT를 결합하여 제품의 기획, 설계, 생산, 유통, 판매 등 전 과정을 ICT로 통합, 최소비용, 시간으로 고객맞춤형 제품 생산을 지향하는 공장으로, 생산성 향상, 에너지 절감, 인간중심의 작업환경이 구현되고, 개인맞춤형 제조, 융합 등 새로운 제조 환경에 능동적 대응이 가능한 공장'으로 정의하고 있으며[산업표준심의회, 2016a], 그 특징을 요약하면 다음과 같다[스마트제조혁신추진단, 2021c].

- 디지털화(Digitization): 생산현장의 자동화/반자동화 설비로부터 설비 상태 및 공정 제어 데이터를 실시간으로 원시 데이터 상태로 수집하여 저장하는 것. 또한, 소재, 제품, 도구 등의 상태를 실시간으로 트래킹하여 물건의 위치와 상태를 정확하게 파악하고 생산/물류 상황을 일목요연하게 시각화할 수 있도록 각종 센서를 부착하여 모니터링하는 것
- 스마트화(Smartization): 디지털화된 설비나 공정으로부터 취득한 원시 데이터를 활용하여 기계학습, 딥러닝 등으로 학습하여 사람 대신 분석, 판단 및 제어하는 것
- 초연결화(Hyper-Connection): 디지털화된 가공/운반 장비, 로봇, 소재, 제품 등 공장 내 모든 사물, 사람, 장비 및 컴퓨터 간 데이터 통신을 통해 서로 의사소통하는 것

이러한 스마트팩토리의 구현을 통해, 공급자 및 생산자에게는 개방성, 생산성, 유연성, 분업화, 인간 중심의 작업환경을 제공하고, 고객에게는 최적의 만족감(제품 자체의 만족과 제품과 연계된 서비스들)을 제공할 수 있다.

1-2. 기업 아키텍처

스마트공장의 복잡한 구조를 파악하고 바람직한 향후 모습을 설계하기 위해서는 다양한 측면에서 스마트공장을 분석하고 표현해야 할 필요가 있는데, 이를 위해서는 필요시 참조와 비교가 가능한 준거의 틀이 필요하게 된다. 제품 생산을 위해 필요한 기업의 물리적인 구성과 업무 레벨 및 의사결정 구조를 나타내는 것을 기업 아키텍처라고 하는데, 기업 아키텍처를 위한 참조 모델(Reference Model)로 많이 인용되는 것으로는 퍼듀 기업 참조 아키텍처(PERA: Purdue Enterprise Reference Architecture)와 ANSI/ISA-95 및 RAMI 4.0이 있다. 여기에서 아키텍처는 건축물과 같은 구조물을 설계하고 구축하는 기술이나 구조라는 의미를 가지고 있다.

PERA는 테어도어 윌리엄스(Theodore J. Williams)를 대표로 하는 퍼듀대학교 CIM(Computer

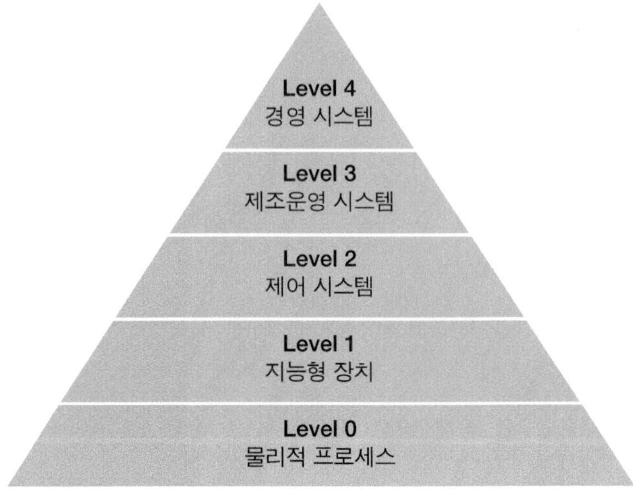

<그림 1-7> PERA 아키텍처-5계층

출처: Williams, T.J. , The Purdue Enterprise Reference Architecture, IFAC 12th Triennial World Congress, Sydney, Australia, 1993.

Integrated Manufacturing) 산학 컨소시엄에서 발표한 것으로 기업을 다단계, 다계층으로 표현하는 참조 아키텍처이다. PERA에서는 기업의 생산현장에서부터 경영관리에 이르기까지의 의사결정 및 제어 계층을 〈그림 1-7〉에서 보는 바와 같이 5계층으로 구분하고 있다.

(1) 계층0(물리적 프로세스): 생산현장에서의 실제적인 물리적 제조 프로세스를 정의한다.
(2) 계층1(지능형 장치): 지능형 설비 및 장치들로서 물리적 제조 프로세스를 센서, 분석기, 구동기 등을 사용하여 조작하고 감지한다.
(3) 계층2(제어 시스템): 실시간 제어 시스템, HMI(Human Machine Interface), SCADA (Supervisory Control & Data Acquisition) 등을 이용하여 물리적 제조 프로세스를 감독, 관찰 및 통제한다. 자동화된 라인에서 설비 제어나 물류 제어의 역할을 담당한다.
(4) 계층3(제조 운영 시스템): MES(Manufacturing Execution System)와 설비관리 등을 이용하여 원하는 제품을 적기에 생산하기 위한 작업의 흐름을 관리한다. 작업 지시와 생산 실행, 설비 관리 및 품질관리가 수행된다.

(5) 계층4(경영 시스템): ERP(Enterprise Resource Planning) 시스템을 이용하여 생산 계획 및 스케줄링, 자재 조달, 고객 주문, 회계 처리 등을 관리한다.

ANSI/ISA-95 아키텍처는 제어 계층과 다른 기업 계층 간의 자동화된 인터페이스를 개발하기 위한 ISA(International Society of Automation)와 ANSI(American National Standard Institute)가 공동개발한 국제 표준 모델로서 IEC 62264 국제 표준으로 지정되어 있다. ANSI/ISA-95 아키텍처는 업무 프로세스보다는 정보 아키텍처에 중점을 두고 있으며, PERA 아키텍처를 기반으로 생산시스템을 <그림 1-8>과 같이 다섯 계층으로 나누고 있으며, 이를 요약하면 <표 1-3>과 같다.

2015년 4월에 독일의 '플랫폼 I4.0'이라는 조직에서 'RAMI 4.0(Reference Architecture Model Industrie 4.0)'이라는 참조 모델을 공개하였다. 이 플랫폼은 독일이 주창하고 있는 인더스트리4.0이 추구하고 있는 스마트팩토리 구현을 위한 참조 모델로서, 지난 2013년 4월에

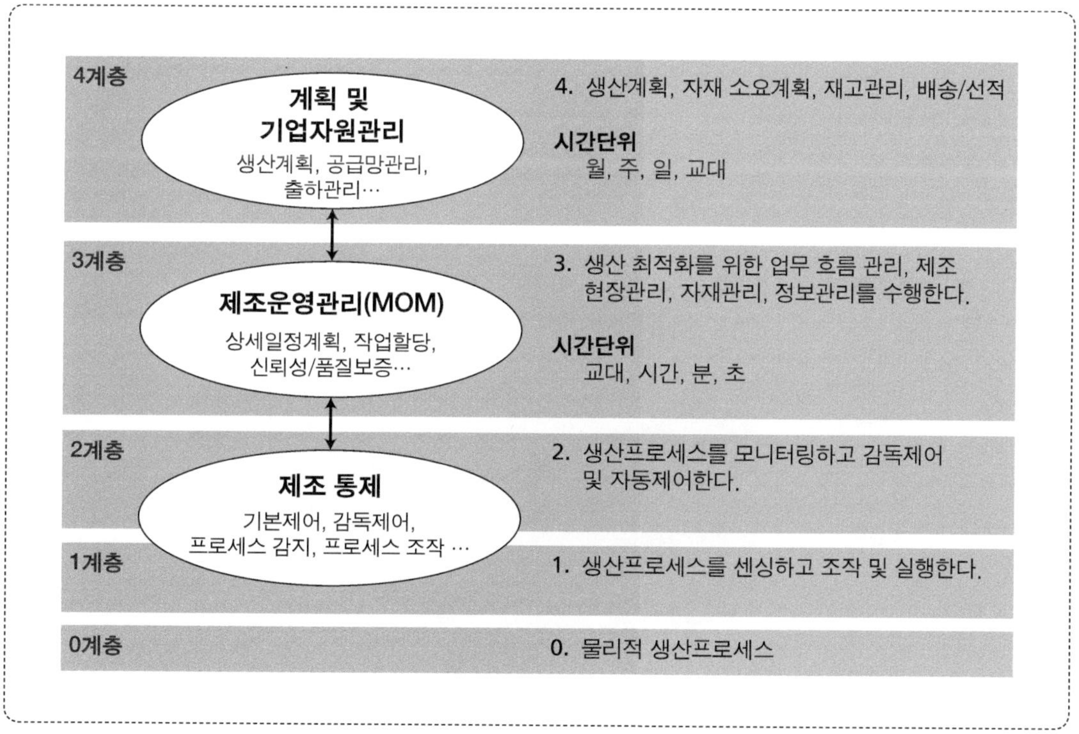

<그림 1-8> ANSI/ISA-95 아키텍처

출처: Brandl, Dennis , What is ISA-95, BR&L Consulting, 2008.05.

<표 1-3> ANSI/ISA-95 모델의 각 계층별 구성요소

계층	구성요소
4	경영계획/물류(ERP/SCM)
3	제조운영관리(MOM: Manufacturing Operations Management)
2	모니터링, 감독 제어 등의 공정 제어(공정 제어 시스템)
1	센서 등의 지능형 장치(단위 제어 장치)
0	물리적인 생산 공정(프로세스)

VDMA를 포함하여 독일 전기전자제품제조업협회(ZVEI), 독일 정보통신기술신매체협회(BITKOM)가 주축이 되어 이 모델을 개발하였다. 현재 이 조직은 2015년 11월 기준 250여 명, 100여 개 조직, 2,000개 이상의 기업이 참여 중이다.

〈그림 1-9〉에서 나타난 RAMI 4.0은 크게 3개의 축으로 구성되는데, (1) 제품수명주기 가치 흐름(Life Cycle Value Stream) 축, (2) 제품 생산 계층(Hierarchy Levels) 축, (3) 정보통신기술(ICT) 축이다. 가장 왼쪽의 세로축인 정보통신기술(ICT) 축에서는 생산현장에서 일반관

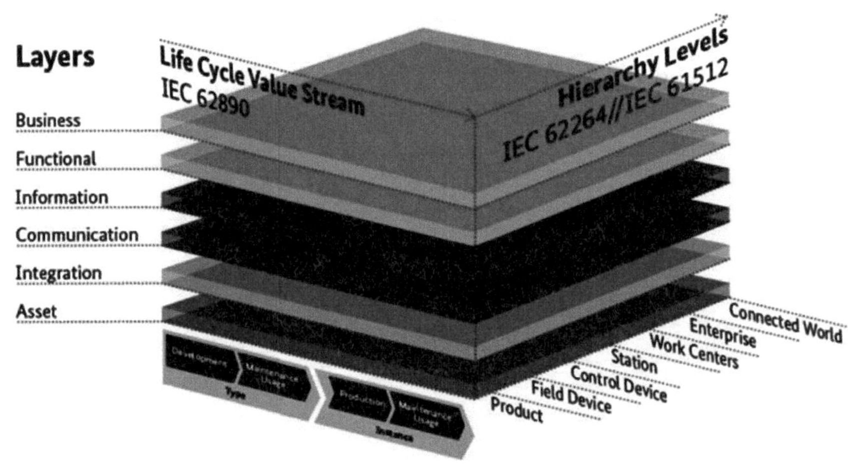

<그림 1-9> RAMI 4.0

출처: Schweichhart, Karsten, Reference Architectural Model Industrie 4.0 (RAMI 4.0): An Introduction, Platform Industrie 4.0, 2018.

리 기능까지 수직적으로 통합된 계층으로 정보 유통을 중심으로 하는 기업관리 계층을 나타낸다. '자산(Asset) 계층'이란 부품, 제품, 문서, 회로도와 같은 물리적인 실체이다. 본래 펌프, 실린더, 컨베이어 등과 같은 가시적인 실체를 나타내지만, 넓게는 소프트웨어와 인간도 디지털 세계의 연결을 위한 자산이라고 본다. '통합(Integration) 계층'은 물리적인 실체와 디지털 세계가 통신하기 위한 것으로 컴퓨터로 프로세스화된 자산 정보를 규정하고 컴퓨터를 이용한 기술적 프로세스를 제어한다. 예를 들어 RFID 태그, QR 코드는 물론 HMI 디바이스나 모든 센서 정보들도 포함한다. '통신(Communication) 계층'은 하나의 자산에서 또 다른 자산으로 데이터가 옮겨갈 때 필요한 것으로 일정한 데이터 포맷을 사용하여 상위 정보 계층과 통신하며, 아래로는 통합 계층의 제어를 위한 서비스를 제공하는데, OPC-UA, 오픈 코어 인터페이스 등을 예로 들 수 있다. '정보(Information) 계층'이란 말 그대로 사용되고, 발생하는 모든 원시 데이터를 가공 처리한 정보를 가리키며, 이벤트의 사전 처리를 위한 실행 환경을 제공하고 이벤트와 연관된 규정을 실행하며 컴퓨터로 정보 처리할 수 있도록 물리적 구성 요소, 문서, 소프트웨어 등의 정보를 제공하며 상위 기능 계층에서 사용되는 데이터의 수집 및 가공을 담당한다.

'기능(Functional) 계층'이란 각 업무 기능의 역할을 말한다. 업무 프로세스를 지원하는 서비스 실행 및 모델링 환경을 제공하고 기업 업무시스템과 기술적 기능성에 대한 실행 환경을 제공한다. '경영(Business) 계층'은 말 그대로 기업 전체적인 경영을 나타내는데, 제품수명주기 상의 가치흐름과의 기능적 통합을 보장하고, 시스템이 수행해야 할 규칙의 모델링과 하위 기능 계층에서 제공하는 서비스의 조율 및 다른 업무 프로세스 간의 연계를 담당한다.

RAMI4.0에서는 세로축 이외에 또 다른 2개의 가로축 단면이 존재한다. <그림 1-9>의 정면에 있는 가로축은 제품의 수명주기(Product Life Cycle) 가치흐름을 나타낸다. RAMI 4.0은 생산된 제품을 시제품(Type)과 완성품(Instance)으로 구분한다. 주문에서부터 기획, 설계, 테스트 등의 활동들은 시제품 단계다. 제품은 이 시제품 단계에서 개발(Development)되고, 유지보수(Maintenance) 등을 거쳐 시제품으로써 테스트(Usage)된다. 완성품 단계에서 제품은 고유의 시리즈 번호를 받고 본격적으로 생산(Production)되어 사용된다(Usage). 다만, 판매 단계에서 고객의 개선 요청을 받으면 유지보수(Maintenance)되거나 다시 시제품 단계로 돌아갈 수 있다. RAMI 4.0의 제품수명주기 가치흐름축은 IEC 62890으로 표준화되어 있다.

〈그림 1-9〉의 오른쪽 측면에 있는 가로축은 제품의 생산 계층을 7계층으로 나타내고 있다. 생산의 대상이고 기계와 상호작용하는 (1) '제품(Product)'이 최하위 계층이고, 그 위의 5계층은 (2) 현장 생산 장비 — (3) 제어 장비 — (4) 작업 스테이션 — (5) 작업 센터 — (6) 기업으로 계층화되면서 그 적용 범위가 확대된다. 마지막으로 RAMI 4.0에서 나타나는 모든 구성 요소에 인터넷을 더하는 의미로 (7) 네트워크 세계(Connected world)가 포함된다. RAMI 4.0의 제품 생산 계층축은 IEC 62264/IEC 61512로 표준화되어 있다.

1-3. 스마트팩토리 트라이앵글

일상생활에서 스마트폰이나 스마트워치와 같은 기기들을 사용할 때, '스마트'란 용어는 무엇을 의미하고 어떤 조건을 만족할 경우에 사용하는 것이 타당할까 하는 의문이 생긴다. 어떤 대상이 '스마트'란 수식어를 갖게 되는 경우는 대상물이 사람다워지는 경우와 지능적인 경우라고 할 수 있으며, 이를 위해서는 다음과 같은 세 가지 특징적 요소를 갖게 되는 것이 일반적이다. 첫째, 사람의 피부와 같이 외부의 변화를 감지할 수 있는 감지(Sensor) 기능이고, 둘째, 사람이 갖고 있는 두뇌의 역할로, 감지된 변화를 판단해 어떤 조치가 이루어지도록 판단(Control)하는 기능이다. 마지막은 판단에 따라 결정된 실행 방식이 조치되게 하는 기능으로 근육의 역할을 수행(Actuator)한다.

스마트팩토리의 경우에도 마찬가지로 '스마트'란 수식어를 갖기 위해서는 〈그림 1-10〉에서 나타나 있는 바와 같이 감지-판단-수행의 세 가지 특징적 요소를 갖추어야 한다.

스마트팩토리의 정의에서도 살펴보았듯이, 스마트팩토리가 제조의 모든 단계가 자동화, 정보화되어서 기업의 가치사슬 전체가 하나로 실시간 연동되는 공장을 의미한다면 스마트팩토리를 구성하는 구성 요소도 〈그림 1-10〉에서와 같이 '스마트'의 세가지 특징적 기능요건에 맞추어 세가지로 나누어 볼 수 있다. 즉, 스마트팩토리는 작업 수행(Actuator)의 역할을 대신 수행하는 '자동화' 요소, 상황을 감지하고 파악하는(Sensor) '정보화' 요소 및 변화를 판단해 최적의사결정에 의해 상응하는 조치를 취하는(Control) '지능화' 요소로 구성된다고 볼 수 있다. 본서에서는 이것을 이름하여 '스마트팩토리 트라이앵글', 즉 스마트팩토리 삼각형이라고 하며 이를 도식화하면 〈그림 1-11〉과 같다.

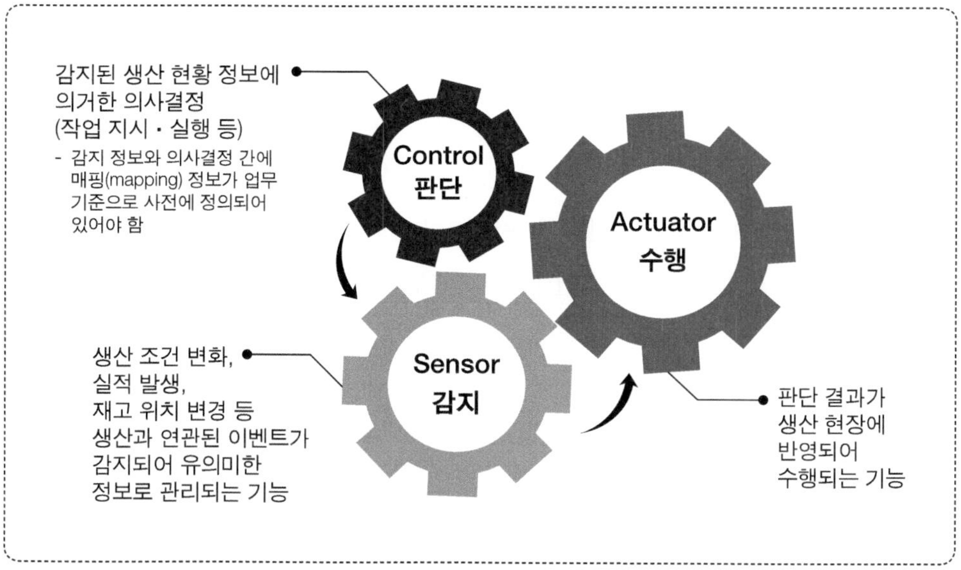

<그림 1-10> 스마트팩토리 기능요건

출처: 김억 · 김승택, 유연 생산 체계를 구현하는 Smart Factory: 생산 전략의 효과적 운용 방안, Deloitte Anjin Review, No.4, pp.62-68, Jan. 2015.

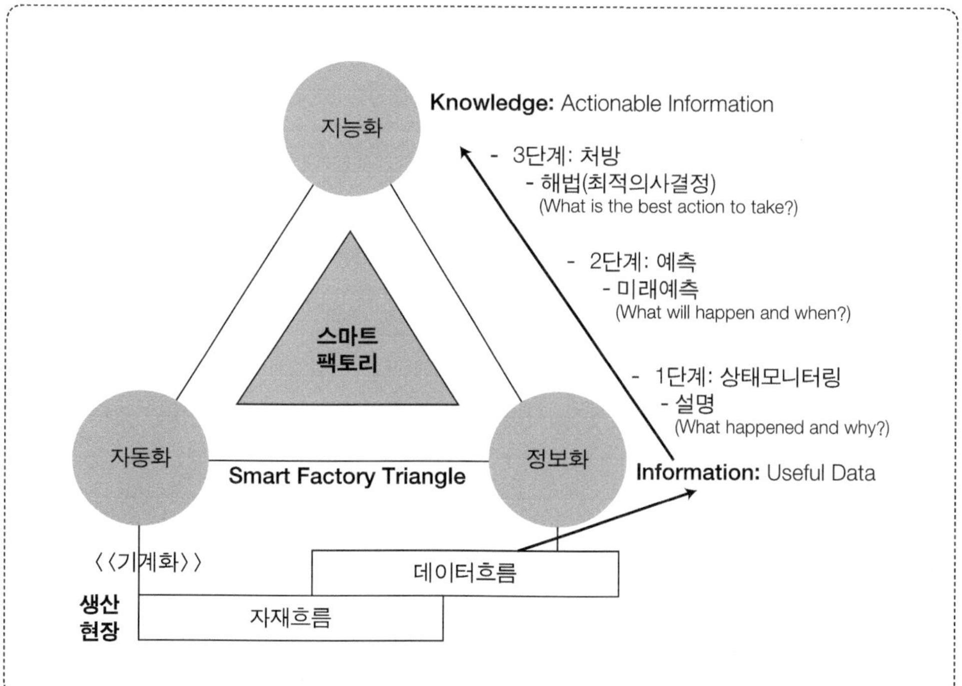

<그림 1-11> 스마트팩토리 트라이앵글

생산현장(Shop Floor)에서는 원자재에서 시작하여 자재와 부품이 가공과 조립 과정을 점진적으로 거치면서 반제품에서 최종제품으로 변환된다. 이 과정을 자재흐름(Material Flow)이라고 할 수 있다. 이러한 자재흐름 과정에서 부품을 제품으로 변환하는 과정을 담당하는 주체가 생산설비와 이를 운영하는 인적자원이다.

산업혁명 이전에는 제품 생산에서 주로 사람이 가진 근육의 힘을 사용하였고 부가적으로 바람이나 물과 같은 자연적인 힘을 이용해서 제품을 제조하였다. 그러다가 산업혁명이 시작되면서 기본적으로 기계의 힘을 이용해서 작업자의 노동 행위를 크게 경감시키게 된 것이 '기계화' 과정인 것이다. 즉, 기계화는 1700년대 후반에 영국에서부터 시작되어 발전되었고, 2차세계대전이 끝난 1950년대쯤 되어서는 '자동화'로 진전되었다. 기계화는 사람의 육체적인 노동을 경감시켜주는 것이고, 자동화는 기계화의 기반 하에 작업자의 기본적인 감지 및 판별 등과 같은 정신적인 판단 능력을 대신해주며 이를 통해 최소한도의 작업자 개입으로 제조가 이루어질 수 있다.

생산현장에서 자재가 흘러 다니면서 최종 제품으로 변환되는 과정에서는 자재흐름과 병행하여 자재흐름에 따른 데이터의 생성과 흐름이 이루어진다. 즉, 자재의 변환 과정에서 물리적인 변화가 일어날 뿐 아니라 그 변환 과정을 기록한 데이터가 생성되어 흐르는 것이다. 예를 들면 메인 PCB를 조립하는 공정에서 필요한 IC 부품이 부품 제조업체로부터 오늘 1,000개가 자재 창고에 입고되었다면, IC실물 1,000개와 함께 업체명, 부품명, 부품 규격 및 수량과 같은 데이터가 생성되어 IC라는 실물에 붙어서 흘러 다니게 되는 것이다.

여기서, 데이터(Data)는 있는 그대로의 사실을 의미하며 대개 가공되지 않았다는 의미에서 날 것의 데이터, 즉 다른 말로 Raw Data라고 부른다. 가공되지 않은 날 것의 데이터는 주로 생산현장에서 많이 발생을 하게 되는데 이것을 수집하고 가공해서 업무에 유용한 데이터, 즉 기업 운영에 쓸모 있는 데이터(Useful Data)로 바꿔주는 과정이 '정보화' 혹은 '디지털화'이다.

다시 말하면, 정보는 사람들에게 의미 있고 유용한 형태로 가공된 데이터이고, 데이터는 사람이 이해하고 사용할 수 있는 형태로 구성되고 정렬되기 이전에 조직이나 물리적 환경에서 발생하는 사건들을 나타내는 가공되지 않은 일련의 사실들을 의미한다.

즉, 정보화라는 것은 다양한 정보시스템(소프트웨어)를 이용해서 데이터를 정보로 바꿔주는 과정이라고 할 수 있다. 여기에서 정보시스템은 조직의 의사결정, 조정 및 통제를 지원하기 위해 조직내 정보의 수집, 처리, 저장 및 배분을 담당하는 소프트웨어의 집합을 의미한다.

이러한 '자동화'와 '정보화'가 고도화되면 이를 기반으로 해서 구현하고자 하는 것이 '지능화'이다. 지능화 단계에서는 사람을 대신하여 변화된 여건에 따라 자율적으로 판단하는 컴퓨터에 의해 최적의 의사결정이 이루어진다. 지능화의 결과로 생기는 것이 지식(Knowledge)이다. 여기서, 지식이라는 것은 행동을 일으키게 하는 정보(Actionable Information)를 말한다. 즉, 일반적인 정보가 '행동을 일으키는 정보'로 변환되는 것이다.

이러한 변환 과정, 즉 정보화에서 지능화로 이행하는 단계는 크게 3단계를 거친다. 첫 번째 단계는 정보화 단계가 진전되면서 이루어지며, 상태 모니터링 단계이다. 이 단계에서는 지금 현재 무엇이 발생했고 왜 발생했는지를 설명할 수 있는 단계(Description)이다. 의사결정자는 현 상태에 대한 충분한 정보를 실시간으로 모니터링할 수 있게 되고 이러한 데이터의 실시간 통합 관리와 시각화만으로도 의사결정 프로세스에 큰 영향을 미칠 수 있다.

기업경영에서 상태 모니터링이 되고 있다면. 두 번째 단계는 예측 단계로서 사람은 현재를 알게 되면 미래를 알고 싶어 하는데, 이 단계는 무슨 사건이 발생하고 언제 발생할 것이냐를 예측하는 단계(Prediction)인 것이다. 이 단계에서는 다양한 데이터를 폭넓게 수집하는 과정에서 반복되는 패턴을 찾아낼 수 있고, 실시간 빅데이터의 확보는 딥러닝과 같은 새로운 인공지능 기술과 연계되어 전례없는 수준의 정확도를 가진 예측 모형을 만들어낼 수 있다.

그 다음에 이러한 예측을 바탕으로 가능한 마지막 단계는 문제 상황에 대해 해결책을 제시하는 처방 단계(Prescription)이다. 즉, 컴퓨터에 의한 최적의 의사결정을 할 수 있는 단계이다. 이 단계에서의 해결책을 처방이라고 하는데, 의사가 처방을 내린다는 것은 환자의 상태를 진단해서 치료를 위해 적합한 환자 맞춤형 의사결정을 내려주는 것을 의미한다.

이와 같이 기업에서는 자동화를 기반으로 정보화가 완성되고, 또한 이를 바탕으로 상태 모니터링과 미래 예측 및 최적 의사결정이 이루어지는 지능화 단계로 이행되면서 고도화된 스마트팩토리가 구현되게 된다.

이하에서는 자동화, 정보화 및 지능화에 대해 좀 더 자세히 살펴보고자 한다.

1-3-1. 스마트팩토리와 자동화

스마트팩토리의 인프라를 이루는 부분은 사람의 물리적 노동력을 대체하기 위한 기계화 기반의 자동화라고 할 수 있으며, 자동화된 제조시스템의 광범위한 사용은 비교적 최근에 이루어졌다고 볼 수 있다. 제조시스템의 유형은 인간이 작업 공정에 개입하는 정도에 따라 〈그림 1-12〉에서 나타난 바와 같이 크게 세 가지 유형으로 구분된다. 즉, (1) 산업혁명 이전에 주로 수행되었던 수작업 시스템과, (2) 기계화 단계에서 사용되었던 기계조작 시스템 및 (3) 자동화가 진전되면서 확산된 자동 시스템으로 구분된다.

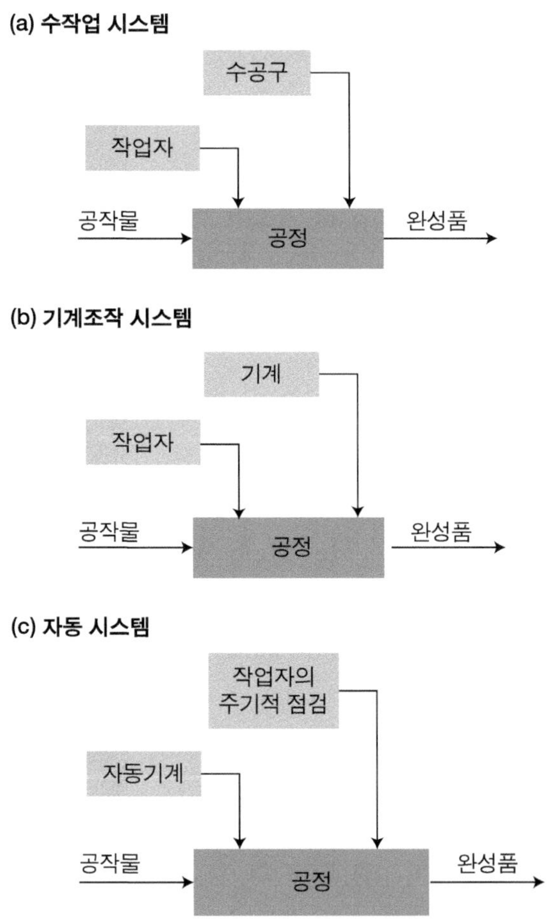

<그림 1-12> 제조시스템 유형

(1) **수작업 시스템**: 동력 기계 없이 수공구를 사용하여 하나 이상의 작업을 수행하는 한 명 이상의 작업자로 구성된 시스템이다. 여기서는 자재 운반도 수작업으로 수행되며 인간의 노동을 필요로 한다. 인간의 힘과 기술로 조작되는 수공구를 사용할 때, 공작물을 고정하여 위치를 잡아 주는 고정구(Jig & Fixture)도 사용될 수 있다.

(2) **기계조작 시스템**: 작업자가 주도적으로 동력으로 구동되는 기계(예: 공작기계)를 조작하는 것으로 산업혁명 이후 제조시스템에서 가장 널리 사용되는 형태이며, 인간의 근육에 의한 물리적 노동을 상당부분 경감시켜 주었다.

(3) **자동 시스템**: 작업자의 직접적인 개입 없이 자동 기계에 의해서 공정이 대부분 수행되는 시스템을 말한다. 제어 시스템과 결합된 명령 프로그램을 사용하여 자동화가 이루어지며 기계가 주어진 명령에 의해 자동으로 작동되어, 작업자는 기계 상태를 주기적으로 점검하여 이상 상황을 처리하는 역할을 한다. 이때, 작업자의 노동은 물리적인 행위보다는 정신적인 의사결정이 위주가 된다.

이렇게 생산 현장에서 제조시스템의 자동화가 광범위하게 도입된 바탕을 마련해준 이론적 배경은 제어이론(Control Theory)이라고 할 수 있다. 제어이론은 연속적으로 운전되는 동적인 시스템의 제어를 다루는 이론으로서 대상 시스템의 출력이 원하는 특성을 갖도록, 즉, 제어 목표를 달성하도록 입력 신호를 적절히 조절하는 체계를 구축하는 것을 목표로 하며, 이를 위해 제어기를 통해 제어 대상에 적당한 조작이나 동작을 행하게 된다.

이 때 제어기의 역할을 사람이 수행하는 경우에는 수동제어라고 하고 기계 전자적 장치로써 사람의 개입이 없이도 제어 동작이 수행되는 경우를 자동제어라 하는데, 생산 현장에서의 자동화 제조시스템도 자동제어 시스템의 일종이다.

〈그림 1-13〉은 폐회로 제어 시스템의 구성도를 보여주고 있는데, 대상 시스템에 대한 제어를 수행하려면 출력신호를 측정하는 감지기(Sensor)가 필요하며, 제어기(Controller)는 이 출력 신호와 기준 입력 사이의 오차를 줄이면서 프로세스의 출력이 기준 입력에 가까워지는 방향으로 제어 명령을 구동기(Actuator)에 지시한다. 구동기는 공압, 유압, 전기 등의 에너지를 기계적 운동을 위한 동력으로 바꾸어 주는 장치를 말한다.

여기서 제어이론은 주어진 시스템에 대하여 그 입력을 조절함으로써 출력을 원하는 대로 조절하는 제어기를 만드는 데에 적용된다는 측면에서, 자동화 제조시스템에서의 제어이론의 역할은 매우 크다고 하겠다.

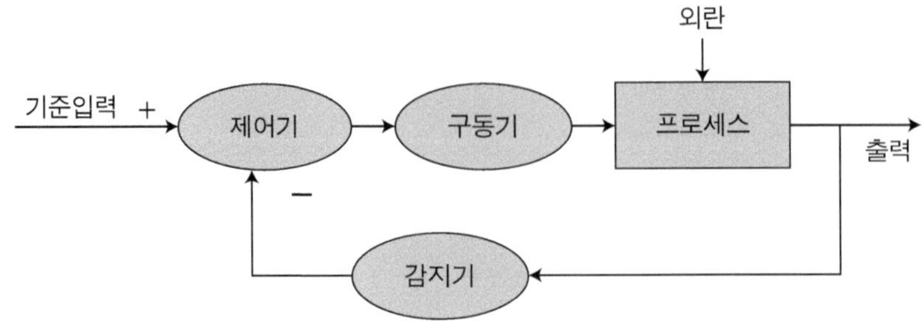

<그림 1-13> 폐회로 제어 시스템

생산현장에서 제어기로서 널리 사용되는 것이 PLC(Programmable Logic Controller)로서 사람의 두뇌 역할을 수행하는 일종의 전용 컴퓨터이다. PLC의 전반적인 구조는 〈그림 1-14〉에 나타나 있듯이, 컴퓨터 본체와 유사한데, 전원을 공급하는 전원부와 로직 처리와 연산을 수행하는 중앙연산장치(CPU: Central Processing Unit)와 중앙연산장치의 계산 결과를 저장하는 메모리 장치와 광전 센서, 근접 스위치와 같은 외부 센서 및 모터와 솔레노이드와 같은 구동기를 연결해주는 입출력 인터페이스가 있다. 그리고 이 PLC에 프로그래밍을 입력해 주는 별도의 프로그램 장치가 필요하다.

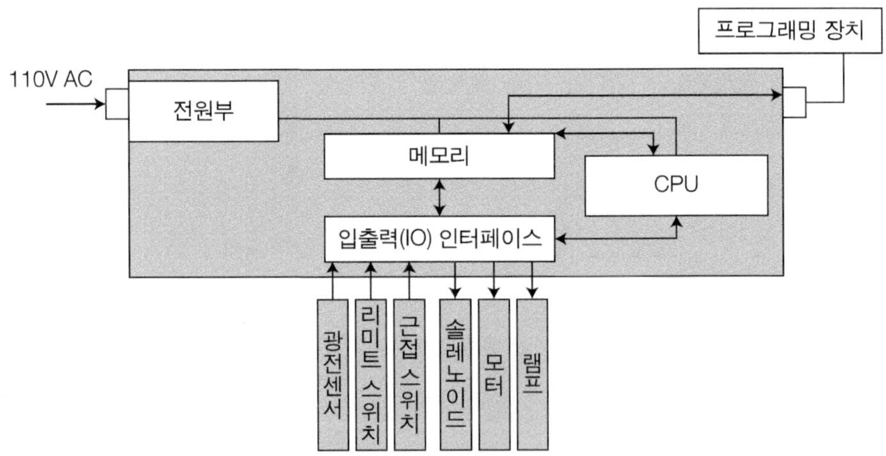

<그림 1-14> PLC 구조

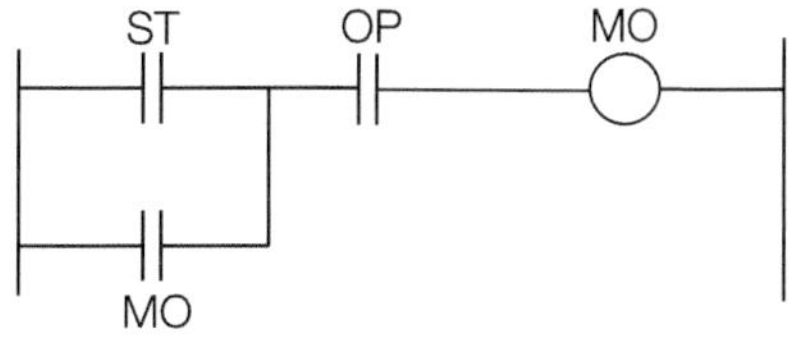

<그림 1-15> 래더로직 다이어그램

PLC가 공정 수행에 적합하게 사용되게 하기 위해서는 제어 명령 입력이 필요하다. 제어 명령은 제어 로직의 형태로 표현되는데, 자동화 제어 시스템에서는 크게 세 가지 방법으로 제어 로직을 표현하게 된다.

(1) 진리표
(2) 부울 대수(Boolean Algebra)
(3) 로직 다이어그램

생산 현장에서는 〈그림 1-15〉에서 나타나 있는 로직 다이어그램의 일종인 래더로직 다이어그램(Ladder Logic Diagram)이 널리 사용된다.

제어 시스템 구성 요소의 하나인 센서(감지기: Sensor)는 온도, 압력, 힘, 길이, 회전수, 물체의 유무, 유량 등과 같은 제반 물리적인 출력 값을 전기신호로 변환하여 제어기에 피드백시키는 역할을 한다. 즉, 센서는 어떤 형태의 물리적인 변수값을 주어진 목적에 맞추어 더 유용하도록 다른 형태의 물리적인 변수 값(대개 전압)으로 변환하여 주는 일종의 변환기(Transducer)이다. 생산 현장에서 사용되는 센서는 아날로그 센서와 디지털 센서 두 종류가 있는데, 아날로그 센서는 온도, 무게, 압력 등과 같이 끊어짐이 없는 연속적인 값을 측정하는 센서이고 디지털 센서는 작업물의 존재 여부나 생산량 계수 등과 같이 이산적인 값을 측정하는 센서이다.

액추에이터(Actuator: 구동기)는 전기, 공압, 유압 등 각종 외부 에너지를 물리적 운동을 위한 기계 에너지로 바꾸어 주는 기구이다. 즉, 제어기의 명령 신호를 물리적 파라미터(위치나 속도)의 변화로 바꾸어주는 하드웨어 장치인데, 전류와 같은 하나의 물리량을 전기모터의 회전 속도와 같은 다른 형태의 물리량으로 변환하는 일종의 변환기를 의미한다. 그 종류로는 운동 형태에 따라 짧고, 이산적인 동작(주로 직선 운동)을 주로 하는 유형과 지속적인 연속 동작(주로 회전 운동)을 주로 하는 유형으로 구분된다.

위에서 살펴본 바와 같이 자동화가 구현되면 최소한도의 작업자의 개입으로 공정의 운영이 가능해진다는 차원에서, 자동화가 고도화된다면 스마트팩토리가 구현된다고 할 수 있지만 공장자동화는 현재의 운영 효율성에 초점을 맞추고 있는 반면에 스마트팩토리는 현 시점뿐만 아니라 미래 상황을 예측하고 최적의 의사결정을 내릴 수 있는 발전된 모델이라는 측면에서 차이가 있는 것이다.

즉, 스마트팩토리는 전통 제조 산업에 ICT를 결합하여 제품의 기획, 설계, 생산, 유통, 판매 등 전 과정을 통합하여 최소 비용과 시간으로 고객맞춤형 제품 생산을 지향하는 공장으로, (1) 기존 생산시스템의 자동화와 기업 업무시스템(ERP, MES, PLM, SCM 등)의 정보화가 연계되어야 하고, (2) 새로운 생산시스템(CPPS, 디지털 제조, 적층제조 등)과 기업 업무시스템을 정보통신기술로 융합하여 제조업의 개방형 혁신을 통해 새로운 가치를 창출이 가능한 제조 환경을 구현해야 한다. 〈표 1-4〉에 자동화공장과 스마트팩토리의 차이를 보이고 있다.

<표 1-4> 자동화공장과 스마트팩토리 차이

구분	스마트공장	자동화공장
센서 및 액추에이터	• 통신으로 연결	• 물리적 연결
통신 프로토콜	• 표준 이더넷, 단일 표준	• 필드버스, 다양한 표준
통신 특성	• 개방형, 기업 네트워크 통합 • 고속화, 유무선 통합 인프라, 노드 무제한, 공간 무제약	• 폐쇄적, 기업 네트워크와 분리 • 제한된 속도, 유선 중심, 제한된 노드 및 공간
제어 장치	• 공장 정보 통합 중심, IT 장치화 • 스마트 설비	• 제어기능 중심, 전용시스템 • 중앙처리장치
정보화 시스템	• 전사 통합, 모바일, 클라우드 • 실시간 감지	• 아일랜드 형태 • 보고 형태
데이터 활용	• 무제한 수집 및 분석, 빅데이터	• 제한적 수집 및 분석
업무 프로세스 및 기술	• 사람, 프로세스, 기술의 융합	• 개별적, 독립적 운영
보안	• 설비, 시스템, 사이버 보안 등 전사적 보안	• 제한적 보안

출처: 산업표준심의위원회, KS X 9001-1 스마트공장 제1부: 기본개념과 구조, 2016a.

1-3-2. 스마트팩토리와 정보화

기업의 업무 수행 중에 시시각각 발생하는 대량의 데이터를 용도에 맞게 가공하여 효율적인 업무 수행을 위해 활용하는 것은 기업의 경쟁력 향상에 필수적인 요소이다. 즉, 원시 데이터를 정보로 변환하는 정보화 과정이 필요한 것이다. 예를 들면, 제품을 판매하는 과정에서 수시로 발생하는 개별 거래 건을 취합하여 일별 매출액 합계를 구하거나 각 지사별 매출액 합계를 계산하여 이를 판매 촉진이나 신규 고객 창출과 같은 관리 활동에 활용하는 것이 되겠다.

기업에서 원시 데이터를 처리하는 방법은 많은 변화와 혁신 과정을 거쳐왔는데, 크게 구분하여 사무 작업에서의 컴퓨터의 활용 전과 활용 후로 나누어진다. 제조 현장에서의 컴퓨터의 활용 과정을 '자동화'라 한다면, 사무 작업에서의 컴퓨터의 활용 과정을 '정보화'라 할 수 있다. 여기서, 사무 작업에서의 컴퓨터 활용이라는 것은 사무 작업자가 전문적인 전산 프로그래머 입장이 아닌 일반 사용자로서 컴퓨터를 활용하게 된 상황을 의미한다.

지금과 같이 사무 작업에서 컴퓨터를 광범위하게 활용하기 전에는, 어떤 기업에서 제품의 월 매출액을 파악하기 위해서는 〈그림 1-16〉과 같은 양식에 필기구를 이용해서 기록하고, 이것을 사람이 암산하거나 혹은 주판 등과 같은 도구를 이용하여 총액을 집계했을 것이고, 1970년대 이후에는 탁상용 전자계산기가 주판의 기능을 대신하게 되었다.

1980년대 이전에는 급여 계산이나 자재소요량 계산 등의 대규모 데이터 처리 업무에서 호스트컴퓨터를 이용한 전산화가 제한적으로 이루어졌는데, 1980년대 중반 이후에 개인용 컴퓨터(PC)가 사무환경에서 사용됨으로써 컴퓨터를 이용한 사무 업무 시대가 본격적으로 열리게 되었다. 그 후에는 〈그림 1-16〉과 같은 매출 집계표가 스프레드 시트(Spread Sheet)라는 표계산 소프트웨어를 이용하여 짧은 시간에 정확하게 집계작업을 수행할 수 있게 되었다.

사무작업에서 엑셀(Excel)과 같은 스프레드 시트를 사용함으로써 업무생산성이 급격하게 향상되었지만 한계점도 노출하였는데, 그것은 각 작업자가 필요로 하는 데이터를 개인용 컴퓨터 내에서 각자 관리하게 됨으로써 데이터의 무결성과 일관성을 보장할 수 없고 데이터의 통합 관리가 불가능했기 때문에 개인업무 생산성은 향상되었지만 부서 차원의 생산성 향상에는 그다지 기여하지 못했다는 점이다. 이러한 단점을 개선하기 위해

매 출 집 계 표

결제	담당	차장	부장	사장

년 월 일 현재

날짜		품 명	규 격	수 량	단 가	매출액	부가세	총 액
월	일							

<그림 1-16> 수작업 데이터 집계 양식 예

서, 데이터베이스 관리시스템(DBMS: Data Base Management System)이라는 전체 기업 데이터를 통합적으로 관리하는 소프트웨어가 사용되기 시작해서 한 기업의 다양한 데이터를 통일된 방법으로 일관되게 관리할 수 있게 되었다. 이와 같이 DBMS를 기반으로 통합된 방법으로 기업의 정보를 관리하는 정보시스템을 '기업정보시스템(EIS: Enterprise Information System)'이라 하며, 제조기업에서 주로 사용하는 EIS는 대상 데이터의 유형과 제공되는 기능에 따라 크게 4~5개의 정보시스템으로 분류한다. 〈그림 1-17〉에서는 기업의 업무 기능과 관련하여 기업정보시스템을 ERP, PLM, APS 및 MES의 4개로 나누고 있다.

ERP는 전사적인 차원에서 기업의 각종 자원을 통합관리하고자 하는 것으로 판매,

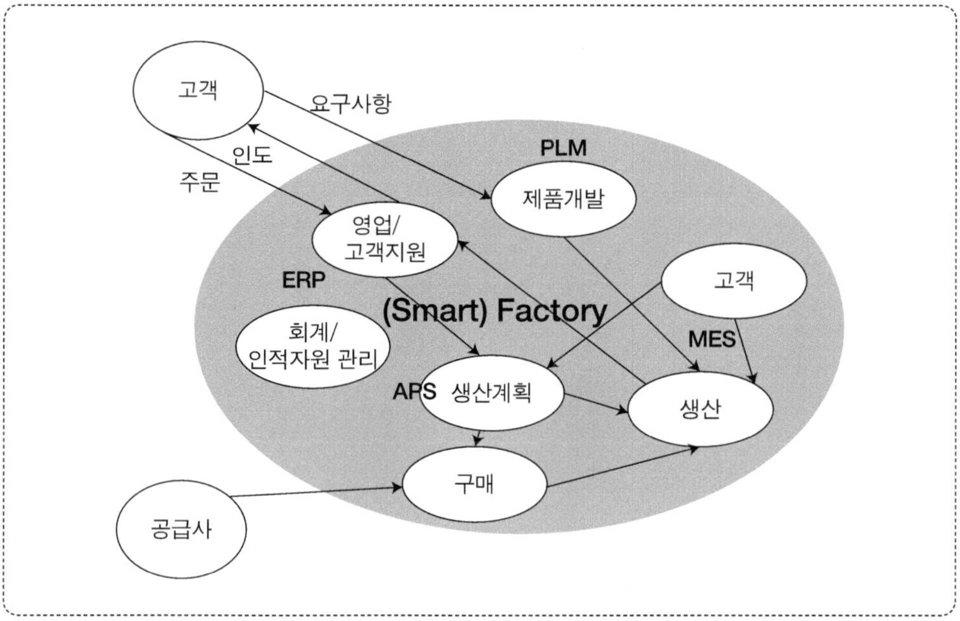

<그림 1-17> 기업 업무 기능과 기업정보시스템

운영, 재무 데이터에 대한 실시간 통합을 제공하고 더 나아가 고객과 공급자를 포함하는 공급망으로까지 제공 기능을 확장하고 있다. APS(Advanced Planning & Scheduling)은 고객의 주문을 만족시키기 위한 생산수량과 필요 자원의 가용성을 결정하고 사용 설비와 생산 일정을 결정한다. PLM(Product Life Cycle Management)은 제품의 개념 설계에서 폐기까지의 제품수명 전 주기에 걸쳐 발생하는 제품 데이터를 기술적인 관점을 중심으로 생성, 관리, 배포, 적용하는 것을 지원한다. MES(Manufacturing Execution System)은 고객의 주문이 최종 완제품으로 변환될 수 있도록 생산지시에서 실적 모니터링 및 품질관리 등과 같은 생산 현장관리 기능을 제공한다.

위에서 살펴본 기업 정보화 과정을 1970년대 이후를 대상으로 다시 한번 요약해보면 〈그림 1-18〉에 나타난 바와 같이 크게 3단계로 구분된다. 첫 번째는 1970년대 중반기에서 1980년대 중반에 이르는 시기인데, 이 시기에는 개인과 팀 업무를 정보화하는 단계(EDPS(Electronics Data Processing System) 단계)로서 정보시스템의 역할은 시시각각 발생하는 다량의 트랜잭션 데이터 처리를 자동화하는 것을 목적으로 하였다. 두 번째는 1980년대 후반에서 1990년대 후반에 이르는 시기인데, 이 시기에는 회사 내부 업무 정보를 통합 정보화하는 단계(ERP/MIS 단계)로서 정보시스템이 기업의 의사결정을 지원하는 역

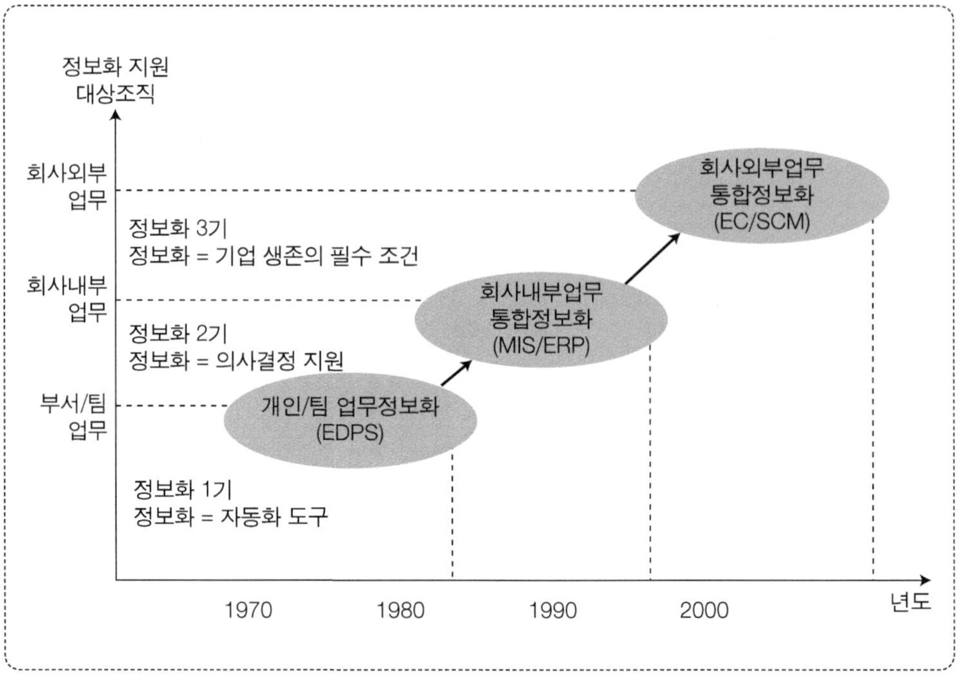

<그림 1-18> 기업정보시스템의 변화 과정

할을 하게 되었다. 세 번째는 2000년대 초반기에서 현재에 이르는 단계로서 회사의 외부 업무와의 통합 정보화를 추구하는 단계(EC/SCM 단계)이며, 이 단계에서는 정보시스템이 단순 자동화나 의사결정 지원 도구만이 아니라 기업 생존의 필수 조건으로서 자리매김하게 되었다.

1-3-3. 스마트팩토리와 지능화

스마트팩토리는 자동화와 정보화를 기반으로 하여 지능화의 단계로 나아가는데, 지능화된 스마트공장이란 실시간 데이터를 활용하여 환경 변화에 유연하게 대처하기 위한 최적화된 의사결정 프로세스를 자동화하는 것이다. 즉, 미래의 스마트팩토리는 실시간 데이터를 적극적으로 활용하여 변화를 예측하고 기회를 개발하며 능동적이고 유연하게 대응하는 지능을 가진 공장을 의미한다.

제조 기업이 필요로 하는 지능의 유형으로는 인지, 분석과 진단, 최적 의사결정 및 적시 대응을 들 수 있다. 이러한 지능의 활용은 실시간으로 대상을 식별, 측정하고 관련 데이터를 집계하는 신경망인 IoT 시스템을 사전에 구축해야 가능해진다. 인지를 위해서는 시장, 고객, 경쟁사 등의 외부 변화 요인과 설비, 공정, 자재 등의 내부 변화 요인을 측정해야 한다. 분석과 진단은 발생된 문제 또는 예상된 문제의 근본 원인을 찾는 행위이다. 원인을 발견하기 위해서는 상세한 데이터 분석과 이론 및 경험을 바탕으로 한 추론을 해야 한다. 최적 의사결정은 적시에 적절한 대응을 할 수 있는 해결책을 제시하는 것을 의미한다. 이러한 최적의사결정은 상품 기획, 사업 계획, 주문 대응, 생산계획, 품질 등 다양한 분야에서 이루어지며, 이것은 자동화/정보화의 바탕 위에 지능화를 접목하여 생산시스템과 기업 업무시스템을 고객의 요구사항을 실현할 수 있도록 최적화하여 전통 제조업의 부가가치를 향상시키는 제조 및 생산의 지능화와 제품의 서비스화로 달성될 수 있다.

이러한 최적 의사결정을 위해서 최근에는 빅데이터와 빅데이터를 분석하는 핵심 방법론으로서 인공지능의 활용이 활발해지고 있다. 즉, 요리에 비유하면 빅데이터는 재료이고 인공지능은 조리법인 것이다. 스마트팩토리 트라이앵글에서 지능화로 향하는 3단계인 상태모니터링-예측-처방의 각 단계에서 사용되는 빅데이터 분석기법이 각 단계별로 〈표 1-5〉에 나타나 있다.

<표 1-5> 빅데이터 분석기법

단계	분석 방법	기법
1. 상태 모니터링 (Description)	• 묘사/설명	• 시각화 • 연관 분석 • 클러스터링 …
2. 예측 (Prediction)	• 예측/분류 • 이상탐지	• 의사결정나무 • 회귀분석 • SVM
3. 처방 (Prescription)	• 최적화	• 선형계획 • 정수계획 • 유전자 알고리즘 …

출처: 조성준, 세상을 읽는 새로운 언어, 빅데이터, 21세기북스, 2021.

1단계인 상태 모니터링(Description) 단계에서는 현 상황을 표현하거나 설명하기 위한 방법이 사용되는데, 우선 시각화 기법은 그래프나 대시보드 형태로 데이터를 그림 형식으로 보여 줌으로써 복잡한 분석 기법을 적용하기 전에 눈으로 보고 직관적으로 이해할 수 있게 해준다. 시각화 도구로는 스팟파이어(TIBCO Spotfire)나 태블로(Tableu Software)가 많이 사용된다. 연관 분석(Association)은 데이터 사이에서 연관성이 있는 것들을 찾는 것인데, 예를 들면 장바구니 분석을 통해 맥주와 기저귀 간의 관계를 찾은 것이 대표적인 사례로서 분석 기법으로는 A Priori 등을 들 수 있다. 클러스터링(Clustering)은 사람 또는 분석 대상을 비슷한 것끼리 묶는 것으로서, 예를 들면 클러스터링의 결과로서 하나의 군집은 '주로 30~40대 여성으로 학부형일 가능성이 많으며, 주 거주지는 강남이고, 생활수준이 높으며 피트니스와 맛집 탐방의 라이프 스타일을 갖는 사람의 집합'으로 특징지을 수 있으며 이러한 정보를 이용해서 목표 시장별로 특화된 마케팅 전략을 수립할 수 있다. 분석 기법으로는 K-평균 군집화나 계층적 군집화를 들 수 있다.

2단계인 예측(Prediction) 단계에서는 예측/분류 방법이나 이상 탐지 방법이 사용되는데, 예를 들면 우편번호 필기체 인식을 통한 우편물 분류 방법이나 설비 상태 실시간 모니터링을 통한 고장 예측 등을 들 수 있다. 분석 기법으로는 의사결정나무나 회귀분석 및 SVM(Support Vector Machine) 등을 들 수 있다. 이상 탐지 방법은 비정상 상황을 탐지하는 것으로 대표적인 적용 분야로 신용카드 사용에서의 도용이나 기계 설비의 이상 상황 발견 등을 들 수 있다. 이상 탐지는 정상/비정상 분류 문제로 보이지만 비정상 데이터가 극히 적다는 특징으로 인해 학습 시에 정상 데이터만을 사용하여 학습하고, 실제 적용 시에는 기존에 학습한 '정상의 범위'에 있거나 아주 가까이 있으면 정상으로 판별한다는 점에서 일반 분류 문제와는 성격을 달리한다.

3단계인 처방(Prescription) 단계에서는 의사결정을 위한 최적화 방법이 사용되는데, 분석 기법으로는 선형계획, 정수계획 및 유전자 알고리즘 등이 있다.

제조 기업의 지능화는 설비 관리와 품질 관리 및 공정관리 분야에서 우선적으로 도입되고 있는데, 우선 설비 관리 분야의 예지보전 기술을 예로 들어보면 BMW는 IBM의 예지보전 솔루션을 도입해 생산성을 높이고 불량률을 줄여 차량당 품질보증 비용 5% 축소, 생산비용 30만 유로 절감, 실린더 헤드의 불량률을 16주 동안 50% 줄이는 효과를 보았다. 예지보전 분석은 설비의 계측·정비 공정에서 생성되는 데이터를 분석하여 반복적으로 발생하는 특정 사건이나 패턴을 발견하고 시계열분석을 통해 예측 모델을 생성함으로써 문제가 언제·어디서·어떻게 발생할지를 예측하고 보전 활동을 사전에 시행하여 리콜 사태 같은 문제를 방지할 수 있었다[조현보, 2017].

두 번째는 제품 검사 부분에서 지능화가 이루어지고 있는 예로서 SUALAB에서 제공하는 딥러닝 솔루션인 Suakit을 이용하여 반도체 외관 불량 영역과 유형을 분류하고 불량을 검출하는 사례를 들 수 있다. 이 사례에서는 기존의 규칙 기반의 머신 비전 시스템에서 최근의 딥러닝 기반의 머신 비전 시스템으로 변화되면서 좀 더 정교한 검사 방법을 수행할 수 있게 되었다. 즉, 기존의 검사 장비는 모호한 불량에 대해서 모두 불량으로 판단을 하여 그 결과 검사 시간이 길어지고 재검사가 많아졌는데, 이러한 비효율을 딥러닝 기반 검사 기법을 통해서 검사 횟수를 90% 이상 낮추는 데 성공하였다. 이러한 개선을 위해서는 모두 현장 데이터를 실시간으로 집계하기 위한 IOT 시스템과 대량의 데이터를 정제, 변환, 저장할 수 있는 빅데이터 기술 및 데이터를 분석하여 최적 의사결정을 내릴 수 있는 인공지능 기술의 적절한 활용이 필수적이다[코그넥스, 2022].

세 번째 사례는 반도체 생산 공정에서 공정 효율화를 위해 웨이퍼의 최종 수율과 그 웨이퍼가 생산될 때의 측정된 센서 값 사이의 연관 관계를 찾아내어 최종 수율을 예측하여, 이를 통해 저수율이 예상되는 웨이퍼를 특별 관리함으로써 전체적인 수율을 향상시킬 수 있었다.

연습문제

1. 제조 기업의 3대 성과지표는 무엇인가?
2. 국내에서의 스마트팩토리 도입 배경은 무엇인가?
3. 스마트제조와 스마트공장의 차이는 무엇인가?
4. 스마트제조와 스마트공장에서 공통적으로 추출할 수 있는 키워드는 무엇인가?
5. 인더스트리4.0의 제조전략 세 가지는 무엇인가?
6. 스마트공장 KS표준(KS X 9001-1)에서 제시하는 스마트공장의 정의는 무엇인가?
7. 퍼듀 기업참조 아키텍처와 ANSI/ISA-95 아키텍처의 계층 구조를 비교하라.
8. RAMI 4.0 참조모델에서 세로축과 2개의 가로축 각각이 의미하는 것은 무엇인가?
9. 제어이론이란 무엇인가?
10. PLC에 제어 명령을 입력하는 방법에는 어떤 종류가 있는가?
11. 1970년대 이후 기업 정보화의 변화 과정 3단계를 설명하라.
12. 제조기업에서 주로 사용하는 기업정보시스템의 네 가지 종류는 무엇인가?
13. 지능화 3단계는 무엇인가?
14. 지능화 3단계에서 사용하는 기법들은 각각 어떤 것들이 있는가?

CHAPTER 02

제조혁신 과정

2장에서는 우선 제품과 공장의 라이프사이클 측면에서 생산시스템이 차지하는 위치와 의미를 살펴보고, 생산현장에서 이루어지는 다양한 제조활동의 유형과 우리나라에서 제조가 중요한 이유에 관해 학습한다. 그리고 1760년대에 영국에서부터 시작된 산업혁명 이후에 제조 분야에서 이루어진 커다란 다섯 번의 혁신 단계를 살펴본다. 250여 년에 걸친 제조혁신 5단계의 마지막 단계가 본서가 다루고자 하는 주제인 '스마트제조' 단계인 것이다.

기업 환경의 세계화가 급속히 진행되면서 기업들은 예측불허의 환경에서 생존하기 위해 계속 새롭고 보다 나은 방향으로 운영되어야 하는데, 이러한 상황에서 혁신이란 기존 조직에 급격한 변화를 초래하는 '새로운 어떤 것'을 도입하여 실행하는 것을 말한다. 제조혁신이라 함은 근본적으로 새로운 방법으로 제조 프로세스를 수행하는 것이며, 혁신의 방향은 원가 절감, 시간 단축, 품질 향상 혹은 유연성 확보가 될 수 있다. 제조 기업의 제조 프로세스는 1760년대에 발발한 산업혁명 이후로 핵심적인 몇 단계의 혁신 과정을 거쳐 오늘의 스마트팩토리에 이르게 되었다.

이 장에서는 제조혁신의 대상인 생산시스템의 의미와 제조의 유형에 관해 알아 본 후에, 산업혁명 이후의 제조혁신 과정을 시간의 흐름에 따라 살펴본다.

2-1. 생산시스템과 제조

2-1-1. 생산시스템

〈그림 1-5〉에서 나타난 바와 같이 생산시스템은 제조시스템과 제조지원시스템으로 구성되어 있는데, 〈그림 2-1〉에서와 같이 제품의 라이프사이클을 수평축이라고 하고, 물리적으로 제조가 이루어지는 공장의 라이프사이클을 수직축이라 한다면 제조혁신의 대상이 되는 생산시스템은 제품의 라이프사이클과 공장의 라이프사이클이 만나는 지점이라고 하겠다.

즉, 제품은 시장의 요구사항을 분석해서 제품의 설계에 반영을 한 후에 이를 제조하는 과정을 거치게 된다. 그리고 제품이 판매되어 고객에게 인도되면 시장에서 그 제품을 사용하는 단계를 거치고 사용 과정에서 고장이 나면 수리 후 재사용하다가 수명

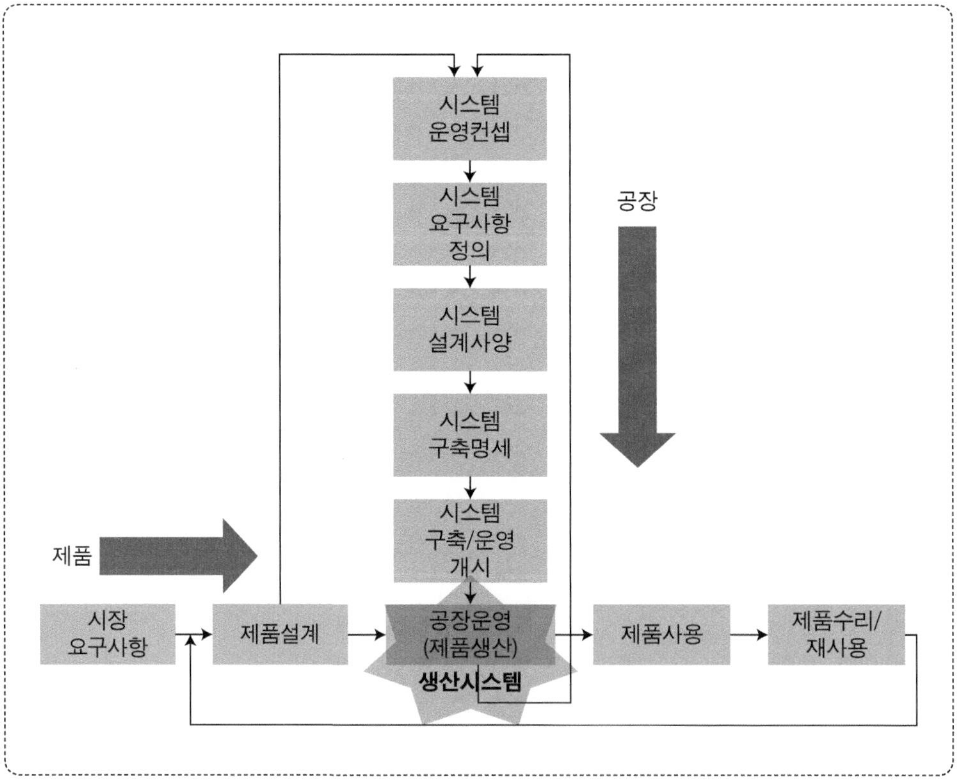

<그림 2-1> 제품과 공장의 라이프사이클

을 다하게 되면 폐기되거나 재활용되는 과정을 거친다. 또한 고장 수리 단계에서 수집된 제품에 관한 여러 가지 결함사항은 제품 개발 부문에 피드백되어서 향후 개선된 제품의 설계에 반영된다.

다른 한편으로 제품을 만들어내기 위해서는 제조 공정이 수행되는 물리적인 장소가 필요한데 이를 공장이라고 한다. 공장이 새로이 필요해지면 신공장에 관한 운영 컨셉이 만들어지고 이를 바탕으로 신공장에 대한 기능적 요구사항을 정의하고 이에 기반하여 공장을 설계해야 하며, 설계의 결과로서 공장 구축을 위한 상세한 명세서가 나와야 한다. 이후에 공장을 건설하고 제품을 생산하게 된다.

즉, 생산시스템이라 함은 제품 라이프사이클의 '제품생산' 단계와 공장 라이프사이클의 '공장운영' 단계가 만나는 지점으로서, 생산시스템에서 수행되는 주된 역할 중의 하나가 원자재를 받아서 장비와 인적자원의 결합체에 의해 가공과 조립 작업을 거쳐 완제품을 만드는 제조 행위이다.

영어에서 Manufacturing(제조)의 어원을 찾아보면 Manus(손)과 Factus(만들다)의 합성어로서 합해보면 '손으로 만들다'는 뜻으로, 이 단어가 영어권에 처음 도입된 1567년경의 제조가 수행되던 방식을 나타내고 있다. 기술적 관점에서 본다면 제조는 제품(Goods)을 생산하기 위해 기계, 도구 및 노동을 사용하는 것이다. 이를 공업적 생산에 적용하면 다음과 같다. (1) 원재료가 대규모로 완성된 부분품(Finished Parts)으로 변환된다. (2) 이러한 완성된 부분품은 자동차와 같은 좀 더 복합적인 최종제품을 만드는 데 사용된다. 즉, 제조는 가공(Fabrication)과 조립(Assembly)의 결합이다. 또한 비즈니스 관점에서 보았을 때, 제조는 제품의 공급 요소들과 수요 요소들이 만나는 합류점이라 할 수 있다.

따라서 제조업이란 원재료(물질 또는 구성요소)에 물리적, 화학적 작용을 가하여 투입된 원재료를 성질이 다른 새로운 제품으로 전환시키는 산업 활동을 말한다. 따라서 단순히 상품을 선별, 정리, 분할, 포장, 재포장하는 경우 등과 같이 그 상품의 본질적 성질을 변환시키지 않는 처리 활동은 제조 활동으로 보지 않고 있다.

2-1-2. 제조활동의 분류와 중요성

원자재를 최종 제품으로 변환하기 위해서 공장에서 수행되어야 하는 기본적인 제조 활동들이 있다. 이산형 제품을 생산하는 공장으로 그 범위를 국한시킨다면, 이러한 제조

활동에는 (1) 가공과 조립 공정, (2) 자재 취급 및 보관, (3) 검사 및 시험, (4) 제어 및 통제가 있다[한관희, 2019].

첫째, 가공과 조립 공정에서 가공 공정은 재료를 원하는 최종 부품 또는 제품에 가장 근접하도록 하나의 상태에서 보다 진척된 상태로 변환하는 것을 말한다. 원자재의 형상, 특성, 외관을 변경함으로써 가치가 커진다. 일반적으로 가공 공정은 이산형 부품을 대상으로 수행된다. 조립 공정은 새로운 개체를 창조하기 위해 둘 이상의 부품을 결합하는 것을 말하며, 이런 개체를 조립품, 반조립품 등으로 부른다.

가공 공정은 공작물의 형상, 물리적인 특성 또는 외관을 변형시켜 원자재에 가치를 부여해 나가는 과정으로, 가공 공정에는 크게 (1) 질량 변화(Mass Change), (2) 상태 변화(Phase Change) 및 (3) 형태 변화(Deformation) 가공이 있다.

(1) 질량 변화 가공은 기계 가공(Machining)이라고도 하며, 소재의 불필요한 부분을 제거함으로써 원하는 형상을 얻는 가공법들을 포괄적으로 의미하는 용어로, ① 절삭 공구에 의한 절삭 가공(Cutting), ② 연삭, 초음파 가공과 같은 입자 가공(Abrasive Process) 및 ③ 방전 가공 등과 같이 전기, 화학, 혹은 광학적 에너지원을 이용한 특수 가공 등으로 분류된다. 최근에 많이 사용되는 3D 프린터에 의한 적층 제조(Additive Manufacturing) 방식은 소재의 일부를 제거하는 방식이 아닌 층을 이루어 더하는 방식인데, 이 방식도 질량 변화 가공에 속한다.

(2) 상태 변화 가공은 액체에서 고체로의 변화와 같이 재료의 물리적인 상변화(Phase Change)를 이용하여 제품 형상을 만드는 공정으로 그 종류로는 주조(Casting)와 사출성형(Injection Molding) 등을 들 수 있다.

(3) 형태 변화 가공은 성형(Forming) 가공이라고 하며, 소재에 외력을 가하여 소성 변형에 따른 형상 변화를 유도하는 가공이라는 점에서 '소성 가공'이라고도 한다. 소재를 제거함이 없이 물체를 변형함으로써 금속이나 작업물의 형상을 변화시킨다. 성형은 열을 이용하거나 혹은 이용하지 않을 수 있으며 기계적인 압력으로 수행된다. 금속 성형의 다섯 가지 주요한 유형은 압연(Rolling), 압출성형(Extrusion), 단조(Forging), 박판(혹은 판재)성형(Stamping Or Sheet Metal Forming)과 분말 야금(Powder Metallurgy)을 들 수 있다.

둘째, 자재 취급 및 보관은 가공 및 조립 공정 사이에서 자재를 이동시키고 보관하는 것을 의미하는데 이는 제품 생산에 필수적이며, 대부분의 공장에서 자재가 실제 가공되는 시간보다 이동 및 보관 시간이 훨씬 긴 것이 일반적이다. 어떤 경우에는 공장 인건비의 대부분이 자재 취급 및 이동 그리고 저장하기 위한 활동에 소요될 수도 있다.

셋째, 검사 및 시험은 품질관리 활동에 속한다. 검사의 목적은 생산된 부품이 그 제품의 설계 표준 및 사양과 일치하는지를 판단하기 위함이다. 예를 들어, 검사는 기계 부품의 실제 치수가 그 부품의 도면 상에 명시된 공차 내에 있는지를 판정하는 것이다. 일반적으로 시험은 개별 부품보다는 최종 제품의 기능적 사양과 관련이 있다. 예를 들어, 제품의 최종 시험은 그 제품이 설계자가 지정한 방법대로 작동되는가를 확인하기 위한 것이다.

넷째, 제어 및 통제는 제조시스템이 목적한 바를 달성하도록 제조시스템 구성 요소 사이의 역할과 책임을 조정하고 실행 과정을 통제하는 것으로, 공장 전체의 활동을 관리하기 위한 것뿐만 아니라 개별적인 가공과 조립 공정의 관리도 포함된다. 공정 수준의 제어는 공정의 입력 또는 기타 변수들을 적절히 조절하여 공정 수행 목표를 달성하기 위한 것이며, 공장 수준의 통제는 작업자의 효율적 활용, 장비의 유지보수, 공장 내의 자재 이동, 재고관리, 고객 요구 일정에 맞는 고품질의 제품 출하, 최소 비용의 공장 운영 등을 포함한다.

국내 제조(업)는 지난 40여 년간 국부와 고용 및 혁신 창출의 원천 역할을 수행해왔으며, 2011년 기준으로 수출 품목의 99.6%가 공산품이고, 우리나라 GDP의 31.2%를 제조업이 차지하고 있다. 참고로 주요 국가의 제조업의 GDP 비중은 일본의 경우 19.1%, 독일의 경우 22.6%, 미국의 경우는 12.6%를 점하고 있다. 우리나라 제조(업)는 또한 직접 고용의 20%를 점하고 있으며 과학기술과 연구 개발 및 국가 방위의 근간이 되고 있다. 그리고 제조기업에서 생산한 제품들은 국민 개개인의 삶의 질에 직접적인 영향을 미치고 있으며, 최근에는 국가 이미지 및 국민들의 자신감 제고에도 큰 기여를 하고 있다.

다음 절에서는 1760년대 이후에 이루어진 핵심적인 제조혁신 과정을 크게 산업혁명 단계와 산업혁명 이후 단계로 나누어 살펴본다.

2-2. 제조혁신 과정

최근의 4차산업혁명이 도래하기까지의 핵심적인 제조시스템의 혁신 과정을 살펴보면, 크게 1760년대 영국에서 시작된 산업혁명 시기와 19세기 이후의 혁신 시기로 나눌 수 있고, 19세기 이후 현재에 이르기까지의 제조혁신 과정은 다시 5단계로 구분할 수 있다.

2-2-1. 산업혁명 시기(1760년대~19세기)

산업혁명 시기는 제조, 광산 및 교통에 주요한 변화가 일어났던 18세기 후반에서 19세기의 시기를 말한다. 이것은 영국에서 시작하여 서유럽과 북유럽으로 확산되었으며 궁극적으로는 전 세계로 널리 퍼지게 되었다. 산업혁명의 핵심적 추동력은 수작업 노동에 기반한 제조를 기계에 기반한 제조로 변환시킨 증기기관의 발명이라 할 수 있다.

그 당시 산업혁명을 가능케 한 주된 견인차로는 다음과 같은 5개의 영향 요인(5M)을 들 수 있다. 구매 측면에서는 해양 수송 기술의 발달로 인해 신대륙과 식민지로의 접근이 용이해짐에 따라 기존에 없던 새로운 시장(Market)이 창출되었다. 공급 측면에서는 급격한 도시화로 인한 이농 현상으로 인해 공장 노동력(Man)이 증가하였고 물레, 조면기 등의 기계화가 이루어지면서 기계 기술(Machine)이 발달하였으며, 은행과 신용시스템 발달에 따라 자본(Money)이 축적되었다. 사회적 측면에서는 정치적 안정과 금융시스템 기반 구축을 바탕으로 기업가 정신(Morale)이 태동하였다. 이외에도 우편 제도나 대중교통망 발달에 따른 통신 및 운송망이 구축되고, 특허 제도에 의해 지적 재산권이 보호되는 등 사회 간접 자본이 구축되어 원활한 사회 경제 활동들을 지원하게 되었다.

산업혁명의 진전에 따라 공업 분야뿐만 아니라 사회의 많은 분야에서도 급격한 변화가 이루어졌는데, 이러한 변화는 그 당시 사람들에게 사회 경제적으로, 문화적으로 지대한 영향을 끼치게 되었다. 즉, 산업혁명은 인류 역사상 일상 생활의 모든 측면에서 전환점이 되었다.

2-2-2. 제조혁신 5단계(19세기~21세기)

산업혁명 이후 19세기부터 전개된 핵심적인 제조혁신은 다음과 같이 5단계로 구분할 수 있다: (1) 호환가능 부품 생산, (2) 대량생산과 과학적 관리, (3) 자동화 생산, (4) 디지털 제조, (5) 스마트 제조[최병규, 2014].

2-2-2-1. 호환가능 부품 생산(19세기)

호환가능 부품은 실제 사용에 있어서 동일한 부품들을 말한다. 이 부품들은 거의 동일해서 같은 유형의 어떤 기기에도 장착될 수 있는 것을 보장하는 사양에 맞도록 만들어진다. 이러한 유형의 부품은 사용자의 추가 작업이 없이도 쉽게 다른 부품과 교환될 수 있다. 호환가능 부품에 대한 첫 번째 시도는 〈표 2-1〉에서와 같이 미국의 휘트니에 의해 이루어졌다.

<표 2-1> 1801년 엘리 휘트니의 호환가능 부품 생산을 위한 첫 번째 시도
1801년에 그는 미국 의회에서 10정의 총을 조립하고 분해하였다. 그리고 그는 부품들을 마구 섞인 부품 더미 위에 쌓고 나서 다시 이들을 재조립하는 데 성공하였다. 이에 참석한 의원들은 엄청나게 깊은 인상을 받았고 향후 모든 미국산 기기들의 표준으로 삼을 것을 지시했다. 그러나 여기서 휘트니의 시범은 일종의 속임수였는데, 휘트니가 사용한 총은 숙련된 여성 작업자에 의해 많은 돈을 들여서 손으로 하나하나씩 만들어진 것이었다. 휘트니는 그 당시에 호환가능한 부품으로 총을 생산하는 표준적인 제조 프로세스를 설계할 능력은 없었던 것이다.

그 이후 1816년경에 호환가능 부품 생산을 위한 중요한 진전이 이루어졌는데, 이는 미국의 사이먼 노스가 기존에는 작업자가 줄을 가지고 손으로 작업하던 금속의 형상 가공을 대체하는 세계 최초의 진정한 밀링 기계를 만든 것이다. 즉, 1832년이 되기 전에, 그는 거칠게 단조된 작업물을 밀링기계로 거의 정확한 치수로 절삭한 후에 측정을 위해 지그를 사용하여 사람이 끝손질 작업을 하는 방식을 이용하여 〈그림 2-2〉의 총과 같이 움직이는 부품이 있는 복잡한 기계들을 대량생산할 수 있게 되었다.

2-2-2-2. 대량생산과 과학적 관리(1910~1945년)

이 시기는 1910년에서 1945년까지의 시기로서 테일러의 과학적 관리와 헨리 포드의 대량생산 방식으로 특징지을 수 있다.

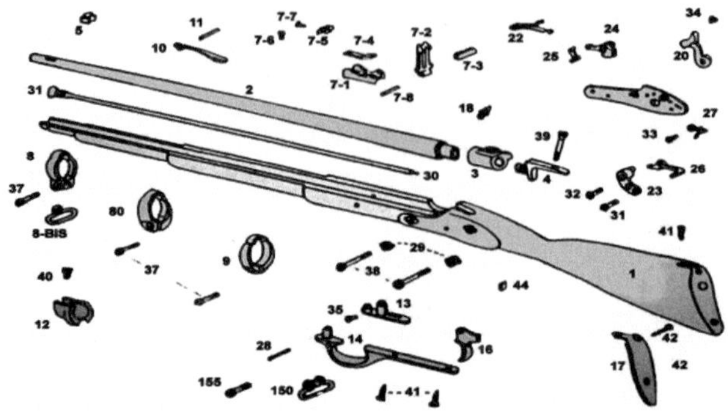

<그림 2-2> 장총 분해도

출처: https://nvaughn.weebly.com/interchangeable-parts.html

이 시기에는 노동집약적 산업에서의 노동생산성 향상이 가장 큰 목표였으며, 테일러가 1911년 출판한 '과학적 관리의 원칙'에서 주창한 과학적 관리의 개념과 길브레스 부부의 동작 및 시간 연구가 이러한 목표에 커다란 기여를 하였다. 과학적 관리는 일상의 모든 활동에서 낭비 요소를 제거하여 생산성을 높이고 원가를 낮추어 기계나 노동의 효율성을 향상하고자 하는 것이다.

같은 시기에 헨리 포드의 포드 자동차 회사에서는 흐름생산 방식에 의한 대량생산시스템 운영으로 노동생산성이 비약적으로 향상되어 제조 단가를 획기적으로 낮출 수 있게 되었으며, 이의 결과로 자동차 평균 가격도 2,000달러에서 825달러, 종국엔 255달러까지 인하되었다. 대량생산 혹은 흐름생산은 많은 양의 표준화된 제품을 생산하는 것을 말하는데, 〈그림 2-3〉에서 나타난 바와 같이 특히 조립 라인에서 생산하는 것을 말한다. 이러한 대량생산 체제하에서는 단순반복적 작업을 수행하는 작업자에게 작업물을 전달하기 위해 전기 모터에 의해 구동되는 컨베이어가 사용되었다. 이 시스템은 동일한 생산 공정을 반복하는 '표준화'와 각자 자신이 맡은 부분만 담당하는 '분업화' 및 자신의 일을 완벽하게 해내는 '전문화'에 기초하고 있다.

2-2-2-3. 자동화제조(1945년~1985년)

이 시기는 2차 세계대전 이후에서 1985년까지의 시기로서 전쟁 중에 축적된 전쟁 수행에 요구되는 대규모 시스템에 대한 체계적 관리 방법에 대한 연구 결과와 새로이 등장

<그림 2-3> 포드 조립라인(1913년)

출처: Kat Eschner, 1913, Henry Ford Introduced the Assembly Line: His Workers Hated It, Smithsonian magazine, 2016.12.1.

한 제어 시스템 이론과 컴퓨터를 이용하여 자동화 기술이 발전한 시기이다.

자동화제조는 제조 과정에 '자동화' 개념을 적용하는 것을 말한다. 즉, 자동화는 제품과 서비스를 생산하는 데 있어서 수작업의 필요성을 줄이기 위해 제어 시스템이나 정보기술을 사용하는 것을 의미한다. 공업화 과정에 있어서 '자동화'는 '기계화'의 다음 단계라 할 수 있다. 기계화가 작업자에게 작업에서 요구되는 신체적 요건(즉, 근육의 사용)을 경감하기 위해 기계 장치들을 제공하는 것에 비해, 자동화는 인간의 감각적, 정신적 요구사항들을 크게 경감시켜준다.

자동화 생산에서의 가장 핵심적인 기술은 제어이론이라 할 수 있으며, 제어이론에 기반하여 생산 현장에서의 컴퓨터 활용을 통한 제조자동화를 촉진시킨 기술들은 아래와 같다.

(1) **수치 제어 기술:** 수치제어(NC: Numerical Control) 기술은 수치 데이터(특히, 좌표 데이터)를 이용하여 공작기계의 테이블이나 절삭공구의 구동부를 자동적으로 목표 위치로 움직이게 하여 작업물을 절삭하는 제어 방법으로서 〈그림 2-4〉에서와 같이 NC 기계와 산업용 로봇에 적용되었다.

<그림 2-4> NC 기계 및 산업용 로봇

출처: 화천: http://www.hwacheon.com/ko/p/CUTEX-240.do
Fanuc: https://www.fkc.co.kr/content/ROBOT/%ED%98%91%EB%8F%99%EB%A1%9C%EB%B4%87

(2) **PLC**(Programmable Logic Controller)**에 의한 감독 제어**: 자동화 시스템을 구성하는 요소로는 제어기, 구동기 및 감지기를 들 수 있는데, 이중에서 자동화 제조시스템의 두뇌 역할을 하는 것이 제어기로서 〈그림 2-5〉에서 나타난 바와 같은 PLC가 1970년대 이후 생산 현장에서 제어기로 채택됨으로써 기존의 릴레이 기반 제어 시스템의 한계를 극복하고 생산 현장에서 신뢰성 있는 자동화 시스템의 운영이 가능하게 되었다.

(3) **시스템 최적화 방법론**(OR: Operations Research): 2차 세계대전이 끝나면서 성공적인 전쟁 수행을 위해 사용되던 각종 최적화 방법론들이 생산 현장에 적용되기 시작하여 시스템의 효과성(Effectiveness)이 급격하게 향상되었다.

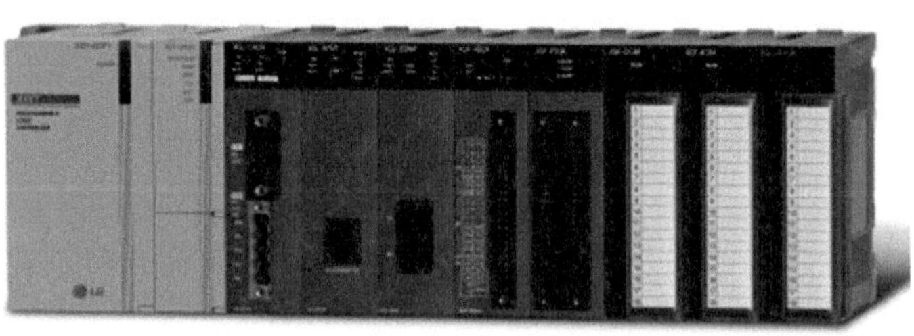

<그림 2-5> PLC

출처: LS산전: https://www.ls-electric.com/ko/product/category/CCC001001

자동화제조의 주된 이점으로는 작업의 일관성 및 고품질 제품의 제조, 자재 취급 시간 및 제조 리드타임 단축과 작업자 사기의 진작 등을 들 수 있다.

2-2-2-4. 디지털제조(1985~2010년)

이 시기는 기존의 메인프레임 컴퓨터에 의한 중앙집중식 제어 방법이 아닌 PC와 인트라넷(Intranet)에 의한 분산제어 기술을 활용한 디지털제조 기술이 발달한 시기이다. 디지털제조는 사람의 개입이 없이 혹은 아주 작은 개입만으로 원하는 스타일이나 수량만큼 제품을 만들기 위해 컴퓨터 기술이 사용되는 생산의 한 방식으로서 제품의 설계 및 생산 전 과정에 걸쳐서 의사결정의 질을 향상시키기 위한 통합화된 모의 환경을 말하는 것으로, 실제 설계/생산 환경과 흡사한 컴퓨터 모델을 구축하고, 이를 이용하여 실제 설계/생산 환경을 수정하고 제어함으로써 제품의 설계 및 생산 사이클 타임을 줄이기 위한 것이다. 협의의 의미에서 디지털제조 방식은 모든 생산 프로세스를 가상적으로 정의하고, 계획하고, 생성하고, 모니터하고, 제어하는 것을 의미한다.

디지털제조를 가능케 하는 핵심 기술로는 컴퓨터 기반 기하학적 모델링/시뮬레이션과 동적 시스템 모델링/시뮬레이션을 들 수 있으며, 제품의 수명주기에 따라 크게 세 가지 유형으로 구분된다.

(1) **제품의 디지털 방식 생성:** 〈그림 2-6〉에 나타난 바와 같이 물리적 형태 대신에 디지털 형태로 제품을 생성 및 시뮬레이션 하는 것으로, 고품질, 유연성 및 조립성 등과 같은 목표를 달성하기 위해 시뮬레이션 기술을 사용하며 가상설계(VE: Virtual Engineering) 혹은 가상프로토타이핑(Virtual Prototyping)이라고도 한다. VE/VP는 3차원 캐드 데이터를 이용하여 작성된 모델을 실제의 제작이나 조립 과정 없이 컴퓨터상에서 제품을 조립하거나 작동시키는 등의 작업을 설계 단계에서 수행하여, 이를 통해서 설계 품질을 검증하여 제품 개발 기간 단축, 원가 절감 및 품질 향상을 지원한다.

(2) **제조시스템의 디지털 방식 생성:** 〈그림 2-7〉에 나타난 바와 같이 물리적 공장 대신에 디지털 형태로 제조 공정을 생성 및 시뮬레이션한다. 이는 생산 실행 단계에서의 최적화를 위해 실생산과 밀접한 부분을 시뮬레이션하는 것으로 NC 가공 시뮬레이션, 로보틱셀(Robotic Cell) 시뮬레이션 및 조립 순서 시뮬레이션 등을 들 수 있다. 가상제조(VM: Virtual Manufacturing)라고도 한다.

<그림 2-6> 가상설계(VE)

출처: https://www.hni.uni-paderborn.de/en/spe/research/virtual-engineering/

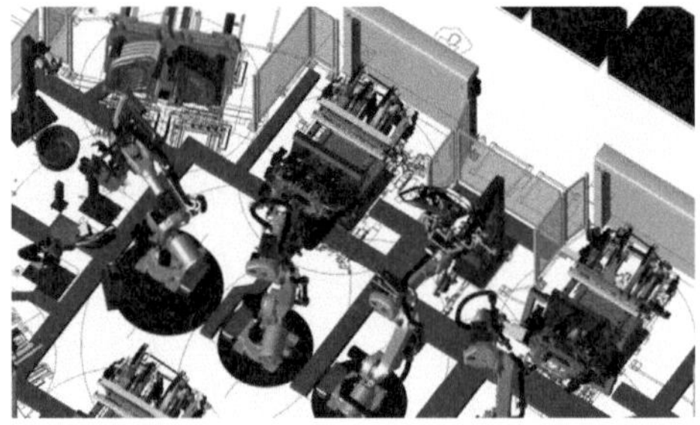

<그림 2-7> 가상제조(VM)

출처: https://en.wikipedia.org/wiki/File:Robotic_simulation_using_Robcad_software.jpg

(3) 생산시스템의 디지털 방식 계획 생성 및 모니터링: 〈그림 2-8〉에 나타난 바와 같이 IT와 모델링/시뮬레이션 기술을 이용하여 여러 가지 생산 대안들을 보다 쉽고 빠르

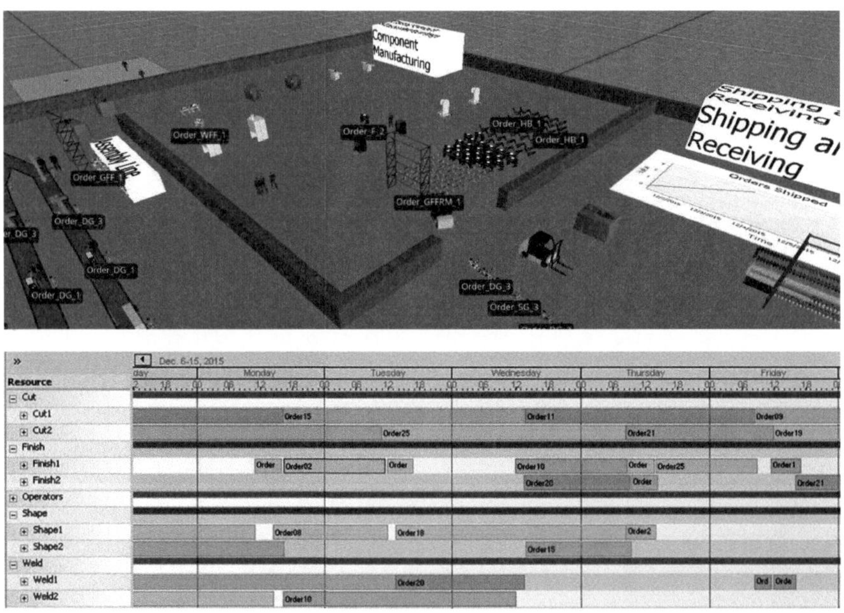

<그림 2-8> 디지털 방식 계획 및 스케줄링

출처: Pegden, C. Dennis, Simulation versus Optimization Based Scheduling, Simio White paper, 2021.

게 그 타당성을 평가하여 실 생산에 적용하기 위한 것으로 공장 레이아웃 계획, 생산능력 평가, 버퍼(buffer) 분석, 라인밸런싱 분석, 작업 스케줄 생성 등을 들 수 있다. 최종적으로 생산계획과 작업 스케줄을 생성하여 생산지시를 수행하며, 생산 현황을 모니터링하고 그 결과에 따라 재스케쥴링을 수행하여 생산 과정을 최적화한다. 가상준비 및 실행 (VP&E: Virtual Preparation & Execution)라고도 한다.

2-2-2-5. 스마트제조(2010년~)

스마트제조 단계는 2010년 이후로 볼 수 있으며, 스마트폰으로 대표되는 모바일 기술과 IoT(Internet Of Things) 기술이 제조 현장에 급속히 적용되고 있는 시기이다. 즉, 스마트팩토리(Smart Factory)나 스마트제품(Smart Product) 기술이 성숙함에 따라 서비스에 기반을 둔 제조가 이루어지고 있는 시대라 할 수 있으며 인간의 행복과 창의력이 중시되고 있다.

1-1절에서 살펴본 바와 같이, 독일의 인더스트리4.0 제조 전략에서 미래 제조의 방향을 제시한 바 있는데, 이는 크게 세 가지의 구성 요소를 가지고 있다. 첫 번째는 스마트제조(Smart Production), 두 번째는 그린제조(Green Production), 세 번째는 도시제조(Urban Production)이다. 이 세 가지 방향이 모두 어우러져서 스마트팩토리를 구현하게 되는 것이다.

2010년부터 진행된 스마트제조의 방향은 초정밀과 월등한 품질을 가진 제품을 다품종 소량 생산을 통한 개인 맞춤형 생산 체계를 갖추는 것이다. 이를 구현하기 위한 핵심 기술은 CPPS(Cyber Physical Production System)이라고 할 수 있는데, CPPS는 실제 물리 세계에서 진행되는 다양하고 복잡한 프로세스들과 정보들을 IoT를 통해 사이버 세계에 밀접하게 연결시켜 주는 기술을 이용한 생산시스템으로 인지(Sensor), 판단(Decision & Control), 행동(Actuation)을 능동적이고 자율적으로 수행하여 최적으로 운영되는 시스템이다.

또한 스마트제조 환경 하에서 제품도 스마트제품(Smart product)으로 진화하는데, 스마트제품은 시간과 장소를 불문하고 정보처리와 의사소통이 가능해지는 제품을 의미하며, 디지털화되고 상호 연결되어 있으며 외부 자극에 반응적이며 지능적인 특성을 갖고 있다.

즉, 스마트팩토리는 VE, VM, IoT 및 빅데이터 기술들이 CPPS를 중심으로 통합되는 지능화된 공장의 미래 이미지라 할 수 있다.

연습문제

1. 제품과 공장의 라이프사이클 측면에서 생산시스템의 의미는 무엇인가?

2. 제조 활동을 네 가지 유형으로 분류한다면 어떤 것들이 있는가?

3. 산업혁명을 견인한 5M은 무엇인가?

4. 호환가능 부품이란 무엇인가?

5. 테일러의 과학적 관리의 목표는 무엇인가?

6. 자동화와 기계화의 차이는 무엇인가?

7. 디지털 제조를 가능하게 하는 기술로는 어떤 것들이 있는가?

8. CPPS는 무엇인가?

9. 스마트제품의 특징은 무엇인가?

CHAPTER 03

4차산업혁명과 스마트팩토리

3장에서는 세계 각국의 4차산업혁명 추진전략과 현황을 살펴보고, 4차산업혁명 하에서의 스마트제조의 특성과 스마트팩토리 구축에 필요한 요소기술들을 학습한다. 이후에 스마트팩토리의 구축수준과 진행방향을 정리한 스마트팩토리 참조모델에 관해 살펴본다. 그리고 스마트팩토리 구축 시 스마트화 수준을 진단하는 방법과 스마트팩토리 도입 시 고려해야 하는 사항들에 관해서도 학습한다.

3-1. 인더스트리4.0과 4차산업혁명

2016년 4차산업혁명이라는 용어가 처음 사용되기 이전에 인더스트리4.0이라는 용어가 먼저 발표되었는데, 인더스트리4.0은 독일에서 공식적으로는 2011년 1월에 발의되었다. 이후 10개월의 논의를 거쳐 2010년부터 추진하고 있던 '하이테크 전략 2020' 실행계획의 일환으로 추진이 결정되었다. 인더스트리4.0은 생산 기술 분야에서 비교 우위에 있는 첨단 제조업에 ICT(Information & Communication Technology)를 융합하여 산업 구조의 변화를 유도하는 독일의 제조혁신 전략을 의미한다. 즉, 제조업과 같은 전통 산업에 IT 시스템을 결합하여 생산 시설들을 네트워크화하고 지능형 생산시스템을 갖춘 스마트팩토리로 진화하려는 전략이다.

4차산업혁명(4th Industrial Revolution)은 2016년 1월 세계경제포럼(다보스포럼) 의장 클라우스 슈밥이 인더스트리4.0을 확대 해석하여 사용하였고, 4차산업혁명은 IT/전자기술 기반의 디지털혁명으로 불리는 3차산업혁명을 토대로 하여 디지털과 바이오산업, 물리학 등의

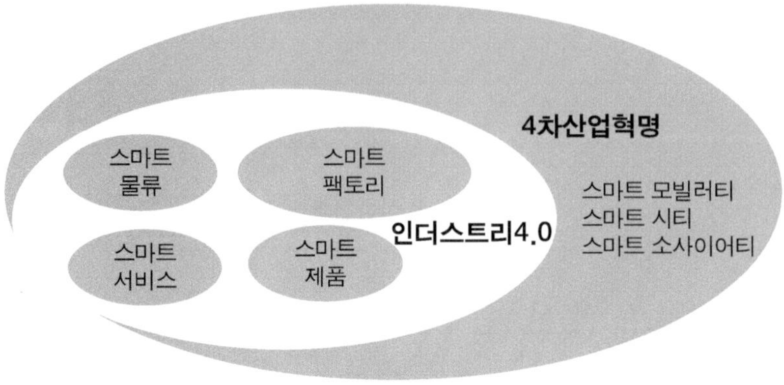

<그림 3-1> 인더스트리4.0과 4차산업혁명

경계를 융합하는 기술혁명을 의미하며, 기업, 산업, 그리고 사회 시스템 전체의 변화를 야기하게 된다. 4차산업혁명은 탈중앙화와 분권, 공유와 개방을 통한 개인맞춤형 시대의 지능화된 세계를 지향한다. 이 지능화 세계를 구축하기 위해 빅데이터, 인공지능, 블록체인 등의 여러 가지 기술들이 동원되며, 지능화 세계에서는 CPS(Cyber-Physical System)를 활용하여 현실 세계의 모든 내용을 가상세계로 연결한 다음, 가상세계에서 빅데이터/인공지능을 통해 예측과 최적 의사결정을 하고 이를 다시 현실 세계에 적용하게 된다.

〈그림 3-1〉에서 나타난 바와 같이 인더스트리4.0은 스마트제품, 스마트물류, 스마트팩토리 등 제조 분야에 초점을 맞춘 것에 비해 4차산업혁명은 스마트시티, 스마트소사이어티 등 대상 범위를 사회 전체 시스템으로 확대한 것임을 알 수 있다.

3-1-1. 주요 국가의 4차산업혁명

급변하는 세계 경제 환경 속에서 생존하기 위해 세계 각국은 새로운 미래 국가 성장전략을 수립하고 이를 구현하고자 노력을 경주하고 있다. 예를 들면, 내수시장이 적은 이스라엘은 중소형 벤처를 창업한 후 이를 나스닥에 등록하고 M&A를 통하여 부가가치를 창출하는 '벤처 중심의 창조 경제 전략'을 수립하였고, 문화와 금융에 강점이 있는 영국은 서비스업에 예술적이고 감성적인 창의성을 가미하여 경제 체계를 개편하고자 하는 '서비스 중심의 경제 성장전략'을 수립하였다.

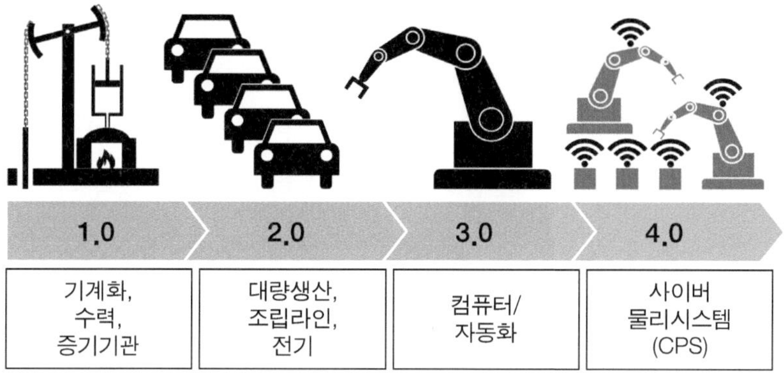

<그림 3-2> 인더스트리4.0

출처: https://ko.wikipedia.org/wiki/%EC%9D%B8%EB%8D%94%EC%8A%A4%ED%8A%B8%EB%A6%AC_4.0

제조 분야에 강점을 가진 독일에서는 2010년에 이미 '하이테크 2020'을 통해 국가 기술혁신 전략을 제시하였으며, 그 중 생산 기술 분야에서는 비교우위에 있는 첨단 제조업에 ICT를 융합하여 산업 구조의 변화를 유도하는 '인더스트리4.0' 제조혁신 전략을 2011년에 발표하고 이를 적극 추진 중에 있다. 독일이 추구하는 전략은 〈그림 3-2〉에서 보는 바와 영국에서 시발된 산업혁명에서 현재까지를 4단계의 제조혁신과정으로 세분화하고, 첫 번째는 기계화 단계, 두 번째는 대량생산 단계, 세 번째는 컴퓨터화/자동화 단계를 거쳐 현재는 IoT(Internet of Things)와 CPS로 대표되는 '4번째 혁신'으로 이행 중에 있으며, 이러한 시대에 독일이 제조를 중심으로 글로벌 경쟁우위를 선점하겠다는 것이다.

즉, 독일 인더스트리4.0의 목적은 독일 제조업의 경쟁력 강화에 있으며, 제품 아이디어에서부터 주문, 개발, 생산, 배송, 리사이클링까지의 제품수명주기 전반에 걸친 가치창출 네트워크의 조직 및 관리에 있어서 기업 내부의 수직통합은 물론 기업 간의 수평통합을 통해 이를 달성하려 하고 있다. 특히 국가적으로 제조업에 ICT를 적극적으로 융합하여 스마트공장 구현을 진행하고 있고, IoT 개념을 CPS 기술과 접목하여 제조 분야에 적용하는 CPPS(Cyber Physical Production System) 기술 개발을 적극 추진 중이다.

미국은 글로벌 금융 위기 이후 첨단 제조업을 국가 경쟁력의 근간으로 인식하고 인력 양성, R&D 투자 확대 등의 정책을 추진 중에 있으며, 'Remaking America'를 슬로건으로 2012년 수립된 '국가 첨단 제조방식 전략계획' 등 제조업 부흥 정책을 강력하게 추진 중이다. 특히 미국은 새로운 산업 플랫폼 형성을 위한 대학의 기초 연구 강화 및 기업 연구개발 투자 장려 정책과 세계 최고 수준의 IT·SW 기술을 바탕으로 한 제조업의 국내 복귀(Reshoring), 그리고 제조경쟁력 제고를 통한 제조업 르네상스 운동을 전개하고 있다. 특히 세계 소프트웨어 생산의 80%, 초고성능 컴퓨터 시스템의 53%를 점유하고 있는 ICT 우위를 바탕으로 제조업의 부흥을 도모하고, 제조 공정의 디지털화, 연결성 강화 및 빅데이터 등의 기술을 개발하고, 이를 적용하여 제조업의 경쟁력을 상승시키고자 하고 있다.

일본은 디플레이션 탈피와 경제 재건을 위해 2013년 발표된 '산업재흥플랜'에 기반을 둔 정책을 전개하기 위한 세부 전략과 구체적인 목표를 제시하고 있다. 즉, 첨단 설비투자 촉진과 과학기술 혁신 추진을 핵심과제로 선정하고 제조업 경쟁력 강화를 위한 설비투자 지원, 도전적 R&D 투자 강화 등을 통해 향후 5년 이내에 현재 5위인 기술력 순위를 1위로 향상시키고자 하는 목표를 제시하고 있으며, 특히 엔화 약세 정책과 더불어 산업재흥플랜에 기반한 산업구조 혁신 및 설계·생산기술 R&D 투자 강화를 위해 '첨단설비 투자 촉진'과 '과학기술 혁신 추진'을 핵심 과제로 선정하여 추진 중이다. 이러한 목표를 달성하기 위해 일본은 초스마트사회(Society 5.0)이라는 개념을 제시하고 있는데, 일본의 초스마트사회는 세계경제포럼이 제시한 4차산업혁명과 용어는 다르지만 내용상으로는 동일한 개념이라고 할 수 있다. 초스마트사회의 목표는 과학기술을 통한 생산성 향상과 사회문제 해결이며, 〈그림 3-3〉에서 나타난 바와 같이 독일 인더스트리4.0이 제조업 혁신의 개념이라면 초스마트사회는 산업을 포함한 경제사회 전반에 대한 과학기술 혁신을 다루고 있다는 점이 특징이다.

중국은 2015년 제조업 전체를 아우르고 5년 단위로 수립된 과거의 계획들과 달리 10년 앞을 내다본 '중국 제조 2025' 계획을 제정하였으며, 2025년까지 전 세계 제조업의 2부 리그에 들어가고, 그 다음 10년인 2035년에는 1부 리그에 진입한 후, 세 번째 10년인 2045년에는 전 세계 제조업 1부 리그의 선두로 발돋움하겠다는 전략을 세우고 있다. 제조업 전반에 대해 톱다운 방식의 전략적 대응과 상황 변화에 유연한 대응을 할 수 있는 전략과 함께 차세대 IT 기술, 첨단 CNC 공작기계 및 로봇 등의 10대 육성 전략을 수립하였다. 그리고 제12차 5개년 계획에서 생산장비 고도화 및 정보 통신 진흥계획을 수립하고 제조업의 미래 투자를 본격화함으로써 제조업 개조 및 고도화, 전략적 신성장 산업 육성 등 제조업 경쟁력 제고를 최우선 정책방향으로 제시한 바 있다.

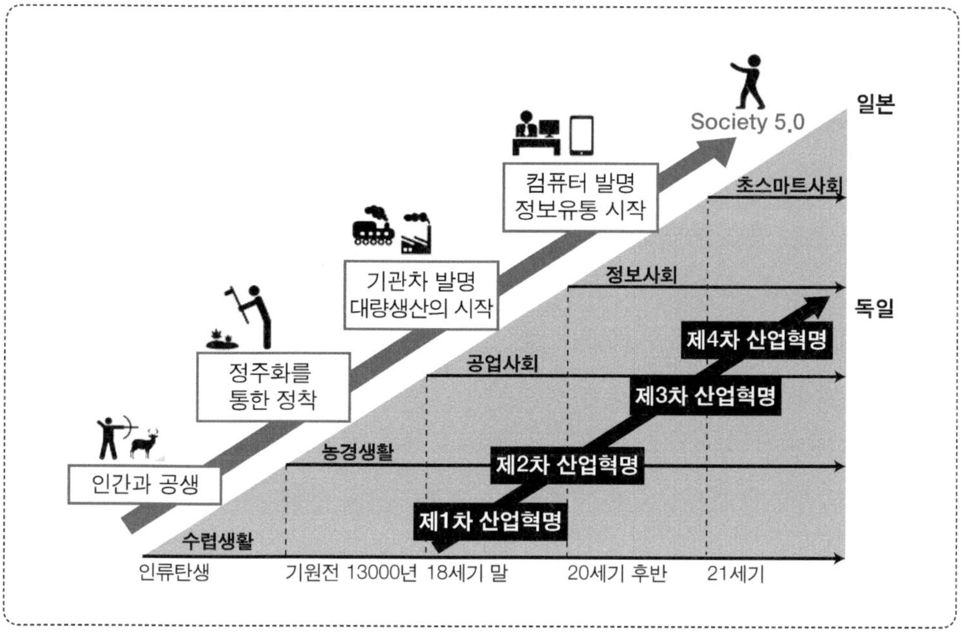

<그림 3-3> 일본 초스마트사회와 인더스트리4.0과의 관계

출처: 인더스트리 뉴스, 일본 4차산업혁명, 새로운 성장 동력 되나?, 2017.12.11.

이와 같이 미국, 독일, 일본 등 주요 국가들은 이미 제조 부문의 기술 혁신을 촉진하기 위해 신규 정책 수립과 실행 전략을 준비 중에 있다. 이들 정책의 공통점을 살펴보면, 첫째, R&D 대상을 제품 혁신 기술 개발뿐만 아니라 공정 기술 혁신을 통한 제조시스템 개발을 지향하고 있으며, 기존 제품과 공정을 혁신하기 위해 에너지 절감 기술, IT 기술 및 신재료 등을 활용하고 있다. 둘째, 제조 기술 고도화를 목표로 하는 신규 기본 정책을 제시하고, 이를 촉진할 제도적 인프라를 신설하고 있다[노상도, 2017].

3-1-2. 한국의 4차산업혁명

우리나라 제조(업)는 직접 고용의 20%를 점하고 있으며 과학기술과 연구개발 및 국가 방위의 근간이 되고 있다. 그리고 제조 활동의 결과물인 제품은 국민 개개인의 삶의 질에 직접적인 영향을 미치고 있으며, 최근에는 국가 이미지 및 국민들의 자신감 제고에도 큰 기여를 하고 있다. 앞 절에서 살펴본 바와 같이 세계 주요 국가들이 각국의 강점과 특성에 부합하는 국가 성장전략을 수립하려는 신속한 움직임에 비추어 볼 때, 우리나라의 경우에는 제조 분야의 강점을 충분히 살린 국가 성장전략의 수립이 타당해 보이며, 이를 위해 이미 우리나라는 산업통상자원부를 중심으로 2014년 '제조업혁신3.0' 정책을 발표하였다.

'제조업혁신3.0' 전략은 4대 전략, 13대 추진 과제로 구성되어 있으며 스마트생산 방식 확산, 신산업 창출, 지역제조업의 스마트혁신, 사업재편 촉진 및 혁신기반 조성 등 4대 추진방향을 설정하고, 8대 스마트제조기술(스마트 센서, CPS, 3D 프린팅, 에너지 절감, 사물 인터넷, 클라우드, 빅데이터, 홀로그램)에 대한 중장기 로드맵을 수립하여 추진하였다[산업통상자원부, 2014].

제조업혁신3.0은 소프트파워 부족, 고비용 생산 구조로 인한 국내 생산기반 해외 이전과 같은 구조적 문제점과 원화 절상, 국제 환경 규제 등 해외 동향에 대응하기 위한 방향으로 융합형 신제조업 창출, 주력 산업 핵심역량 강화 및 제조혁신 기반 고도화의 전략을 제시하고 있다.

그후 2017년 4월에 산업통상자원부에서는 '스마트제조혁신 비전 2025'를 발표하였는데, 4차산업혁명 시대에서의 스마트공장의 중요성을 강조하고 2025년까지 스마트공장을 3만 개 구축하고, 2016년 45개 수준인 스마트공장 선도모델을 2025년까지 1,500개 구축하며, 빅데이터, 센서, 협업 로봇 등 스마트공장 기반기술 역량을 확보하고 스마트공장 보급 확산을 통하여 스마트공장 기반 산업의 시장 창출과 경쟁력을 확보하고 스마트공장 창의 융합형 인재를 2025년까지 4만 명 양성하겠다는 전략을 제시하였다[산업통상자원부, 2017b].

2019년 6월에 산업통상자원부에서는 '제조업 르네상스 비전 및 전략'을 발표하였는데, 2018년 현재 세계 6위인 우리나라의 제조 강국 순위를 2030년에 4위로 끌어 올리겠다는 제조업 비전을 제시하였다. 이를 위해 (1) 스마트화, 친환경화, 융복합화로 산업구조 혁신을 가속화하고, (2) 신산업을 새로운 주력산업으로 육성하고, 기존 주력산업은 혁신을 통해 탈바꿈하며, (3) 산업생태계를 도전과 축적 중심으로 전면 개편하겠다는 전략을 제시하였다. 그리고 3대 핵심 신산업인 시스템반도체, 미래차 및 바이오·헬스 분야에는 국가적 역량과 자원을 결집하겠다는 의지도 표명하였다.

산업구조 혁신 가속화를 위해, (1) 스마트화에서는 2022년까지 스마트공장 3만 개 구축과 2030년까지 20개 스마트산단을 구축하고, 2030년까지 AI 기반 스마트공장을 2천 개 구축하여 AI·5G 기반 산업지능화를 추진한다는 전략을 제시하였다. (2) 친환경화에서는 제품과 생산의 친환경화를 통해 친환경 시장 선두 국가로 도약하겠다는 의지를 피력하였다. (3) 융복합화에서는 제조업과 서비스업의 융합과 같은 이업종 간 융합으로 부가가치를 제고하고 이업종 간 협력을 촉진하겠다는 전략을 제시하였다[산업통상자원부, 2019].

지금까지 세계 주요국가들과 우리나라의 4차산업혁명 추진 현황을 살펴보았는데, 혁명이라는 단어가 의미하듯이 4차산업혁명이라는 거대한 물결 속에서의 제조 산업은 지금까지 생각하지 못했던 급격한 변환 과정을 겪게 되리라 예상된다. 이하에서는 새로운 제조 패러다임의 대두에 따른 스마트제조의 속성과 스마트팩토리의 설계와 운영을 위한 참조모델과 성과지표 등 주요 고려사항들에 대해 살펴본다.

3-2. 스마트제조 속성[1]

제조의 스마트화에 따르는 변화의 폭은 요구되는 기술의 변화 및 적용 분야 측면에서 제조 산업의 경계를 뛰어 넘을 정도로 넓고 다양하게 발생한다. 즉, 제조 패러다임의 변화를 가져온다. 새로운 제조 패러다임에 따른 스마트제조의 속성은 3C로 일컬어지는 고객맞춤성(Customization), 연결성(Connectivity), 협업성(Collaboration)으로 정의할 수 있다. 이 중에서 고객맞춤성은 시장 또는 수요 측면의 속성을 가지고, 연결성 및 협업성은 공급 측면의 속성을 대변한다. 3C 속성을 통해 본 스마트제조의 모습은 가치사슬 상의 모든 구성요소 및 참가자(원자재, 제품, 기계, 사람 등)들이 서로 실시간으로 연결되어 협업을 통해 고부가가치의 고객맞춤형 제품 및 관련 서비스를 창출하는 제조 서비스 플랫폼의 모습이다.

스마트제조 시장의 대표적인 특성은 고객맞춤형 제품이 지배적인 시장이라는 것이다. 소비자 기호의 다양화 추세는 미래 시장의 예측에서 빼놓지 않고 등장하는데, 이는 제조 산업의 변화로 이어진다. 짧아지는 제품수명주기와 보다 다양해지고 세분화된 제품의 등장은 기존 제조 방식에 기반을 둔 효율성 위주의 공급망(Efficient Supply Chain)으로는 고객의 요구사항을 충분히 만족할 수 없게 만든다. 고객요구에 매우 빠르게 대응하

1 정봉주, 제조 패러다임의 변화-스마트제조, IE 매거진, Vol.23, No.1, pp.18-23, 2016.

는 공급망(Responsive Supply Chain)으로의 전환이 불가피하며 동시에 저비용의 효율성을 가져야만 하는 것이다. 또한 고객맞춤 생산은 고객에 대한 제품 공급뿐만 아니라 관련된 부가가치 서비스를 제공하는 제조 서비스 플랫폼의 등장을 예고한다.

즉, 궁극적으로 고객맞춤 생산은 대량생산(Mass production)이나 대량맞춤 생산(Mass Customization)이 아닌 개인화 생산(Personalized Production)을 의미하는 것이다. 개인화 생산의 특성을 살펴보면 제품 자체의 기능적 효용성보다는 제품에 수반하는 서비스의 가치창출에 초점이 맞추어져 있다는 것을 알 수 있다. 즉, 스마트제조의 고객맞춤성은 제조 산업의 형태를 제조시스템 자체를 다루는 것이 아닌 '제조의 서비스화'로 진화하게 만든다. 예를 들어, 소비자의 스마트폰 구매는 동시에 수반되는 각종 앱 서비스를 구매하여 이용하는 것을 의미한다. 이는 비단 제조업뿐만 아니라 '모든 사물의 서비스화(EaaS: Everything as a Service)'라는 미래 산업의 특성 변화를 가져온다. 3D 프린팅으로 대표되는 적층생산 방식(Additive Manufacturing)은 고객맞춤화를 견인하는 가장 중요한 역할을 할 것으로 보인다. 이는 기존 공급망 참가자의 고정적 역할에 대한 벽을 허물고, 참가자들 간의 직접적인 다중 채널을 형성하며, 분산생산 방식을 선호하고, 고객과의 접근성에 가치를 두어, 결국 이종산업 간의 융합으로 이어질 것이다.

연결성과 협업성은 스마트제조에 있어서 불가분의 관계에 있다. 왜냐하면 연결하고 협업하는 주체 또는 대상이 동일하기 때문이다. 연결성은 스마트제조의 인프라적 속성으로 해석할 수 있으며, IoT는 연결성을 가능하게 해주는 핵심적인 정보기술 중의 하나이다. 정보기술에 의한 첫 번째 물결이 전산화/자동화, 두 번째 물결을 인터넷으로 본다면, IoT는 정보 기술의 세 번째 물결로써, 정보 기술(예: 센서)이 내장된 모든 제품이 서로 연결되고 스마트해짐으로써 전체 가치사슬의 변화를 가져오고 있다.

연결성은 제품뿐만 아니라 제조 및 유통 과정에서의 원자재, 부품, 반제품, 기계, 사람들을 연결시켜 줌으로써 기존의 공급망 상의 모든 사물 및 참가자들이 서로 정보를 교환할 수 있게 한다. 따라서 제품의 전체 수명주기가 폐쇄형으로 연결됨으로써 모든 참여 대상이 모니터링, 제어 및 업그레이드되는 가치창출의 선순환이 가능하게 되는 것이다. 또한 제품수명주기 상에서 연결되는 서비스에 따라 다른 산업과의 융합이 자연스럽게 이루어진다.

연결성에 의한 새로운 제조 인프라의 구축은 곧 연결되는 대상들 간의 협업이 유기적으로 이루어질 수 있게 됨을 의미한다. 사람과 사람 간에 이루어지는 기존의 협업과는 달리, 스마트제조 환경에서는 사물과 사물, 사물과 기계, 사람과 기계 간의 다양한 종류의 협업이 가능하게 됨으로써 지금까지와는 다른 차원의 생산성 향상을 기대할 수 있다. 협업은 소통(Communication), 조정(Coordination) 및 협력(Cooperation)이라는 활동으로 구성된다. 스마트제조에 있어서 소통은 센서 기술에 의해 연결된 대상들 간의 정보 교류를 의미하며, 조정은 가치사슬 상의 모든 자원을 서로 공유하는 과정에서 균형이 맞게 바로잡는 활동이며, 협력은 분산형 공급망에서 권한 위임이 된 참가자들 간의 효율적인 기능의 수행을 의미한다. 이러한 협업을 가능케 하는 핵심 기술은 클라우드 컴퓨팅 및 CPS로서, 이는 분산형 시스템, 오픈 아키텍처, 자율운영 시스템 등에 대한 기반 기술이 된다.

스마트제조의 3C 속성은 궁극적으로 제조 기반 공급망의 유연성(Flexibility)을 극대화시키는 결과를 낳는다. 즉, 제품 기능 및 종류의 변경, 제조 공정의 변경, 유통 채널의 변경, 시장 수요의 변화, 갑작스런 장애 요인 발생 등에 따른 시스템 대응의 유연성을 혁신적으로 높이게 되는 효과를 가져온다.

3-3. 스마트팩토리 요소기술[2]

스마트팩토리는 첨단 ICT와 제조 기술 융합의 결과로서, 보다 빠르고 자율적인 의사결정을 통해 최적화된 의사결정을 내릴 수 있는 '지능형 ICT 융합 제조시스템'이라고 할 수 있다. 스마트팩토리의 설계, 구현과 운영을 위하여 사이버물리 시스템(CPS), 산업 빅데이터 애널리틱스(Industrial Big Data Analytics), 산업사물인터넷(IIoT), 스마트 센서(Smart Sensor), 클라우드 생산(Cloud Manufacturing), 적층제조(AM: Additive Manufacturing) 등 다양한 기술의 개발과 적용이 활발하게 진행되고 있다. 스마트팩토리 구축을 위한 6대 주요 요소기술들을 간략하게 설명하면 다음과 같다.

---

2 노상도, 제조업 ICT 융합과 스마트공장, 기계 저널, Vol.57, No.8, pp.33-37, 2017.

3-3-1. 사이버물리 시스템(CPS)

CPS는 실제 물리 세계에서 진행되는 다양하고 복잡한 프로세스들과 이에 수반하여 발생하는 데이터들을 IoT를 통해 접근하여 이를 사이버 세계에 밀접하게 연결시켜 주는 기술을 일컫는 것으로, 최적으로 자율 운영되는 스마트팩토리를 실현하기 위한 핵심 기술이다. 즉, 사이버물리 시스템은 IoT를 기반으로 모든 사물들이 서로 연결되어 있는 환경에서 컴퓨팅(S/W)과 물리적 실체(H/W)가 서로 융합되어 인지(Sensor), 판단(Decision & Control), 행동(Actuation)을 능동적이고 자율적으로 수행하는 시스템을 말한다.

CPS와 유사한 개념으로는 디지털트윈(DT: Digital Twin)이 있는데, 이는 컴퓨터 내에 현실 속 사물의 쌍둥이를 만들고, 현실에서 발생할 수 있는 실제 상황을 컴퓨터로 모의실험함으로써 결과를 미리 예측하는 기술로서, 이 기술의 핵심 요소는 제품, 사람, 프로세스를 표현하는 모델링 기술과, 이를 바탕으로 현재 상황을 분석하고 미래 상황을 예측하는 시뮬레이션 기술이다.

다시 말하면, 〈그림 3-4〉에서 나타난 바와 같이 디지털트윈은 물리적 객체(자산, 프로세스 및 시스템 등)들에 대한 디지털 복제(쌍둥이)로서, 실세계의 객체 수명주기 전체에 걸쳐 대상 객체 요소들의 속성/상태를 계속 유지하며 이들이 어떻게 작동하는지에

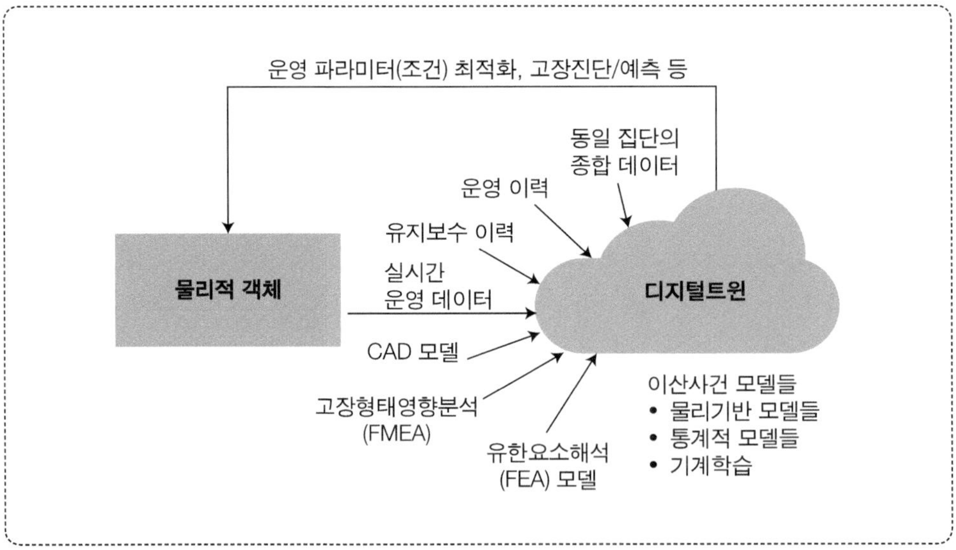

<그림 3-4> 물리적 객체와 디지털트윈의 관계

출처: 한국산업기술평가관리원, 디지털트윈 기술 발전 방향, KEIT PD Issue Report, Vol.18-9, 2018.

대한 동적 성질을 묘사하는 가상의 모델이라 정의할 수 있다. 컴퓨터에 구현된 디지털 트윈(가상 모델)은 대상 객체와 연동하여 현실 상황을 반영하면서 현실에서 발생가능한 상황을 예측하거나 운영 최적화 조건을 알려주는 등 산업 경쟁력 강화의 주요 수단으로 인식되고 있다.

CPS와 디지털트윈의 차이를 명확하게 구분하기는 어렵지만, CPS가 가상세계와 현실 세계 사이의 데이터를 공유할 수 있게 하는 개념적 기술이라면, 디지털트윈은 CPS에서 더 나아가서 현실에서 받은 데이터를 가상으로 똑같이 구현하는 기술이라고 할 수 있다. 이런 의미에서 디지털트윈은 큰 범주에서 CPS의 일부에 속한다고 할 수 있으며 CPS의 완성을 이끌어내는 구체화 기술이라고 할 수 있다.

CPS가 생산현장에 적용되었을 때, 이를 사이버물리생산시스템(CPPS)이라고 부른다. CPPS는 실제 세계의 제품, 공정, 설비, 공장 등에 대한 가상화(Virtualization)를 통해 사이버 세계의 디지털 모델을 구축한 후, 사전 시뮬레이션을 통한 최적의 생산계획이나 공정설계를 수행하며, 이의 결과를 실제 생산에 적용하고, 설비 고장 등 실제 현장의 변화를 각종 센서 등으로 인지하여 사이버 세계에 실시간으로 동기화시킨다.

또한 외부 환경, 공장 설비 및 운영 시스템에 연결된 센서 등과의 통신을 통해 수집된 정보를 자율적으로 분석하고 최적의 솔루션을 찾는 방식으로 '지능화된 상황인지', '분석, 판단 및 의사결정', '사전 검증된 수행'을 통하여 생산시스템의 설계와 운영에 관련된 최적화된 의사결정을 지원한다. 특히 실시간 데이터를 기반으로 제조 현장에 맞춰 조정되고, 동기화된 사이버 세계의 디지털 모델, 즉 '디지털트윈'을 구축하여 활용한다. 〈그림 3-5〉는 CPPS를 이용한 지능적인 스마트팩토리 설계 및 운영 개념을 도식화하여 나타낸 것이다.

〈그림 3-5〉의 왼쪽에 나타난 바와 같이 스마트팩토리에서는 제품, 공정, 다양한 설비들과 ERP, MES 시스템 등 여러 운영 시스템들이 상호 연계된다. 또한 〈그림 3-5〉의 오른쪽에서와 같이 클라우드를 기반으로 제조 빅데이터 분석이 수행되고 현장과 동기화된 사이버 모델(또는 디지털트윈)이 구성되어 생산 운영과 시각화에 활용되며, 이를 바탕으로 지능형 의사결정이 이루어지고 최적화가 달성된다. 이러한 기능들은 〈그림 3-5〉의 아래 부분에 나타나 있듯이 CAD/PLM(Product Life Cycle Management)과 산업사물인터넷(IIoT) 및 산업 서비스 인터넷(IIoS)을 이용한 오픈 네트워크 기반 표준 플랫폼을 통해 통합되고 상호 연계된다.

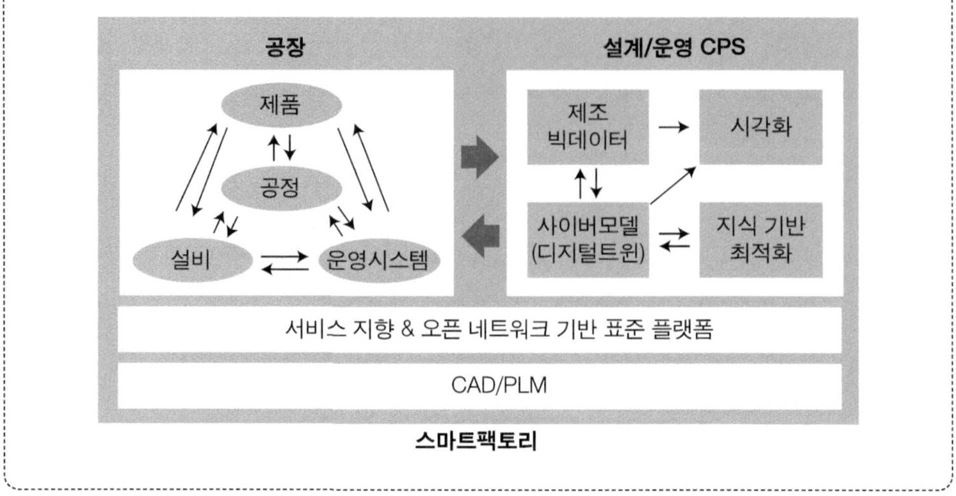

<그림 3-5> CPPS 기반 지능형 스마트팩토리 설계 및 운영

출처: 노상도, 스마트팩토리와 사이버물리시스템기술, 정보와 통신, Vol. 33, Issue 11, pp.3-7, 2016.

이러한 사이버물리 시스템을 구현하기 위한 핵심 기술로는 (1) 컴퓨팅 및 S/W기술, (2) 통신기술 및 (3) 자율제어 기술을 들 수 있다. (1) 컴퓨팅 및 S/W기술은 ① 강건한 시스템을 제공하기 위해 고장을 판단하고 해결하기 위한 '시스템 수준 오류 탐지 및 복구 기술'과 ② 복잡한 시스템의 신뢰성 제공을 위한 '모델링/시뮬레이션 기술' 및 ③ 설계된 모델의 신뢰성 평가를 위한 '검증 기술'로 구성된다. (2) 통신기술은 ① 다양하고 복잡한 통신 구조에서 신뢰성 있고 유연한 네트워크를 제공할 수 있는 'SW중심의 네트워크 기술'과 ② 대규모 CPS 지원 '통신 미들웨어' 및 ③ 고신뢰 연결성 제공과 다양한 서비스 품질 지원이 가능한 '네트워크 기술'로 구성된다. (3) 자율 제어 기술은 ① 대규모 센싱 데이터에 기반하여 모니터링 대상과 운영 환경을 파악하고 상태 변화를 이해하기 위한 'Self-Aware 기반 상황인지 기술'과 ② 인간의 인지 모델을 응용하여 시스템 오류와 운영 환경 변화에 실시간으로 적응하기 위한 '자율 제어 기술'로 구성된다.

3-3-2. 클라우드 생산

클라우드 생산은 클라우드 컴퓨팅(Cloud Computing) 기술이 제조 분야에 적용된 것으로 고객 중심의 제조 방식을 통해 다변화하는 고객의 수요에 맞춰 물리적으로 분산되어 있는 제조 자원을 하나의 생산 라인처럼 최적화할 수 있도록 효율적으로 구성하여 네트워크 생산을 수행하는 것을 의미한다. 여기서 클라우드 컴퓨팅은 인터넷 기반 컴퓨팅의 일종으로 정보를 자신의 컴퓨터가 아닌 인터넷에 연결된 다른 컴퓨터로 처리하는 기술을 의미한다.

3-3-3. 산업 빅데이터 애널리틱스

산업 빅데이터 애널리틱스는 빅데이터 분석을 산업 현장에 적용한 것으로, 여기에서 빅데이터는 광범위하고 복잡한 데이터의 처리를 위한 수집, 정제, 분류, 분석, 전송, 공유, 저장, 가시화 등 일련의 처리 과정에 관련된 기술을 의미하며, 이를 통해 데이터 기반 예측, 가치 분석 등이 가능하다. 스마트팩토리에서 산업 빅데이터 애널리틱스는 제조 현장의 데이터 수집 및 분석뿐만 아니라 제조 설비의 고장 예측, 공정 품질 예측 등에 활용된다.

일반적으로 빅데이터 분석의 목적은 데이터로부터 새로운 인사이트와 포사이트(Insights and Foresights)를 찾아서 이를 토대로 보다 나은 의사결정을 하는 것이며, 빅데이터는 이를 하는 데 있어 사용되는 필수적인 재료의 역할을 한다. 빅데이터의 특성으로는 5V를 들 수 있는데, 이는 Volume(방대한 규모), Variety(정형/비정형의 다양성), Velocity(빠른 속도로 생성, 빠른 분석을 요구), Veracity(정확하고 신뢰성 있는 데이터), Value(목적에 적합하고 유의미한 데이터)를 의미한다.

3-3-4. 산업사물인터넷

산업사물인터넷은 사물인터넷을 산업 현장에 적용한 것으로, 여기에서 사물인터넷은 각종 사물에 센서와 통신 기능을 내장하여 인터넷에 연결하고 이를 통해 정보를 수집하거나 교환하는 기술로서, 데스크탑, 노트북, 스마트폰과 같은 표준 장치들이 인터넷에 연결되던 것들을 넘어서서 일상 생활의 거의 모든 사물들이 인터넷에 연결될 수 있도록 확장된 개념이다. 임베디드 기술을 활용한 이러한 사물들은 인터넷을 통해 통신을 하고, 상호작용하여 원격으로 모니터링하고 제어할 수 있게 된다.

사물 인터넷은 (1) 데이터 생성(Creation), (2) 데이터 전달을 위한 연결(Connection), (3) 데이터 수집, 저장, 가공을 포함하는 데이터의 처리(Processing) 및 (4) 사물 인터넷 서비스 제공(Presentation)의 네 영역으로 구성된다.

(1) 데이터 생성 영역: 하드웨어와 관련된 부분으로 다양한 센서나 디바이스들이 주변의 물리적 환경의 정보를 측정하거나 변화를 감지하며, 최근에는 센서와 통신 기능이 같이 있는 장치가 일반적이다.

(2) 연결 영역: 센서가 생성한 데이터를 인터넷 상의 서버로 전달하는 부분으로 이동통신기술을 이용해서 디바이스가 직접 인터넷에 연결될 수도 있지만, 스마트폰이나 모바일 라우터와 같은 중개 장치를 통해서 연결되기도 한다.

(3) 데이터 처리 영역: 전송된 센서 및 디바이스 데이터를 수집하고, 저장하고, 분석하며 가공하는 기능으로, 전송된 데이터 중에서 의미있는 데이터만을 걸러내는 필터링 기술과 서로 다른 포맷으로 전송된 데이터를 효율적으로 저장하고 가져다 쓰기 위한 데이터 저장 기술 및 데이터로부터 지식을 추출하기 위한 빅데이터 분석 기술 등이 필요하다.

(4) 서비스 제공 영역: 분석되고 가공된 데이터를 사람 또는 다른 사물이 이해할 수 있는 방식으로 나타내주는 역할을 수행하며, 사람을 대상으로 하는 경우 스마트폰이나 컴퓨터에서 사용하는 어플리케이션이나 웹의 형태가 될 수도 있고, 키오스크와 같은 전용 디스플레이 장치를 통해 전달될 수도 있다. 사물을 대상으로 하는 경우는 센서나 디바이스 혹은 액추에이터에 직·간접적으로 피드백을 제공하기도 한다.

산업사물인터넷(Industrial IoT)은 제품수명주기의 각 단계에서 스마트센서로부터 취득된 데이터를 수집, 교환하여 산업 빅데이터 애널리틱스 적용을 가능하게 해주며, 이를 통해 사이버물리 시스템과 함께 클라우드 생산을 구현한다. 스마트센서를 통해 취득된 데이터들을 축적하고 분석하며 이에 따른 결과로 각종 설비의 액추에이터를 통해 장치를 제어하고, 기계와 제품, 생산과정과 서비스에 지능을 부여하여 자율적인 제어가 가능하게 하고, 인간에게는 생산 공정과 공급망의 흐름을 시각적으로 확인할 수 있도록 하는 환경을 제공한다.

3-3-5. 스마트센서

생산현장의 정보를 직접적으로 수집하는 스마트센서는 디바이스 단위의 하드웨어 기술 가운데 산업사물인터넷과 더불어 스마트공장 실현을 위한 핵심 기술이다. 스마트센서는 첨단 소재와 최신 공정 기술 등의 접목으로 감지 기능이 획기적으로 개선되거나 자동보정, 자가진단 및 의사결정 등이 가능한 지능형 센서를 통칭하며, 센서의 첨단화에 따라 기능성 첨단 스마트센서들이 집적화되어 산업 전반에 걸쳐 광범위한 분야에 적용되고 있다.

3-3-6. 적층제조

적층제조(Additive Manufacturing)는 빛, 초음파 진동, 레이저 및 전자 빔을 통해 재료를 결합하고 적층하여 물리적 실체로 변환하는 방법으로서, 입체의 재료를 공구나 레이저 등을 이용하여 자르거나 깎아서 제거하는 방식으로 입체물을 생산하는 절삭가공(Subtractive Manufacturing)과는 반대되는 개념이다.

적층제조에서는 구현하고자 하는 물체를 3차원 디지털 도면을 통해 가상의 물체로 디지털화한 후에 매우 얇은 단면(약 0.015~0.10mm)을 제조하고자 하는 형상에 맞추어 한 층씩 한 층씩 쌓아 결과물을 만들어낸다. 적층제조는 기술 개발 초기에는 쾌속조형(RP: Rapid Prototyping) 기술에서 출발했으며, 현재는 PLA(Poly Lactic Acid: 친환경수지), ABS(Acrylonitrile-Butadiene-Styrene) 등의 기존 재료에서 나아가 금속을 비롯한 다양한 성질의 재료 사용이 가능해지고, 기술이 성숙되어 최근에는 금형, 치공구나 완제품 제조 등에 널리 쓰이고 있다.

적층제조를 위한 기술로는 3D 프린팅 기술이 대표적이며, 3D 프린팅은 적층방식과 입체물 제조에 활용 가능한 재료에 따라 다양한 기술로 구분할 수 있는데, 대표적인 기술로는 (1) FDM, (2) PolyJet, (3) SLA, (4) SLS 및 (5) DLP가 있다.

(1) FDM(Fused Deposition Modeling): 필라멘트 타입의 재료를 헤드를 통하여 분출시켜서 적층시키는 방식으로 헤드는 X, Y축으로 이동하고, 플레이트는 Z축으로 내려가면서 제품이 적층된다. 미국 Stratasys사에서 최초로 개발되었고, 현재 개인용 3D 프린터에 가장 많이 사용되고 있는 방식으로, 가장 많은 제조사들이 적용하고 있는 기술이기에 가장 보편적인 기술이라고 볼 수 있으며 높은 강도와 내열성을 가지고 있으나 조형물의 표면이 비교적 거칠다.

(2) PolyJet: 광경화성 액상 재료를 헤드를 통하여 분출하고, UV 램프로 분사된 재료를 경화시켜서 제작하는 방식으로, 주로 사용하는 액상 재료는 아크릴 계열의 재

료이며 가장 다양한 제품을 만들어낼 수 있는 장점이 있다. 경질의 재료와 연질의 재료가 있으며, 소재를 혼합하여 경도 값이 다른 재료를 만들어낼 수 있고, 일반적으로 낮은 레이어로 적층을 하므로 표면 조도가 매우 좋은 장점이 있다. 최근에는 컬러가 지원되는 재질이 출시되어 다양한 색상 구현으로 다양한 분야에 적용되고 있다.

(3) SLA(Stereo Lithography Apparatus): 액상 수지의 재료를 레이저를 사용하여 경화시키는 방식으로 최초의 3D 프린팅 기술이며, 전 세계적으로 가장 많이 사용되었던 방식이다. 별도의 보조 재료를 사용하지 않고 미세 형상의 기둥이 보조역할을 하며 날카로운 경계면의 형상 구현이 매우 좋다. 고가의 장비와 레이저 유지 보수비 발생의 이유로 최근에는 많이 보급되지 않고 있으며, 대형 장비 또는 특정 분야에서만 사용되고 있다. 주로 아크릴 또는 아크릴 계열의 재료가 사용되고 있으며, 이외에도 매우 다양한 소재가 출시되고 있으나 광경화성 재료의 한계로 제한적으로 활용되고 있는 추세이다.

(4) SLS(Selective Laser Sintering): 분말 재료를 사용하고, CO_2 레이저를 주사하여 제품을 제작하는 방식으로 녹지 않는 분말 재료가 지지대의 역할을 한다. 나일론을 주 소재로 사용하기에 강성이 강하며 최근에는 금속 분말을 이용하여 사용하는 사례가 늘어나고 있는 추세이다. 최근에는 소결(Sintering) 방식이 아닌 직접 용융(Direct Melting) 방식도 채택되어 금속 분말을 이용하며 제작 속도가 빠르고 다품종 소량 생산에 직접 적용이 가능하나 예열 작업과 냉각 과정을 반드시 거쳐야 하는 단점을 가지고 있다. 미국의 3D Systems사와 독일의 EOS사가 이 방식을 사용하고 있다.

(5) DLP(Digital Lighting Process): 광경화성 액상 수지를 사용하며, 백만 개 이상의 작은 거울이 반사하는 빛으로 광경화성 수지를 고형화하는 방식으로서 뛰어난 미세 형상 능력을 자랑하나, 파트가 커질수록 해상도가 떨어지면서 치수 정밀도도 같이 저하된다. 독일의 Envisiontec에서 최초 개발하였고 현재는 보급형 장비로도 많이 사용되고 있으며 활용 분야로는 치과용 보조재 제작에 많이 사용되고 있다.

3-4. 스마트팩토리 참조모델과 성과지표

스마트팩토리 구축을 고려하고 있는 기업에서는 자사에 필요한 기능요건을 정의하고 소요되는 예산과 인력을 산정하기 위해 현재의 운영 수준을 확인할 필요가 있다. 또한 스마트팩토리를 이미 구축하여 운영 중인 기업에서도 운영 수준의 고도화를 위해 자사의 현재 스마트화 수준을 확인할 필요가 있다. 또한 스마트팩토리 구축 성과를 파악하기 위해서는 객관적으로 파악할 수 있는 기준 성과지표가 필요하다.

스마트팩토리의 수준 및 구축 성과의 파악은 다음에 설명하는 스마트팩토리 참조모델을 통해 이루어질 수 있다.

3-4-1. 스마트팩토리 참조모델

우리나라 민관합동 스마트공장 추진단에서 발표한 스마트팩토리의 개념은 "기획·설계 → 생산 → 유통·판매 등 전 과정을 IoT·AI·빅데이터 등으로 통합하여 자동화·디지털화 구현 및 최소 비용과 최소시간으로 고객맞춤형 제품 생산을 이루어내는 것"이라 정의하고 있다. 즉, 스마트공장은 설비와 물류 자동화를 기반으로 한 공장자동화(FA), 공장에너지관리(FEMS), 제조운영관리(MOM), 제품개발(PLM), 협업형 경영 정보 체계인 공급망관리(SCM) 그리고 기업자원통합관리(ERP) 등이 ICT를 이용하여 구현된 공장을 의미한다.

이러한 제조기업의 스마트화 수준을 파악하기 위해 민관합동 스마트공장 추진단에서는 스마트팩토리 참조 모델을 제시하였다. 제시한 스마트공장의 수준별 단계는 〈표 3-1〉과 같이 나타내고 있다[민관합동 스마트공장 추진단, 2017a].

〈표 3-1〉의 스마트공장 참조모델 5수준에서 나타나듯이, 참조모델에서는 스마트공장의 수준을 ICT 미적용 단계부터 고도화 단계까지 크게 다섯 단계로 나누어 구분하고 있다. 즉, 첫 번째 단계는 ICT 미적용 단계, 두 번째 단계는 기초 단계, 세 번째 단계는 중간 수준 1단계. 네 번째 단계는 중간 수준 2단계, 그리고 다섯 번째 단계는 고도화 단계로 구분하고 있으며 스마트공장 구축은 궁극적으로 고도화 단계를 목표로 하고 있다.

여기서, ICT 미적용 단계는 아직 정보시스템을 갖추고 있지 못한 상태이며 엑셀 정도를 활용해서 데이터 관리를 하는 단계를 의미한다. 그 다음에 기초 수준 단계는 생산실적 정보가 자동으로 집계되면서 자재 흐름이 실시간으로 파악되고 생산 현황이 가시

<표 3-1> 스마트공장 참조모델 5수준

수준	내용
고도화 IoT·CPS 기반 맞춤형 유연생산	• 설비, 자재, 시스템 유무선 네트워크로 연결(IoT/CPS) • 스스로 판단하는 지능형 설비, 시스템을 통한 자율적 공장 운영 • 전 제조 과정의 통합 운영
중간수준 2 IT·SW 기반 실시간 자율 제어	• 관리 시스템을 통한 설비 자동 제어 → 실시간 생산 최적화 • 분야별 관리 시스템 간 실시간 연동: 개발 ↔ 생산 ↔ 자원관리
중간수준 1 광범위한 생산정보 실시간 집계·모니터링	• 설비 정보 자동 집계 → 실시간 공장 운영 모니터링, 품질 분석 • 분야별 관리 시스템 간 부분적 연계 예) 기준정보 엔지니어링 정보 생성, 수주 정보 → 생산계획
기초수준	• 생산실적 정보 자동집계 → 자재흐름 실시간 파악, 로트 트래킹 • 부분적 관리 시스템 운영(설계, 영업, 재고, 회계 등)
ICT 미적용	• 엑셀 정도 활용, 시스템을 갖추고 있지 못한 상태

화된다(Lot Tracking). 여기서 로트(Lot)라는 것은 생산의 단위인데 생산의 효율성을 높이기 위해 고객의 주문을 특정 제품이나 유사 제품군으로 수십에서 수백 개 단위(로트)로 묶어서 생산하게 된다. 로트 트래킹이란 특정 로트의 생산 및 품질 현황 등에 대한 데이터가 관리되어 생산이력이 로트 단위로 추적 가능하게 됨을 말한다. 기초수준은 기업이 필요로 하는 모든 업무에서 정보시스템이 사용되지는 않고 부분 부분적으로 정보시스템을 사용하는 단계이다. 예를 들어 회계 업무나 영업 업무 등 단일 업무 단위로 정보화되어 있는 단계이다.

중간 수준 1단계는 우선 생산 설비에서 직접 데이터를 집계할 수 있어서 실시간으로 공장이 어떻게 돌아가고 있는지 모니터링할 수가 있고 품질 불량에 대한 원인 분석이 이루어지는 단계이고, 수주정보와 생산계획의 연결 등과 같이 업무 간 정보시스템의 연결이 부분적으로 일어나는 단계이다.

중간 수준 2단계에서는 정보시스템의 적용 범위가 확대되어, 설비가 시스템에 의해 자동으로 제어되며 실시간으로 생산이 최적화되는 단계로서 분야별 관리 시스템들이 실시간 연동되어 운영된다. 즉, 전체 기업시스템은 아니지만 제품개발과 생산관리 및 자원관리 분야 등의 기간 업무 분야에서 복수 개의 정보시스템이 연동되어 돌아가는 단계를 말한다.

<표 3-2> 스마트공장 수준 총괄도 (5개부문)

<table>
<tr><th>구분</th><th>현장자동화</th><th>공장운영</th><th>기업자원관리</th><th>제품개발</th><th>공급망관리</th></tr>
<tr><td rowspan="2">고도화</td><td colspan="4">IoT/IoS 기반의 CPS화</td><td rowspan="2">인터넷 공간상의 비즈니스 CPS 네트워크 협업</td></tr>
<tr><td>IoT/IoS화</td><td colspan="3">IoT/IoS(모듈)화 빅데이터 기반의 진단 및 운영</td></tr>
<tr><td>중간수준 2</td><td>설비제어 자동화</td><td>실시간 공장제어</td><td>공장운영 통합</td><td>시뮬레이션과 일괄 프로세스 자동화</td><td>다품종 개발 협업</td></tr>
<tr><td>중간수준 1</td><td>설비데이터 자동 집계</td><td>실시간 의사결정</td><td>기능 간 통합</td><td>기술 정보 생성 자동화와 협업</td><td>다품종 생산 협업</td></tr>
<tr><td>기초 수준</td><td>실적집계 자동화</td><td>공정물류 관리 (POP)</td><td>관리 기능 중심 기능 개별 운영</td><td>서버를 통한 기술/납기 관리</td><td>단일 모기업 의존</td></tr>
<tr><td>ICT 미적용</td><td>수작업</td><td>수작업</td><td>수작업</td><td>수작업</td><td>전화와 이메일 협업</td></tr>
</table>

고도화 단계는 설비 가동과 자재의 흐름 및 다양한 관리 시스템들이 유무선 네트워크로 연결되어 자율적 공장 운영이 이루어지고 전 제조 과정이 통합적으로 연결되어 맞춤형 유연생산이 이루어지는 단계를 말한다. 이 단계에서는 생산현장의 물리적인 가공 설비와 소프트웨어로 구성된 컴퓨터상의 가상 운영 모델이 정보통신기술을 기반으로 서로 연결되어 자동적·지능적으로 제어되는 시스템이 구현되며, 이를 CPPS라 한다.

스마트공장 참조 모델에서는 기업 업무 분야를 5개의 부문으로 나누어 각 업무 분야에 대해 좀 더 자세하게 스마트공장의 수준을 다시 정의한 스마트공장 수준 총괄도를 제시하고 있다. 즉, 기업의 업무 분야를 〈표 3-2〉에서와 같이 현장 자동화 부문, 공장 운영 부문, 기업 자원 관리 부문, 제품의 설계/개발 부문 및 공급망관리 부문의 5개로 구분하여 스마트화 수준을 나타냈다[민관합동 스마트공장 추진단, 2017b].

기업에서 목표로 하는 스마트공장의 성공적인 구현 이미지는 〈표 3-1〉과 〈표 3-2〉에서의 고도화 수준에 해당한다. 〈표 3-2〉에 나타난 고도화 수준에서의 IoS는 'Internet of Service'를 의미하고, 공장운영 분야의 기초수준에서의 POP는 'Point of Production'을 의미한다.

스마트공장 수준 총괄도를 종축으로 자세히 살펴보면, 예를 들어 5개 업무 분야 중에서 〈표 3-3〉의 현장 자동화 부문에서는, (1) ICT 미적용 단계는 수작업으로 실적 집계 업무가 이루어진다는 것이고, (2) 기초 수준 단계에서는 실적 집계가 자동화되며, (3)

<표 3-3> 현장 자동화 부문 5수준 (종축)

수준	내용
고도화	IoT/IoS가 구현
중간 수준 2	설비제어 자동화
중간 수준 1	설비데이터 자동 집계
기초 수준	실적집계 자동화
ICT 미적용	수작업

중간 수준 1단계에서는 설비 가동 데이터가 자동 집계되고, (4) 중간 순위 2단계에서는 설비 제어 자체를 자동화할 수 있다. (5) 그 다음 고도화 단계에서는 IoT화가 되고 IoS화가 된다. 여기서, IoT는 각종 사물에 센서와 통신 기능을 내장하여 인터넷에 연결하는 기술을 의미하며, IoS(Internet of Service)는 손쉽게 인터넷을 이용하여 필요한 응용 서비스를 받을 수 있는 기술을 말한다. 이 두 가지 기술이 결합하여 공장에서 활용된다면 생산현장의 물리적 설비와 소프트웨어로 구성된 가상 운영 모델이 정보통신기술을 기반으로 서로 연결되어 자동적, 지능적으로 제어되는 CPPS가 구현된다.

이제 스마트공장 수준 총괄도를 횡축으로 자세히 살펴보면, 예를 들면 '중간 수준 1단계'에서 어떤 기능들이 수행되면 중간 수준 1단계라고 할 수 있는지 알아보기로 한다. 〈표 3-4〉에서 나타난 바와 같이, (1) 우선 현장자동화 부문에서는 생산실적 정보가 자동 집계되고, 측정 센서가 고도화되어 인장강도, 정밀도, 온습도, 압력 등과 같은 계측정보 집계가 자동화된다. (2) 공장운영 부문에서는 공장운영 상태가 실시간으로 모니터링되고 공정품질이 분석되며 예외사항이 생기면 경고를 할 수 있다. 즉, 실시간으로 공장 운영 현황이 분석되고 이에 기반한 의사결정이 이루어진다. (3) 공급망관리 부문에서는 모기업과 영업, 생산, 품질 정보 등을 공유하되 모기업과는 독립적으로 정보시스템을 운영하는 독립형 협업이 이루어진다. (4) 제품개발 부문에서는 제품개발을 위한 기준 정보와 설계 및 제조를 위한 엔지니어링 정보 생성이 자동화되고, 3차원 CAD/CAM/CAE가 사용된다. (5) 기업 자원관리 부문은 전체적인 기업경영관리를 의미하는데, 공장의 기간 운영시스템과 자동화된 생산계획이 연계되고, 생산계획, 자재소요량계획(MRP), 능력계획(CRP) 등 각종 계획의 정밀도와 원가 계산의 정확도가 향상된다.

<표 3-4> 스마트공장 중간 수준1 정의(횡축)

구분	수준의 정의
현장 자동화	• 생산실적 정보 집계 자동화 • 계측정보 집계 자동화 - 측정센서(인장강도, 정밀도, 온습도, 압력, 화학측정 등) 고도화
공장운영	• 실시간 공장 운영 현황 분석 및 의사결정 - 공장운영 상태 실시간 모니터링 - 실시간 공정품질분석/경고
공급망 관리	• 모기업과 영업, 생산, 품질정보 등을 공유하되 독자적으로 정보시스템을 운영하는 독립형 협업
제품 개발	• 제품 개발을 위한 기준 정보와 엔지니어링 정보 생성 자동화 및 협업하는 수준 - 3D CAD/CAM/CAE(CFD 포함)/CAS/CAPP 응용 및 자동화 설비 프로그램 생성 - 개발 일정 WBS화, 3D 모델, BOM, 설계변경, ERP 연계 및 협력업체 도면 호환
기업자원 관리	• 공장운영시스템과 자동생산계획의 연계 • 계획과 원가의 정도 향상

3-4-2. 스마트팩토리 성과지표

스마트공장 구축의 성과를 파악하기 위해서는 경영 실적을 객관적으로 파악할 수 있는 기준 성과지표가 필요한데, 다수의 스마트공장 관련 정부지원사업에서 사용하고 있는 성과지표는 생산, 품질, 원가, 납기, 재무, 안전, 고용 등의 지표를 사용하고 있다. 예를 들면 2019년 스마트공장 구축 및 고도화 사업에서의 핵심 성과지표는 〈표 3-5〉에서와 같이 생산, 품질, 원가, 납기의 4개 영역에서 17개 세부 핵심 성과지표를 제시하고 있으며, 그 중에서 생산 부문에서는 시간당 생산량 증가율과 제조리드타임 단축률을, 품질 부문에서는 공정불량률 감소율과 완제품 불량률 감소율을, 원가부문에서는 재공재고 절감률을, 납기 부문에서는 납기단축 감소율을 최우선 성과지표로 지정하였다.

또한, 2019년 스마트공장 시범공장 지원사업에서는 〈표 3-6〉에서 나타난 바와 같이 성과지표를 재무, 생산, 품질, 원가 및 납기의 5개 공통 영역과 MES, ERP, PLM, SCM의 4개 솔루션 영역으로 구분하고, 공통 영역에서 7개의 성과지표와, 솔루션 영역에서 10개의 성과지표 및 기타 영역에서 5개의 성과지표를 합하여 총 22개의 성과지표를 제시하였다. 그 중에서 재무영역에서는 매출액 증가율과 영엽이익 증가율을, 생산 영역에서는 생산목표 달성률과 1인당 생산성 증가율을, 품질 영역에서는 불량감소율을, 원가영역에

<표 3-5> 2019년 스마트공장 구축 및 고도화 사업 성과지표

구분	P. 생산(Product)	Q. 품질(Quality)	C. 원가(Cost)	D. 납기(Delivery)
성과지표	1. 생산품목수 증가(증가율) 2. 매출액 증가(증가율) 3. 영업이익률(증가율) 4. 시간당 생산량(·)(증가율) 5. 제조리드타임(·)(단축률) 6. 설비가동률(향상률)	1. 공정불량률(·)(감소율) 2. 완제품 불량률(·)(감소율) 3. 검사 불량률(감소율) 4. 반품률(감소율) 5. 클레임 건수(감소율)	1. 작업공수(절감률) 2. 제품원가(절감률) 3. 재공재고(·) (절감률) 4. 재고비용(절감률)	1. 수주출하 리드타임(감소율) 2. 납기단축(·) (감소율)

주: (·)표시는 최우선 순위 적용.

출처: 박병주 · 이정훈, 경남형 스마트공장 성과지표 개발 및 향후 추진 방안, 경남연구원, 2019.

<표 3-6> 2019년 스마트공장 시범공장 지원사업 성과지표

구분		공정관리시스템(MES)	전사적자원관리(ERP)	제품생산주기관리(PLM)	공급망관리(SCM)
공통 핵심 지표	재무	매출액 증가율*, 영업이익 증가율*			
	생산	생산목표 달성률*, 1인당 생산성 증가율*			
	품질	불량 감소율*			
	원가	제조원가 절감률*			
	납기	납기준수율 향상도*			
솔루션별 성과 지표	생산	설비가동 향상률 제조리드타임 단축률* 생산품목 증가율	설비가동 향상률 생산품목 증가율	설비가동 향상률 제조리드타임 단축률 개발리드타임 단축률* 생산품목 증가율	설비가동 향상률 제조리드타임 단축률* 생산품목 증가율
	품질	총 품질비용 감소율			
	원가	재공재고수량 절감률 재고비용 절감률			재고비용 절감률
	납기	재고정확도 향상률	재고정확도 향상률		수주출하 리드타임 단축률*
지표외 조사항목		신규채용실적, 추가투자, 산업재해도, 전기사용량 감소, 탄소배출량			

주: 솔루션별 핵심성과지표*는 솔루션별 특성을 반영한 지표 중 주요 지표임.

출처: 박병주 · 이정훈, 경남형 스마트공장 성과지표 개발 및 향후 추진 방안, 경남연구원, 2019.

서는 제조원가 절감률을, 납기 영역에서는 납기준수율 향상도를 주요 성과지표로 지정하였다. 솔루션 영역에서 MES는 제조리드타임 단축률을, PLM은 개발 리드타임 단축률을, SCM은 제조 리드타임 단축률과 수주-출하 리드타임 단축률을 핵심 성과지표로 지정하였다.

스마트공장을 구축하고자 하는 기업이나 이미 운영 중인 기업들은 〈표 3-5〉와 〈표 3-6〉에 나타난 주요 성과지표들을 활용하여 스마트공장의 도입 효과를 측정하고 평가하여 이를 기업경영에 적극적으로 반영해야 할 것이다. 특히, 기업의 경영 목표와 스마트공장 구축/운영 목표가 일치되도록 적합한 성과지표를 선정하여 이를 운영 과정에서 적시에 측정하고 평가하여 기업운영에 스마트공장 구축 성과가 피드백되도록 해야 한다.

3-5. 스마트팩토리 수준 진단

스마트공장의 성공적인 구축과 운영을 위해서는 자사의 스마트화 수준을 객관적으로 진단 및 평가할 필요가 있다. 이를 위해서는 수준확인을 위한 객관적인 진단 프로그램이 필요하며, 이하에서는 우리나라 정부기관에서 제공하고 있는 두 종류의 프로그램을 살펴보기로 한다.

3-5-1. 스마트팩토리 수준확인 진단 프로그램

2022년 현재 우리나라에서는 중소벤처기업부에서 총괄하고 중소기업기술정보진흥원 부설 스마트제조혁신추진단에서 전담하는 스마트공장 수준확인제도를 통하여 중소제조기업의 자발적인 스마트공장 구축 및 고도화를 유도하고 보급·확산을 촉진하기 위한 스마트공장 가이드라인을 제시하고 있다.

수준확인제도에서는 기업이 자사 제조 수준에 대하여 인식할 수 있도록 두 가지 유형의 진단 프로그램을 제공하고 있다. 즉, (1) 기 구축시스템의 스마트화 수준(기초-고도)을 진단하는 프로그램과 (2) 기업제조혁신역량 수준(Level 0~5)의 정의에 따라 제조기업의 전반적인 스마트공장 수준을 진단하는 프로그램이 있다. 진단 후에 진단결과를 종합하여 수준확인서를 발급하며, 기업의 스마트화 수준을 세부적으로 분석하여 강점, 약점,

개선점, 고도화를 위한 로드맵 등 진단결과보고서를 제공한다[스마트제조혁신추진단, 2021a].

구축시스템의 스마트화 수준진단은 〈표 3-2〉의 스마트팩토리 참조모델에 의거하여 대상 기업의 업무를 현장 자동화, 공장운영, 기업 자원 관리, 제품 개발 및 공급망관리의 5개 부문으로 나누어, 그 각각을 ICT 미적용 ~ 고도화까지 5단계로 평가한다.

〈표 3-7〉은 구축시스템 스마트화 수준 평가 단계에서 사용하는 질문지이다.

구축시스템 스마트화 수준 평가에서는 기업의 업무를 5개 부문으로 나누어 평가했다면, 기업제조혁신역량 진단에서는 〈표 3-8〉에서와 같이 전사적인 차원에서 해당 기업의 종합적인 제조혁신역량을 Level 0~Level 5로 평가하며, 진단의 틀은 KS표준 KS X 9001-3에 나타나 있는 스마트공장 성숙도모델에 근거하고 있다[산업표준심의회, 2016c].

평가 항목은 크게 (1) 추진 전략, (2) 프로세스, (3) 정보시스템과 자동화 및 (4) 성과의 4부분으로 구성되어 있으며 범주별 평가 항목 및 점수는 〈표 3-9〉에 나타나 있는데, 각 항목의 의미는 3-5-2절의 스마트팩토리 성숙도모델에서 좀더 자세히 살펴보기로 한다.

<표 3-7> 구축시스템 스마트화 수준 평가표

구분		현장자동화	공장운영	기업자원 관리	제품개발	공급망관리
고도화	기능분류	IoT기반 설비가 구축되어 있고, CPS화가 되어 있는가?	IoT기반으로 데이터를 수집하고 있으며, CPS 연동이 되어 있는가?	IoT기반의 RFID/바코드가 연동되어 있는가?	IoT기반의 ERP/CAD가 연동되어 있으며, 프로젝트 통합 CPS화가 되어 있는가?	빅데이터를 기반으로 한 자기업-모기업 간 협업이 가능한 CPS화가 되어있는가?
중간수준 2	기능분류 ②	생산설비 및 CAD/MES 연계가 실시간 자동화되어 있는가?	전 공정의 모니터링과 실시간 제어가 가능한가?	하위 수준의 시스템을 구축 후 전 기능을 통합 운영하고 있는가?	제품개발 관련 데이터를 시뮬레이션을 통해 생성하고 있는가?	자기업 독자 구축 시스템과 모기업 시스템의 연계가 완성되었는가?
	기능분류 ①	생산설비가 실시간 자동화되어 있는가?	단위 공정의 모니터링과 실시간 제어가 가능한가?	하위 수준의 시스템을 구축 후 일부 기능을 통합 운영하고 있는가?	제품개발 관련 프로젝트 통합 정보를 자동생성 및 자동화 연동이 가능한가?	자기업 독자구축 시스템과 모기업 시스템이 일부 연계가 되어 있는가?
중간수준 1	기능분류 ②	PLC에서 서버로부터 실적 데이터 수집을 하고 있는가?	POP 시스템이 현장+사무실에서 모두 모니터링 가능하고 현장-사무실간 의사결정이 협의되고 있는가?	외주 및 원가 관리 시스템이 구축되어 있는가? (하위 단계 기능 포함)	제품개발 관련 프로젝트 관리시스템을 통해 통합정보를 생성하고 있는가?	자기업 시스템을 독자 구축하여 운영하고 있는가?

<표 3-7> 구축시스템 스마트화 수준 평가표 (계속)

구분		현장자동화	공장운영	기업자원 관리	제품개발	공급망관리
중간 수준 1	기능 분류 ①	PLC에서 현장 단말기로부터 실적 데이터 수집을 하고 있는가?	POP 시스템이 현장/사무실 중 한 곳에서 모니터링 가능한가?	구매 및 영업 관리 시스템이 구축되어 있는가? (하위 단계 기능 포함)	제품개발 관련 프로젝트관리 시스템을 통해 기준정보를 생성하고 있는가?	자기업 시스템을 일부 구축하여 운영 중인가? (모기업 일부 의존)
기초 수준	기능 분류 ②	기초 센서를 이용하여 실적데이터를 수집하고 있는가?	생산 계획 및 BOM 관리를 수행하여 운영 중인가?	기업정보시스템이 구축되었는가? (하위 단계 기능 포함)	제품개발 관련 OS(엑셀 등)를 활용하여 정보시스템을 운영 중인가?	모기업 시스템에 전적으로 의존하고 있는가?
	기능 분류 ①	실적 집계를 수작업을 통해 수집하고 있는가?	기준정보관리를 수행하여 운영 중인가?	기업정보를 관리 시스템을 통해 관리 중인가? (수불, 회계 등의 단위 업무 기능)	제품개발 관련 프로젝트 계획을 수립하여 수기로 운영중인가?	별도 시스템 없이 자기업 자체 계획을 수립하여 운영 중인가?

출처: 스마트제조혁신추진단, 구축시스템 스마트화 수준평가 매뉴얼, 2019.

<표 3-8> 스마트공장 수준확인 평가표(종합)

등급	특성	조건 (구축 수준)	점수 기준
Level 5	맞춤 및 자율 (Customized & Autonomy)	모니터링부터 제어, 최적화까지 자율로 운영	950점 이상
Level 4	최적화 및 통합 (Optimized & Integrated)	시뮬레이션을 통한 사전 대응 및 의사결정 최적화	850~950점
Level 3	분석 및 제어 (Analyzed & Controlled)	수집된 정보를 분석하여 제어 가능	750~850점
Level 2	측정 및 확인 (Measured & Monitored)	생산정보 실시간 모니터링 가능	650~750점
Level 1	식별 및 점검 (Identified & Checked)	부분적 표준화 및 실적정보 관리	550~650점
Level 0	미인식 및 미적용	미인식 및 ICT 미적용	550점 미만

출처: 스마트제조혁신추진단, 구축시스템 스마트화 수준 평가표, 2021c.

<표 3-9> 기업제조혁신 역량진단 범주별 평가항목 및 점수

영역(4개)	범주(10개)	배점(총 1,000점)	항목(44개)
[1] 추진전략	[1.1] 리더십과 전략	100	① 리더십 ② 전략 및 추진계획 ③ 조직 및 역량관리 ④ 성과지표(KPI) 관리
[2] 프로세스	[2.1] 제품개발	60	① 제품개발 절차 ② 제품설계 및 검증 ③ 공정설계 및 검증 ④ 제품정보 관리 ⑤ 기술정보 관리
	[2.2] 생산계획	60	① 기준정보관리 ② 수요 및 주문대응 ③ 중장기 생산계획 ④ 단기 생산일정계획
	[2.3] 공정관리	70	① 작업계획 수립 및 지시 ② 생산진도 관리 ③ 이상발생 대응관리
	[2.4] 품질관리	70	① 품질정보 관리 ② 품질표준/문서 관리 ③ 검사데이터 관리 ④ 검사기기/측정장비관리
	[2.5] 설비관리	60	① 설비가동 관리 ② 설비 보전 관리 ③ 보전자재 관리 ④ 금형/지그/공구 관리
	[2.6] 물류운영	60	① 구매 및 외주관리 ② 자재관리 ③ 출하 및 배송관리
[3] 정보시스템과 자동화	[3.1] 정보시스템	220	① 전사적자원관리(ERP) ② 공급망관리(SCM) ③ 제조실행시스템(MES) ④ 제품수명주기관리(PLM) ⑤ 공장에너지관리시스템(FEMS) ⑥ 보안 관리

<표 3-9> 기업제조혁신 역량진단 범주별 평가항목 및 점수 (계속)

영역(4개)	범주(10개)	배점(총 1,000점)	항목(44개)
[3] 정보시스템과 자동화	[3.2] 설비자동화	180	① 생산설비 ② 물류설비 ③ 검사설비 ④ 설비정보 네트워크 ⑤ 에너지/안전/환경 관리
[4] 성과	[4.1] 성과	120	① 생산성(P) ② 품질(Q) ③ 원가(C) ④ 납기(D) ⑤ 안전(S) ⑥ 환경(E)

출처: 스마트제조혁신추진단, 구축시스템 스마트화 수준 평가표, 2021c.

3-5-2. 스마트팩토리 성숙도모델

KS표준 KS X 9001-3에서는 기업의 지속적인 스마트화 추진 필요성에 대한 평가를 위해 스마트공장 성숙도모델을 제공하고 있으며, 기업제조혁신역량 수준평가는 이 성숙도 모델에 근거하고 있다.

성숙도모델에서는 기업의 스마트공장의 성숙도를 5단계로 나타내고 있으며, 성숙도는 스마트공장 운영관리시스템 요구사항 각각에 대해 적용할 수 있고, 이를 위해 KS X 9001-3에서는 스마트공장 운영관리시스템 프레임워크를 제시하고 있다.

스마트공장 성숙도 수준 정의는 〈그림 3-6〉에서 나타난 바와 같이 다섯 수준으로 되어 있으며, 각 수준의 의미는 다음과 같다.

1수준: 점검(Checking)

- 부분적 표준화 단계로, 체크리스트 등을 활용하여 실적 관리가 되고 있다.
- 외부 시스템과 연계되지 못하고 현상 또는 상태를 단순 감지하고 있다.
- 〈표 3-8〉의 Level 1에 해당한다.

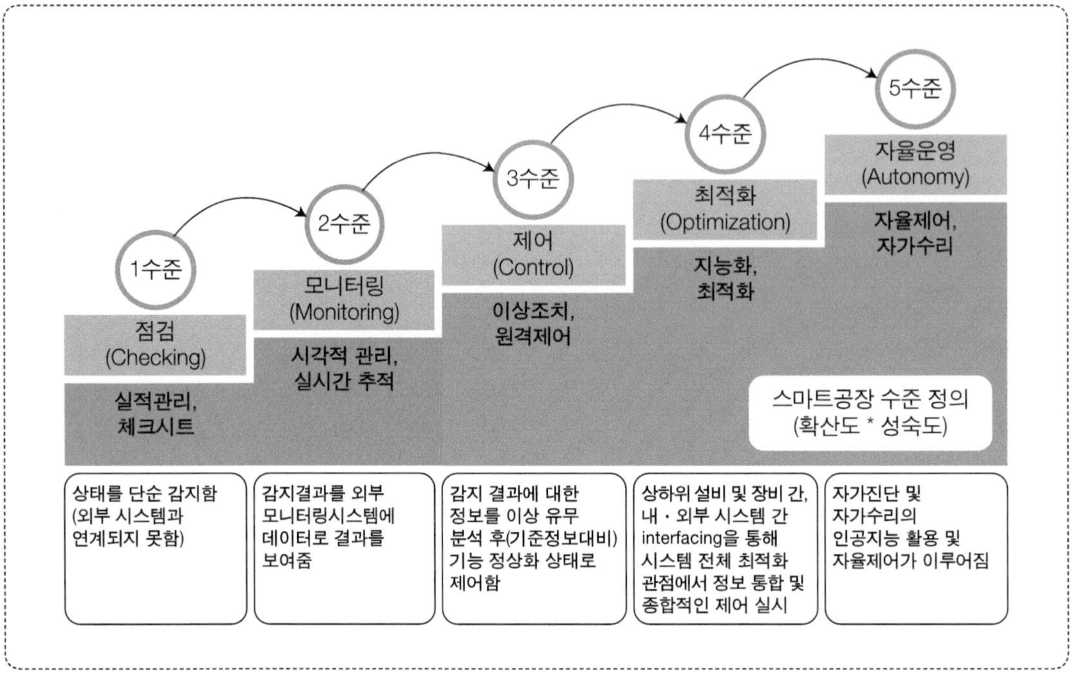

<그림 3-6> 스마트공장 성숙도 수준 정의

2수준: 모니터링(Monitoring)

- 현장의 눈으로 보는 관리가 체계적이고 데이터가 실시간으로 추적되고 있다.
- 현재의 상태가 외부 모니터링 시스템에 연결되어 데이터를 언제든지 확인, 추적할 수 있도록 하고 있다.
- 〈표 3-8〉의 Level 2에 해당한다.

3수준: 제어(Control)

- 이상 발생 시 즉시 파악이 가능하고 원격제어에 의해 문제를 해결할 수 있다.
- 감지 정보에 대해 자동으로 기준 정보 대비 이상 유무 분석 후에 이상 시에는 기능을 정상화 상태로 제어할 수 있다.
- 〈표 3-8〉의 Level 3에 해당한다.

4수준: 최적화(Optimization)

- 빅데이터 분석 및 최적화 솔루션 활용 등을 통해 이상 상황의 사전 예방 및 전체 최적화를 추구하고 있다.

- 상, 하위 설비 및 장비 간, 내부 및 외부 시스템 간 상호접속(Interfacing)을 통해 전체 최적화 관점에서 정보가 통합되고 종합적인 제어 실시가 가능하다.
- 〈표 3-8〉의 Level 4에 해당한다.

5수준: 자율운영(Autonomy)

- 최적화된 공장이 사람의 관여를 최소화한 상태에서 자율적으로 운영되고 있다.
- CPS, IoT, 인공지능 등의 기술을 통한 자가진단 및 자가수리가 가능하고 자율제어를 통해 유연성이 극대화되고 있다.
- 〈표 3-8〉의 Level 5에 해당한다.

KS표준 KS X 9001-3에서는 스마트공장 성숙도 평가의 대상이 되는 공장 운영 부문의 표준화된 프레임워크를 위해 〈그림 3-7〉에 나타나 있는 스마트공장 운영관리시스템 프레임워크를 제시하고 있다[산업표준심의회, 2016c].

스마트공장 운영관리시스템 프레임워크는 〈그림 3-7〉의 왼쪽에서 나타난 바와 같이 종축으로 (1) 비전 및 전략, (2) 목표 및 성과, (3) 기업경영, (4) 제조운영 및 (5) 기계 및 제어의 5개 계층으로 구성된다.

1계층인 비전 및 전략 계층에서는 스마트공장의 비전&전략을 '제조경쟁력 및 시장 리더십 확보'로 정하였다. 2계층인 목표 및 성과 계층에서는, '연결되고, 실시간 파악되며, 지능적이고 유연하며 지속가능한 공장'을 목표로 삼았고, 성과지표(KPI)로는 생산성(Productivity), 품질(Quality), 원가(Cost), 납기(Delivery), 안전(Safety) 및 환경(Environment) 지표를 제시하였다.

3계층 기업 경영 계층과 4계층 제조운영 계층 및 5계층 기계&제어 계층 영역을 횡축으로 구분해보면, (1) 프로세스 관점과 (2) 정보시스템 및 자동화 관점의 구성요소들이 포함된다. 프로세스 관점에서는 제품개발, 생산계획, 공정관리, 품질관리, 설비관리, 물류운영의 6개 프로세스가 있다. 정보시스템 및 자동화 관점에서는 정보시스템 모듈과 설비자동화 모듈로 나뉘어진다. 정보시스템 모듈은 〈그림 3-7〉의 중앙 상단에 나타난 바와 같이 다시 제품수명주기관리(PLM), 전사적자원관리(ERP), 공급망관리(SCM), 제조실행시스템(MES), 공장에너지관리시스템(FEMS) 등의 서브모듈로 구성된다. 설비자동화 모듈은 업종별 고유 제조기술의 밑바탕 위에서 센서, 구동기 및 제어기 등에 대한 제어기술과 가공, 검사, 조립, 이동 및 보관 자동화를 위한 기계 자동화 서브 모듈로 구성된다.

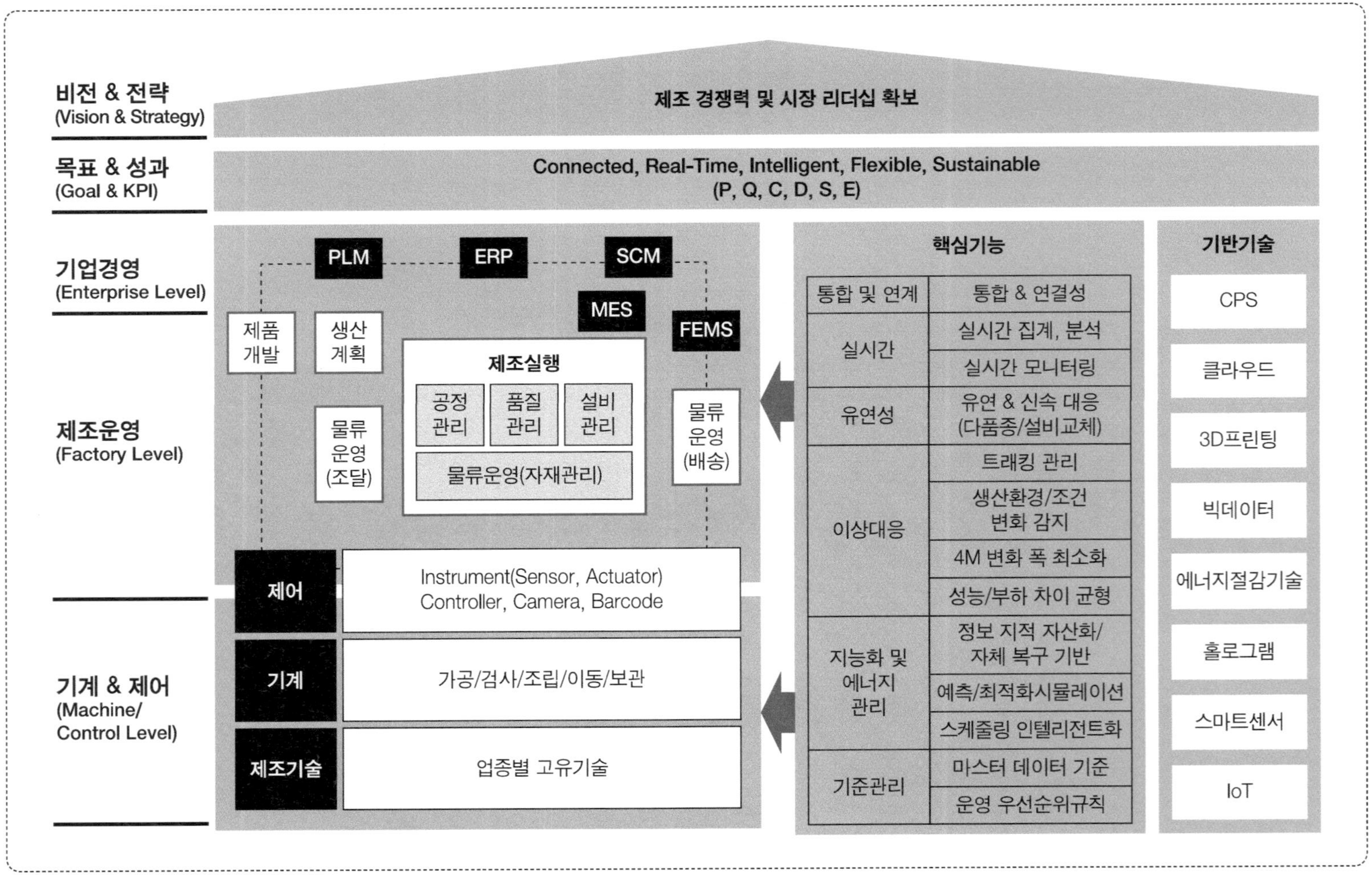

<그림 3-7> 스마트공장 운영관리시스템 프레임워크

출처: 산업표준심의위원회, KS X 9001-3 스마트공장 제3부: 운영관리시스템(진단평가모델), 2016c.

〈그림 3-7〉의 오른쪽에 나타나 있는 스마트공장 운영관리시스템의 핵심기능에는 통합 및 연계, 실시간 모니터링, 유연성, 이상대응, 지능화 및 에너지 관리, 기준데이터관리 등이 있다. 통합 및 연계 기능은 기업 간 수평적 통합과 기업 내 수직적 통합 및 연결과 관련된다. 실시간 모니터링 기능은 실적, 상태, 진도 정보에 대한 실시간 모니터링 및 분석과 관련된다. 유연성은 다양하고 변화하는 고객수요에 대한 유연하고 신속한 대응과 관련된다. 이상대응은 트래킹 관리, 이상상태 감지, 생산환경/조건 변화 감지, 성능 및 부하 차이 밸런싱 등과 관련된다. 에너지 관리는 에너지 사용예측과 최적화를 위한 기능이고, 지능화는 예측 및 최적화를 위한 시뮬레이션 기능과 스케줄링 인텔리전트화와 관련된다.

스마트공장 운영관리시스템은 〈그림 3-7〉의 오른쪽에 나타난 바와 같이 CPS, 클라우드, 3D프린팅, 빅데이터, 에너지절감기술, 홀로그램, 스마트센서, IoT과 같은 기반기술의 발전 결과를 적용함으로써 지속적으로 향상될 수 있다. 이 기술들은 3-1-2절에서 살펴본 바와 같이 2014년 산업통상자원부에서 제시한 '제조업 3.0'전략에 나타난 8대 스마트제조기술에 해당한다.

스마트공장 수준 확인을 위한 기업제조혁신역량 진단에서는 〈그림 3-7〉의 스마트공장 운영관리시스템 프레임워크에 기반하여 스마트공장 운영관리시스템의 요구사항을 크게 추진전략, 프로세스, 정보시스템과 자동화, 성과의 4개 영역에서 10개 범주로 구분하여 각 범주별로 성숙도를 평가하고, 각 범주의 점수를 합산하여 해당 기업의 성숙도 수준을 종합적으로 평가하게 된다. 10개 범주는 다음과 같다: (1) 리더십과 전략, (2) 성과, (3) 제품개발 프로세스, (4) 생산계획 프로세스, (5) 공정관리 프로세스, (6) 품질관리 프로세스, (7) 설비관리 프로세스, (8) 물류운영 프로세스, (9) 정보시스템, (10) 설비 자동화. 각 항목의 배점은 〈표 3-9〉에 나타나 있다.

3-6. 스마트팩토리 도입시 고려사항

기업에서 스마트팩토리를 도입하여 운영하기 위해서는 상당한 예산과 인력이 소요되므로 단순히 시대적인 추세라고 해서 맹목적으로 따라갈 것이 아니라 면밀한 비용대비 효과 분석이 필요하게 된다. 즉, 스마트팩토리 도입은 어느 한 부서가 아닌 경영진이 포

<표 3-10> 스마트팩토리 도입 검토시 사전 체크리스트

번호	체크 항목
1	지금 상황에서 꼭 스마트팩토리가 도입되어야만 하는 이유는 무엇인가?
2	고객관점에서 서비스 강화가 이루어지는가?
3	비용 대비 효과(재무적 효과)가 우수한가?
4	비효율 개선 영역과 운영 고도화 영역의 구분이 가능하고 우선순위화가 가능한가?
5	도입 후 운영에 대한 필요 인적 역량은 충족될 수 있는가?
6	도입 시 예측되는 리스크에 대해 해소 방안이 있는가?
7	도입의 필요성에 대해 내부 구성원과 공감대를 형성했는가?
8	꼭 지금 도입해야만 하는가?
9	도입을 통해 발생이 예상되는 잉여 자원에 대한 대책이 있는가?
10	스마트팩토리를 통해서 해결하고자 하는 현재 문제점들은 무엇인가?

출처: 김승택, 스마트팩토리의 성공적 도입을 위한 고려사항, Deloitte Anjin Review, No.7, 2016.

함된 전사적 차원에서 추진해야 하며 스마트팩토리 구축 목표는 반드시 회사의 경영전략과 일치하는 방향으로 설정해야 한다. 이를 위해서는 도입 전에 현재 운영 현황에 대한 객관적 진단을 통해 도입의 필요성이 검증되어야 한다. 즉, 스마트팩토리 도입 자체를 목적으로 삼을 것이 아니라 실제로 구현하고자 하는 공장의 모습을 구체화하여 도입효과를 미리 검증한 후에 추진하는 것이 필요하며 이를 위해서는 〈표 3-10〉에서 나타난 바와 같은 체크 항목들을 사전에 면밀히 점검하는 과정이 필요하다.

〈표 3-10〉과 같은 체크리스트를 통한 사전 검증 작업에 의해 도입의 필요성이 인정되면 그 다음에는 성과목표를 분명히 하는 것에서 출발하여 구현계획을 상세히 수립해야 하고, 또한 스마트팩토리 구성요건을 보다 명확히 기술해야 한다. 이를 위해서는 크게 (1) 도입 후 기대되는 성과 요건을 정의하고, (2) 스마트팩토리 구축을 통해 갖추어야 하는 필요 기능 요건을 정의하며, (3) 신규 도입이 필요한 신기술 영역에 대한 기술 요건을 우선적으로 정의해야 한다. 스마트팩토리 구현계획을 세 단계로 나누어 보다 구체적으로 살펴보기로 한다.

3-6-1. 성과 요건 정의 단계

(1) **도입 목적 정의:** 왜 스마트팩토리를 도입하고자 하는지 도입 목적(Why)을 명확히 하여 이루고자 하는 미래의 공장 모습(To-Be)을 큰 그림으로 정의한다.

(2) **기대성과 확인:** 공장의 To-Be 이미지에서 품질, 원가, 납기, 유연성 등 기대되는 성과를 명시한다.

(3) **대상 범위 확정:** 기대성과들이 균형화되었는지 확인하고 공장의 To-Be 운영 이미지 구현을 위한 대상 범위(물리적 범위뿐만 아니라 논리적 기능 범위도 포함)를 명확히 한다.

3-6-2. 기능 요건 정의 단계

(1) **필요 기능 도출:** 정의된 To-Be 모습에서 최적화, 인공지능, 머신러닝 등 최신 유행어나 화려한 수식어구를 제외한 모습에서 자사에서 갖추어야 할 필요 기능(What)들을 도출하고, 기능 상세화를 위해 구체적으로 기능 트리(Tree)를 작성한다.

(2) **필요 기능 분류:** 필요 기능별로 비효율 개선 영역과 운영고도화 영역으로 기능을 구분하여, 각 기능별 운영 및 성능 수준을 정의하고, 기능별 구현 우선순위를 확립한다.

3-6-3. 기술 요건 정의 단계

(1) **신기술 영역 도출:** 필요 기능별로 운영 수준을 고려해 기존 기술의 가용 영역과 비가용 영역을 구분하고, 이에 따라 신기술 도입 영역을 도출한다.

(2) **구현 가능성 검토:** 신기술 도입 영역 기능에 대해 기능 구현 가능 여부를 벤치마킹이나 전문가 의견 및 기술 동향 등을 참조하여 검토한다.

(3) **구현 방식 정의:** 필요 기능에 대해 운영 부문의 노하우와 기존의 운영 방식을 고려해 새로운 운영기술, 정보기술과 자동화기술의 통합 운영 체계를 설계한다.

연습문제

1. 3-3절에서 살펴본 스마트팩토리 6대 요소 기술 중 하나를 선택하여 조사한 후에 2페이지로 정리하라. (참고문헌은 2종 이상을 사용하고 참고문헌의 출처를 밝힐 것.)

2. 독일 인더스트리4.0의 주요 추진전략은 무엇인가?

3. 우리나라 '제조업 르네상스 비전 및 전략'에서 제시한 3대 주요 전략은 무엇인가?

4. 스마트제조의 속성인 3C는 무엇인가?

5. 스마트제조 속성 중 하나인 '연결성'을 가능하게 해주는 것이 정보기술인데, 정보기술에 의한 변화 중에서 세 번째 물결은 무엇인가?

6. 스마트팩토리 구현을 위한 6대 주요 요소기술은 무엇인가?

7. 사이버물리시스템의 의미를 설명하고 디지털트윈과의 차이점은 무엇인지 설명하라.

8. 스마트공장 참조모델의 5단계 수준의 의미는 각각 무엇인가?

9. 스마트공장 성과지표로서 주로 사용되는 4개 영역은 무엇인가?

10. 스마트공장 수준 확인 진단 프로그램의 두 가지 종류는 각각 무엇인가?

11. 스마트공장 성숙도 모델의 5단계 수준은 각각 무엇인가?

12. 스마트공장 기업제조혁신역량 진단에서 사용되는 10개 평가 항목은 무엇인가?

2부
스마트팩토리와 자동화

CHAPTER 04

제어 시스템

4장에서는 제조 공정관리에서의 제어 시스템의 역할에 관해 알아보고, 자동화 시스템을 구성하는 기본 요소인 동력, 명령 프로그램과 제어 시스템에 관해 학습한다. 이 중에서 특히, 제어 시스템은 공정 제어에 필요한 일반적인 제어 이론을 먼저 익힌 후에, 공정관리에 필요한 연속 제어와 이산 제어의 개념을 자세히 살펴본다. 그 후에 기업에서의 자동화 계층과 공정 제어 계층에 대해서도 살펴본다.

4-1. 제조 공정관리의 목표와 제어 시스템

제조 현장에서의 제조 공정관리의 목표는 정해진 품질 규격을 만족하는 제품을 정해진 시간 내에 저비용으로 제조하는 데에 있다. 제조가 이루어지는 과정에서 제품의 품질을 나타내는 척도를 성능척도 혹은 성능지수라 한다. 예를 들면 주물 제품을 만드는 주조 공정의 성능척도로는 표면 긁힘이나 구멍의 존재 여부 등을 들 수 있다. 공정 진행 중에 이러한 성능척도를 직접적으로 측정할 수 있다면 목표로 하는 품질을 가진 제품을 비교적 쉽게 제조할 수 있겠지만 실제 제조 과정에서 성능척도를 실시간으로 측정하기는 매우 어려운 실정이다. 하지만 제조 프로세스에는 성능척도와 밀접한 관련이 있는 측정 가능한 변수들이 있는데, 이를 출력변수 혹은 측정변수라 하며 공정 제어에서는 성능척도를 대신하여 출력변수를 측정하여, 그 값과 목표값의 차이를 보정함으로써 목표 품질을 달성하게 된다. 다이캐스팅 공정 출력변수의 예로는 〈그림 4-1〉에서와 같이 쇳물(Molten Metal)의 주입 속도와 온도 및 다이의 온도 등을 들 수 있다.

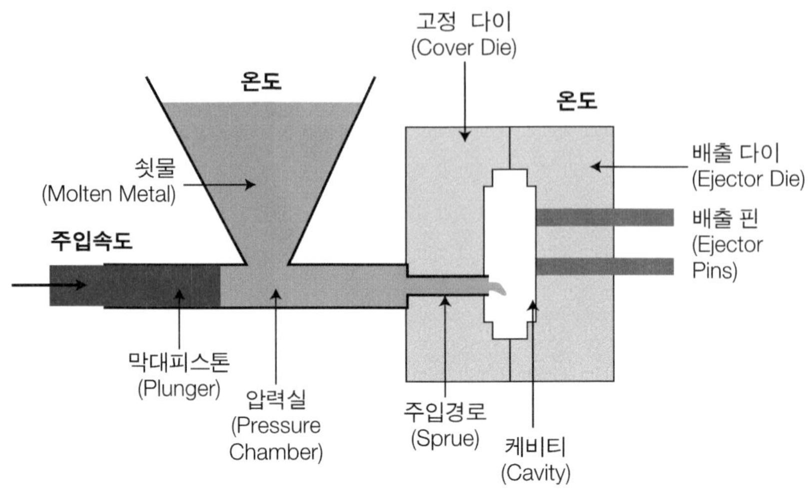

<그림 4-1> 다이캐스팅에서의 출력변수

출처: https://www.substech.com

〈그림 4-2〉와 같은 점용접에서의 성능척도로는 용접 강도나 접합부(Nugget)의 크기 등을 들 수 있는데, 여기서 접합부란 2개의 금속판에 짧은 시간 동안 높은 전류와 강한 압력을 동시에 가하면 금속판의 내부가 용융되어 서로 접합되는 부분이 생기는데,

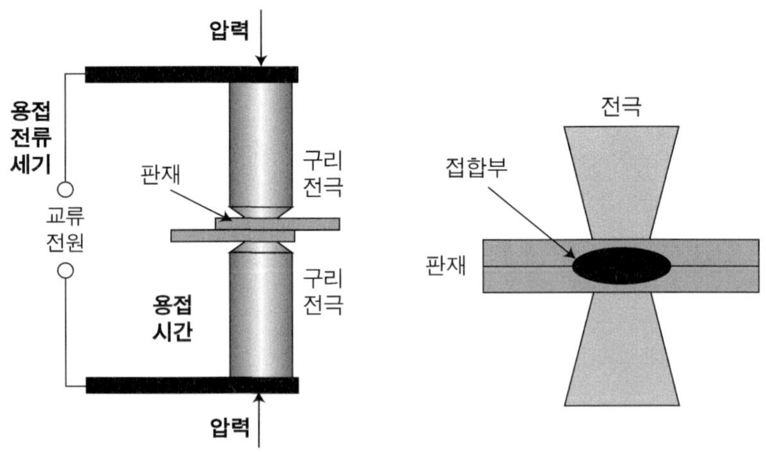

<그림 4-2> 점용접에서의 출력변수

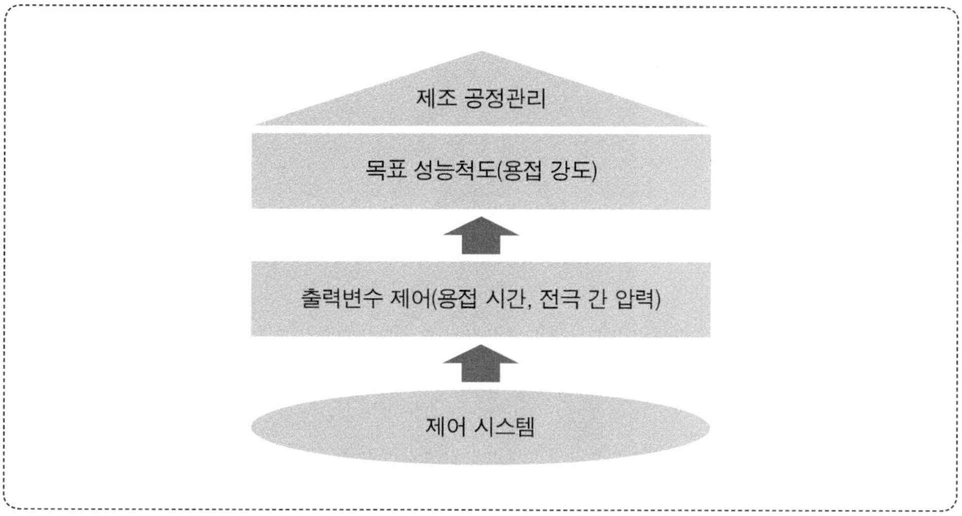

<그림 4-3> 제조 공정관리의 목표와 제어 행위

이 때의 접합부를 의미한다. 접합부의 크기가 크면 용접 강도도 커지게 된다. 하지만 점 용접 공정 중에 실시간으로 용접 강도나 접합부의 크기를 측정할 수 없기 때문에, 용접 전류의 세기, 전극의 압력 및 용접 시간을 측정변수로 사용한다.

요약하자면, 제조 공정관리는 〈그림 4-3〉에서와 같이 출력변수를 제어함으로써 목표 성능(품질)에 도달하는 것을 목표로 하고 있으며, 이를 위해 제어 시스템이 사용되는 것이다.

제조 프로세스에서 사용되는 출력변수는 크게 두 가지로 나눌 수 있는데, 공정 산업에서의 출력변수는 값의 변화가 연속적(Continuous)이며, 이산형 제조 산업에서는 흔히 이산값(Discrete)을 갖게 된다. 〈그림 4-4〉에서와 같이 연속변수는 적어도 공정 중에는 갑자기 멈추지 않는 성질을 가지며, 아날로그 값을 갖는 것으로 생각할 수 있다. 힘, 온도, 유량, 압력, 속도 등이 그 예이다. 이 변수들은 물리적으로 제한된 일정 범위 내의 값 안에서 어떠한 값도 가질 수 있다.

이산변수는 주어진 범위 내에서 정해진 값만을 가질 수 있다. 가장 흔한 이산변수는 이진 변수로서 On/Off, 개/폐 등 단지 두 가지 값만을 갖는다. 제조 공정에서의 이산변수로는 리미트 스위치의 개/폐, 모터의 On/Off, 공작물의 유무 등을 들 수 있다. 모든 이산변수들이 이진 값만을 갖는 것은 아니며, 어떤 이산변수들은 2개 이상의 유한한 값을 가질 수 있다. 제조 공정에서 일간 생산개수, 디지털 속도계가 나타내는 출력값 등을

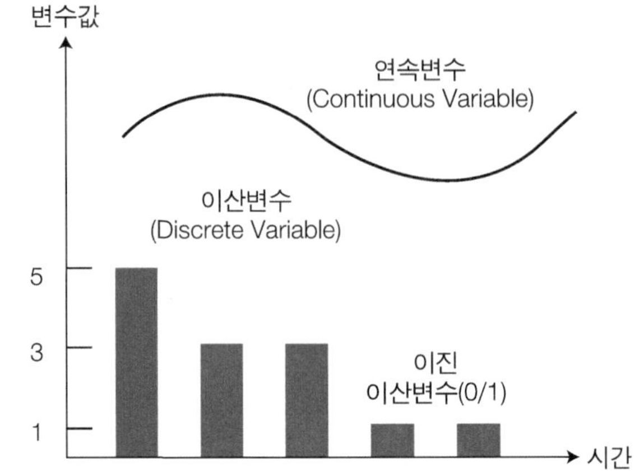

<그림 4-4> 연속변수와 이산변수

출처: Groover, Mikell P., Automation, Production Systems, and Computer Integrated Manufacturing, 3rd edition, Pearson, 2008.

그 예로 들 수 있다.

연속변수는 아날로그 값으로, 이산변수는 디지털 값으로 치환되는데, 제어 시스템에서는 제어기로 주로 사용되는 디지털 컴퓨터와의 입출력을 위해 아날로그 값을 디지털 값으로, 또는 디지털 값을 아날로그 값으로 변환할 필요가 있다. 이를 ADC(Analog-to-Digital Conversion) 또는 DAC(Digital-to-Analog Conversion)이라 한다.

4-2. 자동화 시스템의 기본 요소

자동화는 사람의 개입 없이 이루어지는 공정 또는 절차를 구축하기 위한 제반 기술로서, 1946년 다양한 종류의 자동 이송장치와 부품 공급 메커니즘을 표현하기 위해 포드 자동차 기술자에 의해 명명되었다.

자동화 시스템은 〈그림 4-5〉에서와 같이 (1) 공정 수행 및 시스템 가동을 위한 동력, (2) 공정을 지시하는 명령 프로그램, (3) 명령을 수행하고 통제하는 제어 시스템이라는 기본 요소로 구성된다.

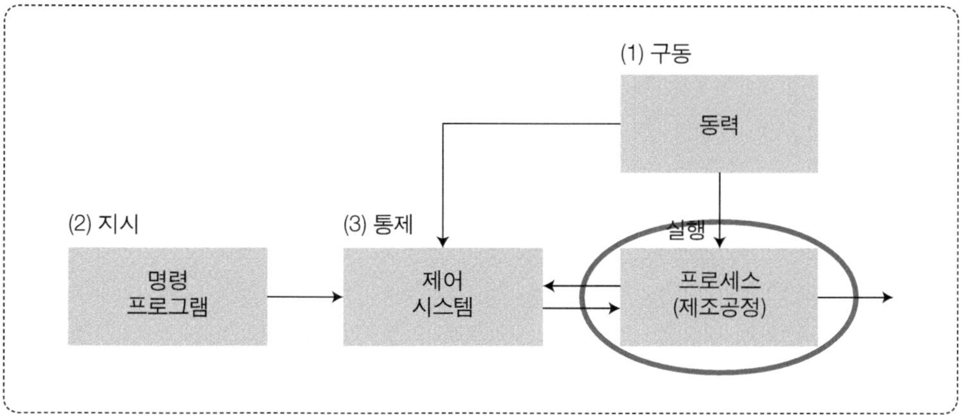

<그림 4-5> 자동화 시스템의 기본 요소

출처: Groover, Mikell P., Automation, Production Systems, and Computer Integrated Manufacturing, 3rd edition, Pearson, 2008.

4-2-1. 동력

자동화 시스템은 특정 공정을 자동으로 수행하는 데 이용되며, 이 중에서 동력은 제조 프로세스와 제어 시스템의 구동을 위해 모두 필요하며 현대의 주된 동력원은 전기이다. 제조 프로세스에서는 제조 공정 자체의 가동과 공작물의 장착/탈착 및 공정 간의 부품 운반 등을 위해 동력이 필요하다. 이외에도 제어기 역할을 하는 컴퓨터의 가동과 각종 데이터 처리 및 통신 기능을 위해서도 동력이 필요하다.

4-2-2. 명령 프로그램

자동 공정의 동작은 명령 프로그램(Program of Instruction)에 의해 정의된다. 즉, 해당 제품을 제조하기 위한 고유의 작업 방법은 명령 프로그램의 내부에 표현되는데, 이는 복수의 단위 작업 사이클 프로그램의 집합이다. 간단한 자동화 공정의 경우에 작업 사이클은 기본적인 한 단계 작업으로 구성되어 있으며, 이는 하나의 출력변수가 어떤 주어진 값을 갖도록 만드는 것을 의미한다. 예를 들어, 가열 노의 온도를 어떤 특정 온도로 유지하며 이루어지는 열처리 공정을 생각할 수 있다. 이 공정의 작업 사이클 프로그램은 단순히 노의 온도를 조절하는 것이므로 프로그램을 바꾸기 위해서는 설정온도만 바꾸면 된다.

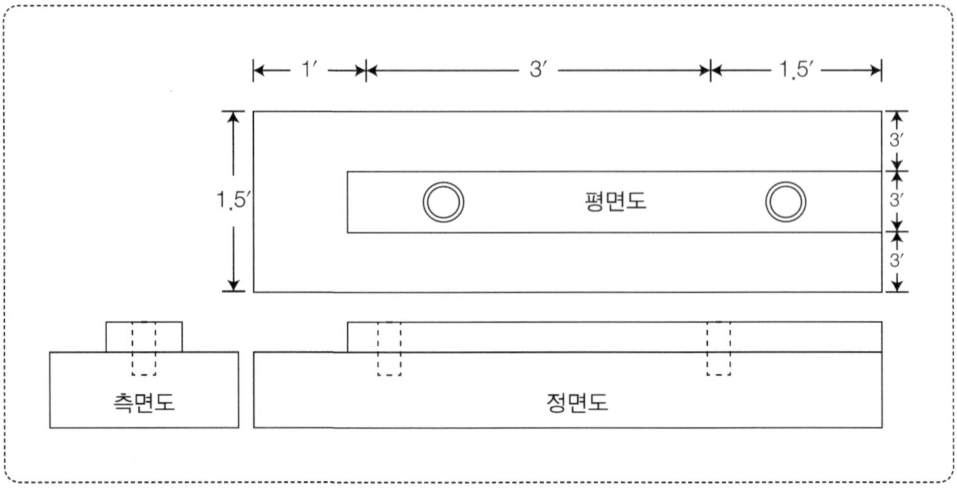

<그림 4-6> NC 가공을 위한 공작물 도면

2개 이상의 작업 사이클 프로그램으로 구성된 명령 프로그램의 예로, CNC 선반을 이용한 선삭(Turning) 작업을 위해서는 (1) 로봇에 의한 공작물의 장착, (2) 가공 끝난 가공물의 탈착, (3) 가공에 앞서 절삭 공구 위치 잡기, (4) 절삭, (5) 3차원 측정기로 이동, (6) 3차원 측정으로 구성되는데, 이 들 각 단계를 위한 프로그램이 단위 작업 사이클 프로그램이고, 이들의 집합이 '선삭 작업 명령 프로그램'인 것이다. 각 단위 작업 사이클 프로그램은 하나 이상의 입력변수의 조정을 필요로 한다. 입력변수는 노의 온도, 공구의 좌표값, 모터의 회전 속도 등 원하는 출력값이나 목표를 의미하며, 공정변수(출력변수)는 측정 가능한 공정의 출력을 말한다. 예를 들면, 위의 선삭 작업에서 로봇에 의한 공작물의 장착을 위한 단위 사이클 프로그램에 필요한 입력변수는 로봇팔의 3차원 좌표 값, 그리퍼(Gripper)의 개폐 여부 및 공작물을 붙잡는 척(Chuck)의 개폐 여부 등을 들 수 있다.

예를 들어 머시닝 센터에서 〈그림 4-6〉과 같은 형상의 공작물을 가공하기 위한 작업 명령 프로그램을 작성해 보자.

머시닝 센터에서 사용하는 명령 프로그램을 'NC 파트 프로그램'이라 하는데, NC 파트 프로그래밍을 위한 단계는 다음과 같다.

(1) NC 가공을 위한 공정 계획 준비 및 작성
(2) NC 가공을 위한 NC 코드의 집합인 파트 프로그래밍
(3) CNC 제어기에 파트 프로그램 탑재 및 머시닝 센터 가동

<표 4-1> 파트 프로그래밍을 위한 기본적인 NC 명령어(일부)

분류	명령어	설명
'Go'명령 (G-code)	G0	급속 이송 (최대 속도로)
	G1	직선 보간 (주어진 이송률(속도)로 직선 운동)
	G81	드릴링 canned cycle ((x,y) 좌표로 이동하여 구멍을 뚫는다)
가공조건	S	스핀들 속도(회전/분)
	F	이송률(Feed) (inch/분)
공구 위치 좌표 (Dimension- code)	x000	x-좌표
	y000	y-좌표
	z000	z-좌표
기계 제어 명령 (M-code)	M2	기계 정지 (파트 프로그램의 끝)
	M3	스핀들 전원 On (시계 방향 회전)
	M6	공구 교환, Tn = 공구 매거진에서 공구 슬롯 번호 n

〈표 4-1〉은 파트 프로그래밍을 위한 NC 명령어의 일부를 나타내고 있다.

4-2-2-1. NC 가공을 위한 공정계획 준비 및 작성

〈그림 4-6〉에 나타난 공작물을 대상으로 공정계획을 작성하는데, 기계 가공은 전체적인 윗면가공과 세 측면을 모두 가공하는 숄더(Shoulder) 가공 및 2개의 구멍 가공으로 이루어진다.

아래의 (1)~(3)은 공정 순서를 나타낸다.

(1) 〈그림 4-7〉과 같이 페이스 밀로 윗면(Top Surface) 가공(공구: T1 사용, 스핀들 속도: 3,000회/분, 이송률: 50″/분)

(2) 엔드밀로 〈그림 4-8〉과 같이 숄더 가공(공구: T2 사용, 스핀들 속도 1,500회/분, 이송률 60″/분).

(3) 〈그림 4-9〉와 같이 T3 드릴(Ro = 0.1″)을 가지고 구멍 드릴링(0.575″까지) (공구: T3 사용, 스핀들 속도: 4,000회/분, 이송율: 10″/분) (R0 = 작업면과 공구 사이의 간격)

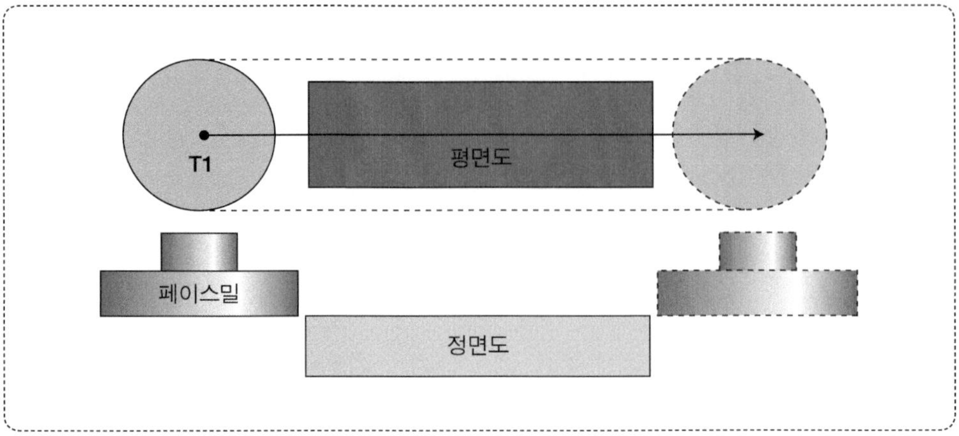

<그림 4-7> 윗면 가공

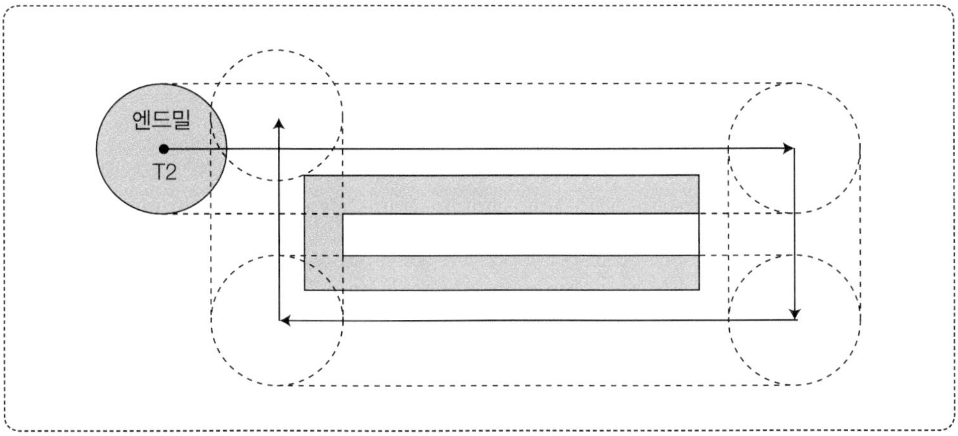

<그림 4-8> 숄더 가공

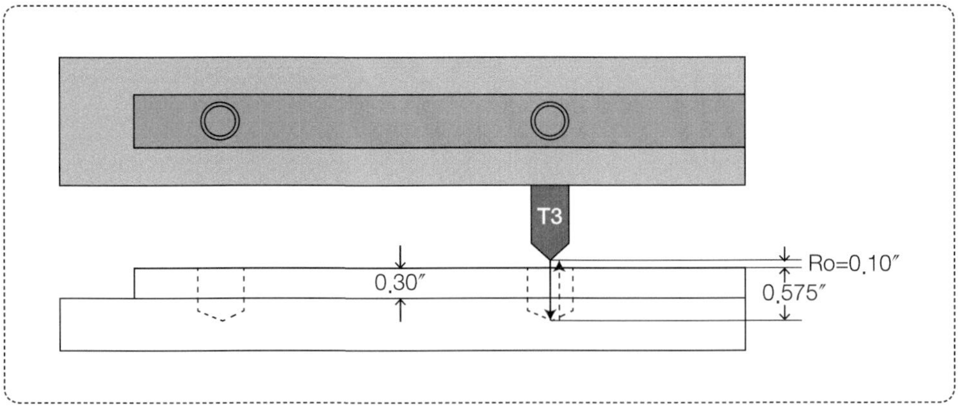

<그림 4-9> 구멍 드릴링

공정계획이 작성되면 이를 기반으로 다음과 같이 NC 파트 프로그래밍을 한다.

4-2-2-2. 파트 프로그래밍

(1) 윗면 가공(그림 4-10)

① G0 T1 M6 // slot #1 공구로 공구 교환 후에 '시작1' 위치로 급속 이송

② x-2.00 y-0.75 z0 s3000 M3 // '시작1' 위치에서 rpm=3,000, 스핀들 켬(M3)

③ G1 x7.50 F50 // 이송률=50inch/분으로서 x=7.5, y=-0.75로 직선 이동

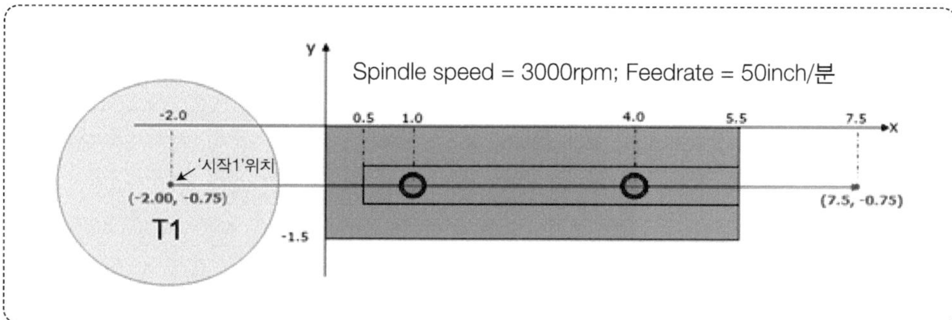

<그림 4-10> 파트 프로그래밍-1(윗면 가공)

(2) 숄더 가공(그림 4-11)

① G0 T2 M6 // slot #2 공구로 공구 교환 후에 '시작2' 위치로 급속 이동

② x-1.00 y0.26 z-0.3 s1500 M3 // '시작2' 위치에서 rpm=1,500, 스핀들 켬(M3)

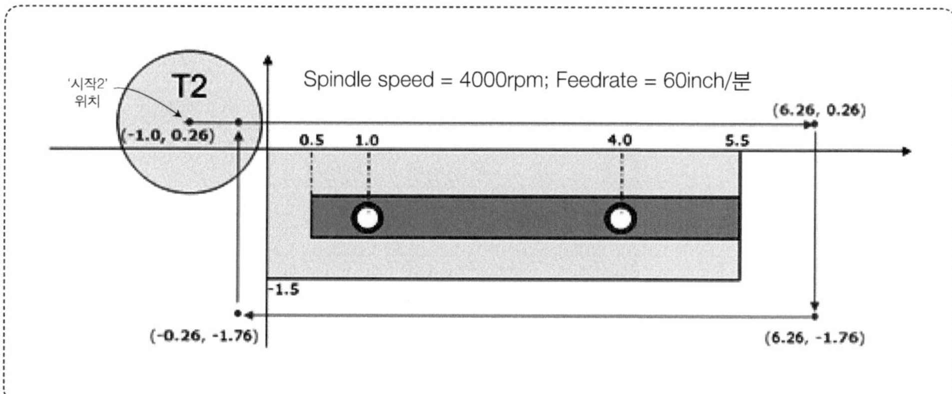

<그림 4-11> 파트 프로그래밍-2(숄더 가공)

③ G1 x6.26 F60 // 이송률=60inch/분로서 x=6.26, y=0.26으로 직선 이동

④ y−1.76 // y=−1.76으로 직선이동, 다른 좌표값 변화 없음

⑤ x−0.26 // x=−0.26으로 직선이동, 다른 좌표값 변화 없음

⑥ y0.26 // y=0.26으로 직선이동, 다른 좌표값 변화 없음

(3) 구멍 드릴링(그림 4-12)

① G0 T3 M6 // slot #3 공구로 공구 교환 후에 첫 번째 드릴링 위치로 급속 이동

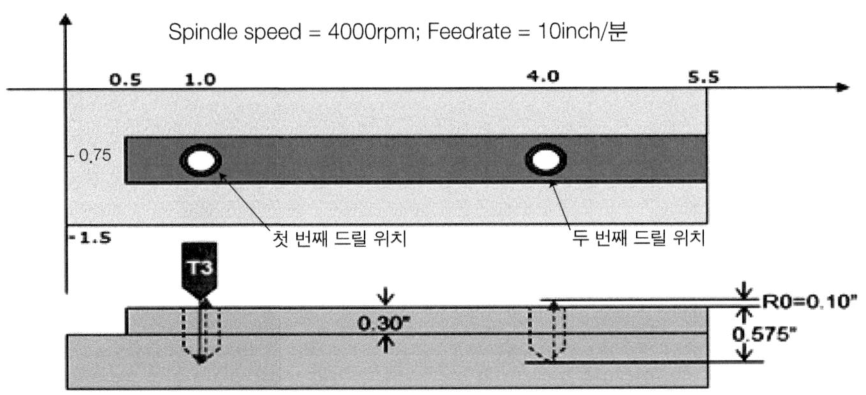

<그림 4-12> 파트 프로그래밍-3(구멍 드릴링)

② G81 x1.0 y-0.75 z-0.575 R0 F10 s4000 M3 // 드릴링canned cycle (R0=0.1); rpm = 4,000, 스핀들 켬, 이송률=10inch/분

③ x 4.0 // 두 번째 드릴링 위치로 직선이동

④ M2 // 정지(M2): 프로그램 끝

4-2-3. 제어 시스템

자동화 시스템 구성 요소의 하나로서 제어 시스템은 자동화 시스템이 원하는 목표를 달성할 수 있도록 제조 프로세스를 통제하는 역할을 한다.

제어(Control)란 어떤 장치나 공정의 출력 신호가 원하는 상태, 즉 제어 목표를 달성하도록 입력 신호를 적절히 조절하는 방법을 뜻하며, 달리 표현하면 목적에 적합한 결과를 얻기 위해 제어 대상에 적절한 조작이나 동작을 행하는 것이다.

이러한 방법을 연구하는 학문 분야를 '제어공학'이라 하는데, 제어공학은 산업혁명의 원동력이 된 증기기관의 속도 조절에 제어 기법이 쓰이면서 주목받기 시작하였다.

이러한 제어 동작을 수행하는 회로나 장치를 제어기(Controller)라고 하고, 제어 대상을 프로세스(Process)라고 하는데, 제어기의 역할을 사람이 수행하는 경우에는 수동제어라고 하고 기계 전자적 장치로써 사람이 없이도 제어 동작이 수행되는 경우를 자동제어라 한다.

〈그림 4-13〉은 전기로의 자동 온도 제어 시스템을 나타내고 있다. 전기로의 온도는 아날로그 온도계에 의해 측정되며, 측정된 온도는 A/D(Analog-to-Digital) 변환기에 의해 디지털 값으로 제어기에 입력된다. 측정된 온도는 사전에 입력된 목표 온도와 비교되어,

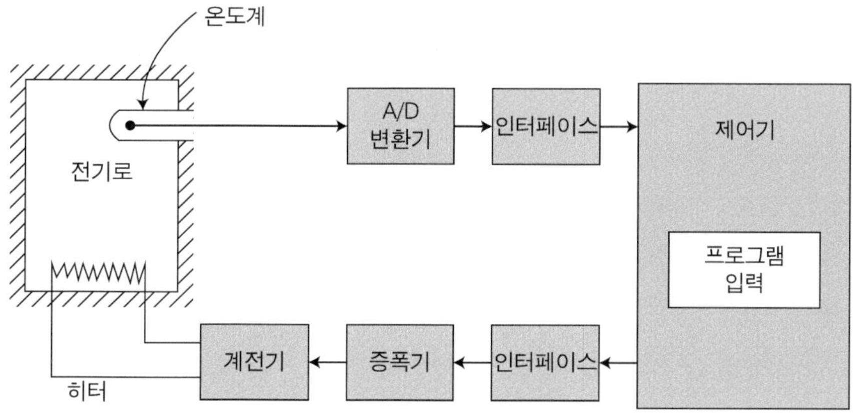

<그림 4-13> 전기로 자동 온도 제어 시스템

출처: Ogata, Katsuhiko, Modern Control Engineering-5th edition, Prentice-Hall, Englewood Cliffs, New Jersey, USA, 2010.

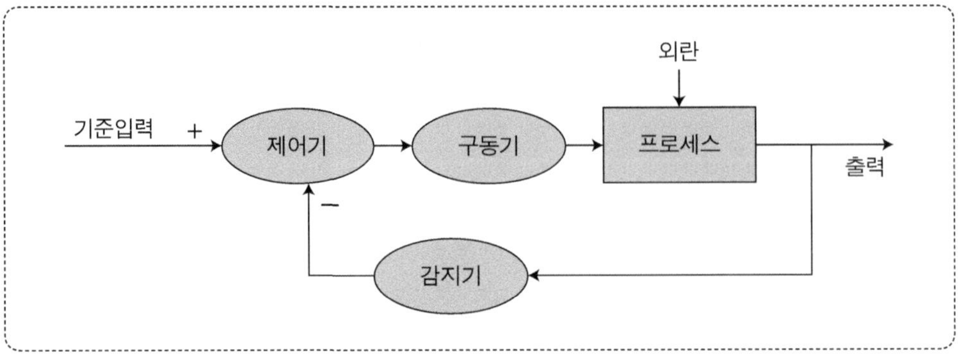

<그림 4-14> 폐회로 제어 시스템

차이(에러)가 발생하면 노의 내부 온도가 목표값에 도달하도록 제어기는 증폭기와 계전기(Relay)를 거쳐 히터를 키거나 끄게 된다.

〈그림 4-14〉는 제어 시스템의 구성도를 보여주고 있는데, 〈그림 4-13〉의 온도 제어 시스템에서 같이 자동 제어를 수행하려면 출력 신호를 측정하는 감지기(Sensor)가 필요하며, 제어기는 이 측정 신호와 기준 입력 사이의 오차를 줄이면서 프로세스의 출력이 기준 입력에 가까워지는 방향으로 시스템 제어 명령을 구동기(Actuator)에 지시한다. 구동기는 공압, 유압, 전기 등의 에너지를 기계적 운동을 위한 동력으로 바꾸어 주는 장치를 말하며 실린더, 솔레노이드, 계전기(릴레이), 모터 등이 여기에 해당한다.

이와 같이 보통의 제어 시스템은 출력 신호가 감지기에 의해 제어기로 되먹임(Feed-Back)되는데, 이와 같은 제어 시스템을 피드백(Feed-Back) 제어 시스템, 혹은 폐회로(Closed Loop) 제어 시스템이라 한다.

폐회로 제어 시스템은 출력이 제어 행위에 직접적인 영향을 주는 시스템으로 출력변수를 감지기가 측정하여 그 결과를 제어기에 피드백한다. 출력변수는 '외란(Disturbance)'에 의해 영향을 받게 되는데, 여기서 외란이란 프로세스의 실행에 부정적인 영향을 주는 외부적인 요인을 의미한다. 제어기는 기준 입력과 출력변수의 차이를 계산하여, 원하는 출력값을 얻을 수 있도록 차이를 보정하는 명령을 다시 내린다. 폐회로 제어 시스템은 프로세스에 존재하는 외부 환경 변화에 대응하기 위한 시스템이다.

이에 비해 〈그림 4-15〉와 같은 개회로(Open Loop) 제어 시스템은 출력이 제어 행동에 아무런 영향을 주지 않는 제어 시스템이다. 출력변수가 기준 입력값 혹은 설정치에 도달했는지를 판단할 수 있는 방법은 없으나, 감지기를 필요로 하지 않으므로 설치와 운

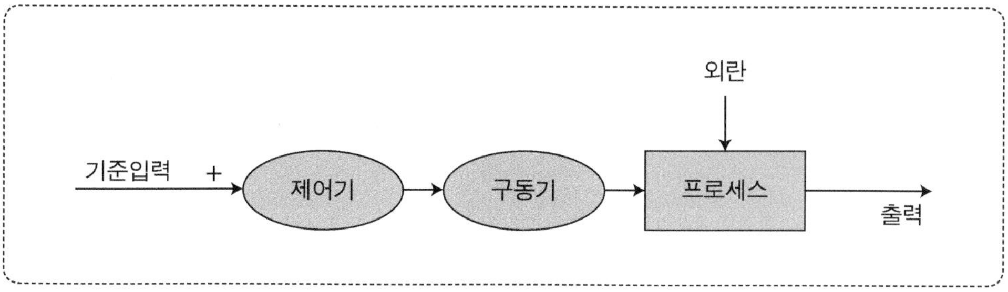

<그림 4-15> 개회로 제어 시스템

영이 간단하고 싸다는 특징을 갖고 있다.

개회로 제어 시스템은 보통 다음과 같은 상황에 적합하다. (1) 제어 시스템에 의하여 수행되는 동작이 간단하다. (2) 작동이 매우 신뢰할 만하다. (3) 구동기에 역으로 작용하는 힘이 작동에 영향을 끼치지 않을 만큼 작다. (4) 외부환경 변화가 거의 없는 안정적인 상황에서 작동한다. 만약 이러한 특성을 보이지 않는 상황에서는 폐회로 제어 시스템이 더 적합하다.

예를 들어 온수 공급 시스템을 생각해보자. 〈그림 4-16〉은 개회로 수동 제어 시스템을 나타내고 있다. 이 시스템에서는 작업자가 목표 온도를 달성하기 위해 필요한 밸브의 개폐 높이를 계산하여 밸브를 조정하고 있다. 실제로 목표 온도에 도달하였는지 결과를 측정하지는 않고 있다.

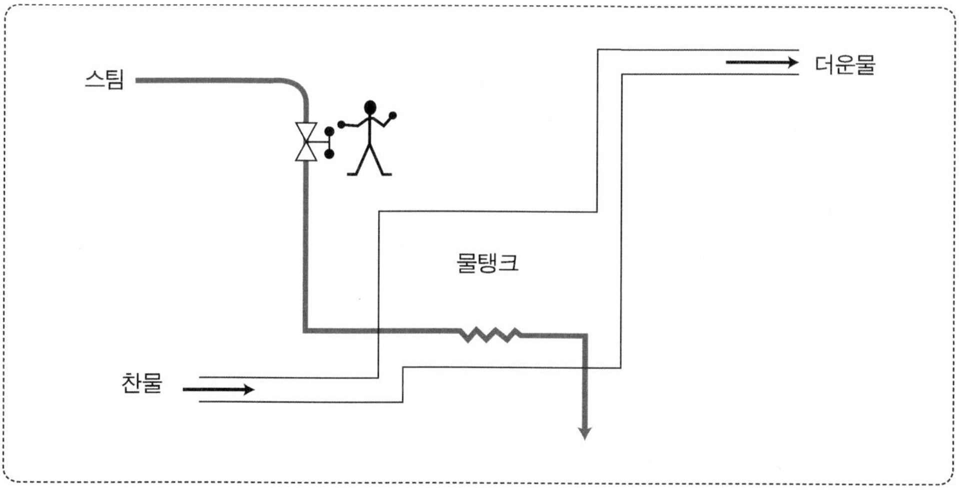

<그림 4-16> 개회로 수동제어 시스템

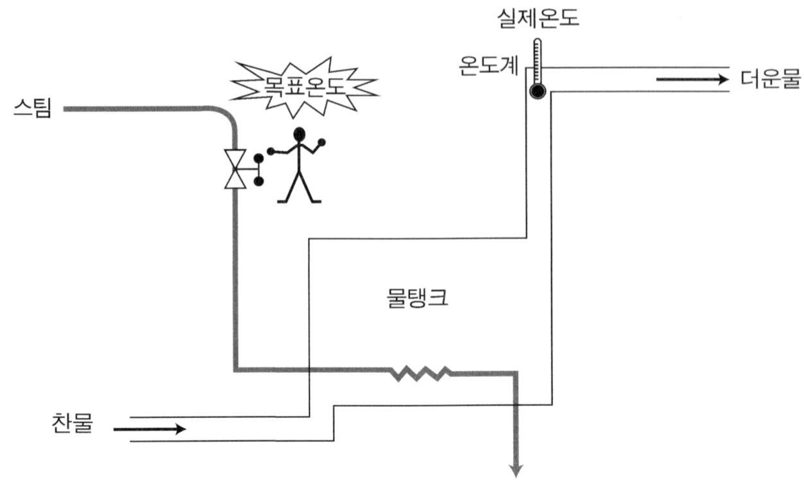

<그림 4-17> 폐회로 수동제어 시스템

〈그림 4-17〉은 폐회로 수동 제어 시스템을 나타내고 있는데, 이 시스템에서는 물탱크에서 가열된 온수의 실제 온도를 측정하는 온도계(센서)가 설치되어, 작업자가 지속적으로 실제 온도를 측정하여 이를 목표 온도와 비교한 후에 밸프의 개폐 높이를 수시로 조절하게 된다.

〈그림 4-18〉은 작업자를 자동 제어기로 대체한 폐회로 자동 제어 시스템으로 자동 제어기가 작업자의 역할을 대신하여 온수 공급 시스템을 자동으로 제어하고 있다.

폐회로 제어 시스템과 개회로 제어 시스템의 차이를 설명하기 위해, 모터의 회전수를 제어하는 시스템을 생각해보자. 예를 들어 100번 회전하도록 모터에 전기신호를 보냈는데 실제로는 95번 밖에 회전하지 않았다고 하자. 제어 목표를 만족하려면 당연히 5번의 회전이 추가되어야 한다. 하지만 개회로 제어 시스템에서는 5번의 추가 회전을 보상하지 않은 채로 제어 행위를 종료한다. 이에 비해서 폐회로 제어 시스템에서는 부족한 5회전을 보정하기 위해 모터에 추가로 신호를 보내게 된다. 이후에도 추가로 보낸 신호에 대해 단지 4회만의 회전이 이루어졌다면 제어기는 감지기에서 실제 회전수를 피드백 받아 부족한 1회전을 또 다시 지시하게 된다. 이런 방식으로 모터의 실제 회전수가 목표 회전수에 일치할 때까지 피드백 제어 시스템은 추가 신호를 구동기에 반복해서 보내게 된다.

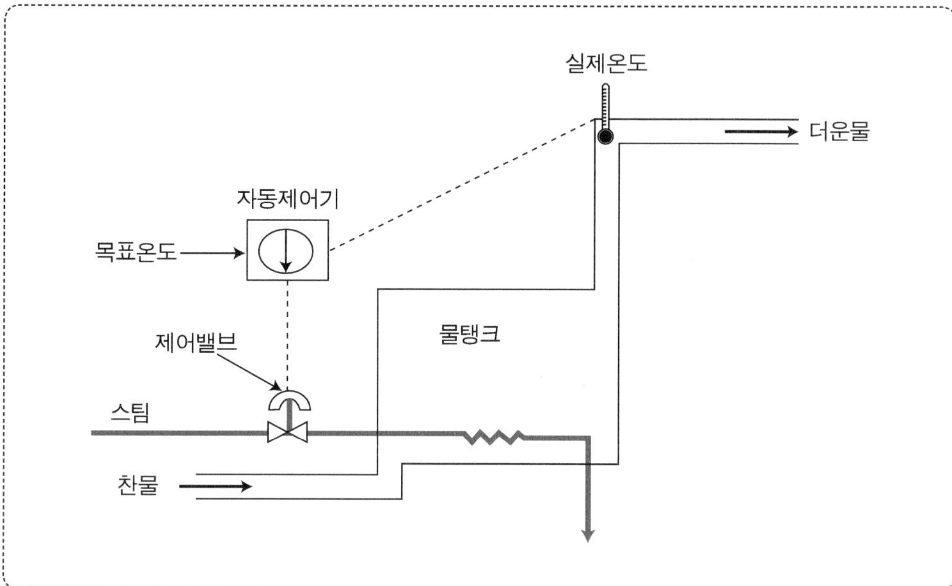

<그림 4-18> 폐회로 자동제어 시스템

〈그림 4-19〉와 같은 NC 공작기계에서의 폐회로 위치 제어 시스템을 예로 들어 다시 한 번, 폐회로 제어 시스템과 개회로 제어 시스템의 차이를 생각해 보자. NC 공작기계의 위치 제어 시스템은 공구의 위치에 대한 상대적인 위치에 공작물을 위치시키는데 일반적으로 이용된다. 즉, NC 공작기계의 위치 제어 시스템은 직교좌표계의 좌표값에 의해 정의된 특정 위치로 작업 테이블을 이동시키라는 명령을 받는다. 기계에서의 공구

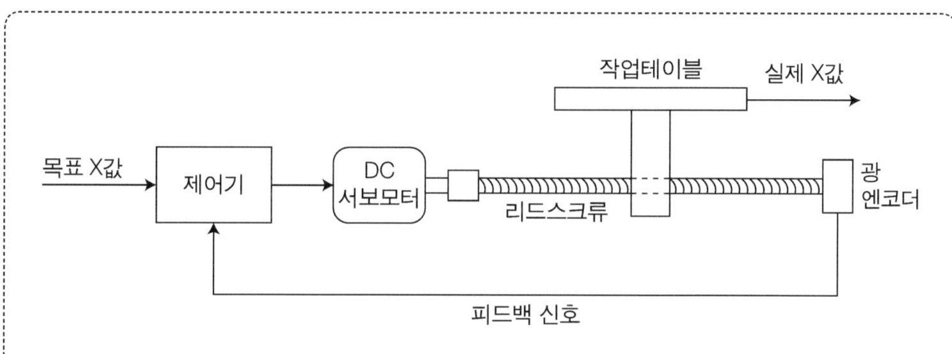

<그림 4-19> NC 공작기계 폐회로 위치 제어 시스템

출처: Groover, Mikell P., Automation, Production Systems, and Computer Integrated Manufacturing, 3rd edition, Pearson, 2008.

의 위치를 결정하기 위해서는 보통 3축에 대한 위치 제어가 필요하고, 〈그림 4-19〉에서는 그 중의 한 축인 X축에 대한 위치 제어 시스템을 나타내고 있다.

리드스크류(이송나사)에 연결된 DC 서보모터가 각 축에 공통적인 구동기로 사용된다. 제어기는 X-좌표 값으로 이동하라는 신호를 리드스크류 구동모터에 보내고, 모터의 회전 운동은 리드스크류에 의해 작업 테이블의 X축을 이동시키기 위한 직선 운동으로 변환된다. X축의 원하는 지점 가까이 테이블이 움직일수록, 실제 X좌표와 입력한 목표 X값의 차이는 줄어든다. 실제 X좌표는 피드백 센서(예: 광학 인코더)에 의해 측정된다. 테이블의 실제 위치가 목표 위치값과 일치할 때까지 제어기는 모터를 계속해서 구동시킨다.

그런데 개회로 제어 시스템에서는 실제로 지시한 거리만큼 이동했는지는 측정하지 않는다. 개회로 시스템인 경우 위치 제어 시스템에는 피드백 루프가 없고, DC 서보모터 대신 스테핑 모터가 사용되는 것을 제외하고는 폐회로 제어 시스템과 비슷하다. 스테핑 모터는 제어기로부터 받은 펄스의 양만큼 정확히 회전되도록 설계되었다. 모터 축은 리드스크류에 연결되어 있고, 리드스크류는 작업 테이블을 직선으로 움직이기 때문에, 각 펄스는 테이블을 일정량의 직선 위치만큼 변화시킨다. 원하는 거리만큼 테이블을 움직이기 위해서는 그 거리에 해당하는 펄스의 수를 모터로 보낸다. 즉, 개회로 제어 시스템이라 하더라도 프로세스의 실행에 영향을 주는 외란이 없는 안정된 상황에서는 제어목표를 달성할 가능성이 높아진다.

〈그림 4-20〉에서 나타난 바와 같이 폐회로 제어 시스템은 제어기, 구동기, 프로세스 및 감지기의 네 가지 구성 요소를 가지고 있고, 구성 요소 사이에는 신호의 흐름이

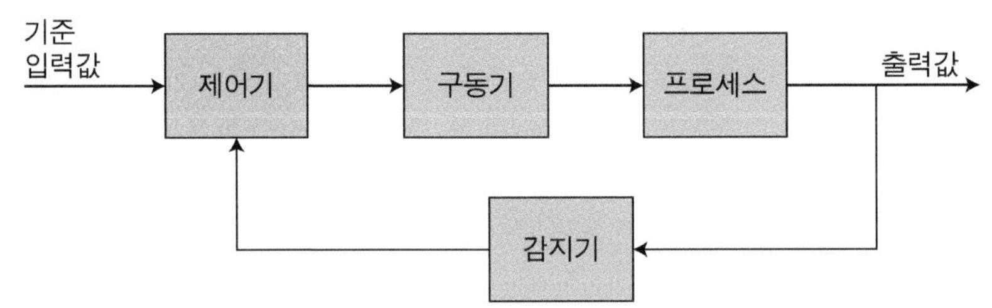

<그림 4-20> 제어 시스템 블록 다이어그램

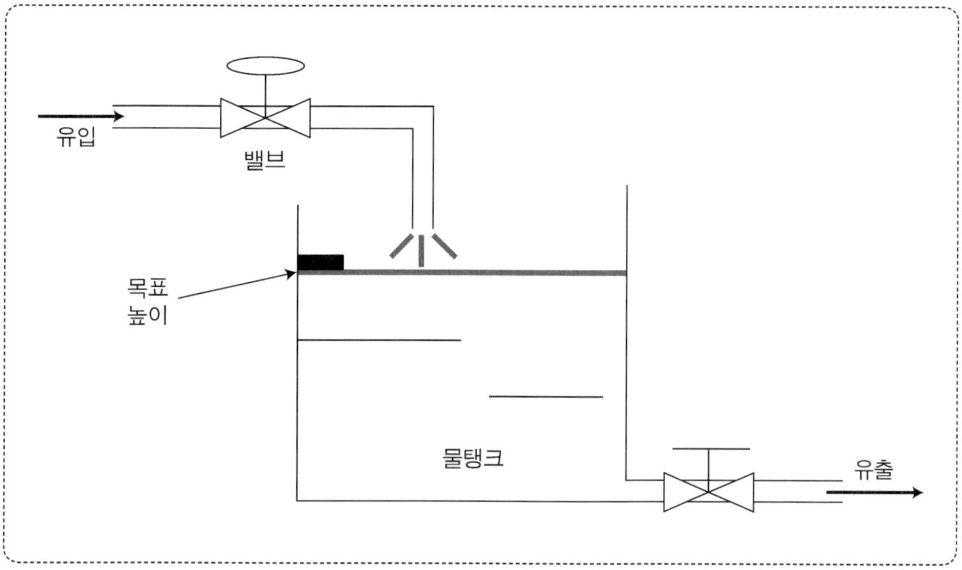

<그림 4-21> 수동 폐회로 수위 제어 시스템

존재한다. 이와 같이 제어 시스템을 복수 개의 사각형 블록과 화살표를 이용한 블록 간의 연결로 표현하는 것을 '제어 시스템 블록 다이어그램'이라 하며, 4개의 구성 요소와 기준 입력값 및 출력값을 표기한다.

예를 들면 〈그림 4-21〉은 수동 폐회로 수위 제어 시스템을 표현하고 있다. 이 시스템은 물탱크의 높이를 적절한 목표 위치로 조절하기 위해 제어기, 구동기 및 감지기의 역할을 모두 작업자가 수행하고 있다. 이를 블록 다이어그램으로 표현하면 〈그림 4-22〉와 같다.

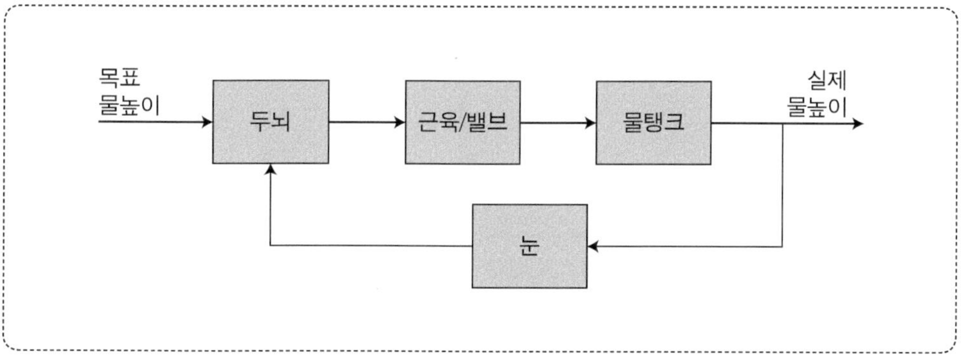

<그림 4-22> 수동 폐회로 수위 제어 시스템 블록 다이어그램

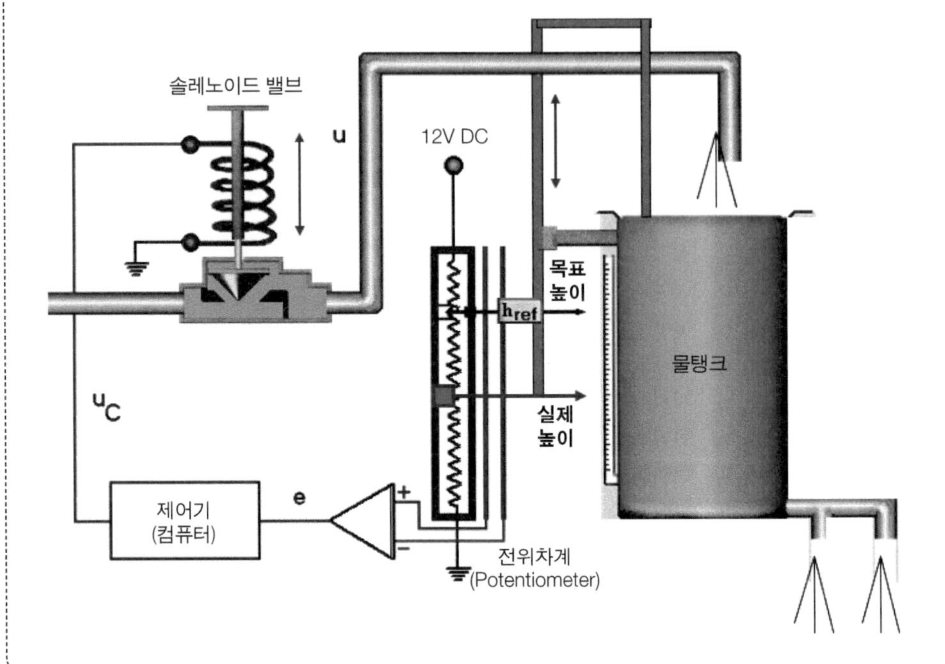

<그림 4-23> 자동 폐회로 수위 제어 시스템

〈그림 4-23〉은 자동 폐회로 수위 제어 시스템을 나타내고 있는데, 이 시스템에서는 물탱크의 실제 물높이가 전위차계(포텐시오미터)에 의해 일단 목표 높이와 실제 높이와의 차이가 전기 저항 값으로 전환되고, 이 저항 값이 다시 전압 값(e)으로 변환되어 컴퓨터에 입력된다. 컴퓨터에서는 그 차이값만큼을 보정하도록 솔레노이드 밸브에 그에 상응하는 전압(Uc)을 보내어 밸브를 적절한 높이로 개폐하는 것이다. 여기서 포텐시오미터는 위치 변화를 감지하여 그 변화의 크기를 저항의 크기로 바꾸었다가, 다시 이를 전압의 변화량으로 변환하여 제어기에 입력하는 감지기이다. 〈그림 4-23〉를 블록 다이어그램으로 표현하면 〈그림 4-24〉와 같다.

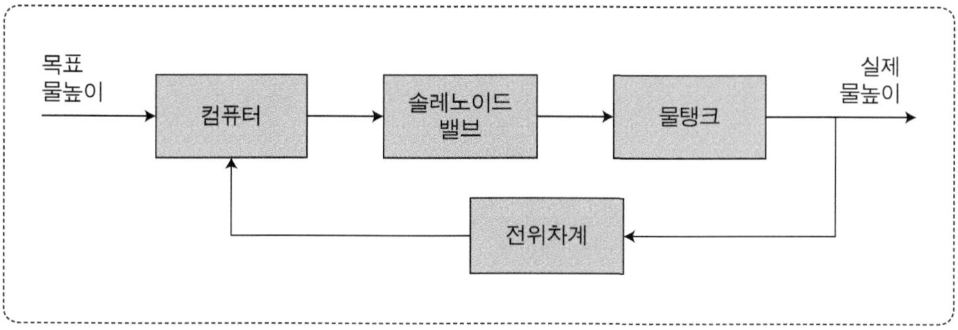

<그림 4-24> 자동 폐회로 수위 제어 시스템 블록 다이어그램

4-3. 연속 제어와 이산 제어

4-1절에서 설명한 바와 같이, 공정 산업에서 사용되는 제어 시스템은 연속변수의 제어를 중요하게 여기는 반면, 낱낱의 부품 및 제품을 생산하는 이산 제조 산업에서는 이산변수를 강조하게 된다. 제조 공정에 두 종류의 변수들이 있는 것과 마찬가지로, 산업용 제어 시스템은 (1) 연속변수를 대상으로 하는 연속 제어(Continuous Control)와 (2) 주로 이진수로 나타나는 이산변수를 대상으로 하는 이산 제어(Discrete Control)가 있다. 〈표 4-2〉에는 연속 제어와 이산 제어의 차이점이 기술되어 있다.

<표 4-2> 연속 제어와 이산 제어 비교

비교 요소	연속 제어(공정산업)	이산 제어(이산형 제조산업)
제품측정치	무게, 부피	부품, 제품의 개수
제품 품질기준	농도, 불순물 여부, 일관성	치수, 표면 거칠기, 외관 무결점
변수	온도, 유량, 압력	생산개수, 스위치 개폐, 모터 ON/OFF
센서	온도계, 유량계, 압력 센서	광센서, 리미트 스위치, 근접 스위치
구동기	밸브, 히터, 펌프	실린더, 모터, 릴레이
공정시간 단위	초, 분, 시간	초 이하

4-3-1. 연속 제어

연속 제어의 일반적인 목적은 4-2-3절에서의 피드백 제어와 마찬가지로 출력변수가 원하는 값을 유지하도록 하는 것이다. 그러나 대부분의 실제 연속 공정들은 여러 개의 독립적인 피드백 제어 루프의 조합으로 구성되어 있으며, 여러 개의 출력변수들을 원하는 값으로 유지하기 위해서는 각 루프를 각각, 그리고 통합적으로 제어해야 한다. 연속공정 제어 시스템에서 제어 목표를 달성하기 위한 방법은 여러 가지가 있다. 대표적인 방법으로는 (1) 조정 제어와 (2) 순방향 제어를 들 수 있다.

(1) **조정 제어**: 조정 제어(Regulatory Control)의 목적은 공정의 성능을 일정 수준 이내로 유지하는 것으로 성능척도와 밀접한 관계를 갖는 출력변수를 제어한다. 여러 개의 출력변수를 사용한다는 점을 제외하면, 한 공정에 대한 조정제어는 〈그림 4-25〉에 나타난 바와 같이 단일루프 피드백 제어 개념과 유사하다.

(2) **순방향 제어**: 순방향 제어(Feedforward Control)의 개념은 외란을 사전에 예측하여 그 예상되는 영향에 대하여 보정하는 것을 말한다. 〈그림 4-26〉에 나타난 대로 외란을 사전에 감지하여 그에 따라 입력변수들을 수정함으로써 외란의 영향을 상쇄시킨다. 예를 들면, 정밀위치 제어 시스템에서 직선 운동 부품인 리니어 가이드가 고온에서 팽창한다는 성질을 알고 있다면, 고온 상황에서는 리니어 가이드의 열에 의한 팽창을 미리 감안하여 위치 제어 입력변수를 사전에 조정해야 할 것이다.

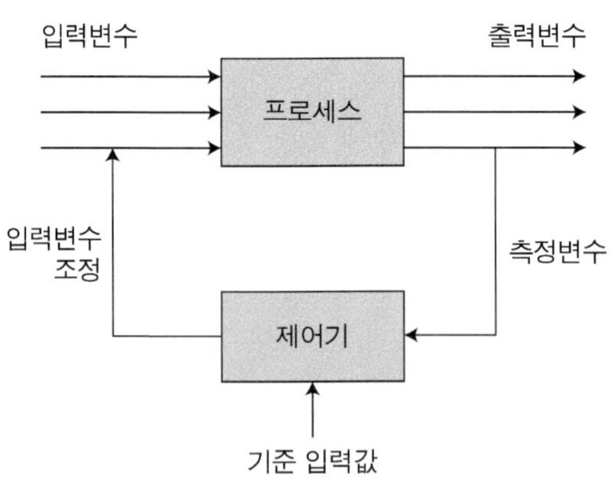

<그림 4-25> 조정 제어

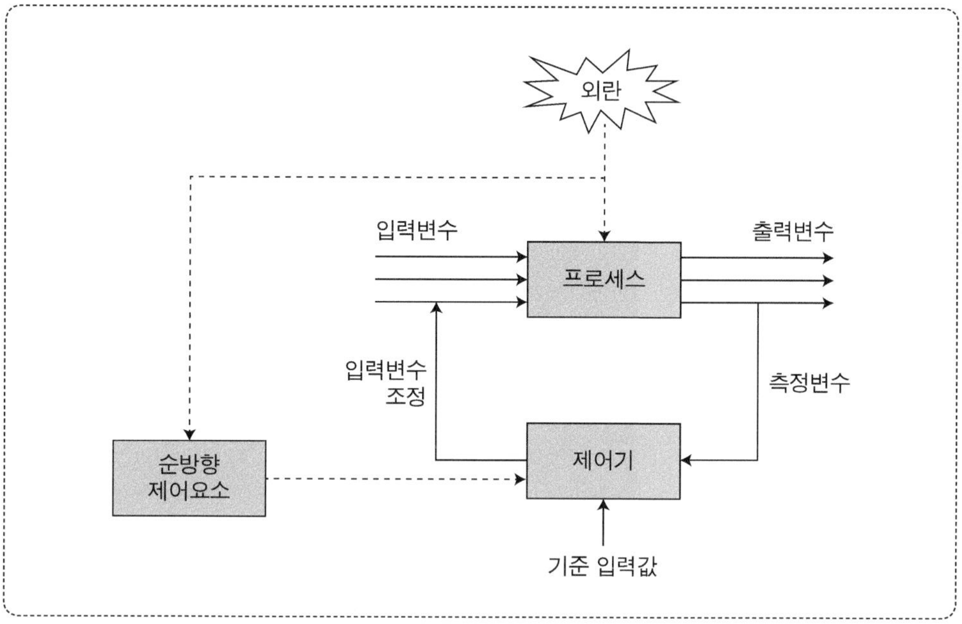

<그림 4-26> 순방향 제어

순방향 제어를 사용하면 이상적으로는 외란의 영향을 완전 상쇄시킬 수 있으나 피드백 측정, 구동기 동작, 제어 알고리즘의 부정확성으로 인하여 완전한 상쇄는 불가능하다. 따라서 순방향 제어는 〈그림 4-26〉과 같이 피드백 제어 루프와 함께 구현된다. 조정 제어와 순방향 제어는 이산 제조 공정보다는 공정 산업과 관련이 많다[Groover, 2008].

4-3-2. 이산 제어

이산 제어에서는 시스템의 입출력변수들이 이산값을 가지고 시간에 따라 변화한다. 변수값의 변화는 주로 이진(ON/OFF)으로 표현되는 이진 이산변수들의 출력값으로 나타난다. 변경 내용은 작업 사이클 프로그램과 같은 명령 프로그램에 의하여 사전에 정의되어 있어, 시스템의 상태가 변했을 때나 정해진 시간이 경과한 후 시스템 변수 값이 변경된다. 이들 두 경우를 각각 (1) 사건기반 변화, (2) 시간기반 변화로 구분할 수 있다.

4-3-2-1. 사건기반 변화

사건기반 변화(Event-Driven Change)의 경우 시스템 상태를 변화시키는 사건이 발생한 경우(If~) 제어동작(Then~)이 발생된다. 제어동작은 어떤 작업을 시작 또는 종료, 모터를 기동 또는 정지, 밸브를 열거나 닫는 등의 동작을 하게 된다. 예를 들면 〈그림 4-27〉에서와 같이 컨베이어로 이송되는 제품 개수를 세는 광센서 기반 계수 시스템은 제품이 광센서를 지나칠 때마다 카운터를 작동시키는 사건이 발생된다.

If~ Then~과 같은 규칙에 의해 작동하기 때문에 '규칙 제어' 혹은 '논리 제어'라고도 한다. 〈그림 4-27〉에서 제품 100대가 생산되면 이를 알리기 위해 부저를 5초 동안 울려야 한다면, 이를 위한 논리는 〈표 4-3〉과 같다. If 절의 조건이 '참'일 때, Then 절이 수행된다.

또 다른 예로, 〈그림 4-28〉과 같이 물높이를 측정할 수 있는 3개의 수위 센서와 전기모터에 의해 작동되는 2개의 급수 밸브와 1개의 배수 밸브로 구성된 물탱크 수위 제어 시스템이 있을 때, 이 제어 시스템의 목표는 물 높이가 너무 높아서 넘치거나, 너무 낮아지지 않도록 2개의 급수 모터를 현재 물높이에 따라 적절하게 On하거나 Off하는 것이다. 이를 논리로 표현하면 〈표 4-4〉와 같다.

4-3-2-2. 시간기반 변화

시간기반 변화(Time-Driven Change)는 특정 시점이 도래하거나 또는 일정 시간이 경과한 후에 제어동작을 발생시킨다. 사건기반 변화와 마찬가지로 제어동작은 어떤 것을 시작 또

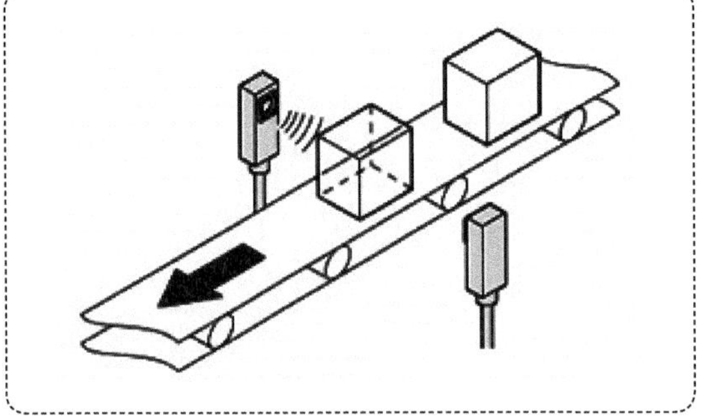

<그림 4-27> 광센서 기반 제품 계수 시스템

출처: 권상주, LabVIEW를 이용한 서보모터 제어 실험, 2012.

<표 4-3> 목표생산량 도달 알림을 위한 논리

If (광센서=ON), Then (Count++)
If (Count==100), Then (Buzzer = ON during 5 sec))

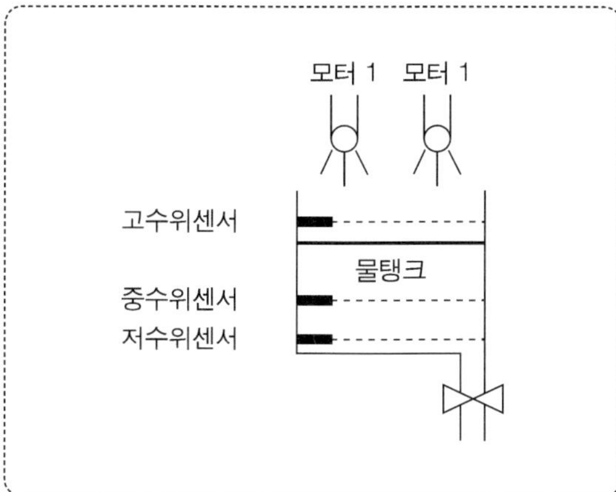

<그림 4-28> 물탱크 수위 제어 시스템

<표 4-4> 수위 제어 시스템의 논리

1) If (저수위센서=ON),
   Then ((Motor1=ON) .and. (Motor2=ON))

2) If (중수위센서=ON),
   Then ((Motor1=ON) .and. (Motor2=OFF))

3) If (고수위센서=ON),
   Then ((Motor1=OFF .and. (Motor2=OFF))

는 정지시키게 되는데, 이 경우에는 제어동작의 발생 시점이 중요하다.

시간기반 변화는 시간의 선후관계에 따라 순차적으로 동작하기 때문에 순차 제어(Sequence Control)이라고도 한다. 예를 들면, 자판기에서 커피를 뽑기 위한 제어 동작은 (동전투입 → 금액표시 → 선택버튼 램프 ON → 선택 버튼 PUSH → 컵 나옴 .and. "동작중" 램프 ON(3초) → 커피분말나옴(3초) → 뜨거운물 나옴(4초) → "동작중" 램프 OFF)와 같은 동작이 순차적으로 발생하며, 순서가 지켜지지 않으면 원하는 제어 목적을 달성할 수 없게 된다.

또 다른 예로는, 세탁기의 경우에 〈그림 4-29〉와 같은 순서로 세탁이 진행되는데, 시작 버튼을 누르면 급수 모드에서 세탁조에 물이 일정한 양만큼 차면, 세탁 사이클이 일정 시간 계속된다. 이후에 설정된 시간이 경과하면 타이머에 의해 세탁 모드가 끝나고 배수가 시작된다. 이러

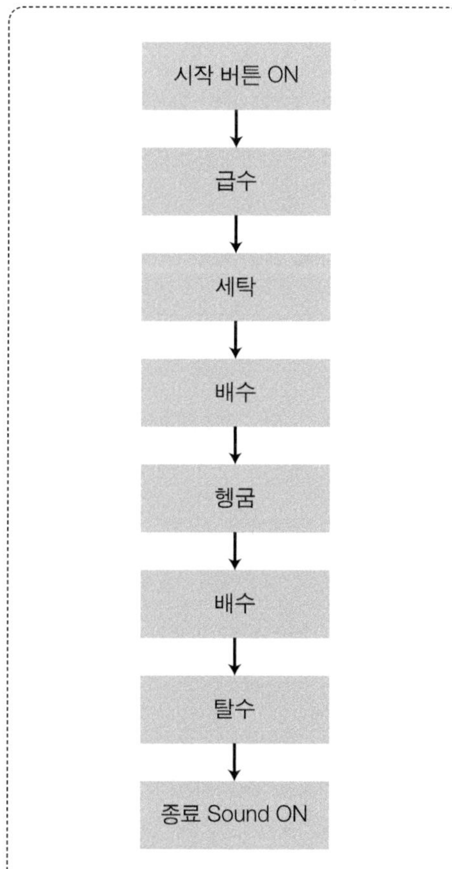

<그림 4-29> 세탁기 작업 순서

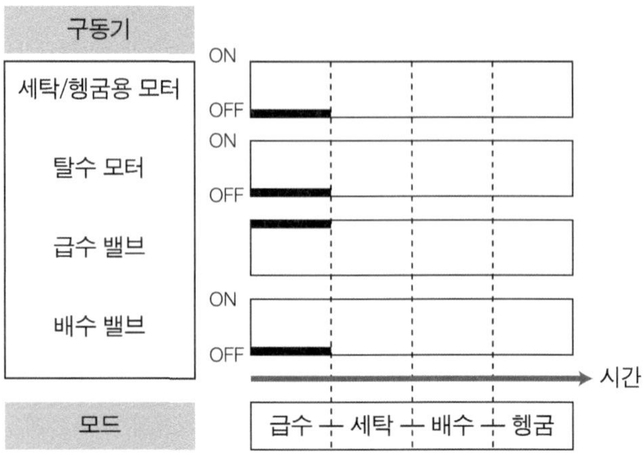

<그림 4-30> 세탁기 작업 모드에 따른 구동기 작동

한 동작 사이클에서 시간의 경과에 따라 급수밸브와 배수밸브를 적절히 ON/OFF하거나, 세탁용 모터, 행굼용 모터 및 탈수 모터를 ON/OFF하는 제어 행위가 이루어진다.

〈그림 4-30〉은 전체 세탁 작업 사이클의 각 모드에서 각종 구동기의 ON/OFF 상태를 표현한 것이다.

4-4. 기업의 자동화 계층과 공정 제어 계층

기업에서의 자동화 수준은 기계 장치 단위에서부터 전체 기업 전체 운영에 이르기까지 여러 수준에서 실현될 수 있다. 〈그림 4-31〉은 제조 기업의 자동화 수준을 크게 5계층으로 나타내고 있다. 예를 들면 하나의 머시닝 센터(2레벨)는 정확한 위치 제어를 위해 DC 서버 모터와 같은 구동기와 광학 엔코더와 같은 센서 장치(1레벨)를 내장하고 있다. 자동차 엔진을 가공하는 엔진 가공 숍(Shop)(3레벨)은 머시닝 센터나 산업용 로봇과 같은 기계군과 컨베이어 및 무인 운반차(AGV: Automated Guided Vehicle)와 같은 자재 취급 장치의 조합으로 구성된다. 예를 들어, 기아 자동차 광주 공장(4레벨)은 엔진 숍을 포함하여 차체 조립, 도장, 총조립 숍등으로 구성된다. 기아자동차(5레벨)는 광주공장을 포함하여 소하리 공장 및 본사 등으로 구성된다. 각 계층의 구성 요소와 수행 기능들은 아래와 같다.

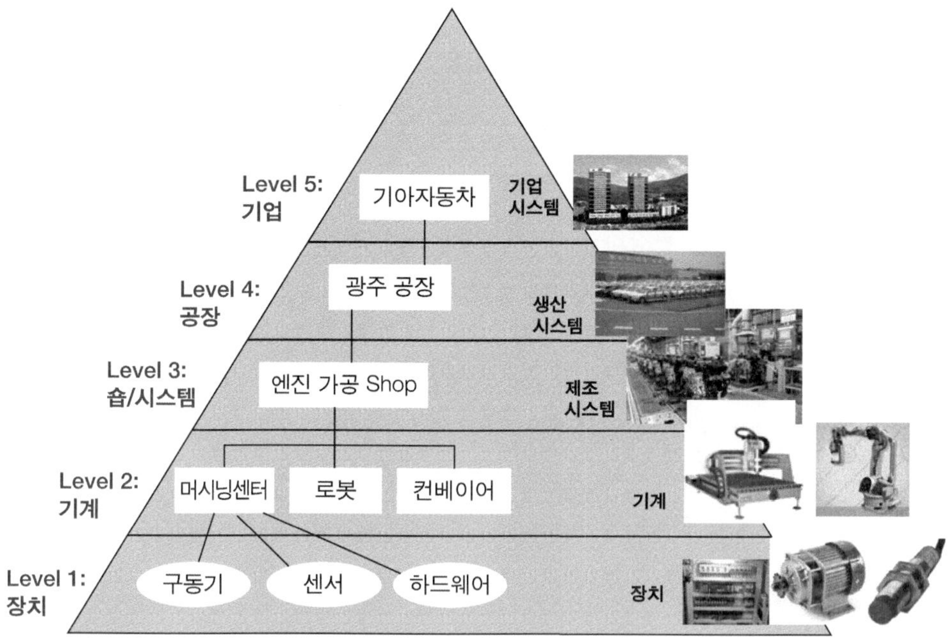

<그림 4-31> 기업의 자동화 5계층

(1) **장치 레벨**: 이것은 자동화 체계에서 가장 낮은 레벨이고, 구동기, 센서, 기타 하드웨어 요소를 포함한다. 장치는 기계의 개별적인 제어 루프에 결합되어 동작한다. 예를 들면 CNC 기계의 한 축이나 산업용 로봇의 하나의 조인트를 위한 피드백 제어 루프를 들 수 있다.

(2) **기계 레벨**: 장치 레벨의 하드웨어들이 개별 기계로 결합된 것이다. 그 예로는, CNC 공작기계와 이와 유사한 제조 장비, 산업용 로봇, 컨베이어, 무인운반차 등을 들 수 있다. 이 레벨에서의 제어 기능은 정확한 순서에 따라 명령 프로그램에서의 각 단계를 수행하는 것과 각 단계가 올바르게 수행되는가를 확인하는 것을 포함한다.

(3) **숍 또는 시스템 레벨**: 이 레벨은 공장 레벨의 제어 시스템으로부터 명령을 받아 임무를 수행하는 제조 현장이나 제조시스템 수준을 의미한다. 제조 숍이나 시스템은 자재 취급 시스템에 의하여 연결되고 지원되는 기계와 작업장의 집합으로 생산라인이 이 레벨에 포함된다. 이 레벨의 중요한 기능은 부품 배분, 장비에 부품 장착, 장비와 자재 취급 시스템 간의 조율, 검사 데이터의 수집 및 평가 등을 포함한다.

(4) 공장 레벨: 이 레벨은 주문처리, 공정계획, 재고관리, 구매, 자재소요계획, 생산일정계획, 제조현장통제, 품질관리 등과 같은 생산시스템 레벨을 의미한다. 이 레벨에서는 기업정보시스템으로부터 지시를 받고, 그것을 생산에 반영하기 위해 운영계획을 수립한다.

(5) 기업 레벨: 판매/영업, 고객지원, 기획, 회계, 인사, 총무, 총괄계획 등과 같은 전체적인 경영관리를 관장하는 최상위 레벨로서, 기업 시스템이라고도 한다. 여기에서는 회사 경영에 필요한 모든 기능에 관여한다.

제조기업에서의 산업용 공정 제어의 계층은 기업의 자동화 5계층에 대응하여 연동 제어와 절차 제어 및 기본 제어 계층의 3계층으로 나눌 수 있다. 연동 제어 계층은 절차 제어 프로그램의 수행 초기화, 명령, 수정 작업을 행하며 다수의 장비와 기계군의 동작들을 연계하는 역할을 한다. 자동화 계층에서의 시스템 레벨, 공장 레벨 및 기업 레벨에서 수행된다.

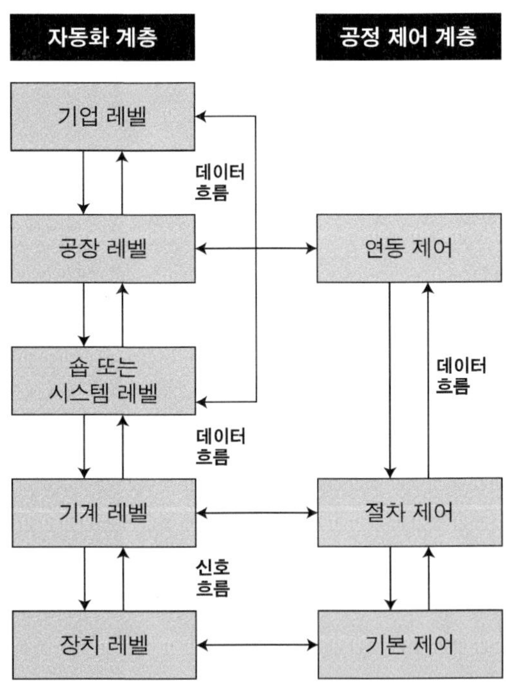

<그림 4-32> 기업 자동화 계층과 공정 제어 계층 비교

절차 제어는 작업 사이클 프로그램을 실행하며 자동화 계층의 기계 레벨에서 수행된다. 기본 제어는 단위 장치 수준에서 피드백 제어를 행하는데 이것은 기본적으로 구동기에 명령을 지시함으로써 수행된다. 〈그림 4-32〉에 기업 자동화 계층과 공정 제어 계층의 연계를 보여주고 있다.

연습문제

1. 제조공정관리의 목표는 무엇인가?

2. 출력 변수란 무엇인가?

3. 자동화 제조시스템 구성요소는 무엇인가?

4. 제어란 무엇인가?

5. 폐회로 제어 시스템은 무엇인가?

6. 개회로 제어 시스템은 어떤 환경에 적합한가?

7. 연속 제어란 무엇인가?

8. 이산 제어란 무엇인가?

9. 기업 자동화 계층과 공정 제어 계층을 연결하여, 그 관계를 설명하라.

CHAPTER 05

논리 제어

5장에서는 산업용 제어에서 요구되는 제어 논리의 정의와 논리 표현 방법인 진리표와 부울 대수에 관해 학습한다. 그리고 제어 논리 표현을 간략화하는 방법인 카노 맵에 관해서 설명한다. 마지막으로 제어 논리 표현을 보다 이해하기 쉽게 하고, 또한 시간이나 계수와 관련된 논리를 표현할 수 있는 다이어그램 형태의 논리도에 관해 알아본다.

5-1. 논리와 논리 제어

일반적으로 논리(Logic)는 사고를 할 때 내용을 이치에 맞게 이끌어 가는 과정을 의미하거나 사물의 이치나 법칙성을 의미한다. 논리와 관련되어 사용되는 용어로서, 우선 명제(Proposition)는 '뜻이 분명한 문장'으로서, 즉 '참'인지 거짓'인지 판별할 수 있는 문장을 말한다. 예를 들면, '9는 홀수이다'는 참 값을 갖는 명제이고, '9는 소수이다'는 거짓 값을 갖는 명제인데, '베토벤은 음악의 천재이다'는 어떠한가? 이 경우에, 베토벤이 음악의 천재라고 세계적으로 인정받기는 하나, '천재'의 기준이 명확하지 않으므로 아무리 음악적 재능이 월등하다고 할지라도 참인지 거짓인지 결코 명확하게 알 수 없다는 점에서 이 문장은 비명제인 것이다.

여기서, 참(True)이나 거짓(False)을 명제의 진리값이라 한다. '논리'의 범위를 좁혀서 정의한다면 "논리는 단순 명제나 합성 명제의 진리값을 판별하는 것이다." 여기서 단순 명제는 하나의 값을 갖는 문장을 의미하며, 합성 명제(복합 명제)는 최소한 2개의 단순 명제와 최소한 하나의 논리 연결사로 이루어진 명제를 말한다. 논리 연결사는 단순 명제를 연결하는 접속사로서 AND, OR, NOT이 있다.

논리 제어 시스템(Logic Control System)은 어느 순간의 출력값이 그 때의 입력값 (진리값)에 의하여 전적으로 결정되는 스위칭 시스템이다. 즉, 입/출력 변수의 진리값를 판별하여, 출력을 결정한다. 논리 제어 시스템은 메모리를 가지고 있지 않기 때문에 출력 신호를 결정하는 데 이전의 어떠한 입력값이나, 또는 시간의 함수로서 수행되는 어떠한 작동 특성도 고려하지 않는다.

예를 들면, 컨베이어로부터 부품을 집어 단조 프레스 기계에 부품을 장착하는 데 이용되는 로봇의 작동은 논리 제어 시스템에 기반을 두고 있다. 우선 로봇은 원자재를 컨베이어로부터 집어, 단조 프레스에 위치시키도록 프로그래밍되어 있다고 하면 작업 사이클을 시작하기 위해서는 다음과 같은 세 가지 조건이 만족되어야 한다. (1) 원자재가 올바른 위치에 있어야 하며, (2) 단조 프레스 기계가 이전 공정을 마치고 대기하고 있어야 하며, (3) 이전 부품이 프레스 금형으로부터 제거되어 있어야 한다.

첫째 조건은 단순히 한계 스위치를 이용하여 컨베이어 멈춤 위치에 부품의 도착을 탐지하여, 로봇 제어기에 ON 신호를 보내는 것이다. 둘째 조건의 만족 여부는 단조 프레스 기계가 하나의 작업 사이클을 마치고 난 후에 ON 신호를 보냄으로써 결정된다. 세 번째 조건은 완성품이 단조 프레스 기계로부터 제거되고 난 후에 단조 프레스 기계의 금형에 장착된 광센서에 의하여 ON 신호가 보내진다. 로봇 제어기에 이들 세 가지 종류의 ON 신호가 들어오면, 다음 작업 사이클을 시작할 수 있다. 이러한 입력 신호가 제어기에 수신된 후 로봇의 부품 장착 작업 사이클은 시작된다. 이 때 이전 상태에 대한 어떠한 정보도 필요하지 않다.

제어 조건의 논리 표현은 주로 합성 명제로 구성되는데, 합성 명제는 단순 명제가 논리 연결사에 의해 연결된 것이므로, 논리 제어의 기본 요소는 논리 연결사(논리 게이트)인 AND, OR, NOT이다. 각각의 경우에 논리 게이트는 입력값에 따른 진리값을 출력하도록 설계된다. 각각의 입출력에 대하여, 그 값은 두 가지 값, 0(False) 또는 1(True)을 갖는 이진수가 된다. 산업 제어의 목적을 위하여 0은 OFF, 1은 ON을 의미하는 것으로 정의한다.

AND 게이트는 모든 입력이 1일 때에만 1을, 그 이외의 경우에는 0을 출력한다. 〈그림 5-1〉(a)는 AND 게이트를 나타내고 있는데, 스위치 X1과 X2가 모두 닫히는 경우에만

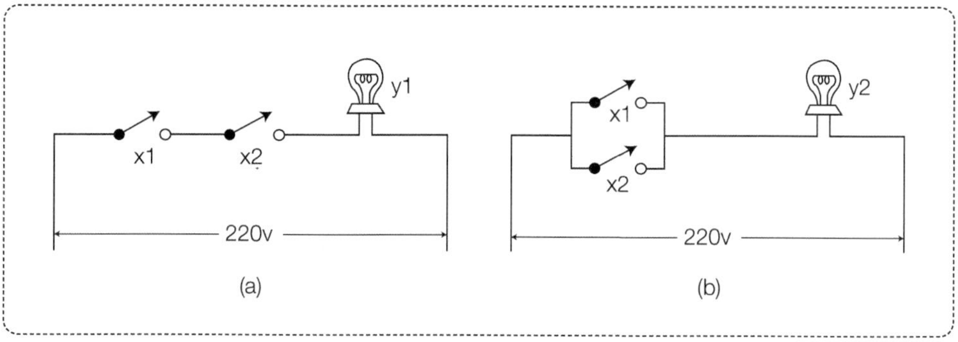

<그림 5-1> (a) AND 게이트, (b) OR 게이트

출처: Groover, Mikell P., Automation, Production Systems, and Computer Integrated Manufacturing, 3rd edition, Pearson, 2008.

(ON), 램프 Y에 불이 들어오게 된다(ON). 논리 제어 시스템의 동작을 나타내기 위하여 진리표(Truth Table)가 사용되기도 한다. 진리표란 모든 가능한 입력값의 조합에 대응하는 논리 출력값을 나타낸 표이다. 〈표 5-1〉에 3열(Y1)에 AND 게이트의 출력값이 나타나 있다.

OR 게이트는 적어도 1개의 입력값이 1이면 그 출력이 1이고, 그 외의 경우에는 0이다. 〈그림 5-1〉(b)는 OR 게이트가 어떻게 동작하는가를 나타낸다. 이 경우 2개의 입력 X1과 X2가 병렬로 위치하기 때문에 2개의 스위치 중 하나만 닫혀 있으면(ON) 램프 Y2에는 불이 들어온다(ON). OR 게이트의 출력값이 〈표 5-1〉 4열(Y2)에 나타나 있다.

AND와 OR 게이트는 모두 2개 이상의 입력이 있을 때 사용되는 반면 NOT 게이트는 하나의 입력의 경우에 사용된다. NOT 게이트는 입력 신호를 반대로 한다. 즉, 입력이 1이면 0을 출력하고, 입력이 0이면 1을 출력한다. 〈그림 5-2〉는 입력 X1이 출력 램프와

<표 5-1> AND, OR, NOT 게이트의 진리표

입력		출력		
X1	X2	Y1	Y2	Y3
0	0	0	0	1
0	1	0	1	1
1	0	0	1	0
1	1	1	1	0

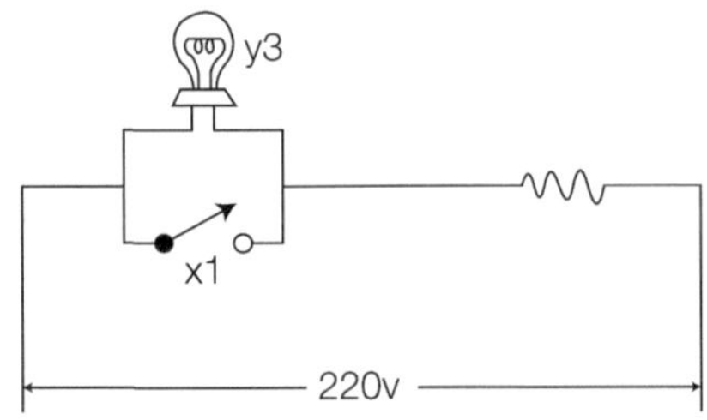

<그림 5-2> NOT 게이트

출처: Groover, Mikell P., Automation, Production Systems, and Computer Integrated Manufacturing, 3rd edition, Pearson, 2008.

병렬로 배치되어 있어, 스위치가 닫혀 있으면(ON) 전류가 아래쪽으로, 열려 있으면(OFF) 위쪽으로 흐르는 것을 알 수 있다. NOT 게이트의 출력값은 〈표 5-1〉의 5열(Y3)과 같다.

이상과 같은 3개의 기본 요소 외에 논리회로에 사용될 수 있는 2개의 부가적인 게이트로 NAND와 NOR 게이트가 있다. NAND 게이트는 AND와 NOT 게이트를 순차적으로 결합한 것이고, NOR 게이트는 OR 게이트와 NOT 게이트를 결합한 것이다.

5-2. 제어 논리 표현

산업 현장에서의 자동화 제어 시스템을 운영하기 위해 필요한 제어 논리는 크게, (1) 진리표나, (2) 부울 대수에 의한 논리식에 의해 표현된다.

5-2-1. 진리표

입력변수의 모든 가능한 상태의 조합에 대한 출력 결과를 나타낸 표를 '진리표'라 한다. 또한 이들 입출력의 관계를 대수식으로 표현한 것을 논리식이라 한다.

종이절단기 제어를 예를 들어 진리표를 만들어보자. 종이절단기에는 3개의 버튼 S, X, Y가 있다. 버튼 S는 작업자의 안전을 위한 것으로 눌려져 있는 경우에는 나머지 2개의 버튼 X와 Y가 동시에 눌려질 때에만 절단 칼날이 내려온다. 버튼 S가 눌려져 있지

<표 5-2> 종이절단기 제어 진리표

입력			출력
S	X	Y	Z
0	0	0	0
0	0	1	1
0	1	0	1
0	1	1	1
1	0	0	0
1	0	1	0
1	1	0	0
1	1	1	1

않을 경우에는 버튼 X나 버튼 Y 중의 어느 것을 눌러도 절단칼은 내려온다.

버튼 S, X, Y는 입력변수가 되고 이들은 버튼을 누르지 않았을 때는 0의 값을, 눌렀을 때는 1의 값을 갖는다. 종이절단기의 출력은 절단칼날이 내려오는 것으로 출력변수는 Z로 한다. 출력변수는 칼날이 내려왔을 때 1의 값을, 내려오지 않았을 때는 0의 값을 갖는다. 입/출력 변수들과의 관계를 진리표로 나타내면 <표 5-2>와 같다[주상윤, 2008].

두 번째 예제는 <그림 5-3>에서와 같이 모터의 기동을 푸시 버튼 스위치로 제어하는 것으로서, 기본적으로 시작 버튼(ST)을 누르면 모터(MO)가 기동하고, 정지 버튼(OP)을 누르면 모터는 정지하는데, 현재 모터의 상태는 바로 이전의 모터의 상태가 기동 중인지 정지 중인지에 따라서도 좌우된다. 즉, 모터의 상태(기동 중이거나 정지)는 출력이기도 하지만 다음 상태를 결정하는 입력변수로도 사용된다. 모터 기동 제어를 위해 다음 조건을 만족해야 한다.

(1) 시작 버튼이 꺼져있으면 모터는 정지 상태를 유지한다. 단, 시작 버튼이 꺼져있더라도 현재 모터가 기동 중이면 모터는 계속 기동한다.
(2) 초기 모터가 정지한 상태에서 시작 버튼이 켜지면 모터는 기동한다. 단, 동시에 시작 버튼과 정지 버튼이 켜지면 모터의 현재 상태와 관계없이 모터는 정지한다.

<그림 5-3>
모터 기동 제어 시스템 구성도

<표 5-3> 모터 기동 제어 진리표

입력			출력
ST	OP	MO	MO
0	0	0	0
0	1	0	0
1	0	0	1
1	1	0	0
0	0	1	1
0	1	1	0
1	0	1	1
1	1	1	0

모터 제어를 위한 진리표는 〈표 5-3〉과 같다.

5-2-2. 부울 대수

부울 대수(Boolean Algebra)는 1847년 영국의 수학자 부울(George Boole: 1815~1864)이 처음 발표하였다. 부울 대수에서는 우리가 일상생활에서 사용하는 십진 대수와는 달리 0과 1의 값을 가진 변수만이 존재한다. 즉, 0이 아닌 변수는 1이며, 1이 아닌 변수는 0이다. 변수 0과 1은 숫자의 값을 표시하는 것이 아니라, 전압의 레벨이나 접점의 ON/OFF 상태를 표현하는 논리 값의 기호를 의미한다. 부울 대수의 원래 목적은 복잡한 논리 명제들의 결합이 참 또는 거짓인지를 검증하기 위한 기호적인 의미를 제공하기 위한 것이었다. 그런데 이 대수학이 현대에 와서 컴퓨터회로, 제어 시스템, 자동화 장치 등에서 유용하게 사용되고 있다.

즉, 부울 대수는 이진수를 위한 대수로서 각 변수들은 두 가지 상태만을 갖는다. 부울 대수에는 3개의 연산자 AND, OR, NOT이 사용되고 있으며, 이들은 각각 '·', '+', '−(Hat)'의 기호로 표시된다. 예를 들어 Y=A·B라는 부울 대수식은 만약에 A=ON.AND.

B=ON이면 Y=ON이라는 의미를 담고 있다.

진리표와 부울 대수와의 관계는 1:1 매핑 관계라서 상호변환 가능하다. 즉, 진리표는 부울 대수식으로, 부울 대수식은 진리표로 변환 가능하다. 그리고 부울 대수식은 단순화에 의해 간단해질 수 있다.

예를 들어 $X = A \cdot B + A \cdot \overline{B} = A \cdot (B + \overline{B}) = A \cdot 1 = A$로 간략화될 수 있다.

진리표는 부울 대수식으로 변환될 수 있으므로, 〈표 5-2〉에서의 종이절단기 제어 진리표를 가지고 이를 부울 대수식으로 변환해보자.

(1) 〈표 5-2〉에서 출력변수 Z가 1의 값을 갖는 경우는 모두 네 가지이다. 이들 각각의 경우에 대해 0의 값을 갖는 입력변수는 NOT을 취하고, (0은 1의 'NOT'이므로) 1의 값을 갖는 입력변수는 그대로 취하여 각 변수들을 AND 게이트로 연결한다. 이렇게 얻어진 4개의 항들을 OR 게이트로 연결하면 식(5-1)과 같은 논리식을 얻게 된다.

$$Z = \overline{S} \cdot \overline{X} \cdot Y + \overline{S} \cdot X \cdot \overline{Y} + \overline{S} \cdot X \cdot Y + S \cdot X \cdot Y \quad \cdots\cdots (5\text{-}1)$$

(2) 부울 대수의 정리와 법칙을 이용하여 간략화한다.

$$Z = \overline{S} \cdot (\overline{X} \cdot Y + X \cdot \overline{Y} + X \cdot Y) + S \cdot X \cdot Y = \overline{S} \cdot (\overline{X} \cdot Y + X \cdot (\overline{Y} + Y)) + S \cdot X \cdot Y$$
$$= \overline{S} \cdot (\overline{X} \cdot Y + X \cdot 1) + S \cdot X \cdot Y = \overline{S} \cdot (\overline{X} \cdot Y + X) + S \cdot X \cdot Y$$
$$= \overline{S} \cdot (X + Y) \text{ (반사 법칙)} + S \cdot X \cdot Y \text{ (반사 법칙은 아래에서 설명됨)}$$

부울 대수는 일반 대수와 유사하게 다음과 같은 기본 정리와 법칙을 가지고 있다.

1. Characteristic Law(특성 법칙)

① $X \cdot 0 = 0$

② $X \cdot 1 = X$

③ $X + 0 = X$

④ $X + 1 = 1$

2. Communicative Law(교환 법칙)

① $X + Y = Y + X$

② $X \cdot Y = Y \cdot X$

3. Associative Law(결합 법칙)

① $X+Y+Z = X+(Y+Z) = (X+Y)+Z$

② $X \cdot Y \cdot Z = X \cdot (Y \cdot Z) = (X \cdot Y) \cdot Z$

4. Distributed Law(분배 법칙)

① $X \cdot (Y+Z) = X \cdot Y+X \cdot Z$

② $(X+Y) \cdot (W+Z)= X \cdot W+X \cdot Z+Y \cdot W+Y \cdot Z$

5. Idempotent Law(멱등 법칙)

① $X \cdot X = X$

② $X+X = X$

6. Negation Law(역 법칙)

$\overline{\overline{X}} = X$

7. Inclusion Theorem(포함 정리)

① $X \cdot \overline{X}= 0$

② $X+\overline{X} = 1$

8. Absorptive Law(흡수 법칙)

① $X+X \cdot Y= X$

② $X \cdot (X+Y) = X$

9. Reflective Law(반사 법칙)

① $X+\overline{X} \cdot Y= X+Y$

② $X \cdot (\overline{X}+Y) = X \cdot Y$

③ $X \cdot Y+\overline{X} \cdot Y \cdot Z = Y \cdot (X+\overline{X} \cdot Z)= Y \cdot (X+Z)= X \cdot Y+Y \cdot Z$

10. Consistency Theorem(일관성 정리)

① $X \cdot Y+X \cdot \overline{Y} = X \rightarrow X \cdot (Y+\overline{Y}) = X \cdot 1=X$

② $(X+Y) \cdot (X+\overline{Y}) = X$

11. DeMorgan's Law(드모르강의 법칙)

① $\overline{X \cdot Y} = \overline{X}+\overline{Y}$

② $\overline{(X+Y)} = \overline{X} \cdot \overline{Y}$

<표 5-4> 3개의 입력변수에 대한 진리표

입력			출력
X	L	P	P
0	0	0	0
0	0	1	1
0	1	0	0
0	1	1	0
1	0	0	0
1	0	1	1
1	1	0	1
1	1	1	1

위에서 정리한 부울 대수의 기본 정리 및 법칙을 이용하여 〈표 5-4〉의 진리표를 부울 대수식으로 표현하고 이 논리식을 간략화해 보자.

〈표 5-4〉의 진리표를 부울 대수식으로 표현하고, 이를 간략화하면 다음과 같다.

$$
\begin{aligned}
P &= \overline{X}\cdot\overline{L}\cdot P+X\cdot\overline{L}\cdot P+X\cdot L\cdot\overline{P}+X\cdot L\cdot P \\
&= \overline{L}\cdot P\cdot(\overline{X}+X)+X\cdot L\cdot(\overline{P}+P) \text{ (분배 법칙)} \\
&= \overline{L}\cdot P\cdot(1)+X\cdot L\cdot(1) \text{ (포함 정리)} \\
&= \overline{L}\cdot P+X\cdot L \text{ (특성 법칙)} \cdots\cdots \quad (5\text{-}2)
\end{aligned}
$$

5-3. 카노 맵[1]

부울 대수는 논리식을 간략화할 수 있는 효과적인 도구이나, 대개의 경우 여러 개의 논리식과 변수로 표현되는 실제 산업 제어 시스템에서는 적용하기 어렵고 표현과 해석에 시간이 많이 들어가는 실정이다.

1 Asfahl, C. Ray, Robots and Manufacturing Automation, John Wiley & Sons, Inc., 1992.

카노 맵(Karnaugh Map)은 논리 표현을 단순화하는 그래픽 기반의 분석 기법으로 포함 정리($X+\overline{X} = 1$)와 특성 법칙($X \cdot 1 = X$)을 이용하여 논리식에 나타나는 변수의 수를 줄이거나 항의 수를 줄이는 방법이다. 즉, 2개의 항이 하나의 변수만을 제외하고 같은 변수로 이루어져 있고, 그 하나의 변수가 보수(Complement)로 구성되어 있을 때, 보수 관계를 갖는 변수는 제거될 수 있다.

5-3-1. 인접한 셀 조사

예를 들어 다음과 같은 논리식이 있다고 하자.

$$X = A \cdot \overline{B} + A \cdot B \quad \cdots\cdots (5\text{-}3\text{-}1)$$

이를 카노 맵으로 간략화하려면, 우선 A와 B 변수의 모든 조합항이 표현 가능하도록 〈표 5-5〉와 같은 2×2 행렬을 만든다. 이 행렬은 4개의 셀을 가지고 있는데, 주어진 논리식에서 각 항의 변수 조합에 해당하는 셀에 '1'을 기입하면 〈표 5-6〉이 된다.

<표 5-5> 변수 2개인 카노 맵 템플리트

	$\overline{A}$	A
$\overline{B}$		
B		

<표 5-6> 식(5-3-1)의 카노 맵 적용

	$\overline{A}$	A
$\overline{B}$		1
B		1

→ A

〈표 5-6〉에서와 같이 수직이나 수평 방향으로 인접한 셀이 모두 '1'로 기입된다면, 이 식은 보수 관계인 $(B+\overline{B}) = 1$이 되어 공통 변수인 A만 남게 된다. 즉, 식(5-3-1)인 $X = A \cdot \overline{B} + A \cdot B = A$로 간략화되는 것이다. 이를 부울 대수를 이용하여 간략화해보면, X =

$A \cdot \overline{B} + A \cdot B = A \cdot (B + \overline{B}) = A \cdot 1 = A$가 되어 카노 맵의 결과와 일치한다.

이와 같이 논리식을 카노 맵으로 표현했을 때, 수평 혹은 수직으로 인접한 셀들이 모두 '1'로 표현된다면 간략화 가능한 것이다. 그러나 대각선으로 인접한 셀이 생기는 경우는 간략화할 수 없다.

변수가 3개인 경우와 4개인 경우의 카노 맵 템플리트는 각각 〈표 5-7〉, 〈표 5-8〉과 같다.

<표 5-7> 변수 3개인 카노 맵 템플리트

	$\overline{A}$		A	
$\overline{B}$				
B				
	$\overline{C}$	C		$\overline{C}$

<표 5-8> 변수 4개인 카노 맵 템플리트

	$\overline{A}$		A		
$\overline{B}$					$\overline{D}$
					D
B					
					$\overline{D}$
	$\overline{C}$	C		$\overline{C}$	

변수 3개인 경우의 예를 들면, 다음과 같은 식이 된다.

$$Z = \overline{A} \cdot B \cdot \overline{C} + \overline{A} \cdot B \cdot C \quad \cdots\cdots (5\text{-}3\text{-}2)$$

식(5-3-2)를 카노 맵으로 표현하면 〈표 5-9〉와 같다. 이 표에서 나타난 바와 같이 하나의 인접한 셀이 생성되어($C + \overline{C} = 1$) 최종적으로 $Z = \overline{A} \cdot B$로 간략화된다.

<표 5-9> 식(5-3-2)의 카노 맵 적용

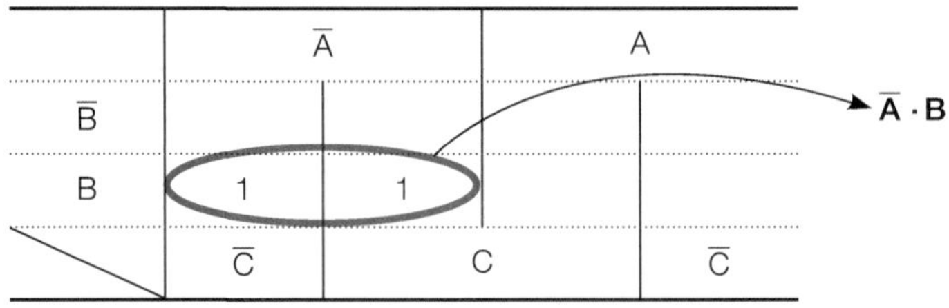

변수 4개인 경우의 예를 들면, 다음과 같다.

$$Z = \overline{A}\cdot\overline{B}\cdot C\cdot\overline{D} + A\cdot\overline{B}\cdot C\cdot\overline{D} + \overline{A}\cdot B\cdot\overline{C}\cdot D$$
$$+ \overline{A}\cdot B\cdot\overline{C}\cdot\overline{D} + A\cdot B\cdot C\cdot\overline{D} + A\cdot B\cdot\overline{C}\cdot\overline{D} \quad \text{(5-3-3)}$$

식(5-3-3)을 카노 맵으로 표현하면 〈표 5-10〉과 같다. 이 표에서 나타난 바와 같이 3개의 인접한 셀들이 생성되어 $X = \overline{B}\cdot C\cdot\overline{D} + \overline{A}\cdot B\cdot\overline{C} + A\cdot B\cdot\overline{D}$로 간략화된다.

<표 5-10> 식(5-3-3)의 카노 맵 작용

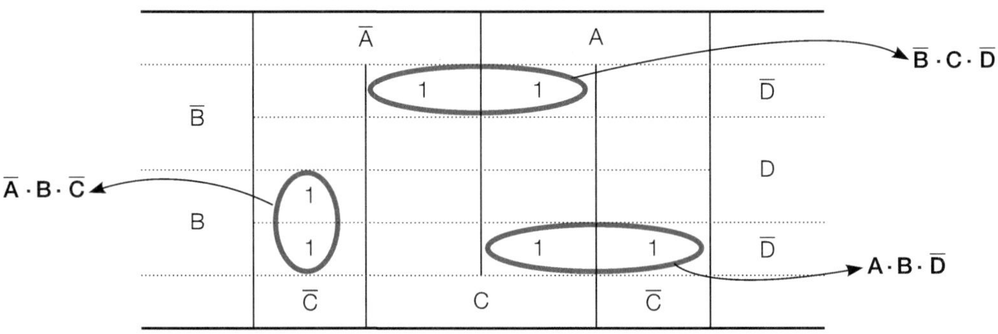

5-3-2. 집중 패턴

5-3-1절에서 살펴본 바와 같이, 카노 맵에서 2개의 인접한 셀이 생기면 변수 하나를 제거하여 간략화할 수 있다. 이것을 확장하여 적용하면 2개 이상의 변수를 제거할 수 있다. 예를 들어 다음과 같은 부울 대수식을 간략화해보기로 한다.

$$Y = A \cdot B \cdot C \cdot D + A \cdot B \cdot \overline{C} \cdot D + A \cdot B \cdot C \cdot \overline{D} + A \cdot B \cdot \overline{C} \cdot \overline{D} \quad \cdots\cdots\cdots (5\text{-}3\text{-}4)$$

식(5-3-4)을 카노 맵으로 표현하면 〈표 5-11〉과 같이 4개의 셀이 집중되어 인접한 경우가 생기는데, 이 경우에는 2개의 변수를 제거하여 간략화할 수 있다($C + \overline{C} = 1$, $D + \overline{D} = 1$). 즉, $Y = A \cdot B$로 간략화된다. 이를 집중 패턴이라 한다.

<표 5-11> 식(5-3-4)의 카노 맵 적용

	$\overline{A}$		A		
$\overline{B}$					$\overline{D}$
$\overline{B}$					D
B			1	1	D
B			1	1	$\overline{D}$
	$\overline{C}$	C	C	$\overline{C}$	

→ A·B

만약 카노 맵에서 8개의 셀이 집중되어 인접하면 3변수가 제거될 수 있고, 16개의 셀이 인접하면 4개의 변수가 제거될 수 있다. 〈표 5-12〉에 8셀 집중 패턴을 나타내고 있고, 〈표 5-13〉에 16셀 집중 패턴을 나타내고 있다.

<표 5-12> 8셀 집중 패턴

	$\overline{A}$		A		
$\overline{B}$			1	1	$\overline{D}$
$\overline{B}$			1	1	D
B			1	1	D
B			1	1	$\overline{D}$
	$\overline{C}$	C	C	$\overline{C}$	

→ A

<표 5-13> 16셀 집중 패턴

	$\overline{A}$		A		
$\overline{B}$	1	1	1	1	$\overline{D}$
	1	1	1	1	D
B	1	1	1	1	
	1	1	1	1	$\overline{D}$
	$\overline{C}$	C		$\overline{C}$	

5-3-3. 중복 패턴

5-3-1절과 5-3-2절에서는 카노 맵에서 하나의 셀은 한 번만 인접 셀로 이용되었다. 그런데 만약 하나의 셀이 인접한 셀로서 두 번 이상 이용되어 논리식이 간단해질 수 있다면 두 번 이상 사용해도 된다. 이것은 부울 대수 법칙에서 멱등 법칙의 하나인 X + X = X를 이용한 것이다. 이를 중복 패턴이라 한다.

예를 들어 식(5-3-5)에 카노 맵을 적용해보자.

$$W = \overline{A} \cdot \overline{B} + \overline{A} \cdot B + A \cdot B \quad \text{(5-3-5)}$$

그러면, 〈표 5-14〉와 같이 되는데, 이 때, 해당 논리식을 보다 간략화하기 위해 $\overline{A} \cdot B$ 셀을 인접 셀로 두 번 사용하였다($B + \overline{B} = 1$, $A + \overline{A} = 1$). 즉, $W = \overline{A} + B$로 간략화 될 수 있다.

<표 5-14> 식(5-3-5)의 카노 맵 적용

	$\overline{A}$	A
$\overline{B}$	1	
B	1	1

5-3-4. 인접한 외곽 셀

카노 맵 상에서 언뜻 보기에 인접하지 않는 셀인 것처럼 보이나 실제로는 인접한 셀인 경우가 있는데, 이를 인접한 외곽 셀이라 한다. 즉, 카노 맵을 작성했을 때 행렬의 경계 셀에 값이 존재한다면 인접성을 체크해보는 것이 좋다. 이것은 카노 맵 템플릿을 만드는 방법상의 차이로 생길 수 있다. 인접한 외곽 셀의 유형에는 원통형과 구형이 있다.

첫째, 원통형으로 인접한 외곽 셀을 예를 들어 설명하면, 다음과 같다.

$$Z = A \cdot \overline{B} \cdot C \cdot \overline{D} + \overline{A} \cdot B \cdot \overline{C} \cdot D + A \cdot B \cdot \overline{C} \cdot D + A \cdot B \cdot C \cdot \overline{D} \quad \cdots\cdots\cdots (5\text{-}3\text{-}6)$$

식(5-3-6)에 대해 카노 맵을 적용해보면, 〈표 5-15〉와 같이 되는데, 일견 보기에는 인접한 셀이 없는 것처럼 보이는데, 이 맵을 우선 원통형으로 세로로 둥글게 말아보면 $\overline{A} \cdot B \cdot \overline{C} \cdot D$ 셀과 $A \cdot B \cdot \overline{C} \cdot D$ 셀이 인접해진다. 그리고 다시 가로 방향으로 둥글게 말아보면 〈표 5-16〉에서와 같이 $A \cdot \overline{B} \cdot C \cdot \overline{D}$ 셀과 $A \cdot B \cdot C \cdot \overline{D}$ 셀이 인접하여 간략화할 수 있게 되어 최종적으로 $Z = A \cdot C \cdot \overline{D} + B \cdot \overline{C} \cdot D$로 간략화된다.

<표 5-15> 식(5-3-6)의 카노 맵 적용

	$\overline{A}$		A		
$\overline{B}$			1		$\overline{D}$
$\overline{B}$					D
B	1			1	D
B			1		$\overline{D}$
	$\overline{C}$	C	C	$\overline{C}$	

<표 5-16> 식(5-3-6)의 인접한 외곽 셀 적용(원통형)

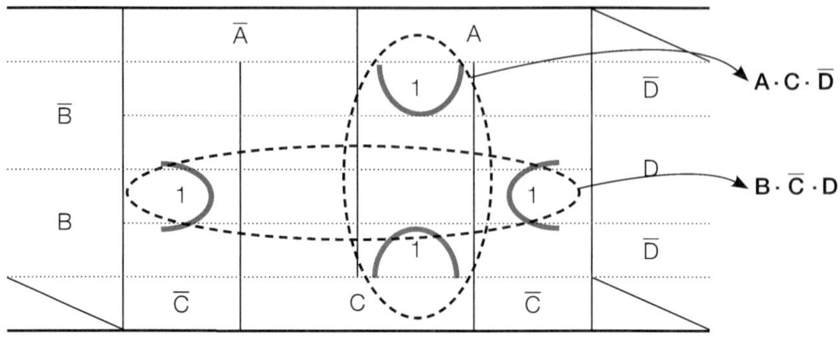

〈표 5-16〉의 결과는 카노 맵 템플리트를 〈표 5-17〉과 같이 변수 C와 $\overline{C}$의 위치를 바꾸어 적용하면 쉽게 식(5-3-6)에서 인접한 셀이 2개 발생하는 것을 알 수 있다.

<표 5-17> 식(5-3-6)의 변형된 템플릿 적용

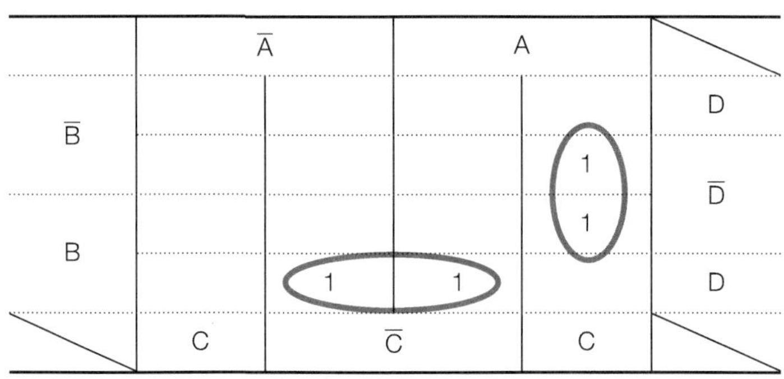

둘째, 구형으로 인접한 외곽 셀을 예를 들어 설명하면, 다음과 같다.

$$W = \overline{A} \cdot \overline{B} \cdot \overline{C} \cdot \overline{D} + A \cdot \overline{B} \cdot \overline{C} \cdot \overline{D} + \overline{A} \cdot B \cdot \overline{C} \cdot \overline{D} + A \cdot B \cdot \overline{C} \cdot \overline{D} \quad \cdots\cdots (5\text{-}3\text{-}7)$$

식(5-3-7)에 대해 카노 맵을 적용해보면, 〈표 5-18〉과 같이 되는데, 일견 보기에는 인접한 셀이 없는 것처럼 보이지만, 이 맵을 네 모서리를 한 점에서 만나게 공처럼 동그랗게 만들면 〈표 5-19〉에서와 같이 4개의 셀이 인접하게 되어, $W = \overline{C} \cdot \overline{D}$로 간략화된다.

<표 5-18> 식(5-3-7)의 카노 맵 적용

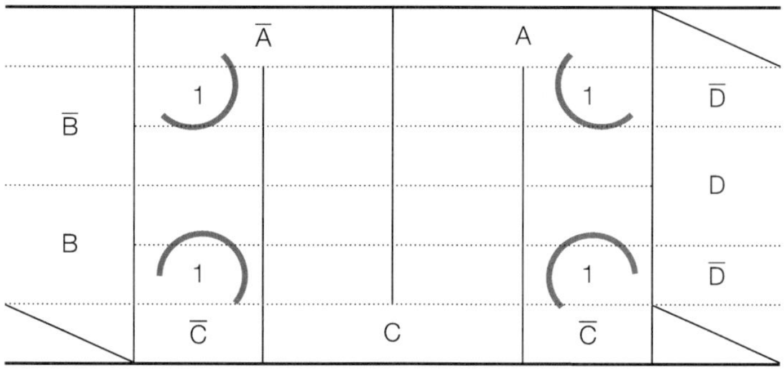

<표 5-19> 식(5-3-7)의 인접한 외곽 셀 적용(구형)

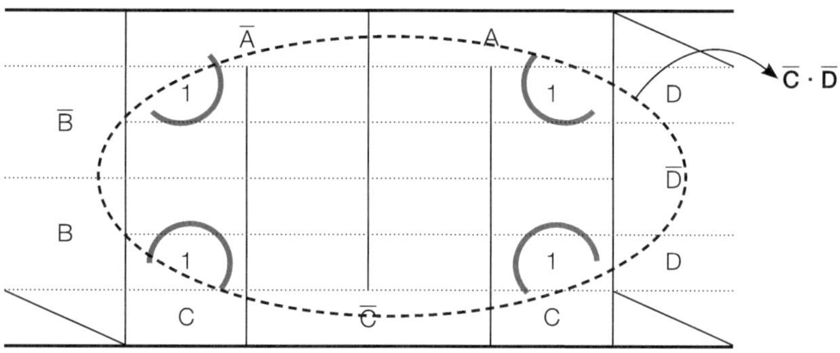

〈표 5-19〉의 결과는 카노 맵 템플리트를 〈표 5-20〉과 같이 변수 C와 $\overline{C}$, 변수 D와 $\overline{D}$의 위치를 바꾸어 적용하면 쉽게 식(5-3-7)에서는 하나의 집중 패턴이 생기는 것을 알 수 있다.

<표 5-20> 식(5-3-7)의 변형된 템플릿 적용

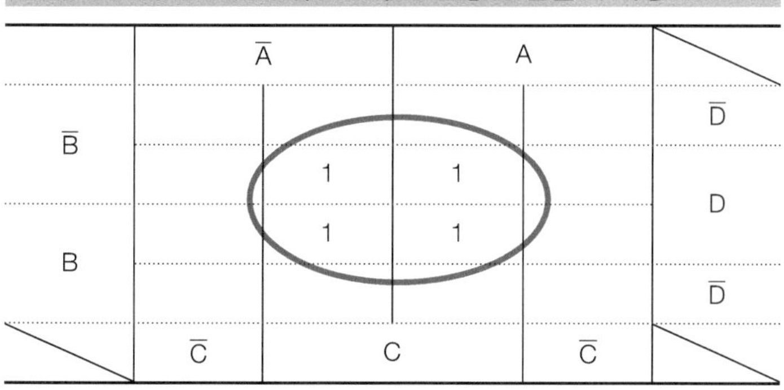

5-3-5. 'Don't Care' 상태

산업용 제어 시스템에서 시스템이 취할 수 있는 모든 입력변수의 조합을 표현함에 있어서 그 중의 일부는 발생 불가능하거나 부적절하거나 시스템의 전체 상태와 무관하여, 이러한 입력변수의 조합에 따른 출력변수의 값이 ON인지 OFF인지가 전체 시스템의 상태에 영향을 주지 않을 때, 이 때의 입력변수의 조합이 나타내는 상태를 'Don't care' 상태라 칭한다.

이러한 'Don't care' 상태를 이용하여 논리식을 보다 간략화할 수 있는데, 이를 위해 우선 'Don't care' 상태인 셀에 'X' 표시를 해둔다. 카노 맵에서 'X' 표시는 그 셀이 '0'이나 '1'의 값 중 어느 것을 취해도 시스템의 출력에 영향을 주지 않는다는 것을 의미한다.

예를 들어 다음과 같은 부울 대수식에 카노 맵을 적용해보자.

$$W = \overline{A}\cdot\overline{B}\cdot C\cdot D + A\cdot\overline{B}\cdot C\cdot D + A\cdot\overline{B}\cdot\overline{C}\cdot D + \overline{A}\cdot B\cdot\overline{C}\cdot D + \overline{A}\cdot B\cdot C\cdot D + A\cdot B\cdot C\cdot D \quad \cdots\cdots (5\text{-}3\text{-}8)$$

그러면, 〈표 5-21〉과 같이 되어, $W = \overline{A}\cdot B\cdot D + C\cdot D + A\cdot\overline{B}\cdot D$로 간략화된다.

<표 5-21> 식(5-3-8)의 카노 맵 적용

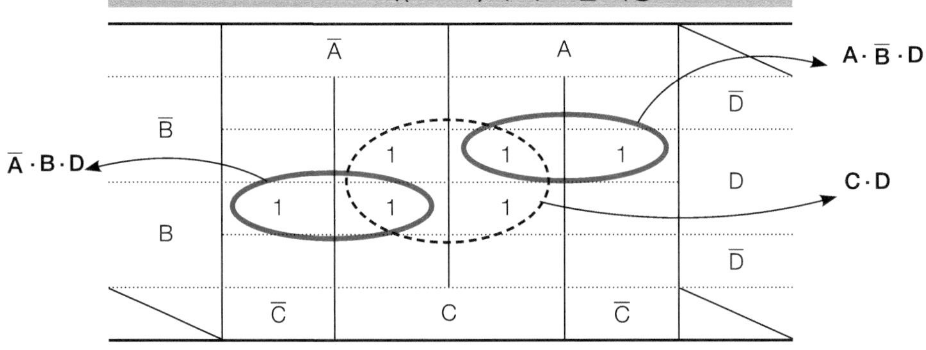

그러나 만약에 〈표 5-22〉에서 'X'로 표시된 $\overline{A}\cdot\overline{B}\cdot\overline{C}\cdot D$ 셀과 $A\cdot B\cdot\overline{C}\cdot D$ 셀이 'Don't Care' 상태라면, 이 두 셀을 모두 '1'로 표현하여 〈표 5-22〉와 같이 보다 더 간략화를 할 수 있게 되며, 최종적으로 W=D로 간략화된다.

<표 5-22> 식(5-3-8)에 'Don't Care' 상태 적용

	$\overline{A}$		A		
$\overline{B}$					$\overline{D}$
$\overline{B}$	X	1	1	1	D
B	1	1	1	X	D
B					$\overline{D}$
	$\overline{C}$	C	C	$\overline{C}$	

5-3-6. 카노 맵의 한계

카노 맵은 논리식을 간략화하는 데 있어서 사용하기 쉬운 그래픽 도구를 제공하지만 다음과 같은 한계점을 가지고 있다. (1) 최대 4개의 변수를 갖는 논리식만을 간략화할 수 있다. 2차원 행렬에 5개 이상의 변수의 모든 가능한 조합을 표현할 수 있는 방법이 아직까지 없다는 점에 기인한다. (2) 진리표와 마찬가지로 논리식에서의 모든 항이 입력변수들을 모두 포함하는 조합으로 표현되어야 한다. 예를 들면 4개의 변수가 존재하는 $V = A \cdot (B+C) + \overline{C} \cdot \overline{D}$와 같은 논리식은 카노 맵을 적용할 수 없다. 즉, 각 항은 $A \cdot B \cdot C \cdot \overline{D}$와 같이 4개의 변수가 모두 포함되어야 한다.

5-4. 논리도

5-2절에서 자동화 시스템의 제어를 위해 논리를 표현하는 두 가지 방법인 진리표와 부울 대수를 살펴보았는데, 이 방법들을 실제 산업 현장에서 사용했을 때의 단점을 들자면 다음과 같다. (1) 복잡한 제어 논리를 표현하기 어렵다. (2) 작성된 논리식을 해석하기 어렵다. (3) 산업용 제어 시스템은 통상 타이머(Timer), 카운터(Counter)를 사용하는데, 이를 표현할 수 없다.

이러한 단점을 보완하기 위해 복잡한 논리를 다이어그램(그림)으로 표현한 것이 논리도(Logic Diagram)이다. 논리도의 종류로는 논리망도(Logic Network Diagram)와 사다리논리도(Ladder Logic Diagram)가 있다.

5-4-1. 논리망도

논리망도는 논리 요소 사이의 관계를 표현하는 데 유용한 도구이다. 〈그림 5-4〉에 논리 망도에서 사용되는 논리 게이트웨이에 해당하는 기호를 US 기호와 ISO 기호로 구분하여 나타내고 있다.

논리망도를 작성하는 방법은 비교적 단순하다. 먼저 입력변수들을 왼쪽에 그리고 출력변수들을 오른쪽에 나열한다. 그다음 논리식의 내용을 논리 게이트웨이와 연결선을 이용하여 연결하면 된다. 예를 들어, 5-2절에서 살펴본 모터 기동 제어를 위한 진리표는 〈표 5-23〉과 같다.

이를 부울 대수식으로 표현하면 다음과 같다.

$$MO = ST \cdot \overline{OP} \cdot \overline{MO} + \overline{ST} \cdot \overline{OP} \cdot MO + ST \cdot \overline{OP} \cdot MO \quad \cdots\cdots\cdots\cdots\cdots (5\text{-}4\text{-}1)$$

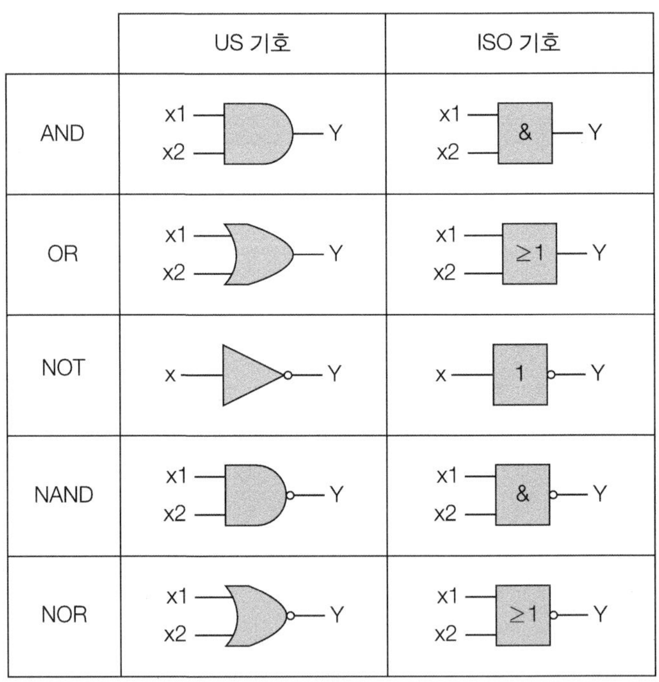

<그림 5-4> 논리망도 기호

출처: Groover, Mikell P., Automation, Production Systems, and Computer Integrated Manufacturing, 3rd edition, Pearson, 2008.

<표 5-23> 모터 기동 제어 진리표

입력			출력
ST	OP	MO	MO
0	0	0	0
0	1	0	0
1	0	0	1
1	1	0	0
0	0	1	1
0	1	1	0
1	0	1	1
1	1	1	0

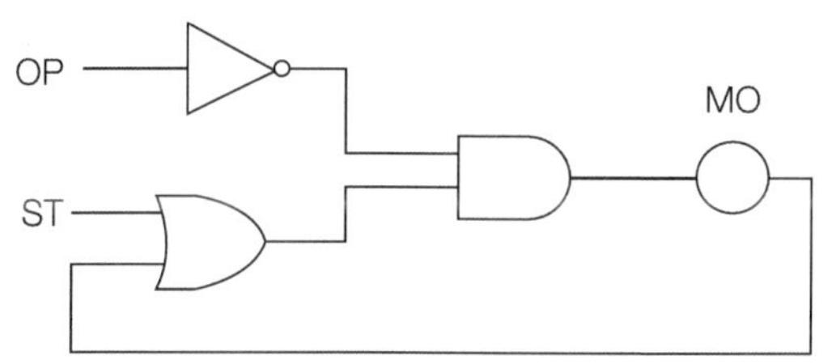

<그림 5-5> 모터 기동 제어 논리망도

이를 부울 대수의 정리와 법칙을 이용하여 간략화하면,

$$MO = \overline{OP} \cdot (ST + MO) \quad \cdots\cdots (5\text{-}4\text{-}2)$$

가 된다. 식(5-4-2)를 US 기호 기준 논리망도로 표현하면 〈그림 5-5〉와 같다.

5-2-2절에 나타난 〈표 5-4〉의 진리표에 대한 부울 대수식은 다음과 같다.

$$P = \overline{X} \cdot \overline{L} \cdot P + X \cdot \overline{L} \cdot P + X \cdot L \cdot P + X \cdot L \cdot \overline{P} = \overline{L} \cdot P + X \cdot L \quad \cdots\cdots (5\text{-}4\text{-}3)$$

식(5-4-3)을 논리망도로 표현하면 〈그림 5-6〉과 같다.

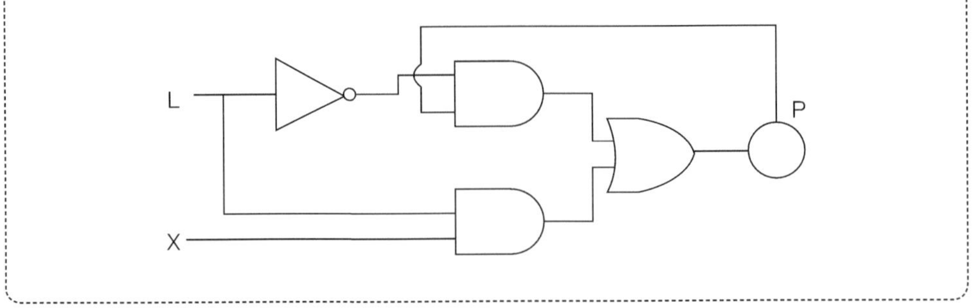

<그림 5-6> 식(5-4-3)에 대한 논리망도

5-4-2. 사다리논리도

자동화 시스템의 타이밍이나 순서를 논리식에서 나타낼 수 있는 기법의 하나로 사다리 논리도가 있다. 이 기법은 논리 제어와 순차 제어를 수행하는 전기회로를 표현할 수 있다는 의미에서 중요하며, 자동화 제어 시스템을 설계, 테스트, 유지보수 및 수리하는 산업 현장에서 널리 쓰이고 있다.

사다리논리도는 〈그림 5-7〉에 예시된 것과 같이 다양한 입력과 출력 요소들이 2개의 수직선을 연결하는 복수의 수평선에 배열된다.

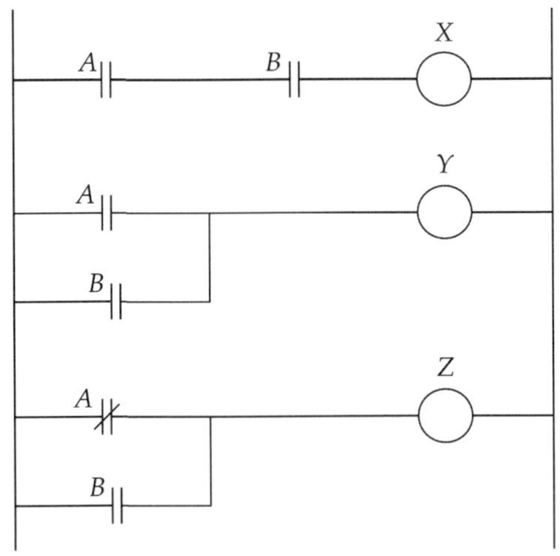

<그림 5-7> 사다리논리도의 예

이름에서 유추할 수 있듯이 이 사다리논리도는 사다리의 구조와 비슷하다. 사다리논리도에서 기본 구성 요소들은 접점(Contact, 논리 입력을 의미함)과 부하(Load, 출력을 의미함)이다. 전력(예: 220V)은 2개의 수직선을 따라 구성 요소에 공급된다. 사다리논리도에서 입력은 왼편에, 출력은 오른편에 위치시키는 것이 일반적인 관행이다.

일반 논리 요소와 순차 요소를 표현하기 위해 사다리논리도에서 사용되는 기본 기호가 〈그림 5-8〉에 나타나있다.

스위치나 비슷한 구성 기기의 평상시 열려 있는(NO: Normally Open) 입력 접점은 〈그림 5-8〉(a)와 같이 사다리의 수평선을 따라 2개의 짧은 수직선으로 작성하고, 평상시 닫혀 있는(NC: Normally Closed) 입력 접점은 〈그림 5-8〉(c)와 같이 2개의 수직선 사이에 사선을 그어 표현한다. 이것은 입력에 대한 부정(NOT)을 나타낸다. 스위치 이외의 입력 장치로는 릴레이, 한계 스위치, 광전 센서, 타이머들이 있다. 하나의 입력 접점은 하나의 사다리논리도에서 여러 번 표현될 수 있고, 출력 부하가 입력 접점으로서 사용될 수도 있다.

모터, 램프, 알람, 솔레노이드 및 논리 제어 시스템에 의하여 켜졌다 꺼졌다 하는 기타 전기 장치와 같은 출력 부하는 〈그림 5-8〉(b)와 같이 원형 노드로 표현된다. 2개의 입력의 AND 게이트는 〈그림 5-8〉(d)와 같이 표현하고, OR 게이트는 〈그림 5-8〉(e)와 같이 표현한다.

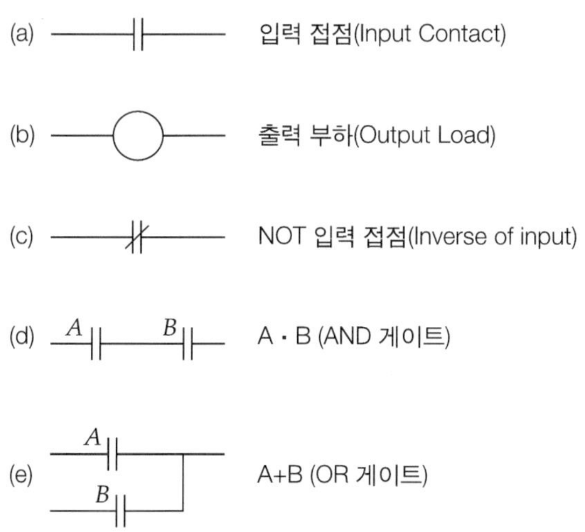

<그림 5-8> 사다리논리도 기본 요소

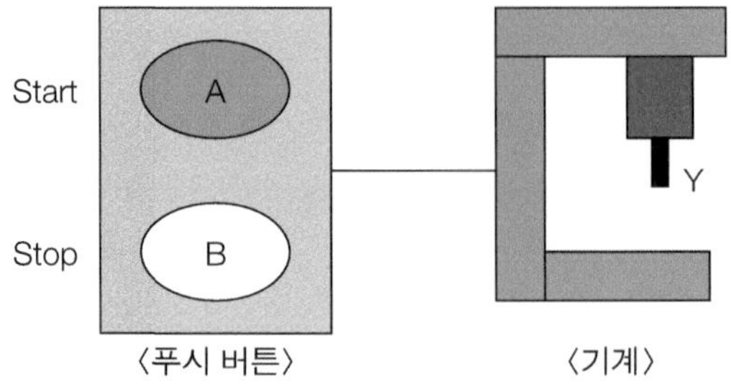

<그림 5-9> 푸시 버튼 스위치에 의한 기계 작동 제어

예를 들어, 〈그림 5-9〉에서와 같이 푸시 버튼 스위치(A, B)에 의한 기계(Y) 작동 제어를 사다리논리도로 표현해보자. 여기서, 입력은 A, B이고 출력은 Y이다.

푸시 버튼 스위치의 특성은 스위치를 누르는 동안에만 'ON' 상태를 유지하고, 누름을 해제하면 바로 'OFF' 상태로 바뀐다는 것이다. 〈그림 5-9〉에 나타난 기계 제어 시나리오는 다음과 같다. (1) A를 누르면 Y가 작동한다. (2) A를 놓아도 Y가 작동 중이면 계속 작동한다. (3) B를 누르면 무조건 중지한다.

여기서, (2)번 조건을 만족시키기 위한 회로를 '자기유지회로'라고 하는데, 자기유지회로란 푸시 버튼 등의 순간동작으로 만들어진 입력 신호가 출력에 가해지면 입력 신호가 제거되어도 출력 부하의 동작을 계속적으로 유지시켜주는 회로이며 제어 시스템의 기본 회로 중의 하나이다. 이 예제 시나리오에 대한 순차적인 사다리논리도 작성 단계는 〈그림 5-10〉과 같다.

논리식으로부터 논리도를 작성하는 과정에서 사다리논리도는 논리망도에 비해 제약을 가지고 있다. 그것은 사다리논리도가 개별 입력변수의 NOT 연산만을 표현할 수 있다는 점이다. 논리식에 여러 입력변수들이 복합된 연산식 전체에 NOT이 존재하는 경우, 이를 직접적으로 사다리논리도에 표현하는 것은 불가능하다. 이런 경우에는 드모르강의 법칙을 이용하여 NOT 연산자 내에 들어있는 복합 연산식을 개별 변수의 NOT으로 이루어진 연산식으로 분해해주어야 한다. 예를 들면 다음과 같은 논리식을 생각해보자.

$$Y = \overline{A \cdot B + C} \quad \cdots\cdots (5\text{-}4\text{-}4)$$

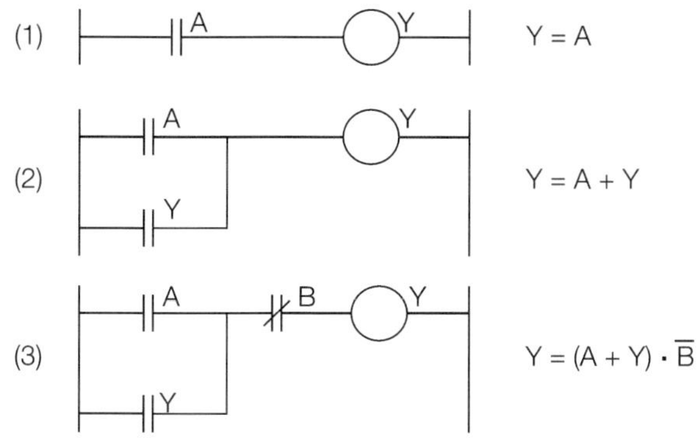

<그림 5-10> 푸시 버튼 스위치에 의한 기계 작동 제어에 대한 사다리논리도 작성 단계

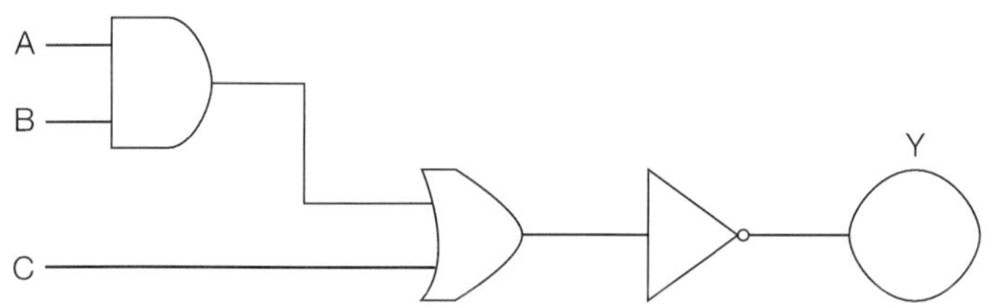

<그림 5-11> 식(5-4-4)에 대한 논리망도

식(5-4-4)에 대한 논리망도는 〈그림 5-11〉과 같이 쉽게 얻어진다.

하지만 이 논리식은 하나의 NOT 연산자 내에 여러 변수들로 구성된 복합 연산식을 포함하므로 직접 사다리논리도로 표현하는 것은 불가능하다. 따라서 드모르강의 법칙을 이용하여 논리식을 다음 식(5-4-5)와 같이 변환시켜야 한다.

$$Y = \overline{A \cdot B + C} = \overline{A \cdot B} \cdot \overline{C} = (\overline{A} + \overline{B}) \cdot \overline{C} \quad \cdots\cdots (5\text{-}4\text{-}5)$$

식(5-4-5)를 사다리논리도로 표현하면 〈그림 5-12〉와 같다[주상윤, 2008].

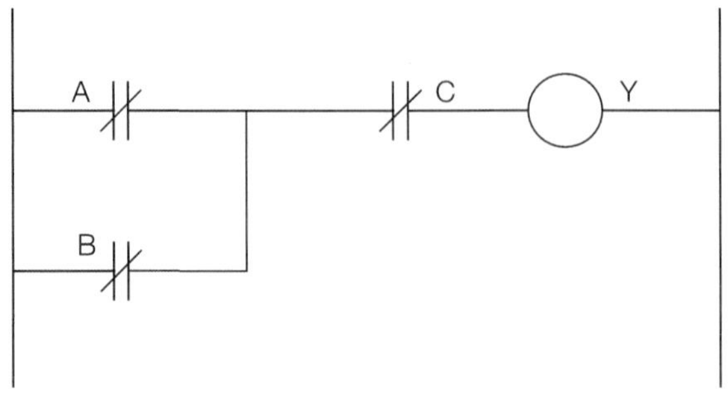

<그림 5-12> 식(5-4-5)에 대한 사다리논리도

5-4-3. 반응도

반응도(Response Diagram)는 시간의 흐름에 따른 입력변수들의 상태 변화에 대한 출력변수의 반응을 그래프로 표현한 것으로 Time chart라고도 한다. 반응도를 이용하여 자동화 엔지니어는 자동화 시스템을 설계할 때 입력값을 변화시켜가며 입력의 변화가 출력에 미치는 다양한 영향을 쉽게 이해할 수 있다.

〈그림 5-13〉은 입력변수 X의 시간의 흐름에 따른 상태 변화에 따라 출력변수 Y의 반응을 표시한 것이다[Asfahl, 1992].

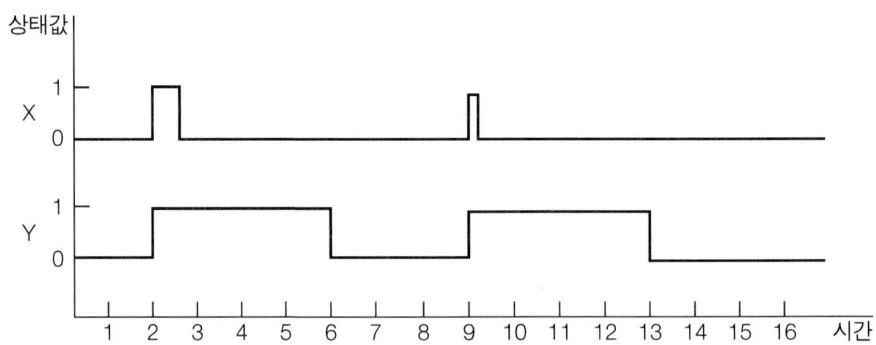

<그림 5-13> 반응도 예

5-4-4. 타이머

일반적인 논리 제어 시스템은 순간적인 입력 상태의 변화가 순간적인 출력 상태의 변화를 초래한다. 타이머(Timer)는 입력 상태의 변화에 대해 출력을 일정시간 지연시키는 역할을 하는데, 이를 표현하는 논리를 동적 시간 논리(Time Dynamic Logic)라고 하며, 부울 대수나 진리표는 시간 변수를 다루지 못하고 순간적인 입출력의 변화를 표현하는 정적 시간 논리(Time Static Logic)만을 다룰 수 있다.

타이머는 미리 설정된 시간에 맞추어 ON/OFF 출력을 내보내는 스위치 장치인데, 산업 현장이나 가정에서 어떤 시간에 스위치를 켜거나 일정 시간 동안 전원을 유지시키는 목적으로 사용된다.

이산 제어 시스템에서는 (1) 오프지연(Off Delay) 타이머와 (2) 온지연(ON Delay) 타이머의 두 가지 유형의 타이머가 사용된다. 오프지연 타이머는 〈그림 5-14〉(c)와 같이 시작 입력 신호를 받아 활성화(ON)되었다가, 입력이 꺼져도(OFF) 타이머는 ON을 유지하다가 일정 시간 경과 후 비활성화(OFF)된다. 운전자가 문을 닫고 자동차에서 나간 후(OFF), 약 30초간 실내등이 더 켜져 있다가(ON) 자동으로 꺼지는 경우가 오프 지연 타이머의 예이다.

온지연 타이머는 〈그림 5-14〉(b)에서와 같이 시작 입력 신호를 받은 후에도 OFF 상태를 유지하다가 일정 시간 경과 후 활성화(ON)되고, 입력이 꺼지면(OFF) 같이 꺼진

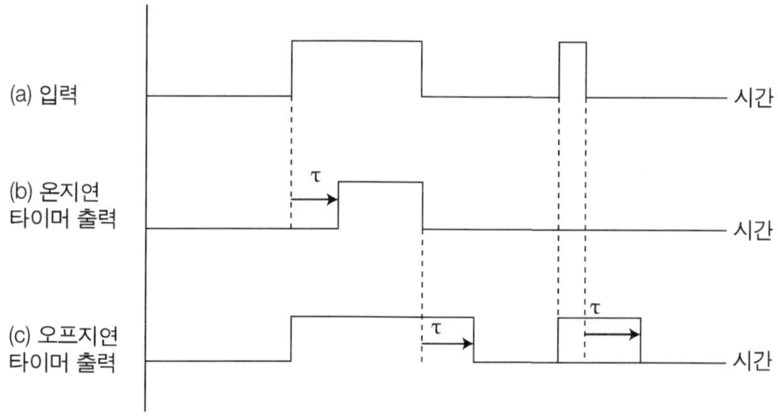

<그림 5-14> 타이머 종류

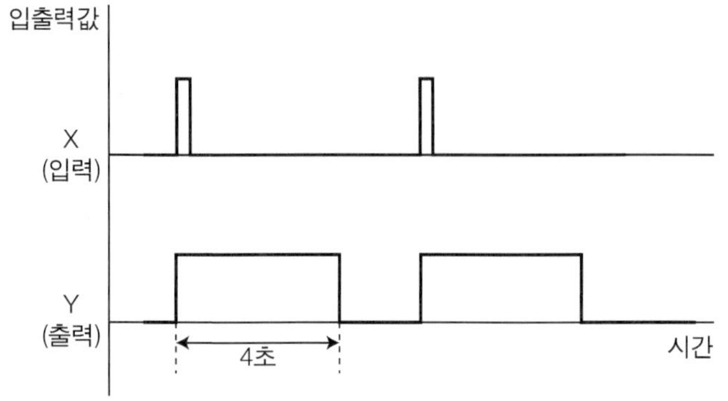

<그림 5-15> 트랩 도어 제어 반응도

다(OFF). 온지연 타이머 사용의 예를 들면, 컨베이어 시스템 기반의 자동 제품 선별 시스템에서 제품은 무게에 의해 불량과 양품이 구분된다. 무게 측정 작업장에 중량 초과 제품이 감지되면(X=ON), 불량품을 배출하기 위해 4초 동안 트랩 도어(Trap Door)를 연다(Y=ON). 트랩 도어가 밑으로 내려가면서 불량품은 작업장 아래로 배출된다. 4초 후에는 트랩 도어가 위로 올라가서 양품을 이동시킨다. 예제 제어 시나리오 대한 반응도는 〈그림 5-15〉와 같다.

반응도에서 보듯이 X가 ON된 후 바로 Y가 ON되고, 4초 후에 Y를 OFF시켜야 하므로, Y를 입력으로 하는 온지연 타이머를 사용하여 4초 후에 타이머를 ON시키고, 이것이 Y를 OFF 시키게 한다. Y가 OFF되면 타이머는 바로 OFF된다. 타이머 출력이 포함된 반응도는 〈그림 5-16〉과 같고, 트랩 도어 제어를 위한 사다리논리도는 〈그림 5-17〉과 같다.

오프지연 타이머 사용의 예를 들면, 빔 프로젝터에서는 강한 빛을 발생시키는 전구의 과열을 방지하기 위해 지속적으로 송풍기를 가동해야 한다. 빔 프로젝터에서의 송풍기 가동 시나리오는 다음과 같다: 프로젝터가 가동 중이면 송풍기는 계속 가동하고, 프로젝터가 꺼져도 송풍기는 3분 동안 송풍기를 더 가동한 다음 꺼진다.

입력이 꺼지더라도, 출력은 일정 시간 가동하다가 꺼져야 하므로 OFF를 지연시키는 오프지연 타이머를 사용한다. 입력변수로는 시스템 스위치 A와 출력변수로 프로젝터 출력 B, 송풍기 출력 D를 사용한다. 타이머 변수는 C로 표시한다.

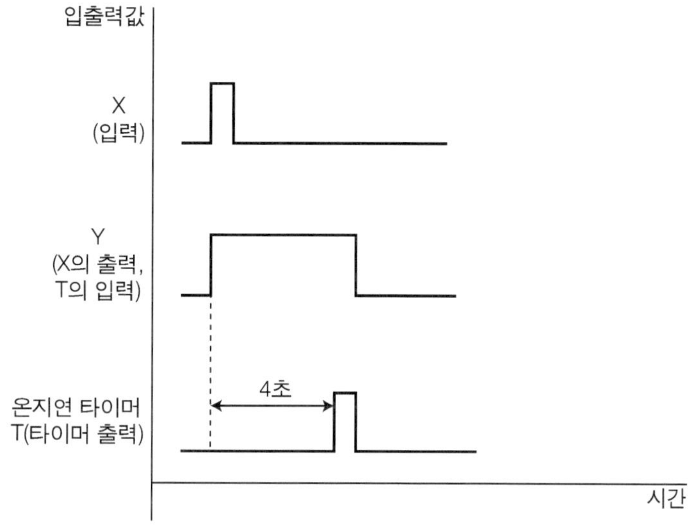

<그림 5-16> 타이머가 포함된 트랩 도어 제어 반응도

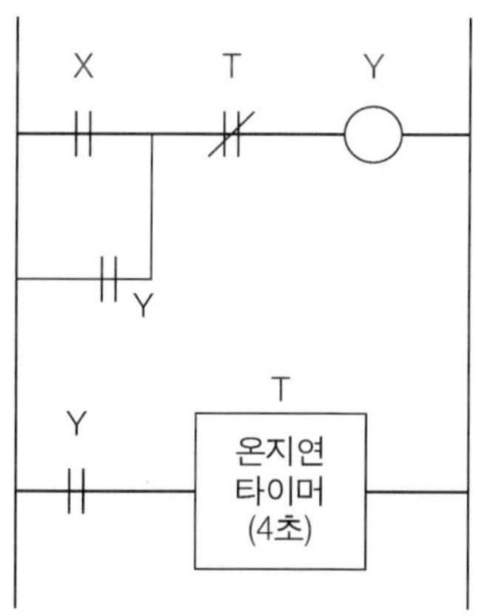

<그림 5-17> 트랩 도어 제어 사다리논리도

송풍기 제어를 위한 입출력 반응도를 그려보면 〈그림 5-18〉과 같다.

송풍기 출력(D)를 〈그림 5-18〉의 반응도와 같이 유지하기 위해서는 오프지연 타이머가 필요하다. 오프지연 타이머를 사용한 사다리논리도는 〈그림 5-19〉와 같다.

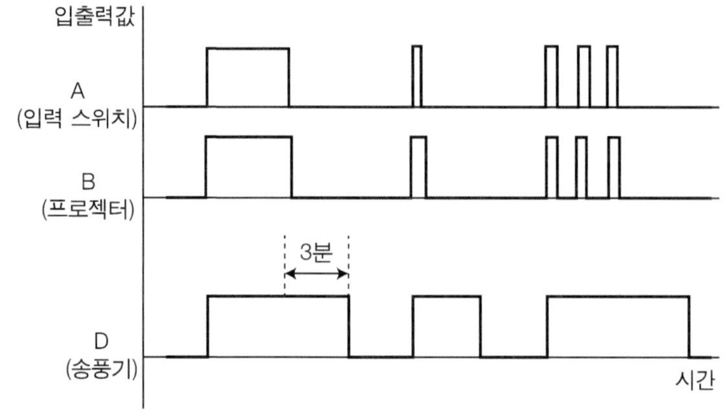

<그림 5-18> 빔 프로젝터 송풍기 제어를 위한 입출력 반응도

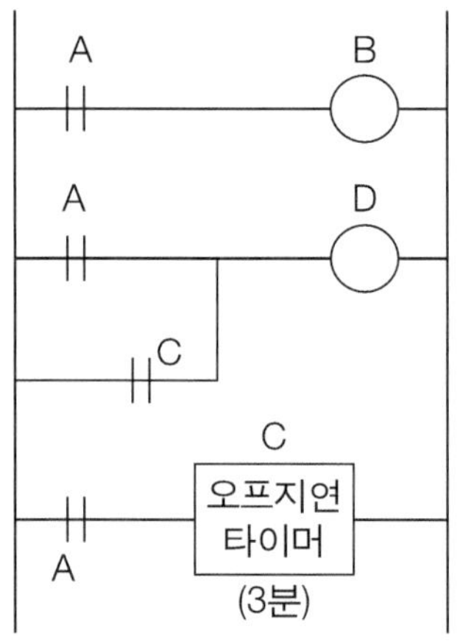

<그림 5-19> 송풍기 제어 사다리논리도

5-4-5. 카운터

카운터(Counter)는 전기 펄스 수를 세어서 결과를 저장하는 장치로서, 이 결과가 화면에 표시되거나 공정 제어 알고리즘에서 사용된다.

카운터는 업 카운터와 다운 카운터로 구분할 수 있는데, 업 카운터는 0에서 출발하여 입력 펄수에 따라 숫자를 더해 간다. 설정된 값에 도달할 경우 출력을 ON한다. 이후에 초기 상태로 복귀하기 위해 다시 0으로 리셋될 수 있다. 예를 들어 음료 병을 카운트하여 박스에 포장하는 경우 24병을 세고 나면 1박스가 만들어졌다는 신호를 출력하고 다시 음료 병을 처음부터 카운트하기 위해 카운터가 리셋되는 경우가 이러한 예이다.

다운 카운터는 초기 설정 값으로부터 시작하여 입력 펄스가 들어올 때마다 설정치로부터 값을 하나씩 줄여나가다가 0이 되면 출력을 ON한다. 위의 음료병 포장 예에서 다운 카운터를 사용할 경우 초기 값을 24로 두고 시작하면 된다. 이후에 카운터 값이 0이 되면 설정치를 다시 로드할 수 있다.

5-4-6. 사다리논리도 작성 연습

이 절에서는 4개의 예제를 가지고 주어진 제어 시나리오를 구현하는 사다리논리도를 작성하는 연습을 한다.

5-4-6-1. 퀴즈 게임 제어

사회가가 문제를 제시하고 복수의 참가자가 답을 맞혀서 가장 많이 맞추는 참가자가 이기는 게임이다. 참가자는 2명이고 각각 A, B라 한다. 사회자는 1명이고 C라 한다. 제어 시나리오는 다음과 같다.

(1) 퀴즈 참가자 A, B가 문제에 대한 답을 말하기 위해 참가자 앞의 푸시 버튼을 누르면 참가자 앞의 전구 X, Y가 켜진다.
(2) 둘 중 먼저 누른 사람의 전구만 켜지고, 나중에 누른 사람의 전구는 켜지지 않는다.
(3) 전구에 한 번 불이 들어오면 버튼을 놓아도 계속 불이 들어온다.
(4) 사회자의 푸시 버튼(C)에 의해 참가자의 전구를 끌 수 있다.
(5) 참가자가 버튼을 누르는 동안 부저(Z) 소리를 출력한다.

입력은 푸시 버튼 스위치 A, B, C이고 출력은 전구 X, Y 및 부저 Z이다.
위의 제어 시나리오 번호대로 순차적으로 사다리논리도를 작성해본다.

(1) 퀴즈 참가자 A, B가 문제에 대한 답을 말하기 위해 버튼을 누르면 자기 앞의 전구 X, Y가 켜진다(그림 5-20).

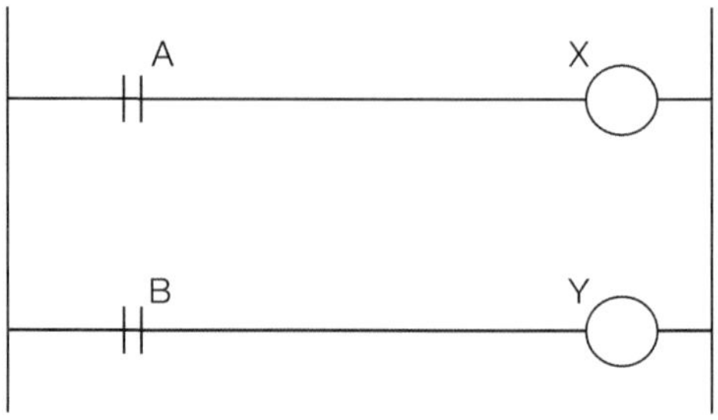

<그림 5-20> 퀴즈게임-1

(2) 둘 중 먼저 누른 사람의 전구만 켜지고, 나중에 누른 사람의 전구는 켜지지 않는다(상호금지회로, 그림 5-21).

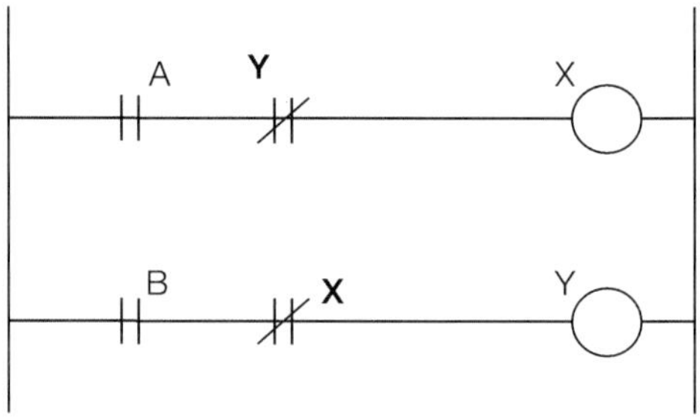

<그림 5-21> 퀴즈게임-2

상호금지회로는 인터록(Interlock)회로라고도 하며, 먼저 입력된 신호가 유효하고 후에 입력된 신호는 동작할 수 없는 회로이며 기기의 보호나 조작자의 안전을 위해 주로 사용된다.

(3) 한 번 불이 들어오면 버튼을 놓아도 계속 불이 들어온다(자기유지회로, 그림 5-22).

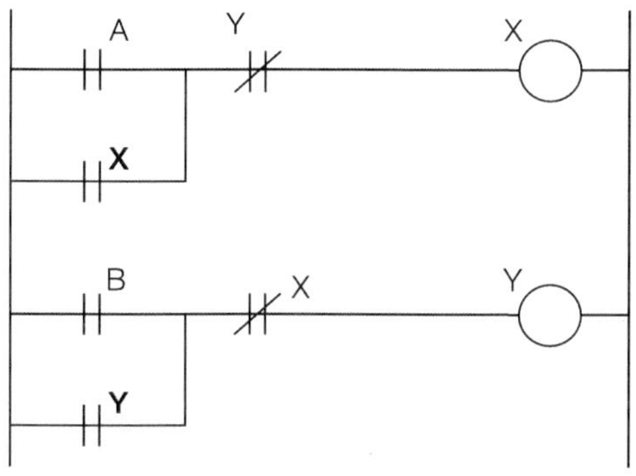

<그림 5-22> 퀴즈게임-3

(4) 사회자의 푸시 버튼(C)에 의해 참가자의 전구를 끌 수 있다(그림 5-23).

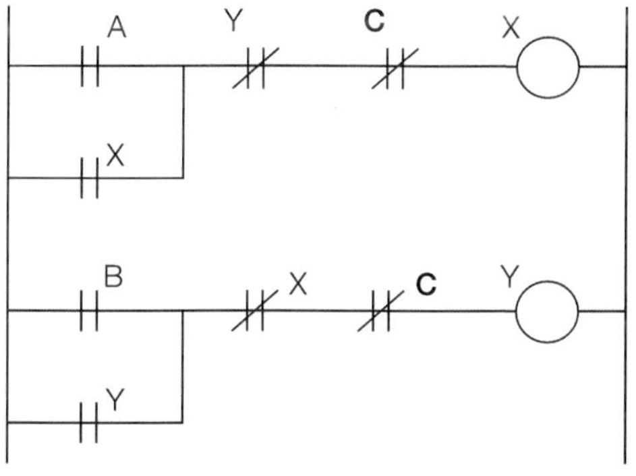

<그림 5-23> 퀴즈게임-4

(5) 참가자가 버튼을 누르는 동안 부저(Z) 소리를 출력한다(그림 5-24).

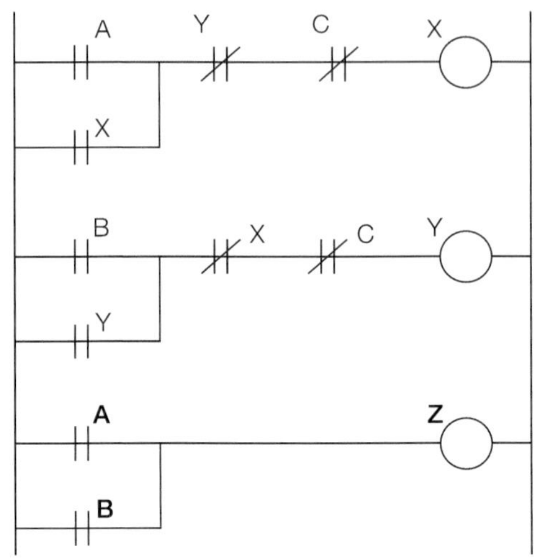

<그림 5-24> 퀴즈게임-5

이 제어 시나리오를 구현하는 데 있어서, 만약에 전구가 꺼진 후에도 참가자가 버튼을 계속 누르고 있으면 어떤 현상이 발생하는가? 이를 개선하기 위해서는 어떤 논리가 추가되거나 수정되어야 하는가?

5-4-6-2. 전기모터 회전 방향 제어(상호금지회로)

상호금지회로는 2개 이상의 입력이 있을 때 먼저 들어온 신호를 우선적으로 처리하고, 그 입력에 대한 출력이 완료될 때까지 다른 입력들은 무력화시키는 회로이다. 예를 들면, 전기모터의 정역회전 제어에서 정회전하다가 갑자기 역회전을 하게 되면 모터에 과부하가 생기므로(반대의 경우도 마찬가지임), 이런 현상을 방지하기 위해 정회전 중에는 바로 역회전을 못하게 하고, 역회전 중에는 바로 정회전을 못하게 해야 한다. 이를 위한 입/출력 변수는 다음과 같다.

- 01: 정회전 푸시 버튼 입력
- 02: 역회전 푸시 버튼 입력

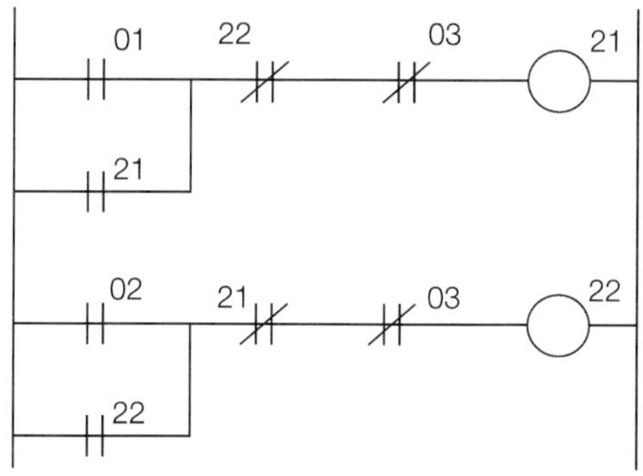

<그림 5-25> 전기모터 회전 방향 제어 사다리논리도

- 03: 정지 푸시 버튼 입력
- 21: 정회전 기동 출력
- 22: 역회전 기동 출력

모터의 정회전 기동 출력 '21'은 정회전 푸시 버튼 '01'이 눌러졌을 때 ON이 되고, 정지 푸시 버튼 '03'이 눌러졌거나, 역회전 출력 '22'가 기동 중일 때는 OFF가 된다. 또한 모터의 역회전 출력 '22'는 역회전 푸시 버튼 '02'가 눌러졌을 때 ON이 되고, 정지버튼 '03'이 눌러졌거나 정회전 '21'이 기동 중일 때 OFF가 된다. 그리고 출력 21, 22은 자기유지회로가 요구된다.

이 같은 내용을 기초로 하여 사다리논리도를 작성하면 〈그림 5-25〉와 같다.

5-4-6-3. 화학 용액 저장 탱크 제어[2]

〈그림 5-26〉에서 나타난 바와 같이 이 예제는 화학 용액을 저장하는 탱크에서 용액의 유입과 화학 반응 및 용액의 배출을 제어하는 것이다.

---

2 Groover, Mikell P., Automation, Production Systems, and Computer Integrated Manufacturing, 3rd edition, Pearson, 2008.

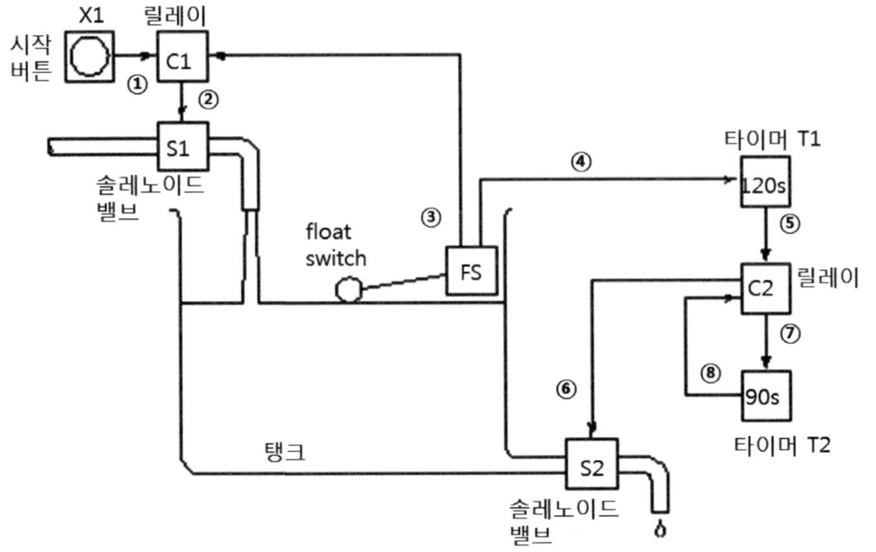

<그림 5-26> 화학 용액 저장 탱크 용액 유입/배출 제어 시스템 구성도

(1) 화학 용액 유입 제어

1. 시작 푸시 버튼 X1을 누르면, 제어 릴레이 C1에 동력이 공급될 것이며, C1이 켜지면 시작 버튼이 꺼지더라도 계속 ON 상태를 유지한다.
2. 이것은 다시 솔레노이드 S1을 동작시켜, 탱크로 유체가 흘러들어 가게 하는 밸브를 열게 된다.
3. 탱크가 차게 되면, 플로트(Float) 스위치 FS가 닫히고, 릴레이 C1을 OFF시켜, 솔레노이드 S1에 전력 공급이 끊어질 것이며, 따라서 유체의 유입을 차단하게 될 것이다.

(2) 화학 반응 제어

4. 플로트 스위치 FS는 타이머 T1을 가동시켜 탱크 내 화학 반응을 위해 120초 동안 지연 상태로 있게 한다.
5. 120초의 지연 시간 끝에 타이머는 두 번째 릴레이 C2를 작동시킨 후, C2는 2개의 장치(솔레노이드 밸드 S2와 타이머 T2)를 제어한다.

(3) 화학 용액 배출 제어

6. 릴레이 C2는 솔레노이드 S2에 동력을 공급해 탱크에서 유체가 배출될 수 있도록 밸브를 연다.

7. 릴레이 C2는 타이머 T2를 작동시켜 탱크의 내용물이 완전히 배출되게 하기 위하여 90초 동안 기다리게 한다.

8. 90초가 지나면 타이머는 C2를 OFF시켜 솔레노이드 S2의 전력이 끊어지게 하여 배출 밸브를 닫는다.

위의 제어 시나리오 번호대로 순차적으로 사다리논리도를 작성해본다.

(1) 시작 푸시 버튼 X1을 누르면, 제어 릴레이 C1에 동력이 공급될 것이며, C1이 켜지면 시작 버튼이 꺼지더라도 계속 ON 상태를 유지한다(그림 5-27).

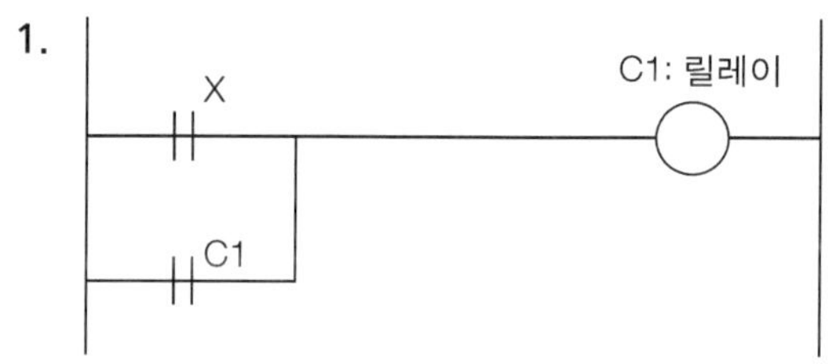

<그림 5-27> 화학 용액 저장 탱크 제어-1

(2) C1이 켜지면, 이것은 솔레노이드 S1을 동작시켜, 탱크로 유체가 흘러들어 가게 하는 밸브를 열게 된다(그림 5-28).

(3) 탱크가 차게 되면, 플로트 스위치 FS가 닫히고, 릴레이 C1을 OFF시켜, 솔레노이드 S1에 전력 공급이 끊어질 것이며, 따라서 유체의 유입을 차단하게 될 것이다(그림 5-28).

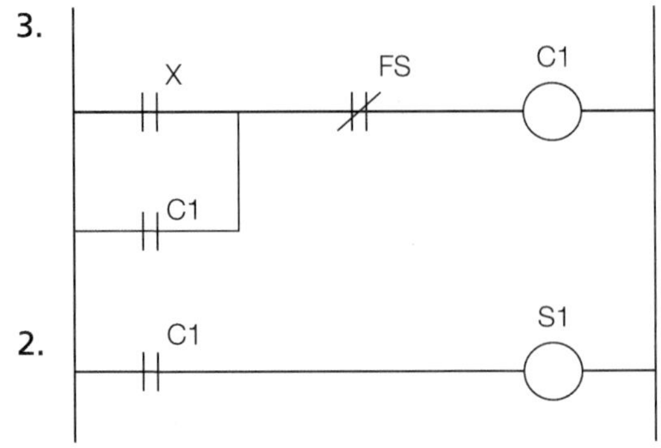

<그림 5-28> 화학 용액 저장 탱크 제어-2

4. 플로트 스위치 FS는 타이머 T1을 가동시켜 탱크 내 화학 반응을 위해 120초 동안 지연 상태로 있게 한다(그림 5-29).

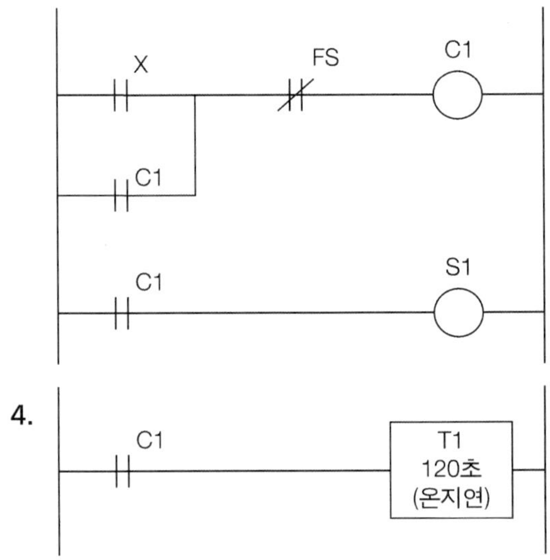

<그림 5-29> 화학 용액 저장 탱크 제어-3

5. 120초의 지연시간 끝에 타이머는 두 번째 릴레이 C2를 작동시킨 후, C2는 2개의 장치(S2, T2)를 제어한다(그림 5-30).

6. 릴레이 C2는 솔레노이드 S2에 동력을 공급해 탱크에서 유체가 배출될 수 있도록 밸브를 연다(그림 5-30).

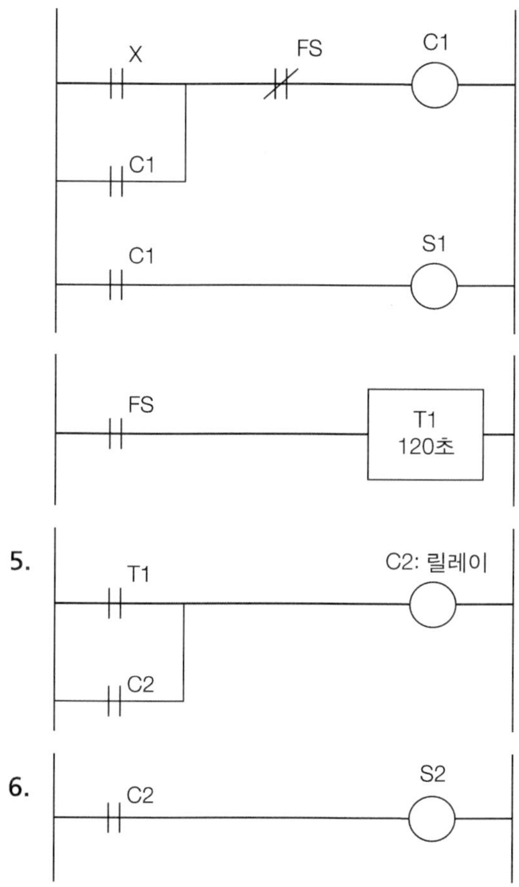

<그림 5-30> 화학 용액 저장 탱크 제어-4

7. 릴레이 C2는 타이머 T2를 작동시켜 탱크의 내용물이 완전히 배출되게 하기 위하여 90초 동안 기다리게 한다(그림 5-31).

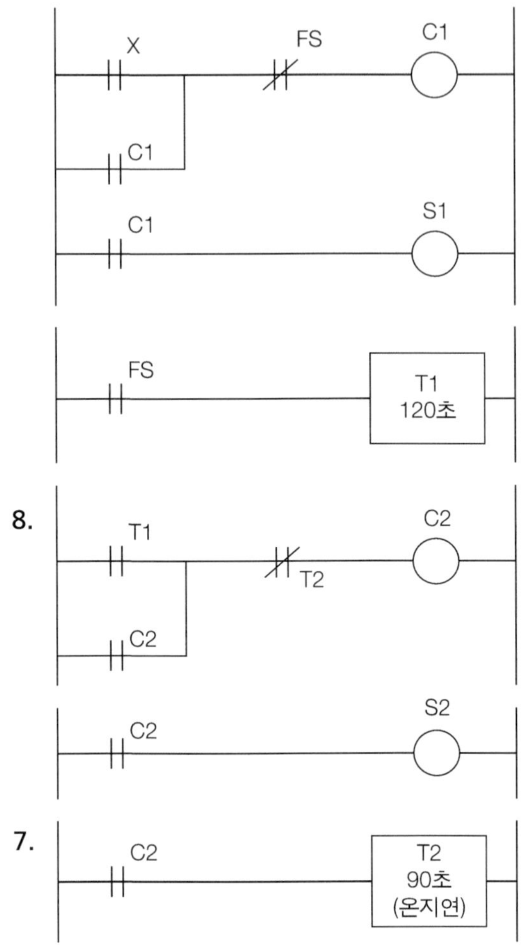

<그림 5-31> 화학 용액 저장 탱크 제어-5

8. 90초가 지나면 타이머는 C2를 통해 솔레노이드 S2의 전력이 끊어지게 하여 배출 밸브를 닫는다(그림 5-31).

5-4-6-4. 자동포장기계 제어[3]

음료수 병 포장 공정에서는 음료수 병을 12개들이 작은 박스로 포장하고, 작은 박스 12개를 다시 큰 박스 1개로 포장한다. 이 때, 작은 박스 1개가 포장 완료되면 3초 동안 작은 박스 포장 완료 신호를 발신한다. 마찬가지로 큰 박스 1개가 완료되면 5초 동안 큰 박스 포장 완료 신호를 발신한다.

입력은 시스템 전원(00)과 병 카운터(15)이다. 출력은 작은 상자 포장신호(20)와 큰 상자 포장신호(21)이다. 포장되는 병과 작은 박스를 계수하기 위해 각각 카운터(C600, C602)를 사용하고, 작은 박스와 큰 박스 포장 완료 신호를 발신하기 위해 각각 온지연 타이머(T601, T603)을 사용한다.

포장 공정 제어 시나리오에서 음로수병 카운터 C601의 값이 12가 되면, 작은 상자 포장 신호 20이 ON이 되고(SET), 20이 ON된 후에, 온지연 타이머 T601은 3초 후에 ON이 되고, 이것이 20을 OFF시키고(RST(=Reset)), 이에 따라 T601도 바로 OFF된다. 큰 상자 포장 신호도 동일한 논리를 따른다. 작은 상자 포장 신호와 T601 온지연 타이머의 반응도는 〈그림 5-32〉와 같다. C600과 C602의 계수값은 각각 C600, C602가 ON될 때 0으로 재설정한다.

완성된 사다리논리도는 〈그림 5-33〉과 같다.

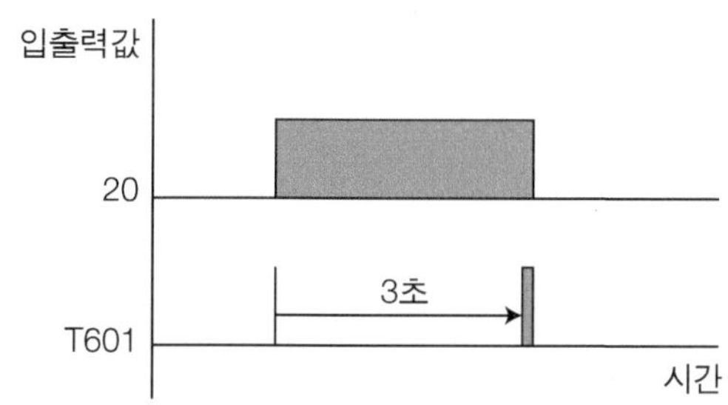

<그림 5-32> 작은 상자 포장 신호와 온지연 타이머의 반응도

3 Asfahl, C. Ray, Robots and Manufacturing Automation, John Wiley & Sons, Inc., 1992.

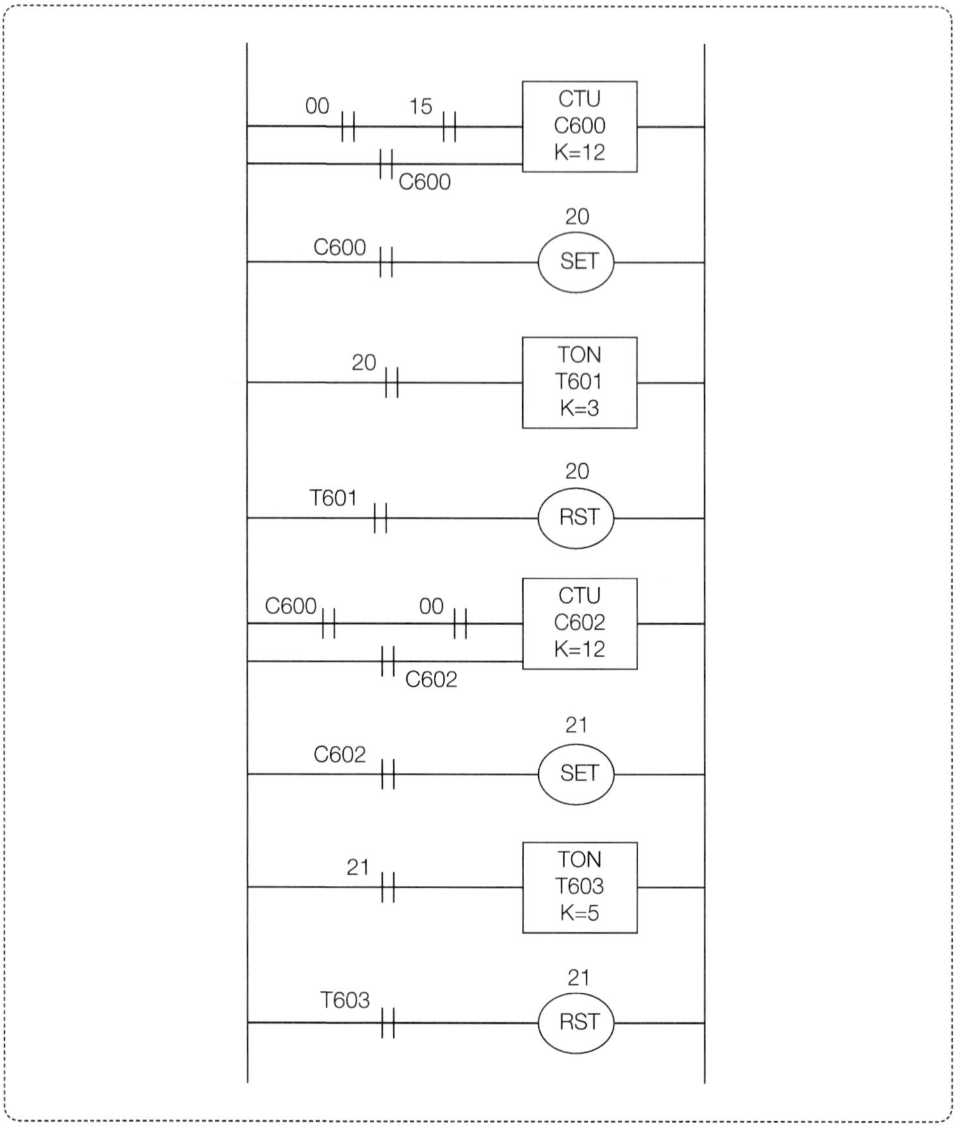

<그림 5-33> 자동포장기계 제어 사다리논리도

〈그림 5-33〉에서 CTU는 업 카운터를, TON은 온지연 타이머를 의미한다. K는 설정치이고, 출력 중에서 SET는 ON 출력을 유지한다는 의미이며, RST(Reset)는 OFF 출력을 유지함을 의미한다.

연습문제

1. 진리표란 무엇인가?

2. 부울 대수란 무엇인가?

3. 진리표의 부울 대수 변환 방법은 무엇인가?

4. 진리표와 부울 대수를 실제 산업 현장에서 사용했을 때의 단점을 무엇인가?

5. 논리도의 종류에는 무엇이 있는가?

6. 논리망도의 종류로는 무엇이 있는가?

7. 사다리논리도의 구성 요소는 무엇인가?

8. 반응도는 무엇인가?

9. 온지연 타이머와 오프지연 타이머의 차이는 무엇인가?

10. 업카운터와 다운카운터의 차이는 무엇인가?

11. 상호금지회로란 무엇인가?

12. 자기유지회로란 무엇인가?

13. 작업물의 온도를 높이기 위한 용광로 제어에서 용광로는 제어박스 내의 토글스위치에 의해 조작된다. 토글스위치는 잠금장치와 함께 사용된다.

    (1) 토글스위치로 용광로를 작동시키거나 작동을 중지시킨다.

    (2) 토글스위치는 잠금 장치가 열려 있을 때(Unlocked)만 용광로를 작동시키거나 중지시킬 수 있다.

    (3) 잠금 장치가 'locked'일 때는 토글스위치의 상태와 관련 없이 현재의 상태를 유지한다.

(4) 변수 값은 다음과 같다.

① T (토글스위치) =	0	if T=OFF
	1	if T=ON
② L (Lock: 잠금장치) =	1	if 잠금장치=Locked (잠김)
	0	if 잠금장치=unlocked (열림)
③ P (프로세스) =	0	if 프로세스=작동 중지
	1	if 프로세스=작동

(5) 프로세스의 상태는 출력이면서 동시에 입력변수가 된다.

입력변수 3개의 현 상태에 따른 프로세스의 새로운 상태를 P라 했을 때, 입력변수는 T, L, P이고 출력변수는 P가 된다.

① 용광로의 논리 제어를 진리표로 나타내라.

- 입력변수가 3이므로 모두 여덟 가지 경우의 수가 생긴다.
- 그 중에서, 잠금 장치가 열려있을 때 용광로가 가동 중이고, 토글스위치가 'OFF'인 경우에는 용광로는 중지된다.
- 출력이 'ON'인 상태는 8개 경우 중에 4개이다.

② ①에서 구한 진리표에 대해,

②-1 부울 대수식으로 변환하고 이를 여러 법칙과 정리를 이용하여 간략화하라.

②-2 변환된 부울 대수식에 대해 카노 맵을 이용하여 간략화하고 ②-1, ②-2 두 결과가 동일함을 보여라.

CHAPTER 06

PLC
(Programmable Logic Controller)

6장에서는 자동화 제어 시스템의 핵심 구성 요소 중의 하나로서 PLC가 등장하게 된 배경과 기존의 릴레이 제어와의 차이점에 대해 살펴보고, PLC의 정의와 특징을 설명한다. 그리고 PLC의 구조에 대해 살펴보고 PLC가 프로그램을 실행할 때 수행되는 동작 사이클에 대해 설명한다. 마지막으로 PLC 프로그램의 작성 및 실행 순서에 대해 알아본 후에, 표준화된 PLC 프로그래밍의 종류와 특성에 대해 설명한다.

6-1. PLC의 정의와 특성

자동화 시스템의 구성 요소는 제어기, 센서, 액추에이터 및 프로세스로 구성되는데, 이들 중에서 전체 시스템의 '두뇌' 역할을 하는 제어기는 자동화 시스템에서 핵심적인 역할을 하는 요소라고 할 수 있다. PLC는 제어기의 하나로서 1970년대 초부터 사용되기 시작하여 지속적인 발전을 거듭해왔다.

PLC가 출현하기 전에는 릴레이가 중심이 되어 카운터, 타이머 등으로 이루어진 릴레이 제어 장치가 산업 현장에서 사용되었다. 릴레이 제어는 하드웨어의 배선으로 이루어져서 많은 문제를 가지고 있었으므로 점차 소프트웨어 중심의 PLC 제어가 기존의 릴레이 제어를 대신하게 되었다.

PLC는 'Programmable Logic Controller'의 약자로서 종래의 릴레이 제어반에서 사용하던 각종 릴레이류, 타이머, 카운터 등을 IC, 트랜지스터 등의 반도체 소자를 사용하여 소형화하고 수치연산 기능을 추가하여 제어 내용의 설정 및 수정이 용이한 프로그램 제어를 가능하게 만든 제어 장치이다. 미국 전기공업협회(NEMA: National Electrical Manufacturing Association)는 PLC를 "디지털 또는 아날로그 입출력 모듈을 통하여 로직, 시퀀싱, 타이머, 카운팅, 연산과 같은 특수한 기능을 수행하기 위하여 프로그램 가능한 메모리를 사용하여 여러 종류의 기계나 프로세서를 제어하는 디지털 전자 장치"라고 정의하고 있다.

기존의 릴레이 제어 시스템은 자동화 시스템 제어에 가장 많이 사용해왔던 방식인데 비교적 단순하고 저렴하다는 장점이 있지만 수명이 짧고 프로그램 변경이 곤란하다는 점에서 적용에 한계가 있었다. 즉, 종래의 릴레이 제어는 다음과 같은 몇 가지 문제점을 갖고 있었다. 첫째, 실제로 기계에 연결하여 그 움직임을 실행해보기 전까지는 프로그램을 확정할 수 없었다. 둘째, 릴레이 회로의 수정이나 변경은 납땜이나 결선 작업이 필요하여 전기 메이커가 아니면 변경 작업이 어렵고 장시간이 소요되었다. 셋째, 릴레이 수의 증가에 따라 릴레이의 접점 불량과 같은 신뢰성 저하로 인해 고장이 자주 발생하였다. 넷째, 릴레이는 기계적인 동작을 수행하므로 고속 응답이 거의 불가능하였다.

1969년 미국의 GM사는 릴레이 회로로 이루어진 제어 장치를 대신할 새로운 장치를 자동차 조립라인에 도입하기 위해 다음과 같은 10개 항목의 요구사항을 발표하였다.

(1) 프로그래밍 및 그 변경이 용이할 것
(2) 유지보수가 용이할 것
(3) 릴레이 제어반보다 현장에서의 신뢰성이 높을 것(접점에 대한 신뢰성)
(4) 릴레이 제어반보다 크기가 작을 것
(5) 컴퓨터와 같은 중앙 데이터 처리 장치로 데이터를 전송할 수 있을 것
(6) 릴레이 제어반보다 경제적일 것
(7) 입력은 교류 115V를 표준으로 할 것
(8) 출력은 115V, 2A 이상의 교류로 솔레노이드 밸브, 모터 등을 동작시킬 수 있을 것
(9) 접점의 확장이 가능할 것
(10) 4K word 이상의 메모리를 가질 것

이에 따라 하드웨어만으로 이루어진 릴레이 보드를 대신하여 소프트웨어와 하드웨어가 분리된 PLC가 개발되어 1970년대 초부터 생산 현장에 보급되기 시작하였다. 1980년대부터는 소형, 저가격의 PLC 개발이 이루어져 복잡한 시스템의 제어 장치로 널리 활용되고 있고 최근에는 연산 기능과 데이터 변환 기능도 갖추고 있다.

<표 6-1> PLC와 PC 비교표

	PLC	PC
이름	• Programmable Logic Controller • Programmable Controller (PC)	• Personal Computer
주요 기능 처리	논리연산	수치계산에 의한 데이터 처리
사용	특수	범용
수행	연속수행	일반적으로 필요할 때만 수행
입출력개수	많음	제한적
출력	고압도 가능(110~220V)	제한적(5V 내외)

릴레이 제어와 비교한 PLC의 장점은 다음과 같다. (1) 재프로그램 가능하므로 유연성이 높다. (2) 초기 설치 시간이 짧다. (3) 신뢰성이 높고 유지보수가 수월하다. (4) 데이터 연산 및 수집 기능이 있다. (5) 다양한 종류의 입출력이 가능하다. (6) 저가격이다.

최근에는 PLC 이외에도 PC(Personal Computer)를 이용한 자동화 제어도 늘어나는 추세인데, 〈표 6-1〉에 일반적인 PC와 PLC의 특징을 비교하였다.

6-2. PLC의 구조

〈그림 6-1〉(a)는 PLC의 외형을 나타내고 있는데, 이를 모듈 단위로 분리하여 확대해보면 〈그림 6-1〉(b)와 같다.

〈그림 6-1〉(a)에서 보는 바와 같이 최근의 PLC는 모듈 구조로 되어 있어서, 밑판(Base) 위에 단위 기능을 제공하는 각종 모듈을 장착하는 방식을 취하고 있다. 〈그림 6-1〉(b)에서 밑판 위에 전원 모듈과 CPU 모듈, 입력 모듈 및 출력 모듈이 장착되어 하나의 PLC를 구성함을 알 수 있다.

PLC는 프로그램이 저장된 '메모리'와 프로그램을 순차적으로 수행하는 'CPU', 외부의 센서나 입력기기로부터 받아들인 신호를 CPU에 전달하고, CPU에서 나온 PLC의 제어 출력 신호를 외부기기에 전달하는 '입출력부', PLC에 전원을 공급하는 '전원부', PLC

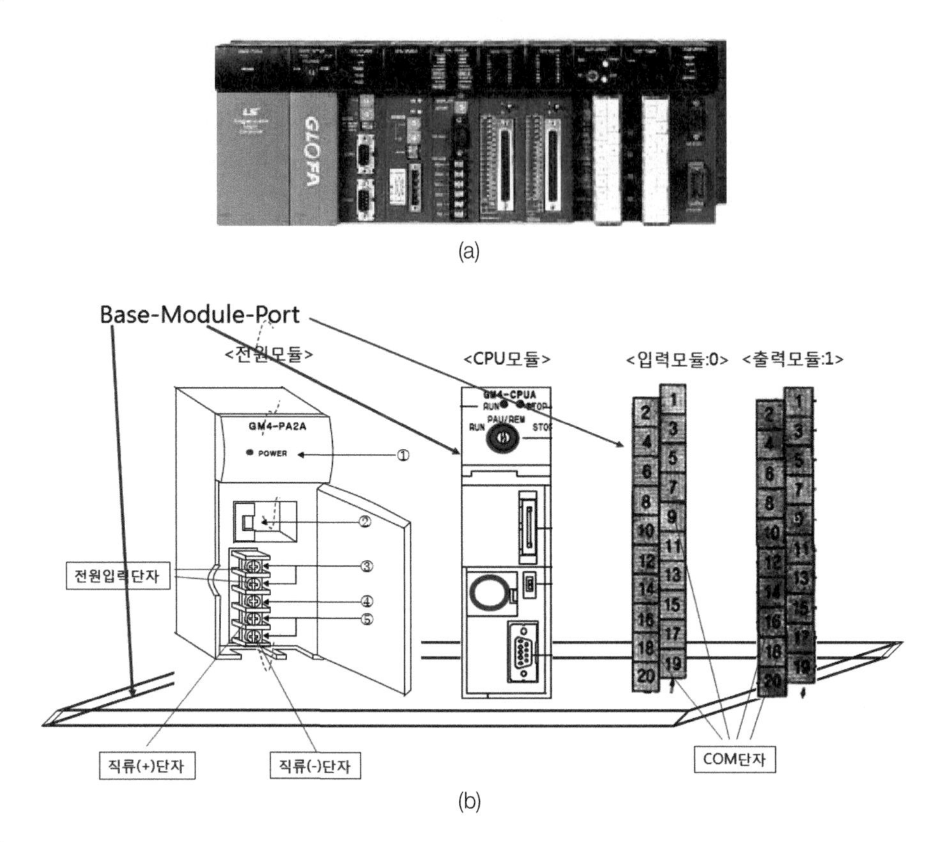

<그림 6-1> GLOFA GM4 PLC(LS산전)

출처: LS 산전, GM Win V4 사용설명서, 2002.
LS산전, GLOFA GM Series, 2010.

내의 메모리에 프로그램을 입력하는 주변장치인 '프로그래밍 장치'로 구성되어 있으며, 그 구조가 〈그림 6-2〉에 나타나 있다.

6-3. PLC 동작 사이클

PLC 프로그램은 '스텝(Step)'이라고 부르는 명령문 라인들로 이루어진다. PLC 프로그램은 처음 스텝부터 마지막 스텝까지 순차적으로 실행되며 End 명령어를 만나면 다시 처음으로 되돌아가 끊임없이 반복 실행하는 것이 일반적이다.

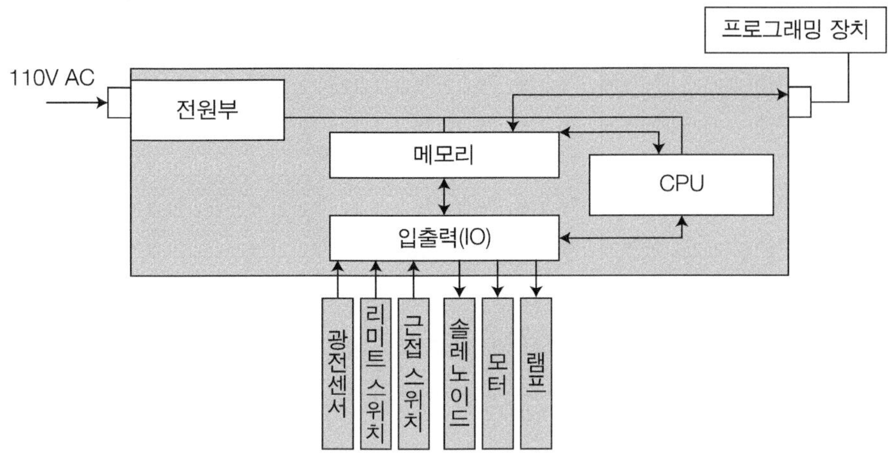

<그림 6-2> PLC 구조

<그림 6-3>에서와 같이 PLC 프로그램의 처음에서 시작하여 마지막 스텝까지 한차례 실행되는 것을 1 '스캔(Scan)'이라하고, 이에 걸리는 시간을 1 '스캔시간(Scan Time)'이라 한다. 1 스캔은 다시 입력 스캔, 프로그램 스캔 및 출력 스캔의 세 부분으로 나뉜다. 입력

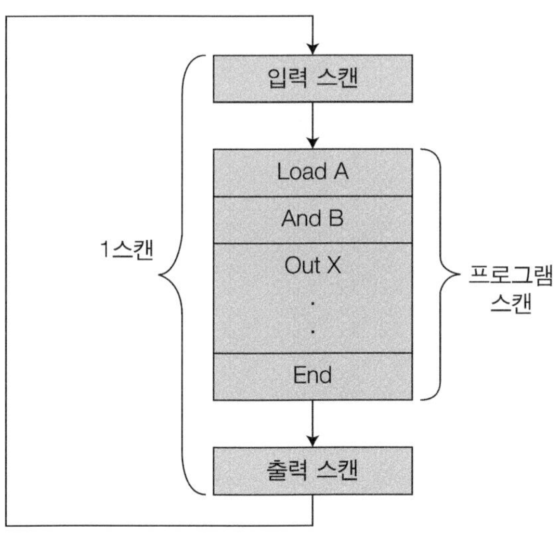

<그림 6-3> PLC 동작 사이클

스캔은 PLC에 대한 입력들을 받아들이고, 이들 입력 상태를 메모리에 저장한다. 프로그램 스캔은 메모리에 저장되어 있는 입력값들을 이용하여 제어 논리 계산을 수행하고 출력값을 결정한다. 출력 스캔은 출력들이 계산된 값에 맞도록 업데이트한다.

6-4. PLC 프로그래밍 단계

PLC 프로그래밍의 작성 순서는 주어진 제어 시나리오에 대해 (1) 제어 사양의 결정과 적합한 PLC 선정, (2) 입출력 분할, (3) 프로그램 작성 및 시뮬레이션, (4) 프로그램 로딩 및 실행 순으로 이루어진다.

PLC 프로그래밍 단계를 예제 제어 시나리오를 가지고 설명한다. 제어 대상은 램프가 부착된 NC 기계로 입력은 전원 스위치, 가동 푸시 버튼, 정지 푸시 버튼이 있고, 기계가 작동 중일 때는 기계에 부착된 램프가 ON 상태를 유지한다. 전원 스위치가 켜지고 가동 버튼이 켜지면 기계가 작동하고, 어떤 상태에서나 정지 버튼이 켜지면 작동을 중지한다.

6-4-1. 제어 사양의 결정과 적합한 PLC 선정

〈표 6-2〉와 같이 제어 시나리오를 분석하여 제어 사양을 결정한다. 제어 사양 결정 단계에서는 주어진 제어 시나리오를 만족시키기 위한 입출력의 유형을 결정한다.

제어 사양 결정 후에 이러한 사양을 만족시킬 PLC의 사양을 검토하고 적합한 PLC를 선정한다. 본 예제에서는 입출력 개수가 많지 않고 프로그램 응답 속도에 관한 제약사항도 없으므로 소형 PLC를 고려한다.

<표 6-2> 예제 시나리오에 대한 제어 사양

- PW는 전원 스위치이고, RMC와 SMC는 각각 기계 가동 및 정지용 푸시 버튼이다.
- MCON은 기계 가동을 나타낸다. LPON은 램프 가동 상태를 나타낸다.
  - 입력: Power-on (PW), Run-Machine (RMC), Stop-Machine(SMC)
  - 출력: machine-On (MCON), Lamp-On (LPON)

<표 6-3> 입출력 분할표

구분	변수	신호이름	메모리 번지
입력	PW	Power-On	IX0.0.0
	RMC	Run-Machine	IX0.0.1
	SMC	Stop-Machine	IX0.0.2
출력	MCON	Machine-On	QX0.1.0
	LPON	Lamp-On	QX0.1.1

6-4-2. 입출력 분할

입출력 분할은 스위치나 센서 같은 입력기기와 솔레노이드나 모터와 같은 출력기기를 PLC의 몇 번째 입력 접점과 출력 접점에 각각 접속하여 사용할 것인지를 결정하는 단계이다. PLC 프로그래밍에서는 사용자가 직접 사용할 메모리 번지(Register)를 지정하여 사용하므로, 각각의 입출력변수에 상응하는 메모리 번지를 할당하게 된다. 〈표 6-3〉은 입출력을 분할하여 정리한 표를 보여준다.

〈표 6-3〉의 메모리 번지 열에서 IX0.0.0의 I는 Input, X는 1비트 메모리 용량을, 0.0.0은 베이스 번호 0, 모듈 번호 0, 포트 번호 0인 메모리 번지를 나타낸다. QX0.1.0에서 Q는 Output을 의미하고, 0.1.0은 베이스 번호 0, 모듈 번호 1, 포트 번호 0인 메모리 번지를 나타낸다. 여기서 메모리 용량을 표시하는 기호는 X 이외에 B(Byte)는 8비트, W(Word)는 16비트, D(Double)은 32비트, L(Long)은 64비트의 용량을 나타낸다.

6-4-3. 프로그램 작성 및 시뮬레이션

결정된 제어 사양과 입출력 분할에 따라 사다리논리도를 이용하여 〈그림 6-4〉와 같이 PLC 프로그램을 작성하고, 프로그램 작성이 완료된 후에는 〈그림 6-5〉에서와 같이 프로그램 상의 오류를 수정하기 위해 컴퓨터 시뮬레이션을 수행한다.

시뮬레이션 단계에서는 특정한 입력에 대해 의도하는 출력이 나오는지를 검증한다.

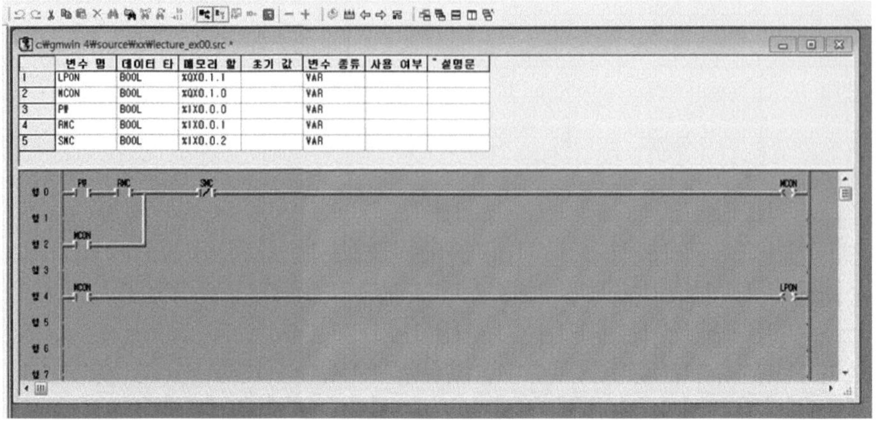

<그림 6-4> PLC 프로그램 작성(LS산전 GMwin 사용)

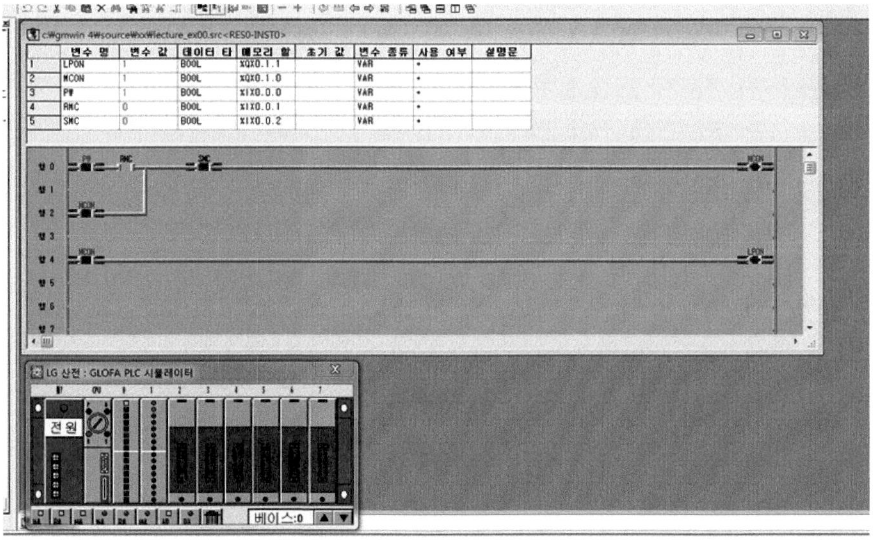

<그림 6-5> PLC 프로그램 시뮬레이션(LS산전 GMwin 사용)

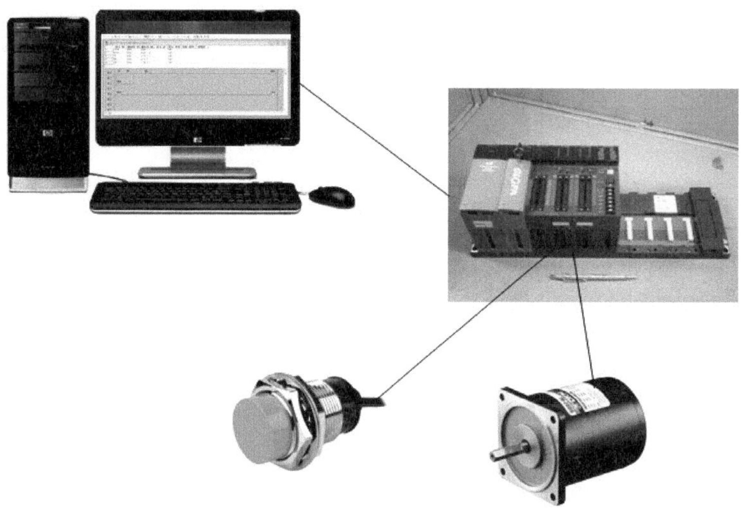

<그림 6-6> PLC 프로그램 로딩 및 실행

6-4-4. 프로그램 로딩 및 실행

시뮬레이션에 의해 프로그램이 검증된 후에, <그림 6-6>과 같이 프로그램을 컴퓨터에서 PLC로 로딩한 후에, 입출력 기기들과 PLC의 입출력포트를 접속하고 실제 환경에서 실행한다.

6-5. PLC 프로그래밍 언어

PLC 프로그래밍은 사용자가 통상적으로 PC와 같은 프로그래밍 장치를 통하여 제어 명령을 프로그램으로 작성하여 실행하는 것이다. 이를 위해서는 별도의 프로그래밍 언어가 필요한데, 프로그래밍 언어 표준이 제정되기 전에는 각 PLC 제조사에서 각자 고유의 PLC 프로그래밍 언어를 제공하였으므로, 사용자 입장에서는 PLC 메이커 별로 별도의 프로그래밍 언어를 익혀야만 했다. 이를 개선하기 위해, PLC 프로그래밍 언어에 대한 표준을 국제 전기기술 협회(IEC)에서 제정하였으며, 1992년에 PLC 국제표준 IEC 1131-3 이라는 제목으로 공표하였다.

<표 6-4> IEC 1131-3 PLC 표준 프로그래밍 언어 비교

언어	약어	형식	최적응용분야
사다리논리도	LD	그림	이산 제어
기능 블록도	FBD	그림	연속 제어
순차기능 차트	SFC	그림	순차 제어
명령어 리스트	IL	텍스트	사다리논리도와 유사
구조화 텍스트	ST	텍스트	복잡한 논리, 계산

이 표준은 PLC 프로그래밍을 위하여 3개의 그래픽 언어인 사다리논리도(LD: Ladder Diagram), 기능 블록도(FBD: Function Block Diagram), 순차기능 차트(SFC: Sequential Function Chart)와 2개의 텍스트 언어인 명령어 리스트(IL: Instruction List), 구조화 텍스트(ST: Structured Text)를 지정하였다. 〈표 6-4〉에 각각의 언어에 대하여 표현 형식과 가장 적합한 응용 분야를 예시하였다. IEC 1131-3은 이 5개의 언어가 복잡한 제어를 요구하는 어떠한 응용 분야에서도 사용할 수 있도록 상호연동이 가능해야 한다고 기술하고 있다.

사다리논리도는 5장에서도 살펴본 바와 같이 오늘날 공장자동화에서 가장 널리 사용되는 PLC 프로그래밍 언어로서 컴퓨터 또는 컴퓨터 프로그래밍에 익숙하지 못한 현장 기사에게 매우 편리한 도구이다. 즉, 새로운 프로그래밍 언어를 배우지 않더라도 사다리논리도를 사용하는 데에는 문제가 없다. PLC에 사다리논리도를 직접 입력하기 위해서는 그래픽 기능을 이용해 논리를 입력할 수 있는 별도의 프로그램 개발용 소프트웨어가 필요하다.

사다리논리도 프로그램은 사다리논리도에서 필요로 하는 입출력 구성 요소를 나타내는 그래픽 심벌들을 〈그림 6-7〉과 같이 사다리논리도의 수평막대에 삽입하는 방식으로 작성한다. 구성 요소는 입력 접점과 출력 부하의 두 가지로 구별된다. 입력 접점은 입력 스위치, 릴레이 접점 및 기타 비슷한 요소를 표현하는 데 사용되며, 출력 부하는 모터, 솔레노이드, 릴레이, 타이머, 카운터와 같은 부하를 표현하는 데 이용될 수 있다.

명령어 리스트(IL: Instruction List)는 텍스트 기반의 프로그래밍 언어로서 사다리논리도를 PLC 메모리에 입력할 수 있는 또 다른 방법 중의 하나이다. 이 방법에서는 프로그래

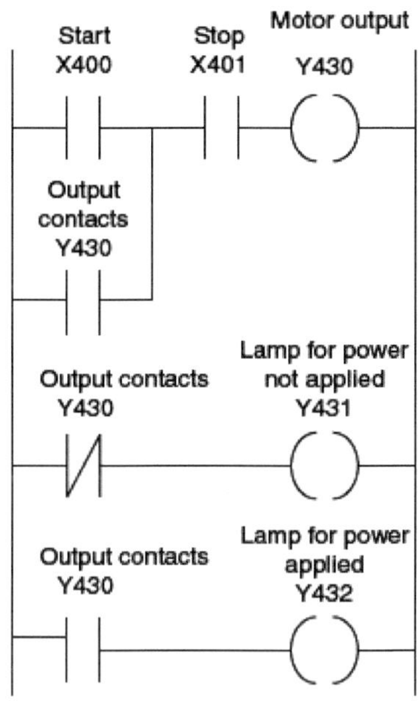

<그림 6-7> 사다리논리도 예

출처: Bolton, W., Programmable Logic Controllers, Newnes, 2009.

머가 사다리논리도를 구성하기 위하여 사다리논리도 수평대의 구성 요소와 그들 간의 관계를 명시하기 위한 문장을 텍스트로 입력하며, 이는 저수준 컴퓨터 언어와 같은 것이다. 명령어 리스트에서 사용하는 기본적인 명령어 집합이 〈표 6-5〉에 나타나 있다.

명령어 리스트는 사다리논리도와 1:1 매핑 가능하다. 예를 들면, 〈그림 6-8〉과 같은 사다리논리도는 〈표 6-6〉의 형태로 변환된다. 여기서 N~는 문번호이다.

〈그림 6-9〉와 같이 온지연 타이머를 사용한 사다리논리도는 〈표 6-7〉의 형태로 변환된다.

기능블록도는 특정 기능을 수행하는 블록들 사이의 신호나 데이터의 흐름을 표현하는 그래픽 언어이다. 기능블록은 하나 이상의 입력을 받아서, 사전에 정의된 기능을 수행하여 하나 이상의 출력을 산출하는 프로그램 명령 단위이다. 기능블록은 〈그림 6-10〉과 같이 기능 이름과 입력 및 출력을 갖는 직사각형 블록으로 표현한다.

<표 6-5> 명령어 리스트 기본 명령어

명령어	설명
LOAD	• 새로운 입력
AND	• 이전에 입력된 요소와의 논리 AND • 이전에 입력된 요소와 직렬연결
OR	• 이전에 입력된 요소와의 논리 OR • 이전 입력된 요소와 병렬연결
NOT	• 입력된 요소의 역
OUT	• 출력
SET	• 접점 출력 ON 유지
RESET	• 접점 출력 OFF 유지
TON	• 온지연 타이머(용법: 〈TON, 타이머접점번호, 타이머설정치〉=〈TON T000 50〉)
TOFF	• 오프지연 타이머
CTD	• 다운 카운터(용법: 〈CTD, 카운터접점번호, 카운터 설정치〉=〈CTD C000 15〉) • 현재치가 0이 되면 출력을 On
CTU	• 업 카운터(용법: 〈CTU C000 10〉) • 현재치가 설정치 이상이면 출력을 On
END	• 종료

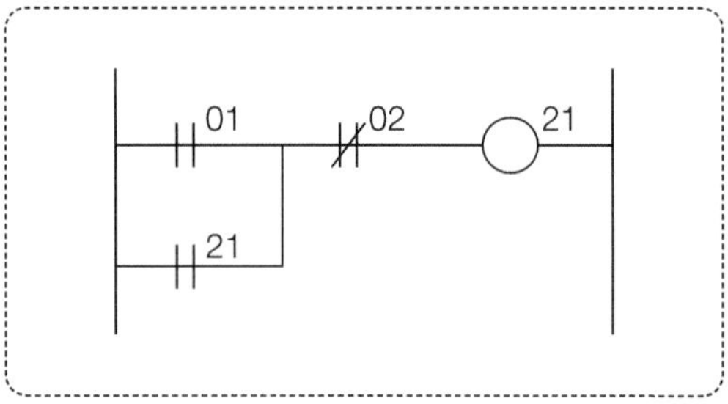

<그림 6-8> 사다리논리도 예-1

<표 6-6> 명령어 리스트 예-1

N00	LOAD	01
N01	OR	21
N03	AND NOT	02
N04	OUT	21
N05	END	

기능블록은 사용자가 정의하는 일반 함수식이거나 논리 게이트, 카운터 및 타이머와 같은 표준 기능이 될 수도 있다. 기능블록도에서 논리 게이트는 5장에서 학습한 〈그림 5-4〉에 나타난 논리망도 기호를 사용한다. 예를 들면, 〈그림 6-11〉 왼쪽의 사다리논

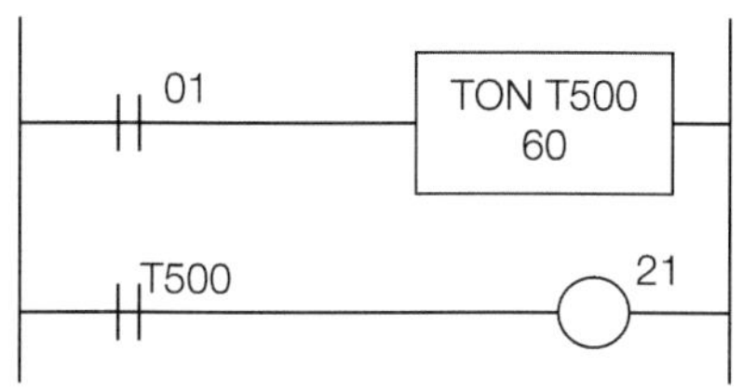

<그림 6-9> 사다리논리도 예-2

<표 6-7> 명령어 리스트 예-2

N10	LOAD	01	
N11	AND TON	T500	60
N12	LOAD	T500	
N13	OUT	21	
N14	END		

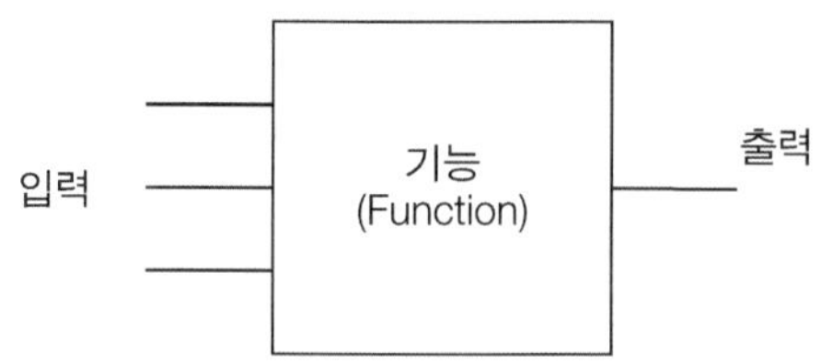

<그림 6-10> 기능블록

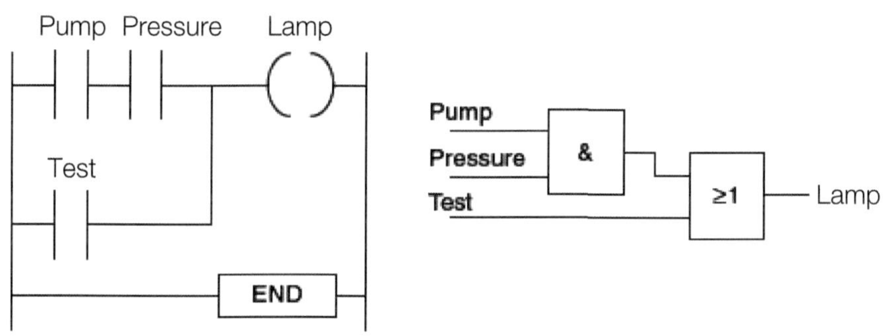

<그림 6-11> 기능블록도와 사다리논리도

출처: Bolton, W., Programmable Logic Controllers, Newnes, 2009.

리도를 기능블록도로 변환하면 〈그림 6-11〉의 오른쪽과 같다.

순차기능 차트는 순서를 가지고 실행되어야 하는 제어 로직을 표현하는 프로그래밍 언어로서 제어 프로그램의 순차적 논리를 명확히 표시하기 때문에 프로그램의 작성과 유지, 보수 관리가 쉽고, 판독이 용이하다는 장점을 가진다. 또한, SFC는 다른 언어들로 표현되는 액션들을 포함하는 상위 구조로서의 개념을 갖는다. SFC 프로그램의 구성요소는 스텝(Step), 전이(Transition), 액션(Action), 그리고 흐름선(Flow Line)으로 이루어진다.

스텝은 실행의 단위를 말하며, 액션은 수행해야 할 단위 태스크를 의미한다. 전이는 하나의 태스크에서 다음 태스크로 넘어가기 전에 만족해야 할 조건을 말하며 흐름선은 스텝과 다음 스텝을 연결하는 선이다.

〈그림 6-12〉에서 수직선은 흐름선이고, 흐름선 양단에 사각형 블록은 스텝을 표시하고, 스텝과 스텝 사이의 수평 막대는 트랜지션을 나타낸다. 스텝에 연결된 기다란 직사각형은 액션을 표현하고 있다. 〈그림 6-12〉에서의 SFC는 '리미트 스위치 ON'이 만족되면 '스텝 2'를 수행하는데, 그 액션 내용은 '솔레노이드 A를 기동시키는 것'이다. 그 후 '피스톤 A의 전진이 완료되면', '스텝 3'가 수행되는데 그 내용은 '솔레노이드 B를 기동시키고, A를 OFF하는 것'이다. 그 후 '피스톤B의 전진이 완료되면', 다음 스텝으로 넘어간다.

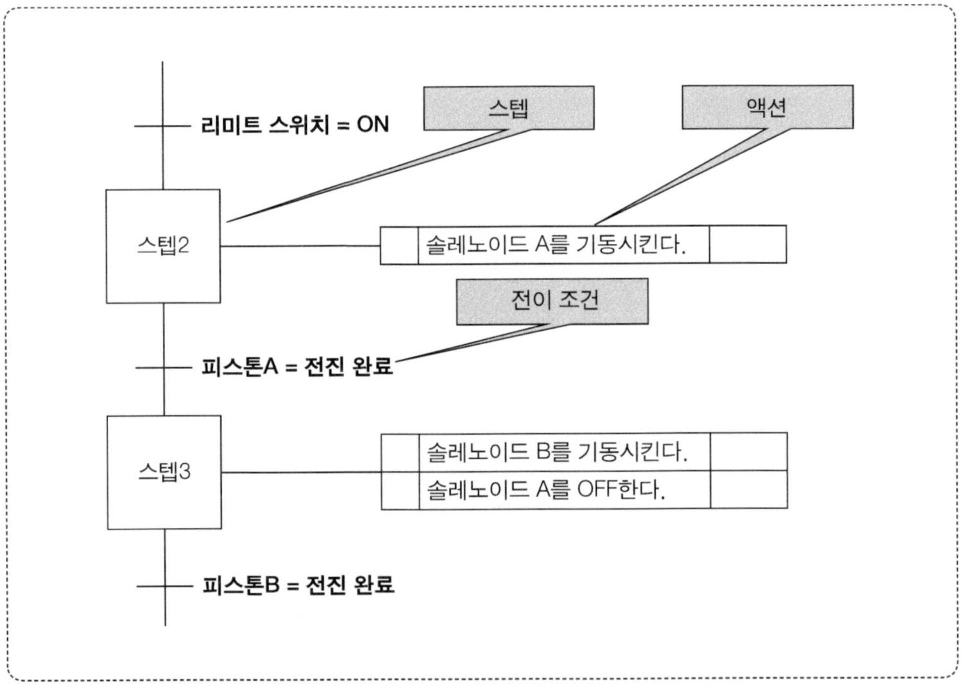

<그림 6-12> 순차기능 차트의 예

출처: http://www.plcdev.com/sequential_function_charts_all

순차기능 차트는 제어 시나리오의 논리에 따라 OR 실행과 AND 실행을 표현할 수 있다. 즉, 〈그림 6-13〉 왼쪽 SFC에서는 'S1' 스텝을 수해한 후, t1 조건이 만족하면 'S2' 스텝으로 이동하고, t2 조건이 만족되면 'S3' 스텝으로 이동한다는 선택적 분기를 표현하고 있다. 이에 비해 오른쪽 SFC는 'S1' 스텝이 수행된 후에 t1 조건이 만족되면 'S2' 스텝과 'S3' 스텝을 동시에 병렬 실행한다는 것을 나타내고 있다.

구조화 텍스트(ST: Structured Text)는 고수준 언어로서 FORTRAN이나 Pascal, C 언어와 유사하다. 데이터 처리 능력과 복잡한 계산 수행 능력을 가지고 있다. 〈표 6-8〉에 구조화 텍스트를 이용한 프로그램 리스트를 보여주고 있다.

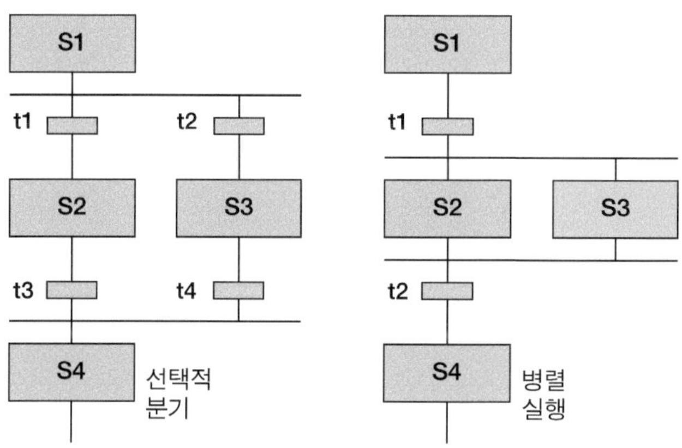

<그림 6-13> 순차기능 차트에서의 선택적(OR) 실행과 병렬(AND) 실행

출처: https://www.motioncontroltips.com/sequential-function-charts-sfcs-plcs/

<표 6-8> 구조화 텍스트 프로그램 예

```
ALARM:=FALSE;                 (*initial state*)
TEMP:=%IW4;                   (*read temperature value*)
IF TEMP<5.0 THEN
    ALARM:=TRUE;              (*value less than min level*)
ENDIF
%OX1:=ALARM;                  (*handle alarm ouput contact*)
....
```

연습문제

1. 미국 전기공업 협회에서 제시한 PLC의 정의는 무엇인가?

2. PLC 1 스캔타임의 수행 단계를 설명하라.

3. PLC 프로그래밍 단계를 설명하라.

4. PLC 프로그래밍 언어들의 표현 형식과 가장 적합한 응용 분야를 설명하라.

5. SFC의 특징은 무엇인가?

6 다음의 사다리 논리도를 명령어 리스트로 변환하라.

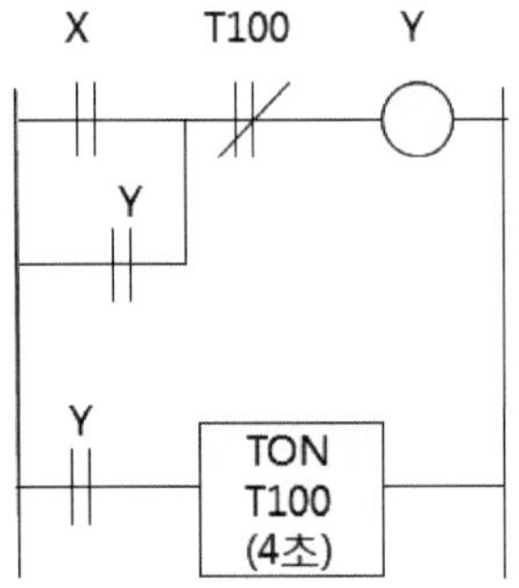

CHAPTER 07

자동화 제조시스템

7장에서는 일반적인 자동화 제조시스템의 구조와 자동화 제조시스템에서 사용되는 표준 설비들을 살펴본다. 그리고 자동화 제조시스템의 대표적인 유형이라 할 수 있는 유연생산시스템과 자동창고시스템의 구조와 구성 요소 및 특성에 관해 학습한다.

7-1. 자동화 제조시스템 구조와 표준 설비

오늘날의 공장 자동화는 독립적인 단위 장비에 의해 활동이 이루어지는 단위 자동화가 아니라, 공장 내에서 생산 활동에 관여하는 모든 자동화기기들을 포함한 제조시스템의 자동화를 추구하고 있다. 이와 같은 제조시스템을 자동화 제조시스템이라 하는데, 자동화 제조시스템은 생산 설비 자체의 자동화뿐만이 아니라 자재 취급 시스템까지 모두 자동화되는 것이 필요하다. 대표적인 자동화 제조시스템으로는 유연생산시스템(FMS: Flexible Manufacturing System)과 자동창고시스템(AS/RS: Automated Storage & Retrieval System)을 들 수 있다.

〈그림 7-1〉은 일반적인 자동화 제조시스템의 구조를 나타내고 있다. 제조 현장(Plant)은 복수 개의 작업장(Station)으로 구분되고, 작업장은 복수 개의 표준 설비로 이루어진다. 그리고 표준 설비는 특정한 설비 유형(Resource Type)에 속하게 된다. 작업물은 생산 현장 내를 이동하면서 작업이 이루어진다. 생산 현장은 제어기에 의해 통제되며 제어기는

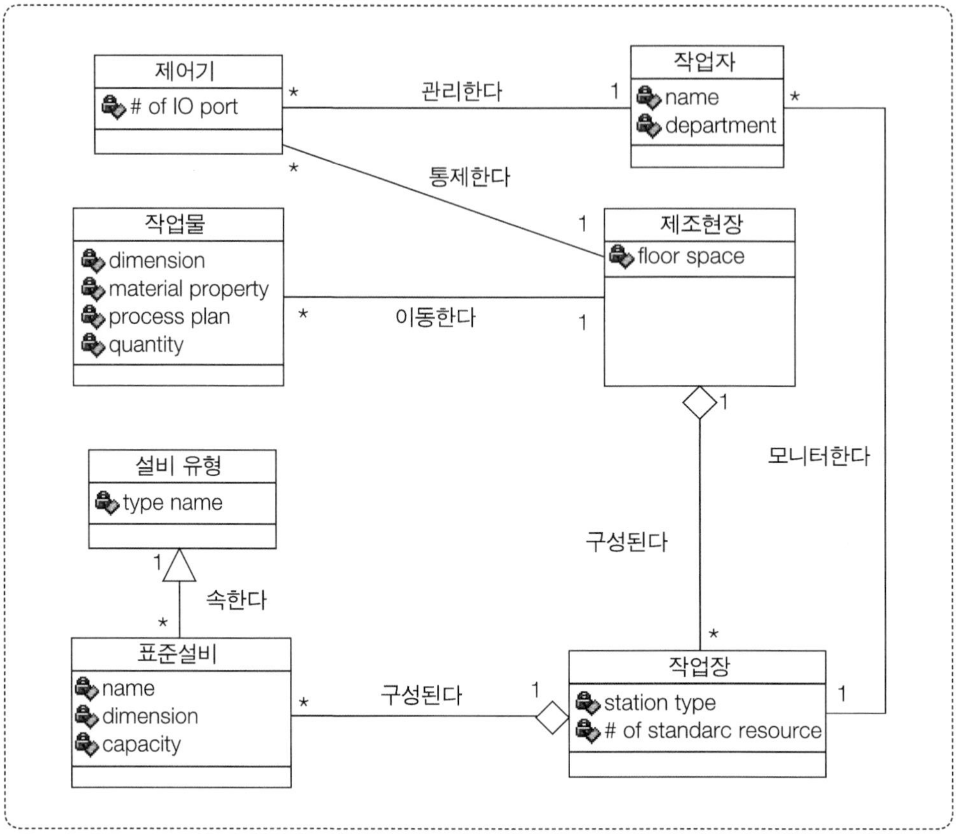

<그림 7-1> 일반적인 자동화 제조시스템 구조

작업장을 모니터링하는 작업자에 의해 관리된다.

자동화 제조시스템을 구성하는 설비들은 수행하는 역할에 따라 기계, 로봇, 자동 팔레트 교환 장치, 테이블, 이송차량, 컨베이어, 방향 전환 장치 및 저장 설비로 분류할 수 있다. 〈표 7-1〉에 자동화 제조시스템의 설비 유형과 이에 해당하는 표준 설비 명칭을 보여주고 있다.

기계 유형에는 머시닝 센터, 세척기, 측정기 등의 표준 설비가 포함된다. 로봇 유형에는 작업자 및 로봇이 있다. APC(Automatic Pallet Changer) 유형에는 팔레트 셔틀, 캐로셀 타입 팔레트 매거진 등이 있다. 테이블 유형에는 장착 테이블, 팔레트 스탠드 및 탈착 구역 등이 있다. 이송차량 유형에는 AGV(Automated Guided Vehicle), RGV(Rail Guided Vehicle) 및 스태커 크레인이 있다. 컨베이어 유형에는 롤러 컨베이어와 벨트 컨베이어가 있다. 방향 전환 장치 유형에는 디버터가 있다. 저장 설비 유형에는 저장 랙이나 임시 저장소 등이 있다.

<표 7-1> 자동화 제조시스템 설비 유형

설비 유형	표준 설비
기계(Machine)	• 머시닝 센터(Machining Center) • 세척기(Washing Machine) • 측정기(Measuring Machine)
로봇(Robot)	• 작업자(Worker; 오퍼레이터(Operator)) • 로봇(Robot; 매니퓰레이터(Manipulator))
자동 팔레트 교환 장치 (APC: Automatic Pallet Changer)	• 팔레트 셔틀(Pallet Shuttle) • 캐로셀형 팔레트 매거진(Carousel-type Pallet Magazine)
테이블(Table)	• 장착 테이블(Loading Table) • 팔레트 스탠드(Pallet Stand) • 탈착 구역(Unload Area)
이송차량(Vehicle)	• AGV(Automated Guided Vehicle) • RGV(Rail Guided Vehicle) • 스태커 크레인(Stacker Crane)
컨베이어(Conveyor)	• 롤러 컨베이어(Roller Conveyor) • 벨트 컨베이어(Belt Conveyor)
방향 전환 장치(Diverter)	• 디버터(Diverter)
저장 설비(Storage)	• 저장 랙(Storage Rack) • 임시 저장소(Buffer Storage)

〈표 7-1〉에서 설명한 다양한 표준 설비들을 조합하여 자동화 제조시스템을 구성하게 되는데, 7-2절과 7-3절에서 제조 현장에서 많이 채택되고 있는 대표적인 자동화 제조시스템인 유연생산시스템과 자동창고시스템을 설명한다.

7-2. 유연생산시스템(FMS)

유연생산시스템(FMS: Flexible Manufacturing System)은 절삭 공정을 대상으로 NC 기계의 개발 이후에 다양한 생산 설비들이 자동화되면서 그 개념이 태동하였다. 처음에 1960년대 중반에 영국 몰린스사의 엔지니어인 데이비드 윌리엄슨(David Williamson)에 의하여 고안되었으며, 특허 출원되었다. 이 때 시스템을 구성하고 있는 공작기계 그룹이 하루에 24시간 운영될 수 있으며, 24시간 중 16시간은 무인운전될 수 있다고 생각되었기 때문에 '시스템 24'라고 명명되었다.

FMS가 태동하게 된 배경에는 종래의 기계 가공 작업장에서는 1년 8,760시간 중에서 고가의 첨단 가공 설비가 실제로 절삭 가공에 투입되는 시간이 6% 밖에 안 되어 설비 활용도가 저조하다는 문제 인식이 있었다. 즉, 1년 8,760시간 중에서 설비운전 시간의 요인별 점유율은 평일 야간 비가동(44%), 주말/휴일 및 휴가기간(34%), 기계 셋업(12%), 실 절삭시간(6%) 및 기타 손실시간(4%)으로 분석되었다.

FMS는 제품의 다양성과 생산량이 중간 정도인 환경에 적합한 제조시스템이다. FMS는 자동화된 자재 취급 설비에 의해 여러 부품 군들을 임의의 경로로 제조할 수 있는 상호연결된 NC 기계의 집합으로서, 컴퓨터에 의해 통제되어 동적으로 설비활용률을 균형화함으로써, 생산량의 변화, 생산 제품의 변화 혹은 제품 구성 비율의 변화에 유연하게 적응할 수 있는 능력을 갖춘 시스템으로 정의된다. FMS에서 적응해야 하는 환경 변화로는 생산량, 작업물 종류, 새로운 작업물의 출현, 설계 변경 및 기계 고장 등을 들 수 있다.

이러한 환경 변화에 적응하는 정도를 유연성(Flexibility)이라 하는데, 유연성은 다음과 같이 두 종류로 분류할 수 있다. (1) 다양한 종류의 제품 유형이 처리될 수 있도록 하는 가공 유연성(Machine Flexibility)과 (2) 서로 다른 종류의 기계들이 동일한 작업을 할 수 있고, 작업물은 어느 기계로도 자동으로 이동할 수 있는 경로이동 유연성(Routing Flexibility)이다.

제조시스템이 이러한 유연성을 갖추기 위해서는 다음과 같은 세 가지 능력을 갖추어야 한다. (1) 시스템에서 처리되는 여러 부품들 또는 부품 유형을 식별하고 구별해 내는 능력, (2) 작업지시의 신속한 변경 능력, (3) 물리적인 셋업의 신속한 변환 능력이다.

7-2-1. FMS 구성 요소

FMS의 구성 요소를 크게 분류하면, (1) 작업장, (2) 자재 취급 및 보관 시스템, (3) 공구 취급 시스템, (4) 컴퓨터 제어 시스템으로 나눌 수 있다.

7-2-1-1. 작업장

작업장은 크게 준비 작업장과 가공 작업장으로 나눌 수 있다.

(1) **준비 작업장**은 장착/탈착 작업장(Loading/Unloading Station)이라고도 하며, FMS와 공장의 나머지 부분과의 물리적인 경계선이다. 원소재는 이 지점에서 시스템으로 들어오고, 완성품은 이 지점에서 시스템 외부로 내보내진다. 장착 및 탈착은 수동 혹은 자동취급 시스템으로 수행될 수 있는데, 오늘날 대부분의 FMS에서 수동 장착 및 탈착이 흔한 방법이다. 장착/탈착 작업장은 공작물이 쉽고 안전하게 취급되도록 인간공학적으로 설계되어야 한다. 너무 무거워 작업자가 들 수 없는 부품의 경우, 작업자를 돕기 위하여 동력 크레인 또는 기타 장치가 설치되어야 한다. 장착/탈착 작업장은 작업자와 컴퓨터 시스템 간의 통신을 위하여 데이터 입력 및 출력장치를 포함해야 한다. 생산 일정에 따라 다음 팔레트에 장착해야 하는 부품에 대한 작업 지시가 작업자에게 전달되어야 한다. 부품마다 다른 팔레트가 필요한 경우는 적합한 팔레트를 작업장에 공급해야 한다.

(2) **가공 작업장**에서 사용되는 장비는 주로 CNC 공작기계이며, CNC 머시닝 센터는 자동 공구 교환 및 공구 저장, 팔레트의 사용, CNC 및 분산 수치제어 기능과 같이 FMS에 적합한 여러 특성을 지니고 있다. 머시닝 센터는 FMS 자재 취급 장치와 바로 연계될 수 있는 자동 팔레트 교환 장치(APC: Automatic Pallet Changer)와 함께 도입되는 경우가 많다. 머시닝 센터 이외에도 세척기계 및 3차원 측정기기들이 가공 작업장에 속해 있다.

7-2-1-2. 자재 취급 및 보관 시스템

FMS에서의 자재 취급 시스템은 작업장 간 작업물을 이송하고, 필요한 경우 저장을 하게 되는데, 이를 위해 다음과 같은 기능을 갖추어야 한다.

(1) 작업장 간 작업물을 독립적으로 이송할 수 있어야 한다. 여러 다른 부품에 대한 다양한 공정 순서를 제공하거나, 어떤 작업장이 바쁠 때 대체 기계를 사용할 수 있도록 부품은 시스템의 한 기계로부터 다른 기계로 운반될 수 있어야 한다.

(2) 다양한 작업물 형상을 취급할 수 있어야 한다.

(3) 임시 저장 기능이 있어야 한다. FMS에서 전체 부품의 수는 어느 순간 실제로 가공

되고 있는 부품의 수보다 보통 많을 것이다. 그러므로 각 작업장에는 가공되기 위하여 대기하고 있는 부품 대기 장소가 있으며, 이는 기계 가동률을 증가시킬 것이다.

(4) 컴퓨터 제어 시스템과의 호환성이 있어야 한다. 여러 가공 작업장, 장착/탈착 작업장 및 창고로 자재 취급 시스템이 명령을 내리기 위해서는 컴퓨터 시스템에 의해 직접 제어될 수 있어야 한다.

7-2-1-3. 공구 취급 시스템

FMS에서는 공구를 기계 스핀들에 장착/탈착하는 작업도 자동화되는데, 이를 위해서는 CNC 기계 내의 공구 매거진과 자동공구 교환 장치(ATC: Automatic Tool Changer)와는 독립적으로 공구를 별도의 저장소에 저장하고 필요 시 기계 내의 공구 매거진으로 공구를 이송하는 공구 취급 시스템이 필요하다.

7-2-1-4. 컴퓨터 제어 시스템

FMS에는 작업장, 자재 취급 시스템 및 기타 하드웨어를 연결하는 분산 컴퓨터 시스템이 요구된다. 일반적인 FMS 컴퓨터 시스템은 중앙 컴퓨터와 각 기계 및 기타 구성 요소들을 제어하는 마이크로컴퓨터로 구성된다. 중앙 컴퓨터는 시스템의 전 공정이 원활하게 이루어지도록 전체 작업을 총괄한다.

7-2-2. FMS 분류

FMS의 종류를 여러 가지 형태로 분류할 수 있지만 시스템 내의 기계 대수에 따라 분류하면, (1) 단일기계 셀(SMC: Single Machine Cell), (2) 유연생산 셀(FMC: Flexible Manufacturing Cell), (3) 유연생산시스템(FMS)의 세 가지 유형으로 분류할 수 있다.

〈그림 7-2〉에 단일기계 셀을 나타내고 있는데, 하나의 CNC 머시닝 센터와 하나의 자재 취급 장치(이송 카트)와 복수 개의 부품 저장소(팔레트 보관 랙)로 구성되어 있다. 〈그림 7-3〉에는 유연생산 셀을 나타내고 있는데, 3개의 동일한 CNC 머시닝 센터와 하나의 준비 작업장 및 하나의 자재 취급 시스템(이송 카트)으로 구성되어 있다.

〈그림 7-4〉(a), (b)에 유연생산시스템을 나타내고 있는데, (a)는 앤더슨 스트래스클라이드(Anderson Strathclyde) FMS로서 6대의 동일한 머시닝 센터와 하나의 준비 작업장

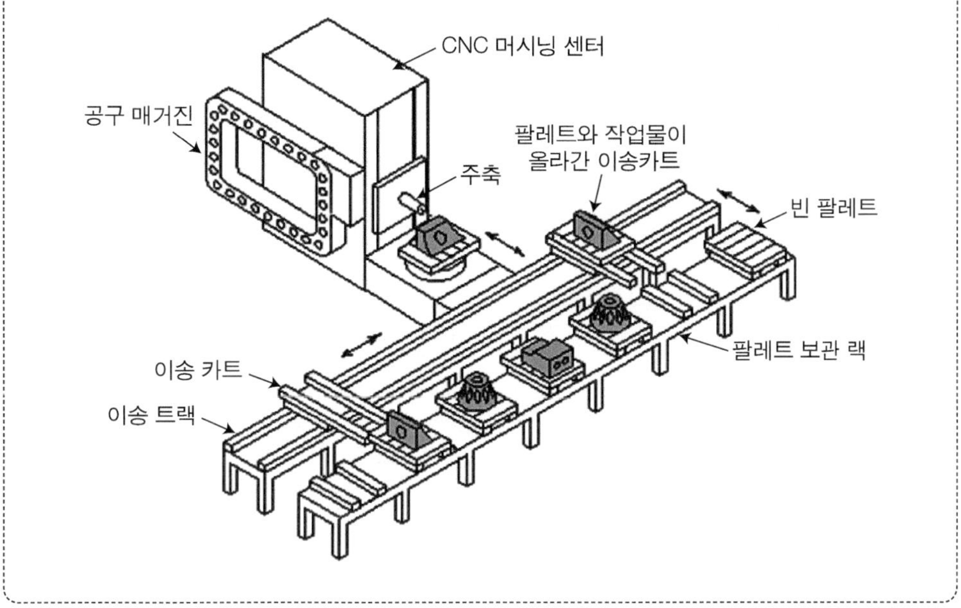

<그림 7-2> 단일기계 셀

출처: Groover, Mikell P., Automation, Production Systems, and Computer Integrated Manufacturing, 3rd edition, Pearson, 2008.

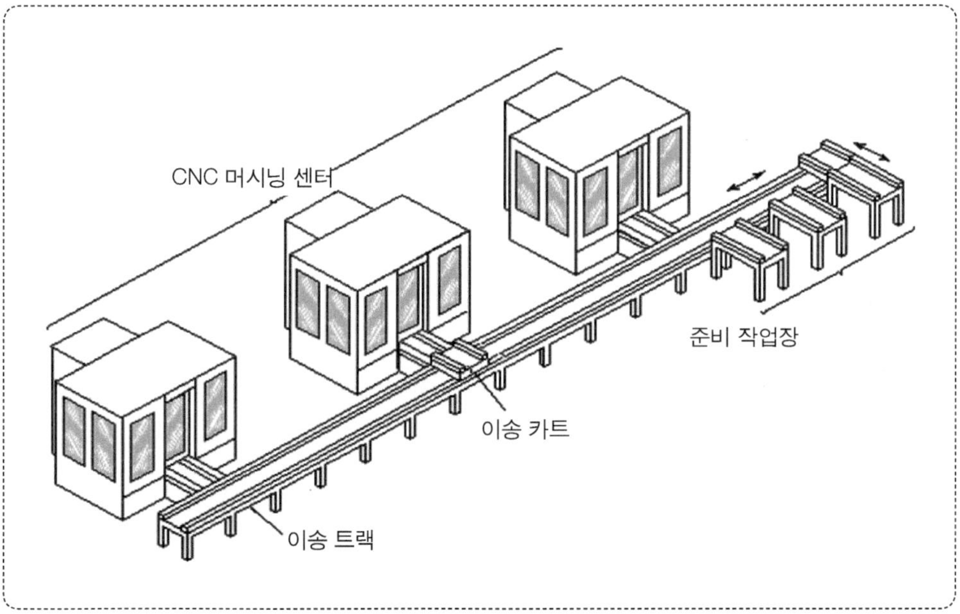

<그림 7-3> 유연생산 셀

출처: Groover, Mikell P., Automation, Production Systems, and Computer Integrated Manufacturing, 3rd edition, Pearson, 2008.

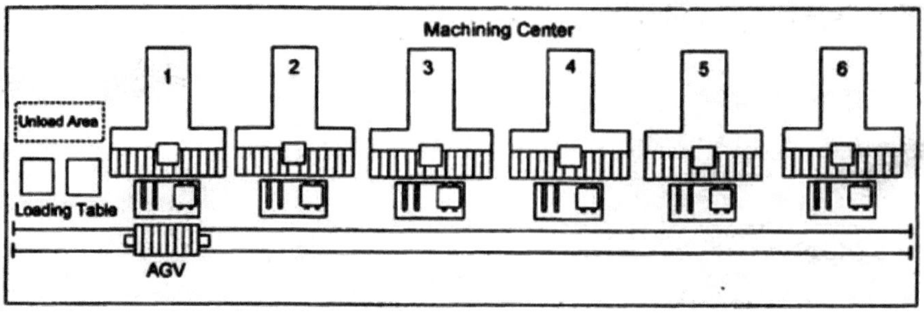

(a)

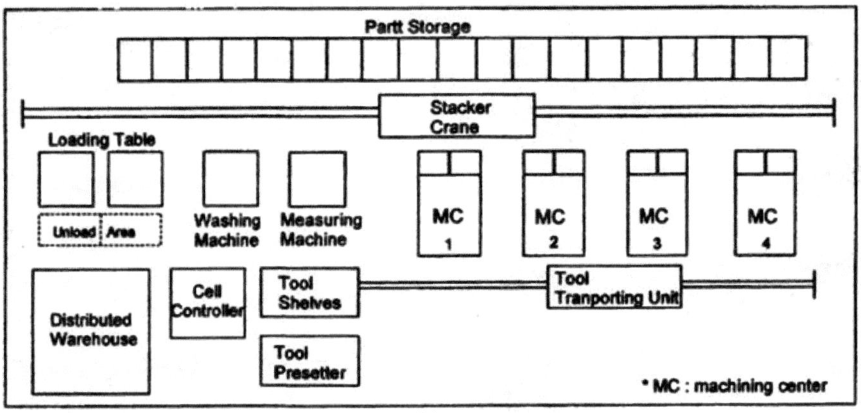

(b)

<그림 7-4> (a) 앤더슨 스트래스클라이드 FMS, (b) 파낙 FMS

출처: 한관희, 자동화 제조시스템의 시뮬레이션을 위한 JR-Net모델링, 박사학위논문, KAIST, 1996.

(Loading Table, Unload Area) 및 하나의 자재 취급 시스템(AGV: Automated Guided Vehicle)으로 구성되어 있다. (b)는 파낙(FANUC) FMS로서 가공 작업장에는 4대의 머시닝 센터와 하나의 세척기 및 하나의 측정기가 설치되어 있다. 준비 작업장에는 장착 테이블과 탈착 구역이 있다. 자재 취급 시스템으로 스태커 크레인과 저장창고(Part Storage)가 사용되고 있으며 공구 취급 시스템으로 저장을 위한 공구 선반(Tool Shelves)과 공구 셋업 장치(Tool Pre-setter) 및 공구 운송기기(Tool Transport Unit)가 설치되어 있고, FMS를 제어하기 위한 셀 제어기(Cell Controller)가 있다.

7-3. 자동창고시스템(AS/RS)

자동창고시스템(AS/RS: Automated Storage & Retrieval System)은 제조나 유통 등에서 물품의 자동 저장 및 반출 기능을 위해 설계되었다. 자동창고시스템의 주된 이점으로는 공간 절약, 생산성 향상, 인력 절감, 정확도 향상 및 재고 수준 저하 등을 들 수 있다. AS/RS는 저장과 불출 업무를 자동으로 빠르고 정확하게 수행하는 보관 시스템으로 정의된다.

7-3-1. 자동창고시스템의 구조

AS/RS는 일반적으로, (1) 저장 랙과 (2) 저장 랙 사이에서의 물품 이송을 위한 스태커 크레인(Stacker Crane), (3) 입/출고장, (4) 입/출고장과 저장 랙의 입/출고 연계점 사이를 연결하는 이송 서브 시스템으로 구성된다. 〈그림 7-5〉에서 보는 바와 같이 AS/RS의 저장 랙은 여러 개의 통로(Aisle)로 구성된 저장 구조물 내에 존재하는데, 각 통로마다 물품 이송을 위한 스태커 크레인이 할당되어 있다. 통로의 양쪽으로는 저장된 물품을 보관하기 위한 저장 랙이 있다. 저장 랙의 전면부에는 스태커 크레인이 저장 물품을 입고하거

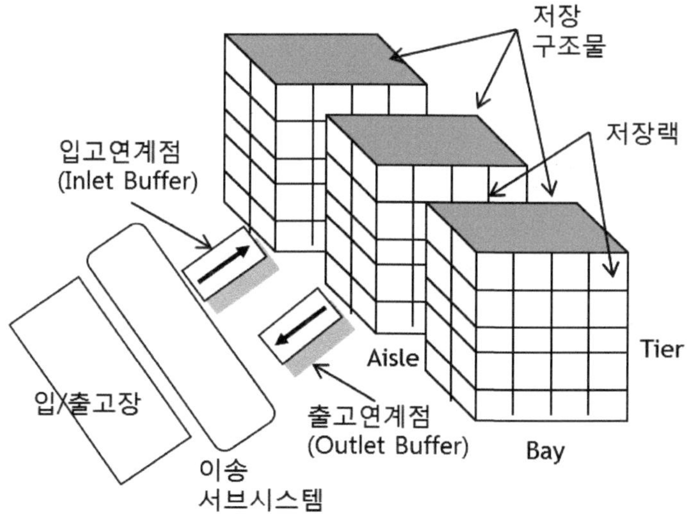

<그림 7-5> AS/RS 구조

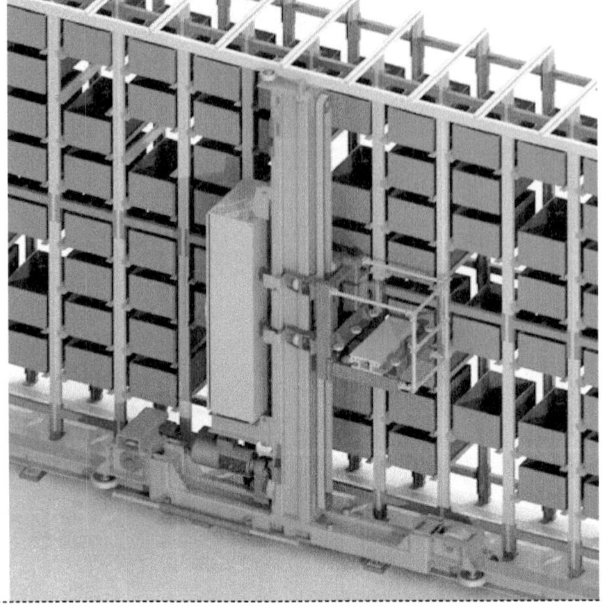

<그림 7-6> 스태커 크레인과 저장 랙

출처: http://www.me-jan.com/en/stacker-crane

나 불출하는 장소인 입/출고 연계점(Inlet/Outlet Buffer)이 있다. 저장 구조물의 수평 방향을 Bay, 수직 방향을 Tier라 부른다.

이송 서브 시스템은 입/출고장과 저장 랙의 입/출고 연계점 사이에서 물품을 이송하는 역할을 한다.

스태커 크레인은 〈그림 7-6〉과 같이 입고장으로부터 이송 서브 시스템을 거쳐 입고 연계점에 도착한 물품을 저장 랙에 저장하는 작업과 저장 랙으로부터 출고 연계점으로 불출하는 기능을 수행하는데, 이를 위해 스태커 크레인은 〈그림 7-7〉에서와 같이 운반대를 보관 위치에 수평과 수직으로 정렬할 수 있어야 한다. 스태커 크레인은 마스트(Mast)에 운반대의 수직 이동을 위한 레일 시스템이 설치되어 있다. 수평 이동은 마스트의 바닥에 바퀴가 부착되어 통로를 따라 설치된 레일 위를 움직인다.

운반대에는 물자를 보관 위치로 넣고 빼내는 셔틀(Shuttle)이 설치되어 있다. 스태커 크레인을 원하는 위치로 이동시키기 위해서는 마스트의 수평 이동(x), 운반대의 수직 이동(y), 보관 위치와 운반대 간의 셔틀 이동(z)의 3개의 구동 시스템이 필요하다. 최근의 스태커 크레인은 최대 수평 이동 속도가 200m/분, 최대 수직 이동 속도는 50m/분

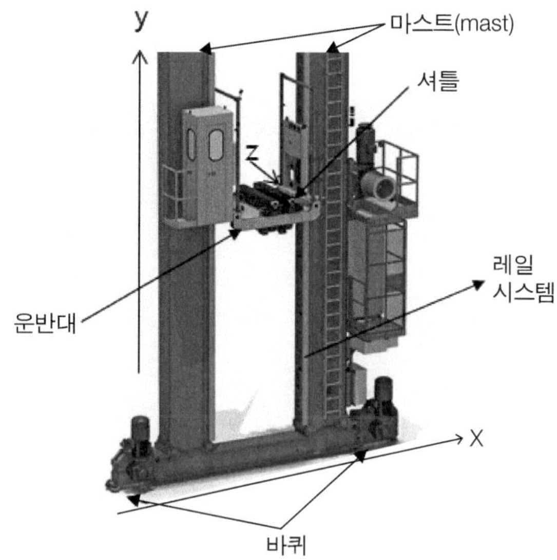

<그림 7-7> 스태커 크레인 구조

출처: https://www.mecalux.cn/automated-warehouses-for-pallets/stacker-cranes-for-pallets

정도이다. 이 속도에 의해 운반 장치가 입/출고 연계점에서 저장 랙 위치로 이동하는 시간이 결정되는데, 짧은 거리에서는 가속과 감속이 더 큰 영향을 미친다.

〈그림 7-8〉의 전면부에서 나타난 바와 같이 AS/RS의 전면부나 혹은 후면부에는 하나 이상의 입/출고장이 있어서 이곳을 통해 물품을 입고하거나 출고한다.

입/출고장은 물자를 외부에서 운반해 오거나 외부로 싣고 나가는 자재 취급 시스템의 접근이 용이하도록 대개 통로 끝에 설치되어 있다. 입고장과 출고장은 복도의 반대쪽 끝에 각각 설치할 수도 있고, 한쪽 끝에 같이 설치할 수도 있는데, 들어오는 물자의 출발지와 나가는 물자의 목적지에 따라 결정된다. 입/출고장에서 보편적인 운반 방법은 사람이 작업하거나 지게차, 컨베이어, AGV 등을 사용하는 방법이다. 입/출고장은 P&D(Pickup-and- Deposit) 스테이션으로도 불린다.

〈그림 7-8〉의 중간 부분에 나타나는 레일 위의 운송 차량들은 입/출고장과 저장 랙의 입/출고 연계점 사이의 물품 이송을 담당하는데, 보통 컨베이어나 AGV(Automated Guided Vehicle) 및 RGV(Rail Guided Vehicle)와 같은 자동화된 운반 장비와 연계되어 운영되며, 이를 이송 서브 시스템이라고 부른다.

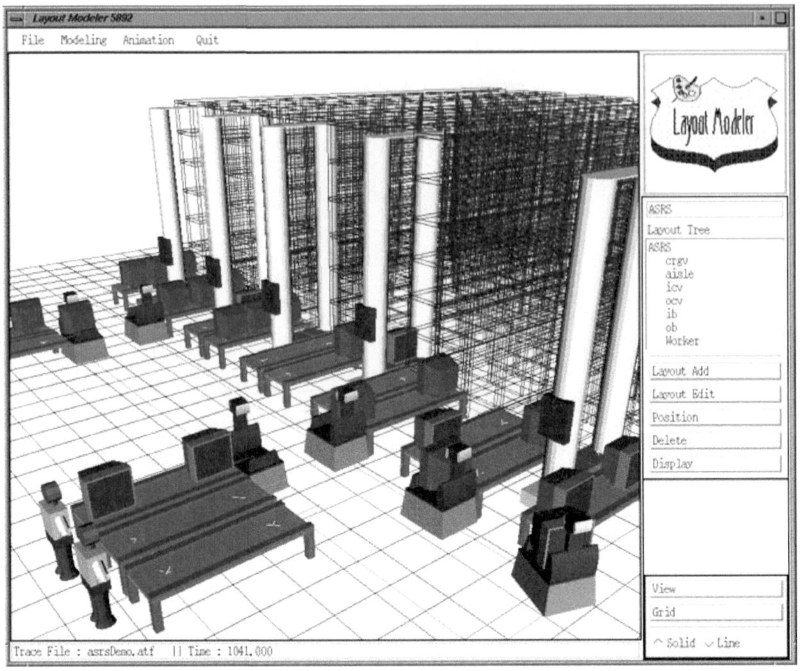

<그림 7-8> 입/출고장

7-3-2. 자동창고 설계 변수

AS/RS의 설계 변수로 고려해야 할 사항에는 (1) 저장위치 할당 방법, (2) 스태커 크레인 명령 대기 방법, (3) 입/출고 명령 순서화 방법, (4) 출고장 선택 방법 등이 있다.

첫째, 물품을 어느 저장 랙의 몇 번째 위치에 저장해야 하는지를 선택해야 하는데, 이는 〈그림 7-5〉에서의 Aisle-Bay-Tier 번호를 정하는 것이다. 이를 위한 방법은, (1) 임의(Random) 위치에 저장, (2) 가장 저장 처리시간이 짧게 걸리는(Shortest Processing Time) 위치에 저장, (3) 사전에 입/출고 연계점에서 저장 랙까지 거리나 이동 시간 등을 고려하여 전체 랙을 몇 개의 구역으로 할당하고, 해당 물품의 특성에 따라 저장 구역을 할당하는 구역 할당 방법(Zone Assignment) 등이 있다.

둘째, 스태커 크레인의 명령 대기 방법으로는, (1) 물품 입고나 출고 작업 후에는 항상 입/출고 연계점으로 돌아오는 방법(Single Addressing)과 (2) 물품 입고나 출고 작업을 마친 후에는 그 자리에서 다음 요청을 기다리는 방법(Pursuit Mode)이 있다.

셋째, 입고와 출고 작업의 순서화 방법에는, (1) 먼저 발생한 명령을 먼저 수행하는 선입선출(FCFS) 방법, (2) 완료 시간이 제일 짧은 명령을 우선하는 최소완료시간(Shortest Completion Time) 방법, (3) SCT 방법이지만 완료 시간이 동일할 경우에는 출고 명령을 우선시 하는 방법(SCT with Priority)이 있다.

넷째, 출고시의 출고장 선택 방법은 (1) 최소 가동률(Minimum Utilization) 기준 선택과 (2) 출고장의 최대 유휴 면적(Maximum Available Spece) 기준 선택 방법이 있다.

7-3-3. AGV

AGV(Automated Guided Vehicle)는 〈그림 7-9〉와 같이 FMS나 AS/RS와 같은 자동화 제조시스템에서 자동 이송장치로 많이 사용되는 설비로서, 무인반송차라고 하며, 지상에서 유도전선이나 테이프로 된 유도선로(Guide Path)를 따라 이동하거나 주행을 위해 레이저를 사용하는 무인 전기 차량이다. AGV 중에서 자기 테이프에 의해 유도되는 AGV를 AGC(Automated Guided Cart)라 하고, 레이저에 의해 유도되는 AGV를 LGV(Laser Guided Vehicle)라 한다. 좁은 의미의 AGV는 공장 바닥에 매설된 유도전선을 따라 주행하는 유형이다.

<그림 7-9> AGV

출처: http://www.ssi-schaefer.tw/index.php?id=1867&L=53

AGV 운행에서 다음과 같은 질문에 대한 해답을 알아야 할 필요가 있다.

(1) **길 찾기**(Navigation): AGV는 길을 어떻게 찾아다니는가?
(2) **주행 방향 조정**(Steering): AGV는 주행 방향을 어떻게 조정하는가?
(3) **경로 선택**(Path Selection): AGV는 분기점에서 경로를 어떻게 선택하는가?
(4) **교통 제어**(Traffic Control): AGV 사이의 충돌 방지는 어떻게 하는가?
(5) **배터리 충전**(Battery Charging): AGV에 전기를 어떻게 공급하는가?

7-3-3-1. 길 찾기

AGV의 경우에 AGV 밑바닥에 있는 센서가 유도전선으로부터 RF(Radio Frequency) 신호를 감지하여 따라간다. AGC의 경우에는 자기 테이프로부터의 자기장을 유도 센서가 감지하여 따라간다.

LGV의 경우에는 벽이나 기둥의 알려진 위치에 역반사기(Retro-Reflector)가 설치되어 있으며, LGV의 회전 터렛에는 레이저 송수신기가 장착되어 있다. 이 송수신기에서 레이저가 송신되고 역반사기에서 반사된 레이저가 다시 수신되어, 이로부터 각도와 거리가 자동으로 계산되어 저장된다. LGV는 메모리 내에 반사기 지도 (Reflector Map)를 저장하고 있어서 예상 위치값과 실 수신 측정 값 사이의 오차에 기반을 두고 자신의 위치를 교정할 수 있다.

7-3-3-2. 주행 방향 조정

〈그림 7-10〉(a)에서 보는 바와 같이 전선에 의해 유도되는 AGV는 전자기유도(Inductive Guidance)에 의해 주행 방향이 조정된다. 〈그림 7-10〉(b)에서와 같이 2개의 코일을 가진 수신 안테나인 센서가 바닥 내 유도전선 주위에 형성되는 전자기장을 감지한다. 센서가 유도전선 중앙에 위치하면 두 코일 사이의 전압이 같아져서 방향 조정 신호는 0이 된다. 센서가 유도전선의 한 쪽 측면에 위치하면 한 쪽 코일의 전압은 증가하는 반면, 반대편 코일의 전압은 감소한다. 이러한 전압 차이가 방향 조정 신호를 생성하고, 이 신호가 방향 조정 모터의 회전 방향을 제어한다.

회전 방향이 감지되면, AGV 방향 조정은 탱크의 방향 조정과 비슷한 차등 속도 제어 방법을 통해 이루어진다. 즉, 2종류의 구동 바퀴가 있고, 각각 동력전달장치에 연결

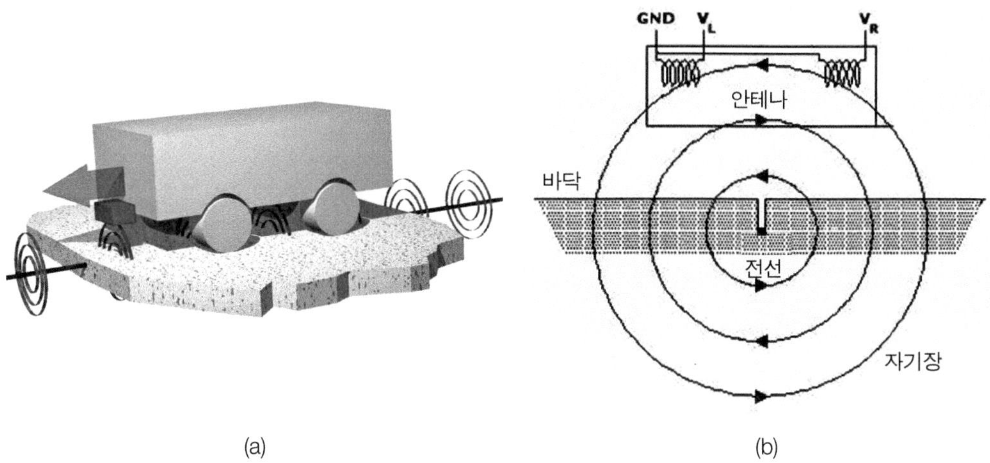

<그림 7-10> (a) AGV 주행, (b) 전자기 유도 방법

출처: http://narongchon.blogspot.com/2015/02/wire-guidance-control.html#!/2015/02/wire-guidance-control.html

되어 있다. 이 동력전달장치는 회전을 위해서는 서로 다른 속도로 구동되며, 전/후진을 위해서는 같은 속도로 구동된다. 차등 속도 제어 방법과 다른 방향 조정 방법으로는 자동차의 방향 조정 방법이 있다.

7-3-3-3. 경로 선택

AGV와 AGC는 분기점에서 경로 선택에 관한 의사결정을 해야 한다. 단순하나 효과적인 방법은 사전에 프로그램된 경로에 기반을 두고 경로를 선택하는 것이다. LGV는 실시간으로 현재의 위치를 파악할 수 있기 때문에 경로 선택 문제가 발생하지 않는다.

7-3-3-4. 교통 제어

널리 사용되는 교통 제어 방법은 복수의 고정된 장소에 무선 송신기를 설치하여 사용하는 구역 제어 방법(Zone Control)이다. 각 AGV는 이 신호를 수신하고 송신기로 신호를 보내기 위한 감지 장치가 내장되어 있다. 특정 구역에 교통량이 없으면 해당 구역의 무선 송신기 신호가 "Clear"로 설정되어 어떤 AGV도 이 구역으로 진입하여 통과할 수 있다. 특정 AGV가 이 구역에 진입하면 그 외의 모든 AGV에 "Stop" 신호가 송신되며, 이 구역에 진입하고자 하는 모든 AGV는 "Stop" 신호를 감지하고 정지하여 자기 차례를 기다린다. 특정 구역 내에 있던 AGV가 그 구역 바깥으로 이동하면, "Clear" 신호가 기다리던 AGV 중의 하나에게 보내진다.

7-3-3-5. 배터리 충전

AGV는 배터리 교환 스테이션에서 멈추어 이미 사용된 배터리를 자동으로 완전 충전된 배터리로 교환한다. 배터리 자동 교환기는 이미 사용된 배터리를 자동 충전 설비의 충전용 투입구(Slot)에 집어넣는다. 배터리 교환 시스템이 배터리 교환에 필요한 인력을 줄여 주었지만, 최근의 배터리 충전 기술은 배터리를 보다 빠르고 효율적으로 충전시켜 배터리를 교환해야 하는 필요를 제거하는 방향으로 진전되고 있다.

연습문제

1. 자동화 제조시스템을 구성하는 설비 유형으로는 어떤 것들이 있는가?
2. APC의 기능과 종류에 대해 설명하라.
3. FMS의 정의는 무엇인가?
4. 제조시스템의 유연성에 대해 설명하라.
5. FMS의 구성요소로는 어떤 것들이 있는가?
6. 공구 취급 시스템이란 무엇인가?
7. 유연생산시스템의 유형으로는 어떤 것들이 있는가?
8. 유연생산 셀의 특징은 무엇인가?
9. 자동창고의 구성요소로는 어떤 것들이 있는가?
10. 자동창고 설계변수로는 어떤 것들이 있는가?
11. AGV의 유형으로는 어떤 것들이 있는가?
12. AGV의 운행을 위한 기술 요소로는 어떤 것들이 있는가?

3부
스마트팩토리와 정보화

CHAPTER 08

기업정보시스템 개요

8장에서는 기업에서 사용하는 정보시스템의 구성을 이해하기 위하여, 우선적으로 현재의 스마트제조에 이르기까지의 여러 가지 경영혁신을 위한 시도들을 살펴본다. 또한 스마트팩토리의 목표라 할 수 있는 생산성 향상을 3계층으로 구분하여 학습한다. 또한 스마트제조혁신의 기반 구조라고 할 수 있는 디지털 전환의 5단계에 관해 살펴본 후에, 기업의 기간 정보시스템을 5개로 구분하여 그 내용을 간략하게 살펴본다.

8-1. 스마트제조를 위한 경영혁신 과정

본서의 1부에서도 살펴보았지만, 스마트팩토리 트라이앵글을 구성하는 세 가지 구성요소는 자동화, 정보화 및 지능화로서, 자동화는 기계화를 기반으로 하고, 자동화의 토대 위에 정보화가 이루어지며, 정보화가 고도화되면서 지능화된 스마트팩토리로 이행한다.

스마트팩토리를 포함하는 제조기업들은 제품을 제조해서 판매를 통해서 부가가치를 창출하게 되는데, 제조는 자금, 인력, 재료나 부품, 설비나 장비 등을 입력으로 받아서 가공과 조립 과정을 거쳐 제품과 서비스를 창출하여 고객에게 제공함으로써 고객의 기대를 충족시키고 부가가치를 만들어내는 프로세스라고 할 수 있다.

제조의 궁극적인 목표는 고객이 요구하는 품질의 제품을 낮은 가격으로 적기에 제공함으로 궁극적으로 고객을 만족시키는 것이고, 이 과정에서 기업경영의 올바른 목표와 방향 등을 정해 나가는 것을 효과성이라 하고, 정해진 목표를 올바르게 수행하는 것을 효율성이라고 한다. 즉, 스마트팩토리는 고객만족을 위해 효과적으로 또한 효율적으로 기업경영에 필요한 과업을 수행해 나가야 한다.

기업 활동 중에서 제조 행위를 효과적으로 또한 효율적으로 수행하기 위한 체계를 생산시스템이라고 하는데, 〈그림 1-5〉에서 나타난 바와 같이 생산시스템은 크게 제조시스템과 제조지원시스템으로 나뉜다.

제조시스템에서는 입력으로 받은 원자재나 부품 및 부품군에 대해서 장비나 인적 자원을 활용하여 가공과 조립이 이루어지고 최종적으로 완제품을 산출한다. 제조지원시스템은 제조 행위가 계획대로 수행될 수 있도록 관리와 통제를 행하는 별도의 서브시스템이다. 제조지원시스템의 역할은 전체적인 생산 과정을 관리하기 위해서 시행해야 할 합리적인 제반 절차나 방법을 관리하고, 생산의 진행을 미리 계획하고 실행 과정에서 필요한 조정을 한다. 제조시스템과 제조지원시스템으로 구성된 생산시스템의 목표는 고효율의 제품 제조, 즉 생산성 향상이라 할 수 있다. 생산성은 (산출량) ÷ (투입량)으로 계산할 수 있으며, 생산성을 향상시키기 위해서는 투입량을 줄이거나 산출량을 늘려야 한다.

2장에서 살펴본 5단계의 제조혁신 과정도 궁극적으로는 생산성 향상을 위한 노력이라 할 수 있으며, 산업혁명 이후부터 현재의 스마트제조에 이르기까지 기업경영 분야에서 생산성이나 효율 향상을 위한 여러 가지 경영혁신 방법과 기술들이 〈표 8-1〉에서와 같이 개발되어 사용되고 있다.

〈표 8-1〉에서 보듯이 1760년대에 영국에서 산업혁명이 시작되어 수작업에 의한 제품 생산이 기계를 이용한 제조 방법으로 변화하면서 획기적인 생산성 향상이 이루어졌고, 1776년 아담 스미스가 '국부론'에서 특정 국가에서 나타나는 노동 생산성 향상은 분업의 결과라고 주창함으로써 분업화와 전문화에 기반한 생산 방식에 이론적인 틀을 제공하였다. 1801년에는 미국의 휘트니에 의해 호환가능 부품 생산의 개념이 제시되면서 표준화를 통한 대량생산의 기초를 제공하였다. 1911년에는 테일러가 '과학적 관리의 원칙'이라는 책에서 경제적 동작 연구와 시간 연구와 같은 과학적 방법을 통해 일상 작업에서의 낭비를 제거함으로써 효율을 추구하는 과학적 관리 방법을 제시하여 현대 경영의 기본 원리를 제공하였다. 1913년에는 포드 자동차 회사의 헨리 포드에 의해 대규모 공장 단지와 컨베이어 조립 라인에 의한 대량생산시스템을 운용함으로써 생산성을 높이고 제품의 원가를 크게 낮추었다. 즉, 자동차 1대를 조립하는 데 필요한 시간을 평균 750분에서

<표 8-1> 스마트제조에 이르기까지의 경영혁신 방법의 변천

1700~1900년		**1950~1990년**	
1760년대	산업혁명-기계화	1960년대 초~	일본-SQC, TQC, TQM
1776년	아담스미스(국부론)-분업에 의한 생산성 향상	1970년대	일본-JIT/TPS
1801년	휘트니-호환가능부품 생산 개념	1980년대~ 1990년대 초	미국-Lean 생산
1911년	테일러(과학적 관리의 원칙)-동작 연구/시간연구		
1913년	포드-컨베이어 조립라인 기반의 대량생산 방식		
1990~2000년		**2010년~**	
1980년대 초 ~1990년대	미국 GE/Motorola- 6시그마	2010	독일- 스마트팩토리
1990년	마이클 해머-BPR		
1990년대	미국-SCM		
1990년대 후반	미국-신제품 개발 프로세스 혁신 (CE/DFSS)		

93분으로 단축시켰으며, 자동차 평균 가격도 2,000달러에서 825달러로 인하되었다.

제2차 세계대전이 끝난 후 1960년대 초부터 일본에서는 제품 품질을 중시하는 제조혁신 방법으로 통계적 품질관리(SQC)와 전사적 품질관리(TQC) 및 전사적 품질경영(TQM)과 같은 관리 방법을 사용하여 제품의 품질 수준을 비약적으로 향상시킴으로써 1970년대에는 품질 분야에서 미국을 능가하게 되었다. 그 후 1970년대에 들어 일본은 품질뿐만 아니라 제조 분야에서도 도요타 자동차 회사를 중심으로 JIT(Just In Time) 혹은 TPS(Toyota Production System)라 불리는 생산 운영 및 통제 시스템을 운영함으로써 생산 효율을 획기적으로 향상시켰다. JIT 생산 방식에서는 모든 생산 과정에서 필요할 때에 필요한 것만을 필요한 만큼만 생산함으로써 생산 시간을 단축하고 재고를 최소화하여 낭비와 비효율을 제거하고자 한다. 이를 통해서 일본은 품질과 더불어 생산 관리 방식에서도 미국을 능가하게 되었다.

이에 자극을 받은 미국에서는 뒤떨어진 경쟁력을 만회하기 위해 일본의 경영 방법을 심층적으로 연구하기 시작하였으며, 우선 생산 관리 분야에서 일본의 JIT/TPS을 수정 및 개선하여 1980년대에 린(Lean) 생산 방식을 제시하게 된다. 즉, 린 생산 방식은 일본의 TPS를 미국식 환경에 맞춰 재정립한 경영 기법이라 할 수 있다.

품질 분야에서는 1980년대 초에 모토로라에서 품질 불량을 줄이기 위한 노력의 일환으로 시작된 6시그마가 있는데, 6시그마는 1998년 이후에는 GE에 의해 계승 발전되었으며 품질을 획기적으로 개선하기 위한 방법론이다. 여기서 시그마(σ: 표준편차)는 통계학에서 평균과의 편차를 나타내는데 정규분포의 평균(μ)$\pm 1\sigma$에는 전체 표본 집단의 68.0%가, $\mu \pm 3\sigma$에는 99.7%가 포함되며, $\mu \pm 6\sigma$에는 99.99966%가 포함된다는 의미로서, 다른 말로 하면 6시그마는 제품 혹은 프로세스 100만 개 중 허용되는 결함 수가 3.4개인 것을 의미한다. 이러한 노력에 힘입어 1990년대 이후에는 미국이 일본과 비교하여 제조 강국의 위치를 되찾게 된다.

6시그마에는 두 가지 주요한 방법론이 있는데 DMAIC과 DMADOV이다. 이 두 가지는 원래 에드워드 데밍의 계획(Plan)—실행(Do)—점검(Check)—행동(Action) 사이클이론에서 영향받은 것이다. DMAIC은 주로 기존의 프로세스를 향상시키기 위해 쓰이고, DMADOV는 새로운 프로세스 혹은 새로운 제품을 설계하거나 예측 가능하고 결함이 없는 성능을 발휘하는 제품을 개발하기 위한 목적으로 쓰이며 Design for Six Sigma라고도 한다.

이 중에서 DMAIC는 다음의 5단계로 구성된다.

(1) 정의(Define): 고객의 요구사항을 파악하고 프로젝트의 목표를 정의하는 단계이다. 세부 스텝으로는 프로젝트선정, 프로젝트 정의, 프로젝트 승인 과정이 있다.
(2) 측정(Measure): 품질에 결정적 영향을 끼치는 요소(CTQs: Criticals To Qualities)인 Y 변수의 현재 수준을 파악하고, 잠재 원인 변수 X들을 발굴 하는 단계이다. 세부 스텝으로는 CTQ 확인, 현재 수준 확인 및 파악, 잠재 원인 변수의 발굴 과정이 있다.
(3) 분석(Analyze): 수집된 데이터를 근거로 문제의 근본 원인인 핵심 인자들을 확인하는 단계이다. 세부 스텝으로는 데이터 수집, 데이터 분석, 핵심 인자 X들의 선정 과정이 있다.
(4) 개선(Improve): 최적의 프로세스 개선안과 문제의 해결책을 도출하는 단계이다. 세부 스텝으로는 개선안 수립, 핵심 인자 X들의 최적화, 개선 결과 검증 과정이 있다.

(5) 관리(Control): 개선 결과의 문서화 및 유지 계획을 수립 하는 단계이다. 세부 스텝으로는 관리 계획 수립, 관리 계획 실행, 문서화 및 이관 과정이 있다.

DMADOV는 정의(Define), 측정(Measure), 분석(Analyze), 설계(Design), 최적화(Optimize), 검증(Verify)의 6단계로 구성된다.

그 이후 미국은 지속적으로 새로운 경영혁신 방법론을 고안하고 이를 실천에 옮기게 된다. 1990년에 마이클 해머에 의해 주창된 BPR(Business Process Reengineering)은 기존의 업무를 고객만족의 관점에서 근본적으로 재설계함으로써 경영효율을 획기적으로 높이고자 하는 기법으로 효율 향상을 위한 도구로서 정보기술을 적극적으로 활용한다. 즉, BPR은 기업 운영에 있어서 과도한 지연을 없애고 고비용을 절감하기 위해 기업 프로세스를 단순화 하는 것으로 구성된다. 이와 같이 BPR을 이용하여 기업은 보다 나은 성과를 발휘하는 비즈니스 프로세스를 운영할 수 있게 된다. 그 후 최적화 관점에서 대두된 공급망관리(SCM)는 부품 공급자에서 생산자, 배포자, 고객에 이르는 물류 과정을 하나의 가치사슬에서 파악하고 필요한 정보가 원활히 흐르도록 지원하는 경영관리 방법을 말한다. 즉, 기존에는 기업 내부의 부문별 최적화나 개별 기업 단위의 최적화에 치중하던 경영관리 시각에서 탈피하여 공급망의 구성요소들 간에 이루어지는 전체 프로세스를 통합 관리함으로써 부분최적화보다는 전체최적화를 통해 경영효율을 극대화하고자 하는 것이다.

1990년대 후반에는 신제품 개발 프로세스에서도 혁신적인 기법들이 주창되었는데, 동시공학(CE: Concurrent Engineering)과 DFSS(Design For Six Sigma)가 대표적이다. 동시공학은 제품개발과 관련된 업무를 순차적으로 진행하기보다는 관련된 여러 부서에서 일괄적으로 동시에 진행하며 제품을 설계하는 방법으로 설계, 신뢰성, 판매, 생산, 품질 등 관련 인원들이 병렬적으로 제품 설계에 참여해 실패를 줄이고 제품개발 기간을 단축하기 위한 방법이다.

DFSS는 제품이나 공정의 개발시에 연구/개발 단계에서부터 품질향상을 고려하면 궁극적으로 6시그마 품질수준을 확보할 수 있다는 사고를 바탕으로 GE에서 개발된 설계방법론으로 위에서 살펴보았듯이 정의(Define), 측정(Measure), 분석(Analyze), 설계(Design), 최적화(Optimize), 검증(Verify)의 6단계로 구성된다. 이와 같이 DFSS의 중요성이 강조되고 있는 이유는 고객만족을 위한 제품의 품질은 생산 공정보다는 제품 설계나 공정 설계와 같은 연구/개발 단계에서 크게 좌우되고 있으므로 설계 품질의 확보없이 6시그마 수준의 달성은 불가능하다는 판단 때문이다[Albert, 2003].

8-2. 생산성 계층과 스마트팩토리

〈표 8-1〉에서도 살펴보았지만, 산업혁명 이후 200여 년 이상에 걸친 다양한 경영혁신 방법의 연장선 상에서 2010년 이후에 스마트팩토리라는 개념이 탄생하게 되었다.

스마트팩토리도 경영혁신 과정의 일부라고 한다면, 스마트팩토리의 목표도 생산성 향상이라 할 수 있으며, 일반적으로 제조 기업의 생산성은 크게 단위 설비의 생산성, 전체 공장의 생산성 및 공급망에서의 생산성의 3계층으로 구분할 수 있다[이태억, 2018].

설비는 생산의 3요소인 3M(Man, Machine, Material)의 하나로서 설비의 효율적 관리를 통해서 시간당 생산량이나 제품의 품질을 높임으로써 생산성 향상에 기여할 수 있다. 설비관리는 설비의 조사, 연구, 설계, 제작, 설치에서부터 가동, 보전을 거쳐 폐각에 이르는 전 과정에서 설비를 유효하게 활용하여 기업의 생산성을 높이는 활동을 의미하며, 설비관리를 통해 실시간으로 설비상태를 모니터링하여 필요한 조치를 사전에 취하여 능력을 최대로 발휘할 수 있는 설비 상태를 유지함으로써 납기를 준수할 수 있고, 불량품을 만들지 않음으로써 품질 안정화에 기여하며 고장을 최소화함으로써 정해진 시간 내에 최대의 생산량을 확보할 수 있게 된다. 설비를 바람직한 운전 상태로 유지시키거나 또는 그와 같은 상태로 복원하기 위해서는 보전(Maintenance) 활동이 필요하다.

설비의 생산성은 설비종합효율에 의해 측정되는데, 설비종합효율은 현재의 설비가 부가가치를 발생시키는 시간에 얼마만큼 공헌하고 있는가를 나타내는 척도로서 설비로스를 관리하기 위한 지표로도 사용된다. 산출식은 다음과 같다.

$$\text{설비종합효율} = \text{시간가동률} \times \text{성능가동률} \times \text{양품률} \quad \cdots\cdots (8\text{-}1)$$

식(8-1)에 나타난 설비종합효율을 높이기 위해서는 설비효율을 저해하는 로스(Loss)를 제거하거나 줄여야 하는데, 크게 3개의 유형으로 구분될 수 있다.

(1) 정지 로스: 고장이나 준비/조정에 의한 로스
(2) 속도 로스: 순간정지/공전이나 속도저하에 의한 로스
(3) 불량 로스: 불량/수리에 의한 로스

시간가동률은 부하시간에 대한 정지 로스를 제외한 실가동시간의 비율을 의미하며, 산출식은 다음과 같다.

$$\text{시간가동률} = (\text{부하시간} - \text{정지 로스 시간})/\text{부하시간} \times 100 \quad \cdots\cdots (8\text{-}2)$$

식(8-2)에서 부하시간은 1일 또는 월간을 통하여 설비가 가동하지 않으면 안 되는 시간으로 산출식은 (조업 시간 – 불가피 로스)이며, 불가피 로스로는 (1) 홍수, 정전 등의 불가항력 원인으로 인한 정지, (2) 조회, 식사, 휴식 등 공장 방침에 의한 작업 중단, (3) 계획 정지, 계획 보전, (4) 부품 품절, 작업지시 미스로 인한 작업 중단 등이 있다.

성능가동률은 정미가동률과 속도가동률의 곱으로 계산하는데, 계산식은 다음과 같다.

$$\begin{aligned}\text{성능가동률} &= \text{정미가동률} \times \text{속도가동률} \quad \cdots\cdots (8\text{-}3)\\ &= \frac{\text{실제CT} \times \text{생산량}}{\text{실가동시간}} \times \frac{\text{이론CT}}{\text{실제CT}} \times 100\end{aligned}$$

식(8-3)에서 CT는 Cycle Time의 약자이며, 정미가동률은 순간정지/공전에 따른 속도 로스를 제외한 연속 운전의 정도를 의미하고, 속도가동률은 이론적 사이클 타임과 실제 사이클 타임의 비율로서 속도저하 로스에 의한 속도의 차이를 의미한다.

양품률은 불량/수리에 의한 불량 로스를 반영한 것으로 투입수량에 대한 양품수량의 비율을 말하며 산출식은 다음과 같다.

$$\text{양품률} = (\text{투입수량} - \text{불량수량})/\text{투입수량} \times 100 \quad \cdots\cdots (8\text{-}4)$$

〈그림 8-1〉에 설비 가동과 관련된 시간의 유형이 나타나 있다.

공장은 복수의 생산 설비와 인적자원의 조합에 의해 운영되는데, 전체 공장 수준의 생산성은 품질과 생산 부문에서 측정될 수 있으며, 품질 부문의 생산성 지표로는 제품불량률, 폐기율, 재작업률, 클레임건수 등을 들 수 있고, 생산부문의 생산성 지표로는 인당 생산수, 사이클 타임, 제조리드타임 및 납기 준수율 등을 들 수 있다.

공장 수준에서의 생산성 향상을 위해서는 〈그림 1-2〉의 스마트공장 기능에서 나타난 바와 같이 다음과 같은 네 가지 주요 기능에서의 효율화가 요구된다. 첫째, 영업/판매 기능은 고객의 요구사항을 파악하고 고객과 의사소통하기 위한 가장 주요한 수단이다. 이 범주에 속하는 것으로는 판매 및 영업, 수요예측, 주문처리, 회계, 수금 등을 들 수 있다. 둘째, 제품 개발 기능은 고객이나 시장의 요구에 부합하는 신제품을 개발하는 것으

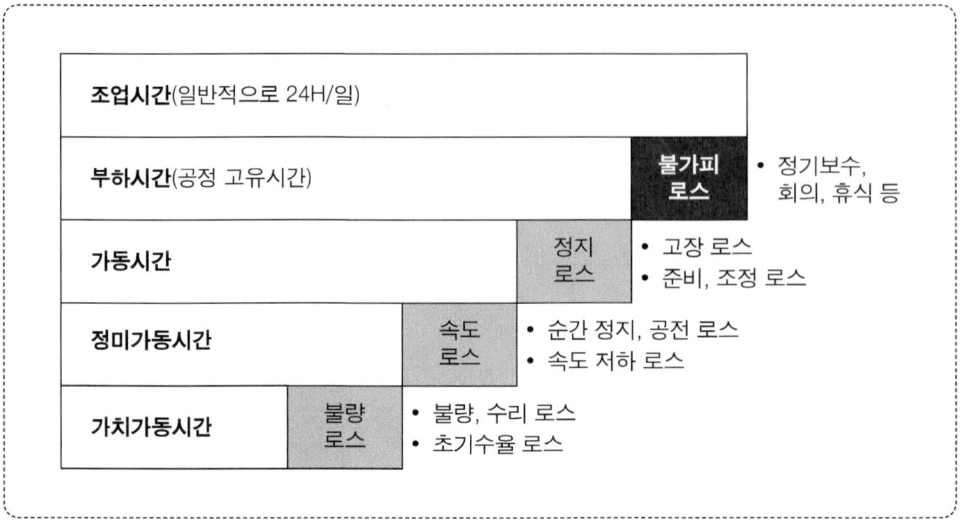

<그림 8-1> 설비 시간 유형

출처: 케이티피엠경영컨설팅, 설비로스와 생산효율화, 2020.

로 연구 및 개발, 설계 엔지니어링, 제도, 시제품(Prototype) 제작 등의 기능이 포함된다. 셋째, 생산계획 기능은 고객의 주문에 대해 정해진 일자에 정해진 품질을 가진 제품을 낮은 원가로 공급하기 위한 계획을 수립하는 것으로 주생산계획(MPS: Master Production Schedule), 자재소요계획(MRP: Material Requirements Planning), 능력계획(CRP: Capacity Requirements Planning) 등을 포함한다. 마지막으로, 생산통제 기능은 생산계획에 나타난 제품을 생산하기 위하여 공정을 실질적으로 관리하고 통제하는 기능이다. 생산통제에 포함되는 것으로는 제조현장통제, 재고관리, 품질관리 등의 기능이 있다.

1990년대 이후에 기업 환경이 글로벌화하면서 부품 및 자재 공급의 납기 및 품질의 불확실성과 수요 및 주문의 불확실성을 한 기업 내에서 해결하기에는 한계점이 노출되었다. 즉, 생산, 부품 조달 및 구매, 보관 및 물류, 운송, 판매 및 유통 등의 기업 활동이 글로벌화됨에 따라 공급망 상의 리드타임이 길어지고 변동의 폭이 심해짐에 따라 전체적인 공급망의 합리적인 계획 및 조정/통제가 중요하게 되었다. 공급망 상의 생산성 지표로는 고객만족도, 수주-출하 리드타임, 자재조달시간, 수요예측 정확도, 납기준수율 및 고객대응시간 등을 들 수 있다. 공급망 상의 생산성 향상을 위해서는 개별 기업 단위의 부분 최적화가 아닌 관련 기업들을 아우르는 전체 최적화를 통한 통합적인 공급망관리가 필요하며, 공급망관리는 크게 공급망 계획과 공급망 실행으로 나눌 수 있다.

공급망 계획(SCP: Supply Chain Planning)은 기업이 제품에 대한 수요를 예측할 수 있고, 그 제품에 대한 조달계획 및 생산계획을 수립할 수 있도록 하는 기능이다. 이 기능은 기업이 주어진 기간 안에 얼마나 많은 제품을 제조할 수 있는지를 결정하고, 원재료에 대한 재고 수준을 설정하고, 완성된 제품을 어디에 저장할지 결정하고, 제품 전달을 위해 사용할 운송 수단을 결정하는 등 보다 나은 운영상의 의사결정을 할 수 있도록 도와준다. 공급망 계획에는 수요계획, 생산계획, 물류계획, 수송계획 및 재고계획 등이 있다. 공급망 실행(SCE: Supply Chain Execution)은 원자재나 제품이 올바른 장소에 올바른 수량으로 가장 효율적인 방법으로 전달될 수 있도록 자재창고, 물류센터 및 제품창고를 거치는 원자재와 제품의 흐름을 관리한다. 이 기능은 제품의 물리적 상태, 원재료에 대한 재고 관리, 창고 및 수송에 대한 운영, 모든 이해당사자에 관한 재무정보를 파악한다. 공급망 실행에는 주문관리, 생산관리, 구매관리, 물류관리 등이 있다.

위에서 살펴보았듯이 단위 설비의 생산성과 전체 공장의 생산성은 스마트팩토리의 범위에 해당하고, 공급망 상의 생산성은 스마트제조의 범위에 해당한다.

최근 들어 경영혁신을 통한 생산성 향상의 강력한 수단으로 스마트제조 개념이 대두되고 있는데, 스마트제조를 위한 선행조건으로서의 경영혁신 대상 분야로는, (1) 교육 훈련이나 혁신 마인드/문화와 관련된 인력 개발 분야, (2) 기업 간 파트너십이나 협업과 관련된 사업 관계 분야, (3) 디지털 기술을 활용하여 기업의 전략, 조직, 업무 등을 변화시켜 고객과 시장에 대응하는 디지털 변환 분야, (4) 품질 관리와 공급망관리와 같은 관리 시스템 분야, (5) 신제품 개발과 공정 개발과 같은 기술 개발 분야의 다섯 가지로 구분할 수 있다.

여기서 스마트제조는 5개 부문의 혁신을 모두 포함하고, 스마트팩토리는 주로 디지털 전환 분야의 혁신에 초점을 맞추고 있으며, 기술 혁신과 관리시스템 혁신도 포함한다.

또한, 경영혁신을 제품개발-제품생산-공급망(구매/배송)등 기업 업무 프로세스 측면에서 살펴보면 스마트팩토리는 주로 제품의 설계/개발과 생산 부문 및 공급망의 일부에 초점을 맞추고 있고, 스마트제조는 기업 전체 업무 프로세스를 포괄한다[이태억, 2018].

이와 같은 스마트제조 선행조건으로서의 경영혁신 분야와 내용을 혁신대상분야와 기업프로세스로 구분하여 나타내면 〈표 8-2〉와 같으며, 그 중에서 회색 셀이 스마트팩토리의 경영혁신 범위를 나타내고 있다. 즉, 스마트팩토리 구축의 선행 조건으로서의 경영혁신은 제품설계 및 개발 프로세스와 제품생산 프로세스 및 공급망 프로세스 일부

<표 8-2> 스마트제조 선행조건으로서의 경영혁신 방법과 내용

기업 프로세스 / 혁신대상 분야	제품설계 및 개발	제품 생산	공급망(구매/배송)
기술혁신	• 신개념/신기술 설계	• 공정혁신 • 자동화/로봇화	
관리시스템혁신	• DFSS • CE	• TPS/린 생산 • 6시그마	• 재고/물류 혁신 • SCM
디지털 전환 혁신	• CAD/CAM • PDM/PLM	• ERP • MES	• APS(Advanced Planning & Scheduling) • EDI(Electronic Data Interchange: 전자거래)
사업관계혁신	• 위험 및 이익 공유 • 협업 네트워크 • 스마트제조 플랫폼		
인력개발혁신	• 혁신 마인드/문화 • 기술/혁신 교육 훈련		

에서의 기술혁신과 관리시스템 혁신 및 디지털전환 혁신을 의미하며, 이 중에서 디지털 전환 혁신이 관리시스템혁신과 기술혁신 방법의 기반 구조를 형성한다.

구체적으로 스마트팩토리 디지털 전환 혁신의 내용은 〈표 8-2〉에 나타난 바와 같이 CAD/CAM(Computer Aided Design/Computer Aided Manufacturing), PDM/PLM(Product Data Management/Product Lifecycle Management), ERP(Enterprise Resource Planning), MES(Manufacturing Execution System) 및 APS 등을 포함하고 있다.

8-3. 디지털 전환

〈표 8-2〉에서 경영혁신 대상 분야의 하나로 언급한 디지털 전환(Digital Transformation)은 넓은 의미로는 디지털 기술을 사회 전반에 적용하여 전통적인 사회구조를 혁신시키고자 하는 것으로, 일반적으로 기업에서는 사물 인터넷(IoT), 클라우드 컴퓨팅, 인공지능(AI), 빅데이터 솔루션 등 정보통신기술을 활용하여 기존의 전통적인 업무 운영 방식과 서비스

등을 혁신하는 것을 의미한다. 기업의 디지털 전환을 위해서는 아날로그 형태를 디지털 형태로 변환하는 '전산화(Digitization)' 단계와 산업에 정보통신기술을 적극적으로 활용하는 '디지털화(Digitalization)' 혹은 정보화 단계를 거쳐야 한다.

기업의 디지털 전환은 크게 (1) 시스템 전환, (2) 작업 전환, (3) 업무 전환, (4) 협업 전환, (5) 사업 전환의 5단계로 발전하게 된다. 시스템 전환은 디지털 전환의 출발점으로 전통적인 시스템을 '스마트공장'이라고 하는 디지털 시스템으로 전환하는 것으로서, 스마트팩토리 트라이앵글에서의 '정보화'에 해당한다. 작업자와 설비, 자재와 제품, 작업조건과 운전 상태, 환경 등의 제조/물류 현장을 디지털화하고, 기업운영을 지원하는 응용시스템(ERP, MES, APS, PLM 등)을 구축하고 공급망 상에서 협업 네트워크를 구축하고 더 나아가서는 사이버물리시스템을 통해 지능형 스마트공장을 구축하여 운영하는 것이다.

작업 전환은 작업자가 디지털 장비와 컴퓨터 시스템을 활용하여 기존의 작업 방식을 디지털 방식으로 바꾸어나가는 것을 말한다. 이 전환에는 협동로봇과 같이 사람과 협업이 가능한 지능형 기계를 활용하는 전환, 증강현실 기술을 활용하여 인지와 식별을 용이하게 하는 전환, 인공지능과 빅데이터를 활용하여 상황 분석을 용이하게 하는 전환 등이 있다. 작업 전환은 작업 방식 설계에 따라 효과에 큰 차이가 있으므로 동작연구와 인간공학적 방법을 활용하여 작업의 안전성과 편리성을 고려하여 설계할 필요가 있다.

기업의 업무 사이클은 모니터링, 진단, 분석, 대안 수립, 최적해의 도출 등의 활동으로 이루어지는데, 업무 전환에서는 기존의 개별적인 단위 기능 수행에서 벗어나 광역화된 업무의 수행과 전체 업무 사이클의 책임제로 변환하게 된다. 광역화된 업무 수행이란 자신의 고유 업무를 수행하되 한정적인 정보에서 벗어나 내·외부의 모든 정보를 활용하여 총체적으로 판단하는 것을 의미한다. 예를 들면, 생산관리 기능을 수행하는 실무자는 생산성을 향상시키기 위해 생산현황만을 단편적으로 분석하는데 그치지 않고 제품개발과 자재구매 및 제품출하까지의 모든 정보를 활용한 종합적인 분석이 가능해진다. 또한, 수행 업무의 책임 측면에서 기존에 실무자는 모니터링 위주의 업무를 수행하고, 관리자는 대안 수립과 의사결정 위주로 업무를 수행하여 왔으나 시스템 전환으로 인해 실무자도 다양한 정보에 접근할 수 있게 됨에 따라 모니터링에서 최종 의사결정까지의 업무 사이클을 한 사람의 실무자가 전체적으로 책임질 수 있게 된다.

개별 기업 내부의 부분 최적화만으로는 전체적인 최적화를 달성할 수 없기 때문에 공급업자, 구매, 생산, 유통, 소비자로 구성되는 공급망 상의 자원과 정보의 흐름을 통합적 관점에서 관리하여 효율성을 제고할 필요가 있는데, 이를 위해 협업 전환은 기업 간의 협력 네트워크와 공유 플랫폼을 활용하여 고객 참여 설계와 글로벌 소싱 및 집단적 아이디어 공유/창출을 가능케함으로써 전통적인 공급망 체계를 고객을 중심으로 아이디어 개발자, 설계자, 생산자, 유통자가 밀접하게 결합하는 환경으로 변화시킨다.

사업 전환은 스마트공장과 고객/시장을 연결하여 경쟁력을 확보하기 위해 사업의 성격과 특성을 변화시키는 것인데, 새로운 비즈니스 모델의 개발을 통해 이루어지며 고객맞춤형 제품 생산을 위한 체제 개발, 제조와 서비스 융합으로의 전환 및 스마트제조 플랫폼과 협업 공유 플랫폼 운영 등의 형태로 다양하게 나타날 수 있다[민관합동 스마트공장 추진단, 2017c].

8-4. 기업정보시스템 구성

8-3절에서 살펴본 기업의 디지털 전환 5단계 중의 첫 단계가 '시스템 전환'인데 이를 다른 말로 표현하면 '정보화'인 것이다. 정보화는 생산현장을 비롯한 물리적인 세계에서 발생하는 가공되지 않은 원시데이터를 빠르게 실시간으로 수집을 해서, 이것을 가공해서 기업에서 수행하는 각종 업무에 도움이 될 수 있는 유용한 혹은 쓸모 있는 데이터, 즉 정보를 만들어 나가는 과정인 것이며, 이러한 정보화를 가능케 하는 기반 인프라가 기업정보시스템인 것이다.

즉, 기업의 업무 수행 과정에서 각종 계획 수립과 통제 및 조정 행위를 적기에 수행하기 위해서는 기업 내·외부에서 발생하는 다양한 정보가 필요하게 되며, 이러한 정보를 효율적으로 생성하고 저장하며 필요한 부문에 분배하기 위해서는 기업정보시스템이 필요하다. 정보시스템은 기업의 가치 추구를 실현하기 위한 관련 정보기술 및 구성 모듈의 집합으로서 크게 세 가지 기능을 수행하는데, 첫째는 입력(Input) 기능으로 조직 내에서 또는 외부 환경으로부터 원시 데이터를 획득하거나 수집한다. 둘째는 처리(Processing) 기능으로 원시데이터를 의미 있는 형태로 변화시킨다. 셋째는 출력(Output) 기능으로 처리된 정보를 사용할 사람이나 이를 활용할 활동에 전달한다.

기업 내에서 정보를 활용하는 수준이 높아짐에 따라 정보시스템도 이에 발맞추어 고도화되는데, 정보시스템의 고도화 단계는 크게 4단계로 구분할 수 있다. 1단계는 기업의 각 부문에서 업무가 IT를 활용하여 처리되는 '업무 효율화' 단계이다. 2단계는 정보가 기업 내 유관 기능 간에 또는 전사적으로 통합되는 '기업 내 통합' 단계이다. 3단계는 공급망 상에서 유관 기업 간의 정보 공유가 실현되는 '기업 간 통합' 단계이며, 마지막 4단계는 기업 전략 수립 및 분석, 새로운 비즈니스 모델 수립에 IT가 적극적으로 활용되는 '전략적 경영 및 신사업 창출' 단계이다.

이와 같이 정보시스템의 활용이 고도화되면서 기업에서는 실시간 정보관리와 전략적인 의사결정 지원이 가능해진다. 즉, 주문, 조달, 생산, 판매 그리고 A/S에 이르기까지 모든 업무가 실시간으로 파악되어 항상 물리적 흐름과 정보가 일치되고 상황 변화에 대한 즉각적인 파악이 가능해진다. 회사 운영에 필요한 최하위 기초 데이터부터 체계적으로 분류, 보관, 가공되어 전략적 의사결정을 내릴 수 있게 된다.

3-5-2절에서 살펴본 바 있는 KS표준 KS X 9001-3의 스마트공장 운영관리 시스템 프레임워크에서는 〈그림 8-2〉에서 나타난 바와 같이, 스마트공장의 운영을 크게 비전 및 전략, 목표 및 성과, 기업경영, 제조운영, 기계 및 제어의 5개 계층으로 구성하고 있다. 그 중에서 기업경영 계층, 제조운영 계층과 기계 및 제어 계층에서는 업무 프로세스 관점과 시스템 및 자동화 관점의 구성요소들이 포함된다.

기업의 업무 프로세스는 〈그림 8-2〉의 좌측 상단에 나타나 있듯이, 제품개발, 생산계획, 공정관리, 품질관리, 설비관리, 물류운영의 6개 업무 프로세스로 구분할 수 있다.

기업의 디지털 전환 중에서 '시스템 전환'의 대상이 되는 6개 주요 업무 프로세스의 서브 프로세스와 주요 활동들을 요약하면 다음과 같다.

〈표 8-3〉에 제품개발 업무 프로세스의 서브 프로세스와 주요활동들을 요약하여 나타내고 있다.

〈표 8-4〉에 생산계획 업무 프로세스의 서브 프로세스와 주요활동들을 요약하여 나타내고 있다.

〈표 8-5〉에 공정관리 업무 프로세스의 서브 프로세스와 주요활동들을 요약하여 나타내고 있다.

〈표 8-6〉에 품질관리 업무 프로세스의 서브 프로세스와 주요활동들을 요약하여 나타내고 있다.

〈표 8-7〉에 설비관리 업무 프로세스의 서브 프로세스와 주요활동들을 요약하여 나타내고 있다.

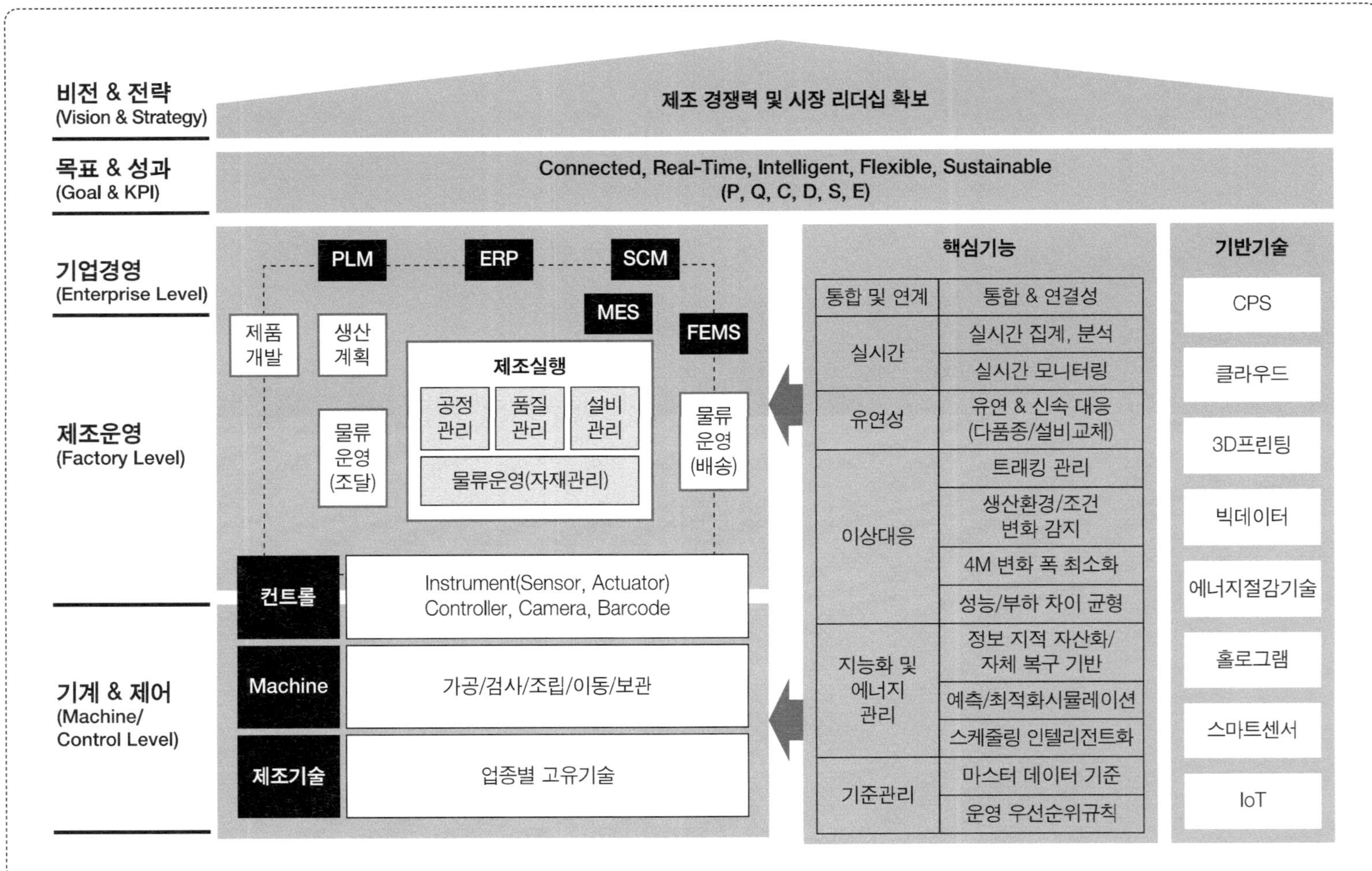

<그림 8-2> 스마트공장 운영관리시스템 프레임워크

출처: 산업표준심의위원회, KS X 9001-3 스마트공장 제3부: 운영관리시스템(진단평가모델), 2016c.

<표 8-3> 제품개발 업무 프로세스 상세 내용 요약

업무 프로세스	서브 프로세스	주요활동
01 제품개발	제품개발절차 정립	• 개발 및 양산 승인까지의 단계별 프로세스와 적용기법 및 산출물의 정의 • 개발 단계별 프로세스의 통합적인 관리 • 제품개발 단계의 산출물과 일정의 체계적인 관리 • 제품개발 단계별 검증 절차 정립
	제품설계 및 검증	• 제품별 설계 방법론과 활용하는 도구 선정 • 설계의 검증을 위한 시뮬레이션 또는 시제품이나 시험 데이터의 활용 • 설계정보의 통합 관리와 협업 개발 시스템 운영 • 고객 요구 및 제품정보를 통한 최적 설계
	공정설계 및 검증	• 제품개발 단계에서 공정 표준 제시 • 공정 시뮬레이션 등을 통하여 최적 공정 설계 • 공정설계 정보를 통합적으로 관리
	제품정보 관리	• 도면에서 BOM의 생성 및 제조 BOM으로의 변환기능 및 수준 여부 정의 • 제품정보의 생성, 개정, 설계 변경 프로세스 정립 • 제품정보의 시스템 간 통합관리 및 연동
	기술정보 관리	• 기술정보의 통합 관리와 버전 관리 • 기술정보의 분석과 활용

<표 8-4> 생산계획 업무 프로세스 상세 내용 요약

업무 프로세스	서브 프로세스	주요활동
02 생산계획	기준정보 관리	• 품번, BOM, 공정도, 공정별 사이클 시간, 공정별 능력 등 기준정보의 구성 및 완성도 확보 • 기준정보의 정확성 확보 • 기준정보의 정기적인 점검 및 필요 시의 갱신, 관련부서 간 공유 • 설계변경, 단종, BOM 변경, 표준시간 수정 등에 대한 관리와 즉시 적용
	수요 및 주문대응	• 정기적으로 고객의 수요 및 주문정보 관리 • 고객수요 및 주문정보를 생산계획에 적시에 적절히 반영 • 고객주문에 대한 납기회신(Available To Promise) 및 고객과의 협업 이행 • 생산계획 최적화를 위한 APS 운영
	중장기 생산계획	• 중장기 생산계획 수립 절차 및 문서화된 표준 프로세스 정립 • 수요예측 및 판매계획에 기반한 생산능력계획 수립 • 3개~12개의 주기별 연동(Rolling) 계획 운영 • 3개월 이상의 중장기 생산능력계획과 회사 사업계획과의 연계성 확보
	단기 생산일정계획	• 판매부문과 생산부문의 협업 수준 및 생산계획 수립 프로세스 또는 절차의 설계 • 주간 및 일 단위의 주기별 연동(Rolling) 프로세스 운영 • 생산일정 수립을 위해 생산실적정보가 반영된 what-if 시뮬레이션 운영 • 생산일정 정보의 내부 및 외부 공유 수준 정의 및 정보공유의 신속성, 적절성 확보

<표 8-5> 공정관리 업무 프로세스 상세 내용 요약

업무 프로세스	서브 프로세스	주요활동
03 공정관리	작업계획 수립 및 지시	• 설비 실 능력, 자재 재고, 반제품 재공, 투입 인력 등 4M1E 현황 정보를 기반한 계획량 관리 • 설비, 조별, 작업자별 작업 완료 수량 제시 • 생산계획 납기일 고려한 작업지시 우선순위 고려 • 긴급주문에 대한 작업지시 우선순위 관리 원칙 작성
	생산진도관리	• 주문접수에서 납품까지의 주문 진척 단계 정의 • 고객과 의사소통 상황 및 시점을 정의하고 필요정보 제공 • 고객 요구 품질, 납기와 관련하여 고객에게 실시간 정보 제공 • 진척 단계별 실시간 진척 현황 관리 및 납기회신 기능
	이상 발생 대응관리	• 주요 관리지표별 이상 발생 항목과 빈도에 대한 기준 관리 • 이상 수준을 정의하고 이상 발생 시 고객을 포함하여 정보공유 범위 정의 • 이상 발생에서부터 대응조치 완료까지의 소요시간 관리 및 소요시간 최소화 진행 • 이상 발생에 대한 적절한 재발 방지 대책의 수립 및 시행

<표 8-6> 품질관리 업무 프로세스 상세 내용 요약

업무 프로세스	서브 프로세스	주요활동
04 품질관리	품질정보 관리	• 고객의 소리를 듣고 관리하는 공식적인 절차 또는 시스템 구축/운영 • 고객 클레임, 고객 요구사항, 고객 만족도 및 초기품질 이슈와 관련된 정보의 관리 및 공유 • 초기품질조사(Initial Quality Study) 결과 관리 • 제품 및 고객별 품질불만 이력 관리
	품질표준 및 문서 관리	• 품질표준의 제정 및 개정, 적용, 개선 및 폐기의 절차 준수 • 최신의 품질표준이 적용되도록 하는 관리 체계 구축 • 정보시스템을 통한 표준 변경의 이력관리
	공정검사 및 데이터 분석, 모니터링	• 실시간 디지털 검사 및 모니터링 시스템의 구축 • 공정의 모바일 점검 체계 구축 • 자동 데이터 취득에 따른 실시간 자동분석과 분석결과 제공 • 오류검증(Error Proofing) 시스템 운영
	검사기기 및 측정장비 관리	• 주기적인 검사장비 및 측정기의 신뢰성과 성능 관리 • 측정자 또는 검사인력에 대한 자격인증 관리 • 검사장비 및 인력 등 관리체계와 이력 관리의 정보시스템화

〈표 8-8〉에 물류관리 업무 프로세스의 서브 프로세스와 주요활동들을 요약하여 나타내고 있다.

<표 8-7> 설비관리 업무 프로세스 상세 내용 요약

업무 프로세스	서브 프로세스	주요활동
05 설비관리	설비가동 관리	• 정보시스템을 통한 설비가동 이력관리 • 설비 이상 및 위험수준에 대한 자동 알람 시스템 구축 및 활용
	설비 보전 관리	• 설비 효율 자동 분석 및 예측관리 • 정보시스템을 활용한 이력관리 • 설비상태에 대한 모바일 모니터링 및 원격관리
	보전자재 관리	• 보전자재 관리 상태의 주기적인 실물 확인 • 예비부품(Spare Parts) 관리상태의 주기적인 실물 확인 • 보전자재 및 예비부품에 대한 정보시스템 구축 및 활용
	금형, 지그, 치공구 관리	• 금형 관리 상태의 주기적인 실물 확인 • 치공구 관리 상태의 주기적인 실물 확인 • 금형 관리와 지그 및 공구 관리 정보시스템 구축 및 활용

<표 8-8> 물류관리 업무 프로세스 상세 내용 요약

업무 프로세스	서브 프로세스	주요활동	세부활동
06 물류관리	구매 및 외주	자재 소요량 관리	• 자재소요계획(MRP) 시스템 구축 및 활용 • BOM 구축 및 정확성 확보 • 발주정책이나 납품일시 등 기준정보의 정확성 확보 • 원부자재 및 외주품의 입출고 예정 정보에 대한 정확한 반영 • 재고정보와 발주정보의 정확한 실시간 연동
		발주 및 납기관리	• 발주변경에 유연한 구매 납기 관리를 위한 시스템 지원 기능 확보 • 발주정책이나 납품일시 등 기준정보의 정확한 관리 체계 구축 • 공급업체와 발주정보 공유 • 구매오더 정보추적
	자재관리	입출고 관리	• 원부자재의 코드 부여체계 구축 및 바코드 라벨 등의 식별표 부착 • 신속한 재고파악을 위한 휴대용 단말기 또는 모바일기기 활용 • 입출력 정보의 ERP 인터페이스 체계 구축 • 입출고 정보의 실시간 ERP 업로드
		적재 및 보관	• 보관효율을 올리기 위한 랙(Rack) 시스템 활용 여부 결정 • 랙의 위치관리 체계 정립 • 위치관리, 창고공간 활용도, 재고수준 등 창고운영 생산성 지표 분석 • 랙, 운반도구, 피킹도구, 표시방법 등 보관 생산성 수준 분석
	출하배송	자재불출 및 출하관리	• 출하정보에 의한 불출지시서 자동 발행 • 사전 결품여부 확인 • 자재불출과 출하가 이루어지면 실시간 재고정보 업데이트 • 디지털 자재불출 시스템의 운영
		수배송 및 배차정보 관리	• 수배송 차량수배 시스템 운영 • 운송이력관리의 시스템화 • 수배송차량의 실시간 위치추적 • 배송정보의 실시간 고객 공유

〈그림 8-2〉의 스마트공장 운영관리시스템 프레임워크에서 기업경영 계층, 제조운영 계층과 기계&제어 계층에서는 업무 프로세스 관점과 시스템 및 자동화 관점의 구성요소들이 포함되는데, 이 중에서 시스템 및 자동화 관점에서는 정보시스템 모듈과 설비 자동화 모듈로 나뉘어지며, 정보시스템 모듈은 6개의 주요 업무 프로세스실행을 지원하기 위하여, 〈그림 8-2〉 좌측 상단에 나타나 있는 제품수명주기관리(PLM), 전사적자원관리(ERP), 공급망관리(SCM), 제조실행시스템(MES), 공장에너지관리시스템(FEMS: Factory Energy Management System) 등의 서브모듈로 구성되어 있다.

그런데, 여기에서 ERP와 SCM 서브모듈은 기업 내 업무 부문에서 중복 영역이 많기 때문에 두 서브모듈을 합쳐 ERP로 통합하고 PLM, MES, FEMS에 더하여, 〈그림 8-2〉 스마트공장 운영관리시스템 프레임워크의 오른쪽 하단에 나타나 있는 핵심기능 중의 하나로 '스케줄링 인텔리전트화'가 나타나 있듯이, 최근 들어 계획 수립에 있어서의 ERP의 한계점을 개선하고 지능형 스케줄링에 대한 요구사항에 대응하기 위해 APS(Advanced Planning & Scheduling) 시스템을 도입하는 기업들이 많아지고 있기 때문에, 이를 반영하여 본서에서는 〈그림 8-3〉에 나타나 있듯이 PLM, ERP, MES, FEMS 및 APS를 제조기업의 5대 기간 정보시스템으로 칭하기로 한다.

5대 기간 정보시스템 중에서 전사적 자원관리(ERP: Enterprise Resource Planning)는 기업 내 생산, 물류, 재무, 회계, 영업과 구매, 재고 등의 경영활동 프로세스들을 연결하여 통합적으로 관리해 주며, 기업에서 발생하는 정보들을 서로 공유하고 새로운 정보의 생성과

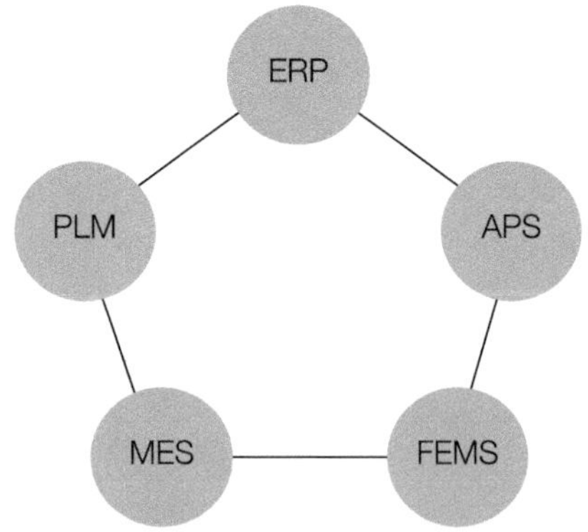

<그림 8-3> 제조기업의 5대 기간 정보시스템

빠른 의사결정을 도와주는 전사적 통합 정보시스템을 말한다. ERP는 제조업체에서의 생산 부문의 효율적인 관리와 자재/구매 활동을 위해 제안된 자재소요계획(MRP: Material Requirements Planning)으로부터 시작되었으며, 점차 발전되어 생산활동 전반의 관리 개념인 제조자원계획(MRP II: Manufacturing Resource Planning)을 거쳐 ERP 시스템으로 전개되었다.

KS표준 KS X 9001-2에서는 ERP를 넓은 의미로 "기업 전체 경영자원의 효과적 이용이라는 관점에서 통합적으로 관리하고 경영의 효율화를 기하기 위한 시스템"으로 정의하고, 좁은 의미에서는 "통합적인 데이터베이스를 구축해 회사의 자금, 회계, 구매, 생산, 판매 등 모든 업무의 흐름을 효율적으로 자동 조절해주는 전산 시스템"이라고 정의하였다[산업표준심의회, 2016b].

스마트공장 운영관리 시스템 프레임워크에서는 조직의 ERP/SCM 시스템은 〈표 8-9〉와 같은 전사적자원관리 및 공급망관리 영역의 기본 기능들이 구축 및 활용되어야 한다고 기술하였다[산업표준심의회, 2016c].

APS는 ERP 시스템의 계획 기능인 MRP의 무한능력계획(Infinite Capacity Planning)에서 야기된 문제점들을 해소하기 위해서 동시에 발생하는 복수의 변수들과 제약 조건들, 즉 자재/설비/사람 및 제품 수요를 동기화하여 현실성 있게 최적의 계획과 스케줄링을 작성하는 새로운 접근 방법으로서 납기를 보장하는 생산계획의 생성을 가능하게 하고 재고 감축과 리드타임 단축 및 고객 서비스 향상 등의 효과를 나타내고 있다. APS는 공급망 내 자원의 최적화를 통해 제품과 서비스를 제공하기 위해 공급자로부터 최종 소비자로까지의 수요와 공급 간 균형을 맞추는 것을 목표로 하는데, 수많은 대안의 동시적 동기화, 불확실성의 처리 및 상호 배타적인 목표의 조정 등을 해결해야 하는 상당히 어려운

<표 8-9> ERP 필요 기능

업무 부문	필요 기능
경영관리	회계, 인사, 영업, 경영지원 등
생산 계획 및 관리	기준정보 관리, 생산계획, 생산실적 관리
구매관리	구매발주, 자재소요계획(MRP), 자동발주기능 등
자재관리	입고, 재고보충, 보관관리 등
출하 및 배송관리	불출 및 출하, 수배송 및 배차정보관리

<표 8-10> APS 필요 기능

필요 기능
수요계획
생산계획
물류계획
수송계획
재고계획

<표 8-11> MES 필요 기능

필요 기능
공정관리
품질관리
설비관리
데이터 분석 및 통계관리
예비품 및 금형 관리

프로세스를 다루고 있다. APS의 필요기능으로는 〈표 8-10〉에 나타나 있는 복수의 계획 기능들을 들 수 있다.

제조실행 시스템(MES: Manufacturing Execution System)은 제품의 주문 단계에서 완성단계에 이르기까지 모든 생산 활동에 관련된 정보를 제공하며, 특히 생산 현장에서 발생하고 있는 최신의 정보를 현장 실무자나 관리자에게 보고하고, 신속한 응답을 통해 생산 조건을 변화시키며, 가치 없는 요소를 제거하거나 감소시켜 줌으로써 생산 공정과 관리 기능을 개선하도록 유도한다.

KS표준 KS X 9001-2에서는 MES를 "작업 현장에서 작업 일정, 작업 지시, 품질 관리, 작업 실적 집계 등 제반 제조 활동을 지원하기 위한 관리 시스템으로, 생산 계획과 실행의 차이를 줄이기 위하여 현장 상태의 실시간 정보 제공을 통하여 관리자와 작업자의 의사결정을 지원하는 기능을 수행한다"라고 정의하였다[산업표준심의회, 2016b].

스마트공장 운영관리 시스템 프레임워크에서는 조직의 MES는 〈표 8-11〉과 같은 제조실행 시스템 영역의 기본 기능들이 구축 및 활용되어야 한다고 기술하였다[산업표준심의회, 2016c].

지구온난화로 인해 기후변화가 심각해지고 에너지가 고갈하는 등의 문제가 발생하면서 세계 많은 국가들이 에너지 절약에 많은 노력을 기울이고 있는 실정이다. 기업 경영에서 에너지는 생산의 원동력이지만 반대로 주된 비용 요소로 작용한다. 이 때문에 에너지를 절감하여 수익을 극대화하는 것이 중요하다. 공장에너지관리시스템(FEMS)은 산업현장 내의 에너지 정보를 수집하고 설비 상태 및 운영 정보를 실시간 분석하여 설비의 가동 및 유틸리티 제어를 통한 에너지 절감 및 에너지 원가관리를 실현토록 하는 통합 시스템이다.

<표 8-12> FEMS 필요 기능

필요 기능
에너지 기준정보 관리
에너지 사용 및 흐름 데이터 관리
에너지 사용현황 관리
에너지 수요공급 최적화 관리
에너지 통합관리

<표 8-13> PLM 필요 기능

필요 기능
도면 및 기술문서 관리
기준정보 및 BOM 관리
설계변경 관리
개발 프로젝트 관리
협업 및 아웃소싱 관리

KS표준 KS X 9001-2에서는 FEMS를 "공장 내 전기·가스 등 에너지 소비량을 센서, 유·무선 네트워크를 통해 실시간 원격 제어하여 에너지 효율을 개선하기 위한 시스템"이라고 정의하였다[산업표준심의회, 2016b].

스마트공장 운영관리 시스템 프레임워크에서는 조직의 FEMS는 〈표 8-12〉와 같은 공장에너지 관리 영역의 기본 기능들이 구축 및 활용되어야 한다고 기술하였다[산업표준심의회, 2016c].

제품수명주기관리(PLM)는 제품의 라이프사이클, 즉 제품의 기획, 설계, 제조, 판매, 유지보수, 폐기 등 모든 활동을 지원하고 그에 관련된 데이터, 정보, 지식 등을 통합적으로 관리하는 접근 방법이다. PLM의 기반 구조로 PDM이 있는데, PDM은 제품데이터관리(Product Data Management)의 약자로 제품구조를 중심으로 주로 제품 상세 설계 과정에 관련된 제품 정보를 효과적으로 관리하는 컴퓨터 정보시스템 기반의 자료관리 활동으로서 제품개발에서 발생하는 방대한 양의 정보를 효과적으로 관리하여 양질의 제품을 보다 신속하고 경제적으로 개발하기 위한 것이다.

KS표준 KS X 9001-2에서는 PLM을 "제품 설계를 위한 아이디어 수집, 기획 단계부터 제품 생산을 시작하기 직전까지 관련된 기술정보를 통합관리 하는 것"이라고 정의하였다[산업표준심의회, 2016b].

스마트공장 운영관리 시스템 프레임워크에서는 조직의 PLM은 〈표 8-13〉과 같은 제품수명주기관리 영역의 기본 기능들이 구축 및 활용되어야 한다고 기술하였다[산업표준심의회, 2016c].

연습문제

1. 생산시스템의 목표는 무엇인가?

2. 산업혁명 이후 현재에 이르기까지 스마트제조를 위한 경영혁신과정을 설명하라.

3. 경영혁신 방법 중에서 6시그마에 관해 설명하라.

4. 생산성 3계층은 무엇인가?

5. 공급망관리는 몇 가지로 나누어지며, 그 중에서 공급망 상의 생산성 향상을 위한 공급망 계획으로는 어떤 것들이 있는가?

6. 디지털 전환의 5단계는 무엇인가?

7. 기업정보시스템의 고도화 4단계를 설명하라.

8. 스마트팩토리 구축의 선행 조건으로서의 경영혁신 방법과 내용은 무엇인가?

9. 스마트공장 운영관리시스템 프레임워크에서 제시된 기업의 주요 업무 프로세스로는 무엇이 있는가?

10. 공정관리 업무 프로세스의 서브 프로세스와 주요활동들은 무엇인가?

11. MES의 필요 기능은 무엇인가?

12. 설비효율 계산

> L사의 11월 20일 A라인 B설비의 가동 상황을 보았더니, 계획보전에 10분, 공장조회를 위해 15분을 사용하였다. 설비고장 시간은 보통 30분 정도 발생하였으나, 이 날은 15분이었다. 제품 모델 교환 횟수는 1회였고, 이를 위하여 준비 및 조정에 30분의 시간을 필요로 하였다.
>
> 1일 조업 시간은 8시간, 휴식 시간은 20분이며, 통상적인 작업조건이다. 제품생산량은 500개였는데 불량률은 5%이다. B설비의 실제 C/T는 0.6분/개이나, 이 설비는 이론적으로 0.4분/개를 만드는 것으로 설계되어 있으며, 초기 가동 로스는 없는 것으로 가정한다.

위 설비의 아래 항목을 산출하라.

(1) 시간 가동률 (2) 성능 가동률 (3) 설비종합효율

CHAPTER 09

ERP (Enterprise Resource Planning)

9장에서는 ERP의 등장배경과 정의 및 진화 단계에 관해 우선적으로 살펴본 후에, ERP의 기본 핵심 기능이라고 할 수 있는 MRP 계산 방법을 학습한다. 그리고 기업의 업무처리 프로세스를 지원하기 위한 ERP의 기능을 8개의 서브시스템으로 나누어 살펴본다.

최근의 급속한 기업 환경의 변화를 요약하면 공급자에서 고객으로의 힘의 이동, 국경을 초월한 기업 간의 경쟁, 기술과 시장의 급격한 변화로 특징지어질 수 있다. 이러한 경영 환경의 변화 및 고객의 요구에 신속하고 정확한 대응을 하기 위해서는 필요한 사람에게 필요한 시점에 정확한 정보를 제공해 줄 수 있어야 한다.

기존 정보시스템들은 회계정보시스템, 재고관리시스템, 생산관리시스템 등 특정 분야만을 지원하는 독립적인 시스템이었기 때문의 기업의 전 부문을 포괄하는 현황 정보를 산출해내기가 어려워 급변하는 경영 환경에 실시간으로 대응하는 데 한계점을 노출하였다. 그 결과로 회사의 인사, 재무, 생산, 판매, 운영 등 전반적인 업무 프로세스를 하나의 시스템 안에 구축해 각각의 정보와 자원을 유기적으로 공유하고, 이를 통해 빠른 의사결정과 업무 진행이 가능하도록 하는 정보시스템의 필요성이 대두되었다.

ERP는 전사적 자원관리(Enterprise Resource Planning)의 줄임말로 비즈니스 전반에 걸친 업무 프로세스를 통합적으로 관리할 수 있도록 지원하는 시스템 및 소프트웨어를 의미하는데, ERP가 효율적인 경영을 돕는다는 점에서는 경영정보시스템(MIS: Management

Information System)이나 전략정보시스템(SIS: Strategic Information Systems)과 다르지 않지만, ERP와 MIS/SIS와의 결정적인 차이점은 바로 기업 각 부문에 걸친 '정보'라는 경영자원을 하나의 체계 아래에 통합해 관리하는 시스템이라는 점이다. 기존 경영정보시스템의 경우 부문별 단독 시스템으로 운영되어, 중요한 정보들이 부서 간에 공유되거나 연결되지 않는다는 문제가 상존하였다. 이러한 부서 간 정보 단절로 인해 의사결정이 지연되고, 커뮤니케이션 비용이 증가하여 기업경쟁력을 약화시키는 결과를 초래하였다. 하지만 ERP의 출현으로 인해 기업의 어느 한 부문에서 입력된 데이터를 회사의 전 부문에서 필요에 따라 정보로서 활용할 수 있게 되었고, 덕분에 인력, 설비, 자재, 정보, 시간 등의 경영자원을 최적화하는 기업의 중요한 의사결정에 활용할 수 있게 되었다[이종석, 2008].

ERP의 구조는 기업의 모든 업무 프로세스, 즉 판매, 생산, 회계, 인사 등과 같은 기능의 수행 과정에서 생성되는 데이터를 발생부서에서 입력하면 통합 데이터베이스에 저장되어 기업의 모든 부서에서 필요에 의해 접근하여 활용할 수 있도록 되어 있다. 예를 들어, 영업 부서가 고객으로부터 상품에 대한 주문을 받아 ERP 시스템에 입력을 하면 그 주문 정보가 모든 부서로 전달되고, 이에 따라 생산부서는 생산계획을 거쳐 생산에 착수하고, 물류부서는 상품 배송 준비에 들어가게 된다. 또한 재고관리 부서와 구매부서는 생산에 따른 차질이 없도록 부품 준비에 만전을 기하게 되며, 이는 기업 전체가 고객 주문과 동시에 주문 이행에 필요한 정보를 얻고 행동에 옮기는 것이 가능해지는 것을 말한다.

대부분의 ERP 패키지는 독립적인 모듈의 조합으로 구성되어 있으며, 각 모듈은 하나의 하부시스템으로서 구체적인 업무의 처리프로그램의 집합으로 구성되어 있다. 이와 같이 모듈화 구조를 갖고 있기 때문에 ERP를 도입하고자 하는 기업은 자사의 기업환경에 맞는 모듈만을 부분적으로 선택하여 시스템을 구축할 수 있으며 언제든지 추가해 시스템을 확장할 수 있다. 또한 각 모듈은 원장형 통합데이터베이스를 통해 어느 모듈과도 완벽하게 연결될 수 있는 것이 특징이며, 최종 시스템의 크기와 형태 또한 원하는 대로 조합할 수 있다. 이와 같은 시스템의 통합성과 유연성이 ERP의 최대 강점이라고 할 수 있다.

9-1. ERP 정의 및 진화 단계

ERP는 1960년대의 경영정보시스템(MIS)이나 1980년대의 전략정보시스템(SIS)과 마찬가지로 기업경영을 위한 새로운 개념 또는 시스템이다. 즉, ERP를 현행 정보시스템을 대체하는 단순한 도구로 파악하는 것이 아니라 기업이 직면하고 있는 경영 과제를 해결하기 위한 핵심이자 근거가 되는 경영관리 개념으로 인식하는 것이 중요하다.

MIS나 SIS와는 달리 개념만이 아닌 상용 소프트웨어의 보급이 널리 확산됨에 따라 ERP라는 용어는 일반화되어 현재에 이르고는 있으나, 아직까지 ERP에 대한 정의가 명확히 세워지지 않은 채 ERP 패키지의 보급이 앞서가는 것이 사실이다. ERP는 Enterprise Resource Planning의 줄임말로서 '전사적 자원관리' 혹은 '기업 자원 통합관리'라고 하며, 미국생산재고관리협회(APICS: American Production & Inventory Control Society)에 따르면, ERP란 "IT 기술을 활용해 수주에서 출하까지의 일련의 공급망과 관리회계, 재무회계, 인사관리를 포함한 기업의 기본업무를 지원하는 통합 정보시스템"이다. 가트너(Garter)에서는 "제조, 회계, 물류 및 다른 업무 기능들이 균형을 이루어 주도록 해주는 응용 어플리케이션의 집합"이라고 정의하고 있다. 이를 종합해보면, ERP는 "기업 내 생산, 물류, 재무, 회계, 영업 및 구매 등 기간 업무 프로세스들을 통합적으로 연계 관리하고 주위에서 발생하는 정보들을 서로 공유해서 새로운 정보 생성 및 빠른 의사결정을 도와주는 기업 통합 정보시스템"이라고 할 수 있다.

ERP는 1960년대 이후 제조업체에서의 자재소요계획(MRP: Material Requirements Planning)에서부터 시작되었고, MRP는 1970년 미국생산재고관리협회의 제창에 따라 그 활용 범위가 급속히 확대되었다. MRP는 제조업체가 당면한 다음의 물음에 답하기 위해 고안되었다.

(1) 우리가 만들고자하는 것은 무엇인가? (기준생산계획)
(2) 그것을 만드는데 무엇이 필요한가? (부품구성표: BOM: Bill Of Material)
(3) 우리가 가진 것은 무엇인가? (재고/주문잔량 정보)
(4) 우리는 무엇을 가져야만 하는가? (미래 자재소요량)

이와 같이 MRP는 미래 자재소요량을 결정하기 위해 기준생산계획과 부품구성표 그리고 재고 및 주문잔량 정보를 이용한다. 〈그림 9-1〉에 나타나 있듯이 MRP의 주요 기능으로는 구매, 재고관리 및 기준생산계획을 들 수 있다.

1980년대에 등장한 MRP II(Manufacturing Resource Planning: 제조자원계획)는 기존 MRP의 문제점을 보완하고 수주관리, 판매관리, 재무관리 등 기업경영에 필요한 추가 기능들을 포함하여 실현가능한 생산계획을 제시함으로써 제조 활동을 더욱 효과적으로 관리할 수 있도록 한다. MRP II는 자재뿐만 아니라 생산에 필요한 모든 자원을 효율적으로 관리하기 위한 것으로 소품종 대량생산에서 다품종 소량생산으로의 환경변화에 적응하기 위한 노력의 일환으로 생겨났다.

요약하면, MRP II는 능력계획(CRP: Capacity Requirements Planning), 생산현장통제, 원가 및 회계 관리를 포함하여 제조실행에 필요한 생산 자원 투입의 최적화를 통한 생산성 향상을 목표로 하는 종합 생산관리시스템인 것이다. 〈그림 9-1〉에 나타나 있듯이 MRP II의 추가기능으로는 수요예측, 능력계획, 생산현장통제(Production Activity Control), 재무/회계, 표준원가, 주문처리, 고객서비스 등을 들 수 있다.

1990년대 들어 기업업무 프로세스혁신을 위한 BPR(Business Process Reengineering) 개념이 등장하면서 성공적인 BPR을 가능케 하는 강력한 수단으로서 ERP가 적극적으로 사용되기 시작하였다. 즉, ERP는 기존의 정보시스템을 대체하는 단순한 도구로서 기능하는 것이 아니라 기업이 직면하고 있는 경영 과제를 전략적으로 해결하기 위한 기초이자 근거가 되는 새로운 경영관리 개념으로 인식되었다.

이러한 경영혁신에 대한 시대적 요구와 더불어 1990년대 들어 지속적인 정보기술의 발전과 기업의 통합관리에 대한 요구사항은 기존의 MRP II 시스템이 제공하지 못하는 인적자원관리, 제조실행관리, 물류 및 배송 관리와 같은 기능들을 추가시키면서, 정보시스템 측면에서는 유연성을 향상시키고, 기술적 측면에서는 객체지향기술, C/S(Client/Server) 구조, 개방형 구조, 그래픽 사용자 인터페이스(GUI), 인터넷 등의 요소들을 도입하여 분산화, 개방화된 시스템으로서의 ERP 시스템이 탄생하게 되었다. 이와 같이 프로세스혁신의 동반자 역할을 한 ERP 시스템의 도입은 비즈니스 프로세스혁신과 함께 재고물류비용 감소, 고객서비스 개선, 수익성 개선, 생산성 향상 및 매출증대, 리드타임 감소, 결산 작업의 단축 및 원가절감 등의 효과를 가져다 주었다. 〈그림 9-1〉에 나타나 있듯이 ERP의 추가 기능으로는 판매관리 지원, 물류 및 배송, A/S, 제조실행시스템, APS(Advanced Planning & Scheduling), 설비 보전관리, 환경, 활동기준원가(ABC: Activity Based Costing), 품질관리, 판매 및 운영계획, 공정기술(Manufacturing Engineering), 인적자원관리(HR: Human Resource), 경영의사결정지원(Executive Decision Support) 기능 등을 들 수 있다.

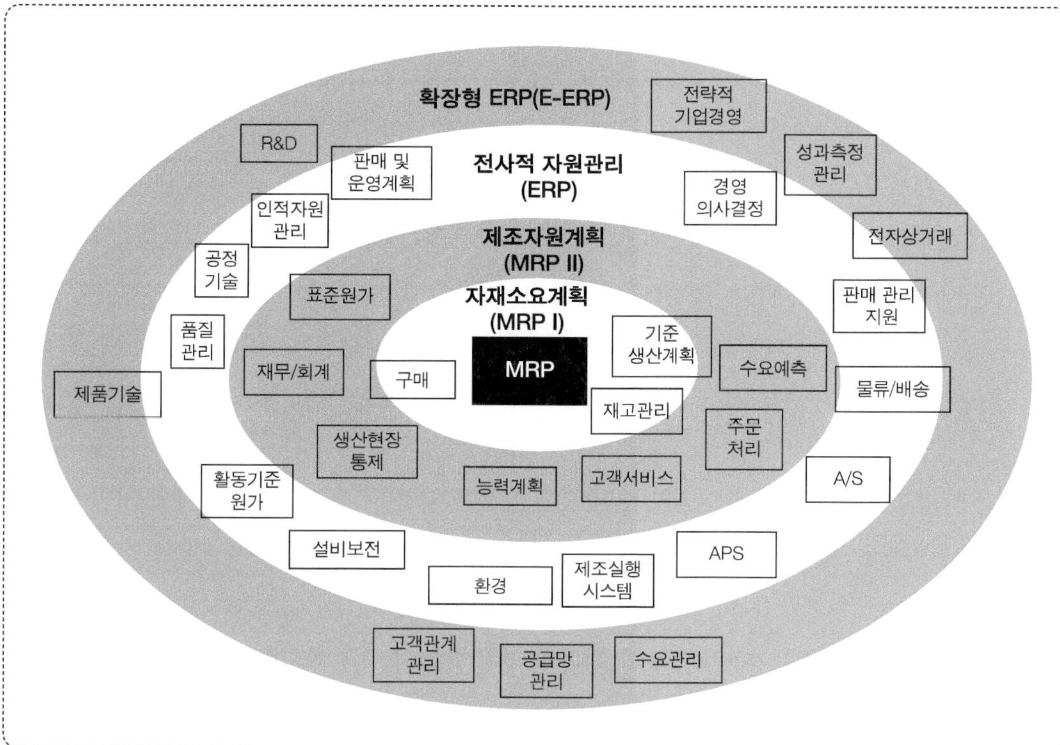

<그림 9-1> MRP, MRP II, ERP, E-ERP의 범위 및 주요 기능

2000년대에 등장한 확장형 ERP(E-ERP: Extended ERP)는 기업 내부뿐만 아니라 외부의 프로세스까지 운영 범위를 확대한 것으로 CRM(고객관계관리: Customer Relationship Management)과 SCM(공급망관리: Supply Chain Management)가 강화된 시스템이라고 할 수 있다.

확장형 ERP의 구성요소로는 전자상거래 지원 부문과 SEM(전략적 기업경영: Strategic Enterprise Management) 부문으로 나눌 수 있다. 전자상거래 지원 부문에 속하는 시스템으로는 수요관리, 고객관계관리, 전자상거래(EC: Electronic Commerce), R&D(Research & Development) 관리, 제품기술(Product Engineering) 및 공급망관리 등을 들 수 있다. SEM은 기업의 경영 정보를 보다 정확히 판단하여 최고 경영진 및 임원으로 하여금 가치 중심의 경영을 전사적으로 구현할 수 있게 해주는 일련의 통합 경영 관리 체계를 의미하며, SEM 지원 부문에 속하는 시스템으로는 성과측정 관리(BSC: Balanced Score Card), 부가가치 경영(VBM: Value-Based Management), 전략계획 및 시뮬레이션(SFS: Strategy Formulation & Simulation) 등을 들 수 있다.

BSC는 '균형성과지표'라고 하며 1990년대에 들어 지식기반 사회의 도래로 기존의 재무적 측정치만으로는 기업의 경영성과를 평가하는데 한계가 있어, 이를 개선하기 위해 미국의 캐플란(Robert S. Kaplan)과 노턴(David P. Norton)에 의해 정립된 새로운 성과측정 관리 방법으로서 재무적 측정치뿐만 아니라 다양한 비재무적 측정치도 포함한 종합적인 성과평가 모델이다. 즉, BSC는 재무적 관점(과거) 뿐만 아니라 고객 관점(외부)과 내부 프로세스 관점(내부) 및 학습과 성장 관점(미래)이라는 네 가지 관점으로 기업의 경영성과를 균형있게 반영하여 통합한 종합적인 성과측정 시스템이다.

BSC의 특징을 살펴보면, 첫째, 고객관점에서는 고객들의 주요 관심사항을 반영한 측정지표를 사용한다. 고객 관심사항은 시간, 품질, 성능/서비스, 비용 등의 범주로 구분된다. 둘째, 내부 프로세스 관점에서는 고객 측면과 핵심역량의 측면에서 접근할 수 있다. 고객측면에서는 고객들의 기대에 부응하기 위하여 내부적으로 무엇을 어떻게 해야 하는가를 결정하는 것을 말한다. 즉, 내부 프로세스 측정지표는 우선적으로 고객만족에 가장 큰 영향을 미치는 업무 프로세스에서 도출되어야 한다. 핵심역량 측면에서는 경쟁사보다 뛰어나야 하는 주요 기술과 업무 프로세스를 확인하고 그것에 대한 측정을 구체화한다. 셋째, 학습과 성장 관점에서는 기업의 비전을 달성하기 위해 조직이 어떠한 학습을 하고 무엇을 개선해야 하는지를 측정한다. 마지막으로, 재무 관점에서는 전통적인 재무성과지표를 사용하여 기업의 일상적인 경영활동이 기업 손익 개선에 기여하고 있는지를 나타내준다.

9-2. ERP 시스템 등장배경과 도입효과

ERP 시스템의 등장 배경은 글로벌화, 디지털화와 같은 경영환경의 변화와 정보시스템 간의 관계에서 이해해야 한다. 경영환경이 급격하게 변화하고 있는 현 상황에서 기업은 생존과 경쟁력 확보를 위해 모든 노력을 경주하고 있으며, 이 중에서 특히 정보기술의 전략적 활용은 경영 효율성을 제고하는데 필수적인 요소로 인식되고 있다. 하지만 기존 전산 시스템은 회계, 인사, 생산, 물류 등의 각 시스템이 분야별로 독립적으로 개발/운영되어 시스템 간의 통합성이 매우 결여되어 있고, 실물과 정보 흐름 사이의 불일치와 시간 지연 등과 같은 괴리가 발생하고, 정보시스템 차원에서는 개발 요구사항 처리의 지연과 과다한 유지보수가 발생하는 등의 문제점을 갖고 있었다.

ERP 시스템은 기업이 보유하고 있는 각종 자원을 전사적인 차원에서 관리함으로써 업무나 자원의 흐름과 상태를 실시간으로 파악할 수 있게 된다. 즉, ERP 시스템은 회사 내에 흩어져 있는 정보를 표준화하여 통합관리하며, 누구나 신속하고 투명하게 사내 정보를 공유하여 업무에 활용할 수 있도록 함으로써 기존에는 생산, 구매, 회계, 인사 등 업무 기능별로 독립적으로 이루어지던 기업 업무가 유기적으로 연계되고 통합되는 것이 가능해지고, 이에 따라 모든 업무처리 과정에서 실물, 정보, 자금의 흐름이 동시에 관리된다.

정보시스템을 구축하는 측면에서도 ERP 시스템 구축은 기존 개발 방식과 큰 차이를 보이게 되는데, 기존의 시스템 개발은 주로 현행 업무 프로세스 및 현업의 요구사항을 바탕으로 개발이 이루어지며, 판매, 생산 등 업무 기능단위별로 독립적으로 개발된다. 시스템 구축은 주로 사내 자체 개발 인력에 의해 개발이 수행되고 기술지원도 유지보수 활동 중심으로 진행된다. 이에 비해 ERP 시스템 구축은 주로 BPR을 기반으로 개별 요구사항의 반영이 아닌 선진 Best Practice를 구현하고자 하며, 기능 단위가 아닌 전사적인 통합 관점에서 개발이 이루어진다. 시스템 구축은 사내 인력이 아닌 사외의 독립적인 전문업체에 의해 수행되며 이에 따라 지속적으로 신기술 및 첨단 기능이 추가될 수 있다.

ERP 시스템을 구축하면 기업의 모든 업무 프로세스가 통합되고 이에 대한 정보를 효율적으로 사용할 수 있으므로 전략적 효과와 더불어 수익성 향상 및 비용 절감 등의 파급효과를 기대할 수 있다. ERP 시스템을 사용하여 얻을 수 있는 전략적 효과로는 운영 수월성을 제고하고 새로운 비즈니스 모델을 창출하며 고객 및 공급자와의 관계를 개선하고 의사결정 환경을 개선함으로써 궁극적으로는 경쟁우위를 확보하는 것을 들 수 있다. 또한, 전사차원에서의 일관된 통합 프로세스 확립에 따른 업무 효율화와 중복적이고 비생산적 프로세스의 제거에 따른 사무생산성을 제고함으로써 비용 절감에 기여할 수 있다. 그리고 시장 변동 및 고객 변화에 대한 신속한 대처를 통해 전체 공급망 상에서의 경쟁력 확보를 통해 수익 향상 효과를 얻을 수 있다.

그러나 ERP 시스템이 도입된다고 해서 기업 내의 모든 문제가 해결되지는 않으며, ERP 시스템은 다음과 같은 한계점을 가지고 있다. 첫째, ERP는 기업 내부의 거래처리 시스템이므로 고객과 공급사 및 물류 회사 등 비즈니스 파트너와의 연계를 위해서는 전자상거래와 고객관계관리(CRM) 등으로의 추가 확장이 필요하다. 그리고 ERP는 현장 데이터 수집이나 상태 모니터링 용도는 아니므로 향후 제조실행시스템(MES: Manufacturing Execution System)과 같은 현장관리 시스템과의 연결이 필요하다. 둘째, 다각적인 환경에서의 공정별, 라인별 특성 및 생산능력을 고려한 최적의 생산계획을 생성하기 어렵고 고객의 우선 순위를 고려한 납기 약속은 불가능하기 때문에 APS(Advanced Planning & Scheduling)와 같은 계획 시스템과의 연동이 필요하다. 셋째, ERP는 부분 최적화가 아닌 회사 전체 경영의 합리화를 목표로 하므로 마스터 데이터의 최신 상태 유지, 데이터 입력 주기의 단축, 타부문에서의 필요 데이터 입력 등에 있어서 추가적인 업무 부하가 발생할 수 있으므로 ERP를 도입한다고 해서 모든 부문의 업무 부하가 감소하지는 않는다.

9-3. MPP 계산

MRP는 수립된 기준생산계획(MPS: Master production Schedule)에 의거하여 최종 완제품을 만들기 위해 필요한 반제품, 부품, 원자재 등의 필요 시기와 수량을 결정하여, 그것들을 구매하거나 제조하기 위한 계획시스템의 일종으로서 제품의 자재소요량을 합리적으로 관리하기 위한 자재 및 구매관리 중심의 시스템이다.

MRP의 목적은 적시에, 적소에, 적합한 물품을 필요량만큼 조달하는 것이다. 즉, 원하는 시기에 원하는 수량만큼 원하는 장소에 원하는 물품을 조달하는 것이다.

<그림 9-2>에 MRP를 포함한 전체적인 생산 계획 프로세스가 나타나 있다.

수요관리에서는 고객의 수요, 즉 매출과 주문을 관리하고, 자원계획에서는 제품을 공급하는 측면에서 기업 내부의 자원인 설비와 인적자원의 능력을 관리한다. 이와 같이 제품의 수요와 자원 공급을 바탕으로 전체적인 3개월에서 6개월 정도의 기간을 갖는 총괄생산계획을 작성하게 된다. 총괄생산계획에서는 월별 제품별 주문/판매량, 재고수량 및 생산수량에 관한 계획이 수립된다. 이 총괄생산계획을 기반으로 공장에서는 1개월 단위의 라인/공정 단위의 기준생산계획(MPS)이 수립된다. 자재소요계획에서는 MPS에 의해서 어떤 라인에서 언제, 어떤 주문을 얼마나 생산할 것이다 하는 것이 정해지면 필요 완제품 수량을 제조하기 위해 필요한 자재의 소요량을 BOM을 기준으로 재고수량을 감안하여 계산한다.

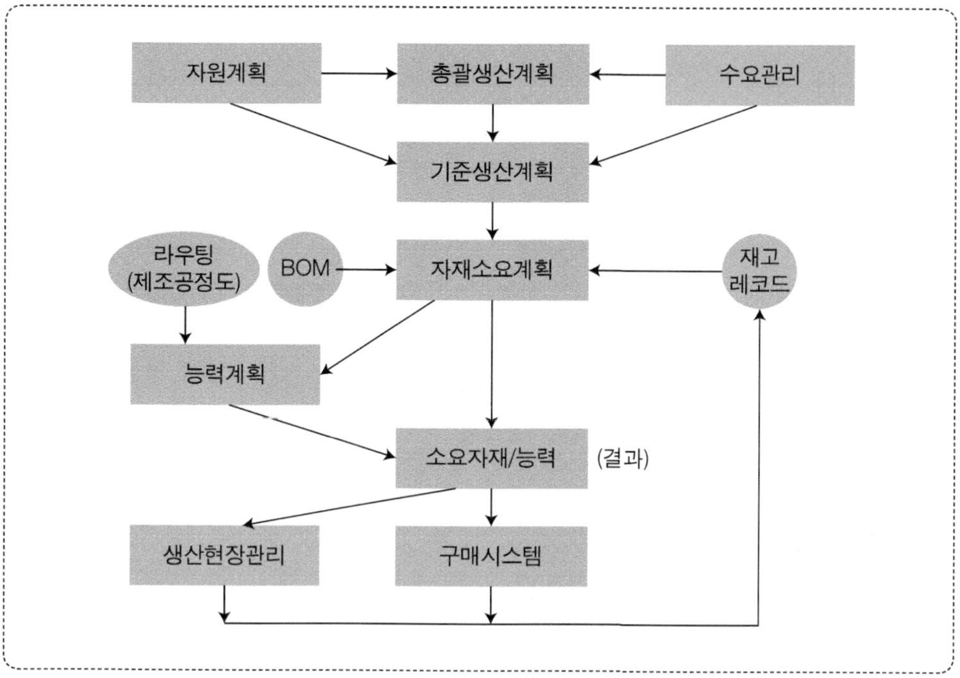

<그림 9-2> 생산계획 프로세스

그 다음에 기준생산계획에 나타난 제품 주문수량을 적기에 제조하기 위해서 필요한 자재수량과 더불어 기업 내부적으로 보유하고 있는 능력, 즉 설비와 인력은 충분한지를 파악하기 위해 능력계획을 수립하는데, 능력계획을 하기 위해서는 라우팅(Routing)이라는 제조공정도 정보가 필요하다. 제조공정도는 특정 완제품을 만들기 위해서 어떤 공정 단계를 거쳐서 제품이 제조되고 각 공정에서의 필요설비와 소요시간은 얼마인지 등을 정리한 자료이며, 이는 기업 내부의 제조능력을 산정하기 위한 기준이 된다. 이와 같이 자재소요계획과 능력계획을 통해서 필요로 하는 자재와 능력이 계산되면, 이것을 근거로 자재를 조달하기 위해서 필요한 정보가 구매시스템으로 전달되고, 필요로 하는 능력에 대해서는 생산현장으로 정보가 전달되어서 작업지시와 작업수행과 같은 생산현장관리가 이루어진다.

MRP 계산을 위해 필요로 하는 정보 중에서 제조 기업에서 가장 중요한 정보로 인식되는 BOM은 특정 완제품이 어떤 하위부품들로 구성되는가를 나타내는 리스트로서 제품의 구조정보(Product Structure)와 하나의 완제품을 완성하기 위해 소요되는 자재(반제품, 부품, 원재료 등)의 수량 정보(원단위)를 갖고 있다. 즉, 보통 PN(Parts Number)이라는 '품목

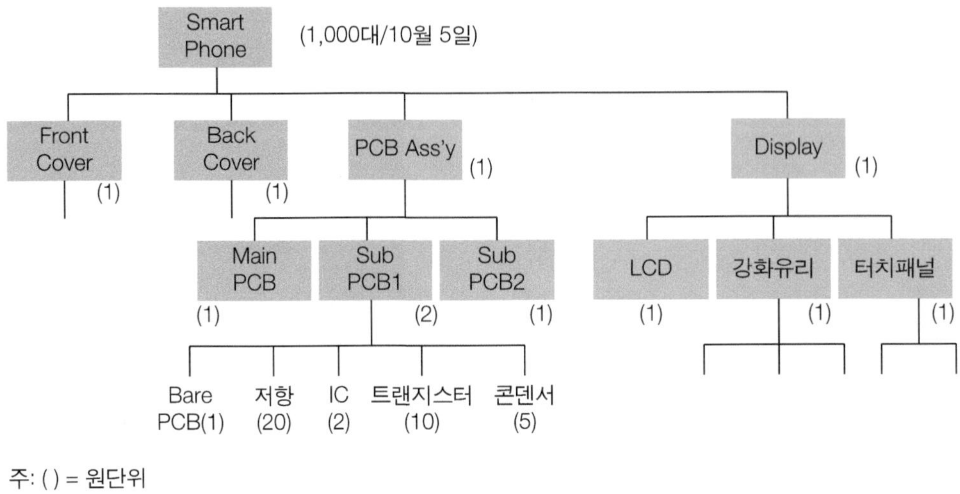

<그림 9-3> 전자기기 BOM 예

정보'와 각 품목의 원단위 정보 및 PS(Part Structure)이라는 품목 간의 부모-자식 관계를 관리하는 '제품구조 정보'로 구성되어 있다.

〈그림 9-3〉은 스마트폰과 같은 전자기기를 예로 들어 BOM 구조를 표현하고 있다. 〈그림 9-3〉에서 보는 바와 같이 완제품을 만들기 위해 필요한 제품과 하위부품 간의 구성 관계와 필요 수량, 즉 원단위 정보를 포함하고 있다. 예를 들면, 스마트폰 1대를 조립하기 위해 PCB 어셈블리(Ass'y) 1개가 필요하고, PCB 어셈블리에는 서브 PCB1이 2개 필요하며, 서브 PCB1을 조립하는 데에는 트랜지스터 10개가 필요하다는 정보를 담고 있다.

BOM은 그 사용 용도에 따라 여러 가지 유형으로 구분할 수 있지만, 대표적인 것으로는 E-BOM(Engineering BOM)과 M-BOM(Manufacturing BOM)을 들 수 있다. E-BOM은 말그대로 설계 부서에서 사용하는 BOM이며, 제품설계 단계에서는 제품을 기능(Function) 중심으로 나누어 설계하기 때문에 BOM도 기능 단위의 조합으로 구성하게 된다. 예를 들면 제품A는 각각 특정 기능을 발휘하는 여러 종류의 조립품들이 조합된 조립품으로 이루어지고, 각 조립품은 다른 종류의 조립품 또는 부품으로 구성된다는 식이다. 즉, 자동차를 기능에 따라 크게 차체 조립체와 샤시 조립체로 나누고, 차체 조립체는 다시 발휘하는 기능에 따라 엔진 조립품, 동력전달장치 조립품, 조향장치 조립품, 제동장치 조립품, 현가장치 조립품의 조합으로 제품구조를 형성하게 된다. M-BOM은 생산 관리 부서 및

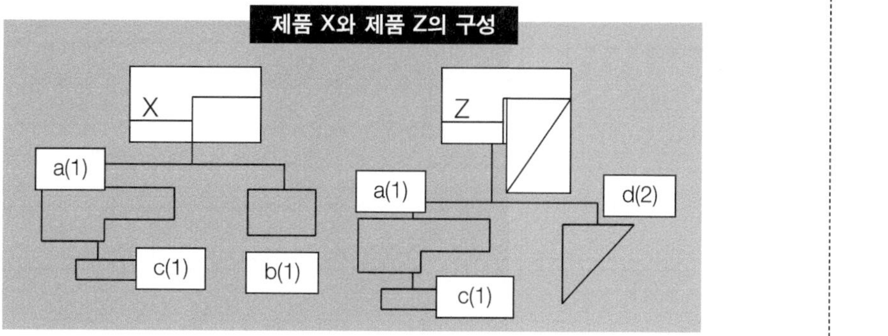

<그림 9-4> 제품X와 제품Z의 BOM 정보

생산 현장에서 사용되는 BOM으로 E-BOM을 기본으로 하여 생산현장에서의 가공공정 및 조립공정의 순서를 반영하여 만들어지며 MRP에서는 M-BOM이 사용된다.

MRP 계산을 하기 위해 필요한 4대 정보는 기준생산계획, BOM, 자재 재고 정보 그리고 부품 공급사에게 주문을 하고 아직 받지 못한 부품 수량, 즉 주문잔량 정보가 필요하다.

간단한 예를 가지고 MRP 계산을 통해 필요 부품의 소요수량과 소요시기를 계산해보자. A제조 기업에서는 제품X와 제품Z를 생산하여 판매하고 있다. <그림 9-4>에서 나타난 바와 같이 제품X는 a라는 조립품 1개와 b라는 부품 1개로 이루어져 있고, a조립품은 c부품 1개를 필요로 한다. 제품Z는 a라는 조립품 1개와 d라는 부품 2개로 이루어져있고, a조립품은 제품X에서와 같이 c부품 1개를 필요로 한다.

<그림 9-4>에서 보듯이 부품c는 제품X에도 필요하고 제품Z에도 필요한 부품인데, 시중에서 구매하여 사용한다고 가정했을 때, c의 소요량과 소요시기를 한번 계산해보도록 하자.

MRP 계산 시점에서 부품c의 발주잔량은 기간 "1"과 "5"에 각각 50개씩 입고 예정이다. 부품c의 재고는 14개이며, 발주 시의 발주 단위는 50개이다. 부품c의 구매 리드타임은 4일이며, 제품X와 제품Z의 조립 리드타임은 1일이다.

제품X와 제품 Z의 생산계획은 <표 9-1>의 (a), (b)에 각각 나타나 있는데, 부품c의 소요수량은 제품X와 제품Z의 생산에 각각 1개씩 필요하므로 제품X, 제품Z의 생산계획 수량과 동일하며, <표 9-1>(c)에는 부품c의 서비스용 부품 사용계획이 나타나 있다.

<표 9-1> 제품X, 제품Z 생산계획과 부품c 서비스용 사용계획

(a) 제품X의 생산계획

오더 \ 계획	1	2	3	4	5	6	7	8
납기		10		10		19		
착수	10		10		19			

(b) 제품Z의 생산계획

오더 \ 계획	1	2	3	4	5	6	7	8
납기		17		25			15	
착수	17		25			15		

(c) 부품c의 서비스용 사용계획

오더 \ 계획	1	2	3	4	5	6	7	8
납기						30		25
착수								

〈표 9-1〉에서 제품X는 2일, 4일, 6일에 납기가 예정되어 있으니, 조립 리드타임을 감안하여 해당일 하루 전에 생산착수가 이루어져야 한다. 제품Z의 경우에는 2일, 4일, 7일에 납품이 예정되어 있다. 부품c의 서비스용을 위해서는 조립과정 없이 부품단위로 사용되므로 별도의 조립 리드타임은 필요하지 않다.

부품c의 총소요량은 〈표 9-2〉와 같이 제품X와 제품Z 생산에 필요한 수량과 서비스용 사용계획에서 필요로 하는 수량을 일자별로 합산한다.

부품c의 실질소요량은 (사용가능 재고수량+ 발주잔량)에서 총소요량을 감하여 〈표 9-3〉에서와 같이 계산한다. 즉, '실질소요량 = (사용가능재고수량+ 발주잔량) − 총소요량'으로 계산 결과 부품c는 6일차에 12개와 8일차에 25개가 필요하게 되며, 이는 구매 주문이 필요한 수량이다.

부품c의 주문을 위한 주문수량과 주문착수일 계산은 발주단위 50개와 구매 리드타임 4일을 감안하여 〈표 9-4〉와 같이 계산한다. 즉, 주문단위가 50개이므로 6일차에 필요한 12개만을 위해 단독으로 주문을 할 수는 없고, 8일차에 필요한 25개까지 합쳐도

<표 9-2> 부품c 총소요량 계산

제품X의 계획소요수량								제품Z의 계획소요수량								부품c의 서비스용 소요수량							
1	2	3	4	5	6	7	8	1	2	3	4	5	6	7	8	1	2	3	4	5	6	7	8
10		10		19				17		25			15								30		25

부품 c의 계획		1	2	3	4	5	6	7	8
총 소요량		27		35		19	45		25
발주잔량(입고예정)		50				50			
사용가능 재고	14								
실질 소요량									
예정 오더(납기)									
예정 오더(착수)									

<표 9-3> 부품c 실질소요량 계산

부품 c의 계획		1	2	3	4	5	6	7	8
총 소요량		27		35		19	45		25
발주잔량(입고예정)		50				50			
사용가능 재고	14	37	37	2	2	33			
실질 소요량							12		25
예정 오더(납기)									
예정 오더(착수)									

37개로 주문단위 50개를 넘지 않으므로 최소주문단위인 50개를 주문해야 하며, 6일차의 생산 차질이 없게 하기 위해서는 6일차에 50개가 입고되어야 하므로 구매 리드타임 4일을 감안했을 때, 2일차에 부품c가 50개 주문 착수되어야 한다.

<표 9-4> 부품c의 주문수량과 주문착수일 계산

제품X의 계획소요수량								제품Z의 계획소요수량								부품c의 서비스용 소요수량							
1	2	3	4	5	6	7	8	1	2	3	4	5	6	7	8	1	2	3	4	5	6	7	8
10		10		19				17		25			15								30		25

부품 c의 계획		1	2	3	4	5	6	7	8
총 소요량		27		35		19	45		
발주잔량(입고예정)		50				50			
사용가능 재고	14	37	37	2	2	33			
실질 소요량							12		25
예정 오더(납기)							50		
예정 오더(착수)			50						

9-4. ERP 기능과 업무처리프로세스

ERP 시스템은 적용 업종과 생산 제품에 따라 그 범위와 기능을 달리할 수 있는데, 〈표 8-9〉에서 살펴본 바와 같이 KS표준 KS X 9001-3에서는 ERP의 기능을, (1) 경영관리, (2) 생산 계획 및 관리, (3) 구매관리, (4) 자재관리, (5) 출하 및 배송관리의 다섯 가지 기능으로 비교적 좁은 범위로 정의하고 있다.

이동길(1999)에서는 제조업종에 적용되는 ERP의 기능을 크게 (1) 기준정보관리, (2) 영업관리, (3) 계획관리, (4) 제조실행, (5) 공급망관리, (6) 인적자원관리, (7) 회계 및 재무관리, (8) 원가통제의 8개 기능으로 비교적 넓게 구분하고 있다.

KS표준 KS X 9001-3에서 제시한 ERP의 기능과 이동길(1999)에서 나타난 ERP의 기능을 유사기능별로 매핑하여 비교해보면 〈표 9-5〉와 같다.

〈표 9-5〉의 두 가지 ERP 적용 기능 분류 중에서 공통기능으로는 영업관리, 계획관리, 공급망관리, 인적자원관리, 회계 및 재무관리로서, 이 들 기능은 많은 기업에서 공통적으로 널리 사용되는 ERP 기능이라고 할 수 있다.

<표 9-5> ERP 적용 기능 비교

이동길(1999)	KS표준 KS X 9001-3[산업표준심의회, 2016c]
(1) 기준정보관리	–
(2) 영업관리	(1) 경영관리
(3) 계획관리	(2) 생산 계획 및 관리
(4) 제조실행	–
(5) 공급망관리	(3) 구매관리, (4) 자재관리, (5) 출하 및 배송관리
(6) 인적자원관리	(1) 경영관리
(7) 회계 및 재무관리	(1) 경영관리
(8) 원가통제	–

ERP 제공 기능 중에서 제조실행 관리는 생산 제품과 적용 산업에 따라 그 특성을 달리하므로 해당 산업에 적합한 고유의 기능을 제공하는 것이 적합하다. 그러므로, 최근에는 ERP 내부의 기능을 사용하는 것보다는 별도의 제조실행시스템(MES)을 독립적으로 사용하는 추세이며, 계획관리 기능도 ERP 시스템에서의 계획 기능의 한계점으로 인해 별도의 APS 시스템을 독립적으로 사용하는 기업이 증가하고 있다.

본서에서는 ERP의 제공 기능과 ERP를 이용한 업무처리 프로세스를 설명하기 위해, 이동길(1999)에서와 같이 ERP 시스템을 8개의 서브시스템으로 넓게 나누어 살펴보기로 한다. ERP 서브시스템이란 기업의 업무 분야별 핵심기능으로서 제품이나 서비스의 주문단계에서부터 출하 및 결산에 이르기까지의 기업 전체 업무 프로세스에서 특정 분야의 업무 지원을 담당하고 있다.

9-4-1. ERP 서브시스템[1]

ERP 기능은 크게 8개의 서브시스템으로 분류될 수 있으며, 하나의 서브시스템은 다시 세부적인 전문 업무를 수행하는 하위 모듈로 분류된다. 서브시스템과 모듈은 ERP의 특성 상 동일 기업 내의 독립된 조직을 통합적으로 관리해야 하며, 기업 간의 정보 교환뿐

1 이동길, ERP 전략과 실천, 대청, 1999.

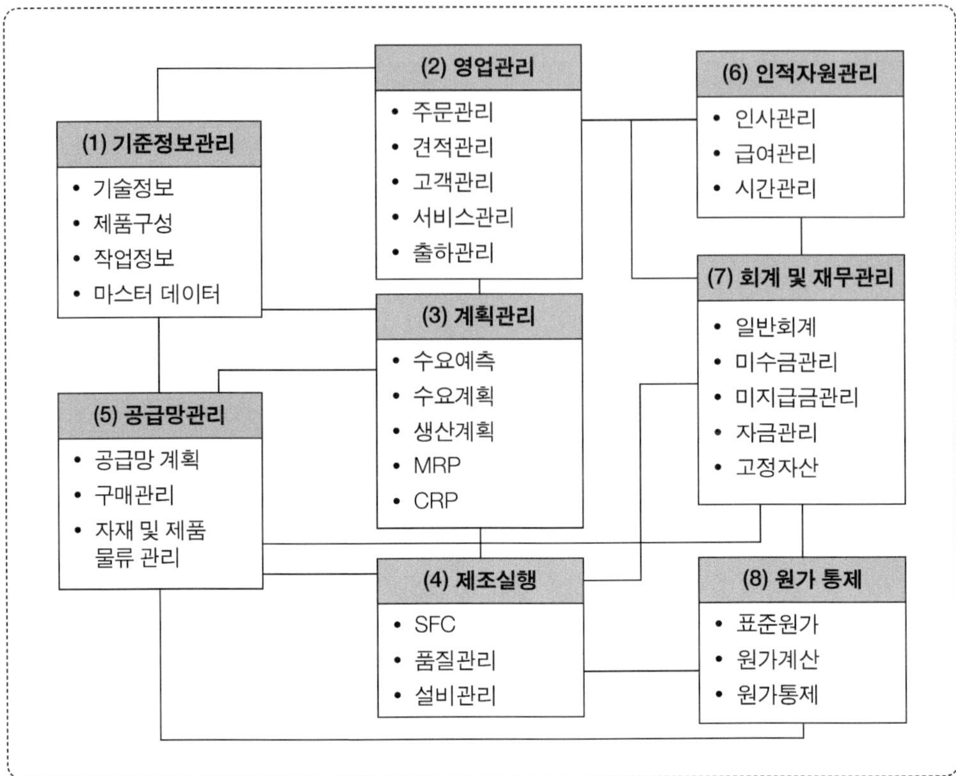

<그림 9-5> ERP 시스템 구성도

아니라, 국제적으로도 분산된 조직이나 기업 간의 정보도 처리되어야 하므로, 단일/복수 제품이나 서비스의 지원, 단일/복합 조직 지원, 단일/복수 언어 지원을 수행할 수 있는 기능이 포함되어야 한다. 그리고 산업 유형별 지원을 위해 8개의 서브시스템과 하위 모듈을 선별적으로 사용하고 산업별 특화 부분을 추가함으로써, 여러 산업 유형을 지원할 수 있는 시스템이 되어야 한다.

〈그림 9-5〉에 8개의 ERP 서브시스템과 각 서브시스템의 구성 모듈을 나타낸 ERP 시스템 구성도를 나타내고 있으며, 각 서브시스템에 관한 간략한 설명은 다음과 같다.

9-4-1-1. 기준정보관리 서브시스템

기준정보관리 서브시스템은 기업경영에 필수적이고 기본적인 정보를 관리하는 시스템이다. 기업의 업무활동을 표준화하여 관리하기 위해서는 기본자료에 대한 표준화된 정보의 등록 및 이력관리가 필요하다. 제품의 설계사양정보 등 각종 기술정보와 제품구성 정보, 공정순서(라우팅), 설비, 작업자 등 각종 작업정보 및 공급자, 고객, 직원, 부서, 계정 정보 등에 대한 마스터 데이터 관리 기능을 제공한다.

9-4-1-2. 영업관리 서브시스템

영업관리 서브시스템은 기업의 영업 및 마케팅 활동을 지원하기 위한 기능이 포함되어 있는 서브시스템이다. 견적과 주문관리, 고객관리, 서비스관리 및 출하관리 기능 등이 포함된다.

9-4-1-3. 계획관리 서브시스템

계획관리 서브시스템은 고객의 수요와 제품의 공급을 균형화하는데 필요한 각종 계획 기능이 포함되어 있는 서브시스템이다. 미래의 판매를 예측하기 위한 수요예측 기능과 주문 또는 예측된 제품을 관리하기 위한 수요계획 수립, 그리고 수요계획에 따라 생산 계획을 작성하는 모듈이 포함된다. 또한 계획된 물량을 생산하기 위해 필요한 자재소요량 계산을 위한 MRP와 현재의 시설과 인원 능력으로 적기에 생산이 가능한지를 결정하는 능력계획(CRP)도 계획관리 서브시스템의 주요 요소가 된다.

계획관리(APS)의 역할과 기능은 10장에서 상세하게 살펴보기로 한다.

9-4-1-4. 제조실행 서브시스템(MES)

제조실행 서브시스템(MES: Manufacturing Execution System)은 제조업의 생산현장을 관리, 통제하는 기능이 포함된 서브시스템이다. 따라서 기본적으로 계획된 적량의 물건을 적시에 만들어 내도록 작업을 지시하는 기능부터 생산통제 및 실적관리 기능(SFC: Shop Floor Control)이 포함되며, 품질에 대한 추적관리, 설비의 효율적 운영관리 기능 등이 포함된다. 공장자동화 추세에 따라 자동화 설비의 실적집계, 모니터링 및 제어는 MES의 필수 기능이 되고 있다.

MES의 역할과 기능은 11장에서 상세하게 살펴보기로 한다.

9-4-1-5. 공급망관리 서브시스템

공급망관리 서브시스템은 기업에 자재를 공급하는 공급자로부터 최종적으로 소비자까지 연결되는 기업 내·외부의 전체 물류 흐름에 대한 최적화 관리를 지원하는 서브시스템이다. 공급망 계획, 구매관리, 자재 및 제품 물류관리 등이 포함된다.

9-4-1-6. 인적자원관리 서브시스템

인적자원관리 서브시스템은 기업 조직 및 구성원과 관련한 업무를 관장하는 서브시스템이다. 조직관리, 구성원 성과관리, 근태관리, 급여관리, 퇴직관리, 연말정산 등이 인적자원관리 서브시스템의 주요 기능이다.

9-4-1-7. 회계 및 재무관리 서브시스템

회계 및 재무관리 서브시스템은 기업의 현금 및 자산에 대한 관리 및 통제기능을 수행하는 서브시스템이다. 기업의 자금 입금 및 출금에 대한 총괄적 집행을 관리하여 결산처리하고, 회계 관련 문서를 산출하는 일반 회계 기능이 포함된다. 기업 내 고정자산 관리 및 감가상각 처리 지원, 예산관리와 미수금/미지급금을 포함한 자금을 관리하는 기능도 포함된다.

9-4-1-8. 원가통제 서브시스템

원가통제 서브시스템은 비용 및 이익관리를 위한 지원 기능으로서 표준원가 설정과 원가계산 및 원가통제 관련 기능이 지원되는 서브시스템이다. 기업의 활동을 기준으로 원가관리를 수행하는 활동기준원가(ABC: Activity Based Costing) 기능도 원가통제 서브시스템에 포함된다.

9-4-2. ERP 업무처리 프로세스와 상세 기능

이 절에서는 ERP 서브시스템을 이용한 업무처리 프로세스와 서브시스템을 구성하는 각 모듈들의 상세 기능에 관해 살펴보기로 한다.

9-4-2-1. 기준정보관리 서브시스템

기준정보관리 서브시스템은 ERP 시스템에서 공통적으로 필요한 기초 정보를 표준화하여 관리하고, 시스템 내의 다른 서브시스템들이 필요한 정보를 활용할 수 있도록 지원하는 역할을 수행한다.

기준정보관리 업무처리 프로세스는 시장의 요구에 따라 신상품의 개발 필요성이 대두되면 고객의 요구사항들을 구체화하는 상품기획이 이루어지고, 그 후에

CAD(Computer Aided Design) 시스템을 이용하여 구체화한 제품의 설계가 진행되며, 이 정보를 이용하여 제품의 BOM을 구성하는 작업이 수행된다. 설계변경의 발생은 정상적 생산활동이나 시험 생산활동에서 모두 발생될 수 있는 것으로 설계변경 품목에 대한 업무처리 프로세스를 지원하는 것이며, 최종적으로 시험 생산이 완료된 시제품에 대해서는 원가계산 및 분석을 수행하게 된다. 생성된 E-BOM을 근거로 해서 실제 제조에 필요한 M-BOM이 작성되고, 작업수행 방법에 대하여는 별도의 정의가 필요하며 공정순서, 설비, 작업자 등 작업정보 구성이 이 역할을 수행한다.

그리고 공급자, 고객, 직원, 부서, 계정 정보 등 기업의 주요 기본 데이터의 생성과 저장 및 일관성 관리 등을 위한 마스터 데이터 관리 기능을 제공한다. 기업에서 작업일과 휴무일 등 자체적으로 규정하는 근무 및 작업에 대한 제조 달력의 정의와 작성도 마스터 데이터 관리 기능에서 처리한다.

기준정보관리 서브시스템은 기술정보 모듈, 제품구성 모듈, 작업정보 모듈 및 마스터 데이터 관리로 구성되며 모듈별 상세 기능은 〈표 9-6〉과 같다.

기준정보는 기업의 모든 업무 영역에서 발생하고 사용되기 때문에 타 서브시스템과의 연계가 중요한데, 기준정보관리 서브시스템이 관련 서브시스템들과 주고받는 주요 입출력 정보는 〈표 9-7〉과 같다. 여기서 출력은 관련 서브시스템에서 기준정보관리 서브시스템으로의 출력 정보를 나타내며, 입력은 기준정보관리 서브스템에서 관련 서브

<표 9-6> 기준정보관리 서브시스템 모듈별 상세 기능

모듈	상세 기능
01 기술정보	제품 생산을 위해 필요한 제품의 기능과 부품의 사양 및 설계변경 정보 등이 관리된다. 즉, 설계 단계의 제품개발 및 시험생산에 필요한 기능을 지원하며, 성능이나 품질상의 문제로 발생하는 설계변경(EC: Engineering Change)에 관한 업무 프로세스를 지원하는 기능도 포함된다.
02 제품구성	제품구성 모듈에서는 제품의 구성을 구조적으로 표현하여 자재의 명세를 관리하는 부품구성표(BOM) 관리 기능과 선택적으로 기능을 조합할 수 있는 여러 경우의 수를 사전에 정의함으로써 제품의 구성 가능 조합을 형성하여 제품유형을 관리할 수 있도록 해주는 제품 형상 구성 기능을 제공한다.
03 작업정보	제조현장에서 제품을 만들기 위해서는 필요한 작업공정과 공정순서, 작업시간, 설비 및 작업자를 정의해야 한다. 작업정보 모듈에서는 작업공정이나 공정순서를 정의하고 소요시간을 설정하여 제조리드 타임을 계산하는 기능을 수행한다.
04 마스터 데이터 관리	공급자, 고객, 직원, 부서, 계정 정보 등 기업의 주요 기본 데이터의 관리 기능을 제공한다. 기업 자체의 근무일을 제정하여 관리하는 제조 달력 기능도 포함한다.

<표 9-7> 기준정보관리 서브시스템과 관련 서브시스템과의 입출력 정보

관련 서브시스템	데이터 교환	기준정보관리 서브 시스템
영업관리	출력	신제품기획정보, 제품단종정보
	입력	BOM정보, 제품형상(Configuration)정보
계획관리	출력	일정계획정보(설계변경, 신제품, 시험생산), 생산중단품목정보, 재고소진정보
	입력	BOM정보, 작업정보, 설계변경정보, 시험생산정보, 리드타임정보
제조실행	출력	설계변경정보, 재공정보, 시험생산정보
	입력	BOM정보, 작업정보, 작업캘린더, 자원정보, 설계변경정보
공급망관리	출력	품목 및 단위정보, 설계품목정보, 리드타임정보, 설계변경품목의 현재고정보
	입력	BOM정보, 작업정보, 설계변경정보
인적자원관리	출력	작업자정보
	입력	작업캘린더
회계 및 재무관리	입력	BOM정보, 작업정보, 제조 캘린더정보
원가통제	출력	원가정보
	입력	BOM정보, 작업정보, 자원정보, 설계변경정보

시스템으로의 입력 정보를 나타낸다. 예를 들어 영업관리 서브시스템에서는 기준정보관리 서브시스템으로 신제품기획정보와 제품단종정보를 제공하며, 기준정보관리 서브시스템에서는 영업관리 서브시스템으로 BOM정보와 제품형상정보를 보내준다.

9-4-2-2. 영업관리 서브시스템

영업관리 서브시스템의 업무처리 프로세스는 고객에게 제품의 견적서 제출 또는 고객으로부터 주문을 받으면서부터 시작된다. 설계제품 제조(ETO: Engineer-To-Order) 방식의 경우는 고객에게 견적서를 제출하고 협의 및 계약 과정을 거쳐 주문을 받게 되지만, 양산제품 제조(Make-To-Order) 방식의 경우에는 기성품에 대해 고객 주문을 받는 것에서부터 시작된다. 시스템으로 처리되는 주문정보는 제품, 납기, 가격 등 주문에 포함될 기본정보 이외에도 고객의 신용상태나 납기준수 가능성 점검을 위한 납품가능일자 확인(ATP: Available-to-Promise)을 포함한다. 주문정보는 수주생산 체제일 경우에는 전체가 그대로 계

<표 9-8> 영업관리 서브시스템 모듈별 상세 기능

01 주문관리	주문관리 모듈은 고객의 주문에 대한 효율적 관리와 고객의 만족도를 향상시키고 영업생산성을 향상시키기 위한 기능을 지원한다. 즉, 주문처리, 고객대응, 그리고 주문부터 출하 및 송장 발송에 이르기까지의 각 단계별 업무진도 관리도 포함한다.
02 견적관리	프로젝트 성격의 ETO(Engineer-TO-Order) 제품에 대한 견적서 작성 지원기능을 수행하는 모듈로서, 기존에 설계, 생산된 제품의 기준정보나 원가관련 정보 등을 축적하여 기존 및 신규 사양의 제품 견적에 대응하는 기능을 제공한다.
03 고객관리	서비스업이나 제조업을 막론하고 기업의 존속과 관련된 가장 밀접한 요건은 고객만족이다. 따라서 고객관리는 고객의 현재에 대한 기본적 명세뿐 아니라 과거의 이력이나 미래의 방향까지를 관리하여 총체적으로 대응할 수 있는 모듈로서, 고객차원에서는 만족감 부여 그리고 기업차원에서는 매출확대 및 이익증진을 위해 필요한 기능이 포함된다.
04 서비스관리	서비스관리에는 제품 설치현장에 수리요원이 출장을 가서 지원하는 현장 서비스, 지역별로 분포된 기업의 서비스센터에서 이루어지는 고장제품의 사후 지원 및 관리업무, 서비스 부품의 관리, 그리고 서비스 관련 대금처리 등을 지원하는 업무 기능들이 포함된다.
05 출하관리	출하관리 업무는 물자의 분배와 관련하여 기업의 물류비용이 가장 많이 발생하는 분야로서, 제품의 출하의뢰로부터 제품 불출(Picking), 포장(Packing), 수송, 출하제품에 대한 수금을 위한 송장처리, 그리고 출하관리 업무 프로세스의 각 과정별 감시활동이 수행된다.

획관리 서브시스템으로 연결되어 구매 및 제조활동으로 이어지지만, 계획생산 체제의 경우는 예측정보가 더해져서 계획관리 서브시스템에 연결된다. 계획 확정 및 자재발주와 입고가 완료되면, 제조실행 서브시스템에서 생성된 생산실적 정보에 따라 제품출하를 위한 출고의뢰와 출하가 이루어지고, 제품 출하시에 필요한 운송 수단이 결정되며, 판매대금 회수를 위한 출하정보가 회계 및 재무관리 서브시스템에 통보된다. 영업관리 서브시스템은 주문관리 모듈, 견적관리 모듈, 고객관리 모듈, 서비스관리 모듈 및 출하관리 모듈로 구성되며, 모듈별 상세 기능은 〈표 9-8〉과 같다.

9-4-2-3. 계획관리 서브시스템

계획관리 서브시스템에서는 제품의 수요를 결정하고, 이에 따라 생산에 필요한 자재, 인력, 설비 등을 수배하여, 고객이 원하는 일정 내에 해당 제품을 인도하기 위한 세부계획을 수립한다. 따라서 계획관리에는 제품의 주문 집계 내역과 수요예측에 의해 생성되는 수요계획(Damand Planning), 필요 제품을 생산하기 위한 생산계획(Production Planning), 필요한 자재의 소요량을 계산하는 자재소요계획(MRP), 작업자, 설비 등 생산 자원의 소요 능력을 검토하는 능력 계획(CRP: Capacity Requirements Planning) 업무가 진행된다.

계획관리의 업무처리 프로세스는 제품의 수요예측과 영업관리 서브시스템의 주문 정보를 근간으로 수요계획을 수립하는 업무부터 시작된다. 수요계획에 의거하여 제품의 판매물량을 확정하고 이를 충족하기 위해 제품 재고 수량을 감안하여 생산해야 할 제품의 수량과 시기를 결정하는 업무가 기준생산계획수립 업무이다. 기준생산계획을 수립할 경우에는 생산 가능성에 대한 공장의 제조능력을 점검하기 위해, 능력계획을 시뮬레이션하여 향후 중장기(보통 3~6개월 정도)의 생산계획 유효성을 점검하게 된다.

다음으로 제품의 필요 생산량 및 시기를 맞추기 위해 자재의 물량과 납기를 결정하는 자재소요계획 업무가 진행된다. 기준생산계획과 MRP에서 제품 생산 및 자재 소요에 대한 수량 및 시기가 결정되지만, 생산을 위해 어느 작업장의 어떤 공정에서 어떤 순서로 얼마의 시간이 걸릴지는 다시 결정해야 한다. 상세능력계획(Detailed Capacity Requirements Planning)에서는 중/단기간(보통 1주~1개월 정도)에 대해 생산일정을 기준으로 능력계획, 부하평준화 계획을 점검하고, 이를 기반으로 상세작업계획을 수립한다.

계획관리 서브시스템은 제품이나 서비스의 공급을 위한 수요를 결정하는 기능이 포함되어 있으며, 계획관리의 대표적 모듈은 〈표 9-9〉에서와 같이 수요예측 모듈, 수요계획 모듈, 생산계획 모듈, MRP 모듈, CRP 모듈로 구성된다.

9-4-2-4. 제조실행 서브시스템(MES)

생산계획이나 MRP 및 CRP에 의해 수립된 생산 요구사항을 실천하는 것이 제조실행 서브시스템(MES: Manufacturing Execution System)으로 생산현장 통제(Shop Floor Control), 품질관리, 설비관리, 세부 일정통제, 외주 및 재작업 등을 처리한다.

제조실행 서브시스템은 계획관리 서브시스템에서 결정된 상세작업계획에 따라 필요한 작업을 지시하여 작업이 진행된다. 작업지시와 동시에 소요자재, 필요 설비 및 도구, 공정정보 등이 제공된다. 작업지시에서부터 시작되는 제조활동에는 생산통제, 품질관리 활동, 설비 유지보수 활동 등이 포함되며, 사내 능력 부족에 따른 외주 작업이 진행될 경우에는 외주 작업에 대한 관리 및 통제활동이 수반된다.

또한 제조실행 업무처리 프로세스에는 제조활동의 즉시적 관리를 위해 사용되는 자

<표 9-9> 계획관리 서브시스템 모듈별 상세 기능

모듈	상세 기능
01 수요예측	제품의 미래 수요를 과거의 데이터를 기준으로 각종 수요예측 기법을 활용하여 예측할 수 있도록 지원하는 모듈이다.
02 수요계획	제품 수요에 대한 계획을 수립하는 모듈로서 예상되는 판매 물량을 결정한다. 수요예측과 실제 주문정보를 통합하여 수요계획을 수립하며 생산계획 수립 이전에 검토나 수정해야 할 사항을 사전에 점검하게 된다.
03 생산계획	생산계획 모듈은 작성된 수요계획을 만족시키기 위한 생산 과정에서의 기준 생산계획을 수립하는 핵심적 기능이다. 기준생산계획과 MRP 및 CRP에 근거하여 상세작업계획이 수립된다.
04 자재소요계획(MRP)	자재소요계획의 핵심 기능은 재고확보, 필요자재의 소요시점과 수량결정을 자동으로 처리토록 지원한다. 가용 창고재고나 구매 주문잔고량을 비교하여 순소요량을 계산하고 부족 자재에 대하여는 주문요청을 한다
05 능력계획(CRP)	능력계획은 제품의 생산에 필요한 각종 자원을 정의하여 해당 자원의 능력을 점검하고 병목 상태를 파악하며, 잔업과 외주 결정 등을 통해 최적의 생산계획을 운용하고, 효과적으로 생산 자원을 이용하기 위한 기능을 제공한다.

동화 시스템과의 통합으로 현장정보를 실시간으로 집계하고 모니터링하여 발생되는 문제에 즉각적으로 대응할 수 있는 기능이 포함된다. 생산이 완료된 제품은 공급망관리 서브시스템에서 관리하는 완제품창고로 이관되면서 제조실행 업무처리 프로세스는 종료된다.

제조실행 서브시스템은 제조활동의 실행 및 통제와 관련된 기능이 포함되어 있으며, 생산현장통제(SFC) 모듈, 품질관리 모듈 및 설비관리 모듈로 구성되며 모듈별 주요 기능은 〈표 9-10〉과 같다.

<표 9-10> 제조실행 서브시스템 모듈별 상세 기능

모듈	상세 기능
01 생산현장통제(SFC)	생산현장통제 모듈은 생산현장에 대한 작업지시, 자재 불출, 생산 진행 및 처리, 완제품입고에 대한 생산 물류를 관리하고 통제하는 기능을 가지고 있다. 생산현장의 통제는 생산 형태가 주문생산(다품종소량생산), 연속흐름생산(소품종다량생산), 혹은 프로젝트형 생산(일회성 생산)이냐에 따라 관리 및 통제 방식이 다르게 운영된다.
02 품질관리	품질관리 모듈에는 제품 품질과 관련한 각종 통계분석 처리, 수입/공정/출하 품질검사, ISO 9000 품질 인증 관리 등이 포함된다.
03 설비관리	설비관리 모듈에서는 공장 설비의 신뢰성과 보전성 향상을 위해 설비 계획에 따라 설비 고장 예방 및 보전 업무를 처리하게 된다. 설비 유지보수에 필요한 보수 부품의 구매, 자재관리 업무도 설비 관리의 중요한 분야이다.

9-4-2-5. 공급망관리 서브시스템

공급망관리(SCM: Supply Chain Management) 서브시스템은 기업의 물류 흐름을 관리 및 통제하기 위한 업무 기능을 지원한다. 즉, 공급자로부터 자재를 조달하고 만들어진 제품을 물류거점 또는 고객까지 공급하는 데 필요한 업무 기능을 수행하는 것으로 원가절감의 핵심 포인트이며, 전체적인 리드타임을 단축하는 데 가장 중요한 역할을 담당한다.

공급망관리의 업무처리 프로세스는 필요 자재의 조달에 대한 결정이 이루어지면서 해당 품목에 대한 규격을 정하여 표준품목으로 등록한 후 견적서를 작성하고 적정 업체를 선정하면서부터 시작된다. 구매요청에 따라 예산에 대한 검토 및 승인 과정을 거쳐 필요 품목이 해당업체로 발주된다. 품목의 다양성이나 기업의 규모에 따라 복수의 공급자가 자재를 납품하게 되며, 이 경우 기업의 계획에 따라 필요한 자재가 적기에 수급될 수 있도록 생산계획과 연관하여 공급자 전체의 수급계획을 만들고 조정하는 업무가 필요하다.

발주된 자재는 자재소요계획에 따라 물량과 시기가 조정되어 입고되며, 검수 또는 무검사 과정을 거쳐 해당 원자재 창고로 자재가 입고된다. 입고 결과에 대한 정보는 대금지불을 위해 회계 및 재무관리 하부 서브시스템에 송출된다. 자재창고관리 업무는 이때부터 시작되며, 자재의 입출고에 따라 정확한 재고가 유지될 수 있도록 재고실사 및 조정, 결산이 창고관리 업무에 포함되며, 적정재고 유지를 위한 안전재고를 확보하고 생산 공정에서 자재 결품이 일어나지 않도록 적기에 자재를 공급한다. 상세작업계획에 따라 작업지시서가 발행되면 필요 자재는 생산현장으로 불출된다.

창고관리 기능은 원자재 재고관리를 위한 원자재 창고와 제품출하를 위해 생산된 완제품을 보관하는 제품창고 기능도 포함된다. 제조실행 서브시스템에서 완제품이 입고되면 제품창고에서는 영업관리 서브시스템의 제품 출고요청에 따라 완제품을 해당 고객이나 물류센터로 배송한다. 그리고 제품의 출고정보는 대금 수금을 위해 회계 및 재무관리 서브시스템으로 보내진다.

공급망관리 서브시스템은 원자재 공급업체 견적 및 선정, 구매, 자재 접수, 창고 및 재고관리와 같은 원자재 물류에 대한 공급관리와 생산제품의 분배를 위한 완제품 창고 및 재고관리기능을 수행하는 완제품 물류 관리 기능이 포함된다. 공급망관리 서브시스템은 공급망 계획 모듈, 구매관리 모듈, 자재 및 제품 물류관리 모듈로 구성되며 모듈별 주요 기능은 〈표 9-11〉과 같다.

<표 9-11> 공급망관리 서브시스템 모듈별 상세 기능

구분	상세 기능
01 공급망 계획	공급망 계획(Supply Chain Planning) 모듈은 중단기적으로 자재 공급계획을 수립하는 기능을 제공하고 있으며, 공급자 및 공급망에 대한 계획 수립과 통제를 실시한다.
02 구매관리	구매관리 모듈은 필요 물자 조달을 위한 견적작업, 업체선정 및 가격책정, 발주 접수 및 대금지불 지원업무를 담당한다. 구매관리 업무는 생산에 소요되는 자재의 조달 이외에도 설비, 수리부품, A/S품목, 사무용품, 고정자산 등의 조달에도 사용되며, 기업 내부 간의 구매처리나 외주처리 업무도 지원하게 된다.
03 자재 및 제품물류관리	자재 물류 관리 기능은 기업에서 필요한 자재를 적기에 사용할 수 있도록 지원한다. 자재 품목을 정의하고 등록하며 창고 내의 재고를 관리한다. 관리대상으로는 원자재, 설비수리부품, A/S 부품 등을 망라한다. 완제품 물류 관리 기능은 완제품의 분배를 위한 창고관리, 재고관리 및 수송/배송 관리를 지원한다.

9-4-2-6. 인적자원관리 서브시스템

인적자원관리 서브시스템은 기업에서 가장 중요한 자원인 '사람'에 대한 관리를 지원하는 기능을 가지고 있으며, 모집에서 이직에 이르는 전체적인 인사관리업무, 급여업무, 근무일정 및 근무시간에 대한 관리 업무를 수행한다. 인적자원관리의 주요 업무처리 프로세스는 기업의 경영전략과 이에 따른 인사 전략이 확정되면 이를 토대로 (1) 인적자원 계획 수립, (2) 모집 및 선발 활동, (3) 교육 훈련 및 경력개발, (4) 업적 평가 및 보상 관리, 마지막으로 (5) 인원 교체 및 이직관리 업무가 진행된다.

인적자원 계획에서 인적자원에 관한 현재/미래 수요를 분석 및 예측이 이루어지면, 이에 따라 필요한 인력을 채용하고 결정된 조직과 확보된 인력에 따라 기업이 운영될 수 있도록 적재적소에 종업원을 배치하고 경력을 관리하는 일이 수행된다. 종업원의 교육에 대한 업무는 개인의 능력개발을 위한 교육계획의 수립, 강사 및 교육장 물색, 교재개발, 교육진행, 사후평가 등 교육 라이프사이클을 지원하는 것이다. 업적 평가는 종업원에 대한 기대치와 비교해서 그들의 업적을 측정, 평가하고 이를 다시 구성원들에게 피드백시키는 과정이다. 인원의 교체는 승진과 전근으로 분류되고, 종업원이 기업을 떠나는 이직의 종류에는 사직, 해고, 파면, 은퇴가 있다.

인건비 관련 업무 프로세스에서는 인건비 계획에 따라 종업원의 근태관리가 이루어지며, 업무 필요성에 따라 종업원의 출장처리 및 비용 정산 업무가 전개된다. 제조 부문의 직접인력에 대해는 수동으로 작업일보를 작성하거나 또는 카드리더나 터치스크린

<표 9-12> 인적자원관리 서브시스템 모듈별 상세 기능

01 인사관리	인사관리 업무는 종업원의 채용부터 퇴직에 이르기까지의 전 과정을 관리한다. 따라서 개인의 인사 사항에 대한 정보는 물론, 회사 차원에서 전체 인력을 관리하기 위한 조직관리, 인적자원계획, 채용관리, 교육 및 훈련, 경력관리, 업적평가 등의 업무가 지원된다.
02 급여관리	회사 종업원의 근무에 대한 대가를 지불하기 위해 필요한 인사상의 비용처리가 급여관리 모듈에 포함된다. 그러므로 급여 계산은 물론 연금, 보장성 보험처리 등 급여 이외 비용관리 기능도 포함된다.
03 시간관리	시간관리 모듈은 종업원의 근태 및 근무시간 관리를 지원하기 위한 업무 기능이 포함된다.

등을 통한 자동 작업일보 입력시스템과 인터페이스되어 근무시간을 관리하여 급여를 계산하고, 급여처리를 위한 세금계산이 이루어지며, 급여 이외의 보험처리, 연금 계산 등 각종 비용 계산이 이루어진다. 인건비 관련 정보는 회계 및 재무 서브시스템으로 전달되어 경영자의 의사결정 지원 정보로 활용된다.

인적자원관리 서브시스템은 국가마다 기업마다 고유의 문화와 조직운영 그리고 급여체계가 있으므로 국가나 해당 기업에 적합한 시스템이 필요하다. 인적자원관리 서브시스템은 인사관리 모듈, 급여관리 모듈, 시간관리 모듈로 구성되며 모듈별 주요 기능은 〈표 9-12〉와 같다.

9-4-2-7. 회계 및 재무관리 서브시스템

회계 및 재무관리 서브시스템은 기업 외부의 이해 관계자들에게 필요한 정보를 제공하기 위해 일반적으로 인정된 회계 원칙 GAAP(Generally Accepted Accounting Principles)에 따라 재무회계(Financial Accounting)를 지원하는 기능과, 자금에 대한 관리와 통제를 수행하는 업무를 지원한다.

회계 및 재무관리의 업무는 회계처리를 위한 기본적인 작업으로 조직, 계정, 회계기간 등에 대한 정보를 정의하는 일부터 시작된다. 정해진 회계 기간 동안 매출분개, 매입분개와 더불어 고정자산 획득 또는 감가상각 처리에 따른 분개처리가 진행된다. 매출분개는 영업관리로부터 납품정보를 받아 고객으로부터 판매대금을 수금하게 된다. 수금된 현금은 은행계정에 관리된다. 매입분개는 공급망관리 서브시스템에서 자재 발주가 접수된 후에 자재가 합격 처리되어 입고되어 지출요구가 발생되면, 이 정보를 받아 송장

대조 등 지출에 대한 검증 과정을 거쳐 지불 대상을 선정하고, 승인을 거친 후 대금을 지불하게 된다. 기업에 따라 주기적으로 지급해야 할 대금 지불건에 대해서는 정기적으로 반복처리를 할 수 있도록 정의하여 업무가 효율적으로 진행되도록 한다. 그리고 회사 내부에서 발생하는 경비 등의 처리도 매입분개와 동일한 프로세스로 진행된다.

예산 계획 및 통제 프로세스는 정해진 예산을 효율적으로 사용하기 위해 적용되는 업무로서 자금 운용의 적절한 통제수단으로 활용한다. 그리고 고정자산에 대하여는 자산의 신규 도입 또는 기존 자산의 감가상각 프로세스에 따라 분개처리된다.

분개처리된 내용은 총계정원장으로 전기되어 필요한 회계 내용을 조정하고 관련 재무제표를 생성하거나 필요한 추가자료를 생성하여 보고하고 정해진 회계 기간을 마감하게 된다.

ERP 시스템을 구성하는 서브시스템 중에서 회계 및 재무관리 서브시스템은 자금의 흐름에 대한 합리적인 운영과 판단을 위해 많은 기업이 우선적으로 도입하여 활용하고 있는 주요 기능이다. 회계 시스템은 전 세계적으로 통용되는 회계규정을 준수해야 할 뿐 아니라 국가 규정도 준수해야 하는 것이 필수적이며, 국제화 추세에 따라 기업의 투명성 확보를 위한 공인된 시스템의 사용도 간과해서는 안될 사항이다. 회계 및 재무관리 서브시스템은 일반회계 모듈, 미수금관리 모듈, 미지급금관리 모듈, 자금관리 모듈 및 고정자산관리 모듈로 구성되며, 모듈별 주요 기능은 〈표 9-13〉과 같다.

<표 9-13> 회계 및 재무관리 서브시스템 모듈별 상세 기능

모듈	기능
01 일반회계	회계처리의 핵심 모듈로서 자금 처리와 관련한 ERP의 모든 하위 서브시스템이 일반회계 모듈과 연계되어 정보를 처리하게 된다.
02 미수금 관리	제품판매에 대한 대금을 회수하여 관리하기 위한 업무를 처리하며, 기업 내로 유입되는 자금의 계정별 분개처리를 지원한다.
03 미지급금 관리	물품이나 서비스 등의 구입에 대한 대금을 지불하기 위해 필요한 회계업무를 처리하며, 외부로부터 구입한 물품의 대금 및 사내에서 청구되는 각종 경비를 처리한다.
04 자금관리	기업자금의 합리적 처리를 위해 예산의 편성 및 통제에 해당되는 업무와 자금관리를 위한 업무가 포함되어 있다.
05 고정자산	기업의 설비, 건물 등 고정자산의 발주, 도입, 감가상각 처리, 폐기에 대한 라이프사이클을 관리한다.

9-4-2-8. 원가통제 서브시스템

원가통제 서브시스템에는 생산 제품이나 서비스의 원가 분석을 통하여 기업의 이익 구조개선을 하기 위한 원가계산 기능이 포함되어 있다. 원가통제의 업무처리 프로세스는 원가계산을 위한 규정을 정의하면서 시작된다. 표준원가, 실적원가, 활동기준원가, 프로젝트 원가 등 사전에 정의된 원가 처리 방법에 따라 계산할 원가 요소를 분류하고 기준정보인 BOM과 결합하여 원가의 구조를 파악하게 된다. 원가계산은 여러 가지 경우에 따른 시뮬레이션을 통해 기업에서 최적의 원가로 고객이 만족하는 제품을 만들 수 있도록 사전 분석 기능을 제공한다.

원가에 적용되는 각종 가격정보는 ERP 시스템 내의 다른 서브시스템이나 모듈에서 보유하고 있는 최신의 가격정보를 주기적 또는 리얼타임으로 인터페이스하여 최신의 원가정보로 활용할 수 있도록 하고, 이를 통해 합리적 의사결정을 할 수 있는 가격정보를 제공해야 한다.

원가통제 서브시스템은 원가계산 모듈, 표준원가 모듈, 원가통제 모듈로 구성되며, 모듈별 주요 기능은 〈표 9-14〉와 같다.

<표 9-14> 원가통제 서브시스템 모듈별 상세 기능

모듈	상세 기능
01 **원가계산**	제품이나 서비스의 금액 분석을 통해 목표원가를 관리하고 이를 통한 이익 확보를 지원하기 위해 원가계산 모듈은 실제원가계산, 원가차이분석, 원가 what-if 분석, 원가 구성요소관리 등의 기능을 제공한다.
02 **표준원가**	사전에 과학적인 방법에 의해 책정된 원가로서 정상적인 작업조건하에서 마땅히 달성해야 하는 원가를 의미하며 현장의 여러 가지 비능률을 제거하기 위해 사전에 설정된 목표원가의 성격을 갖는다.
03 **원가통제**	목표원가와 실제원가의 차이를 분석하여 차이의 원인을 규명하고, 예상되는 총원가를 허용할 수 있는 한계 이내로 통제하는 역할을 한다.

연습문제

1. ERP의 정의는 무엇인가?

2. ERP의 진화 단계를 설명하라.

3. ERP의 등장 배경은 무엇인가?

4. ERP의 도입 효과는 무엇인가?

5. 확장형 ERP에서 추가된 주요기능은 무엇인가?

6. MRP에서 필요로 하는 4대 정보는 무엇인가?

7. MRP 계산에서 실질소요량은 어떻게 계산하는가?

8. ERP의 8대 서브시스템은 무엇인가?

9. ERP 서브시스템 중에서 기준정보관리 서브시스템의 역할은 무엇인가?

CHAPTER 10

APS (Advanced Planning & Scheduling)

10장에서는 우선 SCM 관점에서의 APS의 개념과 위치를 살펴본다. 이를 위해 공급망에서의 주요 업무 프로세스와 계층적 계획을 조합한 APS 시스템 아키텍처를 학습한 후에 상용 APS 시스템의 기능을 예로 들어 설명한다. 그 다음에 APS 계획 기능 중의 하나인 생산 계획 및 스케줄링에 대해서는 기능과 역할 및 솔루션 기법 등에 관해 보다 상세하게 살펴본다.

오늘날 다수의 기업에서 활용되고 있는 ERP 시스템은 일반적으로 산업별로 특성이 다른 개별 생산 현장의 공정 특수성이나 자원 가용성을 고려하지 않는 생산계획이나 MRP 정도만을 제공하는 경우가 일반적이기 때문에, 최적의 생산계획을 생성하기 어렵고 고객의 우선순위를 고려한 납기 약속도 불가능하기 때문에 이를 보완하기 위해 APS(Advanced Planning & Scheduling)를 도입하여 ERP의 계획 기능을 보완하려는 노력들이 활발해지고 있다. APS는 기업 내 생산계획의 최적화를 넘어 전체 공급망 내 자원의 최적화를 목표로 하기 때문에, 전체 공급망관리를 위한 다양한 유형의 계획 기능을 제공하고 있으며, 그 종류로는 수요계획, 생산계획, 물류계획, 수송계획 및 재고계획 등을 들 수 있다.

공급망관리는 공급업자, 구매, 생산, 유통, 소비자로 구성되는 공급망 상의 각종 자원과 정보의 흐름을 통합적 관점에서 관리하여 전체 효율성을 제고함으로써 경쟁력을 높이고자 하는 경영활동이다. 즉, 공급망관리 적용 전까지는 단위부문 최적화, 단일기업 최적화에 머물렀던 정보, 물류, 자금에 관련된 업무의 흐름을 공급망 전체의 관점에서 재검토하여 정보를 공유화하고 프로세스의 근본적인 변화를 도모하여 공급망 전체의 효율성을 향상시킬 수 있다.

본서에서는 경영 최적화를 위해 APS의 역할과 기능을 기업 내로 국한하지 않고, 공급망 전체적인 관점에서 APS를 살펴보고자 한다[한관희, 2018].

10-1. SCM과 APS 개념

기업경쟁력, 고객만족, 반응속도 등이 주된 관심사인 오늘날의 기업 환경에서 효과적 공급망관리(SCM: Supply Chain Management)는 점점 더 그 중요성을 더해가고 있다. SCM이라는 용어는 1982년 올리버(Oliver)와 웨버(Webber)가 처음 사용하였는데, 공급망이란 "최종 소비자에게 제품과 서비스의 형태로 가치를 제공하는 상호 연결된 다양한 프로세스와 활동들 및 관련된 조직의 네트워크"를 의미하며, 공급망과 관련된 모든 활동들은 고객의 요구사항에 따라 설계되어야 한다[Oliver, 1992].

미국의 SCC(Supply Chain Council)은 공급망관리를 "수주에서 대금 지불에 이르기까지 설비, 부품, 완제품의 흐름을 관리하는 전 프로세스와 관련하여 공급업체, 제조, 판매, 분배 및 고객과 관련 있는 모든 활동"을 의미한다고 정의하고 있다. 종합적으로 공급망관리는 "공급망 상에 존재하는 기업 내·외부의 유형, 무형의 자원을 총괄하여 공급망 전체의 효율성을 최대화할 수 있도록 통합적으로 관리하는 혁신적인 관리 기법을 지속적으로 적용하고 개발하는 것"이라고 정의할 수 있다.

즉, SCM은 공급망 전체의 경쟁력을 강화시킬 목적으로 고객의 요구사항을 충족시키기 위해 공급망 내 조직 단위들을 통합시키고 공급망 내의 자재, 정보 및 재무 흐름을 조정하는 것을 의미하며, 이를 주택의 형태인 SCM 하우스로 표현하면 〈그림 10-1〉과 같다.

SCM 하우스에서 경쟁력과 고객 서비스로 표현된 지붕은 SCM의 궁극적인 목적을 나타내고 있다. SCM 하우스는 〈그림 10-1〉의 하단에 나타나 있듯이 물류, 마케팅, OR(Operations Research), 조직이론, 구매 등과 같은 기초 위에 (1) '조직 단위의 통합(Integration)'이라는 왼쪽 기둥과 (2) '자재/정보/재무 흐름의 조정(Coordination)'이라는 오른쪽 기둥에 의해 지탱된다. 왼쪽 기둥은 다시 파트너 선정, 네트워크 조직화 및 조직 간 협업 그리고 리더십이라는 3개의 빌딩블록으로 구성된다. 오른쪽 기둥은 정보통신기술의 활용과 프로세

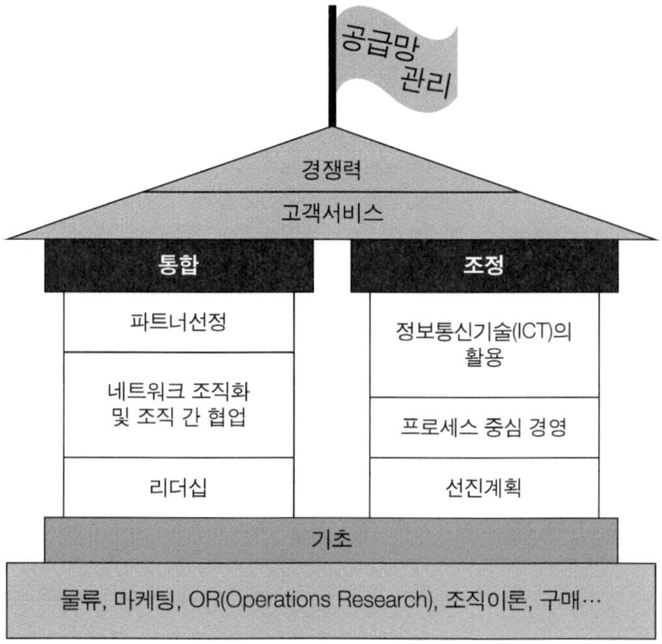

<그림 10-1> SCM 하우스

출처: Stadtler, H., Basics of supply chain management. In: Stadtler, H., Kilger, C. (Eds.), Supply Chain Management and Advanced Planning-Concepts, Models, Software and Case Studies, Berlin, pp.7-28, 2002.

스중심 경영 및 선진계획(Advanced Planning)이라는 3개의 빌딩블록으로 구성된다. 여기서 선진계획이라는 개념은 새로운 유형의 계획용 소프트웨어라는 것을 나타내기 위해 소프트웨어 공급 회사에서 만든 용어로서 APS(Advanced Planning & Scheduling) 아키텍처에서의 계층적 계획 개념이나, 사용된 알고리즘이 특별히 'advanced'되었다는 의미는 아니고, 단지 합리적인 계획 개념의 확산이나 OR 기반 알고리즘의 현장적용 등을 가능케 하는 표준 소프트웨어를 구현한 것이 기존의 전통적 ERP 시스템과 비교했을 때 진정한 진전을 이루었다는 의미의 'advanced'인 것이다.

이와 같이 Advanced Planning 혹은 APS는 SCM 최적화를 달성하기 위한 하나의 주요한 빌딩블록으로 자리매김하고 있으며, 공급망 내 자원의 최적화를 통해 제품과 서비스를 제공하기 위해 공급자로부터 최종 소비자로까지의 수요와 공급 간 균형을 맞추는 것을 목표로 하고 있는데, 수많은 대안의 동시적 동기화, 불확실성의 처리 및 상호 배타적인 목표의 조정 등과 같은 상당히 복잡하고 어려운 프로세스를 다루고 있다.

APS의 정의와 적용 범위에 대해 통일된 견해는 아직 없는데, APS는 우선적으로 고객의 수요를 충족시키기 위해 원재료와 생산 능력을 최적으로 할당하는 제조관리 프로세스를 의미하며, 특히 기존에 단순한 계획 수립 방법이 사용되어 서로 상충하는 우선순위 간의 복잡한 절충이 어려운 환경에 적합하다. 또한, 가트너(Gartner)에서는 APS를 제조계획과 스케줄링을 포함하는 공급망 계획의 부분 모듈로 정의하고 있다.

또 다른 정의로서 APICS(American Production & Inventory Control Society)에서는 APS를 다음과 같이 정의하고 있다. APS는 단기, 중기, 장기간에 걸친 제조와 물류의 계획과 분석을 처리하는 기법으로서, APS는 수요관리, 수요예측, 자원계획, 능력계획, 유한능력 스케줄링 등에서 최적해를 도출하기 위해 고수준의 수학적 알고리즘이나 로직 및 시뮬레이션 기법 등을 사용하는 것을 말한다. 이러한 기법들은 실시간 계획 및 스케줄링, 의사결정 지원, ATP(Available-To-Promise: 약속가능재고수량), CTP(Capable-To-Promise: 주문처리가능수량) 능력을 제공하기 위해 복수의 제약 조건이나 규칙들을 동시에 고려한다. 또한, APS는 복수 개의 시나리오를 생성하고 평가하여, 사용자는 그 중 하나를 선택하여 '공식계획'으로 사용하게 된다. APS의 5개 주요 구성요소는 (1) 수요계획, (2) 생산계획, (3) 생산 스케줄링, (4) 물류(Distribution) 계획, (5) 수송(Transportation) 계획이다.

APS 시스템은 1970년대 이래 제조 산업에서의 계획 프로세스를 지원하기 위한 소프트웨어 해법들이 진화해온 결과이다. 계획 프로세스를 지원하기 위한 첫 번째 시스템인 MRP는 MRP II로 진화하였고, 1990년대에 ERP(Enterprise Resource Planning)로 발전하였다. ERP 시스템은 기본적으로 많은 양의 데이터를 처리하는 거래 처리(Transaction) 시스템이지 계획 시스템은 아니어서 APS는 이 간격을 좁히기 위해 개발되었다.

APS는 다음과 같은 환경에서 주로 적용되고 있다.

(1) 수주 생산(Make-to-Order) 방식의 제조
(2) 자원 집약적 제조 프로세스
(3) 하나의 설비에서 다종의 제품이 생산되어 제품들이 제한된 공장 능력을 두고 경쟁하는 환경
(4) 하나의 제품을 제조하기 위해 다수의 부품이나 복수의 제조 공정이 필요한 환경
(5) 사전예측이 어려운 스케줄 변경이 빈번한 생산 환경

기존의 ERP 시스템과 비교해 APS 시스템은 다음과 같은 세 가지 특징을 가지고 있다. (1) 복잡한 기업 네트워크로 구성된 전체 공급망의 통합적 계획 프로세스, (2) 최적화 방법을 이용하며, 또한 다양한 계획 문제에 대한 대안, 목표 및 제약 조건을 정의함으로써 진정한 최적화 달성, (3) 하나의 계획을 보다 작은 몇 개의 부분 계획으로 분해하여 진행하면서 동시에 계획간 상호연관성을 고려하여 조정하는 계층적 계획 프로세스이다. 이는 지금까지 양립하기 힘들었던 통합적 계획 프로세스와 최적화를 양립 가능케 하는 수단이다.

10-2. 계층적 계획과 공급망 주요 업무 프로세스

이 절에서는 공급망에서의 계획업무를 계층적 계획과 공급망 주요 업무 프로세스라는 관점에서 살펴본다.

10-2-1. 계층적 계획

10-1절의 후반부에서 언급한 바와 같이 APS는 계층적 계획 개념에 기반하고 있는데, 계층적 계획에서는 전체 계획 대상을 몇 개의 부분 계획으로 분해하여 이를 각 계층에 할당한다. 하나의 계층은 전체 공급망 업무 프로세스를 대상으로 하는데, 계획 수행 업무의 범위는 각 계층마다 다르게 된다. 즉, 가장 상위 계층에서는 기업의 전체적이고 장기간에 걸친 총괄적 계획이 하나의 단위로 개발된다. 즉, 〈그림 10-2〉에서와 같이 하위로 갈수록 하나의 계획이 다루는 범위가 제한되고 분화되며, 계획 기간은 보다 짧아지며 계획의 내용은 보다 구체화된다. 계층 구조 상에서 하위계획은 상위계층의 계획에 종속되고 필요 시에는 조정될 수 있다.

구조화된 계층적 계획 시스템(HPS: Hierarchical Planning System)의 설계는 모듈 구조와 각 모듈에 대한 계획 업무의 할당 및 모듈 간 정보 흐름에 대한 주의 깊은 정의를 필요로 한다. HPS는 주로 연동 계획 기간(Rolling Planning Horizon) 기준으로 작동한다.

〈그림 10-2〉에서 나타나 바와 같이 계획업무는 통상 3개의 계층적 계획 수준(Level)으로 구분된다.

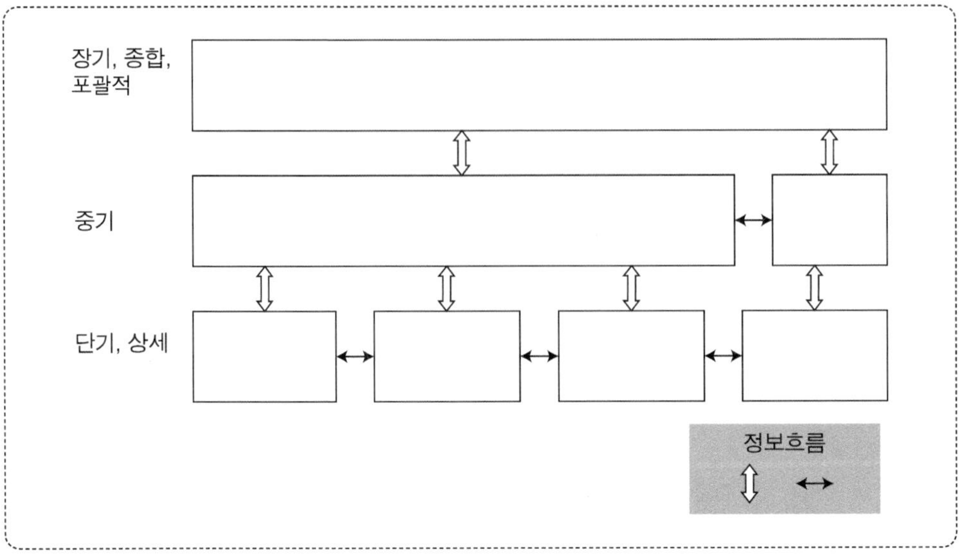

<그림 10-2> 계획 업무 계층

출처: Stadtler, H. and Kilger C. (Eds.), Supply chain management and advanced planning-concepts, models, software and case studies, Springer, Berlin, 2005.

(1) **장기계획**: 이 수준에서의 의사결정은 전략적 의사결정이라 부르고, 미래 공급망의 구조와 설계에 관련된 필수적이고 종합적인 사항을 정의한다. 계획기간은 보통 3년에서 5년 정도이다.

(2) **중기계획**: 전략적 의사결정의 범위 내에서, 중기계획은 통상적 운영 사항의 총괄적인 사항을 결정한다. 즉, 공급망에서의 자원이나 흐름에 관한 개괄적 수량과 시간 등을 결정한다. 계획 기간은 보통 6개월에서 24개월 정도이다.

(3) **단기 계획**: 즉각적인 실행이나 통제를 위한 상세 지시사항으로서 필요한 모든 활동을 구체화한다. 계획 기간은 보통 수 일에서 3개월 정도이다.

10-2-2. 공급망에서의 주요 업무 프로세스

APS 시스템이 대상으로 하는 전체적인 공급망에서는 4개의 주요한 업무 프로세스가 수행된다: (1) 생산에 필요한 인력이나 자재 등의 자원을 공급하는 조달(Procurement), (2) 조립과 가공을 통한 제품생산(Production), (3) 생산과 고객을 연결하는 물류(Distribution), (4) 마케팅이나 고객관리 등의 판매(Sales).

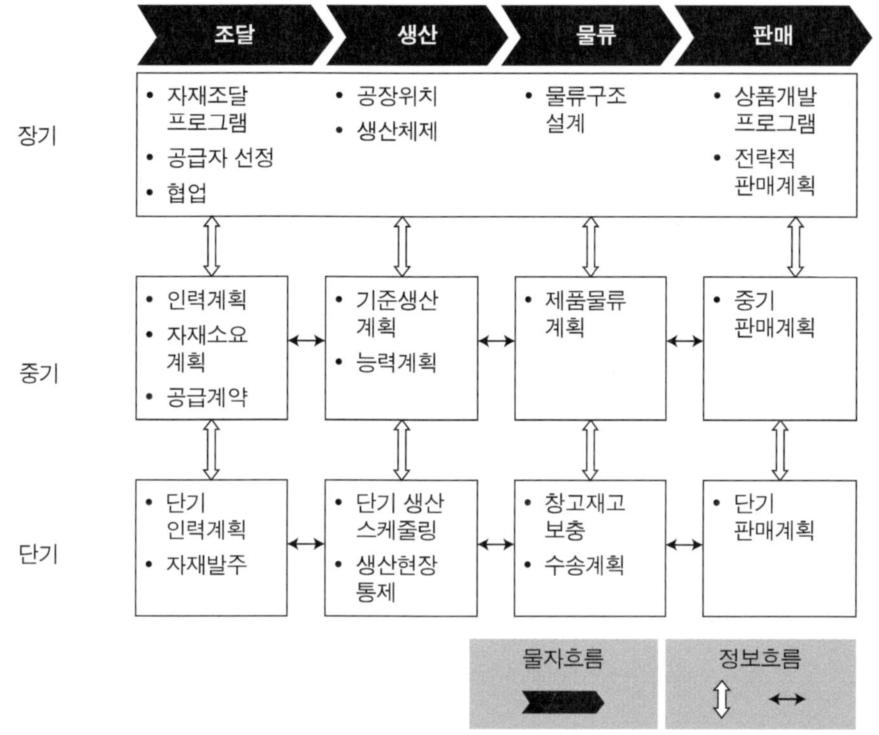

<그림 10-3> 공급망 계획 매트릭스

출처: Fleischmann B. and Meyr H., Chapter 9: Planning Hierarchy, Modeling and Advanced Planning Systems, A.G. de Kok and S.C. Graves, Eds., Handbooks in OR & MS, Vol. 11, Elsevier B.V., 2003.

공급망관리는 8-2절의 공급망 생산성 계층에서도 살펴보았듯이, 공급망 계획과 공급망 실행 업무로 나뉘는데, 공급망 계획에서는 공급망 모델링 및 설계, 공급망 계획 및 생산/물류 계획을 주로 다룬다. 공급망 실행에서는 공급망 전체에 걸쳐 상품의 물리적 상태 추적, 자재조달, 제조 실행과 재무 정보 관련 업무가 수행된다.

위에서 언급한 4개의 공급망 주요 업무 프로세스와 3개의 계획업무 계층을 조합하여 2차원으로 분류한 것을 공급망 계획(Supply Chain Planning) 매트릭스라 하며 〈그림 10-3〉에 나타나 있다.

이하에서는 의사결정이 미치는 기간과 범위에 따라 〈그림 10-3〉의 공급망 계획 매트릭스를 (1) 장기계획 업무, (2) 중기계획 업무, (3) 단기계획 업무 및 (4) 조정과 통합 업무로 나누고 각각을 간략하게 설명하기로 한다.

10-2-2-1. 장기계획 업무

(1) 상품개발 프로그램 및 전략적 판매 계획

기업이 제공하기 원하는 상품들의 개발에 관한 의사결정은 전 상품의 예상 판매를 나타내는 장기 수요예측에 기반해야 한다. 이러한 수요예측은 기존 상품과 미래의 상품개발 간의 종속 관계와 새로운 판매 영역의 가능성을 포함한다.

(2) 제품물류 구조

생산지와 소비자 사이의 거리와 그에 따른 물류 비용이 증가하고 물류 설비에 대한 투자가 고도화됨에 따라 많은 기업들이 물류 시스템의 재조직화가 필요한 상황이며, 물류 구조설계는 창고와 크로스 도킹 장소의 크기와 숫자 등을 조정하여 장기적인 수송, 재고, 운영 및 자산 투자 비용을 최소화하는 것이다.

(3) 공장 위치 및 생산체제

상품개발 프로그램이나 판매예측에 관한 장기적인 변화에 따라 기존의 생산 능력과 공장 위치의 적정성에 관한 검토가 필요하다. 보통 공장의 위치와 물류 구조는 함께 검토되고 수립된다. 생산체제를 계획한다는 것은 하나의 생산 공장 내에서 공장 레이아웃과 그로 인한 설비 간 자재 흐름 등을 계획하는 것이다.

(4) 자재조달 프로그램 및 공급자 선정

완제품은 사전에 정의된 원자재 및 부품으로 구성되어 있으므로 자재조달 프로그램은 신제품개발과 직접적으로 연결되어 있다. ABC 분석에 의한 A클래스 자재는 구매 비용의 가장 큰 부분을 차지하므로 이러한 자재들은 품질, 서비스 및 구매 비용 등이 적정하게 고려된 특별한 공급 채널을 통해 공급받아야 한다.

(5) 협업

최근 경쟁이 심화하면서 협력사 간 협업의 중요성이 강조되고 있는데, 특히 A클래스 자재는 공급사와의 협업을 통해 구매 비용 절감이 달성된다. 즉, 협업을 통해 VMI(Vendor Managed Inventory)나 JIT(Just In Time) 공급 등과 같은 방법을 이용하여 재고와 주문잔량의 동시적인 감축이 가능해진다.

10-2-2-2. 중기계획 업무

(1) 중기 판매계획

중기 판매계획의 주된 업무는 특정한 지역에서의 제품 그룹에 대한 잠재수요를 예측하는 일이다. 이 수요예측은 기준생산계획(MPS: Master Production Scheduling)의 입력 자료가 되므로, 제품들은 선호 설비 및 준비 시간 등 생산 특성에 따라 복수 개의 그룹으로 분류된다. 통상적으로 1년 이내의 기간 내에서 주 단위 혹은 월 단위로 작성된다.

(2) 물류계획

중기 물류계획은 창고 간의 수송계획과 필요 재고 수준 결정 등으로 구성된다. 주된 고려 요소는 재고 및 운송 비용이며, 이들 비용을 최소화하면서 가용한 수송 및 저장 능력을 감안하여 예측 수요를 충족시켜야 한다. 계획 기간은 주 혹은 월 단위로 구성된다.

(3) 기준생산계획 및 능력계획

기준생산계획과 능력계획 업무의 결과는 하나 이상의 생산 시설의 가용 생산 능력을 비용 효과적인 방법으로 사용하는 방법을 보여주는 것이다. 기준생산계획(MPS)는 수요의 계절적 변동을 다루어야 하고 필요한 양의 잔업 시간을 계산해야만 한다. 목표는 재고 비용과 생산 능력 비용과의 균형화이며, 하나 이상의 시설이 고려되면 시설 위치 간 수송 비용이 목표 함수에 포함되어야 한다.

(4) 인력계획

(3)에서의 능력계획은 최종 제품생산을 위해 필요한 작업 시간의 개괄적인 개요를 제공한다. 인력계획에서는 최종 조립 라인 전에 거쳐야 할 반제품이나 선행 공정에 필요한 모든 인적 능력을 계산해야만 한다. 노동 계약에 의거한 작업 시간에 관한 제약 사항들을 고려해야 하며, 가용 능력이 부족한 경우 필요한 파트 타임 작업자의 수를 계산해야 한다.

(5) 자재소요계획

기준생산계획(MPS)에서는 단지 최종 제품과 주요 자재를 대상으로 생산수량을 계획하는데 비해 자재소요계획(MRP)은 나머지 모든 아이템을 대상으로 생산 및 발주 수량을 계산한다. 이는 대부분의 ERP 시스템에서 제공하는 전통적인 MRP 개념에 의해 수행될 수 있다. 중기계획은 필요 생산수량을 보장하기 위한 주 단위 혹은 월 단위 주문 수량과 안전 재고 수준에 관한 기준을 정립한다.

(6) 공급 계약

MRP로부터 얻어진 주 단위 혹은 월 단위 소요 수량에 기반하여 가격, 수량 및 기타 조건 등이 포함된 기본 공급 계약이 체결된다.

10-2-2-3. 단기계획 업무

(1) 단기 판매계획

계획생산 환경에서 단기 판매계획 업무는 재고를 가지고 고객주문을 충족시킨다. 즉, 현 재고수량은 주문확정된 재고수량(Committed Stocks)과 약속가능한(ATP: Available-To-Promise) 수량으로 구분할 수 있다. 고객이 주문을 요청하면 주문 수량이 ATP로부터 충족될 수 있는지를 판단하여 요청 수량을 확정 수량으로 전환한다. 고객이 미래의 계획 기간에서의 주문 가능성을 요청하면, ATP 수량은 기존 ATP 수량에 주문가능한 계획된 생산수량(CTP: Capable To Promise)을 더해 계산한다.

(2) 창고 재고 보충 및 수송계획

중기 물류계획이 제품 군에 대한 주/월 단위 수송 수량에 관한 것이라면, 단기 창고 재고 보충은 이 계획을 단일 제품에 대한 일간 필요 보충 수량으로 구체화한다. 단기 수송계획은 가용 트럭의 수와 같은 상세 수송 능력과 실제 고객 주문이나 수송단가 등을 고려한다.

(3) 단기 생산 스케줄링 및 생산현장통제

단기 생산 스케줄링은 로트 사이징(Lot sizing), 설비 상의 로트(Lot) 생산 순서 결정 등을 포함한다. 로트 사이징은 서로 다른 제품 간의 공정 친소관계 등을 고려하여 재고 유지비용과 공정 셋업 비용 간의 균형을 맞추어야 한다. 생산 방해나 일정 지연 등은 생산환경에서 흔한 일이기 때문에 생산현장은 적극적으로 통제될 필요가 있고, 작업 지시는 적절하게 재계획이 되어야 한다.

(4) 단기 인력계획 및 자재발주

단기 인력계획에서는 필요한 지식과 능력의 관점에서 적정한 인력을 결정한다. 단기 인력계획은 노동 계약과 노무비를 고려하여 필요 인력에 대한 상세 충원계획을 작성한다.

자재소요계획과 관련하여 어느 정도의 업무가 중기 계약에 의해 이미 결정되지만, 단기 계획 단계에서 자재 발주와 입고를 위한 비용 효율적인 계약 이행 업무는 여전히 남아있게 된다.

10-2-2-4. 조정과 통합

계층적 계획 업무에서 각 모듈은 원활한 정보 흐름에 의해 연결되어야 한다. 수평적 정보 흐름은 고객과 공급자를 포함한 공급망 4개 주요 업무 프로세스 사이의 흐름을 의미하며, 수직적 정보 흐름은, 다시 하향적 정보 흐름과 상향적 정보 흐름으로 구분된다. 하향적 정보 흐름은 상위 계획의 결과를 기반으로 하위 계획들을 제약하고 조정하게 된다. 상향적 정보 흐름은 공급망의 성과에 관한 보다 상세한 데이터를 상위 계획에 제공한다. 이 정보는 하위 계획의 상세 프로세스 결과를 평가하고, 이를 바탕으로 상위 계획을 보정하기 위해 상위 수준 계획에서 사용된다.

10-3. APS 시스템 아키텍처와 향후 방향

10-3-1. APS 시스템 아키텍처

이 절에서는 현재 많은 기업에서 사용하고 있는 여러 가지 상용 APS 시스템의 공통적인 모듈들을 추출하여 구성한 APS 시스템 아키텍처의 구성을 설명하고, 또한 APS의 향후 방향을 살펴본다.

APS 시스템은 지금까지 서로 다른 소프트웨어 회사에 의해 독자적으로 개발되어 적용되어 왔다. 그럼에도 불구하고 대부분의 APS 시스템의 기저에 존재하는 공통 아키텍처의 구성이 가능하다고 본다. 일반적으로 APS는 특정한 범위의 계획 업무를 담당하는 소프트웨어 모듈의 집합체이다. 공급망 관련 계획 업무는 〈그림 10-3〉에서 나타난 바와 같이 계획 계층과 공급망 주요 업무 프로세스라는 2개의 축을 가진 2차원 공급망 계획(Supply Chain Planning) 매트릭스로 구조화할 수 있는데, 이 매트릭스의 각 셀(Cell)에서 수행되는 업무들은 해당되는 APS 소프트웨어 모듈에 의해 지원된다. APS 시스템 각 모듈의 이름은 소프트웨어 공급사에 따라 다르나 지원하는 계획 업무는 동일하다.

<그림 10-4> APS 시스템 아키텍처

출처: Stadtler, H. and Kilger C. (Eds.), Supply chain management and advanced planning-concepts, models, software and case studies, Springer, Berlin, 2005.

〈그림 10-3〉의 공급망 계획 매트릭스에 근거하여 여러 상용 APS 시스템에서 발견되는 공통적인 모듈을 추출하여 구성한 APS 시스템 아키텍처는 〈그림 10-4〉와 같다.

이하에서는 APS 시스템 아키텍처에 나타난 각 모듈의 기능을 간략하게 설명한다.

우선 APS 시스템 아키텍처의 모듈들을 (1) 3~4개의 공급망 주요 업무 프로세스를 망라하는 프로세스 공통 지원 모듈과, (2) 4개 주요 프로세스 중의 1개 프로세스만을 지원하는 개별 지원 모듈로 나누어 구분한다.

프로세스 공통 지원 모듈에는 〈그림 10-4〉의 장기 레벨 전략적 네트워크 계획과 중기 레벨 마스터 계획이 포함된다.

(1) 장기 레벨 전략적 네트워크 계획(Long-Term Strategic Network Planning) 모듈은 〈그림 10-3〉의 공급망 계획 매트릭스에서 다루었던 4개의 장기 계획 업무를 커버하고 있는데, 특히 공장 위치 선정과 물류 구조 설계를 주요하게 다룬다. 특정 시장에 어떤 제품을 배치할 것인가와 같은 전략적 판매 계획에서 생기는 몇 가지 질문 사항에 대한 해법도 물론 포함된다. 전체 공급망 설계와 공급자 및 고객 사이의 기본적 물류 흐름이 결정된다.

(2) 중기 레벨 마스터 계획(Mid-Term Master Planning) 모듈은 중기계획 수준에서 조달, 생산 및 물류 프로세스를 조정한다. 이를 위해 물류 계획, 설비 능력 및 중기 인력계획이 동시에 고려된다.

〈그림 10-4〉에서 다음과 같은 모듈들이 단위 업무 프로세스를 지원하는 개별 프로세스 지원 모듈로 존재한다.

(1) 판매 프로세스의 중단기 레벨 수요계획(Mid/Short-Term Demand Planning) 모듈은 장기 수요를 추정하는 전략적 판매 계획의 일부분과 중단기 판매계획이 주로 지원된다.
(2) 판매 프로세스의 단기 레벨 수요 충족과 ATP(Short-Term Demand Fulfilment & ATP) 모듈은 단기 판매 계획으로 구성된 수요 예측 및 ATP 모듈을 제공하고 있다. ATP란 약속 가능 수량으로서 영업부서에서 고객에게 특정한 기간 내에 최종 제품을 몇 개나 납품할 수 있는지 납품 가능 수량을 약속하는 것을 말한다.
(3) 물류 프로세스의 중단기 레벨 물류 계획 및 수송 계획(Mid/Short-Term Distribution Planning & Transportation Planning) 모듈에서는 제품 흐름이 통상적으로 마스터 계획에서 수행되던 것보다 상세한 수준으로 다루어진다.
(4) 생산 프로세스의 중단기 레벨 생산 계획 및 스케줄링(Mid/Short-Term Production Planning & Scheduling) 모듈에서는 생산 로트 크기 결정(Lot Sizing)과 생산 순서 및 일정계획 수립을 지원한다. 생산계획과 스케줄링은 그 기업이 속한 산업 유형과 채택된 생산 체계에 종속적이어서, 구체적인 산업이나 공정의 특수한 요구를 만족시키기 위해 몇몇 APS 소프트웨어 공급사들은 복수 개의 특화된 생산 계획 및 스케줄링(PP&S) 모듈을 제공하고 있다.
(5) 조달 프로세스에서의 중단기 레벨 구매 및 MRP(Mid/Short-Term Purchasing & MRP) 모듈에서는 기존 ERP 시스템의 기능을 확장하여 지원한다. 즉, 병목(Bottleneck)이 아닌 자재들이 다루어진다면 BOM 전개는 기존의 ERP 시스템에서도 수행될 수 있을 것이다. 그러나, 대체 공급자 선정, 물량 할인, 공급 수량의 상/하한선 결정 등과 같은 '선진' 구매 계획 기능은 기존의 ERP 시스템에서는 제공하지 않는다. 모든 APS 시스템 공급자들이 중단기 구매 의사결정을 지원하기 위한 구매 및 MRP 소프트웨어 모듈을 제공하고 있지는 않고 있다. 때로는 부가적인 협업 모듈이 제조업체와 공급업체 사이의 상호반응적 구매 프로세스의 신속 수행을 지원할 수 있다.

10-3-2. 상용 APS 시스템 기능

가트너에 따르면 2012년 SCM 소프트웨어 시장 점유율 상위 3개사는 SAP, Oracle, JDA Software로서 각각 세계 시장의 20.8, 17.5 및 5.1%를 점하고 있어서, 이들 상위 3 개사가 세계 시장의 43.4%를 차지하고 있다[Gartner, 2013]. 그리고 SCM 소프트웨어 시장에서도 다른 기업용 소프트웨어의 경우와 마찬가지로 솔루션 제공 기업 간 인수합병이 빈번하게 발생하고 있다.

1987년에 설립되어 비제조업 분야 ERP에 강점이 있는 PeopleSoft사는 2003년 중견 기업용 ERP 및 APS 솔루션에서 두각을 나타내고 있던 J. D. Edwards사를 인수하여 이를 기반으로 PeopleSoft EnterpriseOne이라는 APS 솔루션을 출시하였다. 이후, 2005년에 PeopleSoft사는 Oracle에 인수되어 지금은 Oracle Supply Chain Management라는 이름으로 제공되고 있다.

ERP 공급자가 아닌 독자적인 APS 공급자로서 시장 리더였던 i2는 JDA Software 사에 2010년에 인수되었다. JDA Software사는 2006년에 독자적 APS 공급자 분야에서 2위 자리를 지키고 있던 Manugistics사를 인수하여 이미 APS 시장에 진출한 상태였고 소매 유통 분야에서 강점을 가지고 있었다. 이러한 특정 산업에서의 강점을 보다 강화하기 위해, JDA Software는 2012년 소매 유통 분야에 강점이 있는 SCM 솔루션 공급사인 RedPrairie사와 합병한 바 있다. 이러한 인수 합병을 바탕으로 최근에 JDA Software 사는 JDA8이라는 30개 이상의 공급망 계획 및 실행 솔루션을 하나로 묶은 통합 패키지를 출시하였다.

SAP사는 1998년 이래 독자적인 SCM 솔루션을 제공하고 있으며 현재 SAP APO (Advanced Planner and Optimizer)라는 이름으로 마케팅되고 있다.

이하에서는 10-3-1절에서 제시한 APS 시스템 아키텍처에 기반하여 SAP와 Oracle 사의 APS 솔루션 기능을 간략하게 분석한다[Stadtler and Kilger, 2005], [Antonio, 2011].

10-3-2-1. SAP APO

APS 시스템 아키텍처에 기반한 SAP APS 솔루션은 SAP APO이라 하며 SAP SCM 솔루션의 일부로서 〈그림 10-5〉에 나타나 있다.

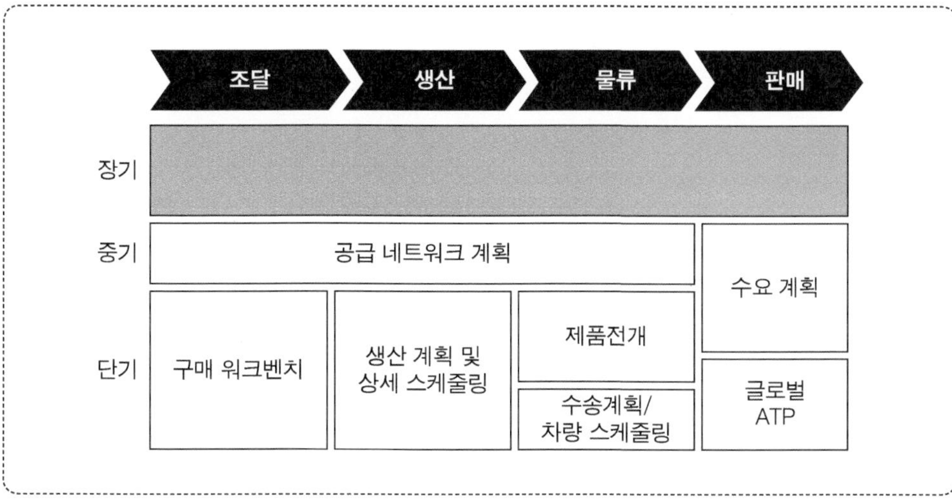

<그림 10-5> SAP APO의 APS 시스템 아키텍처

출처: Stadtler, H. and Kilger C. (Eds.), Supply chain management and advanced planning-concepts, models, software and case studies, Springer, Berlin, 2005.

〈그림 10-5〉에 나타나 있듯이, SAP APO는 장기계획 단계에 대한 자체 솔루션을 제공하고 있지 않다.

(1) 중기 레벨 공급 네트워크 계획

SNP(Supply Network Planning)는 능력과 비용 등을 고려한 공급 계획 및 최적화 기능을 제공한다. 최적화는 ILOG CPLEX를 사용하여 자동 생성되는 선형 및 혼합 정수계획 모델에 기반한다. 부가적으로 고객 주문에 근거하여 CTM(Capable To Match)이라는 규칙 기반의 고유한 휴리스틱 방법이 사용된다. 제품 생산 공장 대안이나 제품 대체 및 고객의 우선순위화에 관련하여 수요와 공급의 매칭뿐만 아니라 몇 가지의 전체 공급망 구성에 대한 시뮬레이션 기능도 제공된다. 병목 공정 능력의 위배나 납기 지연 등이 발생하는 경우에는 경보가 내려질 수 있다.

(2) 중단기 레벨 수요 계획

DP(Demand Planning)는 전통적인 통계적 방법뿐만 아니라 협업적 수요예측 방법, 신제품 개발을 위한 착수 계획, what-if 분석, 제품수명주기 개념의 도입 및 판매촉진 계획 도구 등을 제공한다. 수요예측의 정확도에 대한 보고서가 생성되며 경보 기능이 제공된다. 또한 데이터 웨어하우징을 위한 OLAP(On-Line Analytic Processing) 도구가 제공된다. 특히, PC(Personal

Computer)와 같이 특정 형상의 구성이 가능한 제품에 대해서는 특별한 부품 집합과 분해가 가능한 특징기반 수요예측(Characteristics-Based-Forecasting)이라는 새로운 기능을 제공한다.

(3) 단기 레벨 글로벌 ATP

글로벌 ATP(Available-To-Promise)는 현재의 데이터를 이용하여 규칙 기반의 다단계 부품 및 능력 체크를 수행한다. 즉, 제품 대체 방법이나 생산 및 구매 위치 대안 선정 방법이나 고객, 시장 및 주문에 희소한 제품이나 부품들을 할당하는 방법 등을 제공한다.

(4) 중단기 레벨 생산 계획 및 상세 스케줄링

PP&DS(Production Planning & Detailed Scheduling)는 상세 능력 및 자재소요계획을 동시에 최적화하는 방법을 제공한다. 이 모듈은 다단계 전진 및 후진(Multi-Level Forwarding & Backwarding) 스케줄링 기능을 수행한다. 서로 다른 제약 조건들이 시뮬레이션 기능에서 반영될 수 있고, 간트차트를 사용한 대화식 스케줄링 방법도 제공된다. PP&DS는 ILOG CPLEX LP Solver와 ILOG Scheduler에 기반한 제약 프로그래밍 기법과 고유의 유전자 알고리즘을 사용한다.

(5) 중단기 레벨 제품전개

제품전개(Deployment)는 계획된 공급량과 실제 공급량(생산수량)을 매치함으로써 제품재고를 물류거점에 할당한다. 이러한 할당은 푸시(Push) 전략, 풀(Pull) 전략, 사전 정의된 할당량 및 우선순위 규칙 등에 의해 통제된다. 또한 각 수송 차량들이 특정한 범위 내에서 적재되는 것을 보장하는 기능을 제공한다.

(6) 단기 레벨 수송 계획 및 차량 스케줄링

TP&VS(Transportation Planning & Vehicle Scheduling)는 제품수송 프로세스를 위한 SAP APO의 단기계획 모듈이다. 일일 배송계획에 근거하여 최적의 적재수량 및 경로가 도출된다. 이 최적화는 ILOG에 의해 구동된다. 또한 SAP 고유의 유전자 알고리즘과 부가적인 휴리스틱 방법들이 이 기능을 보조한다. TP&VS 모듈은 기존 계획의 순변화(Net Change)만을 반영하여 계획을 수립할 수 있고, 복수 개의 시간대 처리, 복수 상차 및 하차 지점 등을 포함할 수 있다.

(7) 중단기 레벨 구매 워크벤치

구매 워크벤치(Purchasing Workbench) 모듈은 자동적인 복수 공급자 선정에 관한 의사결정에 사용된다. 또한 웹 기반의 인터페이스는 공급계획을 조정하거나 공유할 뿐 아니라 확정 납기일을 변경하기 위한 플랫폼을 제공한다.

10-3-2-2. Oracle SCM

Oracle APS 솔루션은 PeopleSoft EnterpriseOne에서 진화하였으며 Oracle SCM라 불리는데, APS 솔루션 아키텍처에 기반한 기능적 아키텍처는 〈그림 10-6〉에 나타나 있다.

〈그림 10-6〉에서 나타난 바와 같이, Oracle SCM은 조달 프로세스의 중단기계획 모듈인 '구매 및 MRP 모듈'을 제공하고 있지 않다.

(1) 장기 레벨 전략적 네트워크 최적화

전략계획 수준에서 특별한 휴리스틱과 ILOG CPLEX의 선형 및 혼합 정수계획법과 같은 최적화 방법들을 사용하여 적절한 공급망 구조를 선택하는 것을 지원한다. SNO(Strategic Network Optimization)의 가장 주목할 만한 특징은 시각화 기능이다. 매우 복잡한 공급망도 별도의 수학적 모델링 지식이 없이 그래픽하게 설계될 수 있다.

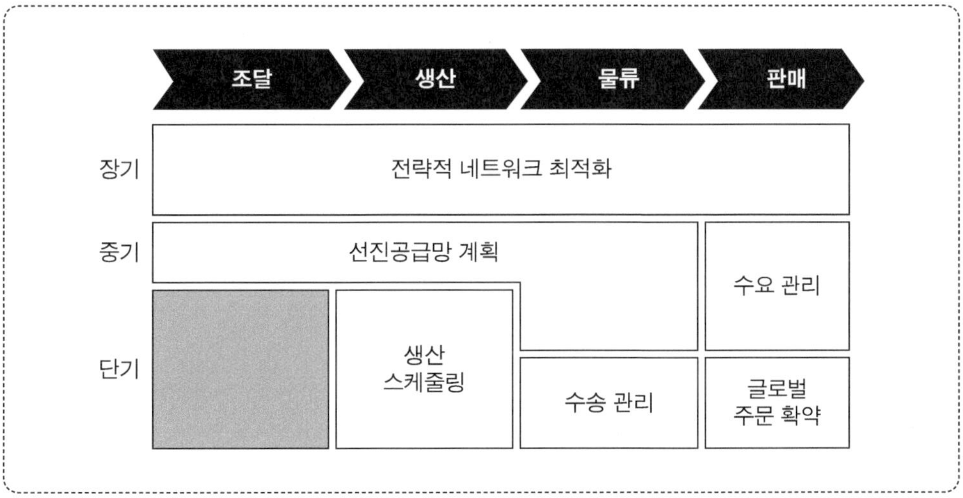

<그림 10-6> Oracle SCM의 APS 시스템 아키텍처

출처: Antonio de Santa-Eulalia L., D'Amours S., Frayret J.-M., Menegusso C. C. and Azevedo R. C., Advanced Supply Chain Planning Systems (APS) Today and Tomorrow, Supply Chain Management - Pathways for Research and Practice, Edited by Dilek Onkal, www. intechopen.com, 2011.

(2) 중단기 레벨 선진공급망 계획

ASCP(Advanced Supply Chain Planning) 모듈의 주된 초점은 중기 마스터 계획과 단기 물류계획에 있다. 이를 위해 LP(Linear Programming)와 몇 가지 휴리스틱 기법이 적용되었다. 이 모듈에서, 단기 계층인 판매 프로세스의 글로벌 주문 확약(Global Order Promising) 모듈의 입력으로 작용하는 ATP 수량이 계산될 수 있다. 주문 물량의 전개와 품절 계획 기능이 제공된다.

(3) 중단기 레벨 수요 관리

수요 관리(Demand Management) 모듈은 수요예측과 수요합의(Demand Consensus)라는 2개의 서브 모듈로 구성된다. 수요예측은 지수평활법(Exponential Smoothing)이나 ARIMA와 같은 통계적 방법뿐만 아니라 판매촉진이나 마케팅 캠페인 등과 같은 방법들의 원인-결과 분석과 같은 도구들도 제공한다. 또한, 기대되지 않았던 수요 변화, 계절 변동이나 상관성의 식별 및 수요 예측의 정확도 측정 등도 제공된다. 이외에 부가적인 기능으로는 신제품 출시, 동적인 가격 변경의 반영과 what-if 분석 등을 들 수 있다. 수요합의 서브 모듈은 인터넷/인트라넷을 이용하여 공통의 합의기반 수요예측 결과를 생성하는 기능을 제공한다.

(4) 단기 레벨 글로벌 주문 확약

글로벌 주문 확약(Global Order Promising) 모듈에서는 ATP나 CTP 체크 이외에도 PTP(Profitable To Promise) 기능을 제공한다. 이 기능에서는 서로 다른 주문 이행 옵션이 각각의 이윤 마진에 의해 평가될 수 있다. 주문 확약 기능은 자동 약속 모드와 시나리오 관리 모드로 운영될 수 있다. 전자는 사전정의된 비즈니스 규칙에 의해 자동적으로 납기를 약속하는 것이고, 후자는 몇 가지 약속 이행 시나리오가 대화식으로 비교되고 평가된다.

(5) 단기 레벨 수송관리

TP(Transportation Management) 모듈은 차량의 적재 공간 사용과 이동 경로를 최적화하는 기능을 제공한다.

(6) 중단기 레벨 생산 스케줄링

PS(Production Scheduling) 모듈은 산업의 특성에 따라 각각 별도의 모듈로 제공되는데, 예를 들면 프로세스 산업용이나 이산제품 산업용 모듈 등을 들 수 있다. 이 중에서 이산제품 생산을 위한 생산 스케줄링(PS) 모듈은 이산제품 생산에서 빈번하게 발생하는 복잡한 BOM 구조와 병목공정이 시간에 따라 바뀌는 다단계 생산 프로세스에 초점이 맞추어져 있다. 이를 위해 TBP(Texture-Based Programming)라는 기법이 사용되고 있다. TBP는 제약 프로그래밍(CP: Constrained Programming)과 유사한 원칙에 기반하고 있다. 그러나, CP와는 반대로 해당 문제에만 적용되는 특별한 고유의 지식을 필요로 하지는 않는다.

10-3-3. APS 시스템 향후 방향

현재 사용되고 있는 APS 시스템은 몇 가지 한계점을 노출하고 있는데, 이를 개선하기 위해서는, (1) 기존 APS 시스템 모듈의 기능 개선과, (2) 새로운 기능의 추가 및 (3) 타 부문과의 통합 기능의 확충이 필요하다.

10-3-3-1. 기존 APS 시스템 모듈의 기능 개선

기존 APS 시스템 모듈에서는 〈그림 10-4〉의 APS 시스템 아키텍처에 나타나 있는 수요계획, 마스터계획 및 생산계획/스케줄링 모듈의 기능 개선이 필요하다.

(1) 수요계획(Demand Planning) 모듈

정확한 수요예측은 APS 시스템 의사결정 모델의 중요한 입력 자료이므로 정확한 수요예측 모델의 사용이 매우 중요하나 현재까지는 정확성을 보장하는 정교한 모델이 매우 드물다.

(2) 마스터계획(Master Planning) 모듈

지금까지는 조달-생산-물류 프로세스를 지원하는 마스터계획의 적용 형태가 주로 대량 생산 형태에 적용되어 왔으나, 조선이나 항공 산업과 같이 소량 생산을 하는 자원 제약하의 프로젝트형 모델은 현재까지 없는 상태이다. 또한, 프로세스 산업과 같은 산업에서는 로트 사이징이 중요한 역할을 하는데, 다양하고 효과적인 로트 사이징 규칙이 마스터 계획 계층에서 고려되어야 한다.

(3) 생산 계획 및 스케줄링(PP&S: Production Planning & Scheduling) 모듈

PP&S는 해당 생산 현장의 특수한 요구사항에 맞추어 적용되어야 하므로, 모든 형태의 생산에 적합한 일반적인 도구를 찾는 것은 현명하지 못하다. 즉, PP&S는 구체적인 생산 형태에 적합한 기능들을 선택하여 사용할 수 있도록 분화되어야 한다.

10-3-3-2. 새로운 기능의 추가

기업환경의 급속한 변화를 반영하기 위해서는 기존의 APS 시스템 기능에 다음과 같은 새로운 기능들이 추가되어야 한다.

(1) 사건기반 계획 방법

연동 스케줄(Rolling Schedule) 하에서 처음부터 다시 계산하는 재(Re)최적화보다는 새로운 정보 갱신 내용만을 반영하는 사건기반 재최적화가 바람직하다.

(2) 불확실성의 적극 반영

향후 발생가능한 위험을 관리하고 그것에 적절하게 반응하기 위해서는 공급망의 불확실성에 적극적으로 대처해야 한다. 현재까지 연동 스케줄이 불확실성을 다루고 있지만 단지 확정적 모델만이 채택되고 있는 실정이다. 그러므로 발생가능한 서로 다른 시나리오에 기반한 복수 개의 계획이 생성되어 미래의 상황에 대비할 필요가 있다. 그리고 공급망 내의 수요 불확실성만 존재하는 것이 아니라 제조시스템 내 처리 시간에 관한 불확실성도 존재하므로 이를 처리하는 방법을 강구하는 것도 필요하다.

(3) 분산화 및 협업 기능

현재의 APS 시스템은 계층적 계획에 대한 중앙집중적인 시각에 기반하고 있다. 최근 들어 많은 기업에서 기업 내 공급망 중심에서 기업 간 공급망 중심으로 관심이 이동하고 있다. 이러한 최근의 분산화 환경에 대응하기 위해서는 에이전트(Agent) 및 AI와 같은 최신 기술의 도입을 고려할 필요가 있다.

10-3-3-3. 타 부문과의 통합

APS 시스템은 주로 계획을 다루는 시스템이므로 현실성 있는 실현가능한 계획을 생성하기 위해서는 기업의 현재 상태를 실시간으로 피드백 받아 계획 수립에 반영하는 것이 중요하므로 이를 위해 관련 부문과의 긴밀한 통합이 필요하다.

(1) 생산현장과의 연결

현재까지는 스케줄링을 위한 입력 자료를 주로 ERP에서 받았는데 향후에는 생산 작업의 실시간 재계획과 통제를 위해서는 MES(Manufacturing Execution System)와의 실시간 직접적 연결이 필요하다.

(2) 원가 회계 부문과의 연결

비록 기술적으로는 가능하다 하더라도, APS 시스템과 기업 원가 회계 시스템과의 직접 연결이 현재로선 부재한 상태이다. APS 시스템 계획의 결과가 경영 의사결정에 영향을 미치려면, 기업 핵심성과지표(KPI: Key Performance Indicator) 목표(적어도 재무 목표)에 의해 그 유효성이 평가되어야 한다.

10-4. APS PP&S[1]

10-4-1. 생산계획과 생산 스케줄링의 위치와 기능

기업의 정보처리 계층은 〈그림 10-7〉에서 나타나 있듯이 상위에서부터 전략적 설계(Strategic Design) 계층 — 생산계획(Production Planning) 계층 — 작업 스케줄링 계층(Activity Scheduling) — MES 통제(MES Control) 계층 — 설비 통제(Equipment Control) 계층 — 물리적(Physical) 설비 계층의 6계층으로 구분했을 때, 생산 계획 및 스케줄링(PP&S) 계층의 위치는 기업의 경영관리 부문과 제조 부문을 연결해주는 중간적인 위치를 차지하고 있다.

의사결정 관점에서 생산계획은 생산 스케줄링의 상위 개념으로서 생산계획 결과에 기반하여 스케줄링 의사결정은 이루어지게 된다. 생산계획에서의 주된 의사결정 변수는 금월 생산량, 차월 부문 매출액 등과 같이 특정 기간 동안의 고정된 값을 가지고 있다. 이에 비해, 생산 스케줄링에서의 의사결정 변수는 작업 시작 시간, 종료 시간, 선적 시간 등과 같이 활동이 이루어져야 하는 동적인 시각을 표현하고 있다.

〈그림 10-4〉의 APS 시스템 아키텍처 내의 주요 4대 공급망 업무 프로세스 중에서 생산 프로세스의 중단기적 의사결정 기능을 담당하고 있는 생산 계획 및 스케줄링(PP&S) 기능을 한 마디로 표현하자면, 〈그림 10-8〉과 같이 외부의 고객주문 부하(Load)와 내부의 생산능력(Capacity) 사이의 균형을 이루는 일이라 할 수 있다. 즉, 〈그림 10-8〉에서 나타나 있듯이 부하를 증가시키는 요인은 신규주문과 아직 완료하지 못한 주문의 재스케줄링

---

1 한관희, 공급망관리 관점에서의 생산계획 솔루션 기능 분석, 한국콘텐츠학회 논문지, Vol.18, No.6, pp.564-573, 2018.

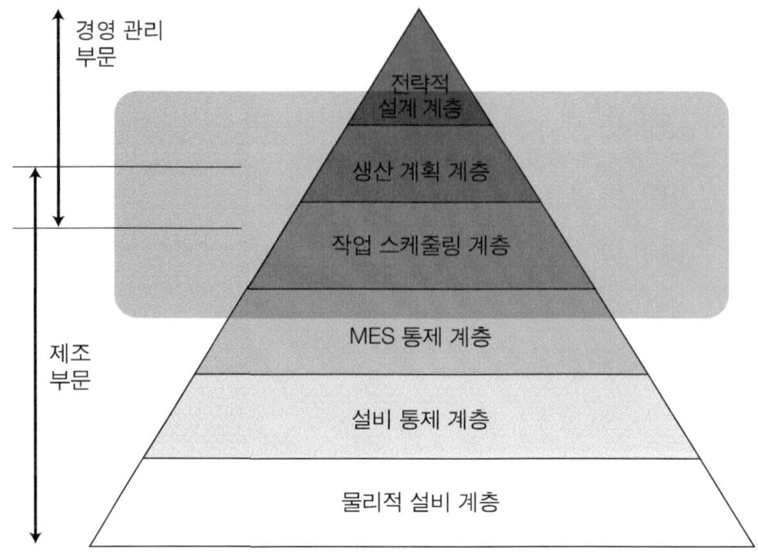

<그림 10-7> 기업정보처리 계층에서 PP&S의 위치

출처: PXLX consortium, Advanced Planning and Scheduling (APS): Conceptual Definition and Implementation, PSLX white paper, 2005.

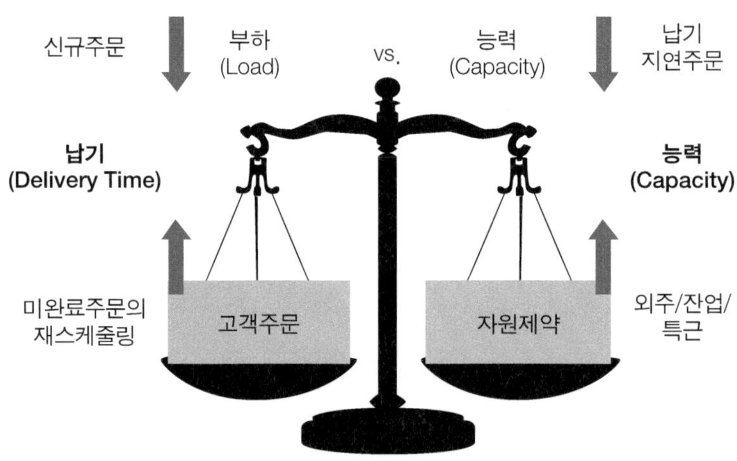

<그림 10-8> 생산 계획 및 스케줄링의 기능

출처: Veeke H. P. M., Lodewijks G., A simulation application framework for production planning and scheduling, 3rd International industrial simulation Conference (ISC'2005), June 9-11, Berlin Germany, 2005.

이며, 생산능력부족으로 야기되는 것은 주문의 납기지연 현상이다. 한정된 자원제약으로 인한 능력부족은 외주, 잔업이나 특근, 신규설비구매 등으로 해결가능하다.

생산계획 기능은 예상되는 상황(혹은 이상적인 상황) 하에서 올바른 장소에서 적기에 올바른 제품을 생산하는 가장 경제적인 방법을 제공하는 것이라고 정의할 수 있다. 생산계획은 생산되어야 하는 주문을 결정하고, 이 주문의 생산에 필요한 능력과 자재를 수량과 시간의 관점에서 결정한다.

생산 스케줄링은 확정된 (혹은 실제의) 상황에서 주어진 생산계획의 조건에 따라 주문의 생산 착수 시기와 실행 순서를 제공하는 것이다.

비효율적인 PP&S는 설비나 작업자에 대한 낮은 이용률을 초래하게 되므로, 결과적으로 생산 비용이 증가하여 경쟁력을 악화시킨다. 잘못된 PP&S는 작업 흐름의 지체를 유발하여 이를 독촉하는 추가 조치가 필요하기 때문에 비용을 증가시키고, 관련한 다른 작업까지도 지연시킴으로써 납기 지연으로 이어져 결국 고객의 불만을 초래하게 된다.

위에서 살펴본 생산계획 기능과 생산 스케줄링 기능의 차이는 〈표 10-1〉과 같이 요약할 수 있다.

APS 시스템 아키텍처 하에서의 PP&S는 상대적으로 짧은 계획 기간에 걸쳐 생산현장에 대한 상세 생산 일정을 생성하는 것을 목표로 한다. 생산계획에서는 유사 기능을

<표 10-1> 생산계획 기능과 생산 스케줄링 기능 비교

생산계획 기능	생산 스케줄링 기능
무엇을 생산할 것인가(What)	얼마나 잘 생산할 것인가?(How Best)
언제 생산할 것인가(When)	생산 순서(Sequencing)
얼마나 생산할 것인가(How Much)	동기화(Synchronization)
어디에서 생산할 것인가(Where)	제약과 갈등 조건하에서의 우선순위화(Priorities)
소요 자재 정보 제공(Materials Required)	실행 모니터링(Monitoring)
소요 자원 정보 제공(Resources Required)	변화관리(Managing Changes)
일/주/월간 단위(Days, Weeks & Months Ahead)	분, 시간, 일 단위(Minutes, Hours & Days Ahead)

출처: http://www.preactor.com/Products/Planning-Software#.UtXxLxWwckI

갖는 자원들이 하나의 자원 그룹으로 묶여 일일이나 주간 단위의 기간(Time Bucket)으로 관리된다. 상위 계획의 결과에 기반하여 하위 수준의 생산 스케줄링은 개개 설비에 주문을 할당하고 순서화하게 된다.

즉, 생산 스케줄은 각 오더가 계획 기간 내에 필요로 하는 작업장에서 실행되어야 하는 시작과 종료 시간을 나타낸다. 그러므로 생산 스케줄은 주어진 설비에서의 생산오더의 진행 순서도 나타내며, 이러한 생산일정은 간트차트에 의해 시각화될 수 있다.

생산계획과 생산 스케줄링의 차이를 예를 들어 설명하면 〈그림 10-9〉에서의 왼쪽 상단 테이블에서 보듯이 수주 현황은 A라는 제품 30개를 2월 18일까지, B제품은 70개를 2월 20일까지 납품해야 하는 상황이다. 이를 바탕으로 생산계획에서는 생산량과 생산완료일, 즉 납기일을 정하게 된다. 즉, 생산 능력을 고려하여 〈그림 10-9〉의 오른쪽 상단 테이블에서와 같이 A제품은 2월 16일에 10개, 2월 17일에 10개, 2월 18일에 10개의 생산을 계획한다. B제품은 2월 16일에 10개, 2월 17일에 10개, 2월 18일에 10개, 2월 19일에 20개, 2월 20일에 20개 만들어서 납품할 수 있도록 생산계획을 짜게 된다.

생산 스케줄링에서는 〈그림 10-9〉 오른쪽 상단 테이블의 생산계획 결과를 바탕

[수주 현황]

제품	수량	납기
A	30	2/18
B	70	2/20

[생산계획]

제품	생산계획				
	2/16	2/17	2/18	2/19	2/20
A	10	10	10		
B	10	10	10	20	20

[생산 스케줄링]

기계 (공정)	작업 스케줄							
	2/16		2/17		2/18		…	
	A	B	A	B	A	B	A	B
M1	5		5		10			
M2	5		5			10		
M3		5		5	—	—		
M4		5		5	—	—		

[생산실적]

제품	생산량			
	2/16	2/17	2/18	…
A	10	8	12	
B	10	10	10	

<그림 10-9> 생산계획과 생산 스케줄링의 차이

으로 기계별 혹은 공정별로 생산 투입일자와 생산 순서를 결정한다. 만약 공장에 M1, M2, M3, M4 기계가 있을 때 각각의 기계에서 어떤 순서로 어떤 제품을 몇 개씩 생산해야 할지를 결정하는 것이다. 즉, 〈그림 10-9〉 오른쪽 하단 테이블에 나타나 있듯이, M1 기계는 2월 16일에 A를 5개 만들고, 2월 17일에 A를 5개 만들고 2월 18일에 A를 10개 생산하도록 일정을 짠다. M2, M3, M4에 대해서도 동일하게 생산순서와 생산수량을 계획한다. 〈그림 10-9〉의 왼쪽 하단 테이블은 생산 스케줄에 기반한 실제 생산 실적을 보여준다. A제품 생산의 경우에 2월 17일 생산 실적의 경우 생산계획(10개) 대비 80%의 실적(8개)을 보였고, 2월 18일에는 계획(10대) 대비 120%의 실적(12개)을 나타냈다[유석규, 2019].

10-4-2. 제조부문에서의 APS PP&S 시스템 역할

10-4-1절에서도 살펴보았듯이 생산계획은 주문량을 정해진 납기에 맞추기 위한 생산목표를 정하는 과정이며, 생산 스케줄링은 생산목표를 달성하기 위한 공정별 또는 설비별 작업스케줄을 정하는 것으로, 〈그림 10-10〉에서 나타난 바와 같이 ERP 시스템으로부터는 수주 등록과 수요예측을 통해 납기목표일과 주문수량을 입력받고, MES로부터 생산실적을 입력받아 이를 바탕으로 생산계획을 생성하고, 생산계획 결과와 MES의 재공재고 현황을 입력받아 이를 근거로 작업스케줄을 작성하며, MES에서는 공정/설비별 작업계획이 명기된 작업지시서를 생산현장에 내리게 된다. 그리고 생산예측을 통해 예측 생산진도를 제공함으로써 ERP 출하계획을 지원한다. 이와 같이 APS PP&S 시스템은 ERP 시스템과 MES와 긴밀하게 연결되어 계획 기능을 수행하게 된다.

생산운영 업무를 고객주문에서 시작하여 생산실적에 이르기까지 4개의 계층으로 구분해보면 〈그림 10-11〉에서 나타난 바와 같이 고객수요 계층, 생산계획 계층, 생산 스케줄링 계층 및 생산통제 계층으로 구분할 수 있다.

고객수요 계층에서는 ERP 시스템에서 수주등록과 수요예측을 통해 제품에 대한 주문수량과 납기 정보가 정해진다. 생산계획 계층에서는 ERP나 APS 시스템에서 월간이나 주간생산계획 작성을 통해 생산수량과 생산기간이 결정된다. 생산 스케줄링 계층에서는 APS 시스템에서 생산능력과 재공재고를 감안한 일간 생산 스케줄이나 공정별 생산 스케줄 작성을 통해 설비/라인별 투입시점과 생산수량이 결정된다. 생산통제 계층에서는

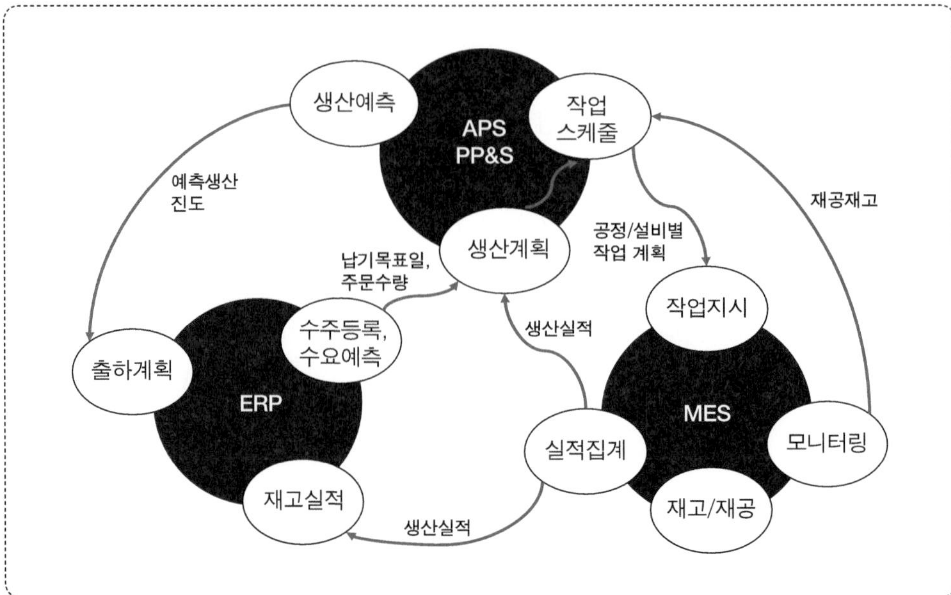

<그림 10-10> 제조부문에서의 APS PP&S 시스템 역할

출처: 유석규, APS 개념과 적용사례, 경상국립대학교 전문가 초청 세미나, 2019.

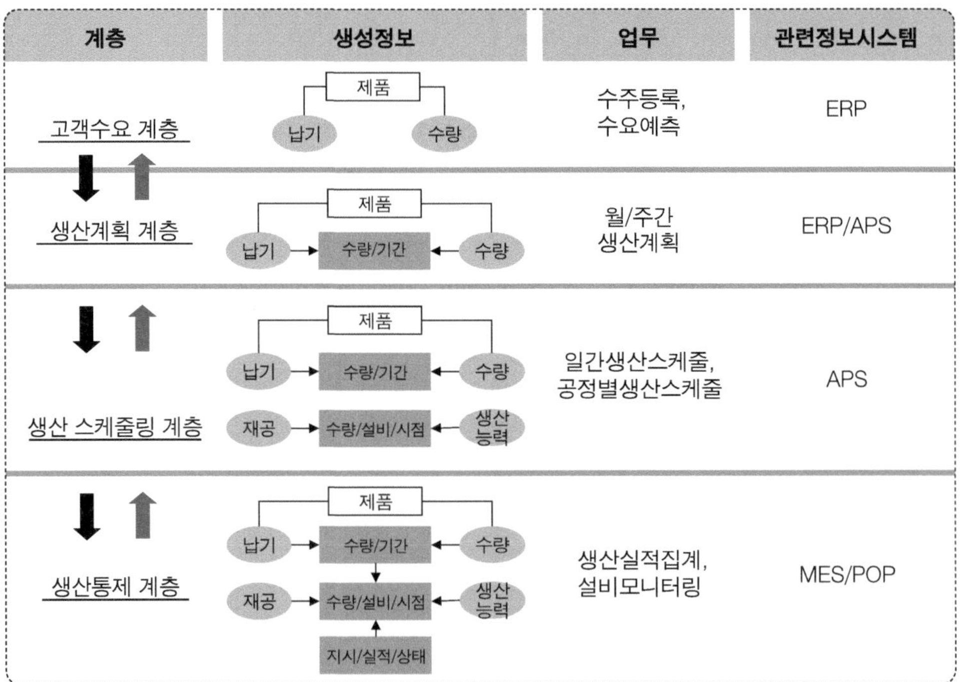

<그림 10-11> 생산운영 업무 계층과 관련 정보시스템

출처: 유석규, APS 개념과 적용사례, 경상국립대학교 전문가 초청 세미나, 2019.

MES/POP 시스템을 통해 생산지시와 생산실적 집계 및 설비상태 모니터링이 수행되어, 이를 바탕으로 생산실적을 통한 계획 대비 실적 분석과 생산성 평가가 이루어진다.

10-4-3. 상용 APS PP&S 솔루션 예

상용 APS PP&S 솔루션을 제공하는 기업은 다수가 있는데, 본 절에서는 10-3-2절에서 살펴본 바가 있는 SAP사를 예로 들어 상용 APS PP&S 솔루션의 기능과 특징을 살펴보고자 한다. SAP사의 PP&S 솔루션은 10-3-2절에서 살펴본 바와 같이 SAP APO(Advanced Planner and Optimizer)이라 불리는 SCM 솔루션 군안의 하나의 모듈로 존재한다.

〈그림 10-12〉의 SAP APO 시스템 아키텍처에서 보는 바와 같이, SAP APO는 생산 프로세스에서의 중단기적 계획과 관련한 의사결정을 지원하기 위해 생산계획 및 상세 스케줄링(PP&DS)이라는 모듈을 제공한다. 우선 생산계획(PP: Production Planning) 단계에서는 모든 제조 부품과 중간품, 구매품 및 원자재에 대한 재고보충 스케줄을 생성한다. 이 단계에서는 재고 여유, 생산 사이클타임, 로트사이징 규칙 등을 제약 조건으로 하여 리드 타임 스케줄링을 통해 생산 오더와 구매 요구에 대한 납기를 설정한다. 이 단계에서의 기반 솔루션으로는 수리적 프로그래밍의 하나인 LP(Linear Programming) 기반 최

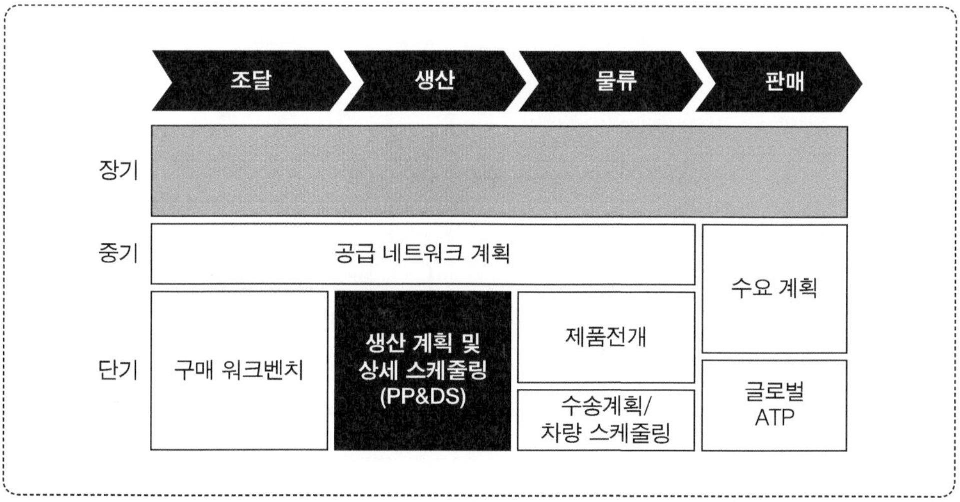

<그림 10-12> SAP APO 시스템 아키텍처에서의 PP&S 모듈 위치

출처: Stadtler, H. and Kilger C. (Eds.), Supply chain management and advanced planning-concepts, models, software and case studies, Springer, Berlin, 2005.

적화 도구인 IBM CPLEX LP 최적화 도구(Solver)를 이용한다.

상세스케줄링(DS: Detailed Scheduling) 단계에서는 생산현장으로 발행될 합리적인(그리고 아마도 최적의) 작업일정을 생성한다. 스케줄링 휴리스틱이나 최적화 기법들은 스케줄 목표를 달성하기 위해 여러 가지 제약조건과 비용요소들을 감안하여 최적으로 여러 작업들을 스케줄링한다.

가장 잘 알려진 스케줄링 휴리스틱 기법으로는 유전자(Genetic) 알고리즘을 들 수 있다. 고객오더의 생산순서에 대한 what-if 분석 및 평가는 생산계획 담당자에게 일정한 유연성과 통제력을 제공한다. 상세스케줄링의 결과는 대시보드 형태로 〈그림 10-13〉에 나타난 바와 같이 상단에 설비별 생산 스케줄(Resource View)과 하단에 주문별 생산 스케줄 (Product View)이 간트차트 형식으로 표현되어 나타나 있다. 주요 자원에 대한 부하 상황은 〈그림 10-13〉과 같은 사용자 인터페이스를 이용하여 자동적으로 혹은 계획 담당자에 의해 수동으로 조정될 수 있다.

생산 스케줄링에 대한 솔루션 기법은 다음 절에서 보다 상세히 다룬다.

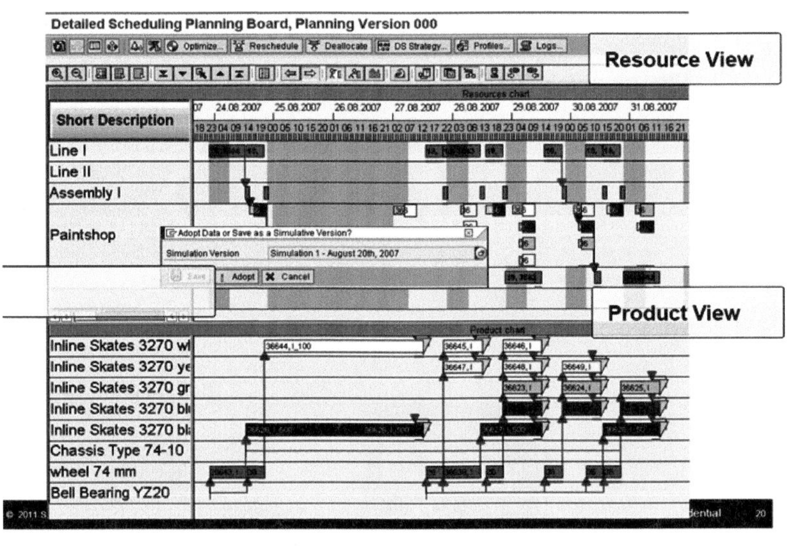

<그림 10-13> SAP PP&DS 상세 스케줄링 대시보드

출처: Altmueller, Tom Arne, Overview of the key functionality Production Planning and Detailed Scheduling in embedded PP/DS on S/4HANA. https://blogs.sap.com/2019/04/10/overview-of-the-key-functionality-production-planning-and-detailed-scheduling-in-embedded-ppds-on-s4hana./, 2019.

10-4-4. 생산 스케줄링 유형과 솔루션 기법

10-4-4-1. 생산 스케줄링 유형

생산 스케줄링의 유형은 산업분야와 생산방식 및 주문수량 등에 따라 다양한 유형이 존재하는데, 크게 연속생산 스케줄링(Flow Shop Scheduling), 잡샵 스케줄링(Job Shop Scheduling) 및 프로젝트 스케줄링(Project Shop Scheduling)으로 구분한다.

(1) 연속생산 스케줄링: 자동차 조립라인이나 전자제품 조립라인과 같이 연속된 N개의 설비가 하나의 일관 생산라인을 구성하고, 이러한 라인이 복수 개 존재하는 공장에서 라인별로 FIFO(First-In First-Out) 방식으로 작업이 진행되며 소품종 대량생산 방식이 보통이다. 연속생산 스케줄링에서는 각 생산라인별 부하 균형을 고려한 투입순서 결정(Sequencing) 문제에 대한 해법이 요구된다.

(2) 잡샵 스케줄링: 반도체/LCD FAB이나 금형 제조에서와 같이 작업물이 복수의 동일 설비로 구성된 복수의 작업장을 이동해가며 작업이 진행되며 주로 다품종 소량생산이 이루어진다. 각 공정의 셋업시간 단축과 작업설비 선정 및 설비별 작업순서를 결정하는 문제에 대한 해법이 요구된다.

(3) 프로젝트 스케줄링: 건설, 조선, 항공 산업에서와 같이 주로 1회성 생산이 이루어지며 제작 공기 단축을 위한 자원할당 문제에 대한 해법이 요구되고, 네트워크 모델을 이용한 PERT/CPM(Project Evaluation Review Technique & Critical Path Method) 방법이 주로 사용된다[유석규, 2019].

생산 스케줄링의 유형에 관계없이 생산 스케줄링 분야에서는 (1) 생산로트(Lot)의 생산 투입시기 의사결정(Launch decision)과 (2) 각 설비가 다음에 무엇을 작업할 것인가에 관한 작업 배정 의사결정(Dispatching Decision)에 대한 해답이 제시되어야 한다.

(1) 로트의 생산 투입시기 의사결정

로트 투입시기에 관한 의사결정은 일반적으로 스케줄 성과를 측정하는데 가장 큰 영향을 미친다. 수요가 선형적이고 일관된 생산이 가능하게 충분한 능력을 갖추고 있는 소품종 대량생산 방식에서는 납기를 만족시키기 위해 언제 로트가 생산 개시될 것인가를 결정하는 것은 별로 어렵지 않은 계산이다.

그러나, 반도체 제품과 같은 다품종 소량생산에서는 수요가 선형적이지 않으며 로트 투입시기 결정 문제가 매우 어렵다. 유한능력 스케줄링(FCS: Finite Capacity Scheduling) 소프트웨어는 로트 투입계획이 필요로 하는 로트 생산량과 일정을 확정하기 위해 사용될 수 있다. FCS 시스템에서의 생산일정 생성 과정은 기존 ERP 시스템과는 다르게 해당 기업 보유 자원들의 실질 능력에 기초한다.

(2) 작업배정 의사결정

로트 투입계획이 수립되고 로트 생산이 개시된 후에, 사이클타임을 최소화하고 처리율을 높이기 위한 각 작업장/설비에서의 로트 생산순서를 결정하는 문제는 쉽지 않은 문제이다. 이를 해결하기 위한 작업배정 규칙은 다음 번에는 무슨 로트를 작업할 것인가에 관한 선정 기준과 로직을 포함하고 있다. 많이 사용되는 작업배정 규칙으로는 다음과 같은 것들을 들 수 있다.

(1) SPT(Shortest Processing Time): 가장 짧은 공정수행시간을 필요로 하는 작업부터 선택
(2) EDD(Earliest Due Date): 납기일이 가장 빠른 작업부터 선택
(3) FCFS(First Come First Served): 가장 먼저 도착한 작업을 먼저 선택
(4) MWKR(Most Work Remaining): 잔여 작업시간이 가장 많이 남은 작업부터 선택

지난 20여 년간 어떤 단일 작업배정 규칙(예를 들면 SPT, EDD 등)이 가장 좋은가를 결정하기 위해 다양한 규칙에 대한 수행도 평가가 이루어져 왔으나, 연구의 결과는 단일 규칙들로서는 획기적인 성과 향상을 기대할 수는 없다는 것이었으며, 사이클타임은 TOC(Theory of Constraint) 등과 같은 보다 정교한 규칙을 채택한다면 상당한 개선이 있다는 것이 밝혀졌다. 일반적으로 생산현장의 제약조건은 중요 설비에서 발생하는데, 만약 이러한 설비들이 잘 계획되고 또한 상류 및 하류 설비와 연동되어 잘 조정된다면 전체 시스템 처리율을 개선할 수 있다.

최근의 APS PP&S 소프트웨어들은 계획담당자가 해당 공장에 특별한 제약 조건들을 고려할 수 있도록 해당 현장에 맞는 다차원 규칙을 개발할 수 있는 기능들을 제공하고 있다.

10-4-4-2. 생산 스케줄링 솔루션 기법

위에서 언급한 생산 스케줄링의 두 가지 의사결정 문제를 풀기 위한 접근 방식으로는 크게, (1) 선형계획법이나 혼합 정수계획법과 같은 수리적 프로그래밍(MP: Mathematical Programming) 방법이나, (2) 시뮬레이션(Simulation) 방법, (3) 휴리스틱(Heuristic) 방법 혹은 발견적 방법을 들 수 있다.

수리적 프로그래밍은 의사결정 문제에서 최적해를 구하기 위해 수리적 모델을 사용하는 것을 말한다.

시뮬레이션은 실제로 실행하기 어려운 실험을 주로 컴퓨터를 이용하여 실제와 흡사한 상황을 재현하여 여러 가지 대안의 장단점을 비교하는 방법인데, 생산 계획 및 스케줄링 생성에서의 시뮬레이션 기법은 단위 작업 목표, 설비 배열 및 작업배정 규칙 등과 같은 의사결정 변수를 식별한 후에, 공정 상황에 따라 변수들을 지속적으로 변화시켜가면서 최적의 해를 찾아낸다.

휴리스틱 방법은 문제의 크기가 크거나 불충분한 시간이나 정보로 인하여 합리적인 판단을 할 수 없거나, 최적화된 해를 찾기 어려운 상황에서 사람들이 빠르게 사용할 수 있게 보다 용이하게 구성된 간편 추론의 방법이다. 즉, 경험이나 직관을 이용하여 어림짐작하여 신속하게 해를 찾는 방법이다. 휴리스틱 방법에서 널리 사용되는 기법들은 다음과 같은 것들이 있다: 유전자 알고리즘(Genetic Algorithm), 개미군집 최적화 알고리즘(Ants Colony Optimization Algorithm), 벌군집 알고리즘(Artificial Bee Colony Algorithm), Simulated Annealing, 타부서치(Tabu Search) 및 인공신경망(Neural Network) 등.

〈그림 10-14〉는 생산계획/스케줄링 솔루션 기법을 분류한 것으로서, 수리적 프로그래밍 방법으로는 동적계획(Dynamic Programming), 정수계획(Integer Programming)과 대기행렬이론(Queuing)을 들 수 있다. 휴리스틱 방법으로는 메타휴리스틱(Meta-Heuristic)과 일반휴리스틱(Simple Heuristic) 및 수리적 프로그래밍 기반의 휴리스틱으로 구분할 수 있다. 여기서, 메타휴리스틱이란 특정 계산 문제에 의존하지 않는 휴리스틱스를 말한다. 다시 말해서 휴리스틱스는 일반적으로 해결하고자 하는 문제마다 각기 그 특성에 맞추어 개발해야 하는 어려움이 있는데, 메타휴리스틱스는 특정 문제에 한정되지 않고 어떠한 문제에 대해서도 범용적으로 대응할 수 있도록 설계된 알고리즘의 기본적인 뼈대를 말하며, 이런 의미에서 상위 수준의 휴리스틱스라고 할 수 있다. 메타휴리스틱 기법으로는 유전자 알고리즘, Simulated Annealing, 인공신경망 등을 들 수 있다.

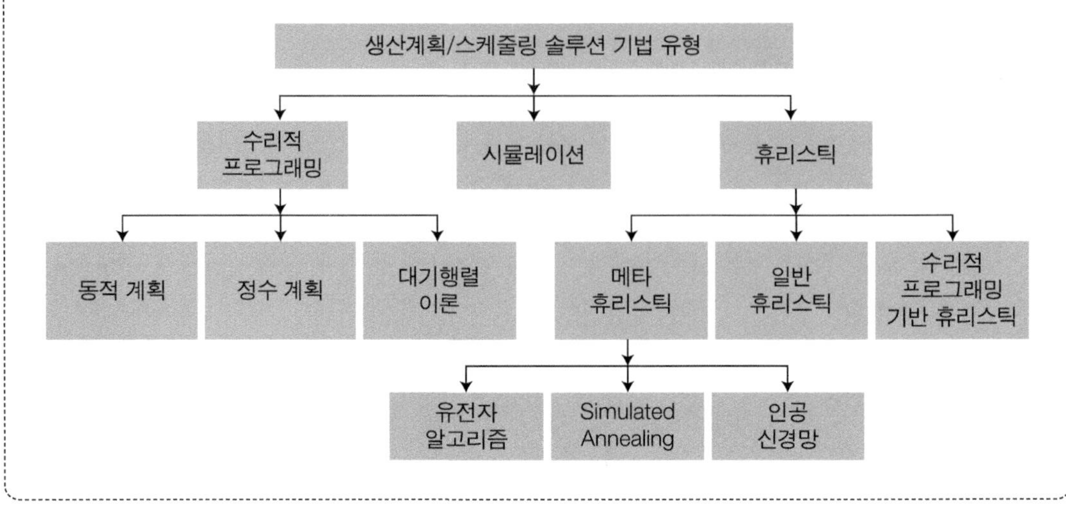

<그림 10-14> 생산계획/스케줄링 솔루션 기법 분류

출처: Mathirajan M., Sivakumar A. I., A literature review, classification and simple meta-analysis on scheduling of batch processors in semiconductor, International Journal of Advanced manufacturing Technology, Vol. 29, pp.990-1001, 2006.

위에서 언급한 해법 중에서 수리적 프로그래밍 및 휴리스틱 방법을 합쳐서 정적 조합최적화 방법(Static Combinatorial Optimization Approach)라고도 불리며, 시뮬레이션 방법은 동적 최적 피드백 제어 방법(Dynamic Optimal Feedback Control Approach)이라고 불린다.

시뮬레이션 방법은 기업경영 관리의 여러 부문에서 대상 시스템의 설계나 성능개선 시의 대안 평가 용도로 광범위하게 사용되고 있는데, 다음 절에서는 시뮬레이션에 기반한 생산 스케줄 생성에 관해 살펴본다.

10-4-4-3. 시뮬레이션 기반 생산 스케줄링

10-4-4-2절에서 살펴본 바와 같이 생산 스케줄링 문제를 풀기 위한 접근방법으로는 수리적 프로그래밍과 휴리스틱과 같은 전통적인 정적 조합최적화 기반 방법과 동적인 환경을 반영하는 동적 최적 피드백 제어 방법인 시뮬레이션 방법으로 구분할 수 있는데, 최근 들어 시뮬레이션을 1회성 용도가 아닌 생산 계획 및 스케줄링이나 프로젝트 계획과 같은 운영 의사결정 지원에 사용하고자 하는 시도가 증가하고 있다. 이는 〈표 10-2〉에 나타난 바와 같이 생산환경의 동적인 불확실성이 점점 증가함에 따라 정적인 생산 스케줄링 방식은 급변하는 환경변화 대응에 더 이상 적합하지 않기 때문에 실제 현장 데이

<표 10-2> 생산환경의 동적인 불확실 요인

불확실 요인 유형	불확실성의 예
공장 능력	기계고장, 공구파손/부족, 작업자 결근
자재	자재 결품/입고지연, 품질 불량, 재작업
주문	긴급 주문, 주문 취소, 납기 변경, 사양 변경
계획과 실적 차이	표준시간과 실제시간 차이, 예측 생산수량과 실적 차이

출처: Chong and Sivakumar, Simulation-based scheduling for dynamic discrete manufacturing, Proceedings of the 2003 Winter Simulation Conference, pp.1465~1473, 2003.

터를 사용하는 정확하고 동적인 모델의 필요성이 대두되고 있다는 것을 나타내고 있다.

시뮬레이션 기반의 생산 스케줄링 환경에서 시뮬레이션은, (1) 이미 생성된 스케줄을 동적인 환경에서 검증하는 용도(그림 10-15)와, (2) 생산 오더와 공정 계획 및 일련의

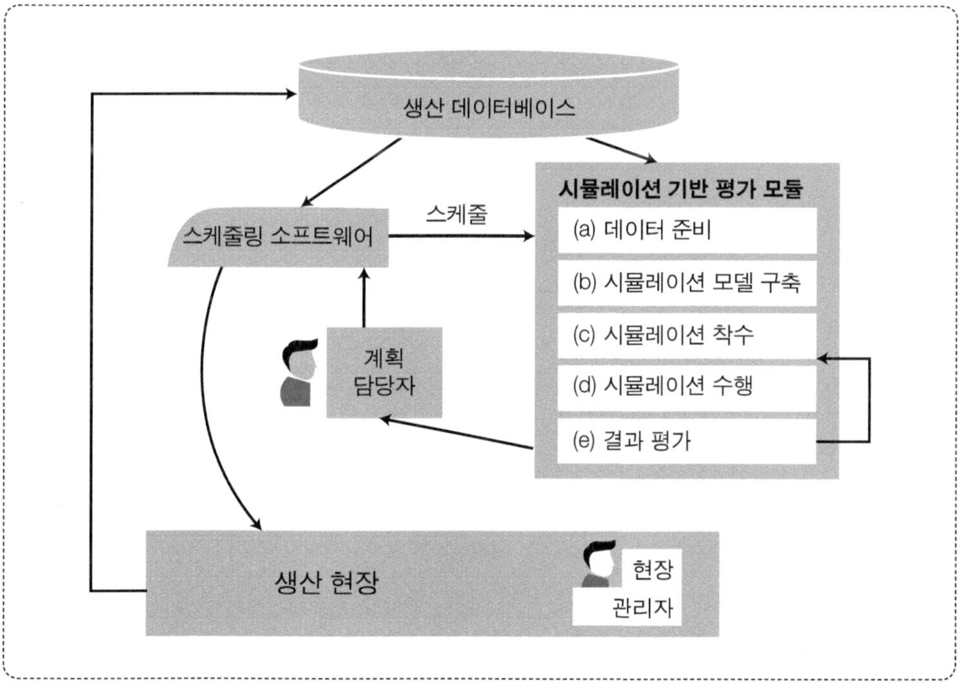

<그림 10-15> 스케줄 평가 도구로서의 시뮬레이션

출처: Kádár, B., Pfeiffer, A., Monostori, L. Discrete event simulation for supporting production planning and scheduling decisions in digital factories, Proc. of the 37th CIRP Int. Seminar on Manufacturing Systems; May 19-21, Budapest, Hungary: pp.441-448, 2004.

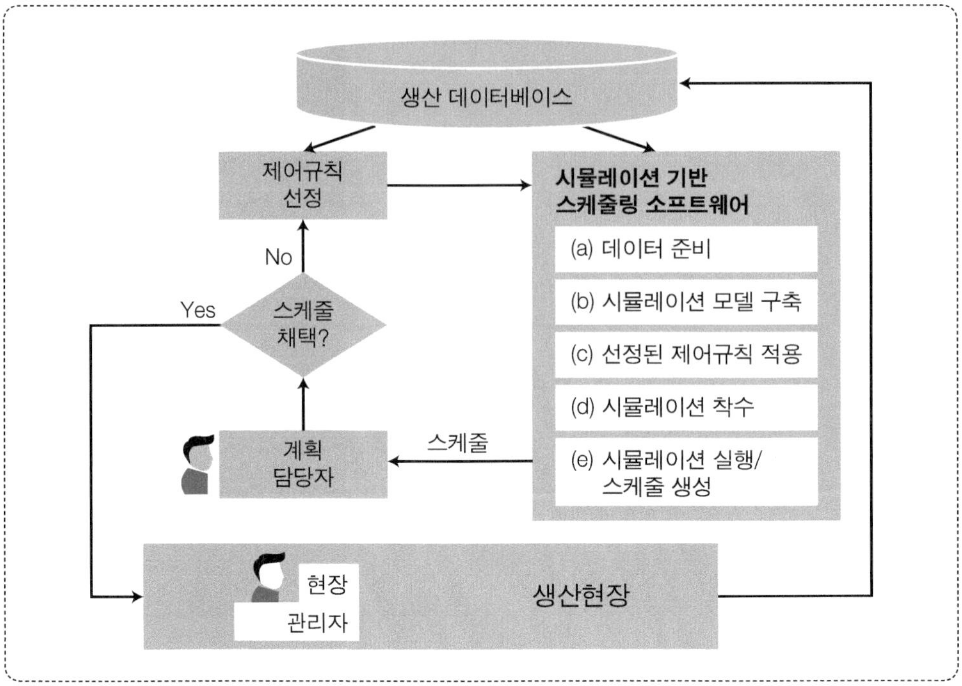

<그림 10-16> 스케줄 생성 도구로서의 시뮬레이션

출처: Kádár, B., Pfeiffer, A., Monostori, L. Discrete event simulation for supporting production planning and scheduling decisions in digital factories, Proc. of the 37th CIRP Int. Seminar on Manufacturing Systems; May 19-21, Budapest, Hungary: pp.441-448, 2004.

제어 규칙을 입력으로 하여 스케줄을 생성하는 용도(그림 10-16)로 사용될 수 있는데 〈그림 10-15〉에서는 계획담당자가 별도의 스케줄러(스케줄링 소프트웨어)를 사용하여 스케줄을 생성하고, 스케줄 생성 결과나 질을 독립된 시뮬레이션 모듈이 평가하여 그 결과에 따라 생성된 스케줄이 생산현장에 발행되거나, 스케줄러에 의해 새로운 스케줄이 다시 생성되고 시뮬레이션에 의해 평가되는 과정을 반복한다. 이 과정에서 시뮬레이션 작업은 〈그림 10-15〉의 오른쪽에서와 같이, 데이터 준비—시뮬레이션 모델 구축—시뮬레이션 착수—시뮬레이션 수행—결과 평가의 순으로 이루어진다.

〈그림 10-16〉에서는 계획담당자가 선정된 제어규칙들을 시뮬레이션 기반 스케줄링 소프트웨어에 입력한 후 시뮬레이션을 실행하여 스케줄을 생성한다. 이후에 계획담당자는 생성된 스케줄의 질을 평가한 후에 만족할만 하면 생산현장에 스케줄을 하달하고, 그렇지 않으면 또 다른 제어 규칙들을 이용하여 시뮬레이션을 다시 수행하여 스케줄을 생성하는 과정을 반복한다. 이 과정에서 시뮬레이션 작업은 〈그림 10-16〉의 오른

쪽에서와 같이 데이터 준비—시뮬레이션 모델 구축—선정된 제어규칙 적용—시뮬레이션 착수—시뮬레이션 실행/스케줄 생성의 순으로 이루어진다[Kadar, 2004].

현재 생산 스케줄링 분야에서의 해법 적용의 일반적인 추세는, (1) 스케줄링 생성과 평가를 모두 시뮬레이션 기법으로 수행하거나, (2) 스케줄링 생성은 최적화 기반으로 하고 평가는 시뮬레이션 기반으로 수행하는 두 가지가 병존하고 있다.

10-4-5. APS PP&S 향후 과제

APS PP&S 솔루션 분야에서 현재 당면하고 있는 과제로서 시급한 해결이 필요한 문제를 Fab 산업의 예를 들어 살펴보면 다음과 같다.

(1) MES 소프트웨어와 PP&S 소프트웨어를 통합하는 데 소요되는 노력과 비용을 절감하는 문제: 이를 위해서는 통합을 위한 표준이 필요하다. 반도체 산업의 경우에는 SEMATECH(Semiconductor Manufacturing Technology)와 같은 단체가 통합 프레임워크를 개발하는 데 노력하고 있다.

(2) 계획 생성 과정에 필요한 정확한 정보의 가용성을 향상시키는 문제: 계획 오차의 정도는 주로 입력 정보의 질과 정확도에 좌우된다.

(3) 분석과 진단을 위한 더 나은 도구를 제공하고 개선된 결과를 제안할 수 있는 기능을 제공하는 문제: 현재의 PP&S 솔루션들은 바람직하지 않은 결과가 예상되는 스케줄을 산출했을 때, 계획담당자가 이 스케줄을 개선하기 위해 어떤 규칙을 변화시켜야 하는지 알기가 매우 어렵다. 간트차트나 그래픽스와 같은 시각화 기능에 더해 가능한 제어규칙의 변경을 계획 담당자에게 제안하는 진단기능이 더 강화되어야 한다.

(4) 사전에 예측되지 않은 사건에 실시간으로 대응할 수 있는 능력을 갖추는 문제: 현재의 PP&S 소프트웨어의 결과는 '만약 모든 실세계에서의 모든 사건들이 계획된대로 발생한다면 실세계에서 발생할 결과를 예측하는' 계획이다. 그러나 현실 세계에서는 사전에 정확하게 예측될 수 없는 뜻밖의 사건들이 항상 발생한다. 이러한 상황에서 적기에 재스케줄링하기 위해 모델을 재실행하는 데에는 현재 많은 시간이 소요된다. 최근의 소프트웨어들은 MES 시스템에서의 각종 발생 사건들에 반응하여 실시간 의사결정을 지원하는 기능을 제공하고 있다.

연습문제

1. SCM의 정의는 무엇인가?

2. APS의 정의는 무엇인가?

3. 계층적계획이란 무엇인가?

4. 공급망에서의 주요 업무 프로세스는 무엇인가?

5. 공급망 계획 매트릭스의 내용은 무엇인가?

6. APS 시스템 아키텍처의 내용은 무엇인가?

7. 생산계획과 생산 스케줄링의 차이점은 무엇인가?

8. 생산 스케줄링 유형은 어떤 것들이 있는가?

9. 생산계획/스케줄링 솔루션 기법으로는 무엇이 있는가?

10. APS PP&S의 향후 과제로는 어떤 것들이 있는가?

CHAPTER 11

MES/FEMS (Manufacturing Execution System/ Factory Energy Management System)

11장에서는 제조기업 5대 기간 정보시스템의 일부인 MES와 FEMS에 관해 학습한다. 첫째, MES 부문에서는 MES의 정의와 등장 배경을 살펴보고, MESA-11 기능 모델을 기반으로 MES 기능을 크게 네 가지로 구분하여 학습한다. 그리고 생산현장의 정보화를 위한 필수 요소인 산업용 네크워크에 대해서도 살펴본다. 둘째, FEMS 부문에서는 FEMS의 제공 기능을 크게 여섯 가지로 구분하여 상세히 살펴본다.

11-1. MES 등장 배경과 정의

영업/판매 활동의 결과로 확정된 고객의 수요를 만족시키기 위해 ERP나 혹은 APS 시스템에서 작성된 생산계획에 기반하여 실제 제조가 이루어지게 되는데, 계획단계에서 가능한 많은 제약 조건들을 사전에 고려한다 하더라도 실행 단계에서는 계획대로 진행되지 않는 경우가 비일비재하다. 왜냐하면 미래의 상황을 예측할 수 있는 완벽한 방법은 없으며, 따라서 생산계획은 미래 수요에 대한 불확실한 예측치에 의해서 수립되고, 생산계획 및 스케줄링에 사용된 준비시간이나 작업시간 데이터는 표준 데이터에 기초를 두고 있기 때문에 계획된 목표와 실제 성과 사이에는 항상 편차가 생기기 마련이다. 그리고 제조 실행 단계에서 설비 고장, 작업자 결근, 자재결품, 불량 발생 등 미리 예측할 수 없는 상태가 수시로 발생하게 된다. 그러므로 제조를 실행하는 과정에서 적절한 수정이나 개선을 통해 생산 현장을 통제하여 궁극적으로는 생산활동을 최적화할 필요가 있다 [Hitomi, 1996].

이러한 생산통제의 필요성에 따라 1990년대 이후에 정보기술을 적극적으로 채용한 컴퓨터 기반 생산 현장 통제 시스템인 제조실행시스템(MES: Manufacturing Execution System)이 등장하였다. MESA(Manufacturing Enterprise Solution Association)에 의하면 "MES는 수주에서 완제품 생산에 이르기까지의 생산 활동을 최적화할 수 있는 정보를 제공한다. MES는 최신의 정확한 데이터를 사용하여 현장에서 수시로 일어나는 제조 활동들을 착수하고 상황에 반응하고 상태를 보고하고 가이드한다. 변화하는 환경에 대한 신속한 대응과 부가가치 없는 활동을 줄이는 데 초점을 둠으로써 효과적인 공장 운영을 견인한다. MES는 운영 자산에 대한 빠른 수익회수, 정시납품, 재고회전율 향상, 현금흐름 성과 등을 개선한다. MES는 양방향 의사소통을 통해 기업과 공급망 전체에 걸친 다양한 업무 활동에 대해 핵심적인 정보를 제공한다"고 정의하고 있다.

또한, 가트너(Gartner)에서는 MES를 "원자재를 중간반제품이나 최종제품으로 변환하는데 필요한 실시간으로 수행되는 물리적 프로세스들의 실행을 관리하고 모니터링하며 동기화하는 소프트웨어"라고 정의하고 있다.

이러한 정의들을 요약하면, MES는 제품 주문에 의한 생산 착수에서 완성품의 품질검사에 이르기까지 생산현장의 각종 정보, 즉 생산실적, 작업자 활동, 설비가동, 품질 정보 등을 실시간으로 수집하여 집계/분석/모니터링하고 이를 기반으로 생산공정을 제어함으로써 합리적인 생산 지시, 실행 및 통제 활동과 품질 혁신 활동을 지원하는 정보시스템인 것이다.

MES는 1992년 컨설팅 회사인 AMR(Advanced Manufacturing Research)에 의해 최초로 소개되었으며, 제조업의 시스템 계층 구조를 계획(Planning) — 실행(Execution) — 제어(Control)의 3계층으로 구분하고, 그 가운데 실행 기능을 MES로 명명하고, '제조 작업의 효과적인 실행을 견인하는 동적인 정보시스템'으로 정의하였다. 〈그림 11-1〉에서 나타난 바와 같이 계획 계층(Planning Layer)은 전통적으로 ERP에 의해 수행되며 '무엇을 얼마나 언제 어디에서 생산할 것인가(What to build, When to build)'에 대한 해답을 제공하기 위해 실행 계층에 계획정보를 제공한다. 실행 계층(Execution Layer)은 MES에 의해 관리되며, 현장 작업자 및 설비에 계획정보와 공정 정보를 바탕으로 '무엇을 어떻게 만들어야 한다(How to build & Labor Instructions)'는 작업지시를 내리고, '무엇을 얼마나 언제 생산했다(What was built)'에 라는 실시간 현황정보를 파악하고 이 결과를 토대로 ERP에 실적 정보(What was built, When was built)를 전달한다. 그리고 제어 계층에 무엇을 하라는 실행명령(What to build Instructions)을 내리며, 제

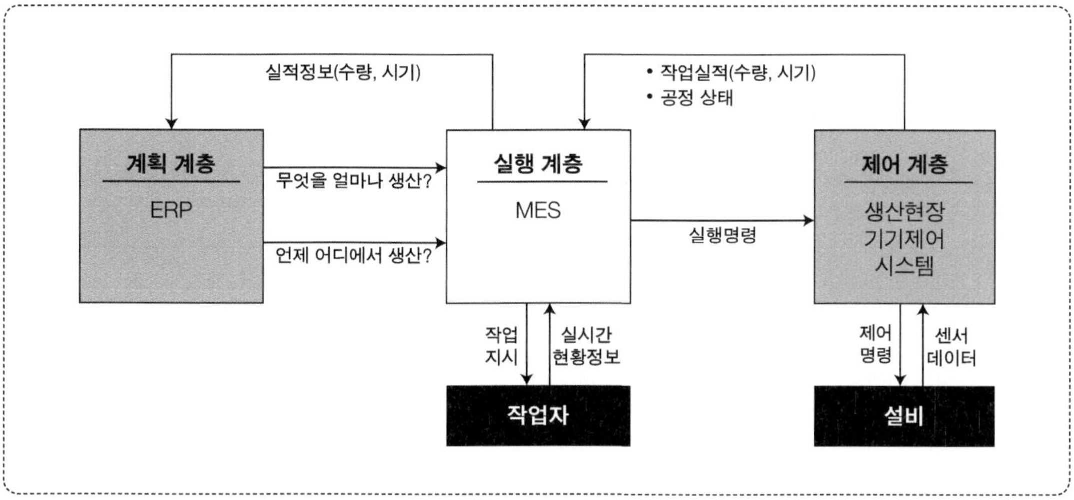

<그림 11-1> 제조업 시스템 계층 구조

출처: Huiying Li, Xinfu Pang, Binglin Zheng, Tianyou Chai, The Architecture of Manufacturing Execution System in Iron & Steel Enterprise, pp.181-186, 16th Triennial IFAC World Congress, Prague, Czech Republic, 2005.

어 계층(Control Layer)은 생산현장 기기제어 시스템(Plant Floor Device Control System)에 의해 관리되는데, 현장설비나 기기를 제어(device control)하고, 현장 설비나 기기로부터 센서 데이터(sensor values)를 수집하여 공정 상태와 작업 실적을 실행 계층에 피드백한다.

1-2절의 〈표 1-3〉에서 살펴본 0~4계층으로 구성된 ANSI/ISA-95 아키텍처에서 MES는 3계층에 속한다고 볼 수 있으며, MES는 2계층인 공정 제어 계층과 4계층인 경영계획/물류관리(ERP/SCM) 계층을 연결하는 역할을 하고 있다.

MES와 유사한 용어로는 MOM(Manufacturing Operations Management)이 있는데, MOM은 MES보다 늦게 등장했으며 두 가지 개념 모두 ANSI/ISA-95 아키텍처를 따른다는 측면과 제조 활동의 통제와 관리 분야를 대상 영역으로 하고 있다는 점에서 유사한 의미를 갖는 용어라고 하겠다. 다만, MES는 그 이름이 의미하듯이 '시스템(System)', 즉 소프트웨어 프로그램이고, MOM은 생산, 품질, 설비 보전 및 재고 관리 등 전체적인 제조 활동을 관리하고자 하는 관리 영역(Domain)을 의미한다고 할 수 있다.

생산통제 분야에서 MES란 용어가 사용되기 이전에는 생산현장관리(SFC: Shop Floor Control)라는 용어가 사용되었는데, SFC는 컴퓨터를 이용하여 생산 현장에서 발생한 데이터를 수집하고 작업지시나 작업장의 작업 상태를 관리하는 것을 의미하며, 그 당시에는 상위 시스템인 ERP와는 긴밀하게 연결되어 있지 않았다.

1990년대 ERP의 보급이 국내외적으로 확산됨에 따라 MES는 대기업을 중심으로 먼저 도입이 시작되었다. 그 당시 AMR사의 조사에 의하면 ERP 적용업체의 53%가 제조 분야에서의 ERP 도입 효과를 부정적으로 평가하였다고 보고하였다. 이러한 평가의 주요 원인으로 다음과 같은 항목이 도출되었다. (1) 계획과 실적의 차이에 대한 대응이 어렵다. (2) 생산현장 작업 진행에 필요한 정보 파악 및 정보 수집이 어렵다. (3) 제조 현장의 순간적인 변화에 유연하게 대처하기 어렵다. (4) 정보시스템 운영을 위한 데이터 입력 업무가 과중하다. (5) 생산현장에서 필요한 공정관리 및 생산관련 기능 구현을 위해 커스터마이징이 필요하다. (6) 관리자가 현장 데이터 확인 및 수정작업에 25~35%의 추가적인 공수가 필요하다.

이러한 제조 부문에서의 ERP 시스템 활용의 한계와 더불어 선진 제조 기업을 중심으로 제조 실행 부문에서의 새로운 요구사항이 증대되었는데, 주된 요구사항으로는 다음과 같은 것들이 있다.

(1) 제조현장에 대한 실시간 가시성 확보 요구
(2) 수작업 기록관리에서 벗어나 체계적인 공정관리 및 성과지표 관리 요구
(3) 사후 품질관리에서 사전 품질관리 체제로의 전환 필요성과 데이터 수집 자동화와 연계한 신뢰성 높은 품질관리 고도화 요구
(4) 전산재고와 실물재고와의 일치를 통한 재고 정확도 향상에 대한 요구

이와 같이 MES 이전에는 계획(ERP)과 실행 부문의 연계 부족으로 인해 정보의 통합성과 정확성을 유지하는 데 많은 어려움이 존재하였고, 이로 인해 상당한 예산을 투여한 정보시스템이 제대로 역할을 발휘하지 못하는 사례가 빈번하였다. 이와 같은 상황에서 MES는 계획과 제어 계층의 중간 연결 고리 역할을 할 수 있는 새로운 솔루션으로 제안되었다.

MES 용어와 혼용되어 사용되거나 보완의 개념으로 사용되는 용어로 POP(생산시점관리: Point of Production)이 있는데, POP는 판매/유통 분야에서 널리 쓰이는 판매시점관리인 POS(Point of Sales)에서 파생된 용어로서, 공장의 생산과정에서 기계, 설비, 작업자 등으로부터 시시각각 발생하는 생산 정보를 실시간으로 직접 수집, 처리하여 현장관리자에게 제공하는 기능을 의미하며 MES의 부분 집합이라 할 수 있다. 즉, MES는 자재입고부터 최종 제품 생산까지의 전체 과정을 지속적으로 모니터링하여 현장 상황에 적합한 제어

및 통제를 할 수 있는 시스템이라면, POP 시스템은 생산현황분석, 상태 감시 및 ERP 또는 MES 시스템에 현장 정보를 제공하는 등 생산 진행에 대한 현황 파악 위주의 시스템이라 할 수 있다. POP를 포함하는 제조 부문의 정보시스템을 계획계층 — 제조실행계층 — 제조데이터 수집계층의 3계층으로 도식화하면 〈그림 11-2〉와 같다.

생산 현장에서의 작업자와 관리자가 생산 진행 과정에서 가장 애로를 느끼는 것은 정보 공유가 느리고 정확하지 않다는 것과 현재 상황을 정확히 알 수 없다는 것이다. MES는 이러한 한계점을 극복하게 해주며 이를 통해 다음과 같은 효과를 기대할 수 있다: 생산성 향상, 데이터 입력 시간 단축, 재공품 감소, 서류작성 업무 감소, 제조 리드타임 단축, 불량 감소, 종이 문서 사용 감소/제거 및 수익률 증가.

이러한 MES의 효과를 측정하기 위한 주요 성과지표(KPI)는 품질, 생산성, 생산속도 및 고객대응의 네 가지 부문으로 구분할 수 있으며, 이 중에서 품질 향상은 불량률, 재작업률, 폐기율, 품질비용 등으로 측정할 수 있다. 생산성 향상 효과는 설비종합효율, 인당 생산성, 가동률 및 인당 생산수 등으로 측정할 수 있다. 생산속도 향상 효과는 제조

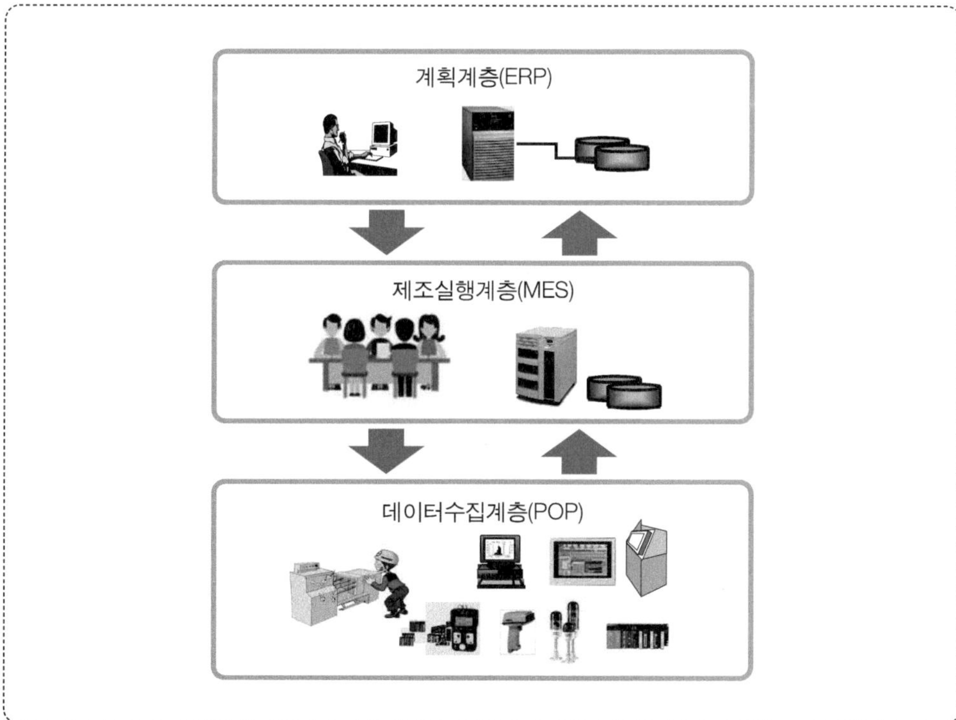

<그림 11-2> 제조부문 정보시스템 계층구조

<표 11-1> MES와 관련 시스템 통합 방법

통합 방법	특징
01 ERP 단독 사용	• 생산관리 부문에서 과도한 데이터 입력으로 업무 과중 • 생산현장의 정확한 관리를 위한 기능 부족 • 인사/급여/회계 기능을 주로 사용
02 ERP+POP	• 생산 부문에서의 정확한 데이터 수집과 입력 업무의 최소화를 위해 기존 ERP 시스템에 POP 시스템을 도입하여 구성
03 MES+POP	• 생산현장관리에 중점을 두어 현장의 실시간 관리를 위해 시스템 구성 • 중소기업에서 주로 구성된 형태임 • 전체적인 계획/평가 기능이 중요하지 않은 기업에서 도입하며 회계 정보시스템을 별도로 도입하여 부족한 업무 보완함
04 ERP+MES+POP	• 기업 전체가 정보화되고, 제조현장관리가 잘 정립되거나 필요한 기업에서 도입 • 현장 설비 인터페이스가 용이한 기업에서 효과적으로 활용됨

리드타임, 사이클 타임 및 재공 재고현황 등으로 측정할 수 있다. 고객대응 강화 효과는 클레임율, 납기 준수율 및 고객대응준수율 등으로 측정할 수 있다. KPI 항목에 대한 관리를 체계적으로 하기 위해서는 각 KPI의 이력 데이터(History), 집계정보(Summary), 추이정보(Trend), 분석정보(Analysis), 변동성정보(Variation) 및 추적정보(Traceability)가 누락됨이 없이 실시간으로 제공될 수 있는 관리시스템을 구성하는 것이 무엇보다 중요하다.

기업경영에 필요한 정보시스템들은 산업의 특성과 생산 형태에 따라 서로 다른 복수 개의 시스템들이 존재하게 되는데, 이들을 각각 단독으로 사용하면 그 효과를 극대화하기 어렵기 때문에 복수 개의 이종시스템들을 통합하여 사용하는 것이 효과적이다. MES를 중심으로 관련 정보시스템을 통합하는 방법은 〈표 11-1〉에서와 같이 (1) ERP 단독 사용, (2) ERP와 POP 통합, (3) MES와 POP 결합 및 (4) ERP, MES 및 POP 통합의 네 가지 구성 방법이 존재하는데, 각 기업의 상황에 적합한 통합 방법을 합리적으로 선택하는 것이 필요하다.

11-2. MESA-11 MES 기능 모델과 MES 발전 추세

MESA(Manufacturing Enterprise Solutions Association)는 1990년 초기 MESA-11을 MES 표준 기능으로 정착시켰고, 2004년에는 MESA-11 모델을 Collaborative MES 또는 c-MES 모델로 확장하여, 기존의 MES 고유 기능에 더하여 생산자 및 고객 간의 협업 업무를 증진시키기 위한 기능성을 확대하는 방향으로 발전시켰다.

〈그림 11-3〉에서 보듯이 MESA에서 제시하는 11개의 주요 기능은 다음과 같다: (1) 실행/상세 스케줄링, (2) 자원할당 및 상태 관리, (3) 작업할당, (4) 문서관리, (5) 제품 추적 및 분류, (6) 성과분석, (7) 노무관리, (8) 유지보수, (9) 공정관리, (10) 품질관리, (11) 데이터 획득/수집.

〈그림 11-3〉에서 나타나 있듯이 11개의 주요 기능 이외에 MES와의 연계 기능으로는 (1) 공급망관리(SCM: Supply Chain Management), (2) 기업자원관리(Enterprise Resource Management), (3) 판매 및 서비스 관리(Sales & Service Management), (4) 제품/공정 기술(Product/Process Engineering)과 (5) 공정/설비 제어(Control)를 들고 있다[MESA, 1997].

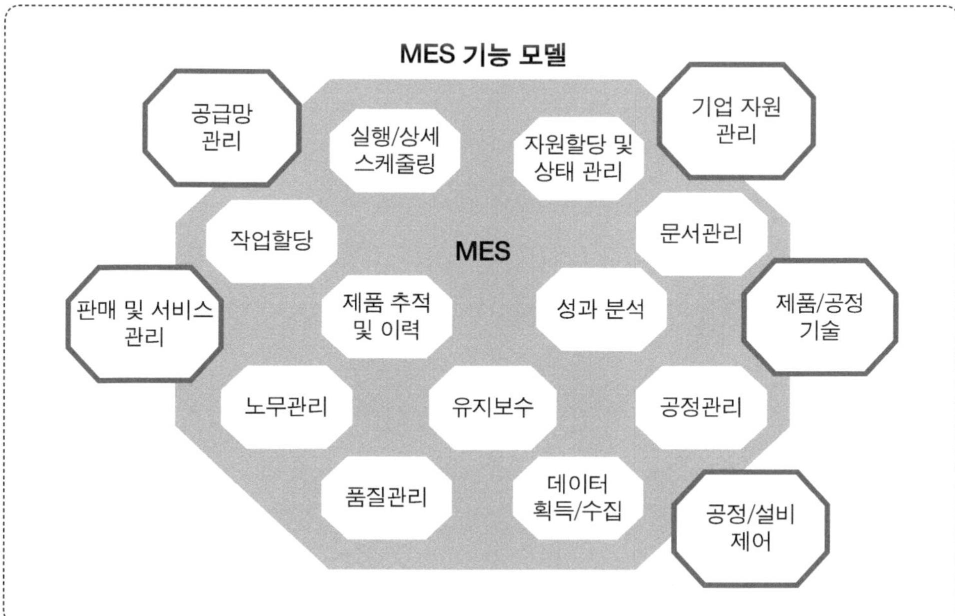

<그림 11-3> MESA-11 MES 기능 모델

출처: MESA International, MES Functionalities & MRP to MES Data Flow Possibilities, White Paper, 1997.

아래에서 MES 11개 주요 기능의 내용을 설명한다.

(1) **실행/상세 스케줄링**(Operations/detailed Scheduling): 자재, 설비, 인력, 공구 등을 포함하는 현장의 제약 상황을 반영하여 생산 성과를 최적화하기 위한 우선순위와 특성에 기초한 작업의 투입 순서와 시점을 결정하고 제조 실행을 관리한다.

(2) **자원할당 및 상태 관리**(Resource Allocation & Status): 인력/설비/도구/자재가 무엇을 해야 하는지를 가이드하고, 현재 무엇이 진행 중인지 혹은 완료되었는지를 추적한다. 자원의 상세이력을 제공하고 현재 상태를 실시간으로 제공하여 장비가 생산 작업에 적절하게 배치되었는지를 점검한다.

(3) **작업할당**(Dispatching Production Units): 제품을 생산하기 위한 공정 순서, 자재, 자원을 관리한다. 생산 스케줄에 따라 각 설비에서 수행해야 할 작업의 순서와 현장에서 발생하는 사건에 따른 실시간 작업 순서와 설비 변경을 지시한다.

(4) **문서관리**(Document Control): 제품/프로세스/설계/오더 등에 대한 정보를 수집, 관리하고 배포한다.

(5) **제품 추적 및 이력**(Product Tracking & Genealogy): 제품에 대한 전체 이력을 기록하기 위해 생산 로트의 진척 상황을 모니터링한다. 이력 정보는 생산 위치와 작업자, 공급자의 자재, 로트나 일련번호, 현재의 생산조건, 경보상태, 재작업 또는 생산과 연계된 다른 예외사항들을 포함한다. 제품 추적은 부품의 추적성(Traceability)과 완제품의 사용 이력 추적을 가능하게 한다.

(6) **성과분석**(Performance Analysis): 생산실적과 회사/고객/규제기관 등에 의해 설정된 목표 및 지표와 비교하는 역할을 한다. 생산실적은 자원 활용도, 자원 가용성, 단위 사이클타임, 일정준수 및 표준준수를 위한 측정치들을 포함한다.

(7) **노무관리**(Labor Management): 자격요건/작업 패턴/업무 요구사항 등에 기초하여 작업자의 활용에 대한 추적과 투입 지시를 수행한다.

(8) **유지보수**(Maintenance Management): 생산 목표달성을 위해 설비와 기타 자산을 정상 상태로 유지하기 위해 필요한 적절한 활동을 계획하고 시행한다. 이를 위해 장비와 도구들의 유지보수 활동을 계획, 지시 및 진행 과정을 추적한다. 그리고 설비의 새로운 문제 진단을 위해 과거 사건 및 문제 이력을 유지한다.

(9) **공정 관리**(Process Management): 계획과 실행 측면의 생산활동에 기반하여 생산 현장에서의 업무 흐름을 지시하거나 통제한다. 공정관리는 공정 계획을 작성하고 생산 진행을 모니터링하고 문제 상황을 자동으로 교정하거나 혹은 작업자에게 진행 중인 작업을 교정하거나 개선할 수 있도록 의사결정을 지원한다.

(10) **품질관리**(Quality Management): 설계 기준과 비교하여 제품 및 공정 특성을 기록/판정/추적/분석한다. 문제를 식별하고 제품 품질 결함을 교정할 수 있도록 제조 공정에서 수집된 측정 데이터를 실시간으로 분석하는 기능을 제공한다.

(11) **데이터 획득/수집**(Data Collection/Acquisition): 작업자, 설비 등으로부터 공정, 자재, 작업에 관한 데이터를 획득/수집하고 조직화한다. 이러한 데이터는 생산 현장에서 수작업으로 직접 수집하거나 장비로부터 자동적으로 수집할 수 있다.

1990년대 초반에 MES 개념이 처음 등장한 이후에 정보기술의 발전과 제조 환경의 변화에 발맞추어 MES 시스템은 계속 진화해 나가고 있는데, 고전적인 MES 시스템은 공장 내의 생산 활동을 얼마나 잘 지원하고 개선할 수 있느냐에 초점이 맞추어져 있었다. 따라서 MES의 역할은 공장 내의 실시간 상태 모니터링, 제어, 물류 및 작업내역 추적 관리, 진도파악 및 불량 관리 등 기업 내부 관리 활동 효율화에 중점을 두었다. 그러나 통신기술의 발달과 더불어 기업 영역이 국제화됨에 따라 글로벌 경영체제가 도래하였고, 이에 따라 기업 또는 공장 간의 협업의 필요성이 증대되었다, 또한 치열해진 생존경쟁에서 살아남기 위해 기업들은 좀더 나은 생산성, 품질, 고객지원 등이 절실하게 되었다. 이로 인하여 생산 활동을 지원하는 기존의 정보시스템들은 변화하는 환경에 발맞추어 좀 더 세분화되고 정밀화되어 가고 있다.

과거 고정적인 관점의 생산관리는 정확한 생산계획을 작성하여 생산을 시작하고, 생산 중 문제가 발생하였을 경우 얼마나 빨리 문제를 해결하느냐가 관건이었다. 그러나 이제는 생산성이나 품질에 문제가 발생할 수 있는 부분을 사전에 찾아내어 그 문제를 자동으로 해결하거나 가장 이상적인 생산 및 품질 변수들을 사전에 찾아내서 향후 생산될 제품에 반영하는 단계까지 진화해 나아가고 있다. 또한 글로벌 생산체제 및 생산제품의 분업화로 인해 복수 개의 공장을 거치는 제품의 품질 및 이력을 파악하고, 더 나아가 기업 간 물류 이동까지도 추적하여 제품의 품질 및 생산성을 높이는 단계까지 발전하고 있다.

또한 무선통신기술의 발달은 공장의 생산 현황을 실시간으로 언제 어디서나 모바일기기로 모니터링할 수 있는 환경으로 변화시켰고, 현장의 작업지시 및 통제와 설비 모니터링 및 제어까지 앱(App)으로 가능한 환경으로 MES 시스템이 확장되었다. 또한 SOA(Service-Oriented Architecture)와 클라우드 컴퓨팅 및 공유 플랫폼 기술을 기반으로 생산자 간 또는 생산자와 고객 간의 유연한 정보전달 등을 통하여 MES의 영역은 한 공장 내의 생산활동을 넘어 공급망 내의 모든 참여자와의 협업 플랫폼 형태로 발전하고 있다.

이러한 MES 발전 추세에 맞추어 2004년 MESA에서 발표된 c-MES 모델은 기존의 MES 기능에 생산자 및 고객 간의 협업 업무를 추가하여 지원 범위를 확장하였으며, 〈그림 11-4〉에서 나타난 바와 같이 기존 11개 기능 중에 실행/상세 스케줄링, 문서관리, 유지보수관리 기능을 제외한 8개의 기본 기능에 협업적 제조 실행을 위한 7개의 기업 내·외부 연관 기능들을 통합하여 총 15개의 기능으로 c-MES 모델을 구성하였다. 협업적 제

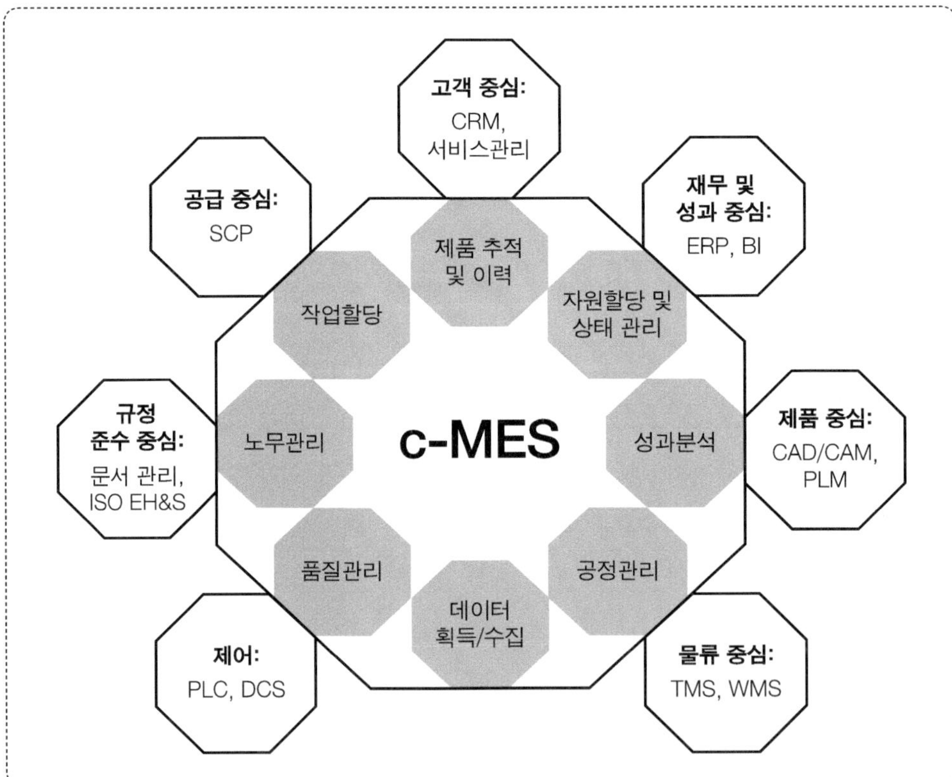

<그림 11-4> MESA c-MES 모델

출처: https://mesa.org/topics-resources/mesa-model/history-of-the-mesa-models/

조실행을 위한 c-MES 모델에서 나타난 강조점들은 (1) 고객 중심, (2) 재무 및 성과 중심, (3) 제품 중심, (4) 물류 중심, (5) 제어, (6) 규정 준수 중심 및 (7) 공급 중심이다.

이러한 강조점들을 구현하기 위한 연관 기능들로는 공급망 계획(SCP: Supply Chain Planning), 고객관리(CRM), 서비스 관리, ERP/BI(Business Intelligence), CAD/CAM/PLM, 수송관리(TMS: Transportation Management System)/창고관리(WMS: Warehouse Management System), 제어기(PLC: Programmable Logic Controller)/분산 제어(DCS: Distributed Control System), ISO EH&S(Environment Health & Safety) 규정 준수 및 문서관리(Document Management)가 있다.

MESA에서는 2008년에 기업의 경영 계층을 실생산계층(Manufacturing/Production) — 공장운영계층(Plant Operations) — 경영관리계층(Business Operations) — 경영전략계층(Strategic Initiatives)의 4계층으로 구분한 경영전략 모델(Strategic Initiatives Model)을 발표하였다. 〈그림 11-5〉에서 나타나듯이 실생산계층에서 생산 진행 중에 시시각각 발생하는 사건(Events)

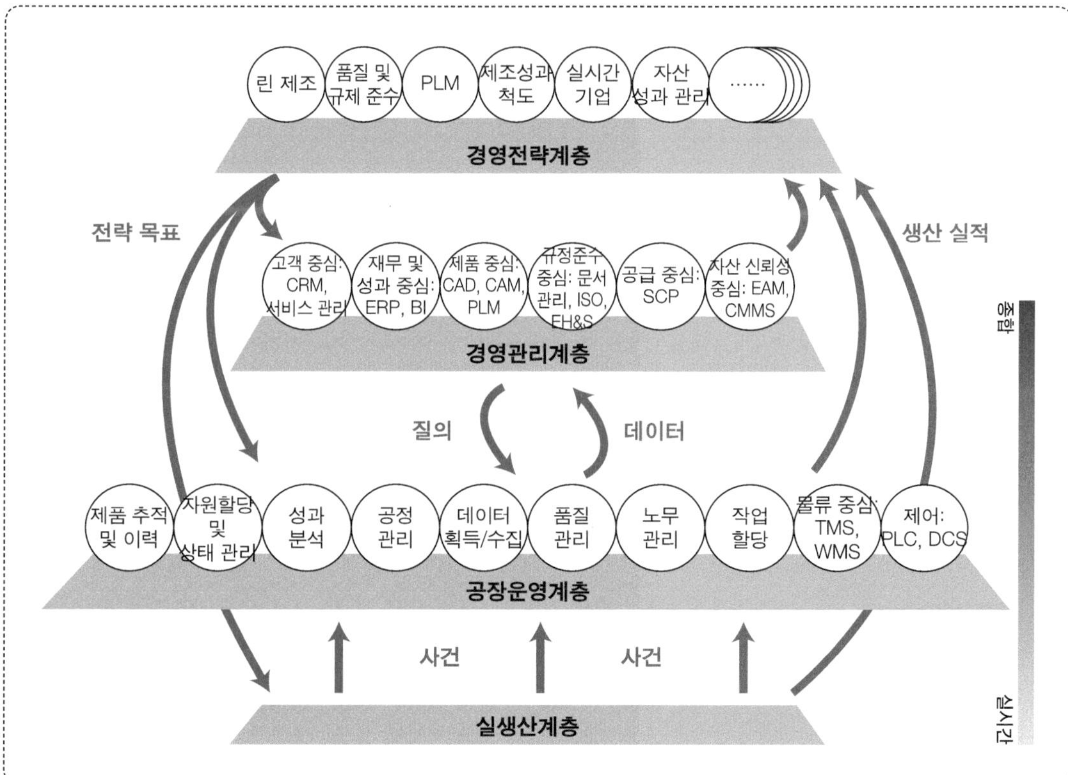

<그림 11-5> MESA 경영전략 모델

출처: https://mesa.org/topics-resources/mesa-model/history-of-the-mesa-models/

들이 공장운영계층으로 입력되며, 공장운영계층은 8개의 MES 기본 기능과 공장운영계층과 연결된 2개의 c-MES 추가기능(물류 중심(TMS, WMS), 제어(PLC/DCS))으로 구성되고, 경영관리계층에서의 질의에 대한 결과 데이터를 전송하고, 경영전략 계층에 생산실적 결과들을 피드백한다. 경영관리 계층은 7개 c-MES 기능 중에서 공장운영계층과 연결된 TMS/WMS와 PLC/DCS 기능을 제외한 5개의 c-MES 기능에 자산 신뢰성 중심의 자산관리 및 컴퓨터기반 유지보수관리 시스템(EAM: Enterprise Asset Management & CMMS: Computerized Maintenance Management System) 기능을 추가하여 총 6개의 기능으로 구성된다.

경영전략계층에서는 전략 목표를 경영관리 계층과 공장운영 계층 및 실생산 계층에 제시하며, 목표대비 결과를 각 계층으로부터 피드백받는다. 경영전략 계층은 린제조(Lean Manufacturing), 품질 및 규제 준수(Quality & Regulatory Compliance), 제품수명주기관리(PLM), 제조성과 척도(Manufacturing Performance Metrics), 실시간 기업(RTE: Real-Time Enterprise), 자산성과관리(Asset Performance Management) 등을 포함하고 있다.

위에서 살펴본 MES의 발전 과정과 9장과 10장에서 살펴본 ERP와 APS의 발전 단계를 종합하여, 1960년대 이후부터 현재까지의 제조 기업에서의 정보시스템 활용 역사를 요약해보면 <그림 11-6>과 같다. 1960년대는 사무작업에서 급여나 세금 계산 등 대규모 데이터 계산을 자동화하는 분야에서 컴퓨터가 주로 활용되었고, 생산현장에서는 아직 컴퓨터가 본격적으로 활용되지 않았던 시기로서, 제품구조 정립을 위한 BOM 작성 정도만이 수작업 관리되면서 전산화를 위한 기반을 닦았다. 1970년대 들어 제조 분야에서 잉여 재고 최소화를 목표로 자재관리 분야에서 컴퓨터의 활용이 시작되었으며 이를 위해 MRP가 사용되기 시작하였다. 1980년대에는 원가 절감을 목표로 제조자원관리 분야에서 MRP II로 그 적용범위가 확대되고, 생산현장에서는 POP 시스템에 의해 현장 데이터가 수집되었다. 1990년에 들어서 경영혁신을 목표로 전사적 자원관리 분야에서 ERP가 먼저 도입되고 뒤를 이어 MES가 도입되었다. 2000년대에는 신속한 시장 대응을 목표로 동적 자원계획 분야에서 APS가 도입되어 계획 생성 시간의 단축과 계획의 정밀도가 향상되었다.

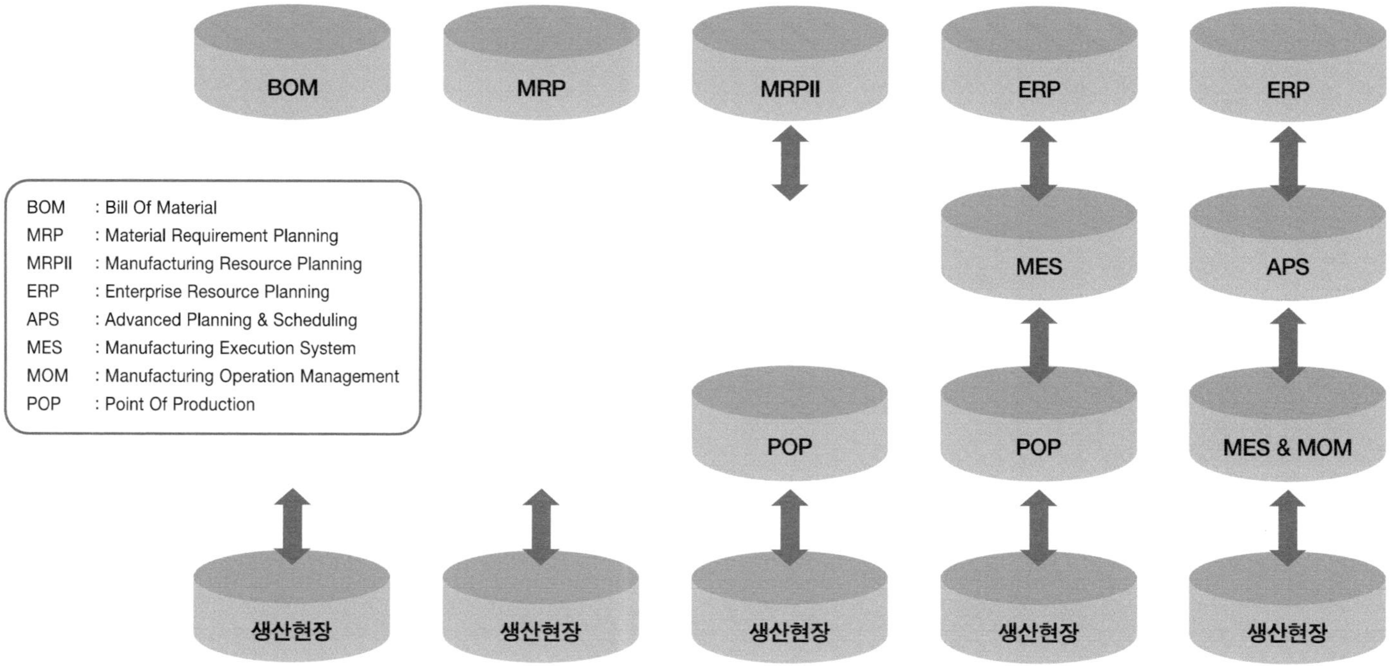

년대	1960년대	1970년대	1980년대	1990년대	2000년
구현목표	전산화기반	잉여 재고최소화	원가절감	경영혁신	신속한 시장대응
관리 분야	제품구조 정립	자재관리	제조자원관리	전사적자원관리	동적자원계획

<그림 11-6> 제조 정보시스템 활용 역사

출처: 채수문, 제조실행시스템의 이해, 엑센솔루션 기술자료, 2021.

11-3. MES 관리 대상과 주요 기준정보

MES의 관리 대상은 크게 인적자원, 자재 및 제품, 장치 및 설비의 세 가지로 구분될 수 있으며 이들 모두가 생산성 목표 달성에 기여할 수 있도록 적합하게 관리되어야 한다. 첫째, 인적자원은 작업자의 활용에 따른 생산성 증감 정도를 파악하여 생산 목표량에 적합하게 인적자원을 관리해야 한다. 둘째, 자재 및 제품은 생산 공정에 투입되는 원자재, 부자재, 부품 등의 재고 상태와 품질 상태를 파악하여 물류 흐름에 중단이 없는 효율적인 생산 공정을 운영하도록 한다. 셋째, 생산 현장에 설치된 장치(Device) 및 설비(Equipment)의 가동 현황과 생산이력 등의 운행 상태 및 장비 사용연한을 주기적으로 점검하여 원활한 생산이 가능하도록 관리한다.

생산현장에서의 생산지시와 생산통제가 원활하게 수행되려면 작업방법, 표준시간, 사용 설비 등 모든 작업 수행에서 참고할 수 있는 기준 정보의 수립과 유지가 필요하다. 성공적인 MES 운영을 위해 필요한 기준정보로는 〈그림 11-7〉에 UML 클래스 다이어그램의 형태로 나타나 있는 품목, 공정, 작업, 생산자원, 공정경로, 작업장, 제품구조정보들을 들 수 있으며, 그 의미는 다음과 같다.

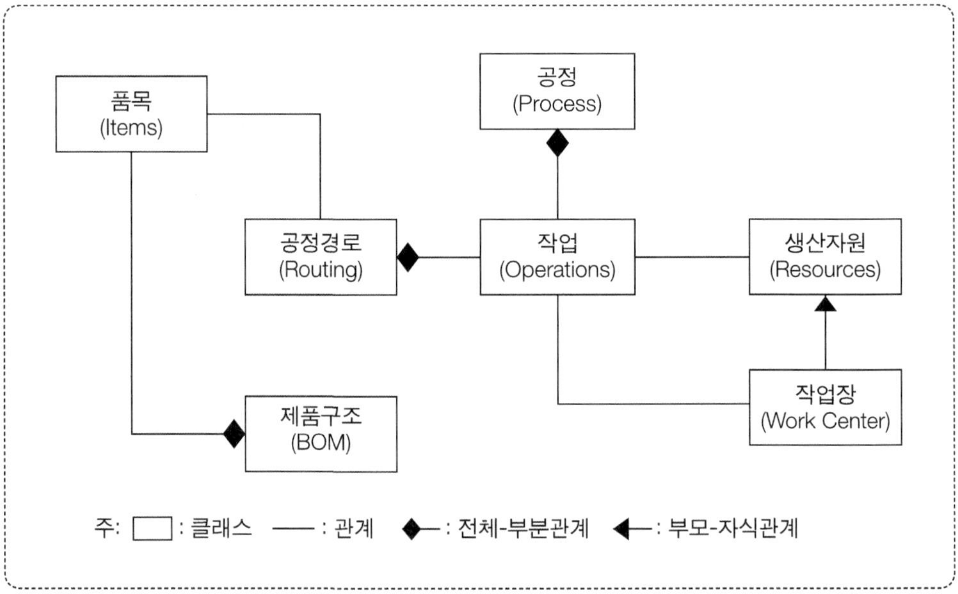

<그림 11-7> MES 기준 정보

(1) **품목**(Items): 공장에서 생산되고 소비되는 자재, 조립품, 완성품을 나타내며, 완성품을 만들기 위해서는 정해진 공정 경로를 거쳐야 한다.

(2) **공정**(Process): 품목에 가해지는 가공, 조립, 운반 등과 같은 처리 활동의 묶음을 의미하는 추상적인 용어로 복수 개의 작업으로 구성된다. 즉, 공정은 생산이 이루어지는 논리적인 구분 단위이며, 공정은 다시 세부 작업(Operation)으로 계층적으로 분화될 수 있다. 공정의 예로는 사출공정, 프레스공정, 도금공정, 조립공정 등을 들 수 있으며, 조립 공정은 다시 1차조립, 2차조립, 검사, 포장의 세부 작업으로 분화될 수 있다.

(3) **작업**(Operations): 하나 혹은 복수 개의 자원에 의해 수행되는 생산 활동을 말하며, 하나의 공정경로는 복수 개의 작업으로 구성된다.

(4) **생산자원**(Resources): 기계, 공구, 작업자, 작업장, 저장 공간 등 작업 수행에 필요한 자원들을 의미한다.

(5) **공정경로**(Routes): 하나 이상의 품목을 만들어내는 하나 이상 작업들의 순서를 의미한다. 공정경로는 특정 품목을 제조하는 방법과 이를 수행하는 공정명과 공정순서를 명시한 정보이며, 준비시간과 표준작업시간을 속성으로 갖고 있으며 작업지시서에 명시된다.

(6) **작업장**(Work Center): 작업이 이루어지는 장소로서 생산자원의 일종이다. 즉, 작업장은 실제로 작업이 이루어지는 물리적인 단위로서 작업지시가 전달되는 단위이다. 작업장은 특정 작업을 위한 라인, 설비 그룹, 단일 설비 등 다양한 형태로 구성될 수 있고, 작업장 단위로 작업능력을 산출하고, 생산실적을 집계할 수 있다.

(7) **제품구조**(BOM): 완제품을 구성하는 부품/반제품의 사양과 구조를 나타낸다. MES에서 말하는 BOM은 일반적으로 M-BOM을 의미하며 부품 사양정보와 제품구조로 구성된다. BOM은 모품목을 만드는데 필요한 모든 조립품, 반조립품, 부품 혹은 원부자재를 목록화하여 모품목을 위해 필요한 수량 정보, 즉 원단위를 명시하고 있다.

11-4. 산업용 네트워크

〈그림 11-3〉의 MESA-11 MES 기능 모델 중에서 모든 기능의 인프라를 담당하는 기능은 데이터 획득/수집(Data Collection/Acquisition)으로서 작업자, 설비 등으로부터 공정, 자재, 작업에 관한 데이터를 획득/수집하고 조직화한다. 생산현장에서의 데이터 수집 및 통신 방식은 유무선을 통한 자동수집 방식, 수동 및 반자동 방식의 세 가지 방식으로 나누어 볼 수 있다.

첫 번째, 자동수집 방법은 생산설비의 제어기기가 외부 정보시스템과 연결이 가능한 프로토콜이나 이더넷(Eithernet) 등과 같은 컴퓨터 표준 인터페이스 장치를 보유한 경우에는 RS-232C나 TCP/IP 및 OPC(OLE for Process Control) 등과 같은 실시간 통신 프로토콜 프로그램을 통하여 작업자의 개입없이 자동으로 생산설비의 상태 정보 수집이 가능하다.

두 번째, 수동수집 방법은 집계표 등을 이용하여 생산 실적 정보를 수기로 작성한 후에 이를 컴퓨터에 입력하거나, 바코드 리더기, PDA, 터치스크린 등 작업자 편리성을 중시한 도구를 작업자가 조작하여 생산 활동 정보를 컴퓨터에 직접 입력하는 방법이다. 이 경우에는 작업자가 이동하면서 복수의 설비 및 자재 등을 관리하거나 작업자의 판단으로 업무를 처리하는 경우에 편리하게 사용 가능하다.

세 번째, 반자동 수집 방법은 PLC 등과 같은 순차 방식의 제어기를 사용하고 있는 생산설비에서는 센서와 PLC 사이에 연결된 프로세스 I/O로부터 이벤트 신호를 직접 받거나, 또는 정보수집에 필요한 단말기를 생산설비에 추가적으로 부착하여 데이터를 수집하는 방법이다[정동곤, 2018].

이와 같이 생산현장에서의 데이터 수집과 전송을 위해서는 통신 네트워크가 필요하다. 여기서 통신이라 함은 한 지점에서 원하는 다른 지점까지 의미 있는 정보를 상대방이 이해할 수 있도록 전송하는 것을 말하며, 데이터 통신은 〈그림 11-8〉에서 나타난 바와 같이 컴퓨터와 컴퓨터 또는 단말 장치 간의 데이터 교환을 위한 통신을 의미한다. 데이터 발신자(컴퓨터)가 사용자에게 의미를 전달하는 매개체인 데이터를 송신하면 모뎀과 같은 변환기가 데이터를 전기적 형식으로 암호화한 신호로 변환하여 중간의 라우터나 브리지와 같은 통신 제어장치를 거쳐 전화선, 동축케이블이나 광케이블과 같은 링크를 통해 데이터가 전송되고, 데이터 수신자측 변환기에 의해 전기신호가 다시 데이터로 변환되어 데이터 수신자에게 전달된다. 이와 같은 데이터 통신 네트워크를 통한 정

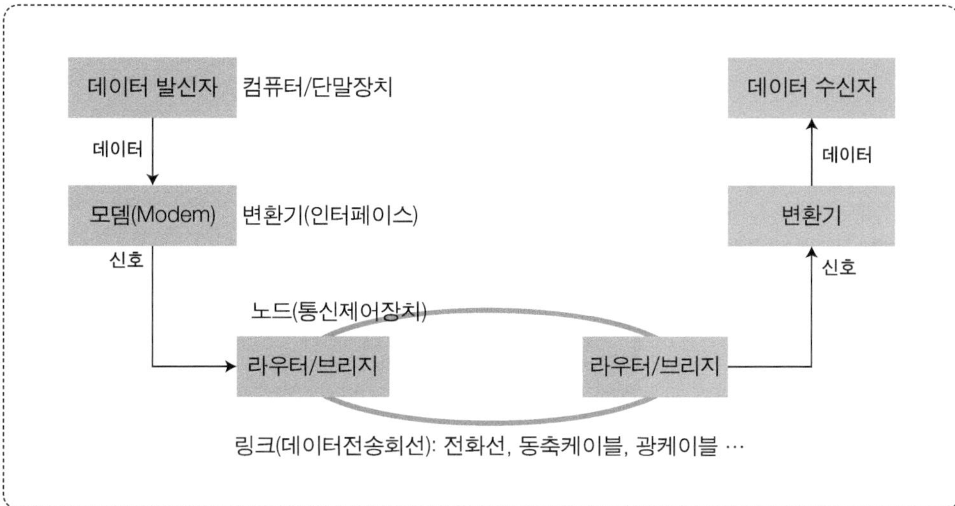

<그림 11-8> 데이터 통신 네트워크 구성도

보 교환을 하기 위해서는 전달-이해-동의와 같은 조건이 충족되어야 하는데, 그 의미는 다음과 같다.

(1) 전달: 기기 사이의 물리적 데이터 이송을 의미하며, 발신자와 수신자 사이의 데이터 이동을 위한 경로를 찾고, 데이터를 선택된 경로로 정확히 전송할 수 있어야 한다.
(2) 이해: 송신된 자료가 수신자가 해석할 수 있는 형식이어야 한다. 이를 위해 데이터는 발신자와 수신자 사이에서 변환될 수 있어야 한다.
(3) 동의: 수신자가 데이터를 수신할 준비가 되었을 때, 이를 송신할 수 있어야 하며, 이는 교환 규칙(Protocol)이 발/수신자 사이에 설정되어야 함을 의미한다.

여기에서 프로토콜이라 함은 통신 장치 간의 데이터 교환에 필요한 모든 규약의 집합체를 의미하며, 물리적 측면의 프로토콜과 논리적 측면의 프로토콜이 있다. 물리적 측면의 프로토콜은 데이터 전송에 사용되는 전송 매체, 접속용 커넥터 및 전송 신호 등 물리적 요소에 관한 규약을 말하며, 컴퓨터와 프린터 간의 통신과 같은 컴퓨터 기기 사이의 통신을 위한 RS-232C 프로토콜을 그 예로 들 수 있다. 논리적 측면의 프로토콜은 데이터의 표현 형식인 프레임(Frame)의 구성, 프레임 내 각 항목의 의미와 기능 등과 같은 메시지 형식을 규정하고, 메시지가 잘못 전달되었을 때나 전달되지 않았을 때 혹은 순서가 바뀌어 전달되거나 없어졌을 때 취해야 할 조치 등과 같은 메시지 교환 규칙에 관한 규약을 의미하는데, 예를 들면 이메일 송수신을 위한 SMTP(Simple Mail Transfer Protocol)을 들 수 있다.

생산현장에는 서로 다른 메이커에서 만든 다양한 종류의 기기들이 설치되어 운영되고 있는데, 이러한 서로 다른 기종들 간의 데이터 통신이 이루어지려면 우선 하드웨어적으로 통신 선로를 연결하는 방법이 동일해야 하고, 또한 전송되는 전기적인 신호를 해석하고 그 안에 포함된 의미있는 데이터를 추출하는 과정이 통일되어야 한다. 따라서 데이터 통신을 위한 표준을 제정하고 모든 장비업체들이 그 표준을 준수하여 제품을 개발하도록 하는 것이 필요해졌는데, 이러한 필요에 따라 1977년 ISO는 개방형 시스템의 상호접속을 위해 7계층으로 이루어진 ISO OSI(Open System Interconnection) 참조 모델을 발표하였다. 이 참조 모델에서는 1~4계층이 응용시스템 간의 데이터 전송을, 5~7계층이 응용시스템을 지원한다. 그리고 ISO OSI 참조 모델은 데이터 통신에 대한 전체적인 틀을 제시하나, 통신 프로토콜에 대한 구체적인 사양을 제시하지는 않는다.

ISO OSI 참조 모델의 각 계층에 대한 설명은 다음과 같다.

(1) **물리 계층**(Physical Layer): 네트워크와 직접 연결되어 데이터 비트가 전송되는 통로를 제공한다. 데이터를 전기신호나 광신호로 신호를 변조하고 물리적 매체를 통하여 정해진 절차에 따라 신호를 교환한다.

(2) **데이터링크 계층**(Data Link Layer): 전송 중에 물리적 매체에서는 신호 잡음으로 인해 에러가 발생할 수 있다. 데이터 링크 계층에서는 전송된 내용 중에서 오류의 검출 및 재전송을 담당하며, 매체의 사용 권리를 누가 갖느냐 하는 것도 결정한다.

(3) **네트워크 계층**(Network Layer): 전송하려는 메시지의 출발지에서 최종 목적지까지 통과해야 할 경로를 결정한다, 네트워크의 혼잡을 해결하는 기능과 대용량의 메시지를 분할하는 기능을 갖는다.

(4) **전달 계층**(Transport Layer): 출발지에서 목적지까지 통신이 오류 없이 신뢰성 있게 이루어지도록 관리하는 기능을 수행한다. 오류의 검출 및 수정 기능은 물론 전송된 메시지가 상실되거나 순서가 바뀌거나 중복되지 않도록 한다.

(5) **세션 계층**(Session Layer): 데이터를 교환하는 두 응용 프로그램 사이에서 일련의 원활한 데이터 전송을 위해 대화를 성립시키고 유지하며, 적절히 종료하는 기능을 수행한다.

(6) 표현 계층(Presentation Layer): 발신 측의 어플리케이션에서 보낸 정보를 수신 측의 어플리케이션이 읽을 수 있도록 하는 기능을 수행한다. 두 응용 프로그램 간의 데이터 표현 형식이 다를 경우에는 ASCII나 EBCD 등 각각의 데이터 포맷을 하나의 공통된 호환성 있는 포맷으로 변환한다. 또한, 전송량을 줄이기 위해 데이터를 압축하고 해제하는 기능과 암호화하고 해독하는 기능을 담당한다.

(7) 응용 계층(Application Layer): 이메일 등과 같은 네트워크 서비스를 이용하는 응용 프로그램이 네트워크를 사용할 수 있는 인터페이스를 제공하는 역할을 한다.

통신 프로토콜은 ISO OSI 참조 모델의 7계층에 규정된 수행 기능과 그 기능을 이용하기 위한 인터페이스를 규정해 놓은 것으로, 널리 쓰이는 프로토콜의 예로서 TCP/IP 프로토콜은 미국 국방성이 제정하였으며 ISO OSI 참조 모델 3계층과 4계층을 지원하며, 파일 전송을 위한 FTP(File transfer Protocol)는 ISO OSI 참조 모델 7계층을 지원한다.

〈표 11-2〉에 ISO OSI 참조 모델 7계층과 상용화되어 널리 사용되는 통신 프로토콜에 관한 설명이 나타나 있다.

생산현장에서 컴퓨터와 설비 간, 혹은 설비와 설비 간의 통신은 통상적으로 직렬통신(Serial Communication)이라 불리는 범용 통신 방식이 주로 사용되며, RS-232C나 RS-

<표 11-2> ISO OSI 7계층

계층	기능	전송 정보 유형	프로토콜
7. 응용	수신자에게 무슨 데이터를 보내야 하는가?	어플리케이션 메시지	FTP, HTTP, SNMP, DNS, SMTP
6. 표현	데이터의 포맷은 무엇인가?	암호화 데이터, 압축 데이터	
5. 세션	수신자는 누구인가?	세션 메시지	
4. 전달	수신자는 어디에 있는가?	복수 패킷	TCP, UDP
3. 네트워크	수신자에게 데이터가 도달되려면 어떤 경로를 거쳐야 하는가?	패킷	IP, ARP
2. 데이터링크	주어진 경로상에서 데이터 이송을 위한 순서나 절차를 어떻게 밟아야 하는가?	프레임	CSMA/CD (Eithernet)
1. 물리	데이터 이송의 각 단계에서 어떤 매체를 사용해야 하는가?	비트	RS-232C, RS-485/422

422/485 프로토콜을 사용된다. 설비 사이의 데이터 전송 방식은 전송되는 데이터의 비트 배열에 따라 한 비트씩 순차적으로 전송하는 직렬전송과 여러 비트를 한꺼번에 전송하는 병렬전송으로 구분한다. 데이터 전송 시에 한 번에 보내는 비트의 묶음을 비트블록이라 하는데, 직렬전송은 하나의 전송선을 이용하여 비트블록의 비트를 하나씩 전송한다. 직렬전송은 전송거리가 긴 경우에 주로 사용하지만 전송 시간이 오래 걸린다는 단점이 있다. 병렬전송에서는 송신하고자 하는 비트블록의 각 비트마다 별도의 전송선을 사용하여 비트블록을 한꺼번에 전송하는데, 짧은 시간에 다량의 데이터를 전송할 수 있으나 장거리 전송은 불가능하다. 직렬전송의 한 종류인 RS-232C 프로토콜의 전송 거리는 30m 이내로 단거리 데이터 통신에 사용되고, RS-485나 RS-422 프로토콜은 통신 잡음에 대해 성능이 우수하므로 장거리 통신에 많이 사용되며, 실제로 이들은 1.5km이내의 거리에서도 원활한 통신이 가능하기 때문에 공장에서 널리 이용되고 있다 [주상윤, 2008].

1990년대 이후에 자동화 수준이 고도화되면서 생산현장에서 분산 제어에 대한 필요성이 높아짐에 따라 고속의 반응속도, 다수의 기기 접속, 장거리 통신, 다량의 데이터 전송 및 열악한 환경 대응 등에 대한 요구사항을 만족시키기 위해 다수의 단체들이나 업체에서 생산 현장에서 운영가능한 미디어나 프로토콜을 개발하게 되었으며, 이러한 노력의 결과로 필드버스(Fieldbus) 통신 방식이 대두되었으며, 필드버스 프로토콜을 따르는 주력 상용 네트워크들은 모두 IEC 61158로 표준화되어 있다. 널리 사용되는 상용 필드버스의 종류로는 Profibus-DP, DeviceNet, CC-LINK 프로토콜 등이 있다. 필드버스의 일반적인 계층구조는 ISO OSI 참조 모델에서 7계층인 응용계층, 2계층인 데이터링크계층, 그리고 1계층인 물리계층으로 구성되어 있으며, 실제 사용되고 있는 각 필드버스 프로토콜들은 조금씩 변형된 형태가 쓰이고 있다. 예를 들면 DeviceNet은 CAN에 기반을 둔 벤더 독립의 개방형 프로토콜로서 1994년 미국 Allen-Bradley사에의해 개발되었다. 여기서 CAN은 Controller Area Network의 약자로서 차량 내에서 호스트 컴퓨터 없이 마이크로 컨트롤러나 장치들이 서로 통신하기 위해 설계된 표준 통신 프로토콜이다. 〈그림 11-9〉에 OSI 참조 모델과 DeviceNet의 비교가 나타나 있는데, DeviceNet의 물리계층에서는 DeviceNet 고유의 프로토콜과 CAN2.0 프로토콜을 병행 사용하고 있으며, 데이터링크 계층에서는 CAN 2.0 프로토콜을 사용하며, 응용계층에서는 DeviceNet 고유의 프로토콜을 사용하고 있다.

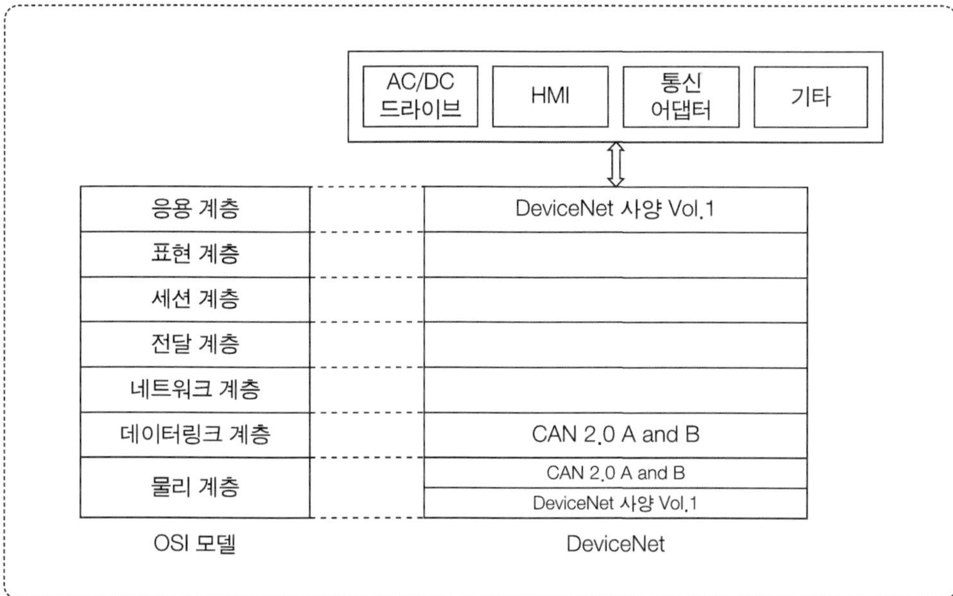

<그림 11-9> ISO OSI 참조 모델과 DeviceNet 프로토콜 구성 비교

출처: Abdul Q. Ansan, Ayoub Mohammad, Fundamentals of Industrial Informatics and Communication Technologies, Handbook of Research on Industrial Informatics and Manufacturing Intelligence: Innovations and Solutions, pp.1-19, IGI Global, 2012.

〈그림 11-10〉에서 나타난 바와 같이 공장의 통신 계층을 공장관리(Factory)-현장관리(Cell)-현장설비(Field)의 3계층으로 구분하였을 때, 공장관리 및 현장관리 계층(MES)에서의 데이터 통신은 이더넷이나 TCP/IP 프로토콜을 많이 사용하고 있고, 현장설비계층(Field)인 PLC 간 혹은 PLC와 설비 사이와 설비와 HMI(Human Machine Interface) 사이에는 실시간 통신이 가능한 필드버스를 사용하는 것이 보통이다.

이더넷(Ethernet) 프로토콜은 미국 제록스사가 개발한 근거리통신망(LAN: Local Area Network)에서 사용하는 프로토콜의 일종으로 ISO OSI 7계층의 데이터링크 계층을 지원하는데, CSMA/CD(Carrier Sense Multiple Access with Collision Detection) 방식이라고도 한다. 여기서 LAN은 〈그림 11-11〉에서 나타난 바와 같이 수 킬로미터 이내의 제한된 지역에서 데이터 통신 기능을 가진 컴퓨터와 주변기기 및 생산 설비들을 하나의 네트워크로 연결하는 것을 말한다. 〈그림 11-11〉에서 보듯이 특정 기업의 본사 LAN과 공장 LAN은 공중 데이터 교환망인 WAN(Wide Area Network)에 의해 연결된다.

ISO OSI 참조 모델의 데이터링크 계층에서는 매체의 사용권을 누구에게 주느냐를 결정하게 되는데, LAN에서는 모든 스테이션들이 전송 매체를 공유하므로 동시에 2

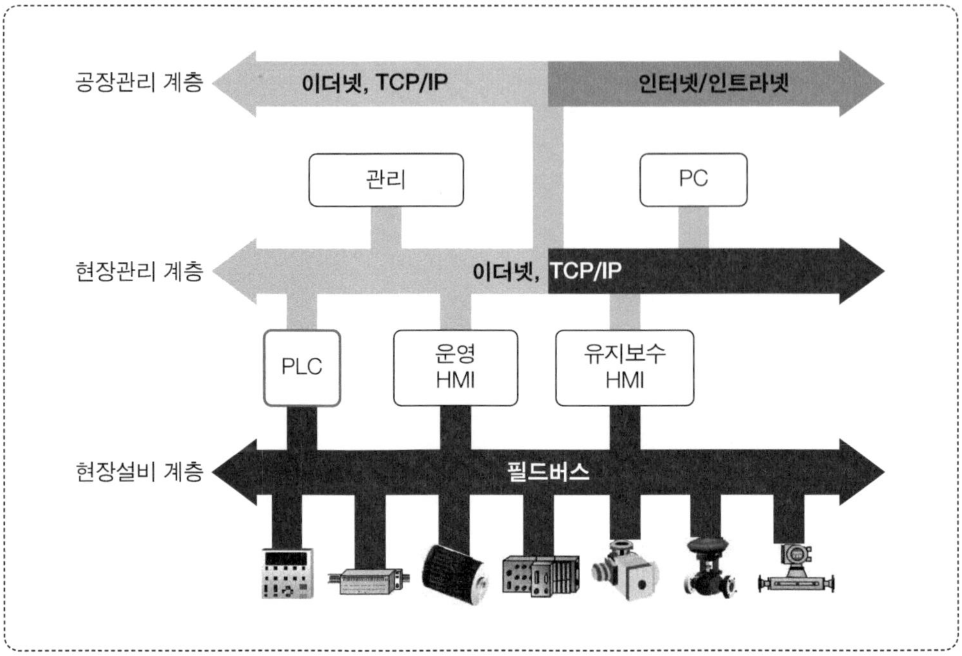

<그림 11-10> 생산 현장에서의 데이터 통신 방식

출처: http://www.adm-tech.co.kr/technologies/fieldbus.php

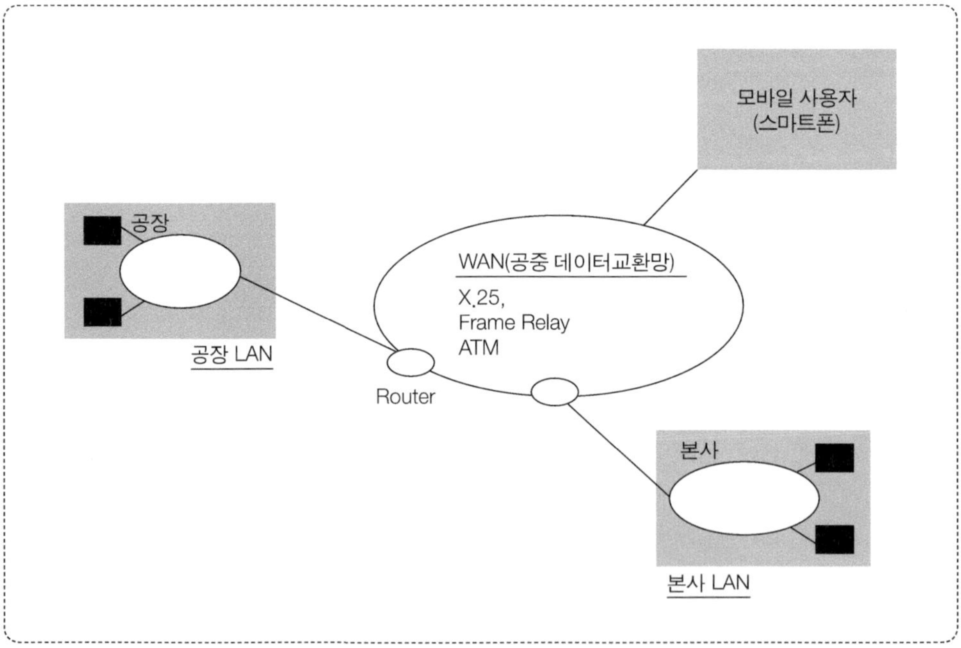

<그림 11-11> LAN/WAN 개념도

대 이상의 스테이션이 데이터를 전송하게 되면 신호가 서로 중첩되어 식별이 불가능하게 되기때문에 한 번에 하나의 스테이션만이 데이터를 전송하도록 제어할 필요가 있게 된다. CSMA/CD 방식은 전송할 메시지를 발견한 순간 네트워크에 다른 사용자가 있는지 확인하고(Carrier Sense), 없으면 전송을 하고 다른 사용자가 있으면 일정 시간 전송을 연기한다. 또한, 발생 신호의 시간 지연으로 인해 사전에 다른 사용자를 감지하지 못할 수도 있기 때문에 충돌이 발생하면 전송을 중단하고 임의 시간 대기 후에 재전송(Collision Detection)하게 된다. 이 방식은 통신량이 많아서 충돌 횟수가 빈번하면, 통신 지연이 발생할 수 있다. 매체 접속 제어를 위한 또 다른 방식으로는 토큰링(Token Ring) 방식이 있는데 토큰링은 1980년대 초 IBM에서 개발하였고, 이더넷이 일찍 자리잡은 미국에서보다 유럽에서 많이 사용되었다. 이 방식은 '토큰'이라고 하는 특별한 비트 패턴을 이용하여 전송 권리를 부여하는 방식이다. 네트워크 상에서 토큰이 스테이션 사이를 순환하다가 토큰이 해당 스테이션에 도달했을 때에만 데이터 전송이 가능하다. 해당 스테이션은 데이터 전송이 끝나면 토큰을 다음 스테이션에 전달하게 되며 전송할 데이터가 없는 경우에도 토큰이 전송되는 낭비가 있다.

최근 들어 공장에서 사용이 증가하고 있는 통신 방식으로는 OPCUA(Open Platform Communications Unified Architecture)를 들 수 있는데, 이 방식은 윈도우 플랫폼에 종속적인 기존의 OPC(OLE for Process Control)에서부터 발전되었으며 생산 현장의 설비에서부터 상위 계층인 MES, ERP 계층까지를 연결하며 더 나아가 IoT, 클라우드에 이르는 다양한 계층과 서비스를 통합하는 인터페이스로 자리잡고 있다. OPCUA는 현재 IEC 62541로 표준화되어 있으며, 〈그림 11-12〉에서 나타난 바와 같이 생산현장의 하위레벨에서 MES/ERP의 상위레벨까지 모두 동일한 프로토콜로 통신이 가능하게 되어 상호운용성을 확보할 수 있게 된다. 상호운용성이란 하나의 시스템이 동일 또는 이기종의 다른 시스템과 아무런 제약이 없이 서로 호환되어 사용할 수 있는 성질을 말한다.

산업용 무선통신 분야는 〈그림 11-13〉에서 정리한 바와 같이 IEEE 802.11을 기반으로 하는 와이파이(Wi-Fi: Wireless Fidelity)기술과 IEEE 802.15.4를 기반으로 하는 와이어리스하트(WirelessHART), 블루투스(Bluetooth) 및 지그비(ZigBee) 기술 등이 있다.

와이파이 기술은 보편적인 무선 통신 표준을 따르며 상대적으로 통신속도가 높은 방면, 디바이스 확장이 제약되는 한계가 있다. IEEE 802.11b의 경우에는 2.4GHz 주파수를 사용하고 11Mbps의 대역폭을 가지고 있다. WirelessHART는 무선 센서 네트워크

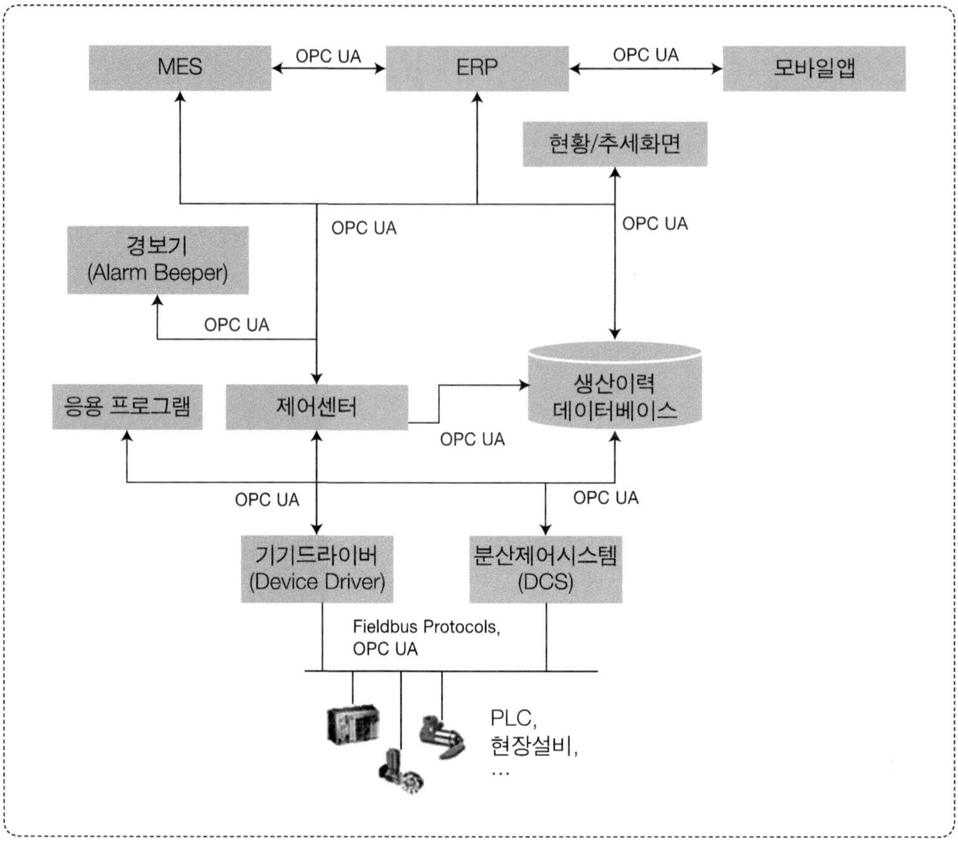

<그림 11-12> OPCUA 기반 공장 데이터 통신

출처: https://red-nose-cousin.tistory.com/3?category=874877

기술로서 필드 버스 표준의 하나인 HART(Highway Addressable Remote Transducer) 프로토콜을 기반으로 한다.

블루투스 또한 각종 모바일기기에 널리 사용되는 표준으로서 상대적으로 통신 속도가 높지만 기기 간 페어링(Pairing)이 반드시 필요하다는 한계가 있다.

지그비는 현재 홈 네트워크 및 무선 센서네트워크에서 주로 사용되는 기술로서 디바이스 확장성이 우수하고 여러 주파수 대역 사용이 가능하다. 지그비의 주요 특징 중의 하나가 아주 적은 양의 전력으로 작동하는 장비에 적용된다는 점이다. 지그비의 전송 속도는 250kbps로 느린 편인데, 이는 데이터 전송 능력보다는 낮은 전력 소비를 우선으로 하기 때문이다. 데이터 전송 범위는 20~100미터이고 단일 지그비 네트워크에 최대 250개의 디바이스가 연결될 수 있다.

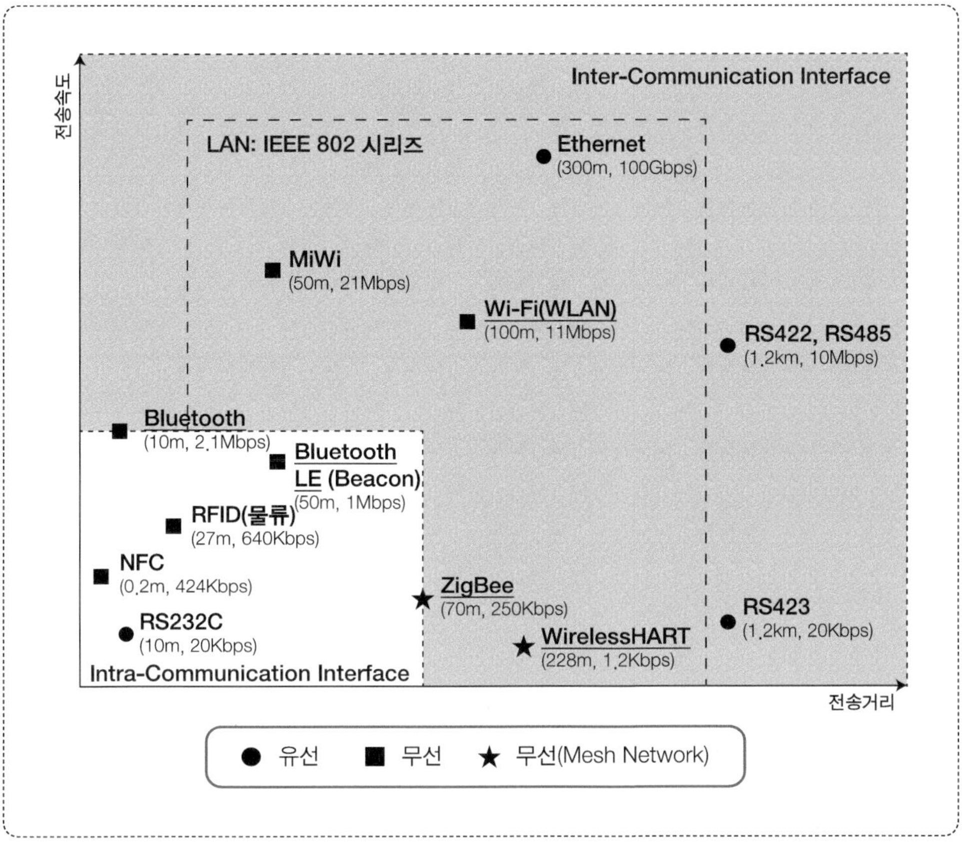

<그림 11-13> 산업용 유무선 통신

그러나 지금까지 살펴본 무선통신기술은 아직까지 전달 속도 지연의 문제로 생산 현장에서의 장비나 설비의 제어 목적보다는 모니터링 용도에 국한되어 사용되는 실정이다[박진우, 2019].

11-5. MES 주요 기능

KS표준 KS X 9001-3의 스마트공장 운영관리시스템 프레임워크에서는 MES 필요기능으로 〈표 8-11〉에 나타난 바와 같이 공정관리, 품질관리, 설비관리, 데이터분석 및 통계관리, 예비품 및 금형관리의 5개로 구분하고 있으며, MESA-11 MES 기능 모델에서는 〈그림 11-3〉에서와 같이 MES 기능을 11개로 구분하고 있다. 이를 바탕으로 MES의 주요 관리 대상

<표 11-3> MES 서브시스템별 기능

서브시스템	모듈
1. 생산관리	(1) 작업지시관리, (2) 실시간 모니터링관리, (3) 실시간 설비 운영 및 통제, (4) 생산실적/재공 및 진행관리
2. 품질관리	(1) 검사관리 및 로트 추적관리, (2) 불량 분석 및 부적합 관리, (3) 통계적 공정관리
3. 설비관리	(1) 설비생산성관리, (2) 금형관리, (3) 설비 보전관리
4. 물류관리	(1) 자재물류관리, (2) 제품물류관리, (3) 외주물류관리

분야를 유사 기능군으로 묶어 서브시스템으로 구분해보면 〈표 11-3〉에서 나타난 바와 같이, (1) 생산관리, (2) 품질관리, (3) 설비관리 및 (4) 물류관리로 나누어 볼 수 있다.

이하에서는 〈표 11-3〉에 나타난 네 가지 MES 서브 시스템별로 세부 모듈들의 기능을 자세히 살펴보기로 한다.

11-5-1. 생산관리 서브시스템

생산관리 서브시스템은 〈표 11-3〉에서 나타난 바와 같이, 다시 (1) 작업지시관리, (2) 실시간 모니터링관리, (3) 실시간 설비 운영 및 통제, (4) 생산실적/재공 및 진행관리 모듈로 세분화된다.

11-5-1-1. 작업지시관리 모듈

작업지시관리 모듈은 작업계획 생성과 작업지시로 나뉜다. 작업계획은 언제, 어디서, 누가, 어떤 설비를 이용하여 어떤 작업을 수행하는가를 결정하는 계획으로서 일일 단위로 작업량과 작업순서 등을 계획하는 것이다. 작업계획은 경로계획과 일정계획으로 나누어지는데, 이를 위해 작업장별 작업할당(Dispatching)과 작업순서(Sequencing)에 대한 의사결정이 이루어지진다.

〈그림 11-14〉에 경로계획 중심의 작업계획서의 예를 나타내고 있으며, 작업대상과 작업내용, 사용 기계와 공구 및 표준시간(준비시간, 가공시간) 정보가 나타나 있다. 작성된 작업계획에 따라 작업장별로 수행해야 할 작업에 대해 일정, 순서, 수량, 작업방법 등을 상세히 기술한 작업지시가 생산현장에 하달된다.

<table>
<tr><td colspan="3">작업계획서</td><td colspan="4">가나다 중공업(주)</td></tr>
<tr><td colspan="1">부품번호
081099</td><td colspan="2">부품명
축(발전기용)</td><td colspan="1">공정계획자
홍길동</td><td colspan="1">확인자
홍길서</td><td colspan="1">날짜
09/1/30</td><td colspan="1">쪽수
1/1</td></tr>
<tr><td colspan="1">재질
1050 H18 A1</td><td colspan="2">소재 크기
지름 60mm, 길이 206mm</td><td colspan="4">비고</td></tr>
<tr><td>No.</td><td colspan="2">작업 내용</td><td>작업반</td><td>기계</td><td>공구</td><td>작업준비 시간 (시)</td><td>표준가공 시간 (분)</td></tr>
<tr><td>10</td><td colspan="2">정면절삭(약 3mm). 지름 52.00으로 선삭(황삭). 지름 60.00으로 선삭(정삭). 지름 42.00, 길이 15.00 숄더 절삭.</td><td>선반</td><td>L45</td><td>G0810</td><td>1.0</td><td>5.2</td></tr>
<tr><td>20</td><td colspan="2">정면위치교환. 길이 200.00이 되도록 정면절삭. 지름 52.00으로 선삭(황삭). 지름 60.00으로 선삭(정삭).</td><td>선반</td><td>L45</td><td>G0810</td><td>0.7</td><td>3.0</td></tr>
<tr><td>30</td><td colspan="2">지름 7.50 구멍 4개 가공.</td><td>드릴</td><td>D09</td><td>J555</td><td>0.5</td><td>3.2</td></tr>
<tr><td>40</td><td colspan="2">깊이 6.5 폭 5.00 홈 가공.</td><td>밀링</td><td>M32</td><td>F662</td><td>0.7</td><td>6.2</td></tr>
<tr><td>50</td><td colspan="2">폭 10.00 평면 가공. 반대편 동일.</td><td>밀링</td><td>M13</td><td>F630</td><td>1.5</td><td>4.8</td></tr>
</table>

<그림 11-14> 작업계획서

11-5-1-2. 실시간 모니터링 관리 모듈

실시간 모니터링 관리는 제조 현장의 상태를 실시간으로 모니터링함으로써 이상현상 발생에 대한 신속한 대응체계 마련을 위한 기능을 지원한다. 즉, 제조 현장의 생산, 설비, 품질, 물류에 대한 전반적인 진행 상황에 대한 실시간 모니터링을 수행하는데, 실시간 생산현황 모니터링 대상으로는 생산수율, 직행률, 달성률 및 생산량 집계 등이 있으며, 실시간 설비가동현황 모니터링 대상으로는 설비종합효율, 가동률, 설비가동유무 판단 등이 있다. 또한, 실시간 품질현황 모니터링 대상으로는 불량현황, 불량률, 이상발생건수 및 검사 실적 현황 등이 있다. 실시간 물류현황 모니터링 대상으로는 자재입고현황, 제품출하현황, 납기지연현황 등이 있다. 모니터링 정보의 시각화를 위해 현황판 운영과 모바일기기를 활용한 모니터링 기능도 지원된다.

11-5-1-3. 실시간 설비 운영 및 통제 모듈

실시간 설비 운영 및 통제는 주로 설비 중심의 업종에서 사용되며, 설비 단위로 실시간 실적 및 품질정보를 집계 분석하여 생산 이상현상을 조기에 파악하고 적절한 조치를 취함으로써 제조 현장의 대응력 향상을 지원한다. 공정 내 물류와 생산 진척 현황 모니터링을 통해 생산 및 물류 장비를 실시간 자동으로 운영하고 설비 이상 감지/대응 및 경로 변경 등 통제 행위를 수행한다. 설비와의 인터페이스를 통해 데이터 수집 자동화와 연동되어야 효과가 극대화될 수 있다.

11-5-1-4. 생산실적/재공 및 진행관리 모듈

생산실적관리는 기존의 수기 기록 및 집계에 의한 생산실적 정보를 전산화함으로써 사무생산성 증대 및 데이터 정확도를 향상시킨다. 각 공정별 투입/산출 관리를 통한 전체 공정의 수율 현황이 파악되고, 불량 및 관리범위에서 벗어나는 이상치 집계가 이루어지고 이를 기반으로 불량 원인을 도출해 낼 수 있다.

재공 및 진행관리에서는 단납기 고객 주문에 대한 생산 진행사항을 파악하고 납기준수율 향상을 위한 전반적인 제조리드타임 분석 기능을 제공하고, 실시간 재공현황 파악과 가시성 확보 및 공정 물류의 이동 속도 향상을 위해 정체 현황 관리와 현장 물류 통제 기능도 제공된다. 생산 진행관리는 통상적으로 바코드를 이용하여 이루어진다.

11-5-2. 품질관리 서브시스템

품질관리 서브시스템은 〈표 11-3〉에서 나타난 바와 같이 다시 (1) 검사관리 및 로트 추적관리, (2) 불량 분석 및 부적합 관리, (3) 통계적 공정관리 모듈로 세분화된다.

11-5-2-1. 검사관리 및 로트 추적관리 모듈

검사관리 및 로트(Lot) 추적관리는 다시 검사관리와 로트 추적관리로 세분화된다. 검사관리는 제조현장에서 이루어지는 각종 검사 업무를 효율적으로 수행하기 위해 필요한 기능을 제공하는데, 검사의 종류로는 수입검사, 공정검사, 자주검사 및 출하검사가 있다. 수입검사는 구매한 물품이 규정된 요구사항을 충족시킨다는 것을 보장하기 위해 필요한 검사 업무로서 원자재, 부자재 및 외주품에 대하여 적용하는 검사이다. 공정검사는 각 공정에서 생산 중인 반제품에 대해 품질을 검사함으로써 불량의 예방 및 검출을 목적으로 하는 검사이다. 자주검사는 공정검사와 유사하지만 품질담당자가 검사하는 공정검사와는 달리 생산 공정의 작업자가 직접 시행하는 검사로서 일반적으로 자주검사는 로트별로 샘플링검사를 실시한다. 출하검사는 완성품이 고객의 요구사항에 부합되는지 출하제품의 품질을 보증하는 검사이다. 최근 들어 검사관리 업무분야에서는 빅데이터의 중요성이 대두됨에 따라 검사 업무의 자동화 및 사전 품질 관리 체제로 전환하기 위한 기능 강화의 필요성이 높아지고 있다.

로트 추적관리는 출하 제품에 대해서 로트별 또는 개별 제품별로 제조 과정 전체 프로세스를 역추적할 수 있는 기능을 의미하는데, 최근 많은 기업에서 품질경영 강화의 일환으로 협력사들에 대해 로트추적성 확보 요구사항이 증대되고 있는 실정이다. 로트 추적관리는 로트별 제조이력 추적, 투입 자재에 대한 추적, 품질에 대한 이력 추적 등 제조 과정의 모든 이력 데이터가 로트별로 구분되어 파악할 수 있도록 구현하는 것이 핵심이다.

11-5-2-2. 불량분석 및 부적합관리 모듈

불량분석 및 부접합관리 모듈은 다시 불량분석과 부적합관리로 세분화된다. 불량분석은 가공 및 조립 공정에서 발생되는 제품의 불량 및 소재불량에 대한 불량현상과 불량원인 분석을 통해 사후품질관리 체계를 확보하고자 하는 것으로 수입검사, 공정검사, 출하검사 등 검사공정에서 발견된 부적합품을 근간으로 로트통제 및 시정조치 기능을 제공한다.

불량분석 절차는 〈그림 11-15〉에서 나타난 바와 같이, 1단계에서는 불량에 대한 현재의 관리 수준을 파악하기 위해서 불량률이나 수율 등과 같은 주요 품질 핵심성과지표(KPI)를 선정한다. 2단계에서는 파레토분석, 점유율 분석 등을 통해 제품별, 공정별/설비별로 불량현상을 파악한다. 3단계에서는 특성요인도 등을 이용하여 불량현상별로 원인을 추적하고 개선안을 마련한다. 4단계에서는 불량 추이분석 등을 통해 지속적인 품질 개선이 이루어지고 있는지를 확인한다.

부적합관리는 이상발생 관리라고도 하며, 제품의 요구사항에 적합하지 않은 제품이 사용되거나 인도되는 것을 방지하기 위한 기능으로 부적합품에 대한 식별, 관리 및 처리에 대한 규정에 의거하여 관리되어야 한다.

11-5-2-3. 통계적 공정관리 모듈

통계적 공정관리(SPC: Statistical Process Control)는 생산 공정에서 발생하는 품질의 변동 요인을

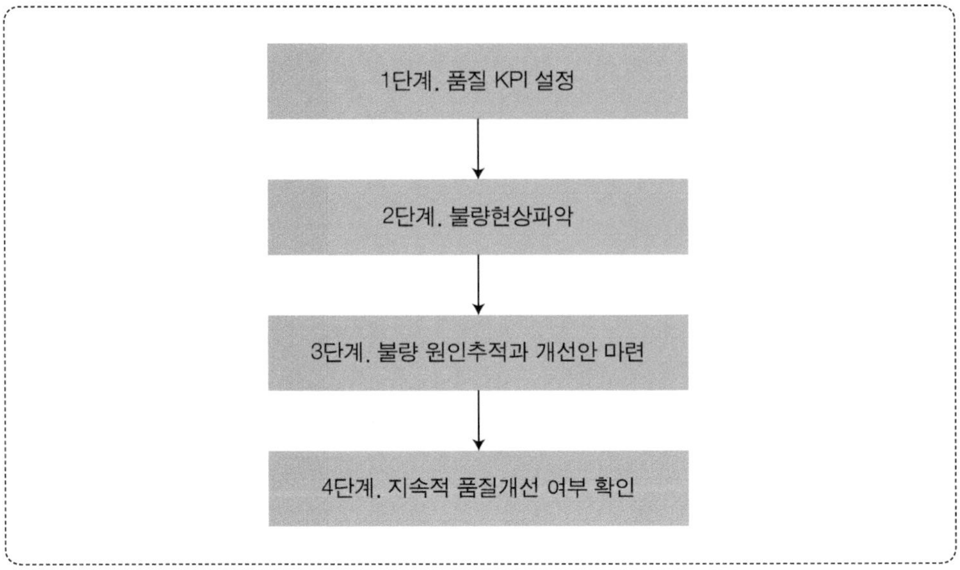

<그림 11-15> 불량분석 절차

우연원인(Chance Cause)과 이상원인(Assignable Cause)으로 나누어 이상원인은 현장에서 즉각 조치를 취하게 하여 제거하고, 우연원인은 생산방식에 대한 시스템적인 접근으로 축소 시키고자 하는 공정관리 기술로서, 공정에서 요구되는 품질이나 생산성 목표를 달성하기 위하여 PDCA(Plan-Do-Check-Action) 사이클을 적용하여 통계적 방법으로 공정을 효율적으로 운영해 나가는 방법이다.

즉, 공정의 품질변동을 측정하고 변화하는 데이터를 통계적으로 분석 내지 해석하여 관리하는 통계적 기법들을 통틀어서 통계적 공정관리라고 한다. 여기서, 우연원인은 표준화된 제조 조건에서 생산되었음에도 불구하고 품질변동이 생기는 이른바 피할 수 없는 원인으로서 시스템 고유의 원인으로 여러 부문에서 산발적으로 발생하기 때문에 공통원인이라고도 하는데, 일반적으로 변동의 85%를 차지하고 있다. 이상원인은 생산이나 서비스 또는 업무상의 요건을 갖추지 못하여 변동이 발생하는 것으로, 요건을 제대로 갖추면 피할 수 있는 원인으로서 특수원인이라고도 하며 일반적으로 변동의 15%를 차지한다.

관리도란 우연원인으로 인한 산포와 이상원인으로 인한 산포를 구분할 수 있는 중심선 상/하에 관리한계선을 결정한 다음 공정의 상태를 나타내는 품질 특성치를 타점하여, 이 점이 관리한계선 밖으로 나가면 공정에 보아 넘기기 어려운 이상원인이 존재하고, 그렇지 않으면 분석해 보아도 별로 의미가 없는 우연원인에 의한 상태라는 사실을 시간의 경과에 따라 한눈에 알아 볼 수 있도록 그린 일종의 꺽은선 그래프이다. 관리도는 품질의 추이를 나타내는 추이 그래프로서 공정의 관리상태를 동적으로 밝혀주고, 공정품질의 상태를 통계적으로 판단할 수 있는 관리한계선이 설정되어 있는 것을 그 특징으로 하고 있다.

제조 현장의 SPC 시스템은 생산라인의 공정에서 발생되는 각종 공정 및 품질 관련 데이터를 수집하고 통계적 기법에 의한 실시간 분석을 통해 공정상의 문제점을 사전에 파악하여 비능률적인 요소를 제거하고, 공정품질을 확보하기 위한 기능을 제공한다.

11-5-3. 설비관리 서브시스템

설비관리 서브시스템은 〈표 11-3〉에서 나타난 바와 같이 다시 (1) 설비생산성관리, (2) 금형관리, (3) 설비 보전관리 모듈로 세분화된다.

11-5-3-1. 설비생산성관리 모듈

설비생산성관리는 양적인 측면에서 설비가동시간의 증대와 단위시간당 생산량을 증가시키고, 질적인 측면에서 불량품의 감소와 품질을 안정화시키며, 에너지를 효율적으로 사용하고 사람의 개입과 투입인원을 줄여서 설비 효율을 고수준화하는 데 그 목적이 있다.

설비능력의 유효 활용을 극대화하기 위해서는 무효 작업 로스(Loss)의 철저한 배제가 필요하며, 설비생산성을 저해하는 5대 로스로는 비조업 로스, 비부하 로스, 비가동 로스, 속도 로스와 불량 로스가 있다. 비조업 로스는 휴무일 및 자연재해 발생으로 공장을 가동할 수 없는 시간이며, 비부하 로스는 조회, 교육훈련, 계획보전, 설비공사 등으로 발생된 생산대기 (휴지) 시간이며, 비가동 로스는 기계고장, 자재품절, 공정대기 등으로 설비가 가동되지 못하고 정지한 시간을 말한다. 속도 로스는 표준 사이클 시간 대비 속도저하로 발생된 로스이며, 불량 로스는 불량 및 재작업으로 인해 발생한 로스 시간을 의미한다.

설비생산성관리에서는 설비 정지의 원인을 파악하고 가동률 및 효율 관리를 통해 설비 생산성 향상을 위한 기능을 제공하며, 설비와의 인터페이스 또는 작업자의 수동 데이터 입력을 기반으로 시간가동률, 성능가동률, 양품률과 같은 지표를 산출하고 이를 종합하여 설비종합효율을 분석함으로써 설비생산성을 향상시킨다. 또한, 설비 정지에 대한 경고 처리 및 조치 시간 집계 등 설비 고장시간 최소화를 위한 운영 기능을 제공한다.

설비종합효율을 계산하는 절차는 8-2절에 나타나 있다.

11-5-3-2. 금형관리 모듈

금형은 주조, 단조, 프레스, 사출 성형 등의 공정에서 동일한 형상의 제품을 반복적으로 제작하는 데 사용되는 주로 금속을 이용하여 만든 틀로서, 제품을 동일한 규격으로 대량생산하기 위한 도구이며 완제품의 품질과 디자인을 좌우하는 핵심 요소이다. 금형관리 모듈은 금형의 도입 혹은 제작에서 폐기에 이르는 금형의 전체 라이프사이클에서 발생하는 활동들을 관리하는데, 특히 금형 입출고 관리, 금형 타수 및 수명관리, 금형 상태 모니터링 및 상태 점검, 수리 이력 관리 등을 통한 활용 효율 향상 기능을 제공한다.

11-5-3-3. 설비 보전관리 모듈

설비 보전은 설비나 제품 또는 시스템을 바람직한 운전 상태로 유지시키거나, 또는 그와 같은 상태로 복원하기 위해 필요한 모든 활동을 말하며, 보전관리(Maintenance Management)는 생산시스템의 유용성을 최대화시키는 시스템 보전에 대한 계획, 실행 및 통제의 전 과정을 의미한다.

설비가 주어진 성능을 지속적으로 유지하기 위해서는 높은 수준의 가동성, 신뢰성과 보전성이 요구되며, 이는 체계적인 보전활동에 의해 가능하다. 설비 가동성은 설비 동작시간과 정지시간의 합에서 동작시간이 차지하는 비율을 의미하며, 설비의 종합적인 평가지표이다. 설비 신뢰성은 설비의 주어진 사용조건하에서 의도하는 기간 동안 정해진 기능을 성공적으로 수행하는 능력을 말하며, 평균고장 간격(MTBF: Mean Time Between Failure)과 고장도수율로 측정한다. 설비 보전성은 요구된 기능을 수행할 수 있는 상태로 유지되거나 복원될 수 있는 능력과, 고장이 나더라도 빨리 발견하고 회복시킬 수 있는 능력을 의미하며, 평균수리복구시간(MTTR: Mean Time To Repair)과 고장강도율로 측정된다. 〈표 11-4〉에 설비 가동성, 신뢰성, 보전성 평가를 위한 측정지표와 계산 공식이 나타나 있다.

보전활동의 종류로는 수리 보전, 예방보전 및 예지보전이 있는데, 수리보전은 사후보전이라고도 하며 기계설비가 고장을 일으키거나 파손되었을 때 신속히 수리 또는 보

<표 11-4> 설비 가동성, 신뢰성, 보전성 평가를 위한 측정지표

구분	지표	측정식
가동성 평가(종합)	설비 가동성(可動性) = Availability	$A = \frac{U}{U+D}$ • U(Up time): 동작하고 있는 시간 • D(Down time): 고장부터 정상까지의 시간
신뢰성 평가	평균고장 간격 (MTBF)	$MTBF = \frac{\sum 가동시간}{고장횟수}$ [HR/회]
	고장도수율	$고장도수율 = \frac{고장횟수}{\sum 가동시간} \times 100[\%]$ [회/HR]
보전성 평가	평균수리복구시간 (MTTR)	$MTTR = \frac{\sum 고장정지시간}{고장횟수}$ [HR/회]
	고장강도율	$고장강도율 = \frac{\sum 고장정지시간}{가동시간} \times 100$ [회/HR]

수하는 것으로 고장이 생기면 많은 유휴 손실이 발생하기 때문에 신속히 수리 작업이 실시되어야 하며, 아울러 고장의 재발이 없도록 조처해야 한다.

예방 보전은 기계의 성능이 표준 이하의 상태(고장)로 떨어지는 것을 사전에 방지하는 보전활동으로서 설비의 예방보전은 예정된 시기에 점검, 정비, 계획적 수리 및 부분품 갱신 등을 행하며 설비 성능의 저하와 고장 및 사고를 미연에 방지하고 설비의 성능을 표준 이상으로 유지하는 활동이다. 예방보전은 보전활동 시기에 따라 구분하면, (1) 보전 주기에 의한 정기 작업인 TBM(Time Based Maintenance)과 (2) 설비 사용시간에 따른 정기 작업인 UBM(Usage Based Maintenance)으로 구분할 수 있다.

예지보전은 감도가 높은 센서나 계측 장비를 이용하여 기계설비의 트러블을 지속적으로 모니터링하고 미래의 상태를 예측해서 보전활동을 행하는 것이다. 즉, 기계설비의 경우에는 고장이 발생하기 쉬운 부위에 진동분석장치, 광학측정기, 압력측정기, 온도측정기 등 다양한 계측장비를 연결하여 가동 상태를 지속적으로 모니터링하여 고장 위험을 사전에 검출하는 활동이다. 예지보전은 설비의 상태를 지속적으로 점검하고, 고장의 전조를 파악하여 최종 고장에 이르기 전에 선제 조치를 취한다는 의미에서 CBM(Condition Based Maintenance)이라고도 한다.

설비 보전관리는 (1) 설비 자산관리와 (2) 설비 보전관리 및 (3) 설비 보전 작업관리로 그 기능이 세분화된다. 설비 자산관리는 설비의 도입에서부터 폐기까지의 전 과정을 체계적으로 관리할 수 있는 기능을 제공하는데, 생산설비, 유틸리티 설비, 환경설비 등 유형별로 설비 분류 체계를 정립하고 설비 자산 등록과 이력을 관리하며 설비 부품 재고관리를 행한다.

설비 보전관리 활동 중에서 TBM에 의한 예방보전 작업을 하는 경우에는 생산 스케줄을 고려하여 보전 작업지시를 생성하도록 한다. UBM은 정해진 설비 사용시간이 도래하였을 때 실시하며, CBM은 지속적인 설비 가동상태를 모니터링하여 고장이나 열화 등 미래의 상태를 예측하여 부품 교환 등의 선제 조치를 행한다.

설비 보전 작업관리는 설비 단위의 체계적인 보전계획을 수립하고, 보전 작업 접수와 작업지시 및 작업 실적 보고 등의 기능을 제공한다.

11-5-4. 물류관리 서브시스템

물류관리 서브시스템은 〈표 11-3〉에서 나타난 바와 같이 다시 (1) 자재물류관리, (2) 제품물류관리 및 (3) 외주물류관리 모듈로 세분화된다.

11-5-4-1. 자재물류관리 모듈

원자재와 구매품은 생산활동에 사용하기 위해 외부로부터 구매하는 품목을 의미하며, 자재물류관리의 관리 대상이 된다. 자재물류 관리는 다시 구매발주관리와 자재입출고 및 재고관리로 세분화된다.

자재물류관리에서 구매발주 관리 기능은 일반적으로 ERP 시스템을 활용하며 필요 시에는 MES 시스템에서 추가로 구현될 수 있으며, 협력사와 연동하여 온라인 정보 전달 체계를 유지해야 한다. 자재입출고 및 재고관리에서는 적기에 정확한 입출고 데이터 등록에 의해 실물재고와 전산재고의 정확도를 높이기 위해서 자재에 대해서 자동인식 기술 기반의 품목 실명화를 구현할 필요가 있다. 이를 위해서 바코드 및 RFID 태그 기반의 물류 이동에 대한 자동 인식 및 처리 기능이 필요하고 ERP 시스템과의 연동 또한 필요하다.

11-5-4-2. 제품물류관리 모듈

제품물류관리의 관리 대상은 완제품인데, 완제품은 유통되기 위하여 대기하는 또는 고객들의 구매를 기다리는 최종 제품을 의미하며, 완제품 재고의 목적은 생산활동의 독립성을 유지하고 생산일정의 탄력성을 유지할 수 있도록 수요와 공급의 완충 작용을 하여 수요변화나 조달기간의 변동에 대응할 수 있도록 하기 위한 것이다.

자재물류관리에서와 마찬가지로 실물재고와 전산재고의 정확도를 높이기 위해 품목에 대해서 자동인식 기술 기반의 품목 실명화 구현이 필요하며, 출하계획 및 출하지시를 근거로 하여 실제 출고 품목에 대한 바코드나 RFID 태그 인식에 의해 자동식별을 함으로써 오출하 방지 기능을 제공하고, 선입선출 관리 및 고객 반송품목에 대한 회송처리 기능도 필요하다.

11-5-4-3. 외주물류관리 모듈

외주란 가공, 조립이나 포장 등 필요 작업을 타 기업에서 조달하는 것으로서 자사에서 생산할 것을 자사의 도면 또는 시방서를 제공하여 타 기업에 의뢰하여 위탁 가공하는 것을 의미한다. 외주의 목적은 생산 능력의 부족에 따른 생산 평준화를 위해서나 특별한 설비가 없거나 기술 부족을 극복하기 위해 실시되며, 또는 외주가공이 사내 가공보다 저렴한 경우이거나 설비투자 비용이 부족한 경우에도 활용된다. 외주물류관리는 협력사와의 업무 공조를 통한 통합 정보시스템 구현이 필요하며, 외주 발주 및 납품에 관련하여 실시간 온라인 업무 처리가 가능하도록 필요 기능이 제공되어야 한다. 즉, 외주물류 담당자의 외주 협력사 관리 및 외주 발주 접수, 진행, 납품에 이르는 전체 외주물류 프로세스의 진행 관리를 지원해야 한다.

11-6. FEMS[1]

최근 들어 지속적인 지구 온난화 추세 및 유가의 급격한 상승으로 인해 에너지의 효율적 사용에 관한 관심이 크게 고조되고 있으며, 이에 따라 체계적인 에너지 관리 시스템의 도입 필요성이 점증하고 있는 실정이다. 에너지를 사용 분야에 따라 크게 구분하면 가정용, 산업용, 수송용으로 나눌 수 있는데, 이 중에서 산업용이 55%를 차지하여 특히

---

1 한관희 · 황보람, 에너지 관리 시스템의 기능 요구 사항 분석, 디지털 정책 연구, Vol. 9, No.6, pp.27-37, December 2011.

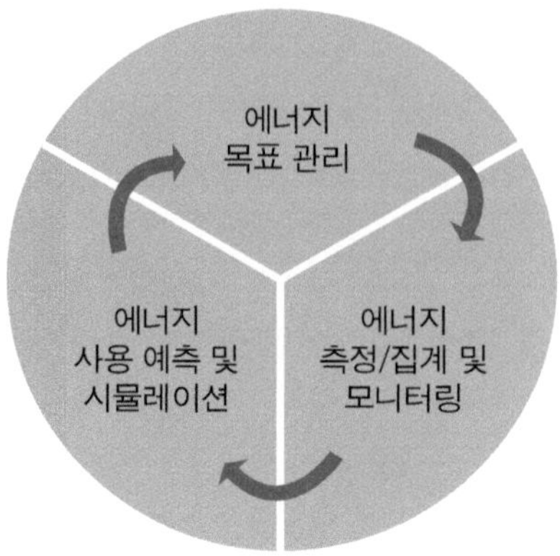

<그림 11-16> 에너지 관리 라이프사이클

산업 현장에서는 사용하고 있는 에너지의 절감 및 효율적 운전 방안 등을 적극 모색하고 있는 실정이다.

에너지관리시스템(EMS: Energy Management System)은 에너지 사용 효율 향상과 에너지 절약을 목표로 하는 정보시스템이며, FEMS(Factory Energy Management System)는 에너지관리시스템을 공장에 적용한 것으로, 공장 내 각종 설비와 시설들이 에너지를 얼마나 사용했는지 현황을 파악한 후 에너지 수요를 예측하여 에너지 사용과 비용을 가장 적절하게 설계하고, 에너지가 어디에서, 얼마나 사용되는지 실시간으로 파악하여 에너지 공급량을 조절하고 이를 통해 효율적으로 설비를 가동할 수 있게 한다.

에너지관리 라이프사이클은 〈그림 11-16〉에서 나타난 바와 같이 (1) 해당 조직의 에너지 목표를 설정하고 실적과 비교 평가하고, (2) 실제 현장에서의 에너지 사용량을 측정//집계하고 사용 현황을 실시간 모니터링하며, (3) 사용 실적을 바탕으로 향후 에너지 목표 설정을 위한 에너지 사용 예측 및 시뮬레이션을 수행하는 사이클을 구성한다.

에너지 관리 시스템의 주요기능은 〈그림 11-16〉에 나타나 있는 에너지 관리 라이프사이클을 근간으로 하여, 〈그림 11-17〉에서 나타난 바와 같이, 크게 (1) 기준정보관리, (2) 에너지 측정/집계 및 모니터링, (3) 에너지 사용예측 및 시뮬레이션, (4) 에너지 목표관리, (5) 외부시스템연계 및 (6) 설비 제어의 6개 서브시스템으로 구성된다.

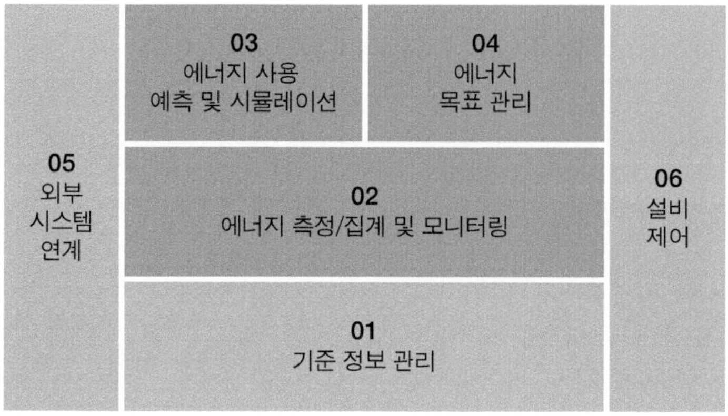

<그림 11-17> 에너지 관리 시스템 기능구성도

11-6-1. 기준정보 관리 서브시스템

기준정보 관리 서브시스템은 에너지 사용 집계/분석 및 관리에 필요한 전반적인 기초 데이터를 등록하는 시스템이다. 기업에서의 에너지 관리에 필요한 각종 설비와 에너지 관련 코드 또한 이 시스템에서 등록한다.

〈그림 11-18〉에 기준정보 관리 서브시스템에 대한 기능구조도를 나타낸다.

에너지 코드 등록 기능은 기업에서 사용되는 에너지원에 대한 기본 정보를 등록하는 기능이며, 장비 코드 등록 기능은 현장에 설치된 에너지를 사용하는 각종 설비 및 장비에 대한 정보를 등록하는 기능이다. 계측기 코드 등록 기능은 에너지를 측정할 수 있는 각종 계측기에 대한 정보를 등록하는 기능이다.

TOE(Tonnage of Oil Equivalent) 등록 기능은 서로 다른 에너지 간의 사용량 비교를 위해 석유 1톤을 연소할 때 발생하는 에너지를 1석유환산톤이라고 정의했을 때, 각종 에너지원의 비교 환산치를 등록하는 기능이다. 에너지 단가 등록 기능은 국가에서 지정하는 사용 에너지에 대한 실제 사용 단가를 등록하는 기능이며, 에너지 분석 기법 등록 기능은 각종 에너지 분석 기법에 대해 그 내용 및 실시 방법 등을 등록하는 기능이다.

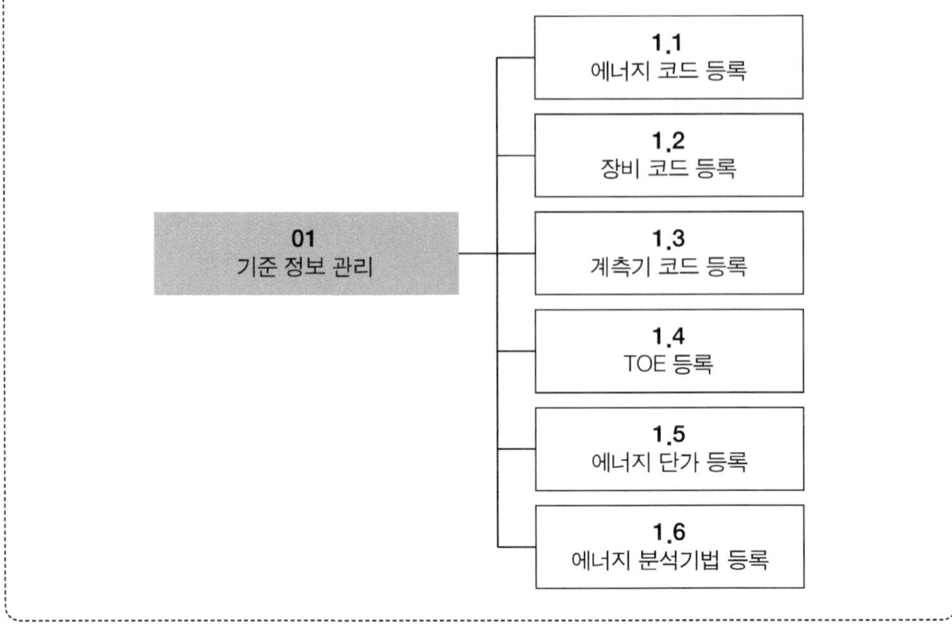

<그림 11-18> 기준정보 관리 서브시스템

11-6-2. 에너지 측정/집계 및 모니터링 서브시스템

에너지 측정/집계 및 모니터링 서브시스템은 실제 사용하는 에너지를 대상으로 필요한 데이터를 측정/집계하고 사용 현황을 실시간 모니터링하며, 사용 결과를 분석하는 시스템이다. 〈그림 11-19〉에 에너지 측정/집계 및 모니터링 서브시스템에 대한 기능구조도를 나타낸다.

사용량 분석 기능은 일/월/년별로 사용한 에너지 사용량을 집계하고 분석하는 기능을 제공한다. 부하량 분석 기능은 에너지 수요를 나타내는 각종 설비나 시설에 걸리는 에너지 부하량을 분석해 부하가 많이 걸리는 곳을 탐색하여 부하를 평준화하기 위한 데이터를 제공하고, 이들 토대로 에너지 사용 예측에 필요한 기초 데이터를 제공하는 기능이다.

에너지 효율 분석 기능은 에너지 사용량과 부하량 분석에서 얻은 데이터를 종합하여 현재 에너지 사용에 있어서 비용대비 효율에 대한 분석을 수행하는 기능이다.

에너지 모니터링 기능은 에너지 사용 현황을 에너지 소비 대상별로 24시간 동안 실시간 감시하는 기능을 제공한다. 사용자 지정 보고서 작성 기능은 각종 분석 결과를 종합하

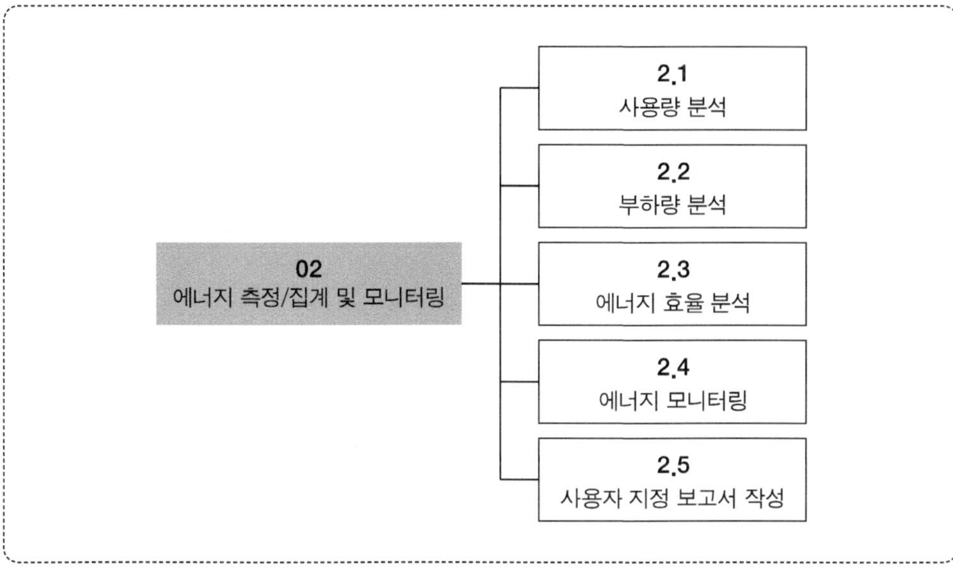

<그림 11-19> 에너지 측정/집계 및 모니터링 서브시스템

거나 선택하여 사용자가 원하는 정보를 보고서로 출력할 수 있게 지원하는 기능이다.

11-6-3. 에너지 사용예측 및 시뮬레이션 서브시스템

에너지 사용예측 및 시뮬레이션 서브시스템은 '에너지 측정/집계 및 모니터링 서브시스템'을 통하여 수집된 각종 에너지 사용 실적 데이터를 기반으로, (1) 가상의 상황을 설정하여 시뮬레이션을 통해 향후 사용될 에너지 소비량을 예측하는 기능과 (2) 건물의 라이프사이클 관점에서 에너지 실적을 평가하여 건물의 보수 및 수리 시기 등을 결정하는 기능과 (3) 설비의 운전 성능을 분석하여 교체 시기 등을 파악하는 기능들로 이루어져 있다. 〈그림 11-20〉에 에너지 예측 및 시뮬레이션 서브시스템에 대한 기능구조도를 나타낸다.

에너지 시뮬레이션 기능은 수집한 에너지 실적 자료를 토대로 가상의 상황을 설정하여 앞으로 일어날 에너지 소비 패턴에 대해 사전 시뮬레이션 하여 에너지 사용을 예측함으로써 에너지 효율을 최대한 높일 수 있도록 지원하는 기능이다. 건물 수명 주기 평가 기능은 에너지 실적 데이터를 토대로 건물의 라이프사이클 관점에서 평가하여 건물의 보수 시기 등을 결정하는 기능을 제공한다.

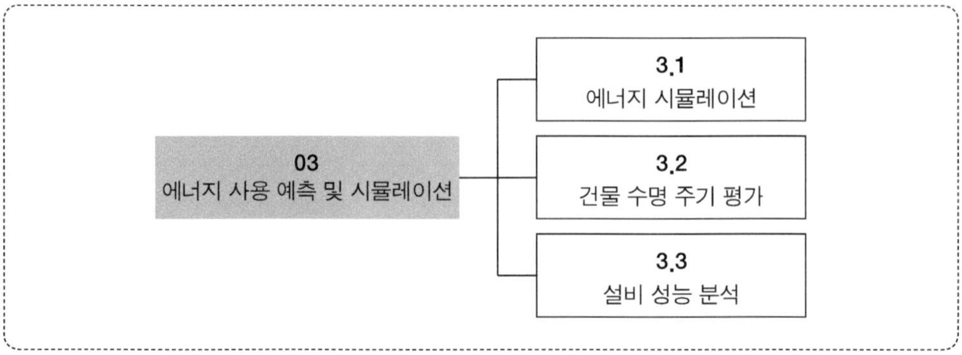

<그림 11-20> 에너지 사용예측 및 시뮬레이션 서브시스템

설비 성능 분석 기능은 설비 운전 상태 및 에너지 사용과 관련된 여러 가지 측정 센서를 통하여 실제 설비의 운전 성능을 분석하여 설비의 교체 시기와 설비의 고장 유무를 파악하는 기능을 제공한다.

11-6-4. 에너지 목표관리 서브시스템

에너지 목표관리 서브시스템은 '에너지 측정/집계 및 모니터링 서브시스템'에서 수집/분석된 데이터와 '에너지 사용 예측 및 시뮬레이션 서브시스템'에서 예측된 에너지 사용 패턴을 기반으로, (1) 실제 에너지 관리 및 절약을 위한 목표를 설정하며, (2) 사용자에게 에너지 관리에 필요한 목표 대비 실적 정보를 적시에 공급하는 기능을 제공한다. 〈그림 11-21〉에 에너지 목표 관리 서브시스템의 기능구조도를 나타낸다.

에너지 절약 목표 설정 기능은 각종 실적 데이터의 분석 결과와 에너지 사용 예측 결과를 이용하여 월/년별로 에너지 절약을 위한 관리 목표를 설정하는 기능을 제공한다.

목표 대비 사용량 분석 기능은 목표 설정 기능에 의해 설정된 절약 목표와 실제 사용량을 지속적으로 비교 분석하여 일/주/월/년별로 예상 목표가 얼마나 정확하게 예측되었는지 또는 어느 정도 달성되었는지 비교 분석하는 기능이다.

목표 대비 효율 분석 기능 역시 목표 설정 기능에서 설정한 목표와 비교하여 실제 어느 정도의 에너지 효율을 나타냈는지를 분석하는 기능으로 목표 대비 편차를 수정하여 가장 이상적인 효율을 나타내는 포인트를 찾아내는 기능이다.

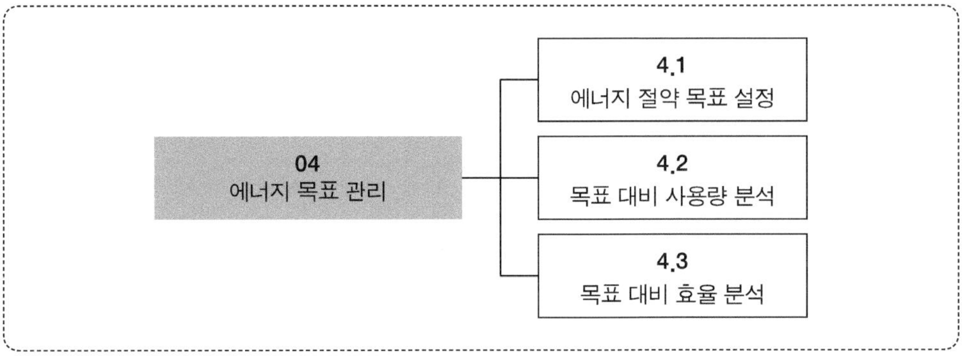

<그림 11-21> 에너지 목표관리 서브시스템

11-6-5. 외부 시스템 연계 서브시스템

외부 시스템 연계 서브시스템은 스마트폰 등 모바일기기를 통해 시스템 운영 상황을 알려주거나, 인터넷 기반 원격 제어를 통해 시간과 장소에 제약을 받지 않고 에너지 사용 관점에서 설비 제어를 할 수 있도록 하는 커뮤니케이션 기능을 제공한다. 또한 ERP (Enterprise Resource Planning) 시스템과 같은 기간 정보시스템과의 연계 기능도 제공한다. 〈그림 11-22〉에 외부 시스템 연계 서브시스템에 대한 기능구조도를 나타낸다.

원격 제어 기능은 에너지 관리 전문 업체를 통해 중소 규모 건물 등의 에너지 관리가 수행될 수 있도록 하기 위해서, 건물에 설치되어 있는 에너지 관리 프로그램을 원격으로 제어하여 관리하는 기능을 제공한다. 스마트기기 연계 기능은 사용자가 직접 에너지 관리시스템 사용을 위해 근무지로 이동하지 않아도 스마트폰 등을 이용하

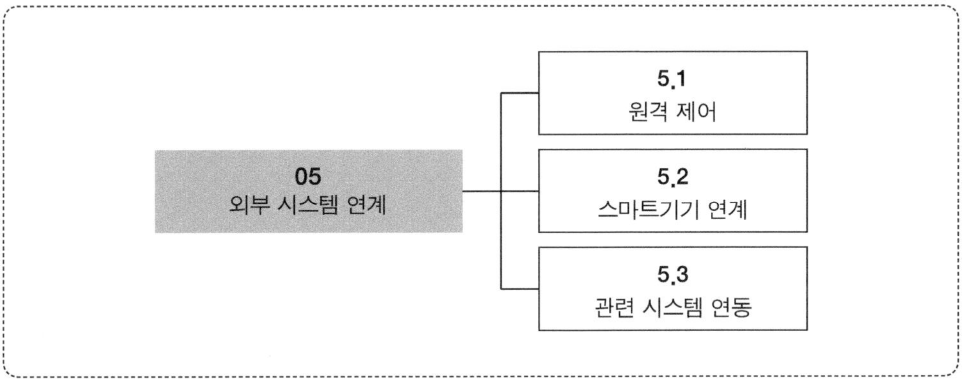

<그림 11-22> 외부 시스템 연계 서브시스템

여 시간과 장소의 제약을 받지 않고 필요한 데이터를 조회 및 분석해 볼 수 있는 기능을 제공한다. 관련 시스템 연동 기능의 경우 해당 기업이 운영하고 있는 관련 정보 시스템과의 연동이나 에너지 사용 분석을 위한 다양한 제3의 소프트웨어와 연결하는 기능을 제공한다.

11-6-6. 설비 제어 서브시스템

설비 제어 서브시스템은 각종 공조기나 계량기 및 조명 등 유틸리티 설비에 대한 제어 및 관리 기능을 제공한다. 공조기 제어와 계량기 제어 및 조명 제어 기능 등이 있으며, '에너지 측정/집계 및 모니터링 서브시스템'을 통하여 수집된 데이터를 이용하여 각 설비들의 운영 시간 및 에너지 효율이 최적 상태를 유지하도록 제어하는 시스템이다. 〈그림 11-23〉에 설비 제어 서브시스템에 대한 기능구조도를 나타낸다.

공조기 제어 기능은 에어컨 및 각종 공조기에 대한 제어를 담당하는 기능으로 '에너지 측정/집계 및 모니터링 서브시스템'에서 수집된 데이터를 토대로 최적의 에너지 효율이 유지되도록 공조기 운영 계획을 설정하고 제어하는 기능을 제공한다.

계량기 제어와 조명 제어 기능 역시 공조기 제어 기능과 동일하게 각 설비들이 최적의 에너지 효율을 유지할 수 있도록 24시간 모니터링을 통해 최적 제어할 수 있는 기능을 제공한다.

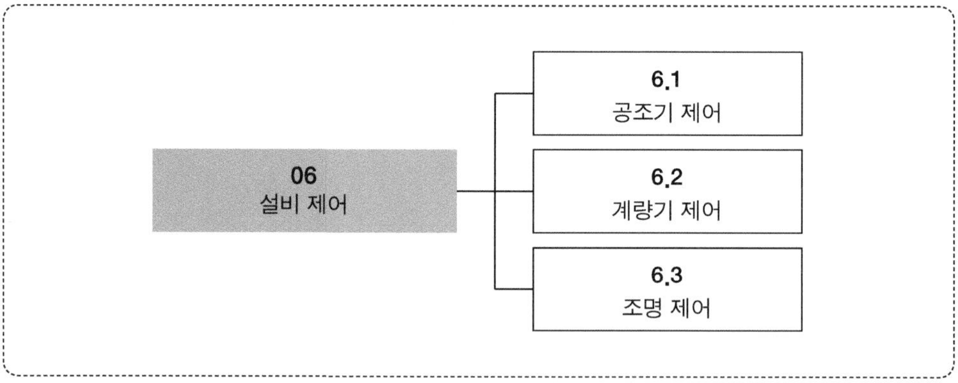

<그림 11-23> 설비 제어 서브시스템

연습문제

1. MES 등장 배경은 무엇인가?

2. MES에 관한 대표적인 정의는 무엇인가?

3. MESA-11 기능모델을 설명하라.

4. c-MES는 무엇인가?

5. MES 관리대상은 무엇인가?

6. MES 주요 정보는 무엇인가?

7. ISO OSI 7계층을 설명하라.

8. OPCUA는 무엇인가?

9. 생산관리 서브시스템의 각 모듈의 기능은 무엇인가?

10. 품질관리 서브시스템의 각 모듈의 기능은 무엇인가?

11. 설비관리 서브시스템의 각 모듈의 기능은 무엇인가?

12. 물류관리 서브시스템의 각 모듈의 기능은 무엇인가?

13. 설비의 가동성, 신뢰성, 보전성의 정의는 각각 무엇이고, 이를 측정하기 위한 측정지표와 계산 공식은 무엇인가?

14. 에너지관리 라이프사이클을 설명하라.

15. 에너지관리 시스템의 6개 서브시스템은 무엇인가?

CHAPTER 12

PLM (Product Lifecycle Management)

12장에서는 먼저 PLM의 정의와 등장배경에 관해 학습한다. 그 후에 전체적인 PLM의 기능을 파악하기 위해 신제품 개발 프로세스를 살펴보고, 이를 지원하기 위한 4개의 PDM 정보객체 관계 모델과 이를 바탕으로 한 PDM 시스템 기능을 8개로 구분하여 살펴본다. 마지막으로 PLM의 확장된 기능과 확장된 2개의 PLM 정보객체 관계 모델을 학습한다.

12-1. PLM 정의와 등장 배경

최근 들어 급변하는 기업 환경에서 생존하기 위해 각 기업들은 신제품개발 및 고객지원 측면에서 제품개발 프로세스를 혁신하고 제품의 전체 수명주기 동안에 발생하는 제품 관련 정보를 효과적으로 관리하여 고객의 요구사항을 적시에 만족시키기 위해 노력하고 있다.

PLM(제품수명주기관리: Product Lifecycle Management)이란 제품의 기획 단계에서 개념설계, 상세설계, 생산 및 고객 서비스에 이르는 전체 수명주기에 걸쳐 제품 정보를 관리하고 고객 및 협력사와의 협업적 제품개발 프로세스를 지원하는 정보관리 시스템이다. PLM은 제품 개발 과정의 효율성을 높이고 기업 내에서 제품 관련 정보를 활용할 수 있는 능력을 향상시킴으로써 더 좋은 의사결정을 가능하게 하여 결과적으로 고객에게 더 큰 가치를 제공할 수 있게 하는 역할을 수행한다. PLM 전문 경영 컨설팅 및 조사/연구 회사인 CIMdata에서는 2002년에 PLM을 "제품 정의 정보(Product Definition Information)의 협업적 생성,

관리, 배포 및 사용을 가능하게 하는 전략적 접근 방법으로서 고객, 설계 조직 및 원자재 공급기업, 제조 기업을 포괄하는 확장 기업(Extended Enterprise)을 지원한다"고 정의하고 있다[CIMdata, 2021].

제조업체의 체계적인 기술정보관리는 1980년대 이후 CAD 시스템 도입의 확대로 기업 내 CAD 파일 수가 점점 증가함에 따라 CAD 파일을 효과적으로 관리하기 위해 CAD 파일의 디렉토리와 색인을 데이터베이스로 관리하고자하는 기술문서 관리(Engineering Document Management) 시스템에서 생겨났다. 그 이후 제품 설계 과정에서 생성되는 BOM 정보와 기술 문서 관리 기능이 통합되어 CAD 모델과 통합된 제품구조 중심의 문서관리 시스템이 개발되었으며, 이로써 제품구조 중심의 기술정보 통합이라는 현대 PDM(Product Data Management)의 기초가 형성되었다. 이어서 기업의 업무 프로세스 절차 자동화에 사용되는 워크플로우와 제품 형상 관리 기능이 도입되어 설계변경 관리 등에 사용되었다.

PDM은 인터넷/웹 기술과 객체지향 기술의 발달에 따라 분산, 개방, 지능형으로 발전을 거듭하였으며, 지원 범위도 기존의 기업 내부 프로세스와 설계 부문 중심의 업무에서 벗어나 기업 간 프로세스 상호작용 지원과 제품수명 전 주기에 걸친 제품 관련 정보를 통합하는 시스템으로 확장되었고, 이를 반영하여 관련 기업과의 협업을 강조하는 CPC(Collaborative Product Commerce)나 cPDM(Collaborative Product Definition Management)이라는 개념이 1990년대 후반에 전자상거래의 확산과 함께 생겨나게 되었다.

그 이후 PLM이라는 용어가 등장하면서 현재는 제품의 수명주기 동안 이루어지는 모든 제품 관련활동들을 계획하고 관리하는 용어로써 PLM이 정착되고 있다. 현재 PLM은 인터넷과 시스템통합 기술 등의 새로운 기술을 적극적으로 활용할 뿐만 아니라 다국적 가상 기업의 출현과 제품 혁신을 통한 시장 경쟁우위 확보 등의 기업경영의 환경 변화까지도 반영하고 있는 추세이다.

12-2. 신제품개발 프로세스[1]

신제품이란 협의의 의미로 다른 제품이 아직 수행할 수 없었던 기능을 수행하는 제품을 의미한다. 이는 기술 발전으로 인하여 새로운 수요를 충족시키거나 새로운 방식으로 생산되는 원초적 제품을 의미한다. 그러나 광의의 의미로는 경쟁사의 제품을 모방하여 새롭게 출시한 제품도 신제품에 포함된다. 신제품 개발은 막대한 비용이 소요되고 성공할 확률이 매우 낮기 때문에 신중한 검토와 노력이 필요하다. 신제품 개발 효과와 개발 성공률을 높이기 위해서는 체계적 절차를 마련하는 것이 좋다.

잘 정의된 신제품 개발 절차는 제품 품질을 보증하는 수단이 되며, 관련 조직의 역할과 책임을 명확히 할 수 있으며, 정보공유 및 의사소통에 도움이 될 뿐만 아니라 개발 일정 및 개발 비용에 대한 통제와 개발 성과 측정이 가능하며 개선의 기회를 파악하는 데 도움이 된다.

신제품 개발 프로세스는 과정 이행 시기에 따라 단계적(Sequential) 개발과 평행적(Parallel) 개발로 구분할 수 있다. 단계적 개발은 각 개발 프로세스를 순차적으로 진행하는 것이며, 평행적 개발은 복수의 개발 프로세스를 동시에 반복 진행하여 개발 기간을 단축함으로써 빠른 시간에 시장에 진입하려는 방법으로 동시공학(Concurrent Engineering)이라고도 한다[조병길, 2020].

단계적 신제품 개발 프로세스는 표준화되어 있지는 않으나 보통 개발 프로세스를 5개의 단위 프로세스로 구분하고 있는데, 이는 〈그림 12-1〉에서와 같이 (1) 제품기획, (2) 시스템설계, (3) 상세설계, (4) 시제품개발, (5) 생산준비로 나눌 수 있다.

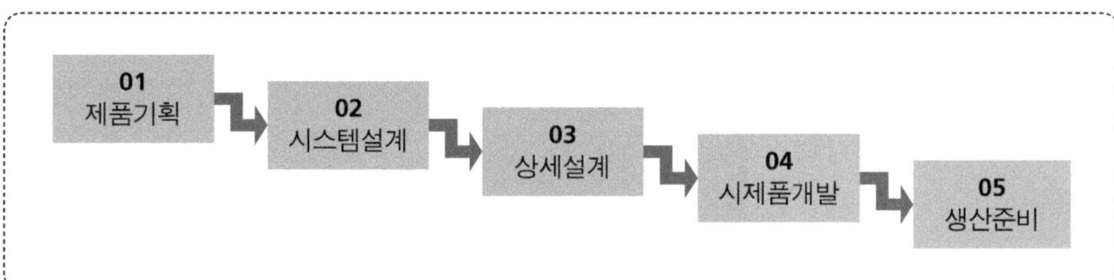

<그림 12-1> 신제품개발 프로세스

---

1 도남철, PLM 이해와 응용, 생능출판, 2014.

12-2-1. 제품기획

제품기획은 (1) 개별 개발 대상 제품을 기획하는 상품기획과 (2) 여러 제품개발 과제를 통합적으로 관리하는 제품군기획으로 나누어진다.

12-2-1-1. 상품기획

상품기획은 제품 개발의 최초 단계이며, 기업의 미래 제품 방향을 결정하는 매우 중요한 활동으로서 고객의 요구로부터 제품개념(Product Concept)을 고안하고 제품의 주요 사양을 결정하는 단계이다. 즉, 상품기획의 주요 3요소인 고객요구, 제품개념 및 제품사양을 결정하는 단계인 것이다.

상품기획에는 설계, 마케팅, 생산, 고객지원 등 다양한 인력이 기획팀에 참여하게 되며, 상품기획의 결과는 제품 개발의 기준으로 사용되기 때문에, 이를 위해 상품기획 내용이 제품개발 담당자에게 정확히 전달되는 것이 매우 중요하다. 상품기획 프로세스는 (1) 고객요구 조사, (2) 제품개념 설계 및 (3) 제품사양 정의 단계로 구성된다.

(1) 고객요구 조사 단계는 상품기획의 처음 단계로써 고객요구를 객관적으로 확인하는 단계이며. 인터뷰나 설문조사를 통한 고객요구 조사와 현재 판매 제품의 시장위치를 확인하고 이상적인 상품 위치를 결정하는 포지셔닝 분석으로 구성된다.
(2) 제품개념 설계 단계는 고객요구에 대한 대응인 제품개념을 생성하는 것으로, 여기서 제품개념이란 제품에 대한 적용기술, 동작 원리, 형태에 대한 설명이며 스케치, 초기 3차원 CAD나 그래픽 모델 및 설명으로 표현한다.
(3) 제품사양 정의 단계에서는 개념설계의 결과로 제품사양이 도출된다. 제품사양은 제품기능에 대한 정확한 표현을 뜻한다.

12-2-1-2. 제품군기획

다수의 제품을 개발하는 기업은 가용자원이 한정되어 있으므로 보유자원을 각각의 제품개발에 효율적으로 배분할 필요가 있다. 그러므로 다수의 제품개발을 전사차원에서 전개하고 관리하는 프로그램 관리기능이 필요하다. 프로그램 관리 중에서 제품군기획은 비교적 장기간에 걸쳐 개발할 제품군 조합을 결정하고, 제품군에 속한 각 제품의 개발 시기를 편성하는 활동으로서 제품 간의 상관관계를 기획하는 활동이다.

제품군기획 프로세스는 (1) 기회 포착, (2) 개발 계획 조정, (3) 자원배분, (4) 개발목표 설정의 단계를 거친다.

(1) 기회 포착 단계는 고객불만, 현재 경향, 고객 의견, 경쟁사 제품 및 기술발전 등을 고려하여 신제품의 시장진출 기회를 포착하는 단계이다.
(2) 개발 계획 조정 단계는 경쟁우위 확보 전략, 시장점유, 기술발전 및 신제품 개발 기회 등을 고려하여 예상 프로젝트를 감안하여 기존에 진행 중인 개발 프로젝트를 조정하는 단계이다.
(3) 자원배분 단계는 각 개발 프로젝트의 소요 자원과 개발 시간을 결정함으로 제품군 개발 계획을 생성하는 단계이다.
(4) 개발목표 설정 단계는 제품군기획에 포함된 각 개발 프로젝트별 개발 목표를 설정하는 단계이다.

PLM 시스템은 기존 PDM 기능에 프로그램 관리 및 요구관리 시스템 기능의 추가로 제품개발 초기 단계인 제품기획을 체계적으로 지원하는 방향으로 확장되고 있으며, 제품 카타로그 데이터베이스, 특허 데이터베이스, 요구관리 기능 및 품질기능전개(QFD: Quality Function Deployment) 등을 지원한다.

12-2-2. 시스템설계

시스템설계는 상품기획에서 준비된 사용자 요구와 제품사양을 기반으로 상호관련 있는 비교적 큰 단위로 제품을 재구성하는 단계로서 제품을 하위 시스템과 구성요소로 분해하여 전체 시스템구조를 결정하며, 시스템 설계를 지원하는 PLM 기능으로는 제품구성 표현 및 적용이 있다.

시스템 설계는 (1) 기능분석, (2) 하위시스템 생성, (3) 요구배분 및 레이아웃 설계, (4) 대안 선택 및 통합 단계로 구성된다.

(1) 기능분석 단계에서는 상품기획에서 작성된 개념설계를 이용하여 제품사양을 만족시키는 기능을 분석하는 단계로서 시스템 요구 사항을 기준으로 계층화된 기능과 기능 사이의 관계를 표현한다.

(2) 하위 시스템 생성 단계는 기능분석 결과로 나타난 각 기능들을 상호관계가 높은 기능끼리 묶어서 몇 개의 집합을 구성하는 과정으로서 설계뿐만 아니라 생산, 판매, 고객지원 등 다양한 사항을 동시에 고려한다.

(3) 요구배분 및 레이아웃 설계에서는 결정된 하위 시스템에 대해 상세설계를 수행하기 위하여 담당 설계 그룹에 할당한다. 분배된 하위 시스템은 목표 제품의 용적, 무게, 무게중심, 비용, 사용전력, 그리고 허용압력 등의 제한된 자원확보를 위하여 다른 하위 시스템들과 경쟁하게 된다. 이와 같이 제한된 자원의 전체적인 조절을 위하여 요구 배분과 이에 따른 레이아웃 설계를 한다. 예를 들면 전체 시스템의 중량, 용적, 그리고 가격이 결정되면 이를 각 하위 시스템에 배분할 수 있다. 이때, 중량, 평균 가용시간 및 가격은 하위 시스템 값의 합이 전체 시스템 값보다 작거나 같아야 한다. 레이아웃 모델의 경우 정해진 용적을 하위 시스템별로 배분하는데, 이때 하위시스템별 무게와 무게중심을 조정하여 시스템 전체의 무게 제한과 무게 중심을 유지하게 된다.

(4) 대안 선택 및 통합 단계에서는 앞 단계에서 생성된 제품 대안을 표현하는 몇 개의 시스템 모델에 대해 정해진 평가기준 및 방법에 의하여 분석되고 평가되는데, 평가된 결과는 민감도 분석을 통하여 검토되고 이를 통하여 최종 대안이 선택된다.

앞의 모든 과정의 결과는 통합 과정을 거쳐 하나의 단일 시스템으로 구성되며, 시스템 통합에서 생성된 중요한 제품 정보는 제품구성 모델이다. 제품구성 모델은 하위 시스템을 표현하는 구성요소와 구성요소를 조합하여 만들 수 있는 제품구성으로 이루어지는데, 제품을 바라보는 시각에 따라 다음과 같은 여러 가지 제품 구성이 존재한다. (1) 기술적 제품구성(Technical Product Configuration)은 기술적인 연관성이나 물리적 제약조건 때문에 생성된 제품구성이다. (2) 마케팅 제품구성(Marketing Product Configuration)은 특정 시장이나 지역특성 차이로 인하여 구분되는 제품구성이다. (3) 판매 제품구성(Sale Product Configuration)은 실제 고객이 구매 시 결정할 수 있는 형태로 제품구성이 이루어진다. (4) 고객지원 제품구성(Product Re-Configuration)은 고객이 이미 구입한 제품에 대하여 새로운 구성을 추가하거나 필요 없는 기능을 제거하고 싶은 경우에 생성될 수 있는데, 그 예로는 비교적 장기간 사용하는 무기 체계에서 많이 볼 수 있다.

12-2-3. 상세설계

상세설계는 제품의 물리적 구현에 필요한 부품 리스트, 제품구조 및 도면 혹은 CAD 파일을 포함한 기술문서를 생성하는 과정으로서, 상세설계의 목적은 제품생산 및 고객지원에 필요한 제품정보를 체계적이고 효과적으로 생성하는 데 있다. 상세설계 프로세스는 (1) 부품리스트 생성, (2) 제품구조 생성, (3) 기술문서 생성, (4) 설계승인, (5) 설계 릴리즈 단계로 구성된다.

(1) 부품리스트 생성 단계에서는 설계자가 필요한 부품을 새로 설계하거나 기존의 부품 중에서 선택하여 부품리스트를 생성한다.

(2) 제품구조 생성 단계에서는 부품리스트에 속한 부품 간의 구성 관계를 추가함으로써 제품구조를 생성한다.

(3) 기술문서 생성 단계에서는 부품리스트와 제품구조가 구체화된 후에 부품에 대한 도면을 생성하는데 최근에는 도면을 대신하여 3D CAD 모델을 생성하고 이로부터 도면을 생성하는 방식을 많이 사용한다. 그런데 위의 세가지 단계는 순차적으로 일어나는 활동이 아니며 동시에 상호 연관되어 일어나는 활동으로서 기본적으로 위의 세 가지 과정을 반복하여 상세설계가 완성된다.

(4) 설계승인 단계에서는 상세설계가 완료된 후에 설계부서 내부에서 해당 설계에 대한 검토와 승인이 이루어진다. 설계에 대해 내부승인이 끝나면 타 부서의 검토와 승인을 거쳐 생산을 준비하게 된다.

(5) 설계 릴리즈 단계에서는 설계승인이 끝나면 관련 부서에 설계를 릴리즈하게 된다. 설계 릴리즈는 설계 완성을 공식적으로 확인하는 단계이고 생산을 시작하는 시점이다.

PLM 시스템은 상세설계 지원을 위해 파트분류, 부품리스트, 제품구조, 제품형상, 그리고 설계변경관리 기능을 제공한다.

12-2-4. 시제품개발

시제품개발 단계는 생산 이전에 설계 사양에 따라 제품을 빠르게 제작, 시험, 그리고 분석하여 제품 양산시 문제가 없는지를 검증하는 과정이다. 시제품개발 단계에서는 목표 제품사양, 컴퓨터 지원해석(CAE: Computer Aided Engineering) 모델, 그리고 시험 결과가 통합적이고 체계적으로 관리될 필요가 있다. 시제품개발의 주요 목표는 설계된 제품의 기능과 품질을 생산 이전에 보증하는 것이며, 제품정보관리 관점에서 시제품개발은 기업이 제품개발 관련 지식을 축적할 수 있는 좋은 기회이다.

시제품 개발의 첫째 결과물로는 시제품을 들 수 있다. 시제품은 완전한 제품 혹은 기능 부품의 형태로 만들어진다. 시제품은 사용 환경과 동일한 조건의 시험을 통해 품질과 기능을 확인하게 된다. 둘째로 제품에 대한 CAE 모델과 이를 통해 계산된 품질과 기능 관련 성능 예측 값이 생성된다. 이 예측 값과 개념설계 단계에서 작성한 목표 제품 사양 값이 비교 분석된다.

12-2-5. 생산준비

생산준비 단계는 제품개발 프로세스의 마지막 단계이며, 설계, 생산, 고객지원 부문 간의 상호작용이 가장 많이 일어나는 프로세스이다. 즉, 생산준비는 설계된 제품의 생산과 고객지원 활동을 위하여 부품, 계획, 시설 및 자원을 준비하는 활동으로서, 대표적인 활동으로는 (1) 생산기술 부서의 공정설계와 제조원가 계산, (2) 자재구매 부서의 부품 조달 준비, (3) 고객지원 부서의 사용자 설명서 등 기술 문서 출판 등을 들 수 있다.

PLM은 기존 상세설계 지원 중심의 PDM 기능을 확장하여 생산과 고객 지원 프로세스까지 지원 범위를 넓히고 있다.

생산준비 활동 중에서 공정설계 과정을 살펴보면, 공정설계는 제품설계를 근거로 제품제조 방법을 계획하는 활동으로서, 여기서 공정이라 함은 원자재를 성형하여 유용한 제품 형태를 만드는 방법을 말하는데, 공정설계의 결과로 공정설계표가 작성되며, 이를 근거로 M-BOM을 작성하거나 새로운 공정의 표준시간을 제정한다. 공정설계표는 반제품이나 완제품을 제작하기 위해 필요한 작업 방법과 순서를 기술한 문서로서 공정

관리 번호, 사용부품, 필요 작업의 절차, 순서 및 내용, 표준 작업시간, 사용 기계 및 공구 등이 명기되어 있다.

공정 설계의 예는 '공정관리번호 10번: 볼조인트(사용부품)에 직경 3.00±0.05인 구멍을 드릴(사용공구)로 뚫는다(작업내용). 작업시간은 10분(표준작업시간)이다'와 같다.

공정설계가 완료되면 제조원가 계산이 가능해진다. 제조원가 계산을 통해 현재 개발 중인 제품이 목표 비용을 만족하고 있는지를 확인하는 것은 매우 중요하다. 제조원가는 (재료비 + 노무비 + 경비)의 합으로 계산될 수 있으며, 공정설계 결과인 M-BOM과 공정계획표를 이용하여 계산한다. 제조원가 계산은 설계 외의 분야에도 판촉 방법 및 전략, 최종 가격 결정 등에 중요한 자료를 제공한다[한관희, 2003].

12-3. PDM 정보객체 관계모델[2]

제품생산에서와 마찬가지로 제품개발에 관련된 모든 개선 혹은 혁신 활동은 제품의 품질, 비용 및 개발 시간의 세 가지 요소를 개선하는데 목표를 둔다. 즉, 품질 측면에서는 보다 복잡하고 신뢰도 높은 제품을 오류없이 개발함으로써 신제품의 품질을 향상시키고자 하며, 비용 측면에서는 신기술 및 신소재 도입, 시작품 감소나 오류 방지로 신제품 개발 비용을 감소시키고자 하며, 시간 측면에서는 제품개발 시간의 단축으로 고객의 요구에 신속하게 대응하고 시장점유율을 높이고자 하는 것이다. 이를 위해 PDM은 방대한 양의 설계 정보를 효과적으로 관리하여 양질의 제품을 신속하고 경제적으로 개발하도록 지원하는 역할을 한다.

PDM의 관리대상은 파트 및 BOM(Bill Of Material) 데이터, 기술문서, CAD 도면, 이미지 파일 등과 같은 정보객체(Information Object)들이다. 이들 정보객체들은 상호 여러 가지 형태로 복합적인 연관관계를 갖고 있어서 제품개발 단계가 진행될수록 정보객체 간의 연관관계를 파악하기 어렵게 된다.

정보객체 관계모델은 이러한 복잡한 연관관계를 어떤 특정한 시각에 의해 파악하

2 한관희, 박찬우, 제품 정보 관리 시스템 개발을 위한 기능 분석에 관한 연구" 한국 CAD/CAM 학회 논문집, Vol.7, No.1, pp.42-56, 2002.

여 제품 관련 정보객체들에 대한 통합적인 시야를 제공하고자 하는 것으로, 비유하여 표현하면 곳곳에 산재해 있는 제품관련 데이터들을 특정한 분류 기준에 의해 엮어내는 프레임워크를 제공하는 것이다.

기존에 발표된 PDM 정보객체 관계모델에 관한 연구로는 PPO(Product-Process-Organization) 모델, 3PH(Product-Process-Project-Human) 모델 및 PPR(Product-Process-Resource) 허브 등을 들 수 있는데, 이들은 모두 유사한 모델링시각을 제공하고 있다. PPO 모델은 제품개발 프로세스에 존재하는 정보를 제품, 프로세스와 조직 정보로 나누어 관리하여 제품개발 프로세스와 관련된 정보를 효율적으로 표현, 관리하고자 제안되었으나, 제품개발 과정에서 나오는 데이터들을 모두 표현하지 못하고, 변화하는 조직 정보나 동적인 프로세스 정보를 표현하는데 한계를 가지고 있다. 3PH 모델은 이러한 PPO모델의 한계를 개선하고자 제안되었으며 휴먼(Human)이라는 주체적인 정보 생성자를 표현함으로써 조직 변화에 대한 유연성을 가지게 하였고, 이 휴먼을 중심으로 프로세스와 프로젝트 및 제품을 통합하려는 시도를 하였다. 그러나, 3PH 모델은 전체 제품개발 프로젝트 내에서의 3PH 각각의 역할은 설명되고 있으나 각 구성요소들 간의 연관관계가 불명확하며, 특히 특정 프로젝트 내에서의 프로세스 모델의 역할이 불분명하고, 프로세스를 수행하는 주체를 단위설계자(휴먼)로 모델링함으로써, 조직도 상에 나타나지 않는 CFT(Cross Functional Team)와 같은 한시적이고 고정화되지 않는 팀관리에 대한 개념이 제외되었고, 전체 모델을 표현할 때 정보공학 방법론이나 객체지향 모델링 방법 등과 같은 형식화된 방법론을 사용하지 않았다.

위에서 제시된 세 가지 모델의 한계점을 개선하기 위해 한관희(2002)에서 제안된 객체지향 기반의 4P 모델(Product-Process-Project-Participant)에서는 '제품개발 과정은 참여자(Participant)가 하나의 작업단위(Project)를 구성하여 적합한 개발절차(Process)들을 수행하여 목표로 하는 제품(Product)을 생산해내는 과정'이라고 정의하였다. 이 과정에서 제품관련 정보객체들은 (1) 개발 프로젝트의 산출물인 '제품'의 관점에서, (2) 제품개발시 수행되는 '프로세스'의 관점에서, (3) 제품개발 업무 단위인 '프로젝트' 관점에서, 마지막으로 (4) 제품개발 과정에 참여하는 '참여자(광범위하게는 '자원')' 관점에서 모두 일관되고 종합적으로 연결될 수 있어야 한다. 즉, 4P 모델이란 제품개발 과정의 구성요소인 프로세스, 제품, 프로젝트, 참여자들의 대표 속성을 식별하고 상호 연관관계를 정의한 모델로서, 프로세스는 참여자에 의해 수행되며, 프로젝트는 참여자들을 조직화하여 제품을 산출해

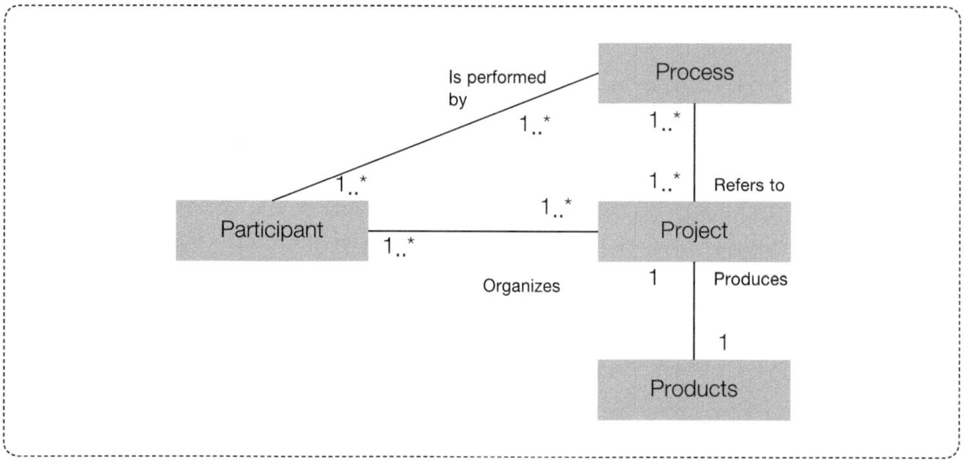

<그림 12-2> 4P 정보객체 관계 모델 모델

내고, 이 과정에서 사전 정의된 프로세스를 참조하여 단위업무를 구성하여 실행하는 상호관계를 형성한다.

4P 모델에서 참여자는 단위작업자나 역할 및 조직(팀)에 의해 정의되며 프로세스의 수행 주체가 된다. 프로젝트는 제품개발이 수행되는 단위를 의미하며 참여자는 프로젝트에 참여한다. 제품은 특정 프로젝트에서 생성되는 산출물을 의미하고 완제품, 부품 등을 포함한다. 마지막으로, 프로세스는 사용자의 요구사항을 제품으로 변환하는데 필요한 여러 가지 활동들의 집합을 의미하며 프로젝트를 수행하는 템플리트(Template)의 역할을 한다. <그림 12-2>는 4P 간의 관계를 UML(Unified Modeling language) 클래스 다이어그램으로 표현한 것이다.

아래 절에서는 4P 정보객체 모델의 각 P에 해당하는 서브모델 단위로 관련된 정보객체들의 대표 속성과 상호 연관관계를 UML 클래스 다이어그램으로 표현함으로써, PDM 시스템 내에 존재하는 정보객체들 사이의 상호 연관관계를 파악하고자 한다.

12-3-1. 제품 서브모델

<그림 12-3>에 제품 서브모델에 대한 UML 클래스 다이어그램을 나타내고 있다. 제품과 관련된 정보객체는 크게 완제품모델과 완제품모델을 구성하는 컴포넌트로 나눌 수 있고, 이들은 모두 식별번호, 이름, 유형, 상태 등과 같은 공통 속성을 가지고 있으므로 파트

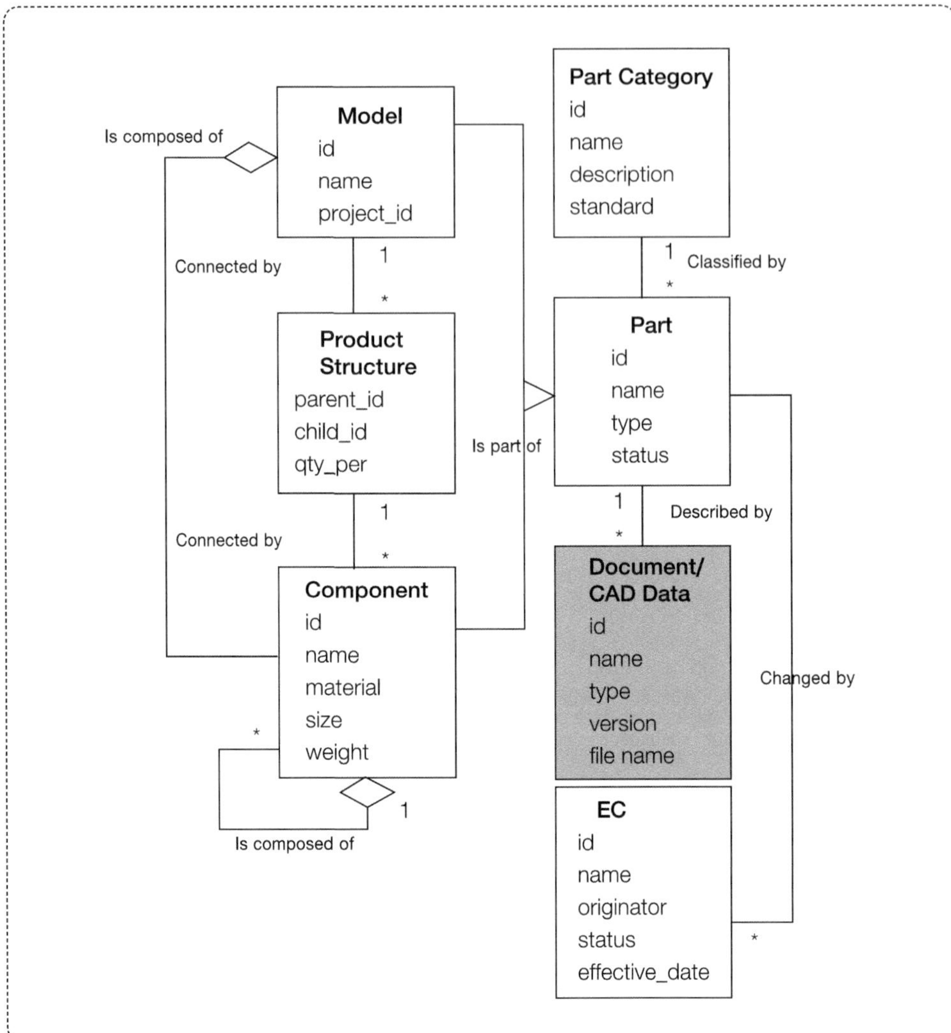

<그림 12-3> '제품' 서브모델

(Part)라는 슈퍼클래스에서 상속받는다. 컴포넌트는 최하위 부품과 조립품으로 나뉘고 하나의 컴포넌트는 복수의 컴포넌트로 구성될 수도 있으므로 그 관계를 표현하기 위해 자기 자신과 재귀적 관계를 갖으며 재질, 크기, 중량과 같은 물리적인 특성치들을 대표 속성으로 갖는다. 그리고, 제품의 구조를 BOM으로 표현하기 위해 모델과 컴포넌트, 컴포넌트와 컴포넌트 사이에 상하관계를 연결하는 제품구조 클래스가 존재하며, 이 연결 클래스는 부모-자식 간 상하관계과 소요수량 속성을 갖는다. 추상클래스인 파트는 문서/CAD데이터 클래스와 연결되고, 파트유형 클래스에 의해 분류되며, EC(Engineering Change) 클

래스에 의해 설계변경된다. 즉, 파트-문서/CAD데이터 연관관계에 의해 제품 서브모델과 프로세스 서브모델이 연결된다.

12-3-2. 참여자 서브모델

참여자 서브모델에 대한 UML 클래스 다이어그램은 〈그림 12-4〉와 같으며, 참여자(Participant)는 하나 이상의 역할(Role)을 가질 수 있고 하나 이상의 팀(Team)에 소속될 수 있다. 프로세스 수행 시에 각 단위업무를 수행하는 주체는 단위작업자, 역할, 팀이 될 수 있는데 여기서 팀은 조직도에 나타나는 조직일 수도 있고 프로젝트 팀과 같은 한시적인 조직일 수도 있다. 그리고, 일반적으로 하나의 참여자는 정해진 하나의 조직에만 속한다는 가정을 제한하지 않고, 참여자와 조직(팀) 사이를 다대다 관계로 설정함으로써, CFT와 같은 한시적이고 유동적인 조직을 표현할 수 있게 하였다. 특정한 참여자의 소속 팀 정보는 '팀할당 클래스'에 의해 표현되며 복수의 팀에 소속될 수 있다. 참여자와

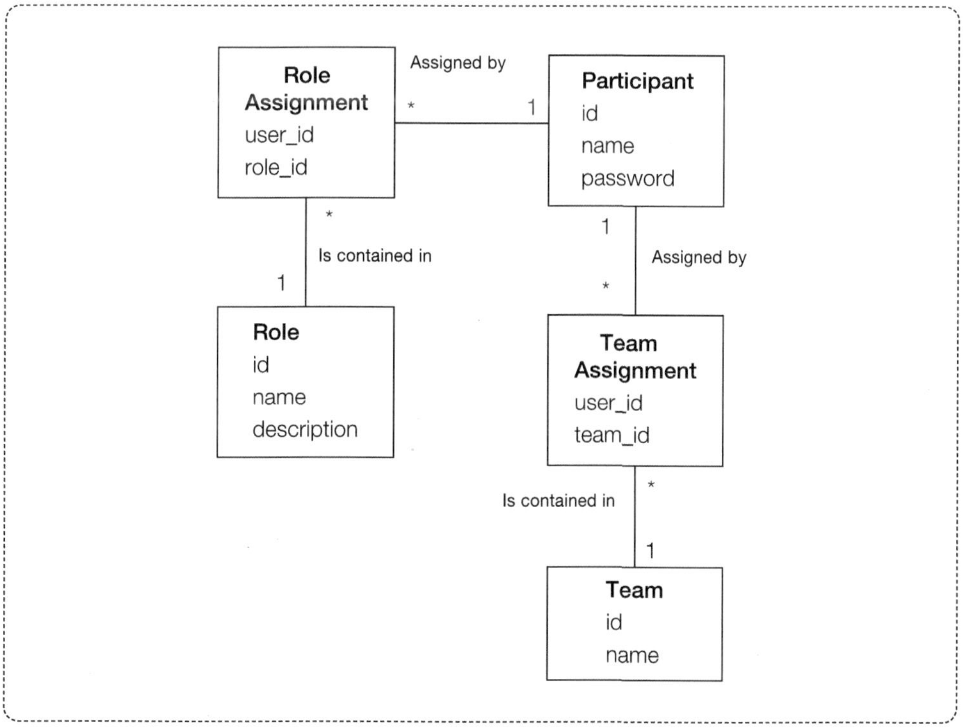

<그림 12-4> '참여자' 서브모델

역할의 관계도 일반적으로 다대다 관계이며, 특정한 참여자에 대한 역할할당은 '역할할당 클래스'에 의해 표현되며 복수의 역할을 가질 수 있다.

12-3-3. 프로세스 서브모델

프로세스 정보는 프로젝트 수행시의 각 단위작업을 정의하기 위한 템플리트 역할을 하며, 프로젝트 수행상의 각종 변화를 동적으로 표현할 수 있는 구조를 가져야 한다. 〈그림 12-5〉에 프로세스 서브모델에 대한 UML 클래스 다이어그램을 나타낸다.

하나의 워크플로우(Workflow) 프로세스는 복수의 활동들로 구성되며 '활동 클래스'는

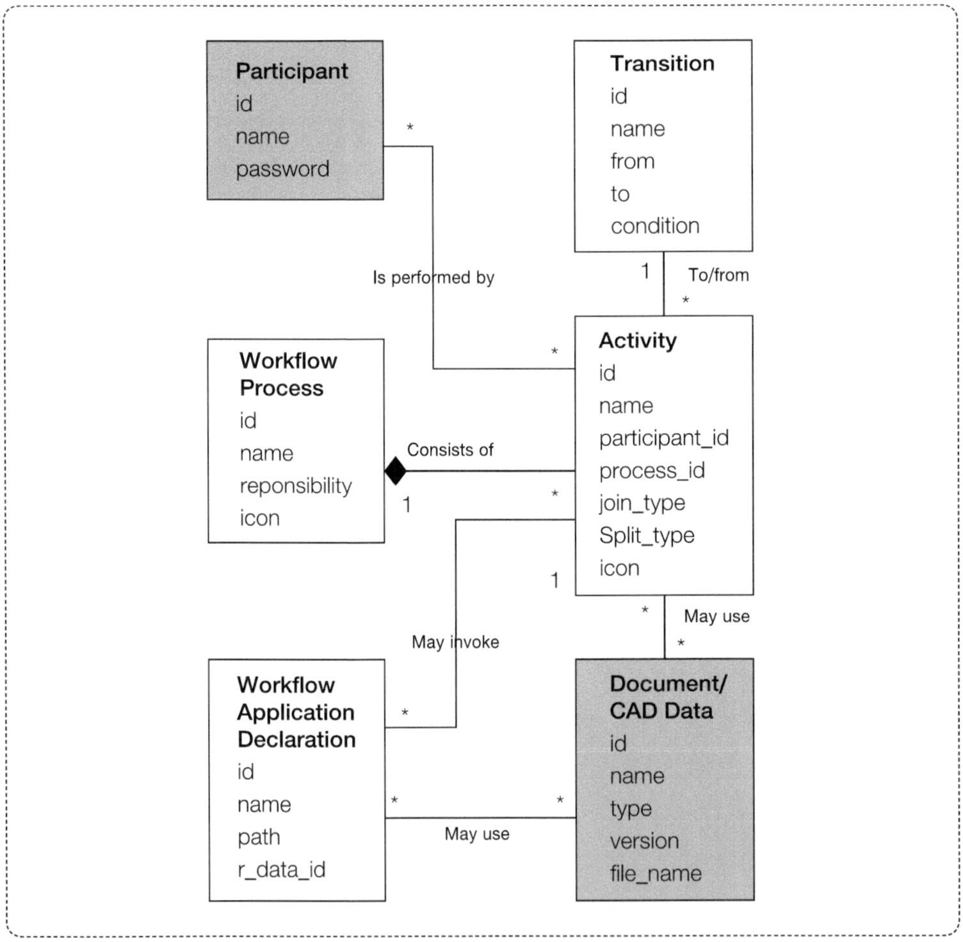

<그림 12-5> '프로세스' 서브모델

주요 속성으로 식별자, 이름, 참여자, 프로세스 이름과 활동들의 분기와 병합 유형 등을 가지고 있다. 이러한 활동들은 참여자에 의해 수행되는데, 여기서 참여자는 구체적인 단위작업자나 역할, 팀(조직)이 될 수 있으며 활동들 간의 연결은 '전이(Transition)' 클래스에 의해 관리되고, 각 활동들은 활동 수행시에 필요한 문서/CAD데이터를 사용할 수 있고 수행 시에 요구되는 응용 소프트웨어 정보를 불러올 수 있다. 이와 같이 프로세스 서브모델은 활동-참여자 연관관계에 의해 참여자 서브모델에 연결되며, 활동-문서/CAD 데이터 연관관계에 의해 제품 서브모델에 연결된다.

12-3-4. 프로젝트 서브모델

프로젝트는 제품개발시 실제적으로 발생하는 단위 업무들을 일정과 예산 제약 하에서 수행하는 단위로 〈그림 12-2〉에서 보듯이 4P모델의 각 서브모델을 연결하는 통합적인 시각을 제공한다. 〈그림 12-6〉의 UML 클래스 다이어그램에서 나타나듯이 프로젝트는

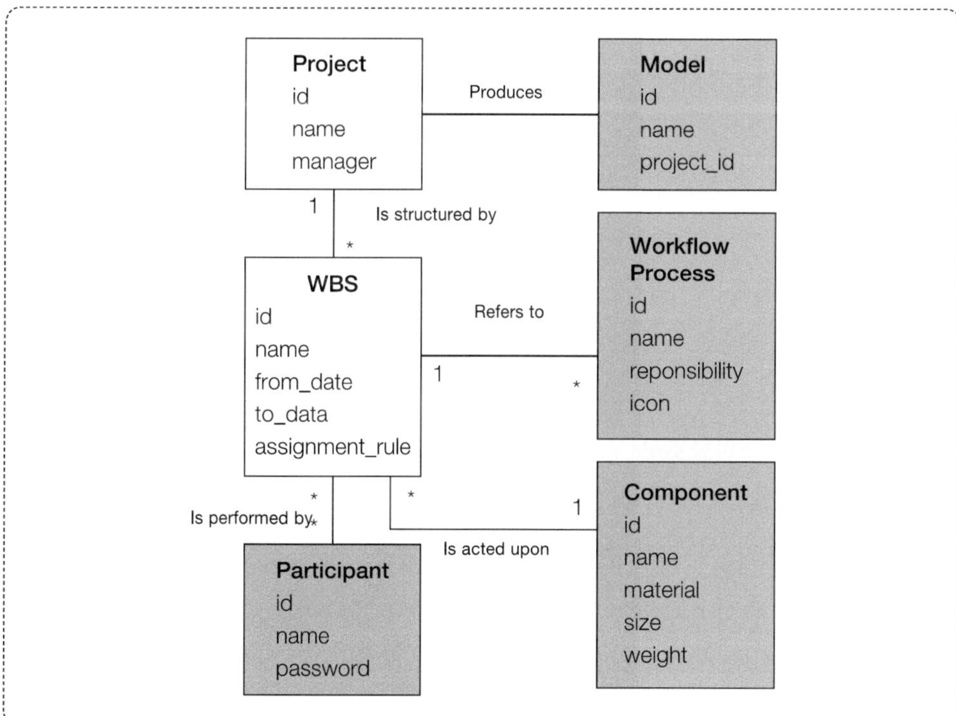

<그림 12-6> '프로젝트' 서브모델

해당 프로젝트의 수행 목적인 완제품모델과 연결되며, 프로젝트의 구체적인 수행 과정은 WBS(Work Breakdown Structure)로 상세화되고, WBS는 사전에 정의된 워크플로우 프로세스를 템플리트로 하여 수정과 추가를 함으로써 정의된다. WBS 내의 각 단위업무를 수행하기 위해서는 참여자를 지정해야 하며, 이 때 참여자가 구체적인 업무담당자가 아닌 역할이나 팀으로 정의된 경우에는 프로세스 실행환경에서 작업자 할당 규칙을 실행해야 한다. 이를 위해 WBS 클래스의 속성으로 작업자 할당 규칙이 정의되어 있다. 각 단위업무의 업무 대상은 컴포넌트 클래스를 지정하여 연결함으로써 이루어진다. 이와 같이 프로젝트 서브모델은 '모델 클래스', '컴포넌트 클래스', '참여자 클래스' 및 '워크플로우 프로세스 클래스'를 통해 프로세스 서브모델, 제품 서브모델 및 참여자 서브모델과 연결된다.

12-4. PDM 시스템 기능

PDM 시스템은 제품의 개념 정의에서부터 설계, 개발, 제조, 출하 및 고객 서비스에 이르기까지, 제품수명주기 전반에 걸쳐 발생되는 복잡하고 다양한 제품정보를 통합적으로 관리하는 시스템으로서 제품 품질의 향상, 개발 리드타임 단축, 원가절감, 설계변경 감소, 부품수 감소, 제조상의 오류 감소 등의 효과를 기대하는 이른바 제품개발 부문의 혁신을 위한 핵심 지원시스템이다.

기업에서 사용하는 제품 정보는 제품 설계에서 폐기까지 방대한 양이 생성되고, 종이 인쇄, 데이터베이스, 도면, CAD 모델, 영상 등 다양한 형태로 저장되거나 유통되며 고객, 협력업체 등 기업 내·외부의 다양한 조직에 의해 사용되며 시간의 흐름에 따른 변화를 기록해야 하므로 서로 다른 다수의 버전이 존재하고 제품의 전 수명주기 동안의 관리가 필요하므로 수년에서 수십 년에 걸쳐 데이터의 가용도가 확보될 필요가 있다. 이러한 제품정보의 특성을 반영하여 PDM은 제품설계 부서의 제품개발 관련 정보와 프로세스를 효과적으로 관리하기 위한 컴퓨터와 네트워크 기반 정보시스템이라고 할 수 있으며, 주요 제공 기능으로는 부품 관리 및 분류, 기술 문서 관리, 제품 구성 및 구조관리, 설계변경을 포함한 업무 처리 프로세스 관리, 프로젝트 관리 및 타 정보시스템과의 인터페이스를 들 수 있다.

<표 12-1> CIMdata PDM 응용 모델

응용계층	**응용시스템** 제품구성 관리, 문서 관리, 협업 관리, 프로젝트 관리	
기능 계층	**사용자 기능**	**유틸리티 기능**
	• 자료 저장소 및 문서 관리	• 의사교환 및 통지
	• 워크플로우 관리	• 자료전송 및 변환
	• 제품구조 관리	• 도면 서비스
	• 기준부품 분류	• 사용자 접근권한 및 수명주기관리기능
	• 프로젝트/프로그램 관리	• 응용 프로그램 통합

이와 같이 복잡한 PDM 기능을 표현하기 위해 CIMdata에서는 1997년에 'PDM 응용 모델'을 제안하였으며, 이는 PDM 기능 설명에 가장 많이 인용되는 모델이다. PDM 기능 모델은 〈표 12-1〉에서 나타난 바와 같이 크게 기능 계층과 응용 계층의 두 계층으로 구성되며, 응용 계층은 하위 기능 계층의 구성 요소들을 조합하여 구성할 수 있다.

기능 계층은 다시 사용자 기능과 유틸리티 기능으로 나누어지며, 사용자 기능은 제품 정보 관련 활동을하는 모든 사용자들을 지원하기 위해 PDM 시스템이 제공하는 가장 기본적인 기능들이다. 유틸리티 기능은 기본 기능 이외에 사용자 환경과 외부 시스템 인터페이스를 포함하는 보조 기능을 제공한다. 사용자 기능으로는 자료 저장소 및 문서 관리, 워크플로우 관리, 제품구조 관리, 기준부품 분류 및 프로젝트/프로그램 관리를 들 수 있다. 유틸리티 기능으로는 의사교환 및 통지, 자료전송 및 변환, 도면 서비스, 사용자접근권한 및 수명주기관리기능과 응용 프로그램 통합을 들 수 있다.

응용 계층은 기능 계층에서 제공하는 기능들을 조합하여 특정한 산업이나 특정 제품 개발에 적합한 특화된 업무 지원 기능을 구성할 수 있다. 응용 시스템 구성의 예로는 제품구성 관리, 문서 관리, 협업 관리 및 프로젝트 관리 등을 들 수 있다.

본서에서는 PDM 시스템 기능을 체계적으로 표현하기 위하여 12-3절의 4P 정보객체관계 모델과 12-4절의 CIMdata의 PDM 응용 모델을 참고하여 '4P PDM 기능 아키텍처'를 구성하였으며, 이는 〈그림 12-7〉에서 나타난 바와 같이 8개의 서브 시스템으로 구분된다.

즉, 제품-프로세스-프로젝트-참여자의 4P를 핵심기능으로 삼고, 그 위에 (1) 문서/CAD 데이터 등 각종 정보객체를 관리하는 문서/CAD데이터 관리 기능과, (2) 사용자권한 관리 및 보안등 전체 시스템의 운영관리 기능과, (3)CAD 시스템이나 ERP 시스템 및 웹과의 통합 등 타 시스템과의 인터페이스 기능 및 (4) 제품개발 프로세스에 있어서의 해당기업의 특수한 요구 기능을 수용하는 개발업무 지원 기능을 추가로 배치하였다.

〈그림 12-7〉에서 보듯이 4P 핵심 서브시스템을 중심으로, 아래쪽으로는 4P를 공통적으로 지원하는 '문서/CAD데이터 서브시스템'과 '시스템 운영관리 서브시스템'이 기반구조를 형성하고 있고, 오른쪽에는 타시스템과의 연계를 위한 '인터페이스 서브시스템'이 자리하고 있으며, 왼쪽으로는 PDM의 일반적인 기능 이외에 해당기업에서 추가적으로 요구되는 독자적 기능들이 별도로 분리되어 위치하고 있다. 이처럼 한관희(2002)에서 제시한 4P PDM 기능 아키텍처는 각 서브시스템 사이에 낮은 결합도(Coupling)를 갖게 PDM 기능을 분류함으로써, 서브시스템 내에 변화가 발생해도 전체 시스템에는 영향이 최소화되도록 하였다.

이하에서는 8개 PDM 서브시스템의 기능을 상세하게 살펴보도록 한다.

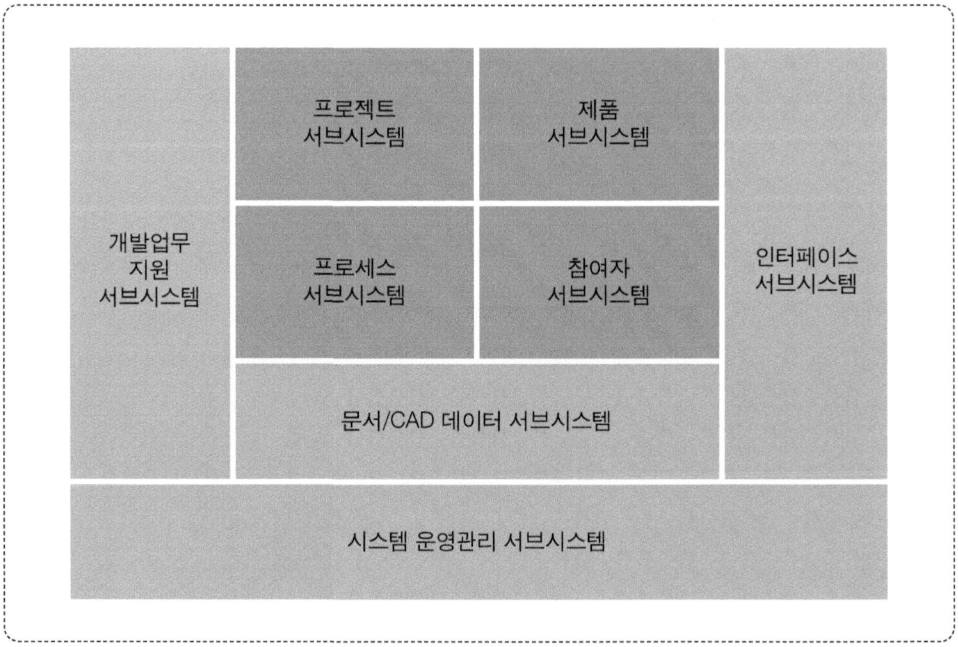

<그림 12-7> 4P PDM 기능 아키텍처

12-4-1. 문서/CAD데이터 서브시스템

문서/CAD데이터 서브시스템은 정보객체 저장소로서 PDM 시스템에서 관리되는 모든 문서 및 CAD데이터의 저장/검색 기능을 수행하며, PDM 시스템 내의 모든 데이터는 해당되는 제품정보와 연결되어 특정 제품에 대한 통합적인 시각을 제공한다. 〈그림 12-8〉은 문서/CAD데이터 서브시스템에 대한 기능구조도를 나타낸다.

문서/CAD데이터 서브시스템은 메타데이터관리, 등록/검색, 보안/접근관리, 변경관리 및 제품데이터 연결기능으로 세분화된다. 메타데이터관리에서는 3차원 형상모델, 도면, 배치도, 해석결과보고서, 시험데이터, 규격서, 설계변경의뢰서 등 문서 또는 도면 데이터가 만들어진 파일 형식과 속성 자체를 객체로 인정하여, 이들에 관한 데이터를 메타데이터로 구축하고 그 결과를 전자적인 목록으로 구성한다.

등록/검색에서는 제품관련 각종 문서 및 CAD데이터들을 사전 승인 절차에 의해 전자금고(Data Vault)에 등록하고 메타데이터를 이용한 각종 검색 기능을 수행한다. 보안/접근관리 기능 중에서 데이터 접근관리에서는 전자금고 내 데이터의 개별적 비밀 등급별로 접근권한을 관리하고, 데이터 내용 변경관리에서는 데이터 생성 작업이 진행되는 중에는 작업자가 내용의 임의 수정 및 저장이 가능하나, 승인된 데이터 또는 승인 프로세스가 진행 중인 데이터는 각 단계별 결재자 이외에는 내용 변경이 불가능하도록 관리가 이루어진다.

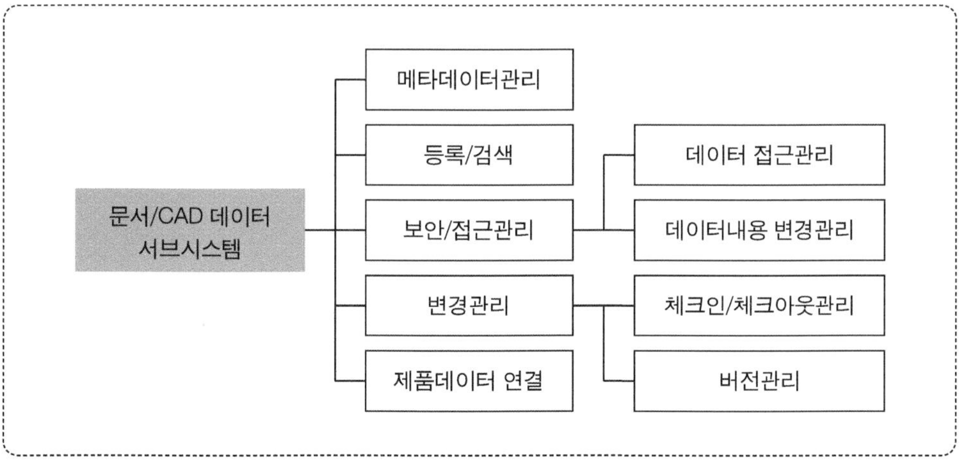

<그림 12-8> 문서/CAD데이터 서브시스템 기능구조도

변경관리 기능 중에서 체크인/아웃(Check-In/Check-Out)관리는 신규 또는 수정된 데이터를 PDM 시스템 관리 하에 있는 마스터 저장소에 저장하는 프로세스인 '체크인 프로세스'와 PDM 시스템의 마스터 저장소에 있는 데이터를 변경 또는 참조하기 위하여 접속하는 '체크아웃 프로세스'로 이루어진다. 버전(Version)관리 기능에서는 저장된 데이터의 버전별 이력을 관리하고, 최신 데이터가 활용될 수 있도록 관리한다.

제품데이터 연결관리는 제품과 관련된 모든 데이터가 정보객체로 정의되어 서로 간의 관계를 연결하는 기능이며, 분류체계 및 부품, 문서, 파일, 프로젝트, 주문 등과 같은 제품과 관련된 모든 정보를 객체 간의 연결 관계로 구성하여 관리한다.

12-4-2. 프로세스 서브시스템

프로세스 서브시스템은 제품개발 과정에서 발생하는 각종 개발절차 및 변경/승인절차를 기업의 업무규정에 의거하여 워크플로우를 관리하는 기능으로 〈그림 12-9〉는 프로세스 서브시스템에 대한 기능구조도를 나타낸다. 프로세스 서브시스템은 워크플로우관리, 설계변경관리, 설계변경 이력관리 및 제품완성도관리로 구성된다.

워크플로우는 "전체적인 조직의 목표를 달성하기 위해 정해진 규칙들에 의거하여

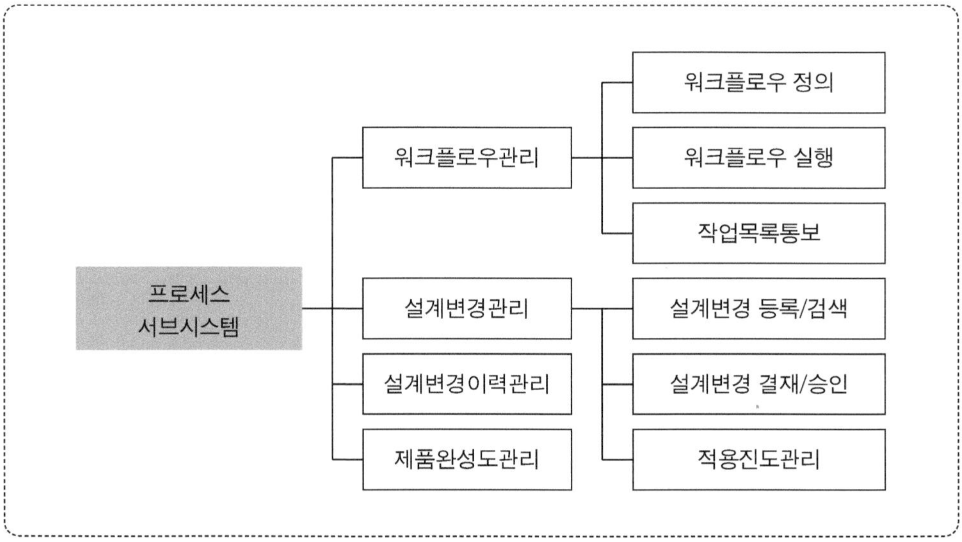

<그림 12-9> 프로세스 서브시스템

참여자들 사이의 정보 및 업무가 전달되는 절차와 과정들을 자동화하는 것"이라고 정의되며, 워크플로우관리는 워크플로우 정의와 실행 및 작업 목록 통보기능으로 이루어져 있다. 워크플로우 정의기능은 업무 흐름의 논리적 표현에 따라 워크플로우와 관련된 처리작업이나 각 단계의 활동, 담당자 및 필요한 문서 등을 사전에 정의하고 모델링하는 기능으로, 배포처 지정, 업무지정, 검토자 권한지정, 문서수신 통보, 의견첨부, 전자승인, 검토기한 설정 등의 세부기능을 정의한다. 워크플로우 실행은 사전에 정의된 프로세스/단위업무 정의를 해석하여 프로세스를 진행시키는 것으로 워크플로우 엔진에 의해 수행된다. 작업목록 통보기능은 워크플로우의 진행에 따라 각 단계별 담당자의 역할 및 작업내용, 데이터 등을 작업담당자에게 통보하는 기능을 제공한다.

설계변경관리도 일종의 워크플로우이지만 제품개발 과정에서 중요한 위치를 차지하기 때문에 별도로 분리된 것으로, 설계변경관리 중에서 설계변경 등록/검색은 설계변경에 필요한 워크플로우 정의 및 설계변경 요청서, 설계변경 통보서 등과 같은 관련문서를 작성, 검색하는 기능을 제공하며, 설계변경 결재/승인은 설계변경된 사항을 검토하고 결재 및 승인하는 기능이며, 적용진도관리는 설계변경 요청후 승인이나 승인 결과의 적용 상태 등에 대한 종합적인 검색 및 관리 기능을 수행한다.

설계변경 이력관리는 설계변경 요청에 따른 기술검토, 변경조치, 변경사항, 변경자, 검토자, 승인자 등 설계변경에 관한 각종 이력을 관리한다. 제품완성도 관리는 제품 개발단계별로 요구되는 형상수준 또는 설계완성도 등을 진척도(%)나 작업중, 완료 등과 같은 상태로 등록하고 관리하는 기능이다.

12-4-3. 제품 서브시스템

제품 서브시스템은 제품구조, 형상 및 분류 등 제품에 대한 통합적인 정보관리를 수행하며, 〈그림 12-10〉에 제품 서브시스템에 대한 기능구조도를 나타낸다. 제품 서브시스템은 제품구조관리, 제품형상관리 및 파트분류관리로 세분화된다. 제품구조관리는 부품표(Part List), 조립품 및 BOM 구조를 생성하고 유지하며 PDM 시스템에서 관리되는 각종 정보객체들을 이 제품구조에 연결시킨다. 제품형상관리는 제품형상에 영향을 주는 옵션(Option) 적용, 대치품 사용 등에 따른 제품형상의 변경사항과 형상 변경의 유효성(Effectivity) 관리를 수행한다. 파트분류관리는 기능이나 형상 등의 속성이나 특성에 의한

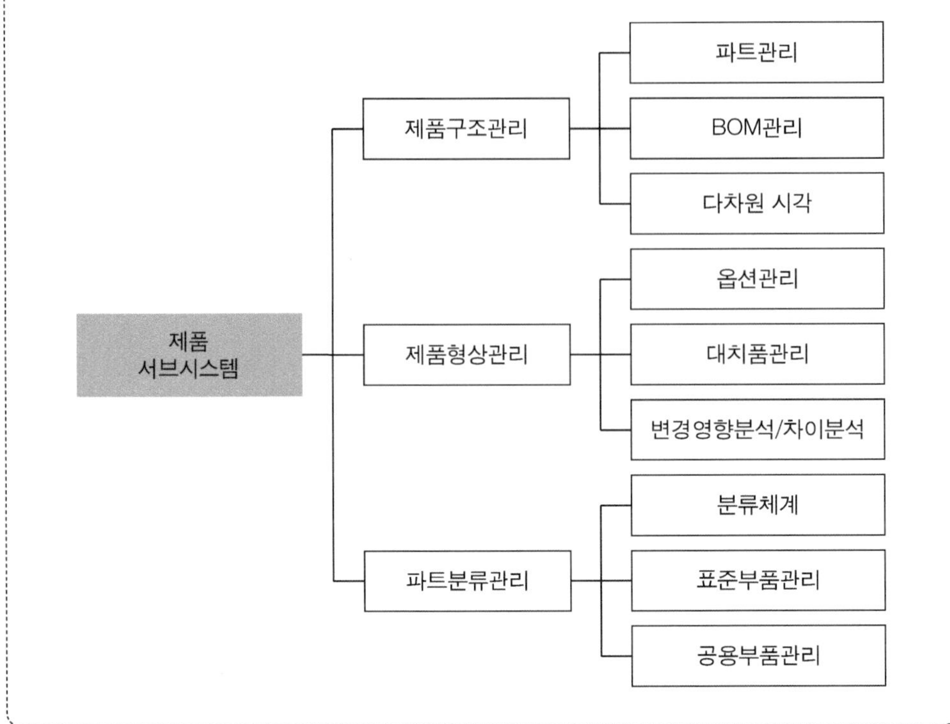

<그림 12-10> 제품 서브시스템

파트 분류체계를 이용하여 표준부품/공용부품을 관리한다.

제품구조관리 중에서 파트관리는 파트를 신규 생성하고 파트의 검색 및 파트의 이력관리 등을 수행하는 기능으로, 파트는 신규 파트 생성이나 기존 파트의 복사/변경 등의 방법으로 생성되며, 크게 조립품(Assembly)과 부품(Component)으로 구분한다. BOM관리는 파트와 파트 간의 상하관계를 규정하고 제품을 구성하고 있는 조립품, 부분조립품, 부품 간의 계층구조를 생성하고 관리하는 기능이다. 다차원 시각(Multiple View)은 제품구조를 여러 가지 시각으로 보여 주는 기능으로 파트리스트, 다단계(Indented) BOM이나 역전개(Where-Used) 리스트 등을 그래픽하게 보여준다.

제품형상관리 중에서 옵션관리는 특정 옵션부품의 사용에 따른 제품구조의 변화 및 영향성을 검색, 정의, 수정하는 기능을 제공하며, 대치품관리는 제품구조상에서 특정한 부품에 대해 대치가능한 부품의 승인 및 관리기능을 수행한다. 변경영향 분석에서는 제품구조 또는 특정 파트의 변경 등이 다른 구성요소에 미치는 영향력의 파급효과를 분석하여 보여주는 기능을 제공하고, 차이분석에서는 2개의 제품구조 사이의 차이점을 보여준다.

파트분류관리 중에서 분류체계는 파트를 기능별, 형상별, 재질별, 승인상태별, 설계자별, 기타 속성별로 분류하여 사용할 수 있도록 파트의 속성 및 특성에 따라 분류 체계를 제공하고 계층적 관리를 수행한다. 표준부품관리는 ANSI, ISO, DIN과 같은 국제표준이나 회사 표준에 의거하여 상용으로 구입할 수 있는 표준부품의 사용 승인등록 및 관리기능을 제공한다. 공용부품 관리는 표준품은 아니지만 주문제작되어 제품 내 여러 곳에서 복수로 사용되는 공용부품의 사용승인을 등록하고 관리한다.

12-4-4. 프로젝트 서브시스템

효율적인 제품개발 프로젝트를 수행하기 위해 프로젝트 서브시스템은 WBS(Work Breakdown Structure)에 기반한 프로젝트 단위업무를 정의하고 단위 업무별 일정계획, 자원할당 및 프로젝트 상태모니터링 등의 기능을 수행하며, 〈그림 12-11〉에에 프로젝트 서브시스템에 대한 기능구조도를 나타낸다.

프로젝트 서브시스템은 프로젝트 등록/검색, WBS관리, 상태관리, 일정관리 및 자원관리로 구성된다. 프로젝트 등록/검색 기능에서는 프로젝트별로 프로젝트 일반 정보와 일정, 예산 및 참여자 정보 등을 등록하고 검색하는 기능을 제공한다. WBS관리에서

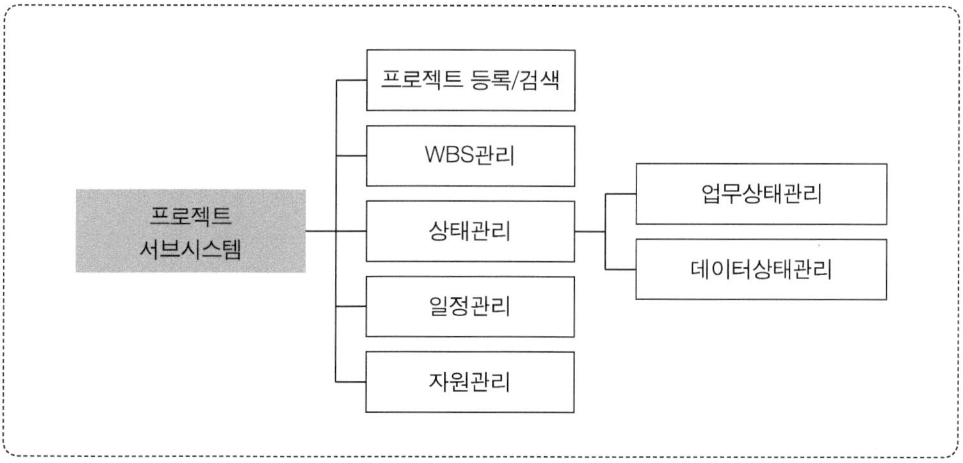

<그림 12-11> 프로젝트 서브시스템

는 제품개발을 위해 필요한 단위업무들을 주요업무, 하위업무, 상세업무 등으로 구분하여 계층적으로 구조화시킨 WBS를 생성하고 수정, 관리하며, WBS 구조는 워크플로우 관리에서 정의된 프로세스를 참조하여 생성한다. 상태관리는 진행 중인 업무의 상태를 시작준비, 진행중, 대기, 완료 등과 같이 세분화하여 조회하고 관리하는 업무상태관리와 BOM, CAD데이터, 각종 문서들과 같은 정보객체의 현재 상태를 조회하고 관리하는 데이터상태관리로 나누어진다. 일정관리는 세분화된 WBS별로 일정을 정의하고 진행 현황 및 결과를 관리하는 기능이다. 자원관리에서는 WBS별로 인력, 비용, 자원 등을 할당하고 진행 현황 및 결과를 관리한다.

12-4-5. 참여자 서브시스템

참여자 서브시스템은 제품개발과 관련한 참여자들과 그들의 역할 및 소속 조직에 관한 정보와 참여자들의 개발 경력을 관리하는 기능을 수행하며, 〈그림 12-12〉에 참여자 서브시스템에 대한 기능구조도를 나타낸다.

참여자 서브시스템은 참여자/팀관리, 역할관리, 조직도관리 및 참여자 개발경력관리로 세분화된다. 참여자/팀관리는 제품개발을 위해 특정한 프로젝트에 소속되는 참여자들과 그들의 소속팀에 관한 정보를 등록하고 관리하는 기능으로 CFT(Cross Functional Team)와 같은 임시조직도 관리가 가능하다. 역할관리는 프로젝트 관리자, 설계자, 검토자, 시스템관리자 등과 같이 프로젝트 업무수행에 필요한 역할을 정의하고 관리하는 기

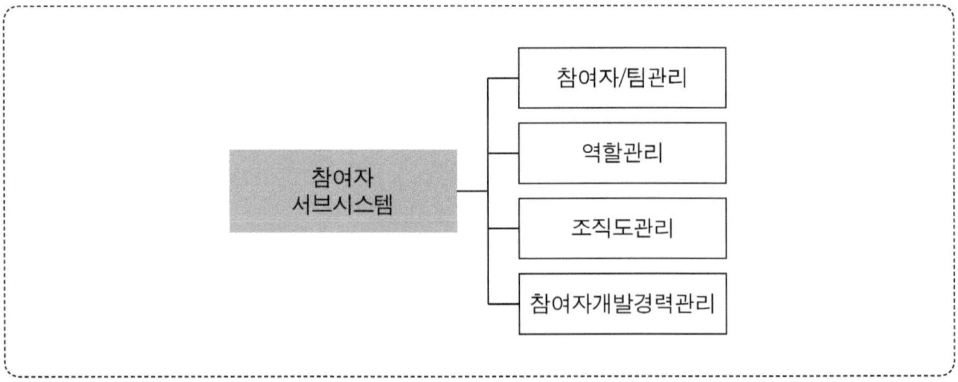

<그림 12-12> 참여자 서브시스템

능으로 이는 워크플로우 실행 시 업무할당을 위한 기준정보가 된다. 조직도관리는 해당 기업의 조직도를 등록하고 유지하는 기능을 수행하며, 조직도는 역할정보와 함께 워크플로우 내의 단위업무를 수행하는 담당자를 결정하는 기준 정보로서 사용된다. 참여자 개발 경력관리는 각 참여자들의 개발 프로젝트 참여 이력을 관리함으로써 신규 제품개발 프로젝트를 구성할 때, 해당 프로젝트에 적합한 인력을 선정하는 기준 정보를 제공한다.

12-4-6. 시스템 운영관리 서브시스템

시스템 운영관리 서브시스템은 PDM 시스템을 운영하는데 필요한 전체적인 관리 기능과 타 서브시스템에서 필요로 하는 공통 기능들을 제공하는데, 사용자 권한/보안관리나 백업관리 등이 이에 해당한다. 〈그림 12-13〉은 시스템 운영관리 서브시스템에 대한 기능구조도를 나타낸다.

시스템 운영관리 서브시스템은 사용자권한/접근 관리, 전자메일(E-Mail), 사건통지, 백업관리 및 시스템 커스터마이징(Customizing)기능으로 구성된다. 사용자 접근/권한관리에서는 PDM 시스템에 접속하는 사용자의 ID와 암호 정보를 이용하여 전체 시스템이나 특정 데이터 및 특정 기능에 대한 접속가부 판단이나 사용자 권한을 관리한다. 전자메일 기능은 PDM 시스템 관련자들 간의 의사소통 기능과 외부 전자메일 시스템과의 통

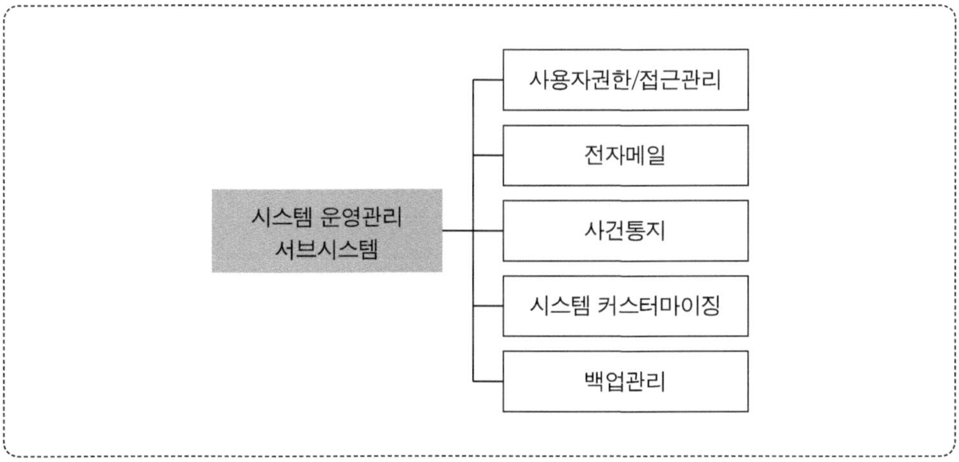

<그림 12-13> 시스템 운영관리 서브시스템

합 기능을 제공한다. 사건통지 기능은 BOM이나 CAD도면, 문서 등과 같은 PDM 관리 대상 객체에 변화가 생겼을 때, 이를 관련자들에게 게시판이나 전자메일 기능을 이용하여 통지하는 기능이다. 이 중에서 Publish/Subscribe 기능은 참여자가 상태 변화에 관심이 있는 정보객체들을 사전에 등록해 놓으면, 해당 정보객체에 변화 이벤트(생성/변경/삭제 등)가 발생했을 때, 등록된 참여자들에게 자동적으로 변화를 통지하게 된다.

시스템 커스터마이징은 PDM 시스템이 개발되어 운영될 때, 기능의 일부를 수정하거나 신규로 기능을 개발할 필요성이 발생했을 경우 사용자가 직접 처리할 수 있도록 개발 기능이나 인터페이스 기능을 제공한다. 백업관리는 저장된 데이터 중 일정 기간이 경과한 데이터들을 주기적으로 제3의 저장소에 별도로 관리할 수 있도록 한다.

12-4-7. 인터페이스 서브시스템

인터페이스 서브시스템은 CAD 시스템이나 ERP 시스템 등 PDM 시스템과 연관된 타 시스템과의 연계 및 통합 기능을 제공한다. 〈그림 12-14〉는 인터페이스 서브시스템에 대한 기능구조도를 나타낸다.

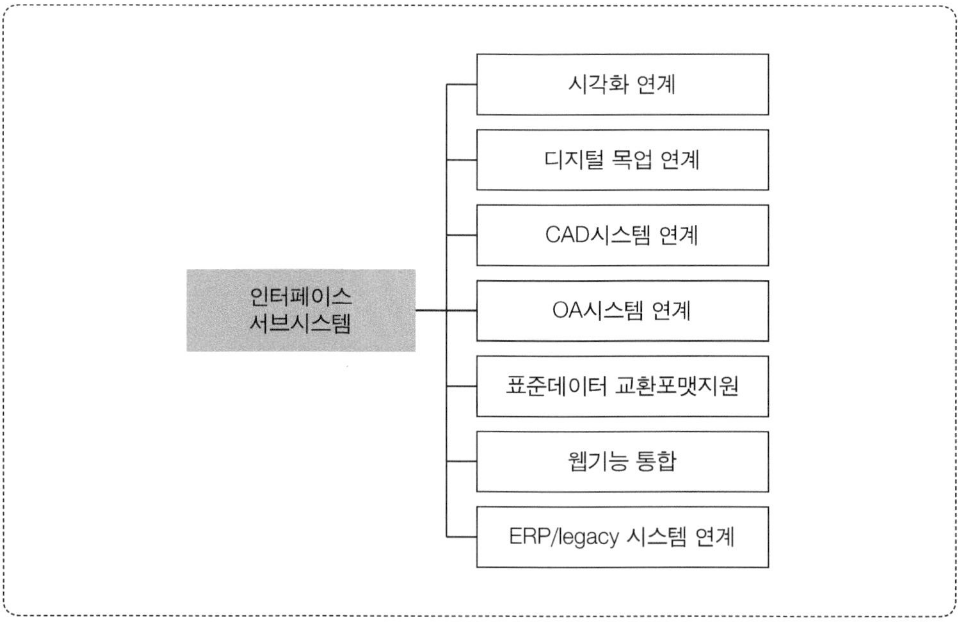

<그림 12-14> 인터페이스 서브시스템

인터페이스 서브시스템은 시각화(Visualization) 기능 연계, 디지털 목업(Mock-Up) 연계, CAD 시스템 연계, OA 시스템 연계, 표준데이터 교환 포맷 지원, ERP 시스템 연계 및 웹(Web) 통합 기능으로 세분화된다. 시각화 기능 연계는 도면이나 3D CAD모델을 별도의 CAD 시스템 없이도 시각화할 수 있는 뷰어(Viewer)와의 연계 기능과 뷰어를 이용한 마크업(Mark-Up) 기능을 제공한다. 디지털 목업 기능 연계는 제품구조 정보 등을 이용하여 디지털 목업 시스템과 형상 및 위치정보 등을 연계하는 기능이다. CAD 시스템 연계는 도면의 표제란 또는 부품리스트, 표준부품 정보 등을 PDM 시스템과 CAD 시스템이 연계하여 활용하는 기능과 PDM 시스템 내에서 CAD 시스템을 사용할 수 있는 통합 기능을 지원하며, OA 시스템 연계는 MS Office 등과 같은 OA 도구들이 PDM 시스템 내에서 실행될 수 있는 통합기능을 제공한다.

표준데이터 교환 포맷 지원은 IGES나 STEP과 같은 표준포맷을 이용하여 CAD 시스템과 PDM 간의 데이터 교환 기능을 제공한다. 웹기능 통합은 PDM 시스템에 존재하는 각종 정보객체들을 웹을 통하여 접근하여 검색 및 조회하는 기능을 지원한다. ERP 시스템 연계는 BOM, 파트정보, 설계변경정보 등 PDM 시스템에 저장된 정보를 ERP 시스템에서 사용할 수 있도록 하고, 또 품질정보, 원가정보 등 ERP 시스템에서 발생한 정보들을 PDM 시스템에서 사용할 수 있도록 양방향 연계 기능을 제공한다.

12-4-8. 개발업무 지원 서브시스템

개발업무 지원 서브시스템은 위에서 설명된 4P PDM 기능 아키텍처의 일곱 가지 서브시스템 기능 이외에 해당 기업의 제품개발 프로세스에서 추가적으로 요구되는 기능들을 제공한다. 예를 들면, 설계단계에서 제품의 원가를 추정하는 설계원가관리 기능이나 제품개발 과정에서 사용되는 각종 장비들의 장비 상태 및 이력관리 기능 등을 들 수 있다.

12-5. PLM의 확장된 기능

PLM은 인력, 업무단계, 그리고 정보를 통합함으로써 제품의 개념설계에서 폐기까지의 수명주기에 필요한 제품정의 정보를 생성, 관리, 배포, 그리고 적용하도록 하는 전략적 접근방법으로서, 기존의 PDM 시스템은 PLM의 기반 핵심 기능으로서 계속 유효하며, PLM은 PDM를 기반으로 하여 발전된 정보기술과 변화된 기업환경에 맞추어 통합과 협업 기능을 확대하고 기업 혁신이라는 새로운 목표를 향해 발전하고 있는 추세이다.

이와 같이 PLM은 기존 PDM의 품질, 비용, 개발 기간의 목표 외에도 제품혁신까지를 목표로 하고 있다. 제품혁신은 기존에 존재하지 않았던 제품에 대한 혁신적 아이디어 도출과 이의 구현 그리고 성공적 사업화를 뜻한다. 즉, PLM은 혁신적인 설계 과정을 생산, 판매 그리고 고객 지원 단계와 통합적으로 운영함으로써, 궁극적으로는 시장을 성공적으로 확대하는 것을 목표로 한다. 이 목표는 기존의 PDM 목표를 뛰어 넘는 것이며, 목표의 확대는 제품설계 초기 단계의 지식 집약적 설계 지원과 생산 및 고객 관리 통합지원이라는 PLM 기능의 확대를 가져왔다.

PLM의 확장된 기능은 크게 나누어, (1) 제품수명주기와 자료 관리 대상의 확대와 (2) 새로운 정보통신기술의 적용으로 구분할 수 있다.

제품수명주기와 자료관리 대상의 확대는 제품설계 부분과 제품설계 외의 부분으로 나누어 볼 수 있다. 제품설계 부문에서의 확장 기능으로는, (1) 고객의 요구에서부터 일관되게 제품개발을 진행하도록 하는 사용자 요구사항 관리 및 제품사양으로의 변환 관리 기능, (2) 다수의 과제(프로젝트)를 관리할 수 있는 프로그램 관리 기능, (3) 생산, 구매, 고객지원 등의 관점을 설계 모델에 통합한 다양한 제품모델 처리 기능 및 (4) 하드웨어와 소프트웨어의 통합 설계 기능 등을 들 수 있다. (1)의 경우 기존에는 고객요구사항 관점에서 초기 설계 단계인 상품기획과 개념설계 및 시스템 설계 단계의 정보처리가 각기 독립적으로 분산되어 있고 특히, 상품기획 단계에서 정보시스템의 지원 정도가 매우 미약했던 것을 알 수 있다. (4)의 경우 최근의 기계, 전자 제품들은 유연한 기능 및 성능을 제공하기 위하여 소프트웨어와 융합하여 제작되는 경우가 많아졌다. 하드웨어와 소프트웨어가 통합된 제품 개발은 서로 이질적인 두 분야의 특성, 개발 방법, 그리고 관련 지식의 차이로 여러 가지 문제점을 내포하고 있다. 그러나 점차 하드웨어와 소프트웨어의 융합 정도가 깊어지고 복잡해짐에 따라 단시간 내에 경쟁력 있는 제품을 개발하기 위해서는 두 분야의 제품개발을 통합적으로 지원할 수 있는 통합 제품정보 관리 시스템이 필요한 실정이다. 최근의 이슈가 되고 있는 기계, 전자, 그리고 소프트웨어가 통합된 분야 중에 내장형 소프트웨어(Embedded Software) 분야가 있다. 내장형 소프트웨어는 프로세서, 메모리, 시스템 프로그램, 그리고 응용 프로그램이 모두 포함되어 설계되어야 하며, 하드웨어 부품과도 밀접한 관계를 가지고 설계되어야 한다.

제품설계 외의 부분에서 확장된 기능으로는, (1) 최근 친환경 제품 개발에 대한 요구로 인한 제품수명 주기 상의 재생/폐기 단계의 추가, (2) 제품설계 정보와 통합된 생산공정 및 A/S 공정설계 기능과 A/S를 위한 BOM 구성관리 기능의 추가, (3) 서비스 매뉴얼이나 조립 매뉴얼 작성 기능, (4) 제품 CAD 모델과 공정설계 및 설비정보에 기반한 3D 기반 생산시뮬레이션 기능 및 (5) 보다 많은 기술자가 제품개발에 참가할 수 있도록 ERP, SCM, CRM 등과 연동된 협동 설계 기능 등을 들 수 있다[도남철, 2014].

새로운 정보통신기술의 발전에 의해 PLM도 확장과 발전을 지속해 나가고 있으며, PLM의 발전에 영향을 주는 주요한 정보통신기술로는, (1) 클라우드 컴퓨팅, (2) SNS 및 (3) 빅데이터 등을 들 수 있다. 클라우드 컴퓨팅은 컴퓨팅 자원 사용과 자료 저장을 네트워크에서 처리하는 것을 말하며, 이 환경에서는 자신의 컴퓨터를 소유하여 업무를 처리할 필요가 없게 된다. 그러므로 PLM 시스템 유지보수에 비용 부담을 느끼는 소규모 기업과 조직에 효과적일 수 있다. SNS는 디지털 기술을 이용하여 사회적 상호작용을 가능하게 하는 제품과 서비스를 뜻하는데, 소셜 네트워크, 클라우드 소싱, 공동 작업 등이 이에 해당하며 PLM 분야에서는 SNS 기술을 업무에 접목하여 제품 개발을 효율화하고 혁신하려는 노력을 하고 있다.

또한, 제품수명주기 단계에서 발생하는 막대한 양의 정형/비정형 데이터를 효율적으로 분석 처리하기 위한 다차원 자료 분석과 데이터 마이닝과 같은 빅데이터 응용 기술의 활용이 급격히 증가하고 있다.

12-6. PLM 정보객체 관계 모델[3]

위에서 살펴보았듯이 PLM은 PDM을 기반 구조로 해서 그 기능과 지원 범위를 계속 확장해 나가고 있는 추세인데, PLM의 확장된 기능을 포함하는 정보객체 관계 모델로는 한관희와 도남철(Han & Do, 2006)에서 제안한 4P2C 모델을 들 수 있다.

---

3 Han Kwan Hee and Do Namchul, An object-oriented conceptual model of a collaborative product development management system, International Journal of Advanced Manufacturing Technology, Vol.28, No.7/8, pp.827-838, 2006.

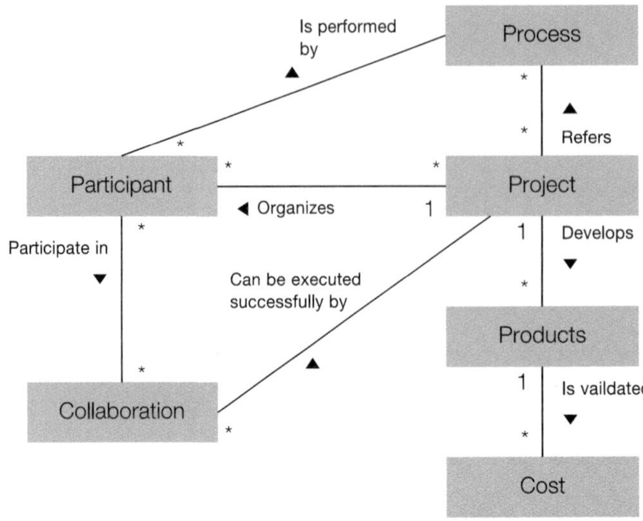

<그림 12-15> 4P2C 정보객체 관계 모델

이 모델에서는 〈그림 12-15〉에서 나타난 바와 같이 기존의 4P 모델의 구성요소인 제품-참여자-프로세스-프로젝트(Product-Participant-Process-Project)에 2C로 표현되는 원가(Cost)와 협업(Collaboration) 정보객체를 추가하였다.

즉, 4P2C 모델은 PLM의 확장된 기능을 포함하기 위해 한관희(2002)의 '4P 모델'을 확장한 것으로서, 협업적 제품개발(CPDM) 프로세스를 위한 가상공유 작업장 기능과 의사소통 프로토콜로서의 제품원가 기능이 추가되었는데, 4P2C 모델에서 '프로젝트(Project)는 제품(Product)를 개발하기 위해 참여자(Participant)를 조직한다. 프로젝트는 프로젝트 계획 작성시에 사전 정의된 프로세스(Process)들을 참조하여 구성되며, 실행과정에서 참여자들은 사전 정의된 프로세스를 수행한다. 프로젝트 실행 중에 참여자들은 확장된 팀에 참여하여 구성원들과 협업(Collaboration)한다. 프로젝트는 협업에 의해 성공적으로 수행되며, 제품 개발의 타당성은 원가(Cost) 정보에 의해 검증된다. 최종적으로 프로젝트 수행의 결과로 제품이 개발된다.

아래 절에서는 4P2C의 구성요소 중의 일부인 2C에 대해 서브모델 단위로 관련된 정보객체들의 대표 속성과 상호 연관관계를 UML 클래스 다이어그램으로 표현함으로써, 기존의 PDM 4P 정보객체 모델에 더하여 PLM에서 추가된 2C 정보객체들 사이의 상호 연관관계를 파악하고자 한다.

12-6-1. 협업 서브모델

최근 대부분의 제품 개발은 시공간적으로 분산된 환경에서 협업에 의해 수행되고 있어서, 모든 참여자들이 상호 원활하게 의사소통하고 지식을 공유할 수 있는 가상 공유작업장(Shared Work Space) 기능은 많은 기업의 인프라로 자리매김하고 있다. 이러한 인프라 구축을 위한 기술 중에서 동시공학(Concurrent Engineering)과 CSCW(Computer Supported Collaborative Work) 기술이 제품개발 시간을 단축하고 제품의 품질과 생산성을 향상시키는데 없어서는 안 될 핵심 기능으로 간주되고 있다. 이 중에서 일반적으로 제품개발을 위한 기본적인 CSCW 시스템은 다음과 같은 기능을 제공해야 한다.

(1) 3명 이상의 참여자들 사이의 의사소통 기능

(2) 동기적 혹은 비동기적 협동 작업 지원 기능

(3) 텍스트, 음성, 비디오, 이미지, CAD/CAM 파일과 같은 다양한 형식의 파일들의 전달과 공유 기능

분산 환경에서의 협동작업은 상호의존성이 높기 때문에 원활한 의사소통 기능뿐만 아니라 협업 프로세스 수행 중의 업무나 의견 등의 효과적인 조정을 지원하는 기능이 매우 중요하다. 그리고 제품개발 과정은 다양한 종류의 비정형화된 업무를 포함하기 때문에 이러한 비정형 업무는 워크플로우 관리 시스템과 같은 도구에 의해 자동화될 수 없고 대부분 참여자 자신이 스스로 처리해야 한다. 이러한 상황에서 비정형 업무를 제대로 수행하려면 협업 참여자는 다른 참여자들의 제품 개발과 관련된 과거와 현재의 행위 및 미래의 예상 행위까지도 인지할 수 있어야 하며, 이를 그룹 인지(Group Awareness) 기능이라고 한다. CSCW 시스템은 이러한 그룹 인지 기능을 지원할 수 있어야 한다.

〈그림 12-16〉에서 협업 서브모델을 UML 클래스 다이어그램으로 표현하고 있는데, 참여자는 프로젝트가 수행되는 공유작업장에서 작업을 수행한다. 공유작업장 슈퍼클래스는 이메일, 게시판과 일정, 공유 어플리케이션 및 컨퍼런싱 서브클래스로 구성된다. 공유 어플리케이션은 다시 동기식 뷰어, 전자칠판 및 응용시스템 공유 서브클래스로 구체화된다. 공유작업장은 그룹인지를 감지하기 위한 사건들의 주된 원천이며, 그룹인지 기능은 감지된 사건에 대한 공지를 관련 참여자들에게 발송한다. 〈그림 12-16〉에서 나

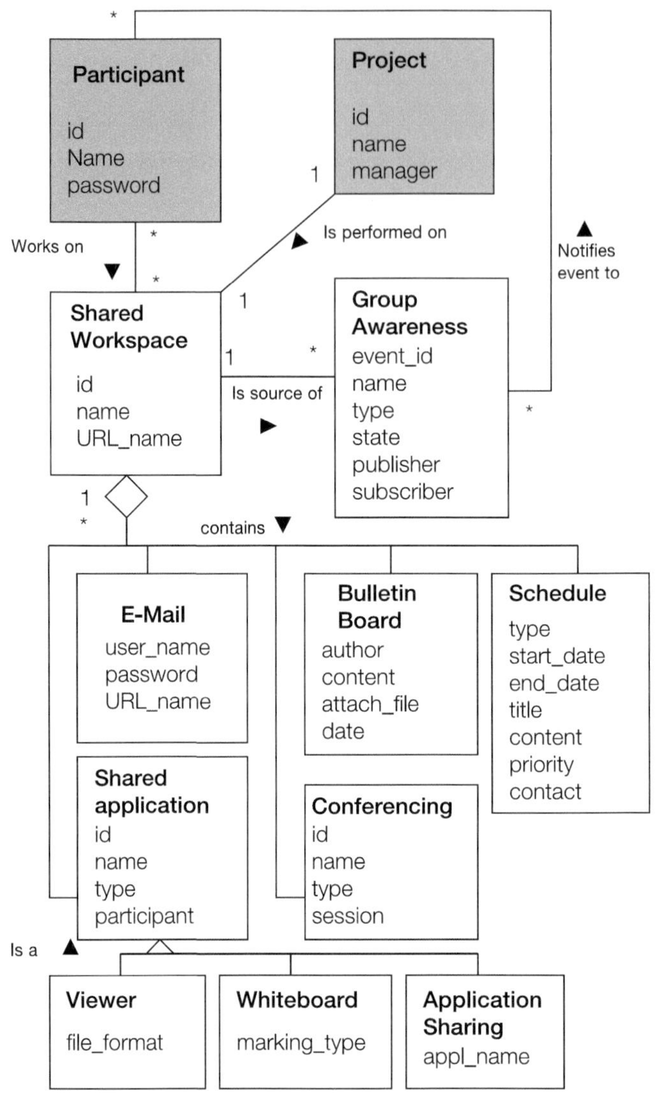

<그림 12-16> '협업' 서브모델

타난 바와 같이 협업 서브모델은 참여자-공유작업장 연관관계에 의해 '참여자' 서브모델과 연결되고, 프로젝트-공유작업장 연관관계에 의해 '프로젝트' 서브모델과 연결된다.

12-6-2. 원가 서브모델

제품의 원가를 결정하는 비용 요소들을 설계의 초기 단계에서 찾아내어 관리할 수 있게 하는 것이 제품의 가격 경쟁력을 좌우하는 매우 중요한 과제이므로 제품의 추정원가나 목표원가는 가능하면 제품 개발의 앞 단계에서 계산될 수 있어야 한다.

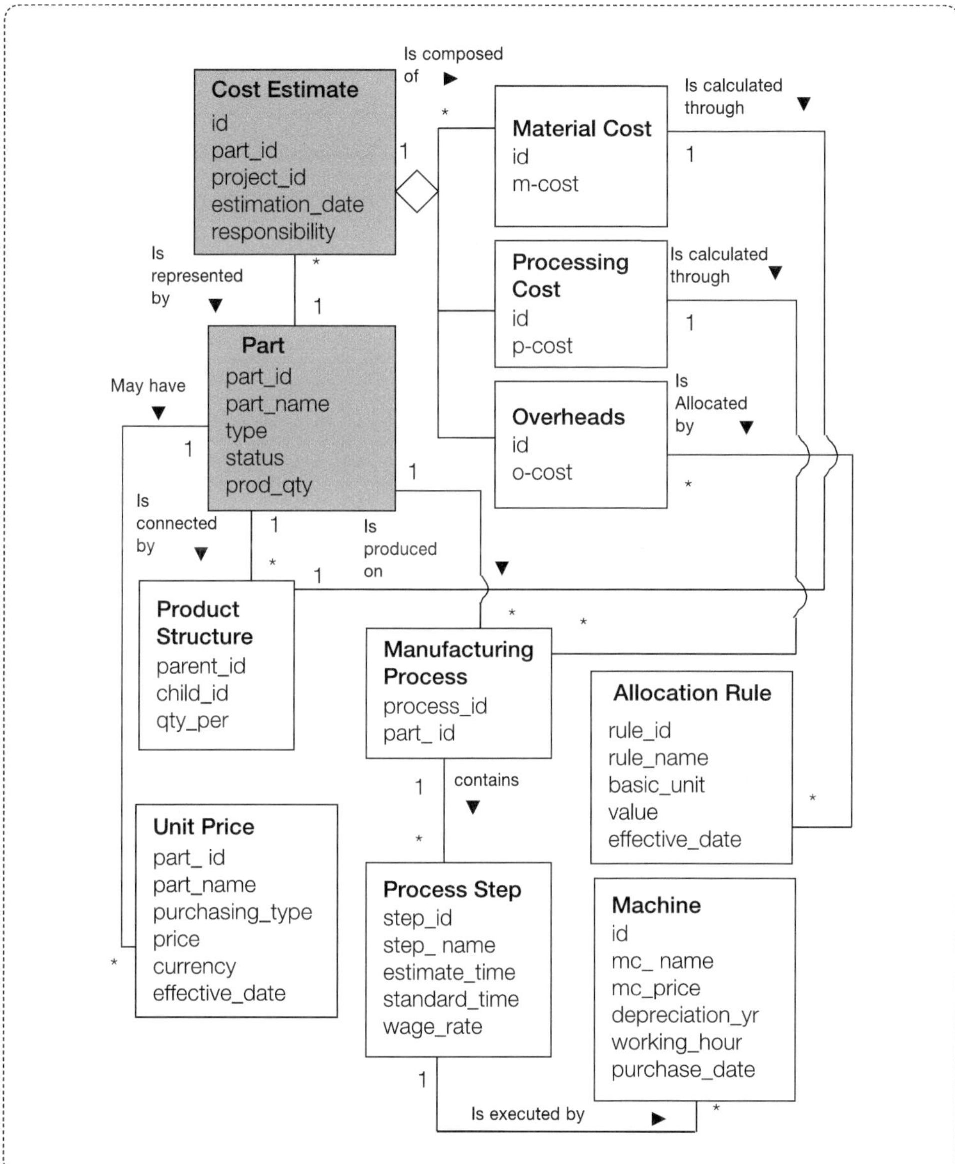

<그림 12-17> '원가' 서브모델

협업적 제품 개발 프로세스에서는 서로 다른 조직에서 합류한 참여자들이 한 팀을 이루어 작업을 수행하게 되므로 참여자들의 업무 수행을 효과적으로 조정하는 것이 매우 중요하다. 이러한 상황에서 제품 원가 개념은 참여자들의 업무를 통일된 방법으로 조정하기 위해 필요한 잘 정립된 의사소통 프로토콜로서 기능할 수 있다. 원가 서브 모델의 UML 클래스 다이어그램은 〈그림 12-17〉에 나타나 있다. 파트 클래스는 제품구조(Product Structure) 클래스에 의해 다른 파트 클래스와 연결되어 있고, 제조 공정에서 생산된다. 파트는 모델이나 콤포넌트 클래스를 대표하는 일반화된 클래스이며, 구매 파트인 경우에는 단가 정보(Unit Price)를 기지고 있다. 제품 설계의 적정성 여부는 원가 추정(Cost Estimate) 클래스에 의해 나타낼 수 있는데, 원가 추정은 재료비(Material Cost), 가공비(Processing Cost) 및 경비(Overheads)로 구성된다. 이 중에서 제품의 재료비는 제품구조를 표현하는 제품구조클래스를 이용하여 소요 파트의 단가와 소요 수량을 곱하고, 이를 제품구조의 아래에서 위로 올라가면서 합산하여 구할 수 있다. 가공비는 제조 공정(Manufacturing Process)을 구성하는 각 세부 공정 스텝(Process Step)의 표준시간(Standard Time)을 임률(Wage Rate)과 곱하여 구할 수 있다. 세부 공정 스텝은 기계 클래스 (작업자 포함)에 의해 수행된다. 경비는 특정한 제품과 직접적으로 연결되기 어려운 공장 운영 중에 발생하는 제반 비용들을 포함하며 경비 할당 규칙(Allocation Rule)에 의해 발생한 총 경비가 개개 제품에 분배된다. 〈그림 12-17〉에서 나타난 바와 같이 원가 서브모델은 파트-원가추정 연관관계에 의해 제품 서브모델과 연결된다.

연습문제

1. PLM의 정의는 무엇인가?
2. PLM의 발전 추세를 설명하라.
3. 신제품 개발 프로세스의 5단계는 무엇인가?
4. 4P 정보객체 모델을 설명하라.
5. 제품 서브모델의 내용은 무엇인가?
6. 참여자 서브모델의 내용은 무엇인가?
7. 프로세스 서브모델의 내용은 무엇인가?
8. 프로젝트 서브모델의 내용은 무엇인가?
9. PDM 기능을 표현하기 위한 4P PDM 기능 아키텍처를 설명하라.
10. PDM 제품 서브시스템의 기능을 설명하라.
11. 4P2C 정보객체 모델 중에서 2C를 설명하라.
12. PLM의 확장된 기능 중에서 제품 설계단계에서의 추가 기능에 대해 설명하라.
13. 협업 서브모델의 내용은 무엇인가?
14. 원가 서브모델의 내용은 무엇인가?

4부
스마트팩토리와 지능화

CHAPTER 13

스마트팩토리 디지털 플랫폼과 머신러닝

13장에서는 스마트팩토리의 고도화 수준이라고 할 수 있는 지능화된 스마트팩토리를 가능하게 하는 스마트팩토리 디지털 플랫폼의 구성과 내용에 관해 학습하고, 지능적 의사결정을 뒷받침하는 기계학습 방법의 개요에 관해 살펴보기로 한다.

13-1. 스마트팩토리 고도화 단계

KS 표준 KS X 9001-3에서 제시된 스마트공장 성숙도 모델에 따르면, 1수준은 점검(Checking) 단계로서 부분적 표준화 단계로, 체크리스트 등을 활용하여 실적을 관리하고 있다. 2수준은 모니터링(Monitoring) 단계로서 데이터가 실시간으로 추적되고 있다. 3수준은 제어(Control) 단계로서 이상발생 시 즉시 파악이 가능하고 원격제어에 의해 문제를 해결할 수 있다. 4수준은 최적화(Optimization) 단계로서 빅데이터 분석 및 최적화 솔루션 활용 등을 통해 사전예방 및 전체 최적화를 추구하고 있다. 5수준은 자율운영(Autonomy) 단계로서 최적화된 공장이 사람의 관여를 최소화한 상태에서 자율적으로 운영되고 있다. 이 모델에 따르면 스마트공장 고도화는 4수준 이상에 해당한다고 하겠다.

또한 3장에서 살펴본 바와 같이 스마트공장 참조모델에서 나타난 5수준의 고도화 단계에서는 IoT화가 되고 IoS화가 된다. 여기서, IoT(Internet of Things)는 각종 사물에 센서와 통신 기능을 내장하여 인터넷에 연결하는 기술을 의미하며, IoS(Internet of Service)는 손

쉽게 인터넷을 이용하여 필요한 응용 서비스를 받을 수 있는 기술을 말한다. 이 두 가지 기술이 결합하여 공장에서 활용된다면 생산현장의 물리적 설비와 소프트웨어로 구성된 가상 운영 모델이 정보통신기술을 기반으로 서로 연결되어 자동적, 지능적으로 제어되는 CPPS(Cyber Physical Production System)가 구현된다.

스마트팩토리가 처음 구축된 후에 공장 전반에 걸친 효율 향상 효과가 나타나면서 스마트팩토리는 점진적으로 고도화로 이행하게 되는데, 〈표 13-1〉에서는 스마트팩토리 고도화를 위한 기능요건으로, (1) 물리적 위치 제약을 벗어난 생산현장 정보의 실시간 파악, (2) 현물과 정보 간의 적합성 확보 기반의 물류 트래킹, (3) 이상 조업 대응 기준에 따른 알람 등 조치 체계 등을 포함한 10가지 요건과 각 요건을 만족시키기 위해 필요한 IoT, 인공지능, 빅데이터 등의 관련 기술들을 제시하고 있다.

이와 같이 스마트팩토리 고도화 단계에서는 〈표 13-1〉에 나타난 관련 기술을 포함한 다양한 4차산업혁명의 핵심 기술들이 적극적으로 활용되게 된다. 예를 들면 생산현장에서 IoT 기술을 이용하여 생산 설비에서 생성되는 데이터들을 자동으로 포착하고, 빅데이터 기술을 이용하여 실시간으로 생성되는 데이터들을 저장/분석하며, 인공지능

<표 13-1> 스마트팩토리 고도화를 위한 기능 요건

스마트팩토리 고도화를 위한 기능 요건	관련 기술
1. 물리적 위치 제약을 벗어난 생산 현장 정보의 실시간 파악	IoT
2. 현물과 정보 간 적합성 확보 기반의 물류 트래킹	산업용 로봇
3. 이상 조업 대응 기준에 따른 알람 등 조치 체계	인공지능
4. 마스터데이터를 통한 운용 기준 관리	빅데이터
5. 생산 관련 실시간 의사결정을 위한 집계/분석 정보 제공	빅데이터
6. 인적 요인에 따른 변화 폭 최소화	–
7. 공정의 설비 부하 차이에 따른 공정 내 물류 경로 최적 운영	산업용 로봇 + 인공지능
8. 생산 장애 대응 정보의 지적 자산화를 통한 자체 복구 기반 구축	인공지능
9. 생산 환경의 변화 감지원의 다각화	IoT
10. 생산 전략에 따른 우선순위규칙 운영	인공지능

출처: 배성민, 지능형 공장: 스마트팩토리, 한국콘텐츠학회 학회지, Vol.15, No.2, pp.21-24, 2017.

기술을 이용하여 이를 최적화한다. 생산현장에서는 3D프린터가 사용되어 개인맞춤형 제품들이 제조되고 협동로봇들이 생산현장을 오가며 자재와 부품들을 운반하고 완제품들을 창고에 저장하며 인공지능 기술이 적용된 운반용 로봇들이 무인화된 창고관리를 효율적으로 수행하게 된다.

위에서 살펴본 바와 같이 스마트공장의 고도화 단계는 스마트공장 참조 모델의 5수준을 나타내고, 스마트공장 성숙도 모델에서는 4수준 이상의 단계라고 볼 수 있으며, 이러한 고도화 단계는 본서의 1장에서 학습한 스마트팩토리 트라이앵글 구성 3요소 중의 '지능화'에 해당한다.

스마트공장의 지능화 단계에서는 예측 정보, 분석 정보, 진단 정보 등 적기에 최적화된 판단과 의사결정을 지원하는 맞춤형 정보와 이를 분석할 수 있는 적합한 기술들이 필요해진다.

다음 절에서는 지능화된 스마트공장의 운영이 가능해지도록 다양한 구성요소들이 하나의 통합 체계에서 연동되고 이를 바탕으로 최적의 의사결정을 할 수 있게 뒷받침해주는 스마트팩토리 디지털 플랫폼의 내용에 관해 살펴보도록 한다.

13-2. 스마트팩토리 트라이앵글 플랫폼 아키텍처

우리나라 정부에서는 2019년 6월 발표한 제조업 르네상스 비전 및 전략을 통해 스마트화, 친환경화, 융복합화에 의한 산업구조 혁신 가속화 전략을 발표하면서, 그 일환으로 스마트공장 고도화를 위해 2030년까지 AI 기반 스마트공장을 2천 개 구축하겠다는 계획을 제시한 바 있다.

본서의 3장에서도 살펴보았지만 민관합동 스마트공장 추진단(2022년 현재 스마트제조혁신추진단임)에서 제시하는 스마트공장 참조 모델의 가장 상위 단계인 고도화 단계에서는 "설비 가동과 자재의 흐름 및 다양한 관리 시스템들이 유무선 네트워크로 연결되어 자율적 공장 운영이 이루어지고 전 제조 과정이 통합적으로 연결되어서 운영된다." 이 단계에서는 생산 현장의 물리적인 가공 설비와 소프트웨어로 구성된 컴퓨터상의 가상 운영 모델이 정보통신기술을 기반으로 서로 연결되어 자동적, 지능적으로 제어되는 시스템이 구현되며, 이를 CPPS라 한다. 즉, 고도화 단계는 사물과 서비스를 IoT/IoS화하여 사물, 서

<표 13-2> 스마트공장 고도화 수준 평가 항목

부문	평가 항목
현장 자동화	IoT 기반 설비가 구축되어 있고, CPS화가되어 있는가?
공장운영	IoT 기반으로 데이터를 수집하고 있으며, CPS 연동이 되어 있는가?
기업자원관리	IoT 기반의 RFID/바코드가 연동 되어 있는가?
제품개발	IoT 기반의 ERP/CAD가 연동되어 있으며, 프로젝트 통합 CPS화가 되어 있는가?
공급망관리	빅데이터를 기반으로 한 자기업-모기업 간 협업이 가능한 CPS화가 되어 있는가?

출처: 스마트제조혁신추진단, 구축시스템 스마트화 수준평가 매뉴얼, 2019.

비스, 비즈니스 모듈 간의 실시간 대화 체제를 구축하고 사이버 공간상에서 비즈니스를 실현하는 수준이라고 정의하고 있다. 3-5절의 스마트팩토리 수준 진단에서 살펴본 바와 같이, 스마트공장 구축 시스템 스마트화 수준 평가 매뉴얼에서 기업 업무 5개 부문에서의 고도화 수준을 평가하는 평가 항목은 〈표 13-2〉와 같다.

〈표 13-1〉에서 나타난 스마트팩토리 고도화를 위한 기능 요건과 〈표 13-2〉에서 나타난 스마트공장 고도화 수준 평가 항목에서 나타나 있는 키워드들은 IoT, CPS, 빅데이터, 인공지능, 최적화, 실시간 의사결정 등이며, 이를 종합하여 한마디로 표현하면 '지능화'된 스마트공장이라 할 것이다.

즉, 고도화된 스마트공장이란 본서의 1장에서 제시한 스마트팩토리 트라이앵글의 자동화-정보화-지능화 단계에서 가장 상위 단계인 '지능화' 단계인 것이다. 지능형 스마트공장은 실시간 데이터를 활용하여 환경 변화에 능동적이고 유연하게 대처하는 최적화된 의사결정 프로세스를 통해 자율 제어와 자율 운영이 가능해지는 공장을 의미한다. 이러한 지능형 스마트공장을 운영하기 위해서는 다양한 구성요소들이 하나의 통합 체계에서 손쉽게 연동되어 데이터를 실시간으로 파악 및 공유하고 분석/모의실험하여 이를 바탕으로 최적의 의사결정을 할 수 있게 뒷받침해주는 공통 디지털 플랫폼이 필요하다.

본서에서는 〈그림 13-1〉에서와 같이 스마트제조혁신추진단에서 제시한 현장자동화-제어자동화-응용시스템 S/W로 구성된 스마트공장 계층적 구성도를 참조하여, 지능형 스마트공장의 기반이 되는 스마트팩토리 디지털 플랫폼의 구조를 '스마트팩토리 트라이앵글 플랫폼 아키텍처'라고 명명하고 〈그림 13-2〉와 같이 구성하였다.

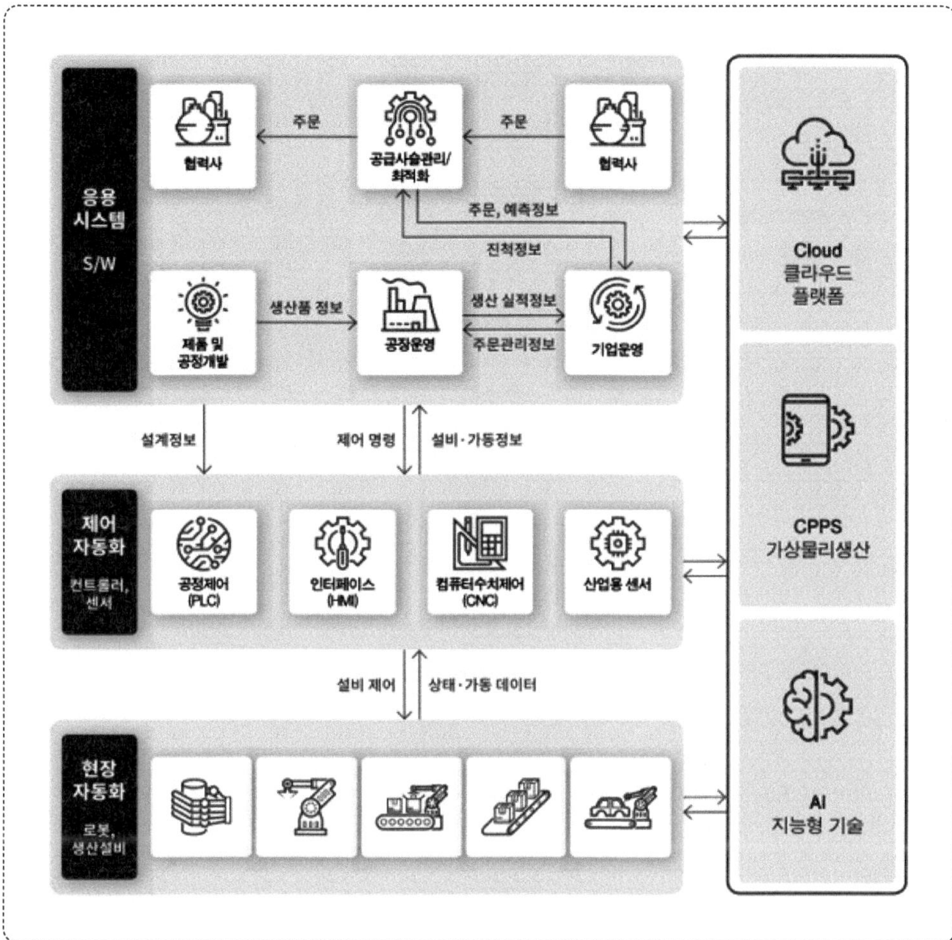

<그림 13-1> 스마트공장 계층적 구성도

출처: 스마트제조혁신추진단, https://www.smart-factory.kr/smartFactoryIntro

〈그림 13-2〉에서 나타난 바와 같이 스마트팩토리 트라이앵글 플랫폼 아키텍처는 총 6계층으로 구성된다: (1) 0. 물리 계층, (2) 1. 연결 계층, (3) 2. 자동화 계층, (4) 3. 정보화 계층, (5) 4. 분석/실험 계층, (6) 5. 최적 의사결정 계층.

0계층인 물리 계층은 생산현장의 각종 기계나 설비 및 인적자원과 같은 물리적인 개체를 의미한다. 1계층인 연결 계층은 IIoT를 중심으로 스마트센서, 통신장치 등을 하나의 체계에서 통합하여 데이터를 실시간으로 수집하고 네트워크에 연결하며, 필요 시에는 데이터 통합 및 변환 기능을 수행한다. 2계층인 자동화 계층은 PLC로 대표되는 제어기를 통해 자동화 공정의 운영에 필요한 지시 및 제어 행위를 수행한다.

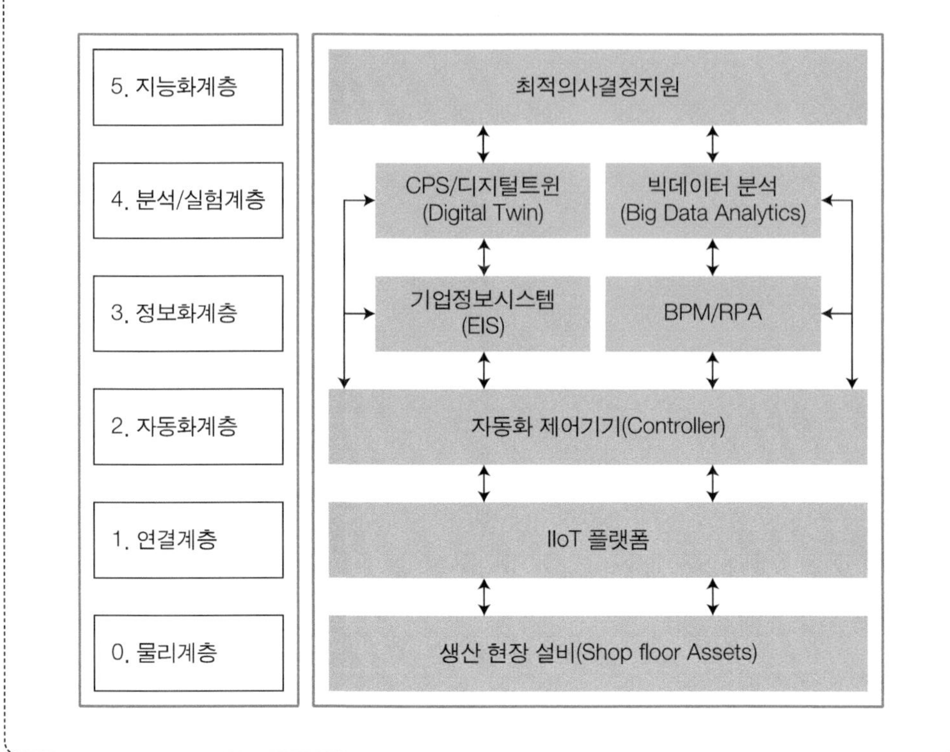

<그림 13-2> 스마트팩토리 트라이앵글 플랫폼 아키텍처

3계층인 정보화 계층에는 기업에서 발생하는 각종 데이터 관리와 업무 처리를 지원하기 위한 주요 정보시스템인 ERP, APS, MES, PLM 및 FEMS와 같은 기업정보시스템(EIS: Enterprise Information System)이 존재하며, 특히 업무처리 절차의 자동화 및 지능화를 위해서 BPM/RPA(Business Process Management/Robotic Process Automation) 영역이 별도로 존재한다.

4계층인 분석/실험 계층은 IIoT 플랫폼과 기업정보시스템, BPM/RPA를 통해 수집된 각종 데이터를 기반으로 미래 상황을 예측하고 문제 상황을 해결하기 위한 시뮬레이션이나 데이터 분석이 이루어지는 계층으로 CPS/디지털트윈과 빅데이터 분석이 여기에 속한다. 마지막으로 5계층인 지능화 계층은 4계층에서 실시된 분석과 실험의 결과에 의거하여 기업의 각종 업무 부문에서 다차원 시각화나 대시보드 등과 같이 최적의사결정 수립을 지원하는 응용 인터페이스 계층이다.

〈그림 1-8〉의 ANSI/ISO-95 기업 아키텍처의 계층 구조와 〈그림 13-2〉의 스마트팩토리 트라이앵글 플랫폼 아키텍처를 비교해보면, 〈표 13-3〉과 같고, 이 표에서 나타나듯

<표 13-3> 스마트팩토리 트라이앵글 플랫폼 아키텍처와 ANSI/ISO-95 기업 아키텍처의 계층 구조 비교

ANSI/ISO-95 기업 아키텍처		스마트팩토리 트라이앵글 플랫폼 아키텍처	
–	–	5	지능화 계층
–	–	4	분석/실험 계층
4	계획/기업자원 관리	3	정보화 계층
3	제조운영 관리		
2	모니터링, 감독제어 등의 공정제어	2	자동화 계층
1	생산 프로세스 센싱/실행/통제	1	연결 계층
0	물리적인 생산 프로세스	0	물리 계층

이 스마트팩토리 트라이앵글 플랫폼 아키텍처에서는 기존의 기업 아키텍처에 최근 스마트공장의 지능화 추세를 반영하기 위해 '분석/실험 계층'과 '지능화 계층'이 추가되었음을 알 수 있다.

스마트팩토리 트라이앵글 플랫폼 아키텍처의 각 계층을 이루고 있는 구성요소 중에서 지능형 스마트공장과 밀접한 관련이 있는 구성요소를 꼽아본다면, 연결계층의 IIoT 플랫폼과 정보화계층의 RPA, 분석/실험계층의 CPS/디지털트윈 및 빅데이터 분석을 들 수 있다.

이하 절에서는 이들 지능화 관련 요소에 관해 상세히 살펴본다.

13-2-1. 연결계층-IIoT 플랫폼

IIoT 플랫폼은 IoT 기술을 중심으로 자동화 설비와 스마트 센서, 통신 네트워크 등을 하나의 프레임워크로 통합하고, 이를 통해 데이터를 실시간으로 파악하고 공유, 분석할 수 있는 정보시스템 기반 체계를 의미한다. IIoT 플랫폼의 기본 기능으로는 실시간 자동 데이터 수집, 네트워크 연결, 데이터 통합 및 변환 기능을 들 수 있으며, 고도화 기능으로 데이터 저장 및 분석, 데이터 시각화 및 데이터 보안 기능도 추가적으로 제공한다.

보통 IIoT 플랫폼은 다음과 같은 역할을 한다.

- 센서나 디바이스 등의 하드웨어 연결
- 서로 다른 하드웨어 및 소프트웨어 간의 통신 프로토콜 처리
- 디바이스 및 사용자 보안과 인증 제공
- 센서와 디바이스가 수집하는 데이터의 취합, 시각화 및 분석
- 이상의 기능을 다른 웹 서비스와 통합.

현재 많이 사용되는 상용 IIoT 플랫폼의 예로는 다음과 같은 것들을 들 수 있다.

(1) IBM Watson IoT 플랫폼: 개방형 스마트 사물 인터넷 플랫폼으로서 클라우드 컴퓨팅을 기반으로 하며 다양한 BI(Business Intelligence) 소프트웨어와 통합되어 있고 개방형 플랫폼을 지향한다.

(2) GE Predix 플랫폼: 기기들에 장착된 스마트 센서들을 엣지(Edge) 시스템을 통해 취합하고 수집된 데이터를 클라우드 플랫폼으로 실시간 전송하여 분석 및 패턴을 파악한다. 즉, 서로 다른 현장에 있는 데이터를 통합함으로써 문제를 신속하게 파악하고 다른 곳에 설치된 유사한 설비에 대해서도 적용 및 지원이 가능해진다.

(3) Siemens Mindsphere 플랫폼: MindConnect와 MindApps로 구성되는데, MindConnect는 다양한 형태의 설비 및 센서에서 수집한 데이터의 공유를 가능하게 하며, 개방형 표준인 OPC-UA(Open Platform Communication-Unified Architecture)를 준수하여 플러그 앤드 플레이 형태로 SAP AtoS, MS Azure 등 IoT 클라우드 서비스와 연계하여 데이터 저장 및 분석이 가능하다. MindApps은 지멘스 및 외부개발사에서 개발한 다양한 응용 프로그램을 MindSphere 플랫폼에서 즉각적으로 연동 사용할 수 있게 하여 실시간 데이터 분석 및 시각화에 활용할 수 있게 한다.

(4) FANUC FIELD 플랫폼: 로봇과 NC 콘트롤러와 같은 생산현장의 하드웨어 연결 플랫폼에서 출발하여 점차 개방형 디지털 기반 플랫폼으로 발전해가고 있다. 로봇과 각종 자동화 설비 간의 데이터 공유 및 운전 상태 분석에 강점을 가지고 있다.

13-2-2. 정보화계층-BPM/RPA

정보화계층은 크게 8장에서 살펴보았던 정보화를 위한 기업정보시스템(EIS) 부분과 비즈니스 프로세스의 분석, 설계 및 자동화를 위한 BPM/RPA 부분으로 구분된다.

기업의 업무 프로세스에 대한 비즈니스적인 가치를 깨닫고 이를 기업의 가치 창출에 활용하고자 하는 노력은 과거로부터 지속되어 왔다. 특히 산업 혁명 이후 대량 생산이 가능해진 시점부터 프로세스에 대한 활용 노력이 본격적으로 시작되었다고 볼 수 있다. 이를 시대적으로 살펴보면, 테일러의 과학적 관리는 주먹구구식으로 이루어지던 작업의 흐름을 전문화와 분업화를 통해 노동생산성을 향상시키고자 하였다. 그 이후 1970년대에 이르러 일본을 중심으로 한 SPC(Statistical Quality Control)나 TQM(Total Quality Management)은 '품질'을 프로세스에 스며들게 하는 노력으로 해석할 수 있는데, 품질 향상을 달성하기 위한 전 종업원의 체계적인 참여를 유도하고 있다.

1987년 미국 모토로라에서 개발한 6시그마(6σ)는 뛰어난 성과 창출을 위해서는 단순한 통계적인 도구 적용 절차가 아니라 기업의 전략적 변화 수단으로서 프로세스 혁신을 추구하고 있다. 즉, 6시그마는 기업에서 전략적으로 완벽에 가까운 제품이나 서비스를 개발하고 제공하려는 목적으로 정립된 품질 경영 기법 또는 철학으로서, 기업 또는 조직 내의 다양한 문제를 구체적으로 정의하고 현재 수준을 계량화하고 평가한 다음 개선하고 이를 유지 관리하는 경영 기법으로, 이후 제너럴 일렉트릭 등 여러 기업에서 도입되어 발전하였으며 특히 1990년대와 2000년대 동안 많은 인기를 얻은 프로세스 혁신 방법이다.

그 이후 미국의 해머와 챔피는 1990년대에 BPR(Business Process Reengineering)을 주창하면서 비용, 품질, 서비스, 속도와 같은 핵심적인 성과에서 극적인 향상을 위해 업무 프로세스를 근본적으로 개선하고 급진적으로 재설계할 것을 제시하였다. 최근의 경영 방법들도 모두 프로세스를 중심으로 또는 프로세스와의 연계를 모색하고 있는 것을 그 특징으로 들 수 있다.

이와 같이 기업 경쟁력 향상을 위해 비즈니스 프로세스의 효율적 실행이 중요시되면서 2000년대 들어 비즈니스 프로세스의 전 주기를 관리하는 개념인 BPM(Business Process Management)이 대두되고 있다. BPM은 1980년대 비즈니스 프로세스 실행 자동화에 초점을 맞춘 워크플로우(Workflow)에서 진화하여 프로세스 경영의 기반을 구축하기 위해 비즈니스 프로세스 설계 및 실행에 IT 도구들을 접목한 개념이다.

여기서, BPM이란 사람, 조직, 응용 시스템, 문서와 기타 정보들을 포함하는 운영 프로세스들을 "설계하고 실행하며 제어하고 분석하기 위해" 필요한 각종 방법이나 기법 및 소프트웨어를 사용하여 기업 프로세스를 지원하는 것이라 정의된다. BPM의 기대

효과로는 프로세스 속도 향상, 가시성을 통한 관리 능력 강화, 프로세스의 병렬 처리, 체계적인 감사와 통제, 프로세스 최적화, 고객과 파트너의 통합 및 조직의 민첩성 제고 등을 들 수 있다.

BPM에 관한 정의를 몇 가지 더 살펴보면, 첫째, BPM은 고객의 요구와 기대를 토대로 프로세스의 현상을 파악하여, 분석 및 평가한 다음에 필요에 따라 개선하거나 개혁하여 가장 적절히 실행하는 것을 의미한다. 둘째, BPM은 비즈니스 프로세스가 기업 목표와 적합하도록 유지된다는 것을 보장하기 위해 비즈니스 프로세스의 식별, 설계 및 실행뿐만 아니라 경영적, 행정적 통제행위까지를 포함하는 것을 의미한다. 마지막으로 BPM은 조직의 성과에서 지속적 개선을 가능케 하는 과정, 즉 또 하나의 프로세스라 할 수 있다.

BPM의 수명주기는 진단-설계-구축-운영의 4단계를 거치게 되는데, 진단 단계에서는 현행 프로세스의 KPI(Key Performance Indicator) 평가와 미래 상황 예견 시뮬레이션을 통해 현재 및 미래 상황에 대한 분석이 이루어진다. 설계 단계에서는 기존 프로세스에 대한 진단을 바탕으로 새로운 프로세스에 대한 설계가 이루어진다. 구축 단계에서는 설계된 새로운 프로세스를 실행하기 위해 업무 프로세스를 재구성하고 필요한 정보 시스템을 개발하게 된다. 운영 단계에서는 새로운 프로세스에 대한 업무 처리 지시에 따라 프로세스가 실행되고 현황을 모니터링하며 그 결과로 각종 경영 정보가 수집된다.

BPM을 위한 정보시스템인 BPMS(Business Process Management System)는 진단–설계–구축–운영의 전체 비즈니스 프로세스 수명주기에서 프로세스 운영을 실행, 관리 및 조율하기 위해 명백한 프로세스 설계에 의해 작동되는 일반적인 기업용 정보 시스템을 말한다. 관리 시스템 관점에서의 BPM(S)는 1910년대의 테일러의 '과학적 관리'에서 1990년대의 유연성이 결여된 고정적 프로세스 자동화를 특징으로 하는 'ERP(Enterprise Resource Planning)'를 거쳐 2000년대에는 유연한 비즈니스 프로세스 변경을 가능케 하는 'BPMS'로 변화하고 있다. 즉, 최근의 BPMS는 프로그램 가능한 프로세스 자동화로 특징지어지는 워크플로우에 기반한 유연성을 그 특징으로 하고 있으며, 이를 BPM의 '제3의 파도'라고 부르고 있다.

정보시스템 관점에서 BPMS는 1980년대의 의사소통이나 정보 공유 중심의 업무 정보화를 위한 이메일이나 그룹웨어 등의 사무자동화 개념을 실현하는 것에서, 1990년대에는 문서 흐름 중심의 업무 자동화를 위한 워크플로우로 발전했다. 그 이후, 2000년대에는 업무협력 중심의 전략적 정보화라 할 수 있는 BPMS로 발전하고 있다. 즉, '데이터 중심'에서 '프로세스 중심'으로 관리 대상이 바뀌고 있으며, 정보시스템이 지원해야 할 업무의 복잡도와 데이터 처리량은 시간이 증가함에 따라 비례적으로 증가하고 있다 [한관희, 2013].

요약하면 기업의 업무처리 프로세스 혁신 과정은 1980년대 비즈니스 프로세스 설계와 실행 자동화에 초점을 둔 '워크플로우'에서 시작하여, 2000년대 프로세스 진단–설계–구축–실행의 비즈니스 프로세스 수명주기 전반을 관리하고자하는 '비즈니스프로세스관리(BPM)' 시기를 거쳐 2015년 이후에는 RPA(Robotic process Automation)로 발전하고 있다.

RPA는 인간을 대신하여 업무를 자동수행할 수 있도록 단순 반복적인 업무를 알고리즘화하고 소프트웨어적으로 자동화하는 기술을 의미하며, 물리적 로봇이 아닌 소프트웨어 프로그램에 의해 사람이 하는 규칙기반 업무를 기존의 IT 환경에서 동일하게 할 수 있도록 구현한 것이다. 소프트웨어 로봇이 하는 일은 시스템 로그인, 문서 생성/쓰기, 화면 조회, 특정 셀의 데이터를 읽고 쓰고 계산하기, 이메일 보내기 등 매우 단순하나, 이러한 단순 업무가 사무직 업무의 30~50% 이상을 차지하고 있는 현실에서 RPA의 적용 범위는 매우 넓다고 하겠다.

RPA가 적합한 업무로는 빈번하고 대량으로 실행되는 작업, 다수의 인력이 수행하는 작업, 휴먼 에러가 자주 발생하는 작업, 단순 규칙과 로직에 기반한 작업 및 예외 사항이 적은 업무, 다양한 시스템 접속이 필요한 업무, 표준화 및 구조화된 데이터를 처리하는 업무 및 특정 기간에 집중되는 업무 등을 들 수 있으며, 점차 복잡한 의사결정 업무도 대신하는 방향으로 발전하고 있다.

현재의 RPA 기술은 업무가 상대적으로 정형화되어 있고 루틴한 특성을 보이고 있는 백오피스(Back-Office) 업무에 대한 자동화에 초점을 맞추고 있다. 전형적인 백오피스 업무인 '주문내역 처리' 프로세스를 예로 들어 RPA 적용 이전과 이후의 업무처리 프로세스를 비교하면 다음과 같다. RPA를 적용하기 이전에는, (1) 사람이 정기적으로 시스템에 접속하여 새로운 주문이 있는지 확인한 후, (2) 해당 주문을 검증하고, (3) 특정 계약 조건에 근거하여 가격과 할인율을 적용한다. (4) 만약 거래 규약이 명시되어 있는 경우에는 추가적인 할인을 적용한 후에, (5) 물품을 배송하고 대금을 청구하게 된다.

이러한 프로세스에 RPA를 도입하게 되면, (1) 소프트웨어가 시스템에서 관련 데이터를 받아 주문 여부를 확인한 후에, (2) 주문 내역이 있는 경우에는 검증 후에 시스템에 자동으로 필요 데이터를 입력하고, (3) 고객과의 계약에 근거하여 자동으로 할인율을 적용하여, (4) 물품을 배송하고 대금을 청구한다. 여기서 사람은 (3)번 작업 이후에 계약 조건 적용의 정확성에 대해 수작업으로 검증하는 프로세스만 수행하고, 나머지 프로세스는 모두 로봇이 담당하게 된다.

최근 들어 업무생산성 향상을 위한 RPA는 단순 반복적인 업무에 대한 자동화로 끝나지 않으며, 4차산업혁명의 기반이 되는 인공지능과 같은 혁신적인 기술과 접목되어 기술 발전이 이루어지고 있는 실정이다. 즉, 인지(Cognitive)기술, 자연어 처리(NLP: Natural Language Processing), 기계학습 기술 등을 활용하여 복잡한 문제를 해결할 수 있는, 마치 인간의 두뇌처럼 행동하는 방향으로 진화하고 있다. 이를 회사 업무와 연계하여 보면, 상대적으로 정형화된 백오피스 업무의 자동화에서 보다 복잡하고 상황에 따른 의사결정이 필요한 프론트오피스(Front-Office) 업무의 영역으로 확대되고 있는 것이다.

현재의 기술 수준과 향후 기술 발전 방향을 종합하여 RPA를 분류해보면 4단계로 구분될 수 있다. 먼저, (1) 1단계는 '인간의 행동을 모방(Mimics Human Actions)'하는 수준으로 업무의 규칙, 패턴을 기반으로 업무의 보다 빠른 처리, 오류 감소 및 처리 시간 단축을 목표로 하는 단계를 의미한다. 이것은 반복적인 거래나 업무를 규칙기반(Rule-Based)으로 프로그래밍하여 자동화하는 것을 의미한다. (2) 2단계는 자연어 처리, 기계학습 능력, 인지 분석 및 감지 등의 기술을 활용하여 프로세스 기반으로 '인간의 계량적 판단을 모방하거나 확장(Mimics/Augments Quantitative Human Judgement)'하는 수준을 말한다. 자연어 처리를 한다는 것이 의미하는 것은 1단계의 정형 데이터 처리를 넘어 비정형 데이터 핸들링이 가능하다는 것을 의미한다. (3) 3단계는 역동적 자체 적응력 및 관리 기능을 기반으로 예측 결정을 내릴 수 있는 '인지 기능의 확장' 수준을 의미하며, 빅데이터 분석과 예측 분석(Predictive Analytics)을 활용하여 복잡한 의사결정을 내리는 수준에 이른다. 스스로 업무 프로세스 처리과정을 학습하면서 더 효율적인 프로세스 방법을 찾아 자동화한다. (4) 4단계는 인간과 기계의 차이를 분별할 수 없는 수준의 '인간 지능을 본뜨는(Mimics Human Intelligence)' 단계를 말한다.

RPA 기술 발달 단계를 요약하여 각 단계를 한 단어로 표현하자면, 1단계는 '로봇 단계(Robotic Phase)'로, 2단계는 '인지자동화 단계(Cognitive Automation Phase)'로, 3단계는 '인지확장 단계(Cognitive Augmentation Phase)'로, 마지막 4단계는 '인공지능 단계(Artificial Intelligence Phase)'로 대표될 수 있다[현영근, 2018].

현재 RPA를 위한 상용화된 솔루션으로는 UiPath, Automation Anywhere, Blue Prism이 시장에서 주도적 솔루션으로 인정받고 있다.

13-2-3. 분석/실험계층-CPS/디지털트윈

사이버물리시스템(CPS)은 그 용어에서 나타나듯이 사이버 시스템과 물리 시스템의 연동으로 정의된다. 사이버 시스템이란 컴퓨터 환경으로서 프로그램 로직과 데이터 및 논리적 모델들로 구성된다. 물리 시스템은 우리가 경험하는 실제 세계의 물리적 개체들을 의미한다. 사이버 시스템과 물리 시스템을 연동하기 위해 네트워크 기술 및 IoT 기술 등이 이용되며 실세계인 물리 시스템에서 발생하는 모든 현상들이 실시간으로 사이버 시스템에 반영되어야 한다. 모든 물리 시스템의 변화가 실시간으로 사이버 시스템에 반영되면 논리 모델을 이용한 실험과 계산 결과를 통해 물리 시스템을 제어하고 이를 반영한 물리적 시스템의 변화 정보를 다시 사이버 시스템에 전달하여 최적의 제어를 순환적으로 수행하게 된다,

사이버물리시스템 구축을 위한 기반 아키텍처로서 2015년에 발표된 〈그림 13-3〉에 나타나 있는 5계층으로 구성된 CPS 5C 아키텍처를 살펴보기로 한다. 여기서 5C는 연결(Connection), 변환(Conversion), 사이버(Cyber), 인지(Congnition), 구성(Configure)를 의미한다.

제1수준은 스마트 연결(Smart Connection) 계층으로 센서 네트워크를 통해 정확하고 신뢰성 있는 데이터를 수집하고 완전한 연결성을 확보하여 현재 상태를 모니터링(Condition Monitoring)할 수 있게 한다.

제2수준은 데이터-정보 변환(Data-to-Information Conversion) 계층으로 원시 데이터를 유용한 정보로 변환하기 위해 다차원 상관 분석이나 상태 진단을 통해 물리객체들이 자기인식(Self-Aware)을 할 수 있게 한다.

제3수준은 사이버(Cyber) 계층으로 5C 아키텍처에서 중앙 정보 허브로서의 역할을 수행한다. 기기나 구성품에 대한 디지털트윈 모델을 제공하고, 이를 통해 특정 물리객체가 다른 물리객체들과의 성과 분석을 통해 자기비교(Self-Compare)를 할 수 있게 한다.

제4수준은 인지(Cognition) 계층으로 획득된 지식을 전문가 집단에 적절하게 전달하여 대안 간의 우선순위를 결정하고 협업에 의한 최적 의사결정(Prioritize & Optimize Decisions)을 지원한다.

제5수준은 구성(Configuration) 계층으로 사이버 공간에서 물리적 공간으로 피드백을 하며 물리객체들이 자기구성(Self-Configure)과 자기조정(Self-Adjust) 및 자기최적화(Self-Optimize)를 할 수 있도록 자율제어 활동을 수행한다. 이 수준에서는 인지 계층에서 수행된 예

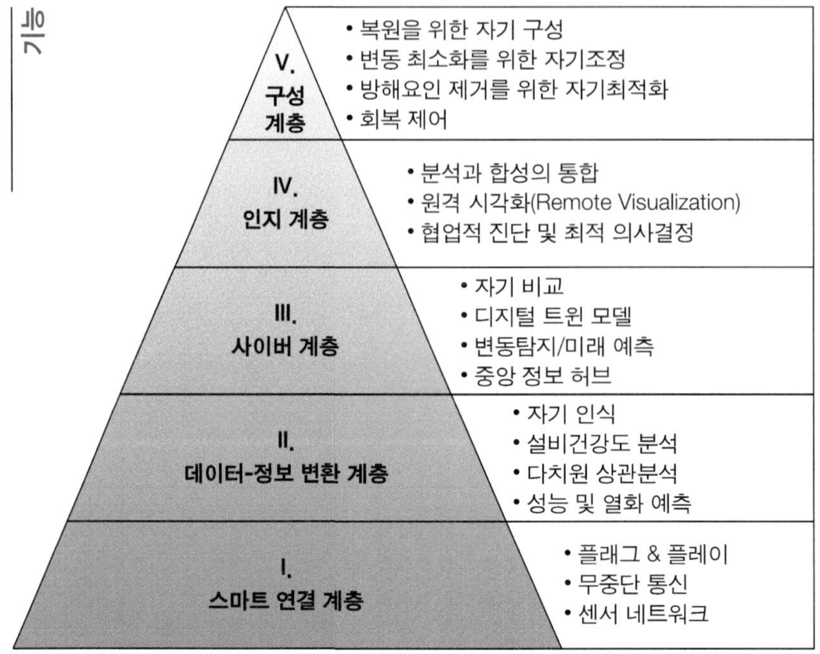

<그림 13-3> CPS 5C 아키텍처

출처: Lee Jay, Bagheri Behrad, Kao Hung-An, A Cyber-Physical Systems architecture for Industry 4.0-based manufacturing systems, Manufacturing Letters, vol.3, pp.18-23, 2015.

방적인 혹은 교정적인 의사결정을 모니터링 대상 시스템에 적용하는 회복 제어 시스템(Resilience Control System)으로 작동한다.

CPS 5C 아키텍처(A)와 스마트팩토리 트라이앵글 플랫폼 아키텍처(B)를 비교해보면, 〈표 13-4〉에서 나타난 바와 같이 A의 1계층은 B의 1계층과, A의 2계층은 B의 2/3계층과, A의 3계층은 B의 4계층과, A의 4/5계층은 B의 5계층과 매핑되어 두 개의 아키텍처가 유사한 구조를 갖고 있음을 알 수 있다.

2018년에는 〈그림 13-3〉의 CPS 5C 아키텍처에 '3C(Coalition, Customer, Contents)'를 더한 8C CPS 아키텍처가 발표되었다. 기존의 5C 아키텍처는 하나의 조직 단위 내에서 계층 간의 수직적 통합만을 제시한데 비해, 8C 아키텍처는 여기에 조직 간 수평적 통합 요소까지 추가하였다. 추가된 3요소는 〈그림 13-4〉의 삼각형 각 변에 나타난 관련 기업군(Coalition), 고객(Customer)과 정보내용(Contents)이다.

<표 13-4> CPS 5C 아키텍처(A)와 스마트팩토리 트라이앵글 플랫폼 아키텍처(B)의 계층 구조 비교

<table>
<tr><th colspan="2">CPS 5C 아키텍처 (A)</th><th colspan="2">스마트팩토리 트라이앵글 플랫폼 아키텍처 (B)</th></tr>
<tr><td>5</td><td>구성 계층</td><td rowspan="2">5</td><td rowspan="2">지능화 계층</td></tr>
<tr><td>4</td><td>인지 계층</td></tr>
<tr><td>3</td><td>사이버 계층</td><td>4</td><td>분석/실험 계층</td></tr>
<tr><td rowspan="2">2</td><td rowspan="2">데이터-정보 변환 계층</td><td>3</td><td>정보화 계층</td></tr>
<tr><td>2</td><td>자동화 계층</td></tr>
<tr><td>1</td><td>스마트 연결 계층</td><td>1</td><td>연결 계층</td></tr>
<tr><td>—</td><td>—</td><td>0</td><td>물리 계층</td></tr>
</table>

여기에서 '관련 기업군' 요소는 공급망 내의 다양한 관련 조직 간의 가치사슬 통합을 위한 것이다. '고객' 요소는 제품 설계, 생산 및 A/S 등 제품수명 전 주기에 걸친 고객의 참여에 초점을 맞추고 있다. '정보내용' 요소는 부품 공급, 생산 과정, 생산 환경, 사용 과정 등의 제품수명주기에서 조직 간에 유통되는 제품의 추적성 이력을 추출하고 저장하고 조회하는 것에 초점을 맞추고 있다.

〈그림 13-4〉의 CPS 8C 아키텍처를 뒷받침하는 주요 핵심 기술로는, (1) 1수준의 스마트 연결 계층에서 사이버 세계와 실제 세계를 연동하기 위해 실제 세계에서 발생하는 현상을 실시간으로 사이버 세계에 반영하기 위한 IoT 기술과 (2) 3수준인 사이버 계층에서 실제 세계를 사이버 세계에 연동하여 표현하는 디지털트윈 기술을 들 수 있다.

그 중에서 디지털트윈은 〈그림 13-3〉의 CPS 5C 아키텍처에서 중앙 정보 허브로서의 역할을 수행하는데, 기존의 물리적 객체와 동일한 가상 모델을 만들 뿐만 아니라, 물리적 객체에 장착된 센서를 통해 실제 데이터를 수집하여 가상 모델과 동기화시키는 것이다. 그 후에 가상 모델을 사용하여 시뮬레이션을 수행하여 현재 상태의 성능을 평가하고 개선 사항을 도출해낼 수 있다. 즉, 디지털트윈은 "물리적 대상과 이를 모사한 디지털 대상을 (준)실시간으로 동기화하고, 다양한 목적에 따라 상황을 분석하고 모의 결과를 기반으로 예측하여 물리적 대상을 최적화하기 위한 지능형 기술 플랫폼"인 것이다.

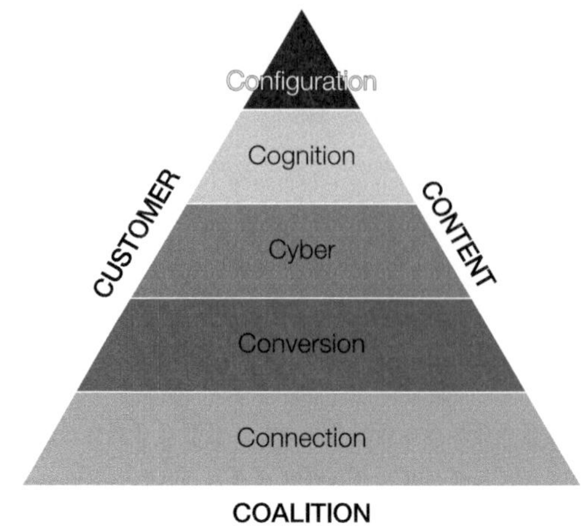

<그림 13-4> CPS 8C 아키텍처

출처: Juang, Jehn-Ruey, An Improved Cyber-Physical Systems Architecture for Industry 4.0 Smart Factories, Advanced in Mechanical Engineering, Vol.10, No.6, pp.1-15, 2018.

디지털트윈에 대한 개념은 2002년 미국 미시간 대학교의 마이클 그리브스 박사가 제품수명주기 관점에서 최초로 제안하였고 이후 IoT의 등장과 컴퓨팅 파워의 증대, 최근에는 인공지능, XR(eXtended Reality) 기술 등과 결합하여 다양한 산업에서 디지털트윈 기술 적용 사례가 늘어나고 있다. 2016년에는 미국의 제너럴 일렉트릭(GE)이 현실과 가상세계가 연결된 디지털트윈을 실현하여 광범위하게 알려지게 되었다.

디지털트윈의 기술 발전 단계는 가트너에 의하면 크게 5단계로 나눌 수 있다: 1단계는 현실세계를 디지털로 복제하는 단계이다(3D 시각화). 2단계는 디지털트윈 기반의 현실 세계 모니터링을 수행하는 단계이다(실시간 모니터링). 3단계는 현실 세계를 최적화하는 단계이다(분석/예측/최적화). 4단계는 각각 최적화된 단일 디지털트윈들을 상호 연계하여 상호 운영을 최적화하는 단계이다(현실세계 연합). 5단계는 유기적으로 연결된 디지털트윈들이 현실 세계의 문제점을 자율적으로 인지하고 해결하여 최적화를 수행하는 단계이다(자율 해결)[Gartner, 2020].

위에서 설명한 디지털트윈 기술 발전 5단계의 요약이 〈표 13-5〉에 나타나 있다[정영득, 2021].

디지털트윈 구현에 필요한 요소 기술은 〈표 13-6〉에 나타나 있듯이, IoT, AI, 빅데이

<표 13-5> 디지털트윈 기술 발전 5단계 요약

기술 단계	정의	설명
5단계	자율 디지털트윈 (Autonomous)	개별 및 복합 디지털트윈에서 자율적으로 문제점을 인지하고 해결하여 물리대상 최적화
4단계	연합 디지털트윈 (Federated)	최적화된 개별 물리대상들이 상호 연계된 복합 디지털트윈 재구성 및 물리대상 상호운영 최적화
3단계	모의 디지털트윈 (Modeling & Simulation)	디지털트윈 모의결과를 적용한 물리 대상 최적화
2단계	관제 디지털트윈 (Monitoring)	디지털트윈 기반 물리대상 모니터링 및 관계분석을 통한 제어
1단계	모사 디지털트윈 (Mirroring)	물리대상을 디지털트윈으로 복제

<표 13-6> 디지털트윈 요소기술

기술	내용
IoT	물리적 객체의 실시간 데이터 수집과 물리&가상 객체 간 데이터의 원활하고 정확한 양방향 전송 촉진
AI	새로운 데이터로부터 학습을 촉진하고 예측 모델을 지속적으로 향상
빅데이터	패턴 유추 및 유용한 정보 발굴을 위한 양적 데이터 제공
클라우드	센서·다양한 플랫폼으로부터 온 엄청난 양의 데이터를 담아 유연성·확장성 지원
5G 이동통신	실시간 정보 전송 능력으로 디지털트윈의 반응성 향상
AR(증강현실)/MR(혼합현실)	실제 물리적 환경과 동시에 가상세계의 디지털트윈 인식 지원
모델링/시뮬레이션	제품, 공정, 시스템 등의 형상과 속성을 가상 공간에 구현하고 모의실험을 통해 최적 대안 선택

출처: 정보통신기획평가원, 디지털 전환의 핵심, 디지털트윈, ICT Spot Issue, 2019.

터, 클라우드 컴퓨팅, 5G 이동통신, AR/MR(Augmented Reality/Mixed Reality) 및 모델링/시뮬레이션 기술 등을 들 수 있다.

최근 들어 컴퓨터에 구현된 디지털트윈은 대상 물리 객체와 연동하여 현실 상황을 반영하면서 현실에서 발생할 수 있는 상황을 예측하거나 운영 최적화 조건을 알려주는 등 산업 경쟁력 강화의 주요 수단으로 인식되고 있다.

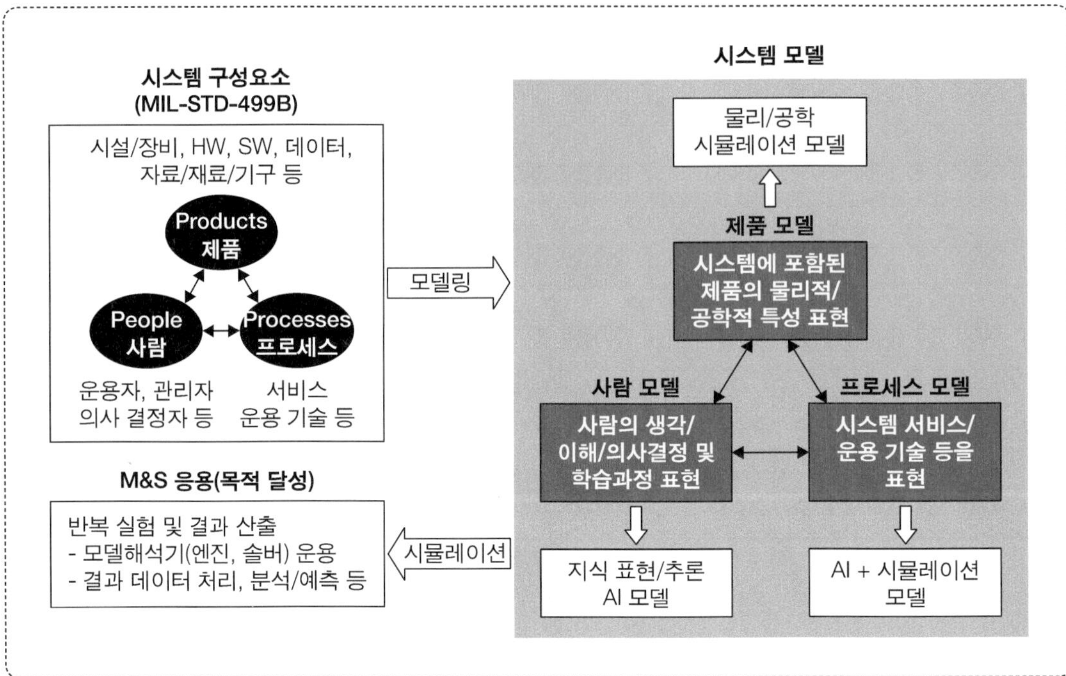

<그림 13-5> 디지털트윈 구현을 위한 모델링 및 시뮬레이션 개념

출처: 이광기 · 유호동 · 김탁곤, 디지털트윈 기술 발전 방향, KEIT ISSUE REPORT, Vol.18, No.9, 2018.

〈표 13-6〉에서 나타난 디지털트윈 요소 기술 중에서 가장 핵심적인 기술이라면 모델링 기술과 이에 기반한 시뮬레이션(M&S: Modeling & Simulation)을 들 수 있는데, 〈그림 13-5〉에서 나타난 바와 같이 이 기술을 이용하여 우선 제품, 사람, 프로세스 등의 관심 대상 객체의 데이터와 행위를 추상화한 시스템 모델을 만들고, 만들어진 모델을 가지고 반복적인 모의실험을 통해 결과를 산출함으로써 해당 실세계의 운영과 관련한 성과 평가나 예측 및 최적 대안 선택 등을 수행할 수 있게 된다.

제조산업에서의 디지털트윈의 표준화 과정을 살펴보면, ISO TC184는 "자동화 및 통합" 표준을 개발하는 ISO의 기술위원회로, 제조와 관련된 기술 표준을 개발하고 있으며, TC 184 SC4는 산업데이터의 표준을 담당하는 분과위원회로서 그 안에서 디지털 제조(Digital Manufacturing) 표준화를 담당하는 WG 15는 2017년부터 디지털트윈 표준화에 착수하였는데, 2021년 현재 제조를 위한 디지털트윈 프레임워크 표준이 ISO 23247-1에서 ISO 23247-4에 걸쳐 제정되었다.

13-2-3-1. ISO 23247-1

ISO 23247-1은 제조를 위한 디지털트윈의 개요, 범위, 원칙 및 요구사항을 정의한다.

〈그림 13-6〉에 나타난 바와 같이 제조를 위한 디지털트윈의 구성요소는 아래와 같이 4개로 구분된다.

(1) 제조 요소(Observable Manufacturing Element): 인력, 장비, 재료, 프로세스, 설비, 환경, 제품, 관련 문서 등 제조 활동에 참여하는 관찰 가능한 제조 요소를 의미한다.

(2) 데이터 수집 및 디바이스 제어(Data Collection & Device Control): 제조 요소로부터 데이터를 수집하거나, 혹은 제조 요소를 제어한다.

(3) 디지털트윈(Digital Twin): 모든 제조 요소를 외형뿐만 아니라 기능을 포함하는 속성까지 디지털로 표현하고, 데이터 수집 및 디바이스 제어와 연결되어 제조 요소와 해당 디지털트윈이 동일한 상태로 동기화되게 한다.

(4) 디지털트윈 제조 응용(Digital Twin for Manufacturing): 디지털트윈 요소를 이용하여 시뮬레

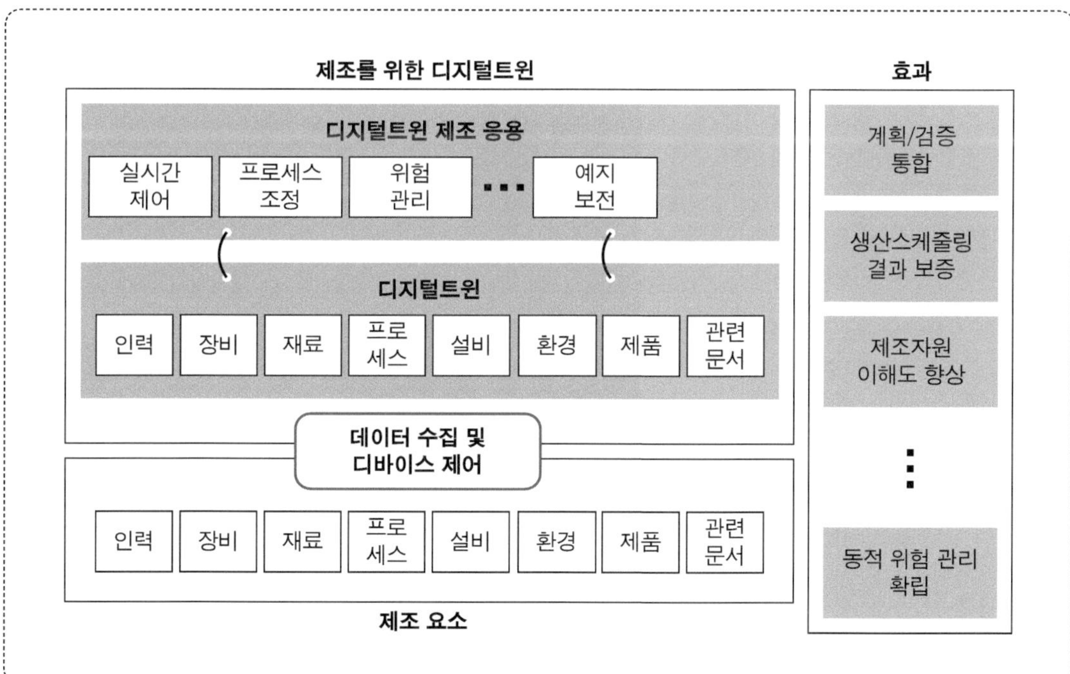

<그림 13-6> 제조를 위한 디지털트윈 개요

출처: 유상근, 스마트제조를 위한 디지털트윈 표준화 동향", 대한전자공학회 전자공학회지, 제46권 제12호, pp.16-25, 2019.

이션을 통한 실시간 제어, 검증 및 제조 프로세스 조정, 실시간 모니터링 및 예측을 통한 위험관리, 예지보전 및 제조 자원의 안정성 확인 등의 활동을 수행한다.

제조에 디지털트윈을 적용했을 때의 효과로는 계획과 검증의 통합, 생산 스케줄 결과 보증, 제조자원의 이해도 향상 및 동적 위험 관리 확립 등을 들 수 있다.

또한, ISO 23247-1은 제조를 위한 디지털트윈을 위해 일반 요구사항, 정보교환 요구사항 및 디지털트윈 모델링을 위한 요구사항 등 다양한 관점에서의 요구사항들을 포함한다. 우선, 일반 요구사항은 〈표 13-7〉에서 나타난 바와 같이 데이터 획득에서부터 시뮬레이션 요구사항까지 총 9개로 구성된다.

〈표 13-7〉의 일반 요구사항 중의 '표현' 요구사항에서 STEP, MTConnect는 정보교환 표준으로서 STEP는 Standard for the Exchange of Product model data의 약자로서

<표 13-7> 디지털트윈의 제조 응용을 위한 일반 요구사항

일반 요구사항	설명
데이터 획득 (Data Acquisition)	• 제조 요소로부터 직접 또는 제조 요소 주변의 센서로부터 데이터를 수집해야 한다.
통신 (Communication)	• 적절한 통신 프로토콜을 사용하여 데이터를 전송해야 한다.
표현 (Representation)	• 정보는 사람이 인식할 수 있는 형식(오디오, 비디오, 이미지, 텍스트 등)으로 표현되어야 한다. • 정보는 응용 소프트웨어가 처리할 수 있는 형식(STEP, MTConnect 등)으로 표현되어야 한다.
데이터 분석 (Data Analysis)	• 제조 공정에서 수집된 데이터는 관찰 가능한 제조 요소의 상태를 이해하기 위해 분석되어야 한다.
관리(Management)	• 디지털트윈은 자원을 최적화하고 이익을 극대화하기 위해 관리되어야 한다.
동기화 (Synchronization)	• 디지털트윈은 제조 요소와 시기 적절하게 연결(동기화)되어야 한다.
데이터 저장 (Data Store)	• 데이터 저장소는 데이터 모델링, 교환, 분석 및 보관 등의 목적으로 데이터를 영구적 또는 일시적으로 저장해야 한다.
관점(Viewpoint)	• 디지털트윈은 서로 다른 목적을 위한 관점을 지원해야 한다.
시뮬레이션 (Simulation)	• 디지털트윈은 동작 중인 제조 요소를 시뮬레이션해야 한다.

제품 데이터의 상호교환을 위한 ISO 10303 표준이고, MTConnect는 제조 설비 간의 데이터 교환을 위한 ANSI/MTC1.4-2018 표준을 말한다.

디지털트윈을 위한 정보 교환 요구사항은 〈표 13-8〉에 나타난 바와 같이 네트워킹, 동기화, 정확성, 데이터 무결성, 보안 요구사항까지 총 5개로 구성된다.

디지털트윈의 모델링을 위한 요구사항은 〈표 13-9〉에 나타난 바와 같이 충실도, 확장성, 호환성, 정밀도 요구사항까지 총 4개로 구성된다.

<표 13-8> 디지털트윈의 제조 응용을 위한 정보교환 요구사항

정보교환 요구사항	설명
네트워킹 (Networking)	• 적절한 처리량과 대기 시간을 제공하는 네트워킹 프로토콜을 사용하여 디지털트윈 프레임워크의 엔티티(Entity) 간에 정보를 교환해야 한다
동기화 (Synchronization)	• 디지털트윈은 적절한 속도로 제조 요소의 상태에 대응하여 업데이트되어야 한다
정확성 (Accuracy)	• 디지털트윈은 적절한 수준의 충실도(Fidelity)로 제조 요소의 상태를 정확하고 유의미하게 설명해야 한다.
데이터 무결성 (Data Integrity)	• 디지털트윈은 제조 요소의 상태를 결함없이 일관성 있게 기술해야 한다
보안(Security)	• 디지털트윈은 승인된 제조 요소와만 통신해야 한다.

<표 13-9> 디지털트윈의 제조 응용을 위한 모델링 요구사항

정보교환 요구사항	설명
충실도(Fidelity)	• 디지털트윈은 제조 요소의 관련 측면을 신뢰성과 일관성 있게 기술해야 한다.
확장성 (Extensibility)	• 통합, 추가, 향상을 지원하기 위해 디지털트윈은 확장 가능해야 한다.
호환성 (Interoperability)	• 디지털트윈은 제조시스템의 다른 유형의 디지털 모델과 호환 가능해야 한다.
정밀도 (Granularity)	• 디지털트윈은 적절한 정밀도 수준으로 제조 요소의 상태에 대한 통찰력을 제공해야 한다.

13-2-3-2. ISO 23247-2

ISO 23247-2는 제조를 위한 디지털트윈 참조모델을 제공한다. 이 참조모델은 디지털트윈의 기반이 되는 사물인터넷 참조모델을 확장하여 구성되는데, 참조모델은 기능 관점(Functional View)과 정보 관점(Information View) 및 통신 관점(Networking View)으로 구성되며, 그 중에서 기능 관점의 제조를 위한 디지털트윈 참조 모델은 〈그림 13-7〉에 나타나 있다.

〈그림 13-7〉의 기능 관점의 참조 모델은 독립적인 기능을 수행하는 기능 개체(FE: Functional Entity)의 조합으로 구성되는데, 우선 물리적 제조 요소는 자원 유형별로 별도의 기능 개체(Resource-Specific FE)를 갖는다. 그리고 〈그림 13-7〉 오른쪽 하단 디지털트윈 프레임워크(Digital Twin Framework)의 (1) 데이터 수립 및 디바이스 제어 개체, (2) 핵심 개체(Core Entity), (3) 사용자 개체 및 (4) 시스템 횡단 개체(Cross System Entity)라는 4개 개체는 각각 복수 기능 개체(FE)의 조합으로 구성된다.

(1) **제조 요소(자원 유형별로 독립적인 기능 개체들로 구성)**: 물리적 제조 요소가 갖는 특징적인 기능 요소들을 의미한다(예: 드릴링, 밀링, 리베팅 등).

(2) **데이터 수집 및 디바이스 제어 개체(데이터 수집 서브 개체와 디바이스 제어 서브 개체로 구성)**: 데이터 수집 기능, 데이터 식별 기능, 수집된 데이터의 전처리 기능, 제조 자원의 제어 기능, 제조 자원의 구동 기능, 제조 자원을 식별하는 기능 등을 의미한다.

(3) **핵심 개체(운영 및 관리 서브 개체, 응용 및 서비스 서브 개체, 자원 접근 및 교환 서브 개체로 구성)**: 제조 자원의 물리적 특성 정보를 해석하는 디지털 모델링 기능, 해석된 정보를 이용하여 실물을 디지털 객체(디지털트윈)로 표현하는 기능, 실물과 디지털트윈을 동일한 상태로 유지시키는 동기화 기능, 유지보수 기능 등과 데이터 분석 기능, 응용 지원 기능, 시뮬레이션 기능, 보고 기능 등과 상호연동 지원 기능, 접근 제어 기능, 플러그 앤드 플레이 지원 기능, 다른 디지털트윈 시스템 요소와 연동을 위한 피어 인터페이스(Peer Interface) 기능 등을 제공한다.

(4) **사용자 개체(사용자 인터페이스 기능 개체로 구성)**: 시뮬레이션 분석 서비스, 사용자 인터페이스 기능 등을 제공한다.

(5) **시스템 횡단 개체(데이터 해석 기능 개체, 데이터 보증 기능 개체, 정보보안 기능 개체로 구성)**: 서로 다른 디지털트윈 시스템 간 데이터 해석 기능, 데이터의 정확도와 무결성을 보증하는 기능, 정보보안 기능 등을 제공한다.

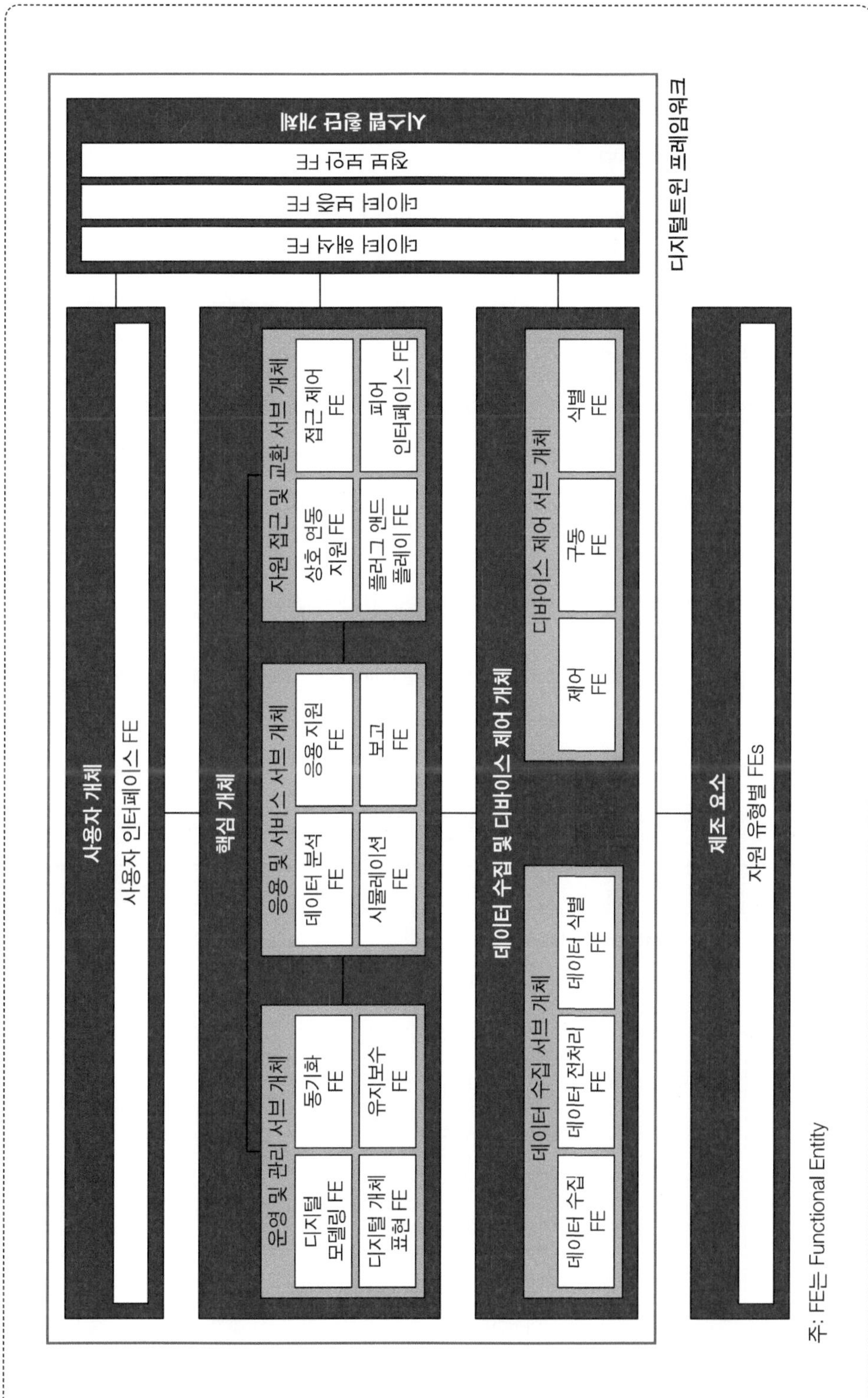

주: FE는 Functional Entity

<그림 13-7> 제조를 위한 디지털트윈 참조 모델(기능 관점)

출처: 유상근, 스마트제조를 위한 디지털트윈 표준화 동향", 대한전자공학회 전자공학회지, 제46권 제12호, pp.16-25, 2019.

13-2-3-3. ISO 23247-3

ISO 23247-3은 제품, 공정 및 자원 등을 포함하는 제조 요소를 디지털로 표현하기 위한 정보 속성을 정의한다. 이를 위해 필요한 정보 속성의 일부는 〈표 13-10〉에 나타나 있으며, 사용 사례에 따라 확장될 수 있다.

제조 요소 각각에 대해 〈표 13-10〉을 적용하여 정보 속성을 정의할 수 있으며, 예를 들면 인력에 대한 정보 속성 정의는 〈표 13-11〉과 같이 나타낼 수 있다.

13-2-3-4. ISO 23247-4

ISO 23247-4는 디지털트윈에서 정보 교환을 위한 방법을 정의한다. 정보 교환을 위한 인터페이스는 〈그림 13-7〉에 나타나 있는 ISO 23247-2의 기능관점 디지털트윈 참조 모델에서 (1) 사용자 개체와 핵심 개체 간, (2) 핵심 개체와 핵심 개체 간, (3) 핵심 개체와 데이터 수집 및 디바이스 제어 개체 간, (4) 데이터 수집 및 디바이스 제어 개체와 제조 요소 간의 4개로 정의되며, 이들을 위한 요구사항은 각각 다음과 같이 기술된다.

(1) **사용자 네트워크(사용자 개체-핵심 개체 인터페이스)**: 사용자에게 제조 자원을 디지털화된 모습으로 보여주는 시각화 기능을 위한 인터페이스를 제공한다. 표준화된

<표 13-10> 제조 요소에 대한 정보 속성 표현

속성	설명	필수(M), 선택(O)
식별자	제조 자원을 유일하게 식별하기 위한 값	M
특성	제조 자원의 일반적 및 중요한 특징	M
스케줄	제조 요소가 제조 공정에 직·간접적으로 투입된 시간	M
상태	제조 공정과 관련된 제조 요소의 상황	M
위치	제조 요소의 지리적 및 상대적 위치 정보	M
리포트	제조 요소가 수행한 활동에 대한 설명	M
관계	둘 이상의 제조 요소 간의 관계 정보	M
…	…	…

출처: 이현정·김성혜·이진영·유상근, 4차산업혁명을 위한 제조 디지털트윈 국제표준화 현황, 정보와 통신, 제37권 제7호, pp.43-50, 2020.

<표 13-11> 인력 제조 요소의 정보 속성

정보	설명	예제
식별자	인력에 할당된 ID	직원 ID: 11223
특성	기술 수준, 직급 분류 등 직원의 속성, 예를 들면 • 기술 수준 - 1: 전문가 - 2: 숙련공 - 3: 견습생 • 직급 분류 - 1: 연구원 - 2: 행정원 - 3: 기능원 - 4: 운전기사	• 기술 수준: 2 • 직급 분류: 3
스케줄	인력의 작업 스케줄, 예를 들면 • 근무 • 휴가	• 작업 스케줄: 근무시간 08시~17시
상태	인력의 작업 상태	• 작업 중 • 휴식 시간
위치	인력의 작업 위치	• 작업자 #1: 작업 센터 #2의 작업 유닛 #3
리포트	인력의 작업 활동 설명	• 2020.05.14.(목): 8시간 근무
관계	인력과 다른 제조 요소 간 협업 관계	• 작업자 #1은 작업자 #2의 관리자이다. • 안전상의 이유로, 작업 유닛 #3에서는 최소 4명의 인력이 작업해야 한다.

출처: 이현정·김성혜·이진영·유상근, 4차산업혁명을 위한 제조 디지털트윈 국제표준화 현황, 정보와 통신, 제37권 제7호, pp.43-50, 2020.

방법으로 제공되는 데이터 교환과 PULL, PUSH, PUBLISH를 포함하는 트랜잭션 기능 및 정보보호 기능 등을 의미한다.

(2) 서비스 네트워크(핵심 개체 간 인터페이스): ISO 23247-3에서 정의한 제조 요소를 위한 디지털 표현과 상황 재현, 모니터링, 시뮬레이션 등 핵심 개체가 제공하는 디지털트윈 서비스와 관련된 정보 교환 기능을 제공한다.

(3) 액세스 네트워크(핵심 개체-데이터 수집 및 디바이스 제어 객체 인터페이스): 제조 요소와 통신을 위한 연결 지원 및 실시간 통신 기능을 위한 인터페이스를 의미한다. 표준화된 형태의 데이터 교환 방법과 제조 요소 식별 기능, 제조 요소 제어 정보 및 동기화 정보 전달 기능 및 데이터 수집 및 디바이스 제어 개체의 네트워크 위치가 변할 경우 디지털트윈과의 연결 유지 기능 등을 제공한다.

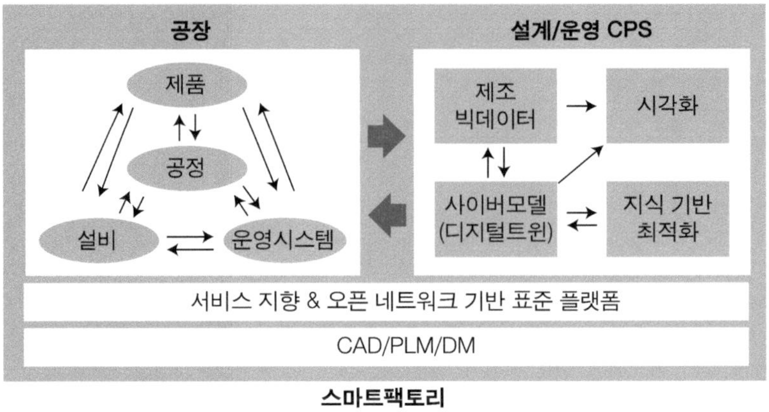

<그림 13-8> 스마트공장 CPS에서의 디지털트윈의 위치

출처: 노상도, 스마트팩토리와 사이버물리시스템기술, 정보와 통신, Vol. 33, Issue 11, pp.3-7, 2016.

(4) 근접 네트워크(데이터 수집 및 디바이스 제어 개체-제조 요소 인터페이스): 산업용 이더넷 등과 같은 로컬 네트워크를 통한 연결지원 기능과 데이터 전처리와 프로토콜 변환을 지원하는 기능 등을 제공한다[이현정, 2020].

스마트팩토리에서 CPS는 외부환경, 공장 설비 및 운영 환경에 부착된 센서와의 통신을 통해 수집된 정보를 자율적으로 분석하고 의사결정하여 최적의 솔루션을 찾는 방식으로 운영되며, 지능화된 상황 인지와 운영에 관련된 최적화된 의사결정을 통합하여 지원한다. 특히, 물리적 세계인 생산현장과 동기화된 사이버 모델, 즉 '디지털트윈'이 〈그림 13-8〉의 오른쪽에서와 같이 구축되어 활용된다.

스마트공장 사이버물리시스템의 의사결정 모델 활용은 크게 두 가지 분야로 구분할 수 있는데, 첫 번째는 공장이나 공정을 신규로 설계하고 시운전하는 양산 이전 단계이다. 사이버물리시스템을 사용하여 실제 공정이 만들어지기 전에 사이버 상에서 다양한 문제점을 분석하고 찾아내어 단시간에 효율적으로 공정을 신규로 설계하여 시운전 기간을 단축하는 데 기여할 수 있다. 또한 제조 환경의 변화에 따라 공장 레이아웃이나 제조 설비들을 재구성하고 제어 운영 로직을 수정하여 제조 라인을 효율화하는 데에도 사용될 수 있다.

두 번째는 양산 이후 단계로 생산성을 높이고 품질을 향상시키기 위해 여러 가지 생산 운영 과정에서의 문제 상황에 대한 정확한 해결책을 제공하는 데 사용되며, 다음과 같은 기능들을 제공한다.

(1) **현황 파악**: 제품, 공정, 설비, 공장에 관련된 각종 엔지니어링 데이터, 생산현장의 다양한 레가시 시스템들과의 연계를 통해 현장의 센서 데이터, 생산 계획 및 관리 정보, 품질 정보 등을 실시간으로 수집, 정리하고 초기 예상과 실제 결과를 비교 분석하여 제시한다.

(2) **문제 상황인지**: 생산성, 품질 등 각종 지표들에 대한 분석을 통한 이상 상황을 감지하고 향후 예상되는 결과를 분석, 제시하며 경고한다.

(3) **의사결정**: 현장 데이터를 정제, 분석하여 생성된 디지털트윈을 활용하여 사전 시뮬레이션을 통해 예상되는 문제 상황과 대처 방안 및 실행 시의 효과를 비교 분석하여 제시한다.

(4) **실행**: 분석 결과를 바탕으로 결정된 대처 방안을 실행하며, 다시 실시간으로 현장 데이터를 수집, 정리하여 예상과 실제 결과를 비교하여 제시한다.

13-2-4. 분석/실험계층-빅데이터 분석

기업에서의 빅데이터 분석(Big Data Analytics)의 목적은 데이터에 기반한 객관적이고 과학적인 의사결정에 있다고 할 수 있다. 즉, 데이터 중심 의사결정이란 경영 목표를 달성하기 위해 데이터를 수집하고 분석하여 이를 근거로 과학적인 의사결정을 내리는 경영 방식을 의미한다. 기존의 기업경영이 경영자의 습득된 지식과 경험에 주로 의존하였다면, 의사결정에 사용되는 지식은 경영자에 따라 각기 다르며 경영자의 경험 또한 기업 환경이 변화하면 직면한 상황에 적합하지 않을 수 있다. 이에 비해 데이터 중심 의사결정은 객관적인 데이터에 입각해서 경험자의 기존 지식과 경험을 보완 수정하고 새로운 지식을 추가하여 빠르고 정확한 의사결정을 수행하고자 하는 활동이다.

기업경영에서의 데이터 분석과 관련된 기술로는 비즈니스 인텔리전스(Business Intelligence)와 비즈니스 애널리틱스(Business Analytics)가 있다. 비즈니스 인텔리전스는 1990년대 초에 등장한 개념으로 데이터에 기반하여 합리적인 의사결정을 내릴 수 있도록 데이터를 수집,

저장, 분석하는 일련의 응용 기술을 의미한다. 2000년대에 들어서는 기업의 비즈니스 성과를 모니터링하고 현재 상황을 파악하기 위한 용도로 많이 활용되었다. 일반적으로 비즈니스 인텔리전스 기능은 쿼리 및 분석 기능을 효율화한 공통 데이터 형식의 데이터 웨어하우스, 다차원 분석 기반 OLAP(On-Line Analytical Processing) 등과 연동한 비즈니스 활동 모니터링(BAM: Business Activity Monitoring)의 형태로 많이 제공된다.

비즈니스 애널리틱스는 실시간으로 발생하는 다량의 데이터를 지속적으로, 반복적으로 조사하고 분석하는 기술을 의미하는데, 2010년대에 빅데이터, 데이터 마이닝, 데이터 사이언스 등의 개념이 대두되면서 비즈니스 성과 모니터링에서 더 나아가 데이터를 좀 더 정밀하게 과학적으로 분석하는 기능을 강조하면서 주목을 받게 되었다. 비즈니스 애널리틱스는 비즈니스 인텔리전스와 마찬가지로 데이터 웨어하우스 등의 데이터베이스와 연동하지만, 통계분석 및 데이터마이닝 도구와 결합하여 미래 예측이나 패턴 분석과 같은 고급 분석이 가능하도록 지원한다.

이러한 과학적인 빅데이터 분석을 위하여 최근에는 데이터마이닝, 머신러닝, 딥러닝 등 다양한 기법들이 적용되고 있다. 특히, 데이터마이닝과 머신러닝은 거의 동일한 개념으로 사용되고 있는데, 다만 데이터마이닝은 원시 데이터로부터 유용한 지식을 채굴한다는 의미를 가지고 있으므로 가지고 있는 데이터에서 기존에 파악하지 못했던 현상 및 특성을 발견하는 것이 목적이라면, 머신러닝은 데이터를 통해서 지속적으로 학습하여 개선한다는 의미이므로 기존 데이터를 통해 학습을 한 후에 학습결과를 새로운 데이터에 적용하여 새로운 데이터에 대한 예측 값을 알아내는 데 주된 목적이 있다. 나아가 최근에 각광받고 있는 딥러닝은 머신러닝 기법의 일종인 인공신경망의 은닉층 개수를 여러 개 깊게 추가하고 강화학습 기능을 보강한 학습 모형으로 인공지능 개념을 머신러닝 방식에 적용한 빅데이터 분석 기법의 하나이다.

13-3. 머신러닝

인공지능(AI: Artificial Intelligence)은 컴퓨터를 사용하여 인간의 지능을 모델링하는 기술을 말한다. 즉, 인공지능은 인간의 지능으로 수행할 수 있는 다양한 인식, 사고, 학습활동 등을 컴퓨터가 할 수 있도록 하는 방법을 연구하는 분야이다[김대수, 2021].

인공지능이라는 용어는 1956년 여름 존 매카시가 다트머스 대학에서 열린 컨퍼런스에서 처음 사용하였다. 인공지능으로 구현하는 지성은 크게 인지능력(시각, 청각 등)과 추론능력(예측, 의사결정 등)으로 나눠볼 수 있으며 이에 대응되는 인공지능 기술로는 대표적으로 인지 분야에서 이미지 식별, 음성인식, 자연어 처리 등과 추론 분야에서 추세 예측, 로봇 제어 등이 있다.

머신러닝(Machine Learning)은 인공지능의 한 분야로서 기본적으로 알고리즘을 이용해 데이터를 분석하고, 분석을 통해 학습하며, 학습한 내용을 기반으로 판단이나 예측을 하기 위한 것이다. 따라서 궁극적으로는 의사결정 기준에 대한 구체적인 지침을 소프트웨어에 직접 코딩해 넣는 것이 아닌, 대량의 데이터와 알고리즘을 통해 컴퓨터 그 자체를 '학습'시켜 작업 수행 방법을 익히는 것을 목표로 한다. 머신러닝이라는 용어는 1959년에 아서 사무엘이라는 IBM 연구원이 IBM Journal의 한 논문에서 처음 사용하였으며, 머신러닝을 "컴퓨터가 명시적으로 프로그램되지 않고도 학습할 수 있도록 하는 연구분야"라고 정의하였다. 머신러닝은 인공지능 연구가 일정 단계까지 발전하며 얻은 필연적인 산물과도 같다. 머신러닝의 유형을 인공지능이 발전해온 역사에 비추어 구분해보면, 크게 연결주의적 시각과 기호주의적 시각 및 통계적 시각으로 구분해볼 수 있다[조우쯔와, 2021].

첫째, 연결주의적 시각(Connectionism)은 인간의 두뇌가 어떻게 생각하는지를 컴퓨터로 모방하기 위해 인간의 신경망을 본뜬 인공신경망 모형을 사용하는 것인데, 인공신경망은 시냅스의 결합으로 네트워크를 형성한 인공 뉴런(노드)이 학습을 통해 시냅스의 결합 세기를 변화시켜, 문제 해결 능력을 가지는 모델 전반을 가리킨다. 1958년 로젠블랏이 〈그림 13-9〉에서 나타난 바와 같은 최초의 단층 인공신경망인 퍼셉트론(Perceptron)을 발표하여, 생물학적 신경망에 반복적인 시그널이 발생할 때, 신경 세포들이 그 시그널을 기억하는 일종의 학습 효과가 있음을 지적하였고, 이 학습 메커니즘을 인공신경망에서는 '가중치'라는 것으로 그 효과를 대체할 수 있음을 제시하였다.

이후 상당 기간의 침체기를 거쳐 2012년 이후에 딥러닝으로 발전하였다. 딥러닝은 입력층(Input Layer)과 출력층(Output Layer) 사이에 여러 개의 은닉층(Hidden Layer)들로 이뤄진 심층 신경망(DNN: Deep Neural Network)을 사용하여 학습을 하게 된다. 2016년 3월 구글 딥마인드의 알파고가 이세돌 선수와의 대국에서 압도적인 승리를 거두게 되면서 각광받기 시작하였다.

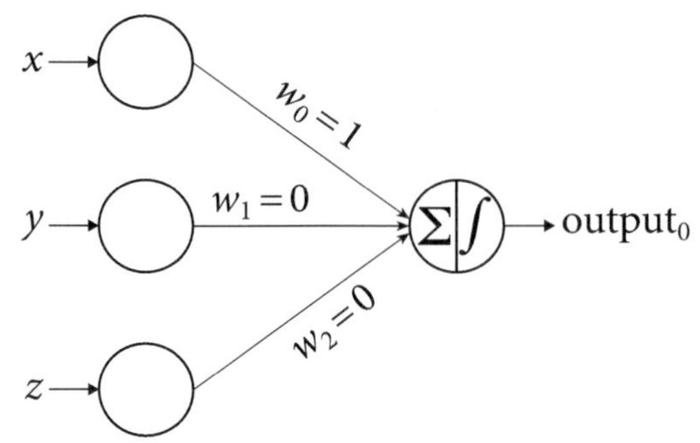

<그림 13-9> 퍼셉트론

둘째, 기호주의적 시각(Symbolism)은 심볼 개념의 학습 패러다임으로 논리학 및 그래프 구조를 사용하여 규칙 기반의 지식을 생성하여 활용한다. 즉, 인간의 지식을 기호화해서 표현하고 그 기호 간의 관계를 규칙화시켜 컴퓨터에 입력하여 학습시키면 인간과 유사한 출력을 낼 것이라는 가정을 가지고 출발한 것으로 1970년에서 1980년대 후반에 걸쳐 많은 발전이 있었으며 전문가의 전문지식을 활용해 만든 전문가 시스템(Expert System)이 기업에서 실제 성과를 내면서 주목을 받게 되었다. 즉, 전문가가 판단을 내리는 기준을 규칙(IF-Then 형태)으로 만들어 설정된 규칙에 따라 주어진 사실에 대해 추론하고 의사결정을 내리는 방식인 것이다. 하지만 실세계의 현상을 모두 '기호화' 할 수 없었기 때문에 한정적인 용도로 밖에 사용할 수 없었고, 그 결과 기호주의적 학습은 1990년대 이후에 쇠락의 길을 걷게 되었다.

세 번째는 1990년대 중반에 등장한 통계적 시각(Statistics)으로서 통계 기반 학습은 인간의 지능과 두뇌 구조에 대한 고찰보다 풀려고 하는 문제 자체를 통계적인 모델을 이용하여 데이터를 학습시키고 결과를 얻어내고자 하는 접근방법이다.

머신러닝은 데이터를 활용하여 기계가 스스로 판단기준을 만들어 학습에 의해 해법을 찾아내는 방식으로 변화되는 데이터에 적응할 수 있다는 장점이 있으며, 학습데이터의 특성에 따라 크게 지도학습(Supervised Learning), 비지도학습(Unsupervised Learning) 및 강화학습(Reinforcement Learning)으로 구분된다[김의중, 2017].

지도학습은 학습을 위한 입력 데이터(Input)와 각 데이터에 대응되는 정답(Label)을 주고 학습을 시켜 새로운 입력 데이터가 주어졌을 때 올바른 정답을 내도록 설계되는

데, 분류(Classification)나 예측(Prediction)에 주로 사용된다. 비지도학습은 입력 데이터만을 가지고 입력 데이터의 특성에 따라 데이터를 유사한 그룹으로 구분하여 묶을 수 있도록 설계되며, 도출된 그룹의 특성을 파악하여 유용한 정보를 추출하게 되는데 특정한 목표값이 아니라 데이터가 포함하고 있는 전반적인 특성이나 패턴을 찾는 데 많이 사용된다.

강화학습은 데이터가 처음부터 주어지지 않고 행동에 따라 데이터와 보상을 획득하며 이를 기반으로 더 나은 보상을 얻기 위해 적절한 행동을 학습하도록 설계되며, 주어진 상태에서 보상이 최대인 행동을 찾아가도록 설계된다. 즉, 행위 주체가 어떠한 환경 안에서 현재 상태를 관찰함으로써 데이터를 얻고, 이에 따라 행동을 선택하면 환경의 상태가 변화하며 행위 주체에게 보상(Reward)을 수여하는 방식으로 문제를 풀게 되며, 행위 주체는 환경으로부터 받을 수 있는 보상을 최대화하기 위해 적절한 행동을 학습하게 된다. 기본적으로 강화학습은 시간의 흐름에 따라 사건이 전개되면서 받는 피드백을 통해 학습하게 되므로 순차적 사건에 대한 의사결정에 유효하다. 응용 분야로는 로봇제어, 엘리베이터 제어, 체스/바둑과 같은 게임 분야를 들 수 있다. 강화학습의 문제는 마르코프 결정과정(Markov Decision Process)으로 표현된다. 강화학습의 예로는 알파고(AlphaGo)에서 사용된 Deep Q-Network가 있다.

지도학습 방법 중에서 예측 기법은 결과값이 데이터 세트의 범위 내 어떠한 값도 가능하며, 레이블된 학습 데이터를 가지고 특성(Feature, 독립 변수, 예측변수)과 레이블(종속변수)의 관계를 함수식으로 표현하는 모델을 구축한다. 여기서, 특성이란 입력 데이터를 구별해 낼 수 있는 특징들을 정량화한 것을 말하며, 회귀분석이 대표적인 기법이며 로지스틱(Logistic) 회귀 분석은 몇 가지 범주형 결과 값을 예측하는 경우에 사용한다.

회귀분석(Regression Analysis)은 여러 독립 변수와 종속 변수의 관계 함수식으로 설명하는 방법이다. 이 방법은 회귀식을 통하여 하나 또는 둘 이상의 독립변수들이 종속변수에 미치는 영향력의 크기를 알아보는 분석기법으로서, 분석 대상을 선형 회귀 관계로 가정할 때 모형에 의해서 대상 데이터들이 얼마나 잘 설명될 수 있는가에 초점을 맞추고 있다. 원래 회귀(Regression)라는 용어는 '원위치로 돌아간다' 뜻으로 1880년대 영국의 프랜시스 골턴이 직계존비속 간의 키 차이 원인을 연구하면서 "사람의 키는 평균으로 회귀한다"라는 표현을 하면서 사용되었는데, 이후 독립변수와 종속변수 간의 관계 분석을 총칭하여 회귀분석이라고 부르게 되었다.

회귀분석의 예로 어느 고등학교 음악동아리 학생들의 키와 몸무게에 유의미한 상관관계를 발견하고 학생의 몸무게와 키의 관계를 표현하는 관계식을 개개 학생의 ((키, 몸무게) = (Y, X)) 데이터 쌍을 이용하여 구하면 Y = 101.24 + 1.185·X(cm)를 얻게 된다. 이 식을 이용하여 새로이 전학 온 김새롬 학생의 몸무게가 60kg이었다면, 그 학생의 키는 172.34cm로 추정된다.

선형회귀식은 〈그림 13-10〉에서와 같이 $f(x_i) = a \cdot x_i + b$와 같이 독립변수가 1차항으로 구성되며, 최소자승 (혹은 최소제곱)법을 이용하여 a와 b의 값을 구하는데, 최소자승법에서는 예측한 결과 값과 실제 값의 차이의 제곱의 합이 최소가 되도록 하게 하는 a와 b의 값을 구하게 된다. 선형회귀에서 단순선형회귀(Simple Linear Regression)는 독립 변수가 1개이며 $Y_i = \alpha + \beta \cdot X_i + \varepsilon_i$와 같이 표현된다.

다중선형회귀(Multiple Linear Regression)는 독립변수가 2개 이상이며, $Y_i = \alpha + \beta 1 \cdot X1_i + \beta 2 \cdot X2_i + \cdots + \beta k \cdot Xk_i + \varepsilon_i$와 같이 표현된다.

로지스틱 회귀는 독립 변수의 선형 결합으로 종속 변수를 설명한다는 관점에서는 선형회귀 분석과 유사하나, 로지스틱 회귀는 선형회귀 분석과는 다르게 종속 변수가 범

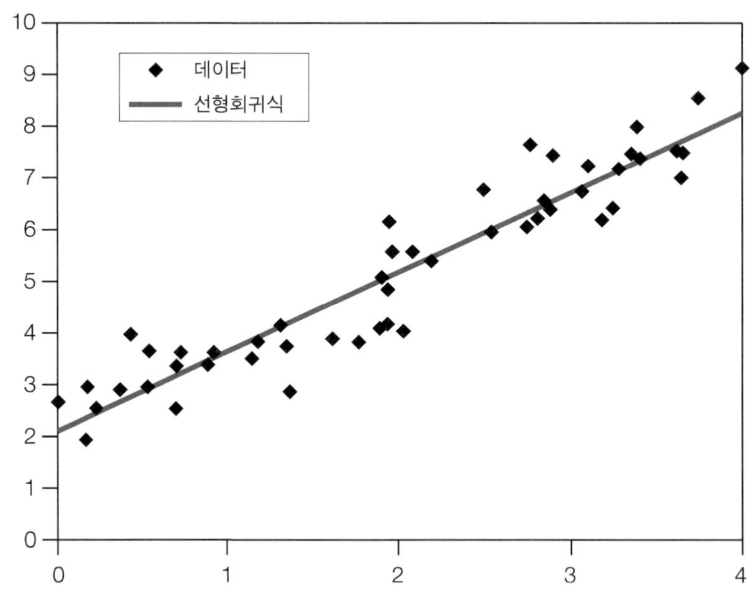

<그림 13-10> 선형회귀식

주형 데이터를 대상으로 하며 입력 데이터가 주어졌을 때 해당 데이터의 결과가 특정 분류로 나뉘기 때문에 일종의 분류(Classification) 기법으로도 볼 수 있으며 흔히 이항형 문제에 적용된다.

지도학습 방법 중에서 분류 기법은 레이블이 적힌 학습 데이터로 학습한 뒤 새로 입력되는 데이터가 속한 그룹을 찾아내는 것으로, 우편물 분류를 위한 우편 번호의 필기체 인식이나 악성 이메일을 감지하는 방법 등에서 많이 사용된다. 대표적인 기법으로는 kNN (k-Nearest Neighbor) 모델, SVM(Support Vector Machine) 및 의사결정 트리(Decision Tree)를 들 수 있다.

kNN은 새로운 데이터가 어느 그룹에 속하는지 분류하기 위해 그 데이터에 가장 가까운 학습 데이터가 속한 그룹을 알아봄으로써 속하는 그룹을 결정한다. 예를 들면, k가 1인 경우에 〈그림 13-11〉에서와 같이 새로운 데이터를 중심으로 가상의 원을 확장해 나가다 첫 번째 데이터가 발견되면 그 데이터가 속한 그룹이 새로운 데이터의 그룹이 된다. k가 3인 경우에는 같은 방법으로 발견된 3개의 데이터 중 소속된 데이터가 가장 많은 그룹을 새로운 데이터의 그룹으로 결정하게 된다. 여기서 k는 새로운 데이터가 속한 그룹을 알아내기 위해 인접 데이터를 k개 만큼 찾겠다는 뜻이며 분류의 편이성을 위해 k는 홀수로 지정된다.

SVM은 주로 다루고자 하는 데이터가 2개의 그룹으로 분류될 때 사용한다. 예를

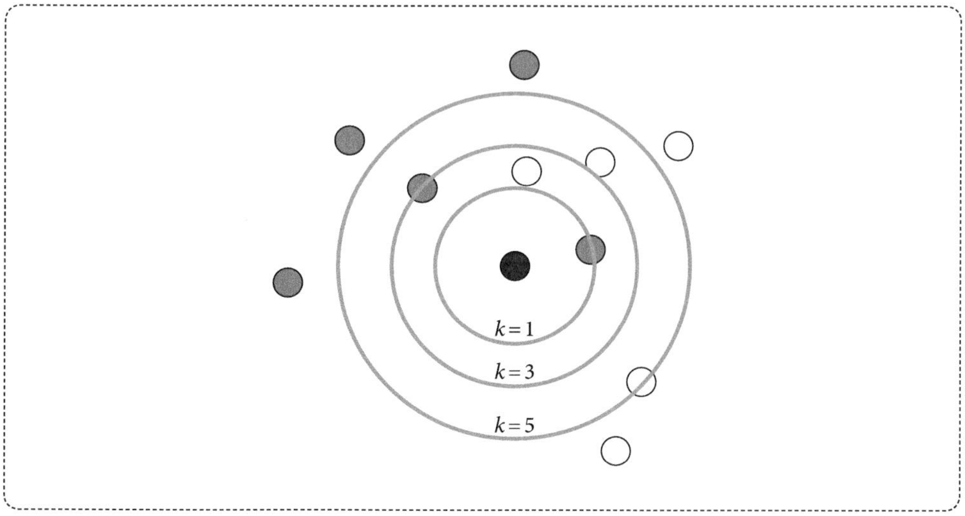

<그림 13-11> kNN

들면, 어느 마을에 A 신문 구독 가구와 그렇지 않은 가구가 있을 때, 새로 이사온 사람이 신문 A를 구독할 경우를 예측하는 문제를 들 수 있다. 목표는 〈그림 13-12〉에서와 같이 2개의 그룹을 분리하는 직선식을 찾되, 직선식($x^T \cdot w+b=0$)을 사이에 두고 가능하면 두 그룹이 멀리 떨어질 수 있도록 하는 직선식을 찾는 것이다. 즉, 두 그룹을 경계 짓는 두 직선이 있다면 두 직선 사이의 거리를 마진(Margin)이라 하고, 이 마진을 최대화하고자 하는 것이다.

의사결정 트리는 알고자 하는 데이터가 소속된 그룹을 알아내는 것을 목적으로 1986년 엔트로피와 정보획득(Information gain) 개념을 사용한 로스 퀸란의 ID3(Iterative Dichotomiser 3)라는 알고리즘이 가장 초창기 의사결정 트리 모델로서, 이후의 대표적인 알고리즘으로는 ID3를 보완한 C4.5와 CART(Classification And Regression Tree) 및 CHAID(Chi-square Automatic Interaction Detection)가 있다. C4.5 알고리즘에서 엔트로피는 불확실성의 정도 혹은 비균질성의 정도를 나타내는데 ID3에서는 각 부분 집합이 균일성이 높아지도록 노드를 분할한다. 즉, 그룹 분할 시마다 엔트로피가 낮아지고 정보획득이 많아지는 방향으로 쪼개 나간다. 정보획득은 분할 전과 후의 엔트로피 차이를 말한다. 정보획득 값에 더 이상의 개선이 없을 때 노드 분할을 중지한다.

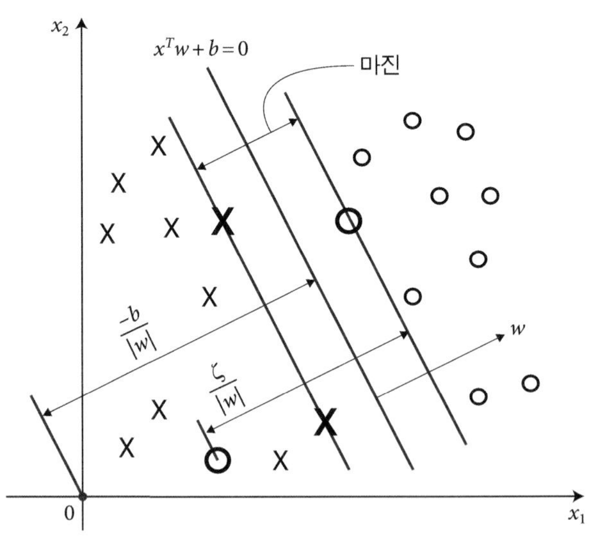

<그림 13-12> SVM

비지도 학습은 현재 데이터 세트를 유사한 특성을 갖는 그룹으로 묶는 것으로서 레이블이 없는 데이터 세트의 요약 정보를 추출하여, 그 요약 정보를 통해 전체 데이터 세트가 가지고 있는 특징을 발견하는 것이다 비지도학습으로는 군집화(Clustering)가 대표적인데, 군집화는 전체 집단을 서로 유사한 특성을 가진 여러 개의 서브 그룹으로 묶는 기법이다. 군집화는 레이블을 사용하지 않고 입력된 데이터들이 어떤 형태로 그룹을 형성하는지에 관심이 있는데, 레이블 없이 확보된 데이터의 특성을 분석하여 서로 유사한 특성을 가진 데이터끼리 그룹화하여 데이터를 분류하는 것이다. 예를 들면, 전화 통화에서 사람 목소리와 노이즈를 구별하는 경우와 마케팅 분야에서 고객을 소득, 연령, 지역, 교육 수준에 의해 세분화하는 작업 등을 들 수 있다.

군집화 알고리즘은 분할기반 군집화와 계층적 군집화가 있는데, 분할 기반의 군집화 기법으로는 k-means, k-medoids, DBSCAN 등이 있고, 계층적 군집화 기법으로는 상향식 접근방법인 병합형 군집화(Agglomerative Clustering)와 하향식 접근방법인 분할적 군집화(Divisive Clustering)가 있다. 군집화의 응용으로는 영화나 도서 등의 추천 시스템을 들 수 있는데, 추천 시스템은 추천을 위해 연관 데이터들을 정의하는 데 도움을 주는 군집화 방법의 일종이다.

k-means 클러스터링를 통해서 군집화 방법을 살펴보도록 하자. k는 군집의 수로서 〈그림 13-13〉에서 나타난 바와 같이 다음과 같은 알고리즘에 의해 군집화를 수행한다.

(1) 클러스터 개수 k=n을 결정한 후에 임의의 중심을 n개 설정한다.
(2) 모든 데이터는 n개의 중심까지 각각의 거리를 계산한 후 그중에서 가장 가까운 중심을 자신의 클러스터 중심이라고 정한다.
(3) 각 클러스터마다 학습 데이터의 좌표값 평균을 구한 후, 이를 새로운 중심으로 설정한다.
(4) 이동된 새로운 중심을 기준으로 2, 3단계를 반복한다.
(5) 만약 모든 학습 데이터가 자신이 속한 클러스터를 변경하지 않는 경우가 발생하면 학습이 완료된다.

강화학습은 지도학습으로 분류하기도하고, 독립적인 영역으로 분류하기도 하는데, 지도학습으로 분류하는 이유는 학습 중에 사람을 포함한 환경으로부터 피드백, 즉 지

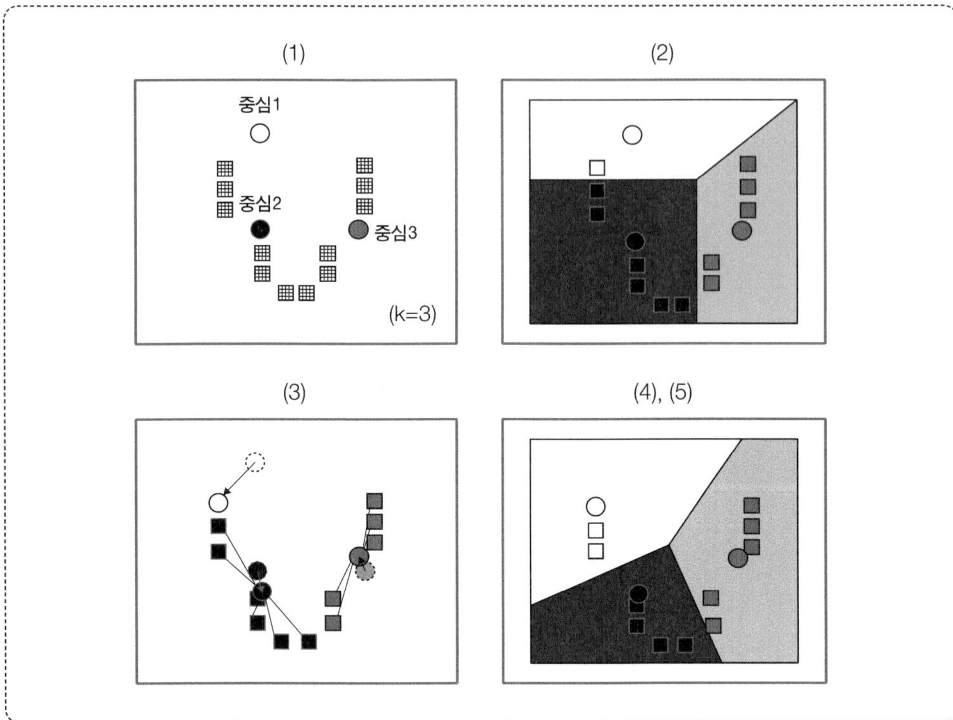

<그림 13-13> K-means 클러스터링

도를 받기 때문이고, 독립 영역으로 분류하는 이유는 기존의 지도학습에서 사용하는 레이블 기반을 통한 판별식을 구하는 방식과는 다르다는 점 때문이다.

강화학습은 시행착오를 거쳐 학습한다는 측면에서 사람의 학습 방식과 유사하다고 볼 수 있지만, 사람이 정해준 데이터 분석 시나리오대로 계산을 수행하는 대신, 강화학습은 주어진 문제만을 제시받을 뿐 그 해결방법은 시행착오를 거쳐 스스로 찾아간다는 점에서 지도학습과는 다르다.

시간의 흐름에 따라 각 과정별 최적의 의사결정을 내리는 동적 시스템 최적화 분야에서는 문제를 해결하기 위해 MDP(Markov Decision Process)를 이용한다. MDP는 마르코프 프로세스를 기반으로 하는 의사결정 기법으로서, 강화학습은 MDP 문제를 푸는 효율적인 알고리즘을 찾는 것이라고 할 수 있다. 구글 딥마인드(DeepMind)는 강화학습 방법인 Q-Learning 이론을 심층신경망의 일종인 컨볼루션 신경망(Convolution Neural Network)에 접목한 DQN(Deep Q-Network)을 개발하여 알파고에 적용함으로써 큰 성공을 거두었다.

인간의 뇌는 신경 정보들을 받아들이고 반응을 결정하며 명령을 내리게 되는

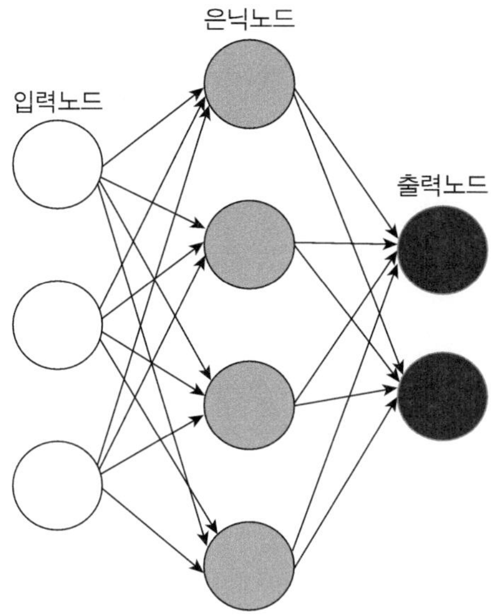

<그림 13-14> 인공신경망 구조

데, 뇌의 기본 구성 단위는 뉴런으로서 신경계에서 신호를 전달하는 역할을 담당한다. 1943년 신경외과 의사 워렌 맥컬룩과 논리학자 월터 피츠가 On/Off 기능이 있는 인공 뉴런을 그물망 형태로 연결하면 뇌의 간단한 기능을 흉내 낼 수 있다는 것을 증명한 이래로 인공신공망이 개발되었는데, 인공신경망은 시냅스의 결합으로 네트워크를 형성한 인공뉴런(노드)이 학습을 통해 시냅스의 결합 세기를 변화시킴으로써 문제 해결 능력을 가지게 되는 모델 전반을 가리키는데, 〈그림 13-14〉에서와 같이 입력 노드와 출력 노드 및 중간의 은닉 노드로 구성된다.

심층신경망(DNN: Deep Neural Network)은 〈그림 13-15〉에서와 같이 입력층과 출력층 사이에 여러 개의 은닉층들로 이뤄진 인공신경망(ANN: Artificial Neural Network)을 의미한다. 심층 신경망에서 층의 개수는 은닉층 개수+1인데, 10층 이상의 층을 가진 DNN을 Very Deep Network라 한다.

딥러닝은 DNN과 강화 학습을 결합하여 DNN을 개선한 머신러닝 방법으로, 그 예로는 Deep-Q-Network을 들 수 있다.

딥러닝과 머신러닝 및 인공지능의 관계가 〈그림 13-16〉에 나타나 있다. 인공지능

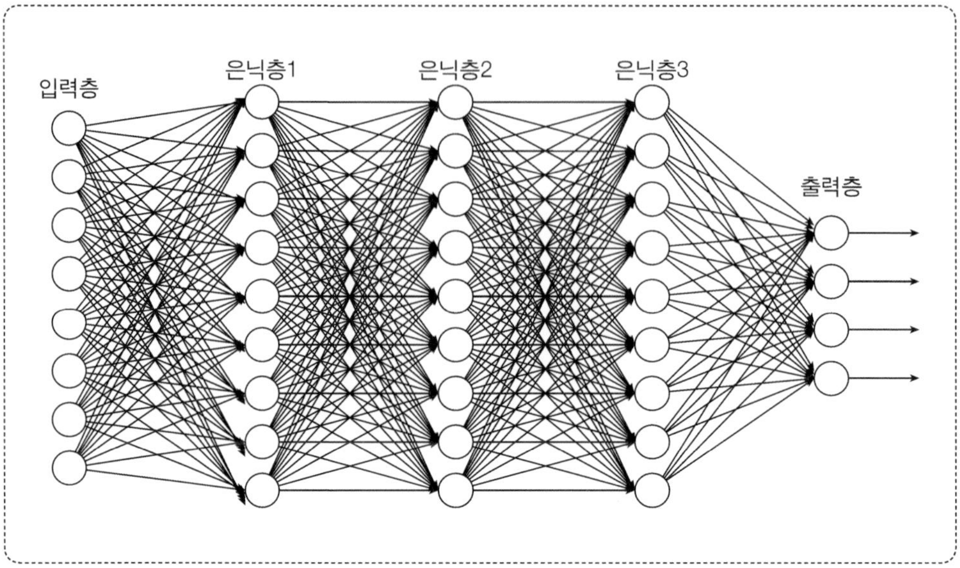

<그림 13-15> 심층 신경망 구조

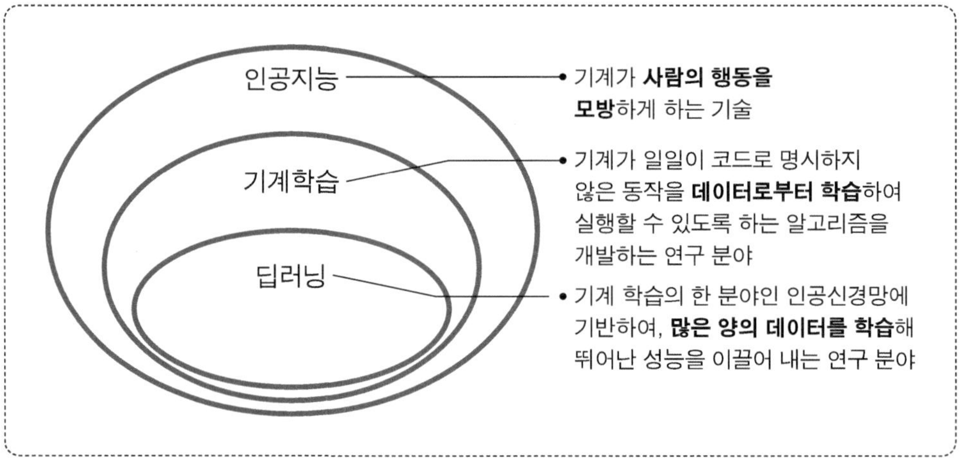

<그림 13-16> 인공지능, 기계학습, 딥러닝의 관계

은 기계(컴퓨터)가 사람의 행동을 모방하게 하는 기술 전체를 가리키는 용어이고, 기계학습은 기계가 일일이 코드로 명시하지 않은 동작을 데이터로부터 학습하여 실행할 수 있도록 하는 알고리즘을 개발하는 인공지능 연구분야의 한 분야이며, 딥러닝은 기계학습의 한 분야인 인공신경망에 기반하여 많은 양의 데이터를 학습하여 뛰어난 성능을 이끌어내는 연구 분야이다.

연습문제

1. 스마트팩토리 고도화를 위한 기능 요건 10가지는 무엇인가?
2. 스마트공장 성숙도 모델에서 4단계와 5단계의 내용은 무엇인가?
3. 스마트팩토리 트라이앵글 플랫폼 아키텍처의 계층 구조는 어떻게 이루어지는가?
4. IoT 플랫폼의 기능은 무엇인가?
5. CPS와 디지털트윈의 차이는 무엇인가?.
6. CPS 5C 아키텍처는 무엇인가?
7. 인공지능과 머신러닝의 관계는 무엇인가?
8. RPA는 무엇인가?
9. 디지털트윈은 무엇인가?
10. ISO 23247-1에서 제시한 제조를 위한 디지털트윈의 구성요소는 무엇인가?
11. 인공지능 발전 역사에 따른 머신러닝의 유형은 무엇인가?
12. 학습데이터의 특성에 따른 머신러닝의 유형 분류는 무엇인가?
13. 지도학습의 종류로는 어떤 것들이 있는가?
14. 선형회귀란 무엇인가?
15. 로지스틱 회귀란 무엇인가?
16. SVM은 무엇인가?
17. 군집화(Clustering)란 무엇인가?
18. 강화학습은 무엇인가?
19. 딥러닝은 무엇인가?

CHAPTER 14

빅데이터 기반 최적 의사결정

14장에서는 지능형 스마트팩토리에서 데이터 기반의 최적 의사결정 체계를 지원하기 위한 빅데이터 기반 제조 의사결정 지원 아키텍처를 의사결정 레벨, 데이터 레벨 및 인프라 레벨의 세 부분으로 나누어 살펴본다. 그리고 최적의사결정의 예로서 지능형 설비관리에 관하여 학습한다. 마지막으로 스마트공장의 미래 방향인 휴먼팩토리의 특성에 관하여 학습한다.

빅데이터는 말 그대로 용량이 큰 데이터를 의미했으나, 넓은 의미로는 데이터를 수집하여 분석하고 활용하는 일련의 과정에서 필요로 하는 모든 기술과 관련 산업을 통칭한다고 할 수 있다. 기업의 생산현장과 사무실에서는 다양한 유형의 데이터가 대량으로 생산되어 축적되고 있다. ERP, MES, APS 등의 대표적인 기업정보시스템 데이터베이스에는 부품, 설비, 주문, 생산일정, 재고, 제품 등의 구조화된 데이터가 저장되어 있고, PLM이나 CAD 시스템 등에는 부품 도면이나 3차원 제품 형상 데이터 및 기술 문서 등이 동영상, 이미지 및 텍스트의 비구조적 데이터 형태로 다량으로 저장되어 있다. 특히, 생산현장에서는 설비나 장비 등에서 발생하는 온도, 압력, 진동, 소음 등의 데이터 스트림으로 수집되는 시계열 데이터가 실시간으로 대량 수집되고 있다.

여기서 기업에서의 데이터 출처를 생산현장으로 국한시켜본다 하더라도 생산현장에서는 방대한 양(Volume)의 다양한(Variety) 데이터가 대량으로 축적되고 있으며 불량 판별이나 설비 이상 진단과 같이 빠른(Velocity) 분석을 요구하는 경우가 많으므로, 생산현장은 실로 빅데이터의 3V 요소를 모두 갖추고 있다고 하겠다. 〈표 14-1〉은 생산현장에서

<표 14-1> 제조 빅데이터 형태와 출처

		데이터 형태		
		숫자	**텍스트**	**영상**
데이터 출처	**기계**	• 공정 센서 로그 • 물류 이동 로그 • 설비 가동 로그	• 네트워크 접속 로그	• 공정 검사 이미지
	작업자	• 품질 검사 • 고객 구매 • 자재입고	• 설계 검증 보고서 • 공정 검사 보고서 • 필드 클레임 데이터 • 소셜 미디어 데이터	• 작업물 형상 이미지 • 작업 현장 배치도 • 설비 이상 이미지

의 빅데이터 형태와 데이터 출처를 나타내고 있다. 제조 빅데이터의 형태는 숫자, 텍스트 및 영상으로 분류할 수 있으며, 데이터 출처는 크게 작업자와 기계로 나눌 수 있다.

제조 빅데이터의 특징을 요약해보면 다음과 같다[신동민, 2017].

- 대용량(Volume): 각종 센서를 통해 공장 내 설비 및 공정 정보를 수집한다. 그리고 센서 데이터는 지속적이고 실시간으로 수집되기 때문에 그 용량은 지속적으로 늘어난다.

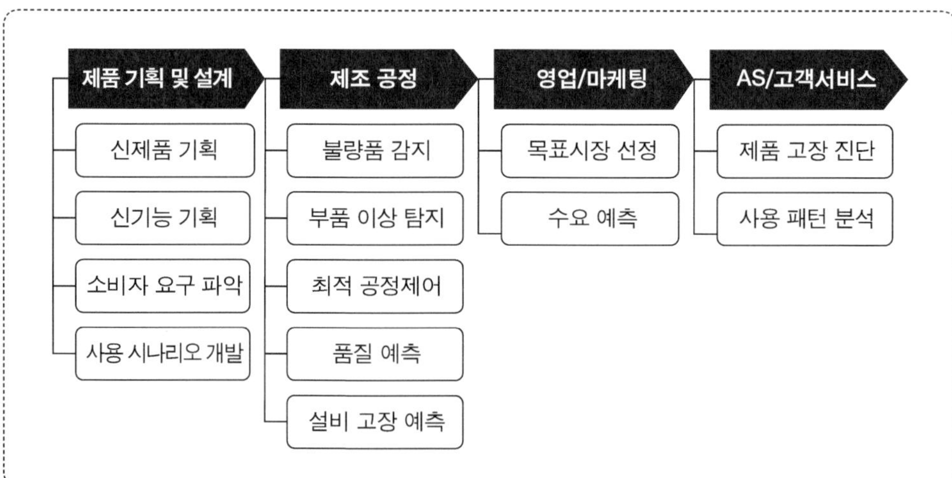

<그림 14-1> 제품수명주기에 따른 빅데이터 적용분야

- 다양한 형태(Variety): 데이터의 형태는 공장 가동과 관련된 데이터 외에도 자재 물류 및 제품 물류 현황 데이터, 공장의 온도, 습도, 전력 사용량 그리고 기상 현황 등에 대한 데이터 등 다양한 형태의 데이터가 수집되고 활용될 수 있다.
- 짧은 생성 주기(Velocity): 센서 기술의 발달에 따라 설비 가동을 나타내는 데이터가 실시간으로 수집될 수 있게 되어 데이터 생성 주기가 짧아지고, 개인 맞춤형 제품의 증가에 따라 제품 수명주기가 짧아지면서 관련 데이터의 생성 주기도 짧아지며, 수집된 데이터의 분석도 신속한 실시간 분석이 가능해진다.
- 가치(Value): 기존에는 수집 데이터의 종류도 많지 않고 누적 데이터량도 적었다. 최근에는 IoT 센서를 통해 기존 데이터 외에도 숨겨져 있던 다양한 가치를 창출할 수 있는 데이터를 획득할 수 있기 때문에 효율적인 의사결정이 가능해진다.
- 복잡성(Complexity): 다양하고 많은 데이터가 짧은 주기로 생성되기 때문에 기존 데이터 분석보다 복잡성이 비교할 수 없을 정도로 커진다. 따라서 스마트팩토리에서는 복잡하고 방대한 데이터를 문제 유형에 따라 분류하고 정제하여 실시간 분석을 통해 가치있는 정보를 산출할 수 있도록 하는 구조화된 빅데이터 플랫폼과 고도화된 알고리즘들이 필요하다.

이와 같이 스마트센서 등과 같은 데이터 수집 장치 기술과 통신기술의 발전으로 인해 기업 내·외부에서 수집되는 데이터의 양이 급증하는 상황에서 빅데이터는 기업경영에 어떻게 활용될 수 있을까? 예를 들면, 기존에는 샘플링을 통한 통계적 공정관리를 수행하였다면, 이제는 빅데이터 분석을 통해 과거에 누적된 공정 데이터를 가지고 불량 발생 패턴들을 미리 학습시킨 후에 IoT로부터 실시간으로 수집되는 공정 데이터를 사용하여 제품 이상 징후를 사전에 탐지하여 불량 발생을 예방할 수 있다. 즉, 빅데이터에 대한 적합한 분석이 이루어진다면 생산성 향상과 비용 절감 및 시간 단축 등에 커다란 기여를 할 수 있다. 〈그림 14-1〉에 제품설계-제품제조-영업/마케팅-AS/고객서비스로 이루어지는 제품수명주기에 따른 빅데이터 적용 분야가 나타나 있다.

설비고장, 제품불량, 긴급주문, 결품 등의 문제들을 항상 직면하고 있는 기업들은 내외 환경의 불확실성 증가로 인해 이를 인간의 힘으로 해결하는데 한계를 보이고 있으며, 이에 대한 대안으로, 생산현장의 이미지·영상·도면·신호 빅데이터를 실시간으로 수집, 분석하여 의사결정에 활용하는 기술이 확산되고 있고 일부 기업에서는 효과를 거두고 있다. 종래에는 생산과정에서 생겨나는 데이터의 양 자체가 적었을 뿐 아니라 데이터를 저장 및 보관하고 분석할 역량이 부족했기 때문에 생성된 데이터도 제대로 활용되지 않고 버려지는 것이 일반적이었으나 최근 들어 센서 기술의 발달과 더불어 빅데이터 기술이 발달함에 따라 데이터가 손실없이 수집/분석되어 생산성을 높이는 데 활용될 수 있게 되었다.

예를 들면, Micron Technology사는 반도체 생산장비에서 발생하는 작업의 유형, 장비의 거동, 작업순서 등을 이벤트 로그 파일에 저장하고, 이 데이터를 장비의 효율적 작업 진행 여부의 분석에 활용하고 있다. 즉, 로봇의 작업 순서를 논리적으로 표현하는 페트리넷 모델을 이용하여 장비가 최적으로 운영될 경우의 이론적 모델을 만들고, 프로세스 마이닝 방법으로 이론적 모델과 실제 로그 데이터를 비교하여 이상적인 로봇의 동작과 실제 동작의 차이를 분석함으로써 기존 대비 생산성을 10% 이상 향상시켜 전사적으로 380억 원의 비용을 절감하였다.

의류회사인 Zara는 다품종 소량생산(1,100여 종)을 하는 사업의 특성상 시장 트렌드와 판매 시점의 예측이 매우 중요한데, 전 세계 매장의 판매 및 재고 데이터 분석을 통한 최적 재고 분배 시스템을 개발하여 실시간으로 시장에서 인기있는 제품을 찾아 신속히 생산시스템에 전달하고 시장 트렌드에 맞춰 제품을 생산하고 있다.

빅데이터를 기술요소별로 구분해보면 〈표 14-2〉에서 나타난 바와 같이 기반 기술과 융합기술 및 응용 기술로 구분해볼 수 있다. (1) 기반 기술은 빅데이터를 수집, 저장, 처리, 활용하기 위한 데이터 처리의 일반적 방법을 포함하는 기술이고, (2) 융합 기술은 적용 분야별로 맞춤형 빅데이터 분석을 위해 여러 기반 기술이 다차원적으로 결합된 기술로서 응용 분야에 따라 다양한 형태로 변형되어 사용될 수 있다. (3) 응용기술은 기반 기술과 융합 기술이 빅데이터 문제를 해결하기 위해 다양한 비즈니스 시나리오에 적용되어 산업별로 특정 영역별 솔루션 형태로 결합된 것을 의미한다.

이와 같이 지능형 스마트공장에서 요구되는 빅데이터 기반의 최적 의사결정을 내리려면 〈표 14-2〉와 같은 빅데이터 기술 분류에 의거하여 데이터의 수집과 저장, 빅데이터 분석 도구, 의사결정 범위 등을 체계적으로 정리한 아키텍처에 기반하여 의사결정 지원 시스템이 구축되어야 한다.

이하에서는 지능형 스마트팩토리를 위한 빅데이터 기반 제조 의사결정 지원 아키텍처에 관해 살펴본다.

<표 14-2> 빅데이터 기술 분류

기술개발 테마	제품 분류 관점		세부 기술
제조 빅데이터 분석 시스템	기반 기술	수집 기술	• 조직 내·외부에 분산된 다양한 데이터 소스로부터 필요한 데이터를 자동 또는 수동으로 수집하기 위한 기술 • 센서/디바이스 데이터 수집, 웹/소셜미디어 데이터 수집, 트랜잭션/운영/웨어하우스 데이터 수집 등
		저장 기술	• 대용량 데이터의 저장 관리를 고성능으로 수행하기 위한 기술 • 분산 정형 데이터 수집 기술, 분산 비정형 데이터 수집 기술, 클라우드 저장 기술, 전통적 데이터 저장 기술 등
		처리 기술	• 빅데이터가 실시간, 준실시간 또는 일괄적으로 분석, 처리되는 기술 • 이력 분석 기술, 고급 분석 기술, 비정형 데이터 전처리 기술, 애드혹(Ad-Hoc) 분석 기술
		활용 기술	• 빅데이터 분석 결과를 표현하고 활용하기 위한 기술 • 시각화 기술, 애드혹 탐색기술, 테이터 통합 기술, 메시지 전송 기술, 운영 프로세스 연계 기술 등
	융합기술		• 저장 및 탐색, 의도 분석 및 예측 분석, 실행중심 분석 • 정형 분석, 애드혹 분석, 회귀 분석, 다차원 분석, 상관 분석, 인과분석, 네트워크 분석, 군집 분석
	응용기술		• 빅데이터 탐색 솔루션, 비즈니스 통찰력 향상 솔루션, 의사결정 최적화 솔루션 • 시각화, 위치, 공간 기반의 표시 등

출처: 중소벤처기업부, 중소기업 기술로드맵 2018-2020, 2017.

14-1. 빅데이터 기반 제조 의사결정 지원 아키텍처[1]

데이븐포트는 차별화된 경쟁력을 가질 수 있는 기업의 마지막 남은 분야는 비즈니스 프로세스 효율 제고와 최적 의사결정 분야이며, 이 두 분야 모두 '빅데이터 분석(Big Data Analytics)'으로 실현 가능하다고 하였다[Davenport, 2006].

빅데이터 분석은 13장에서 살펴본 바와 같이 지능형 스마트공장 구현의 기반 구조

1 조현보 · 박현섭 · 한형상, 빅데이터 기반의 스마트제조 의사결정, KEIT PD Issue Report, Vol.17, No.10, 2017.

<그림 14-2> 빅데이터 기반 제조 의사결정 지원 아키텍처

인 스마트팩토리 트라이앵글 플랫폼 아키텍처에서 4계층인 분석/실험계층에 속하는데, 빅데이터 기반의 최적 의사결정이 스마트팩토리 트라이앵글의 지능화에 미치는 영향력을 고려해볼 때 보다 상세한 별도의 아키텍처가 필요하다.

즉, 고도화된 스마트팩토리 운영 과정에서 지속적으로 최적 의사결정을 하기 위해서는 경험에 따른 추측에 의존하는 것에서 벗어나 데이터 기반의 제조 의사결정 체계를 지원하는 체계적인 아키텍처 정립이 필수적이다.

〈그림 14-2〉에는 이러한 필요성을 반영한 '빅데이터 기반 제조 의사결정 지원 아키텍처'를 나타내고 있으며, 크게 의사결정 레벨, 데이터 레벨, 인프라 레벨의 3계층으로 구성된다.

〈그림 14-2〉에서 1계층인 인프라 레벨은 다양한 의사결정 지원 서비스를 위한 데이터의 수집·저장·공유를 위한 IoT, 센서, 네트워크 등 컴퓨팅 인프라와 데이터 분석 솔루션 라이브러리, 데이터 웨어하우스 등의 도구를 제공한다.

2계층인 데이터 레벨은 효과적인 데이터 수집을 위해 레벨 3에서의 의사결정 지원 서비스 유형별로 필요한 데이터와 데이터 소스를 정의한다. 원하는 의사결정문제만 지정하면 사전에 정의된 데이터와 데이터 소스에 따라 필요한 데이터를 수집하여 의사결정 레벨에서 정의된 레벨 1의 분석 솔루션을 활용할 수 있다.

3계층인 의사결정 레벨은 여러 가지 유형의 의사결정 지원 서비스를 위한 보편적 제조 의사결정 문제의 유형을 정의하고 구분한다.

14-1-1. 의사결정 레벨

'빅데이터 기반 제조 의사결정 지원 아키텍처'에서의 의사결정 레벨은 보편적인 제조 의사결정 문제를 정의하고, 이에 기초하여 여러 가지 유형의 의사결정 지원 서비스를 제공하는 계층으로 산업별로, 대상 업무별로 특성에 맞게 별도로 구성될 수 있다. 보편적인 제조 의사결정 문제는 〈그림 14-3〉에서 나타난 바와 같이 의사결정 계층에 따라 (1) 기업, (2) 공장, (3) 공정, (4) 설비 계층의 4계층으로 다시 구분할 수 있다.

14-1-1-1. 기업 계층

기업 계층에는 신규 사업이나 새로운 업무 프로세스의 도입이나 기존 프로세스의 개선 등과 같이 업무 설계에 관한 의사결정과 영업관리, 인력관리, R&D, 비용관리 등과 같은 운영 단계에서의 의사결정 문제가 존재한다. 영업관리 부문은 기업의 수익을 창출하는 직접적인 고객 접점에서의 업무로서 영업활동의 효율성 증진, 영업 업무 지원·관리·감독 활동, 영업 및 회사의 수익성 도모 등을 목적으로 한다. 대표적으로 수요 예측과 고객 관리를 위한 의사결정 지원 서비스가 있다.

인력관리 부문은 조직의 목적 달성을 위해 인력의 조달과 유지 개발 및 활용을 지원하는 조직적인 관리 활동을 수행한다. 대표적으로 성과 관리, 교육프로그램 개발을 위한 의사결정 지원 서비스가 있다. R&D 부문은 R&D 기획과 프로젝트관리, 성과 확산 등 R&D의 전 주기를 관리하는 활동을 수행한다. 대표적으로 TRM(Technology Road Map)/PRM(Product Road Map) 관리, 제품개발 프로세스 관리를 위한 의사결정 지원 서비스가 있다. 비용관리 부문은 승인된 예산 내에서 생산을 완료하기 위한 원가산정, 예산편성, 그리고 예산의 관리 및 통제 활동이다. 제품원가 관리, 회계 관리 등을 위한 의사결정 지원 서비스가 있다.

14-1-1-2. 공장 계층

공장 계층에는 생산계획, 품질보증, 자재관리, 재고관리 등에 대한 의사결정 문제가 있다. 생산계획 부문은 생산을 시작하기 전에 판매 예측과 주문 및 판매계획을 토대로 생산할 제품의 종류와 생산 일정 및 수량 등에 관하여 가장 경제적이고 합리적인 계획을 세우는 활동을 수행한다. 대표적으로 생산계획 산출을 위한 의사결정 지원 서비스가

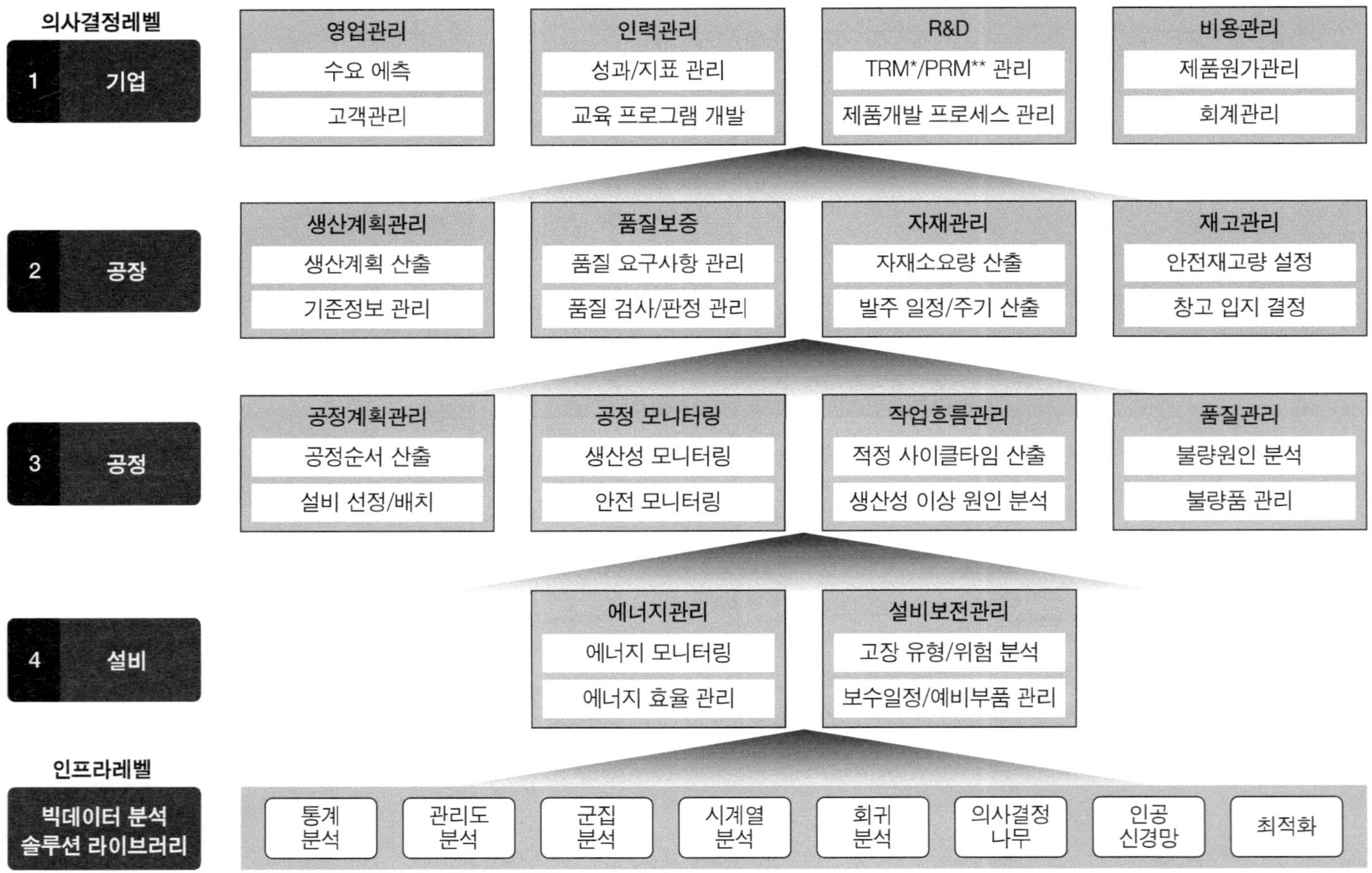

주: TRM은 Technology Road Map
PRM은 Product Road Map

<그림 14-3> 빅데이터 기반 제조 의사결정 지원 아키텍처: 의사결정 레벨

있다. 예를 들면, 공정분석, 생산실적, 리드타임에 대한 빅데이터를 기반으로 공정 시뮬레이션 모델을 개발하여, 생산계획에 따른 생산량, 사이클타임, 재공(WIP), 가동률, 병목공정, 제품 불량률 등을 예측하고 생산계획 개선을 지원한다.

품질보증 부문은 주로 고객이 요구하는 규격에 대한 적합성 판단이나 품질경영 시스템의 추진 및 관리 등을 담당하는 활동이며, 대외적으로는 고객에게 품질에 대한 신뢰를 주기 위한 활동을 수행한다. 대표적으로 품질 요구사항 관리, 품질 검사 및 판정관리를 위한 의사결정 지원 서비스가 있다.

자재관리 부문은 생산에 필요한 다양한 자재를 합리적으로 관리하여 생산을 지원하는 활동을 수행한다. 대표적으로 자재소요량 산출, 발주 일정·주기 산출을 위한 의사결정 지원 서비스가 있다. 재고관리 부문은 재고로 보유하고 있어야 할 물건을 언제, 얼마나 주문해야 하는가에 대한 결정이 필요할 때, 즉 제품·부품의 수요예측 오류로 수요충족에 실패하거나, 재고가 과다하여 관리비용이 발생하지 않게 적정 재고를 운영하기 위한 활동을 수행한다. 대표적으로 안전재고량 설정, 창고 입지 결정을 위한 의사결정 지원 서비스가 있다.

14-1-1-3. 공정 계층

공정 계층에는 공정계획, 공정 모니터링, 작업흐름 관리, 품질관리 등에 대한 의사결정 문제가 있다. 공정계획 부문은 생산계획에 따라 제품을 가공·생산하는 공정에서 발생하는 문제들을 통제하여 생산 수율과 생산성 향상을 목적으로 공정에서 작업과 자원의 최적 관리를 지원하는 활동을 수행한다. 대표적으로 공정 순서 산출과 설비 선정 및 배치를 위한 의사결정 지원 서비스가 있다. 공정 모니터링 부문은 공정의 안정적인 운영과 관리를 위해 다양한 상황의 발생을 감시 및 감지하는 활동을 수행한다. 대표적으로 생산성 모니터링과 안전 모니터링을 위한 의사결정 지원 서비스가 있다. 공정 모니터링 서비스의 예를 들면, SPC 기법을 활용하여 생산라인별 실시간 가동률 차트를 작성하고, 가동률이 관리 한계를 벗어날 때 실시간으로 경보를 발동하고 주요 원인을 분석한다.

작업흐름 관리 부문은 원활한 생산관리를 위하여 작업물 흐름에 기초하여 병목현상 등을 파악하고 이를 해결하는 활동을 수행한다. 대표적으로 생산성 이상 원인분석, 적정 사이클타임 산출을 위한 의사결정 지원 서비스 등이 있다.

품질관리 부문은 고객이 원하는 품질 확보를 위하여 기업의 품질 목표를 정하고 이를 효과적으로 또한 경제적으로 달성하기 위한 활동을 수행한다. 대표적으로 불량원인 분석과 불량품 관리를 위한 의사결정 지원 서비스가 있다.

14-1-1-4. 설비 계층

설비 계층에는 에너지 관리, 설비 보전관리 등을 위한 의사결정 문제가 존재한다. 에너지 관리 부문은 생산설비의 에너지 사용 현황 및 가동 현황을 파악하여 에너지의 합리적 사용과 공장 내 설비의 최적 종합보전관리를 지원하는 활동을 수행한다. 대표적으로 에너지 모니터링과 에너지 효율관리를 위한 의사결정 지원 서비스가 있다.

설비 보전관리 부문은 설비의 성능 유지 및 가동률 향상을 지원하는 활동을 수행한다. 대표적으로 (1) 설비고장유형 분석, (2) 고장 위험분석, (3) 설비노후화분석, (4) 보수 일정과 예비부품 관리를 위한 의사결정 지원 서비스가 있고, 근래에는 (5) 고장 예측을 통한 예지보전 서비스가 주목받고 있다. 설비 보전관리 서비스의 예시로는 설비, MES, ERP 시스템 등의 다양한 데이터 소스에서 실시간으로 수집되는 빅데이터를 기반으로 설비 모니터링, 설비고장 예측 통보, 설비와 제품 품질 간 상관관계분석 및 KPI 관리 등의 서비스를 제공하는 것을 들 수 있다.

14-1-2. 데이터 레벨

데이터 레벨은 〈그림 14-4〉에서와 같이 효과적인 데이터 수집을 위해 의사결정 지원 문제의 유형별로 필요한 데이터와 데이터 소스를 정의하는 계층이다. 필요 데이터들은 〈그림 14-4〉에서 나타난 바와 같이 4개(기업-공장-공정-설비)의 의사결정 계층에 따라 별도로 구분되어 정의된다. 예를 들면 설비 계층의 설비보전 관리 서비스에서 필요로 하는 데이터는 〈그림 14-4〉의 왼쪽 하단에 나타나 있는데, 고장 이력, 진동 데이터, 작업 이력, 고장 패턴, 유지보수비용, 예비부품 재고량, 점검 이력 및 구매 비용 등이 있다.

스마트제조를 위한 의사결정을 지원하려면 문제 유형별로 정밀하고 다양한 분석 모델의 개발과 이의 해결에 필요한 데이터 확보가 필요하다. 이를 위해 탑-다운 방식의 데이터 요구 정의, 전처리의 필요성과 데이터의 가용성을 충분히 고려함으로써 제조 데이터의 활용을 극대화할 필요가 있다. 데이터들은 목적에 맞게 수집되어야 하며 그렇지

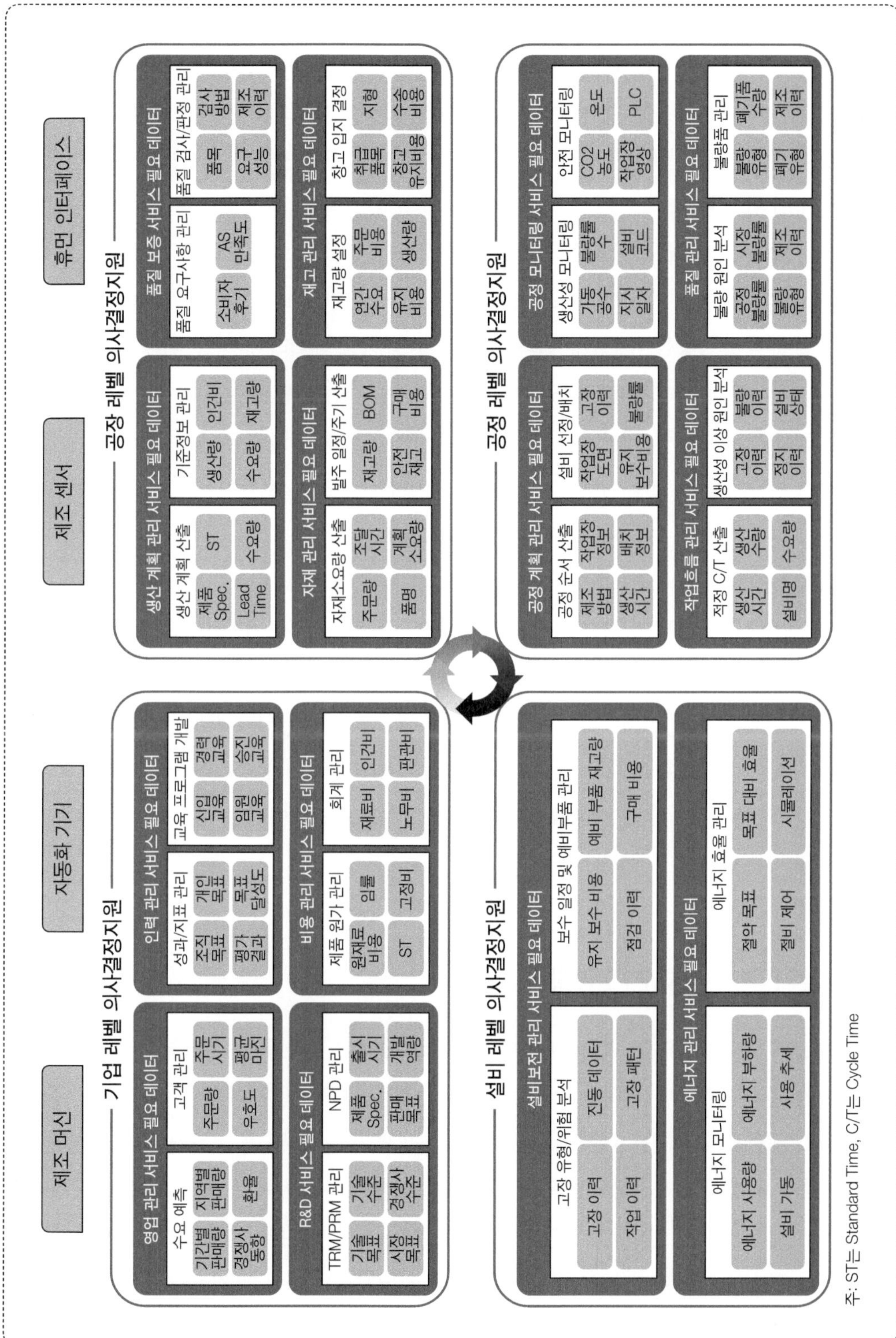

주: ST는 Standard Time, C/T는 Cycle Time

<그림 14-4> 빅데이터 기반 제조 의사결정 지원 아키텍처: 데이터 레벨

않고 무계획적으로 수집된다면, 데이터가 있어도 어떤 의사결정 문제에도 활용할 수 없는 일이 발생한다. 즉, 데이터 수집에 앞서 데이터 수집의 목적을 명확히 하고, 목적별로 필요한 데이터를 수집, 분석해야 정확한 의사결정을 지원하고 불필요한 데이터의 수집을 위한 투자를 방지할 수 있으므로 필요 데이터의 준비는 탑-다운 방식으로 진행되는 것이 필요하다.

설비의 PLC나 센서로부터 수집되는 데이터는 실제 의사결정과 무관한 쓸모 없는 데이터가 절대 다수를 차지하고 있고, 유용한 데이터라고 해도 형태가 서로 달라 그대로는 분석에 활용할 수 없게 된다. 따라서 효율적인 데이터 분석을 위해서는 전처리를 통하여 용도별로 데이터를 가공하고 정형화하는 작업이 필요하다. 그리고 영상·음성·텍스트 등의 비정형 데이터는 인간이 이해하기 쉽도록 정형화되고 정량화되어야 한다. 제조 환경의 특성상 데이터의 값이 유실되거나 노이즈가 포함될 수 있으므로 이를 걸러내지 않고 분석에 투입한다면 전형적인 'Garbage In Garbage Out'의 결과로 귀착될 것이다.

탑-다운 접근방식으로 도출된 의사결정 문제의 해결에 이론적으로 필요한 모든 데이터를 충분히 정확하게 수집하는 일은 경제적 이유나 기술적인 이유로 불가능에 가까운 게 현실이므로 현재의 가용 기술(센서나 통신 장비 등)의 한계와 실제 공장에서 확보 가능한 데이터의 한계를 정확히 이해하고 이에 따라 적절한 대안을 도출하여 데이터를 수집하고, 분석할 수 있다면 제한된 범위 안에서도 데이터의 활용성을 극대화할 수 있다.

14-1-3. 인프라 레벨

인프라 레벨은 다양한 의사결정 지원 서비스 제공에 필요한 데이터의 수집, 저장, 공유, 분석 및 최적화를 지원하는 기반 구조를 구축하는 계층이다. 다양한 의사결정 지원 서비스 제공을 위해서는 이기종 제조 기기와 센서 등을 공통 표준 플랫폼으로 연결하는 기술과 공장의 최적 생산 및 운영을 위한 빅데이터 분석 솔루션 라이브러리, 제조 빅데이터 웨어하우스, 산업용 사물인터넷(IIoT), 서비스/상황/위치 인지용 기기 및 센서 기술들이 필요하다. 인프라 구축을 위한 주요 요소기술로는 다음과 같은 것들이 있다.

(1) **빅데이터 분석 솔루션 라이브러리**: 빅데이터 분석을 통한 진단·예측·최적화를 지원하는 빅데이터 분석 솔루션을 라이브러리 형태로 저장하고 활용하는 기술이다. 빅데이터 분석 솔루션은 통계분석, 최적화 알고리즘 및 머신러닝 기술로 구성된다. 통계 분석은 샘플 데이터를 통해 평균·최대·최소값·편차 등의 모집단을 대표할 수 있는 통계량을 도출한다. 최적화는 현실적 제약상황에서 목표값이 최대(예: 이익)나 최소(예: 비용)가 되는 상태를 도출한다. 머신러닝은 인공지능의 한 분야로, 컴퓨터가 데이터로부터 지식을 학습하여, 학습결과를 이용하여 예측이나 분류를 할 수 있도록 하는 분석 기술이다.

(2) **제조 빅데이터 웨어하우스**: 사용자의 의사결정에 도움을 주기 위하여, 여러 기간 정보시스템의 데이터베이스에 산재되어 축적된 데이터를 공통 형식으로 변환해서 관리하는 데이터베이스이다. 데이터 웨어하우스는 방대한 조직 내에서 분산 운영되는 개별 데이터베이스 관리 시스템들의 효율적인 통합 조정 및 관리를 지원하는 시스템으로 의사결정 지원 시스템의 기반이 된다. 데이터 웨어하우스는 사용자의 의사결정을 지원하는 데이터의 집합체로서 주제 지향성, 통합성, 시계열성, 비휘발성의 성격이 요구된다. 따라서 의사결정 지원 서비스별로 필요한 데이터들을 필요한 형태로 가공하여 제조 빅데이터 웨어하우스에 저장해 두면 의사결정 지원 서비스에서 바로 활용될 수 있다.

(3) **산업용 사물인터넷(IIoT) 기술**: 여러 산업 분야에서 기계, 컴퓨터, 사람 및 생산시스템 등을 구조적으로 연결하여 활용할 수 있게 하는 기술이다. 산업용 사물인터넷 기술은 상호 운용성과 보안요구 등의 산업현장 특성을 고려해야 하며, 산업 현장에서의 이기종 플랫폼, 장비, 센서 간의 연결 및 통합을 위한 표준 프로토콜을 필요로 한다.

(4) **서비스/상황/위치 인지용 기기 및 센서 기술**: 생산현장의 상태 분석을 위하여 공정의 상황과 생산품의 위치를 실시간으로 파악하기 위해서 세부 생산공정별로 자재 및 제품들의 위치와 상태 등을 인지하는 기술이다.

다음 절에서는 스마트팩토리 지능화 단계에서의 빅데이터 기반 제조 의사결정 과정을 〈그림 14-3〉의 의사결정 레벨 아키텍처에서 하단에 나타나 있는 (4) 설비계층 의사결정의 하나인 '설비보전관리' 부문을 대상으로 살펴보기로 한다.

14-2. 지능형 설비관리

14-2-1. 설비 보전관리

설비는 생산의 3요소(3M)인 Man, Machine, Material의 하나로서 생산 과정에서 매우 중요한 역할을 한다. 설비관리는 설비의 조사, 연구, 설계, 제작, 설치에서부터 가동 보전을 거쳐 폐기에 이르는 전 과정에서 설비를 유효하게 활용하여 기업의 생산성을 높이는 활동을 말한다. 설비관리의 목적은 (1) 정해진 시간 내에 최대의 생산량을 확보하기 위해 생산계획을 준수하고, (2) 제품의 좋고 나쁨은 설비의 상태에 좌우되므로 불량품을 만들지 않음으로써 품질을 안정화하며, (3) 최소의 보전 비용으로 최대의 효과를 발휘하여 원가를 절감하고, (4) 능력을 최대로 발휘할 수 있는 설비 상태를 유지함으로써 납기를 준수하고, (5) 안전 확보를 위한 보전 규칙을 준수함으로써 재해를 예방하며, (6) 자기 설비를 스스로 지키는 활동에 자부심을 느낄 수 있도록 하는 기업 문화를 형성함으로써 근무의욕을 향상시키기 위한 것이다.

여기서 설비 자산을 효율적으로 관리하기 위해서는 설비 사용 중의 보전도 유지를 포함한 보전 활동이 필요하고, 여기에 더하여 기존 설비 또는 새롭게 구매되는 설비의 보전도 향상을 위한 제반 활동이 포함된다. 보전(Maintenance)이란 설비나 제품 또는 시스템을 바람직한 운전 상태로 유지시키거나, 또는 그와 같은 상태로 복원하기 위해 필요한 모든 활동을 의미한다. 즉, 설비의 완전함을 유지시키는 활동으로서 생산현장의 물리적 설비뿐만 아니라 소프트웨어 또는 사회적 시스템에도 해당한다. 여기서, 협의의 보전은 설비의 열화를 막기 위해 청소, 급유, 점검 등의 일상적 활동을 말하며, 광의의 보전은 설비의 성능을 유지하기 위한 모든 활동으로서 일상 보전, 설비 검사, 수리 등이 이에 포함된다.

기업의 보전 활동 중에서 생산 현장에서의 설비나 장치에 대한 보전을 생산보전(Productive Maintenance)이라 하며, 생산보전은 이후에 종합생산보전으로 발전하였는데 종합(생산)보전(TPM: Total Productive Maintenance)은 보전 비용의 상승으로 설비 생애 비용의 급격한 상승과 설비의 이용성에 문제가 제기됨에 따라 기업의 재무, 구매, 기술 등 기업 내의 여러 기능들을 종합하여 설비를 돌봄으로써 설비 생애 비용 측면의 최적화를 목적으로 하고 있다.

보전 활동의 종류로는 고장 정지 또는 유해한 성능 저하 발생 후에 수리하는 보전 방법인 사후 보전(Corrective Maintenance)과 설비나 시스템의 고장이 발생되기 전에 미리 보전하여 특정 운전상태를 계속 유지시키는 보전 방법인 예방 보전(Preventive Maintenance)과 설비의 초기 결함, 즉 이상의 징후가 나타나는 시점부터 실시간 모니터링을 통해 설비에 대한 상태 평가와 분석을 실시하여 이를 바탕으로 사전 예측과 수명 예측을 통해 미리 결함을 제거하는 보전 방법인 예지보전(Predictive Maintenance)이 있다. 사후 보전은 반응 보전(Reative Maintenance)이나 고장보전(Breakdown maintenance)이라고도 하며, 예방보전은 시간기준 보전(Time Based maintenance), 예지보전은 상태기반 보전(CBM: Condition Based Maintenance)이라고도 한다.

보전방식 중에서 시간 기준 예방보전은 유지보수 대상시스템의 열화에 가장 비례하는 파라미터(생산성, 작동횟수 등)를 바탕으로 보전 주기를 결정하고 보전 주기까지 사용하면 설비 결함 여부와 상관 없이 무조건 보전 활동을 수행하는 것으로, 기존에 가장 많이 사용하고 있는 보전방식이다. 시간기준 예방보전 활동은 보전 주기와 기능열화주기가 완전히 일치하지 않기 때문에 잔존수명(RUL: Remaining Useful Life)에 대한 손실 비용이 발생, 과잉보전활동이 될 수 있으며, 또한 보전주기 동안 고장이 발생할 수 있기 때문에 사후보전비용 및 기회손실비용이 발생할 가능성이 항상 존재한다.

이러한 시간 기준 예방보전활동의 단점을 보완하기 위하여 최근에 주목받고 있는 CBM은 온라인 혹은 정기적으로 산업용 자산의 상태를 점검, 그 결과를 미리 예측해 수리 여부를 결정하는 방식으로, 최근에는 발전된 센서 또는 휴대형 상태진단장비 등을 활용하여 열화 데이터를 수집, 열화특성 값의 전개 여부를 예측하여 수리 여부를 결정하는 방식을 취하고 있다. 즉, CBM은 유지보수 대상 시스템의 열화 상태에 따라 고장 발생 시점을 사전에 예측하여, 선행보전활동을 수행함으로써 사후보전비용을 최소화할 수 있도록 하는 최신 보전 방식이다[신종호, 2014].

14-2-2. 설비 빅데이터 기반 최적의사결정

설비 보전관리 분야에서 자주 발생하는 문제점으로, 작업 숙련공 부재 시 설비 이상에 따른 조치를 비숙련공이 매뉴얼을 보고 진행하거나 원인 파악이 미비한 상태에서 설비에 조건 변동을 주었을 경우 설비 정지로 인해 생산의 연속성이 떨어지게 되고, 숙련공이 가지고 있는 설비 노하우를 이해하기 위해서는 비숙련공의 경우에 상당한 시간이 소요되고 있어서 유연한 업무 대체 능력이 부족한 현실이다. 이러한 한계점을 개선하기 위해 설비 보전관리 분야에서는 빅데이터 기반의 지능형 의사결정의 필요성이 높아지고 있다.

설비관리 분야의 의사결정은 <그림 14-3>의 빅데이터 기반 제조 의사결정 지원 아키텍처에서 4계층인 설비 계층에 속하며, 설비관리 분야에서의 최적 의사결정 내용으로는, (1) 설비고장유형분석, (2) 고장위험 분석, (3) 설비노후화 분석, (4) 보수일정과 예비부품 관리를 위한 의사결정 지원 및 (5) 고장예측을 통한 예지보전 서비스를 들 수 있으며, 이러한 최적 의사결정을 위한 설비 보전관리 의사결정 서비스 아키텍처는 <그림 14-5>에서와 나타난 바와 같이 크게 4계층으로 구성할 수 있는데, (1) 각종 설비, MES나 ERP 시스템 등 데이터 원천과 연결하는 시스템 통합 계층과 (2) 각종 설비관리 데이터를 저장 관리하는 설비 데이터 통합 계층과 (3) 설비 프로세스를 관리하고 설비 데이터를 분석하고 예지정비 체제를 유지하는 설비관리 업무 계층과 (4) 설비관리 업무 계층

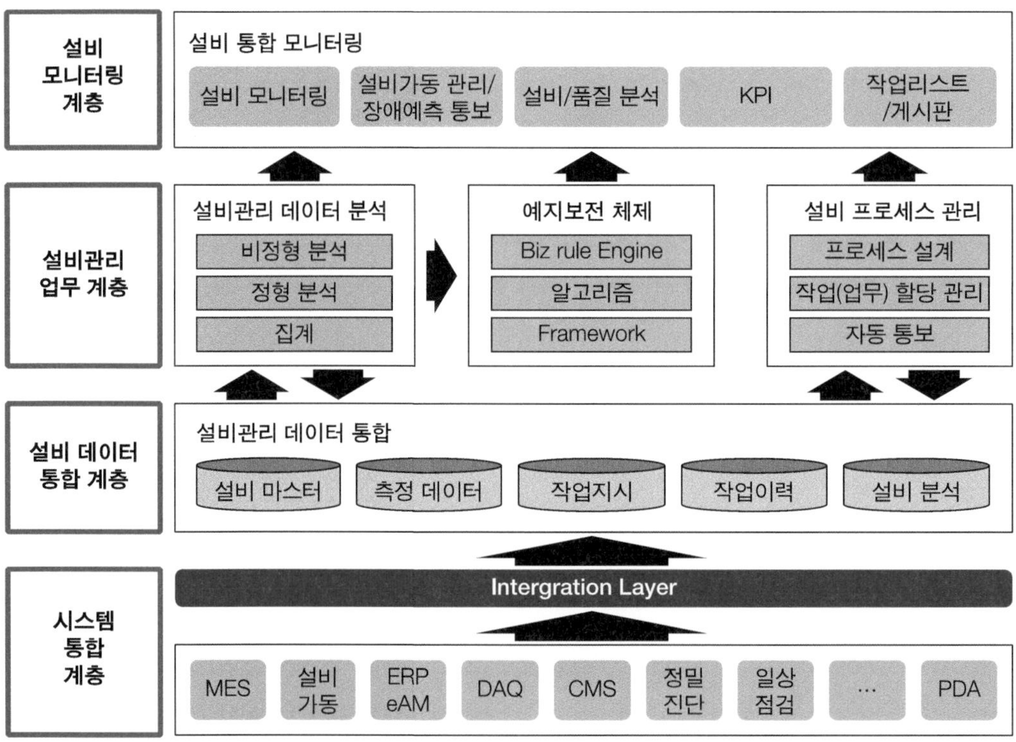

주: eAM(enterprise Asset Management), DAQ(Data AQusition), CMS(Calibration Management System), PDA(Personal Digital Assistant)

<그림 14-5> 설비 보전관리 의사결정 서비스 아키텍처

출처: 조현보 · 박현섭 · 한형상, 빅데이터 기반의 스마트제조 의사결정, KEIT PD Issue Report, Vol.17, No.10, 2017.

에서 산출된 정보를 분석하고 시각화하고 모니터링하는 설비 모니터링 계층이 있다.

여기에서 시스템 통합 계층은 〈그림 14-2〉의 빅데이터 기반 의사결정 지원 아키텍처의 1계층인 인프라 레벨에 해당하며, 설비 데이터 통합 계층은 2계층인 데이터 레벨에 해당하고, 설비 관리 업무 계층과 설비 모니터링 계층은 3계층인 의사결정 레벨에 속한다.

각종 데이터 원천에서 발생한 설비 데이터가 시스템 통합 계층을 통해 설비 데이터 통합 계층에 저장되어 있다가, 필요 시에 측정 데이터와 작업지시, 작업 이력 등과 같은 설비 데이터가 설비 관리 업무 계층으로 넘어오면, (1) 비정형/정형 데이터 분석을 통해, (2) 예지 보전 관리 체계로 입력되고, (3) 설비관리 업무 프로세스로도 입력된다. 이와 같이 산출된 설비 가동 관련 정보와 설비 장애 예측, 설비 관리 프로세스 진행 정보 및 설비종합효율 등과 같은 성과지표(KPI)들이 설비 모니터링 계층에서 실시간으로 시각화되어 모니터링되고 파악된다.

〈표 14-3〉에서는 14-1-1-4절에서 살펴본 다섯 가지 설비 보전관리 의사결정 영역에서의 입력 데이터, 출력데이터 및 분석 방법이 분석의 수준에 따라 기초(1수준), 중급(2수준) 및 고급(3수준)으로 구분되어 나타나 있다.

예를 들어 〈표 14-3〉의 하단에 나타나 있는 설비 보전관리 의사결정의 고급 수준인 3수준에 해당하는 고장예측 의사결정 방법 중의 하나인 '설비순간정지예측'은 제조공정에서 발생하는 순간정지를 예측하여 예기치 않은 정지시간를 줄임으로써 생산성 향상을 도모하고자 하는 것으로, 인공신경망인 딥러닝 알고리즘을 사용하는데 기존에 추출된 순간정지 데이터와 PLC 시그널 및 추가적인 센서 데이터를 입력으로 하고 순간정지 예측을 출력으로 하여 DNN(Deep Neural Network)을 학습시키게 된다. 이후에 현장에 적용되어 〈그림 14-6〉에서와 같이 이미지, 소음, 온도 등 멀티센싱 데이터를 입력받아 특징을 추출하고, 이를 통해 부품 상태, 설비 진동 등 복합적인 상황을 인지하여 최종적으로 설비순간정지 예측과 같은 의사결정을 하게 된다.

〈그림 14-5〉의 설비 보전관리 서비스 아키텍처에 기반한 IBM 예지보전 솔루션의 예를 살펴보면 MES, 설비, ERP 등의 다양한 데이터 소스에서 실시간으로 수집되는 빅데이터를 기반으로 설비를 모니터링하여 반복적으로 발생하는 특정사건 및 패턴을 발견하고, 이를 가동시간과 연계 분석해 설비 고장 예측을 통보하고, 설비와 제품 품질 간 상관관계분석을 실시하고 KPI 관리 등의 서비스를 제공한다. 즉, IBM 예지보전 솔루션은 정비 기록, 성능 기록, 모니터링 데이터, 검사 보고서, 설비 환경 데이터, 그리고 재무

<표 14-3> 설비 보전관리 의사결정 지원서비스

의사결정 영역	수준	입력 데이터	출력 데이터	분석 도구
고장유형 분석	1수준	• 고장유형이력 • 고장부품이력	• 주요 고장유형 • 주요고장부품	• 통계
	2수준	• 고장유형이력 • 고장부품이력	• 고장유형별 원인 및 대책 • 고장부품별 원인 및 대책	• 전문가 지식
고장위험 분석	1수준	• 고장발생이력	• 고장현황	• 통계
	2수준	• 설비상태 • 고장발생이력 • 측정데이터	• 고장위험도 • 고장유형별 위험도	• 관리도 • 인공신경망
	3수준	• 설비상태 • 고장발생이력 • 측정데이터 • 고장부품이력	• 잔여수명(RUL) • 주요부품별 RUL	• 인공신경망
설비노후화 분석	1수준	• 설비내구연한 • 구입시점 • 현재시점	• 설비내구연한 대비 사용시간	• 통계
	2수준	• 설비사용시간	• 설비노후화정도	• 회귀분석
	3수준	• 설비유형 • 설비상태 • 고장빈도 • 설비이력	• 설비폐기/교체시점	• 인공신경망
보수일정분석	1수준	• 유지보수이력	• 유지보수현황	• 통계
	2수준	• 유지보수이력 • 보수비용 • 생산손실비용 • 수리비용 • 부품구매비용	• 보전주기 옵션별 비용	• 회귀분석
	3수준	• 보수비용 • 예비부품 재고 • 부품구매비용 • 생산일정	• 유지보수일정	• 최적화 기법
고장예측	3수준	• 고장이력데이터 • 센서측정데이터 • PLC 시그널 • 순간정지 데이터	• **설비순간정지예측** • 고장확률 • 잔여수명	• 분류기법 • 회귀분석 • **인공신경망**

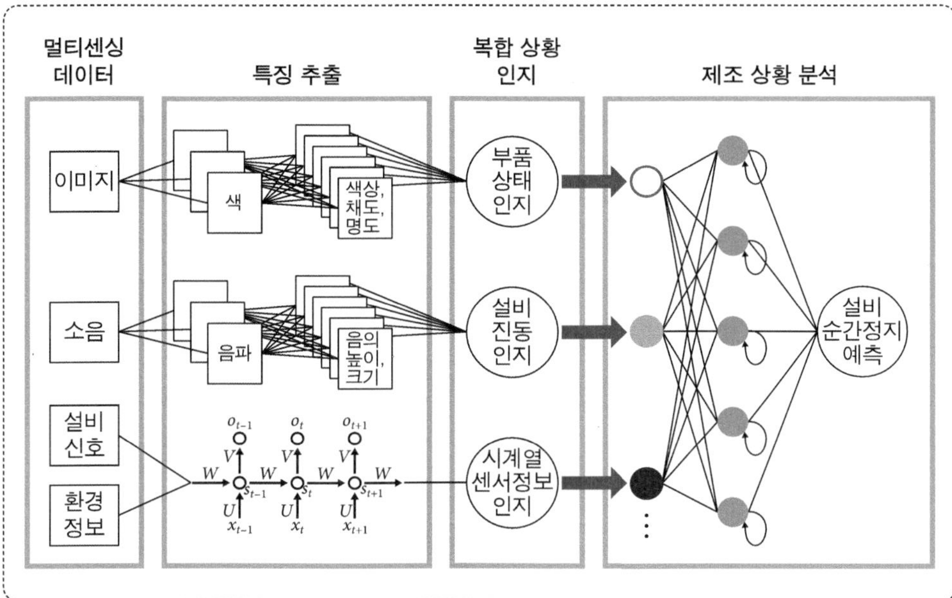

<그림 14-6> 설비 순간정지 예측 프로세스

출처: 박경국·최운찬·임도형·이민철·이광기, 생산성 최적화 및 Seamless 설비 운영을 위한 인공지능기반 제조상황 진단예측 시스템 기술동향, KEIT PD Issue Report, Vol.17-10, October, 2017.

데이터에 이르는 정보들을 다양한 출처에서 실시간으로 수집하여 분석하는 예측 분석 솔루션으로서 구조적 데이터와 비구조적 데이터에서 사소한 이상징후나 고장 패턴까지 사전에 감지하여 리스크가 가장 높은 부분을 파악하여 고장이 발생하기 전에 미리 해당 영역에 자원을 투입함으로써 예방 조치를 취하고 있다[IBM, 2013].

14-2-3. 예지보전 개요

예지보전(Predictive Maintenance)은 실제 설비의 운용 및 열화 상태에 따라 고장 발생 시점을 예측하여 선행 보전 활동을 수행하는 것으로, 종래의 시간 기준 보전 방식의 보전 주기보다 보전 주기를 확장하여 보전 비용 및 소요 인력을 최소화하고자 하는 것이다. 즉, 설비의 초기 결함, 즉 이상의 징후가 나타나는 시점부터 설비에 대한 평가와 분석을 실시하여 미리 결함을 제거하는 보전 방법인 것이다. 설비 열화 모니터링에 의한 예지보전 혹은 상태기반 보전(CBM: Condition Based Maintenance)은 설비 상태 진단의 신뢰성을 향상시켜 정비나 보수를 적절한 시기에 실시할 수 있도록 하여 최소한의 보전 비용으로 고장을 미연에 방지하고 기회손실 비용을 최소화할 수 있다.

예지보전을 위한 요소기술로는 IIoT, 빅데이터 및 인공지능 기법을 들 수 있다. 첫째, IIoT를 이용하여 설비들이 서로 정보를 주고 받고, 필요한 데이터를 자동으로 수집하여 필요한 곳에 전송할 수 있다. 둘째, 빅데이터 기술을 이용하여 수집된 다양한 종류의 대량 데이터를 필요와 목적에 맞게 분류하고 분석하여 설비와 공장 현황을 쉽게 파악할 수 있다. 세째, 전문가의 노하우와 기계학습을 활용하여 전문가가 필요하지만 없는 곳에 인공지능이 전문가를 대체할 수 있다.

현재 기계 상태감시 및 진단기술의 국제 표준화는 1988년에 창설된 ISO 국제 표준화 기구의 기계 상태 감시 및 진단기술 위원회(ISO TC108/SC5, Condition Monitoring & Diagnostics of Machines)에서 기계 및 구조물의 상태 감시를 위한 공통된 기준을 설정하고 기계 및 구조물의 기대 수명과 상태 감시를 위한 진단 및 예측 기술에 관한 규격을 제정하고 있다.

기계류 장비의 상태 모니터링과 진단에 관한 국제 표준인 ISO 13374에서는 상태기반 보전 절차를 〈표 14-4〉에서와 같이 크게 데이터 취득, 진단, 예지, 제시 및 조치, 사후분석의 5단계로 구분하였다.

널리 사용되는 설비상태 진단 방법으로는 다음과 같은 것들을 들 수 있다.

(1) 진동 모니터링 및 분석: 회전 기계의 기계적 결함을 검출하는 가장 효과적인 기술이

<표 14-4> ISO 13374 상태기반 보전 단계

단계	단계명	내용
1단계	데이터 취득 (Data Acquisition)	이상 징후 감지
2단계	진단 (Diagnostics)	결함과 결함의 원인 진단
		심각도 분류
3단계	예지 (Prognostics)	향후 결함 진행 예지
		잔존 유효수명 예측
4단계	제시 및 조치 (Presentation& Action)	문제 해결방안 제시 및 조치
5단계	사후분석 (Postmortems)	문제 해결 확인 및 사후 상태 진단

다. 진동 분석을 통해 다음과 같은 결함을 검출할 수 있다: ① 기기 불균형, ② 베어링 고장, ③ 기기 조임 상태 불량 및 헐거움, ④ 정렬 불량, ⑤ 공명 ⑥ 모터의 전기적 고장, ⑦ 샤프트 휘어짐, ⑧ 기어박스 고장, ⑨ 펌프 내부의 공동 현상, ⑩ 한계 속도 초과.

(2) **열화상 분석**: 열화상(Thermography)은 발열이나 온도 변화 등을 감지하여 전기 및 기계 장비의 이상유무를 분석하는 데 활발하게 사용된다. 적외선 대역의 열에너지를 측정하여 온도 데이터로 변환하고 육안으로 확인할 수 있도록 가시화하는 열화상 카메라를 사용한다. 이 방법은 발전기, 보일러, 정렬 불량된 커플링 및 기타 많은 결함에서 열적 또는 기계적 결함을 감지할 수 있다.

(3) **오일 성분 분석**: 윤활 오일 안에 있는 미세한 입자의 발생이 베어링 및 기어의 상태에 영향을 미친다.

(4) **입자 분석**: 마모된 기계 구성 요소에 의해 왕복운동 기계, 기어 박스 또는 유압 시스템 등에서 파편 입자들이 나온다. 이 파편 입자를 수집하고 분석하면 이러한 구성 요소의 품질 저하에 대한 중요한 정보 파악이 가능하다.

(5) **초음파 분석**: 초음파를 이용하여 해양 구조물과 파이프 라인 등의 균열과 부식을 탐지하여 찾아내고 지속적으로 모니터링할 수 있다.

14-2-4. 예지보전을 위한 OSA-CBM 7계층

예지보전(Predictive Maintenance)은 최근 PHM(Prognostics and Health Management)이라는 보다 넓은 의미의 용어로 불리는데, 설비 이상에 대한 사전 진단 및 설비, 부품 등의 수명을 예측해 최적의 설비 상태를 유지하는 것을 뜻한다. 이를 통해 제조업은 품질 향상과 납기를 준수하게 되어 경쟁력을 강화하고, AI 기반 빅데이터 분석을 토대로 객관적인 근거를 바탕으로 공장의 다운타임을 줄이는 동시에 실질적인 비용 손실을 감소시키는 효과를 가져온다.

예지보전을 위한 개방형 시스템 표준구조인 OSA-CBM(Open System Architecture for Condition Based Maintenance)에서는 예지보전 시스템을 <그림 14-7>에서와 같이 7계층으로 구성하고 있다: (1)센서 모듈(Sensor Module), (2) 신호처리(Signal Processing), (3) 상태감시(Condition Monitoring), (4) 진단(Diagnosis), (5) 예지(Prognostics), (6) 의사결정(Decision Support) 및 (7) 표현(Presentation) [Thurston, 2001].

<그림 14-7> 예지보전을 위한 OSA-CBM 7 계층

14-2-4-1. 센서 모듈

센서의 기술 발전으로 인해 다양한 센서 기술들(물리, 화학, 생물 센서들)을 이용하여 변위, 길이, 속도, 압력, 온도, 습도 등 대상 시스템의 특성에 따라 실로 많은 성능 및 운용 환경 데이터들을 수집할 수 있다. 기계류 장비를 예로 들어 예지보전을 위해 수집되는 데이터의 유형들을 살펴보면 〈표 14-5〉에 나타나 있는데, 센서를 통한 데이터 수집에 있어서는 수집될 데이터의 종류 결정, 수집된 데이터의 전송방식 및 주기 결정 등에 따라 예지보전 시스템의 성능 및 비용이 달라질 수 있다.

센서 데이터는 낮은 수집주기(Low Sampling) 데이터와 높은 수집주기(High Sampling) 데이터로 나뉜다. 낮은 수집주기 데이터는 온도, 기압, 습도, 광도 등 초당 1건~분당 1건 정도의 수집 주기가 낮은 데이터들이며 건물의 실내 온도, 펌프의 압력, 비닐하우스의 습도 등에 해당한다. 주요 용도는 시스템의 전체적인 상황을 긴 기간 동안 모니터링하는 것이며, 느슨한 대응이 일반적이다. 높은 수집주기 데이터는 진동, 음향(소리), 전류, 가

<표 14-5> 기계류 장비의 예지보전을 위한 수집 데이터 유형

항목	내용
데이터 형태	• 값, 웨이브폼(Waveform), 다차원 형식(Multidimensional)
데이터 유형	• 진동, 압력, 전력, 전력, 저항, 절연, 온도, 습도, 광도, 마모, 변위, 부식, 유량, 속도, 오일성분, 열화상 데이터 등
고장 모드	• 막힘, 샘, 균열, 파손, 부식, 피로, 이완, 탈락, 마모, 비틀어짐, 소손, 단락, 절연불량, 단선, 작동불량, 단선, 작동불량, 누설, 발열
고장 원인	• 설계 결함, 제작결함, 사용결함(열화, 오작동, 취급부주의) • 마모,노후화, 오염, 먼지, 피로, 마찰, 작업자부주의, 충격, 진동, 극한온도

출처: 신종호·정홍배·김동근, 상태기반 보전 방법에 대한 고찰 및 사례 소개, Entrue Journal of Information Technology, Vol.13. No.3, pp.123-138, 2014.

속도, 충격 등 초당 10건~60,000건 정도의 수집 주기가 높은 데이터들이며, 압연 롤러의 진동, 무인 통로의 음향, 교량의 떨림과 진동 등이 이에 해당한다. 주요 용도는 특정 장비나 시스템에 대한 집중적인 감시를 하는 것이며 긴급한 대응이 주로 발생한다.

14-2-4-2. 신호처리

센서 및 계측장치에서 수집된 데이터들은 그 크기가 너무 방대하거나 측정 오류와 같은 결함을 가지고 있는 경우가 종종 있으며, 이에 따라 이러한 결함치를 제거하거나 분석에 용이하게 원래 데이터를 변환하는 신호 및 데이터 처리과정을 거치게 된다. 신호 발생원에서 추출되는 신호 데이터는 잡음을 포함하는 경우가 대부분이며, 원 신호만으로는 시스템의 이상여부를 판단할 수 없다. 신호 데이터로부터 잡음을 제거하고 유의미한 특성을 추출하기 위하여 사용되는 방법으로 대표적인 것이 푸리에 변환(Fourier Transform) 및 웨이블릿 변환(Wavelet Transform) 등이 있다.

14-2-4-3. 상태 모니터링

일반적으로 상태 모니터링은 장비 운용 중이나 장비 휴지기 중에 이루어질 수 있으며, 그 주기가 연속적이거나 혹은 일정 주기를 기반으로 할 수 있다. 설비의 상태를 파악할 수 있는 적절한 지표를 정의한 후, 지표에 대한 임계 값을 예지보전 시스템에 설정해 놓고 이를 모니터링하다가 임계값을 넘어갈 때 적절한 대응을 하게 된다.

14-2-4-4. 진단

진단(Diagnostics) 단계에는 크게 (1) 이상탐지 단계와 (2) 상태진단 단계로 나누어지는데, 이상탐지는 보전 대상 시스템에서 무엇인가 이상한 징후를 발견(Detection)하고 이상한 부분이 어느 곳인지를 찾아내는 일(Isolation)을 한다. 상태진단 단계에서는 발견된 이상 징후를 해석하여 이상 징후의 원인, 현상에 대한 식별(Identification)을 하는 일들을 한다.

이를 위해 〈표 14-5〉에서 나타난 바와 같은 대상 시스템의 고장 모드 및 고장 원인에 대한 정확한 파악이 필요하다. 진단 방법에는 오일분석, 누설감지, 균열감지, 음향, 부식, 전기저항, PH 측정, 회전속도 측정방법 등이 있으며 보전 대상 자산의 고장 특성에 맞추어 적절한 방법을 선정해야 한다.

이상탐지의 가장 큰 문제는 정상과 비정상을 어떻게 나누어야 하는가이다. 개념적으로는 센서 데이터 흐름의 패턴을 통해 과거에 있었던 정상이라고 판단되는 패턴과 다른 상황이 발생하면 비정상으로 보고 있으나, 이는 해당 데이터를 판별하는 상황과 조건 등에 따라 유동적이기도 하다.

과거의 이상 탐지 기술은 비정상 패턴 관리에 초점을 맞춰서 오직 학습된 데이터의 결과만 예측 가능했다면, 최근의 트렌드는 비정상 패턴의 데이터를 관리하지 않고 정상적인 데이터를 학습하고 그 외의 다른 데이터가 발생하면 비정상일 확률이 높은 데이터 패턴으로 판단하며, 이러한 판단의 정확도를 어떻게 높이느냐가 중요한 관건이 된다. 이에 따라 제약된 소규모 데이터 처리를 하던 과거의 기술은 사라지고, 대규모 빅데이터 입력을 이용하여 기계학습 방법을 통한 패턴의 자율 구축이 가능한 이상탐지 기술로 진화하고 있다.

일반적으로 해당 패턴이 정상인지 아닌지는 주어진 기계학습 모델을 통해 결정된 여러 차원의 추론 결과값을 통해 해당 패턴의 정상 유무를 판별한다[Machbase, 2021].

상태진단은 아래 세 가지 항목으로 나눠 파악할 수 있다.

(1) **이상 유무 파악**: 정말 문제인가? "False Alarm"이 아닌가?

(2) **결함 원인 파악**: 장애의 원인은 무엇인가? 얼마나 자주 발생하는가? 어느 부위인가?

(3) **건전성 종합 평가**: 전체적으로 설비의 상태는 어떠한가? 관리자의 평가는?

14-2-4-5. 예지

진단과 예지(Prognostics)의 가장 큰 차이점은 진단에서는 과거의 데이터들을 바탕으로 현재 시점의 시스템 상태를 분석하지만, 예지에서는 지금까지의 상태 데이터들을 바탕으로 경향이나 추세를 파악하여 앞으로 대상 시스템의 고장이 언제쯤 발생될지, 잔여수명(RUL: Remaining Useful Life)을 추정하거나, 남은 성능을 추정한다. 대표적인 고장진단 및 예지 방법으로는 다변량 관리도(Multivariate Control Chart), 인공신경망(ANN: Artificial Neural Network) 및 서포트벡터머신(SVM: Support Vector Machine) 등이 있다.

14-2-4-6. 의사결정

상태모니터링, 진단 및 예지 분석을 기반으로 보전 관리에 대한 의사결정(Maintenance Decision)을 하게 되며 주요 의사결정 변수로는 보전 방법, 보전 시점/일정 및 보전 부품 구매량 및 시기 등이 있다.

14-2-4-7. 표현

OSA-CBM 3~6계층에서 발생하는 각종 정보를 관련자들에게 시각화와 요약을 통해 정보를 제시한다.

OSA-CBM 아키텍처의 2, 4, 5, 6 계층에서 주로 사용되는 예지보전 기법들을 요약하면 〈표 14-6〉과 같다.

14-2-5. 예지정비 사례

롤스로이스사는 자사가 제작한 항공기 제트엔진의 효율적 정비를 위해 운항 중인 항공기 엔진에 장착된 수만 개의 센서를 통해 원격 모니터링과 예지정비 시스템을 운영하고 있는데, 고객사에서 운영하는 항공기 엔진에 내장된 각종 센서를 통해 가동되는 제트엔진의 부품의 압력, 온도, 진동 등과 관련된 대용량의 정보와 운항 데이터 및 기후, 운항 조건 등이 수집되어 실시간으로 롤스로이스사에 전송된다. 마이크로소프트 Cortana Intelligence Suite를 사용하여 빅데이터를 분석하여 엔진의 이상상황을 판별한 후에는 정상 복구를 위해 원격으로 진행되는 지상 수리를 통해 수리에 필요한 대기시간을 대폭 단축하여 운행 지연으로 발생하는 손실을 최소화하였다. 예지정비 시스템을 통한 원격

<표 14-6> 예지보전 기법

계층	기법
2. 신호 처리	• Kalman Filtering • Wavelet Analysis • Fourier Analysis
4. 진단	• Fuzzy Logic • Artificial Neural Network(ANN) • Genetic Algorithms • Statistical Pattern Recognition • Hidden Markov Model • Support Vector Machine(SVM) • Decision Tree • Logistic Regression
5. 예지	• Multivariate Control Chart • Artificial Neural Network(ANN) • Reliability Theory • Statistical Analysis(ex. Regression) • Time Series Data Analysis • Case Based Reasoning • Support Vector Machine(SVM)
6. 의사결정	• Renewal Theory • Math Programming • Simulation • MCDM(Multi-Criteria Decision Making)

수리 이외에도 부품 교체 권고나 항공기 연료 효율 분석 등의 결과를 제공하였다. 즉, 연료 펌프와 같은 엔진 구성 요소는 종종 작동 시간에 따라 유지보수를 위해 교체할 것을 권장하는 권장수명이 지정되어 있는데, 실제 운행 중에 특정 펌프의 상세 사용 데이터를 지속적으로 분석하고 다른 펌프와 비교함으로써 권장수명보다 빨리 교체해야 함을 나타내는 경고를 제공할 수 있게 되었다. 또한, 비행 계획, 장비 유지보수 일자, 날씨 및 연료 종류 등 어떤 요소가 연료 성능에 가장 큰 영향을 미치는지를 분석하여 제시하고 있다.

이를 통해 롤스로이스사는 항공기 엔진 시장에서 선도적 위치를 점하게 되었고 제조업 부문의 영업 이익률 또한 4% 대에서 11% 대로 증가하였다. 롤스로이스사는 원격 예지정비시스템을 위해 마이크로소프트사의 Azure IoT 플랫폼을 채택하였으며, 이 플랫폼을 통해 수집되는 데이터의 유형으로는 다음과 같은 것들이 있다.

- 비행 중 항공기가 무선으로 전송하는 엔진 성능의 실시간 센서 데이터
- 비행 계획 및 블랙박스 데이터
- 제3자가 제공하는 날씨 예측 및 실제 날씨 데이터[신동민, 2017]

이탈리아의 상용차 및 중장비 제조회사인 이베코(IVECO)사에서는 상업용 트럭의 엔진오일에 대한 상태 진단을 바탕으로 엔진오일 교체 주기를 결정하는 상태기반 보전 시스템을 구축하였다.

많은 경우에 엔진오일 교체는 일정한 주기를 바탕으로 하는 예방보전 정책을 펼쳤으나, 이러한 정책은 엔진오일의 적절한 교체주기를 결정하는 데에서 비효율적인 측면이 있다. 예를 들어, 고속도로를 주로 운행하는 트럭과 시골길과 같은 비포장도로만을 주로 운행하는 트럭은 엔진오일의 상태가 같을 수가 없다. 따라서, 이러한 트럭의 사용환경 정보들을 인지하여 분류한 다음, 이에 맞게 특화된 엔진오일 교체주기를 추정해야 한다. 엔진오일의 상태를 진단하는 데 있어서 문제 중 하나는 오일 상태를 직접 센싱하기가 어렵다는 점이다. 이의 해결을 위해 본 사례에서는 간접 지표에 해당하는 트럭 엔진 시동횟수, RPM(Revolution Per Minute), 브레이크 작동 시점, 냉각수 온도 등을 활용하였다. 즉, 엔진오일 상태를 직접적으로 알 수 있는 지표들과 간접지표들과의 관계를 추정하여, 엔진오일의 상태를 추정하고 적절한 교체 시점을 구하는 문제를 주성분 분석과 다중회귀모형을 이용하여 구하였다. 주성분 분석은 어떤 데이터들의 집합에서 해당 데이터를 가장 크게 구분 짓는 요소를 찾기 위한 분석 방법이다[Jun, 2006].

14-2절에서는 운영 단계 의사결정 중의 하나인 빅데이터 기반 지능형 설비관리에 관해 살펴보았는데, 14-3절에서는 기업 업무 프로세스의 진단과 설계를 통한 프로세스 혁신을 목표로 하는 BPM 분야에서의 빅데이터 기반 의사결정에 관해 살펴보기로 한다.

14-3. BPM과 프로세스 마이닝

기업환경의 글로벌화가 심화되면서 신제품 수요의 증가, 신속한 정보 전달과 최적 의사결정의 필요성, 수요 변화에 대한 기민한 대응의 필요성 및 더 짧은 납기에 대한 요구는 현대 기업의 수익성과 생존을 위협하고 있다. 이와 같이 끊임없이 변화하는 환경에서 살아남기 위해서 기업 조직은 비즈니스 프로세스를 끊임없이 개선하고 혁신해야 하며, 이를 위해 기업은 업무재설계(BPR: Business Process Reengineering) 또는 지속적인 프로세스 개선(CPI: Continuous Process Improvement) 접근 방식을 사용하여 대응력을 유지해야 한다.

BPR 및 CPI는 대부분 BPM(Business Process Management) 수명주기인 진단–설계–구현–실행 단계에서 진단 단계 및 설계 단계와 관련이 있다.

즉, 기존의 비즈니스 프로세스의 문제점을 개선하여 효율적인 프로세스를 실행하기 위해서는 현재의 문제점을 식별하고 이해하여 이를 구조적으로 표현한 '프로세스 모델'을 작성하게 된다.

이후에 진단 단계에서 프로세스 모델을 이용하여 문제의 원인을 진단해야 하는데, 기존에는 현재 진행되고 있는 비즈니스 프로세스를 내부를 상세히 살펴보고 문제의 원인을 찾아볼 만한 마땅한 방법이 없어 기존의 프로세스를 '블랙 박스'로 간주하는 접근 방법을 취하였기 때문에, 주로 업무 수행 담당자와의 인터뷰나 설문지 작성 및 직접 관찰 등을 통해 현상을 파악하여 수동적으로 '프로세스 모델'을 구축하는 경우가 대부분이었다. 즉, 기존의 방법은 업무 수행과 관련된 핵심 이해 관계자들이 자신의 업무 수행 내용을 명확하게 설명할 수 있다고 가정하고 이들의 업무지식을 프로세스 모델로 표현하고 문서화하려고 하였으나 그 과정에서 많은 문제점을 노출하게 되었다.

또한 설계 단계에서는 새로이 설계된 비즈니스 프로세스의 타당성을 검증할 필요가 있는데, 이는 주로 컴퓨터 시뮬레이션 방법을 사용하여 수행되는 경우가 대부분이며, 시뮬레이션 방법 또한 새로운 프로세스를 구조적으로 표현한 '프로세스 모델'에 기반하는데 이 모델도 자동화된 방법으로 작성되고 있지 않기 때문에 누락이나 오류의 가능성이 많은 실정이었다.

최근 들어 기업 업무처리에 있어서 ERP, MES, PLM 등과 같은 비즈니스 프로세스 실행을 지원하는 많은 기업 정보시스템은 사용자의 시스템 사용 과정을 지속적으로 기록한 '이벤트 로그'를 저장하고 있다. 이러한 로그 기록에는 시스템에서 처리된 사용자의 활동(인스턴스) 각각에 대해 실행된 활동 이름, 활동이 실행된 시간(시작시간, 종료시간) 및 수행자에 대한 정보가 포함되어 있다.

데이터 마이닝의 한 분야로서 이벤트 로그를 이용한 새로운 접근 방식인 프로세스 마이닝은 기존 블랙박스 접근방법에 의한 프로세스 모델 구축 과정의 취약한 부분을 개선할 수 있는 방법으로 최근 들어 그 사용이 증대하고 있다.

프로세스 마이닝이란 정보 시스템에 저장된 이벤트 로그를 분석하여 관련 업무 흐름에 대한 의미있는 정보를 해석하는 연구 분야로, 주요 목적은 프로세스 수행 이력을 분석하여 실제 프로세스를 이해하고 모델의 적합성을 측정하고 분석 결과를 기반으로 프로세스를 수정 및 개선하는 것이다. 프로세스 마이닝 접근 방식은 실행된 비즈니스 프로세스를 '화이트 박스'로 간주한다. 즉, 프로세스 마이닝은 소위 이벤트 로그의 형태로 기록된 과거 프로세스 데이터를 사용하여 있는 그대로의 프로세스 모델을 자동적으로 발견하고 분석한다.

이와 같이 스마트팩토리 지능화의 한 방법으로 그 사용이 급속히 확대되고 있는 데이터 마이닝의 한 분야인 프로세스 마이닝 방법을 BPM 수명 주기에서 적절히 사용한다면 체계적이고 효율적인 프로세스 진단과 설계가 가능해진다. 즉, 진단 단계에서 프로세스 마이닝을 사용하여 자동으로 생성된 프로세스 모델과 기본 통계를 사용하여 문제점을 분석한다. 또한, 자동으로 생성된 진단 단계의 프로세스 모델은 설계 단계에서 새로운 비즈니스 프로세스의 성과를 평가하기 위한 시뮬레이션 모델을 보다 쉽고 빠르게 그리고 보다 현실적으로 만드는 것을 지원한다[한관희, 2017].

이벤트 로그와 프로세스 모델이 어떻게 관련되어 있냐에 따라 프로세스 마이닝 분석은 크게 세 가지 유형으로 나누어진다. 첫 번째 유형인 프로세스 발견(Discovery)은 프로세스 마이닝의 가장 대표적인 기법이다. 프로세스 발견은 프로세스 모델에 대한 사전 지식이 없이도 로그 데이터에서 실제 프로세스 수행을 나타내는 프로세스 모델을 자동으로 도출할 수 있다. 프로세스 분석가는 이러한 발견 기법을 통해 실제 프로세스가 어떻게 수행되는가에 대한 통찰력을 얻을 수가 있고 업무 수행에 관련된 자원들 사이의 상호작용에 대한 이해를 높일 수 있다.

두 번째 유형인 적합도(Conformance) 검사는 사전에 정의된 표준 프로세스 모델과 정보시스템에 이벤트 로그형태로 기록된 실제 프로세스 활동 사이의 차이점을 비교분석하는 것이다. 이러한 비교 분석을 통해 표준이나 가이드라인 및 사업 정책 등을 반영한 이상적인 프로세스 모델과 다르게 수행되는 케이스들을 발견하거나 편차가 발생하는 부분을 찾아낼 수 있다.

마지막 유형은 향상(Enhancement)으로 이벤트 로그에 기록된 실제 프로세스 관련 정보를 이용하여 기존의 프로세스 모델을 변경 혹은 개선하거나(Repair) 확장(Extension)하는 것이다[강영식, 2016].

14-4. 스마트공장 발전방향-휴먼팩토리

4차산업혁명 시대에 제조업 분야의 혁신이 가장 주목을 받고 있으며, 혁신의 중심에 스마트공장의 도입과 확산이 자리하고 있다. 이러한 4차산업혁명을 견인하는 두 가지 핵심 성공 요소로는 (1) 급격한 기술 변화와 (2) 인간의 중요성이 제시되고 있는데, 이 중에서도 IoT, 인공 지능, 빅데이터와 같은 첨단 과학 기술의 빠른 발전보다 이러한 과학 기술을 다루는 인간의 역량 개발이 더 중요하다고 하는 주장이 주목받고 있다[박윤배, 2017].

향후 4차산업혁명 시대의 핵심인 스마트공장의 발전 방향으로는 (1) 대량생산체계와 고정자동화에서 개인 맞춤형 생산 체계와 유연성 있는 재구성가능(Reconfigurable) 시스템으로, (2) 생산 구성 요소의 독립적 운영에서 제품-설비-인간의 긴밀 연결 체계로, (3) IoT-빅데이터-인공지능 기술이 업무에 적극 활용되는 방향으로 진화할 것이다. 이를 통해 스마트공장에서는 사람이 강점을 갖는 업무는 사람이, 기계나 시스템이 강점을 갖는 업무는 기계가 담당함으로써 근로자가 좋은 환경에서 높은 성과를 창출할 수 있도록 하는 사람 중심의 '좋은 노동'을 구현할 수 있게 된다. 즉, 사물과 사람이 긴밀하게 연결되어 있는 4차산업혁명 시대에는 결국 사물과 인간 사이의 긴밀한 협업이 매우 중요하며, 결국 스마트공장의 성공요인은 과학기술 중심이 아닌 인간 중심의 경영이 우선시 되어야 한다는 것이다.

이와 같이 앞으로의 스마트공장은 인간 중심의 스마트공장인 휴먼팩토리(Human Factory)로 발전할 것으로 예상된다. 휴먼팩토리에서는 자동화/지능화로 인해 단순 일자리는 사라지는 대신에 양질의 일자리는 증가하게 되며 이를 통해 작업자의 만족도가 증가하게 된다. 휴먼팩토리는 인간공학을 기반으로 자동화 시스템 및 IoT형 보조 디바이스(협동

로봇, 증강/가상현실 도구, 스마트 작업대 등)가 접목되어 사람이 생산의 중심이 되도록 하는 지능형 첨단 제조시스템으로 정의할 수 있으며, 우리나라 민관합동 스마트공장 추진단이 제시한 휴먼팩토리의 특징은 다음과 같다[민관합동 스마트공장 추진단, 2017c].

(1) **창의성**: 협동로봇을 통해 단순노동을 기계로 대치하고 작업자는 창의적 활동을 도모한다.
(2) **안전성**: 작업자에게 위험 예지 및 대처 능력 부여를 통해 작업자의 안전을 도모한다.
(3) **확장성**: 동작 인지능력 확대와 근력 보강을 통해 작업자 숙련 기술의 폭을 넓혀 다양한 영역의 생산 활동을 용이하게 한다.
(4) **전문성**: VR/AR을 통해 작업자에게 실시간 전문기술을 제공하여 학습을 통한 조기 숙련화를 도모한다.
(5) **생산성**: 웨어러블 디바이스, 협동로봇과 같은 도구를 통해 작업자와 기계의 상호협력으로 생산성을 향상하고 불량률을 감소시키며, 빅데이터 분석 능력을 확보하여 생산성 극대화를 지향한다.

현재의 스마트팩토리와 향후 휴먼팩토리의 비교는 〈표 14-7〉과 같으며 휴먼 팩토리에서는 융합의 대상으로 기존의 정보통신기술과 제조기술에 사람이 포함되고, 기계는 작업자의 가치를 높이는 도구로 그 역할이 확대되며, IoT의 역할도 기계와 기계의 연결에서 기계와 작업자의 연결로 역할이 확대된다. 작업자의 역할은 감시자의 역할에서 가

<표 14-7> 스마트팩토리와 휴먼팩토리

구분	스마트팩토리(현재)	휴먼팩토리(향후)
융합의 범위	ICT + 제조기술	ICT + 제조기술 + 사람
기계의 역할	생산의 주체	작업자의 가치를 높이는 도구
IoT의 역할	기계와 기계의 대화	작업자와 기계의 대화/협업
작업자의 역할	생산관리자, 품질 감시자	생산주체자이며, 가치창출자
공장경영 목표	생산성 향상	생산성 향상과 삶의 질 향상
고용	간접고용향상	직·간접 고용 향상

출처: 민관합동 스마트공장 추진단, 스마트공장 경영, 2017.

치 창출로 그 역할이 바뀌며, 생산성 향상만을 목표로 하던 공장 경영의 목표도 삶의 질도 함께 고려하는 방향으로 바뀌게 되고, 간접고용 향상 중심에서 직·간접 고용이 모두 향상되는 방향으로 발전하게 된다.

연습문제

1. 빅데이터 기반 제조 의사결정 지원 아키텍처에서 의사결정 레벨은 몇 개의 계층으로 나누어지며, 그 내용은 각각 무엇인가?

2. 빅데이터 기반 제조 의사결정 지원 아키텍처에서 의사결정 레벨의 설비 계층에서 필요로 하는 데이터로는 어떤 것들이 있는가?

3. 빅데이터 기반 제조 의사결정 지원 아키텍처에서 인프라 구축을 위한 주요 요소기술은 어떤 것들이 있는가?

4. 설비 보전이란 무엇인가?

5. 보전 활동의 종류는 어떤 것들이 있는가?

6. 예지보전이란 무엇인가?

7. 시간기준 보전과 상태기반 보전의 차이점은 무엇인가?

8. OSA-CBM 7계층은 무엇인가?

9. 휴먼팩토리의 특징은 무엇인가?

참고문헌

[강영식, 2016] 강영식 · 이보경, 프로세스 마이닝, 한나래출판사, 2016.

[구본진, 2018] 구본진 · 이종선 · 이미화 · 손석, 국내 스마트제조 정책과 지원 현황 및 개선 방안, 한국과학기술기획평가원 Issue Weekly, Vol.219, 2018.01.

[권상주, 2012] 권상주, LabVIEW를 이용한 서보모터 제어 실험, 2012.

[김대수, 2021] 김대수, 처음 만나는 인공지능, 생능출판, 2021.

[김성민, 2019] 김성민 · 안재경, 스마트팩토리 구현을 위한 ERP와 MES간의 효율적인 연계방안 연구, 대한산업공학회 춘계공동학술대회, 2019.

[김승택, 2016] 김승택, 스마트팩토리의 성공적 도입을 위한 고려사항, Deloitte Anjin Review, No.7, 2016.

[김억, 2015] 김억 · 김승택, 유연 생산 체계를 구현하는 Smart Factory: 생산 전략의 효과적 운용 방안, Deloitte Anjin Review, No.4, pp.62-68, Jan. 2015.

[김의중, 2017] 김의중, 인공지능, 머신러닝, 딥러닝 입문, 위키북스, 2017.

[노상도, 2016] 노상도, 스마트팩토리와 사이버물리시스템기술, 정보와 통신, Vol. 33, Issue 11, pp.3-7, 2016.

[노상도, 2017] 노상도, 제조업 ICT 융합과 스마트공장, 기계 저널, Vol.57, No.8, pp.33-37, 2017.

[도남철, 2014] 도남철, PLM 이해와 응용, 생능출판, 2014.

[민관합동 스마트공장 추진단, 2017a] 민관합동 스마트공장 추진단, 2017 스마트공장 지원 사업 가이드북, 2017a.

[민관합동 스마트공장 추진단, 2017b] 민관합동 스마트공장 추진단, 스마트공장 참조 모델-업종중심으로 v3.1, 2017b.

[민관합동 스마트공장 추진단, 2017c] 민관합동 스마트공장 추진단, 스마트공장 경영, 2017c.

[박경국, 2017] 박경국 · 최운찬 · 임도형 · 이민철 · 이광기, 생산성 최적화 및 Seamless 설비 운영을 위한 인공지능기반 제조상황 진단예측 시스템 기술동향, KEIT PD Issue Report, Vol.17-10, October, 2017.

[박병주, 2019] 박병주 · 이정훈, 경남형 스마트공장 성과지표 개발 및 향후 추진 방안, 경남연구원, 2019.

[박윤배, 2017] 박윤배, 4차산업혁명 선제대응으로 제조업 혁신해야, 전자신문, 2017.11.11.

[박진우, 2019] 박진우 · 신문수 · 류광렬 · 김덕영, Shop Floor M2M 기술 동향 표준, TTA Journal, Vol. 181, pp.19-25, January/February, 2019.

[배성민, 2017] 배성민, 지능형 공장: 스마트팩토리, 한국콘텐츠학회 학회지, Vol.15, No.2, pp.21-24, 2017.

[산업통상자원부, 2014] 산업통상자원부, 한국 제조업 혁신 3.0, 2014.

[산업통상자원부, 2017a] 산업통상자원부, 4차산업혁명 시대 스마트공장 확산을 위한 핵심분야별 정책방안 연구, 2017a.

[산업통상자원부, 2017b] 산업통상자원부, 스마트제조혁신 비전 2025, 2017b.

[산업통상자원부, 2019] 산업통상자원부, 제조업 르네상스 비전 및 전략, 2019.

[산업표준심의위원회, 2016a] 산업표준심의위원회, KS X 9001-1 스마트공장 제1부: 기본개념과 구조, 2016a.

[산업표준심의위원회, 2016b] 산업표준심의위원회, KS X 9001-2 스마트공장 제2부: 용어, 2016b.

[산업표준심의위원회, 2016c] 산업표준심의위원회, KS X 9001-3 스마트공장 제3부: 운영관리시스템(진단평가모델), 2016c.

[스마트제조혁신추진단, 2019] 스마트제조혁신추진단, 구축시스템 스마트화 수준평가 매뉴얼, 2019.

[스마트제조혁신추진단, 2021a] 스마트제조혁신추진단, 스마트공장 보급·확산 사업 세부관리기준, 2021a.

[스마트제조혁신추진단, 2021b] 스마트제조혁신추진단, 스마트공장 수준 확인 평가 가이드, 2021b.

[스마트제조혁신추진단, 2021c] 스마트제조혁신추진단, 구축시스템 스마트화 수준 평가표, 2021c.

[스마트제조혁신추진단, 2021c] 제조혁신의 중심, 스마트공장

[스마트제조혁신추진단, 2022] 스마트제조혁신추진단, https://www.smart-factory.kr/smartFactoryIntro

[신동민, 2017] 신동민 · 정봉주 · 조현보, 스마트제조, 이프레스, p.315, 2017.03.

[신종호, 2014] 신종호 · 정홍배 · 김동근, 상태기반 보전 방법에 대한 고찰 및 사례 소개, Entrue Journal of Information Technology, Vol.13. No.3, pp.123-138, 2014.

[유상근, 2019] 유상근, 스마트제조를 위한 디지털트윈 표준화 동향, 대한전자공학회 전자공학회지, 제46권 제12호, pp.16-25, 2019.

[유석규, 2019] 유석규, APS 개념과 적용사례, 경상국립대학교 전문가 초청 세미나, 2019.

[이광기, 2018] 이광기 · 유호동 · 김탁곤, 디지털트윈 기술 발전 방향, KEIT ISSUE REPORT, Vol.18, No.9, 2018.

[이동길, 1999] 이동길, ERP 전략과 실천, 대청, 1999.

[이종석, 2008] 이종석, 전사적자원관리의 발전과정과 발전방향 제안, 한국정보기술학회논문지, Vol. 6, No.3, pp.192-199, 2008.

[이태억, 2018] 이태억, 스마트팩토리, 경상국립대학교 최고위과정 세미나, 2018.

[이현정, 2020] 이현정 · 김성혜 · 이진영 · 유상근, 4차산업혁명을 위한 제조 디지털트윈 국제표준화 현황, 정보와 통신, 제37권 제7호, pp.43-50, 2020.

[인더스트리 뉴스, 2017] 인더스트리 뉴스, 일본 4차산업혁명, 새로운 성장 동력 되나?, 2017.12.11.

[정동건, 2018] 정동건, MES 요소기술, 한울, 2018.

[정보통신기획평가원, 2019] 정보통신기획평가원, 디지털 전환의 핵심, 디지털트윈, ICT Spot Issue, 2019.

[정봉주, 2016] 정봉주, 제조 패러다임의 변화-스마트제조, IE 매거진, Vol.23, No.1, pp.18-23, 2016.

[정영득, 2021] 정영득 · 김상태 · 김연배, 디지털트윈의 기술적 정의와 세부적 발전 5단계(level) 모델, 정보통신기획평가원 주간기술동향, 2021.2.10.

[조병길, 2020] 조병길 · 김성홍, 신제품 개발 프로세스 사례연구: C사 사례를 중심으로, 경영컨설팅연구, Vol.20, No.4, pp.269-283, 2020.

[조성준, 2021] 조성준, 세상을 읽는 새로운 언어, 빅데이터, 21세기북스, 2021.

[조우쯔와, 2021] 조우쯔와, 단단한 머신러닝, 제이펍, 2021.

[조현보, 2017] 조현보 · 박현섭 · 한형상, 빅데이터 기반의 스마트제조 의사결정, KEIT PD Issue Report, Vol.17, No.10, 2017.

[주상윤, 2008] 주상윤, 생산시스템 자동화 개론, 울산대학교 출판부, 2008.

[중소벤처기법부, 2017] 중소벤처기법부, 중소기업 기술로드맵 2018-2020, 2017.

[채수문, 2021] 채수문, 제조실행시스템의 이해, 엑센솔루션 기술자료, 2021.

[최병규, 2014] 최병규 · 한관희 · 전차수 · 이철수 · 박상철, 제조공학 40년—정리와 전망, 대한산업공학회지, Vol.40, No.6, pp.555-567, 2014.

[케이티피엠경영컨설팅, 2020] 케이티피엠경영컨설팅, 설비로스와 생산효율화, 2020.

[코크넥스, 2022] 코크넥스, 딥러닝 소프트웨어 데이터 시트, 2022.

[한관희, 1996] 한관희, 자동화 제조시스템의 시뮬레이션을 위한 JR-Net모델링, 박사학위논문, KAIST, 1996.

[한관희, 1998] 한관희, CIM의 발전방향-Virtual Manufacturing, IE Interface, Vol.11, No.3, pp.219-225, 1998.

[한관희, 2002] 한관희 · 박찬우, 제품 정보 관리 시스템 개발을 위한 기능 분석에 관한 연구" 한국 CAD/CAM 학회 논문집, Vol.7, No.1, pp.42-56, 2002.

[한관희, 2003] 한관희 · 박찬우 · 이규봉 · 황태일 · 김강용, 제품설계단계에서의 제품원가추정시스템 개발, 한국 CAD/CAM학회논문집, Vol.8, No.2, pp.101-108, 2003.

[한관희, 2011] 한관희 · 황보람, 에너지 관리 시스템의 기능 요구 사항 분석, 디지털 정책 연구, Vol. 9, No.6, pp.27-37, December 2011.

[한관희, 2013] 한관희 · 최상현, 비즈니스 프로세스 관리, 한경사, 2013.

[한관희, 2017] 아체 사레이도렛하니 · 한관희, 효율적인 비즈니스 프로세스 진단 및 설계를 위한 프로세스 마이닝과 시뮬레이션 통합 프레임워크, 한국콘텐츠학회 논문지, Vol.17, No.5, pp.44~55, 2017.

[한관희, 2018] 한관희, 공급망관리 관점에서의 생산계획 솔루션 기능 분석, 한국콘텐츠학회 논문지, Vol.18, No.6, pp. 564-573, 2018.

[한관희, 2019] 한관희, 스마팩토리 구현을 위한 공장자동화, 한경사, 2019.

[한국산업기술평가관리원, 2018] 한국산업기술평가관리원, 디지털트윈 기술 발전 방향, KEIT PD Issue Report, Vol.18-9, 2018.

[현영근, 2018] 현영근 · 이주연, 융복합시대의 비즈니스 프로세스 자동화, RPA 동향 분석 및 미래 방향, Journal Of Digital Convergence, Vol.16, No.11, pp.313-327, 2018.

[화천, 2022] 화천: http://www.hwacheon.com/ko/p/CUTEX-240.do

[Fanuc, 2022] Fanuc: https://www.fkc.co.kr/content/ROBOT/%ED%98%91%EB%8F%99%EB%A1%9C%EB%B4%87

[IBM, 2013] IBM, IBM 예지정비 솔루션, www.ibm.com, 2013.

[LS산전, 2010] LS산전, GLOFA GM Series, 2010.

[LS산전, 2002] LS산전, GM Win V4 사용설명서, 2002.

[LS산전, 2022] LS산전: https://www.ls-electric.com/ko/product/category/CCC001001

[Machbase, 2021] Machbase, AI 예지보전을 위한 TSDB의 활용, 2021.

[Abdul, 2012] Abdul Q. Ansan, and Ayoub Mohammad, Fundamentals of Industrial Informatics and Communication Technologies, Handbook of Research on Industrial Informatics and Manufacturing Intelligence: Innovations and Solutions, pp.1-19, IGI Global, 2012.

[Albert, 2003] Albert, J. and Beth, S., How Six Sigma Improves R&D, Research Technology Management, Vol.46, No.2, pp.12-15, 2003.

[Altmueller, 2019] Altmueller and Tom Arne, Overview of the key functionality Production Planning and Detailed Scheduling in embedded PP/DS on S/4HANA. https://blogs.sap.com/2019/04/10/overview-of-the-key-functionality-production-planning-and-detailed-scheduling-in-embedded-ppds-on-s4hana./, 2019.

[Antonio, 2011] Antonio de Santa-Eulalia L., D'Amours S., Frayret J.-M., Menegusso C. C. and Azevedo R. C., Advanced Supply Chain Planning Systems (APS) Today and Tomorrow, Supply Chain Management - Pathways for Research and Practice, Edited by Dilek Onkal, www.intechopen.com, 2011.

[Asfahl, 1992] Asfahl, C. Ray, Robots and Manufacturing Automation, John Wiley & Sons, Inc., 1992.

[Bolton, 2009] Bolton, W., Programmable Logic Controllers, Newnes, 2009.

[Brandl, 2008] Brandl, Dennis, What is ISA-95, BR&L Consulting, 2008.05.

[Chong, 2003] Chong and Sivakumar, Simulation-based scheduling for dynamic discrete manufacturing, Proceedings of the 2003 Winter Simulation Conference, pp.1465~1473, 2003.

[CIMdata, 2021] CIMdata, CIMdata PLM Glossary, 2021.

[Davenport, 2006] Davenport, Thomas H., Competing on Analytics, Harvard Business Review, 2006.

[Fleischmann, 2003] Fleischmann B. and Meyr H., Chapter 9: Planning Hierarchy, Modeling and Advanced Planning Systems, A.G. de Kok and S.C. Graves, Eds., Handbooks in OR & MS, Vol. 11, Elsevier B.V., 2003.

[Gartner, 2013] Gartner, Gartner Says Worldwide Supply Chain Management Software Market Grew 7.1 Percent to Reach $8.3 Billion in 2012, http://www.gartner.com/newsroom/id/2488715, 2013.

[Gartner, 2020] Gartner, Top Strategic technology trends for 2021, 2020.

[Groover, 2008] Groover, Mikell P., Automation, Production Systems, and Computer Integrated Manufacturing, 3rd edition, Pearson, 2008.

[Han, 2006] Han Kwan Hee and Do Namchul, An object-oriented conceptual model of a collaborative product development management system, International Journal of Advanced Manufacturing Technology, Vol.28, No.7/8, pp.827-838, 2006.

[Hitomi, 1996] Hitomi, Katsundo, Manufacuring Systems Engineering, Taylor & Francis, 1996.

[Huiying, 2005] Huiying Li, Xinfu Pang, Binglin Zheng, and Tianyou Chai, The Architecture of Manufacturing Execution System in Iron & Steel Enterprise, pp.181-186, 16th Triennial IFAC World Congress, Prague, Czech Republic, 2005.

[Juang, 2018] Juang, Jehn-Ruey, An Improved Cyber-Physical Systems Architecture for Industry 4.0 Smart Factories, Advanced in Mechanical Engineering, Vol.10, No.6, pp.1-15, 2018.

[Jun, 2006] Jun, H.B., Kiritsis, D., Gambera, M. and Xirouchakis, P "Predictive algorithm to determine the suitable time to change automotive engine oil", Computers and Industrial Engineering, Vol.51, pp.671-683, 2006.

[Kat, 2016] Kat Eschner, 1913, Henry Ford Introduced the Assembly Line: His Workers Hated It, Smithsonian magazine, 2016.12.1.

[Kádár, 2004] Kádár, B., Pfeiffer, A., and Monostori, L. Discrete event simulation for supporting production planning and scheduling decisions in digital factories, Proc. of the 37th CIRP Int. Seminar on Manufacturing Systems; May 19-21, Budapest, Hungary: pp.441-448, 2004.

[Lee, 2015] Lee, Jay, Behrad Bagheri, and Hung-An Kao, A Cyber-Physical Systems architecture for Industry 4.0-based manufacturing systems, Manufacturing Letters, vol.3, pp.18-23, 2015.

[Mathirajan, 2006] Mathirajan M., and Sivakumar A. I., A literature review, classification and simple meta-analysis on scheduling of batch processors in semiconductor, International Journal of Advanced manufacturing Technology, Vol. 29, pp.990-1001, 2006.

[MESA International, 1997] MESA International, MES Functionalities & MRP to MES Data Flow Possibilities, White Paper, 1997.

[Mult, 2012] Mult, H.C., Wolfgang Wahlster, Industry 4.0: From the Internet of Things to Smart Factories, 3rd European summit on future internet, Espoo, Finland, 2012.05.

[Ogata, 2010] Ogata, Katsuhiko, Modern Control Engineering-5th edition, Prentice-Hall, Englewood Cliffs, New Jersey, USA, 2010.

[Oliver, 1992] Oliver, R. K., and Webber, M.D., Supply chain management: Logistics catches up with strategy (reprint from Outlook 1982). In: Christopher, M. (Ed.), Logistics--the Strategic Issues, London, pp.63-75, 1992.

[Pegden, 2021] Pegden, C. Dennis, Simulation versus Optimization Based Scheduling, Simio White paper, 2021.

[Porter, 1985] Porter, Michael, Competitive Advantage: Creating and Sustaining Superior Performance, Free Press,1985.

[PXLX consortium, 2005] PXLX consortium, Advanced Planning and Scheduling (APS): Conceptual Definition and Implementation, PSLX white paper, 2005.

[Schweichhart, 2018] Schweichhart, Karsten, Reference Architectural Model Industrie 4.0 (RAMI 4.0): An Introduction, Platform Industrie 4.0, 2018.

[Stadtler, 2002] Stadtler, H., Basics of supply chain management. In: Stadtler, H., Kilger, C. (Eds.), Supply Chain Management and Advanced Planning-Concepts, Models, Software and Case Studies, Berlin, pp.7-28, 2002.

[Stadtler, 2005] Stadtler, H. and Kilger C. (Eds.), Supply chain management and advanced planning-concepts, models, software and case studies, Springer, Berlin, 2005.

[Thurston, 2001] Thurston, M.G., 2001. "An Open Standard for WebBased Condition-Based Maintenance Systems", Proceedings from the IEEE System Readiness Technology Conference, Autotestcon Proceedings 2001 USA, Valley Forge, PA.

[Veeke, 2005] Veeke H. P. M., and Lodewijks G., A simulation application framework for production planning and scheduling, 3rd International industrial simulation Conference (ISC'2005), June 9-11, Berlin Germany, 2005.

[Williams, 1993] Williams, T.J., The Purdue Enterprise Reference Architecture, IFAC 12th Triennial World Congress, Sydney, Australia, 1993.

http://narongchon.blogspot.com/2015/02/wire-guidance-control.html#!/2015/02/wire-guidance-control.html

https://en.wikipedia.org/wiki/File:Robotic_simulation_using_Robcad_software.jpg

https://ko.wikipedia.org/wiki/%EC%9D%B8%EB%8D%94%EC%8A%A4%ED%8A%B8%EB%A6%AC_4.0

https://mesa.org/topics-resources/mesa-model/history-of-the-mesa-models/

https://nvaughn.weebly.com/interchangeable-parts.html

https://red-nose-cousin.tistory.com/3?category=874877

http://www.adm-tech.co.kr/technologies/fieldbus.php

http://www.me-jan.com/en/stacker-crane

http://www.plcdev.com/sequential_function_charts_all

http://www.preactor.com/Products/Planning-Software#.UtXxLxWwckI

http://www.ssi-schaefer.tw/index.php?id=1867&L=53

https://www.hni.uni-paderborn.de/en/spe/research/virtual-engineering/

https://www.mecalux.cn/automated-warehouses-for-pallets/stacker-cranes-for-pallets

https://www.motioncontroltips.com/sequential-function-charts-sfcs-plcs/

https://www.substech.com

찾아보기

가

나

다

라

마

바

사

아

자

차

카

타

파

하

기타

J

K

L

M

N

O

T

U

V

W

Z